Eingeschlossen in Fiktionen. Der Lot-Roma

Bernhard Sarin

Eingeschlossen in Fiktionen

Der Lot-Roman von Imre Kertész

Die Deutsche Nationalbibliothek verzeichnet diese Publikation
in der Deutschen Nationalbibliografie; detaillierte bibliografische
Daten sind im Internet über https://portal.dnb.de/ abrufbar.

Abbildung auf dem Cover: KZ-Gedenkstätte Buchenwald, 1983
Frontispiz: Imre Kertész, Akademie der Künste, Berlin, 2012
(Fotografien: Bernhard Sarin)

© 2019 Bernhard Sarin
Zweite, aktualisierte und verbesserte Auflage (erste Auflage 2018)
Herstellung und Verlag: BoD – Books on Demand, Norderstedt
ISBN 9783749479337

*… nous verrons enfin apparaître le miracle d'une société animale,
une parfaite et définitive fourmilière.*

Paul Valéry, *La crise de l'esprit* (1919)

*Aber hier, meine Lieben, hier bin ich sicher vor euch. Man muss
eine besondere Karte haben, um in diesen Saal eintreten zu können.
Diese Karte habe ich vor euch voraus.*

R. M. Rilke, *Die Aufzeichnungen des Malte Laurids Brigge* (1910)

Auf das Gebirge rette dich, damit du nicht umkommst!

1. Buch Mose 19

*… Aber verbieten wir uns auch, auf halbem Wege stehen zu bleiben
und gleich Frau Lot zur Salzsäule zu erstarren, will sagen, zum
bitteren Monument zu werden.*

Hugo Ball, *Die Flucht aus der Zeit* (Notiz vom 3. Juni 1920)

Inhalt

Einleitung

Imre Kertész, ungarischer Literatur-Nobelpreisträger von 2002, wurde nach der Wende von 1989 international bekannt durch seinen ersten Roman *Sorstalanság* [*Schicksalslosigkeit*] (1975, dt. 1990: *Mensch ohne Schicksal*, 1996: *Roman eines Schicksallosen*), in dem er seine KZ-Haft von Juli 1944 bis April 1945 und seine späteren Erfahrungen mit dem Sozialismus verarbeitet hat. Der Roman handelt von der Deportation des 14-jährigen Budapester Juden György Köves nach Auschwitz und Buchenwald sowie von seiner Befreiung und Heimkehr am Ende des 2. Weltkriegs. Offenbar hat Kertész hier eigenes Erlebnismaterial als literarischen „Rohstoff" genutzt.[1] Ebenso augenfällig ist aber auch der fiktionale Charakter des Romans, der sich durch seine spezifische Gestaltung von einem historischen Zeugnis oder einer konventionellen Autobiografie unterscheidet.[2] Schon Anfang 1989 bemerkt Kertész dazu in einem Interview von RADIO DDR II (anlässlich der ersten deutschen Übersetzung, die im Aufbau-Verlag/ Rütten & Loening erscheinen sollte), im Grunde habe er überhaupt nicht seinen persönlichen Fall geschildert. Gegenstand des Romans sei vielmehr ganz allgemein die entfremdete Existenz der unter einer totalitären Herrschaft lebenden Menschen, die nicht selbst über ihr Schicksal bestimmen können. Diese Entfremdung stelle kein individuelles Missgeschick dar, sondern ein „Problem des Jahrhunderts".[3] Deshalb habe er beim Schreiben nur die universellen Aspekte seiner Erlebnisse verwertet und sich von seinen Erinnerungen emotional distanziert. Letztlich sei der Roman eine im Rahmen künstlerischer Gesetze frei gestaltete, abstrakte „Komposition".[4] Jahre später erinnert er sich im Tagebuch auch an die „Idee", die ihn während der Arbeit an *Schicksalslosigkeit* geleitet habe: „ein ironischer, als private Autobiografie getarnter Roman, der sich der bis zum Überdruss bekannten Lagerliteratur[5], ja, der Literatur an sich widersetzt".[6] Sein berühmtes Erstlingswerk sei „eigentlich nichts anderes als eine literarische Parodie".[7] Er hatte also, mit Rilke zu sprechen, keineswegs das „»Rohmaterial des Lebens« unverarbeitet" widergespiegelt, damit „das Leben nur ja *da* sei".[8] Dennoch ist der Roman in einem tieferen Sinne sehr wohl mit Kertész' Leben verbunden, wenn auch seine Bedeutung weit über die der biografischen und historischen Motive[9] hinausreicht.

Kertész zufolge hatte seine Entscheidung, Schriftsteller zu werden, ein Ziel jenseits der „Literatur". Das Schreiben sei für ihn zuallererst ein Mittel gewesen, um den „Totalitarismus" zu rationalisieren, dem er sich fortgesetzt ausgeliefert sah.[10] Anfangs habe er vor allem sein KZ-Erlebnis unabhängig vom offiziellen Geschichtsverständnis deuten und auf dieser Grundlage „aus seinem Leben sein eigenes Leben"[11] machen wollen. Es sei ihm darum gegangen, seine ihm von der „Geschichte" geraubte „Persönlichkeit" wiederzuge-winnen. Hierfür war es aber notwendig, dass er seine individuelle Lebensgeschichte insge-samt annahm und nichts davon verleugnete, ungeachtet dessen, dass sie vielfach äußeren Zwängen unterlag.[12] Im Gegensatz zu dem an den „Totalitarismus" angepassten „Men-schen neuen Typs", der seine „Biografie vergaß oder zumindest verfälschte, ohne es zu merken", habe er erkannt, dass er als Zeuge von „Auschwitz" nicht einfach so weiterleben konnte, „als wäre nichts gewesen."[13] In dem auf diese Erkenntnis folgenden Bildungspro-zess, der sich ganz im Privaten vollzog und ihn von der Mehrheitsgesellschaft entfernte,[14] eignete er sich die im Totalitarismus eliminierte Rolle der verantwortlichen Person (wie sie etwa noch Kant vertreten hatte[15]) neu an. Insbesondere lernte er, sich als ein – bei aller Determiniertheit – aktiv am Geschehen beteiligtes Individuum zu begreifen, obwohl damit bisweilen auch eine beschämende „Kollaboration" verbunden ist.[16] Und eben dieser Prozess der Rückbildung zur „bürgerlichen"[17] Normalität, bei der hinter der zerschlagenen Fassade des abendländischen Humanismus wieder das universelle Wesen des Menschen zum Vorschein kommt, ist in dem „negativen Bildungsroman" *Schicksalslosigkeit* ironisch vorgeführt.[18] Gerade der »naive«, d. h. nicht schon ideologisch informierte, Erzähler Köves, der mit kindlichem „Weltvertrauen"[19] durch die Lager Auschwitz und Buchenwald geht und vieles „natürlich" findet, was einen gewöhnlichen Leser empören müsste (etwa: dass es „auch Gaskammern" gibt),[20] gerät Schritt für Schritt wieder in die Freiheit, von welcher Position aus er berichtet. Mit seiner vordergründig skandalösen Amoralität meint Kertész eigentlich die legitime Bereitschaft, auch eine problematische „Wirklichkeit" als solche anzuerkennen,[21] und sein merkwürdiges Vertrauen bezieht sich wohl eher auf generelle menschliche Fähigkeiten als auf konkrete kulturelle Werte, deren Relativität Kertész durch das im Roman auffällige Wort „natürlich"[22] indiziert. Köves ist weder ein Opfer noch ein konformistischer Repräsentant des Totalitarismus, sondern, als literarische Figur, ein positives Vorbild für die menschliche Existenz. Denn er hat sein eigenes Leben – das zwar durch physische Kräfte, jedoch nicht durch Ideologien determinierbar ist – angenommen und sich auf diese Weise (im Sinne Kants) mündig gemacht: losgelöst vom „Gängelbande" weltanschaulicher Vorgaben versucht er, „auf dem Boden der Erfahrung" eine eigene Orientierung zu gewinnen.[23] Und er hat verstanden, dass er für seine Freiheit selbst verantwortlich ist: „»Jude« [*also: rechtlos und unterdrückt*]" zu sein bedeute nichts, solange keine eigenen „Schritte" zur Erfüllung dieser vorgegebenen Rolle einsetzen.[24] Ein derart eigenständig (wieder-)gewonnenes Bild des Menschen hat aber den Charakter einer Fiktion (lat. *fingo* = formen, gestalten, eigtl.: aus Lehm bilden). Die Form der menschlichen Existenz, die an sich schon ein gegenüber der natürlichen Umwelt behauptetes Konstrukt ist (oder nach Kant: eine „Insel" in einem „stürmischen Ozeane"[25]), wurde von Kertész hier durch einen individuellen schöpferischen Akt habituell und symbolisch nachgebildet, wobei er sich im Widerstreit mit den in seiner Umgebung etablierten Rollenmustern befand. Dies ist eine spezifisch künstlerische Leistung, insofern er als Romanautor die für die Zeitumstände richtige – post- oder neo-humanistische – „Sprache" und einen dem Gegenstand angemessenen – großen – „Stil" finden musste.[26] Jedoch beruht ebenso die gewöhnliche Lebenspraxis auf solchen individuell gestalteten Fiktionen, die per se vom kulturellen Mainstream abweichen respektive diesen transzendieren. In einem Interview sagt Kertész dazu, in der Zeit nach „Auschwitz", in welcher der einst verbindliche „Humanismus" gleichsam „aus den Angeln gehoben" sei, bestehe die einzige Perspektive darin, dass „jeder Mensch eine Fiktion ist, dass wir leben, indem wir in unsere eigenen Fiktionen getaucht sind": „Das Individuum formt sich in seiner und durch seine Sprache, es spricht und bringt sich in Form … Jeder Gedanke, der durch uns hindurchgeht, lässt eine neue Fiktion aufkommen. Einerseits kann die Tatsache, dass uns die Fiktion als Aufenthaltsort zugewiesen ist [*da der Mensch seine Werte selbst schaffen muss*[27]], unsere kreativen Triebe stimulieren. Andererseits hat eine solche Daseinsbedingung etwas Belastendes, sogar Tragisches. Denn die Geschichte ist tragisch, nicht wahr, wir wissen, dass es fünf oder sechs Millionen Tote in den Lagern gegeben hat, aber ich, der ich mit Ihnen spreche und der ich von dort zurückkomme, habe mein ganzes Leben eingeschlossen in Fiktionen verbracht,[[28]] wie jeder beliebige andere Mensch seit Gottes Tod. Es gibt da einen Abgrund, der sich nie mehr wieder schließen wird. Und auch eine Art Lehre über unsere Daseinslage."[29] In einem anderen Interview, in dem er denselben Sachverhalt erläutert, charakterisiert er sich als „Überlebende[n]"[30] (und nicht: als Moralisten, Zyniker oder Mahner, wie der Interviewer vorschlägt; vgl. auch [16] und [18]), so dass man folgern kann, er verstehe seinen an der Erfahrung orientierten, kreativen Nonkonformismus generell als Bedingung menschlicher Vitalität. Zumindest von sich selbst behauptet er: „Indem ich schreibe, lebe ich, […/ …]. Das ist meine Art des Lebens, des Überlebens."[31]

Entsprechend besteht Kertész' gesamtes Erzählwerk aus immer weiter fortgeschriebenen autofiktionalen Darstellungen,[32] die zusammen eine Art Lebens-Roman[33] bilden. Hierin fügen sich auch die von Kertész veröffentlichten Tagebücher und Arbeitsnotizen, in denen er für die Zeit von 1961 bis 2009 Auskunft über seine schriftstellerische Tätigkeit gibt. Wie bereits im Fall des ersten Bands *Galeerentagebuch* (1992) sind diese Texte zum

Teil gleichfalls als Roman gekennzeichnet.[34] Seit der Wende von 1989 hat Kertész ferner in zahlreichen Essays, Reden und Interviews eigene Deutungen zu seinem Leben und seinen Schriften formuliert. Damit wollte er nicht zuletzt verhindern, dass falsche Vorstellungen von seinem Werk aufkommen.[35] In dem autobiografischen Dialogroman *Dossier K. Eine Ermittlung* (2006)[36] interviewt er sich dann sogar selbst. In dem Interview *Imre Kertész über sein neues Buch »Dossier K.«...* von Eszter Rádai erläutert er, eigentlich sei eine Biografie auf der Grundlage von Gesprächen mit seinem Freund Zoltán Hafner (*1965) geplant gewesen. Jedoch habe er sich bei der Sichtung der Tonband-Manuskripte spontan entschlossen, stattdessen den Roman zu schreiben, in dem er auch die Rolle des Fragenden übernimmt: „Nach dem Nobelpreis wurde so viel Unsinn über mich geschrieben; [...], das Gesamtbild war so falsch, dass mein ungarischer Verleger, Géza Morcsányi, und ich beschlossen, die Irrtümer durch einen Interviewband richtigzustellen. Zoltán Hafner, [...], befragte mich ein Jahr lang. Als ich das dicke Manuskript [...] bekam und meine erste Antwort las – aber wem sage ich, was für einen *Quatsch Interviewte erzählen* können –, schob ich das ganze Buch beiseite und begann sofort, »Dossier K.« zu schreiben. Die Arbeit hat sehr gut begonnen, was bei früheren Werken selten der Fall war[37]: eine Frage ergab sich nach der anderen, aus den Antworten resultierten immer neue Fragen." Neben seinem fragenden und seinem antwortenden Alter Ego, die in *Dossier K* versuchen, ein authentisches Bild seines Lebens zu ermitteln, habe es dabei noch eine dritte, beobachtende Ich-Instanz gegeben. Diese korrespondiert dem Schriftsteller Kertész, der das ihm verfügbare Erinnerungsmaterial – im Grunde genau so wie in seinen anderen Werken – spielerisch komponiert: „»Ich« konnte ruhig vom Tisch zurücktreten, ich musste nur noch auf den Spielfluss achten, dass es uns nie an neuen Bällen, Schlägern und Spiellust mangelt..."[38]

Mit Hilfe jener von Kertész hinterlassenen Informationen gebe ich nun zuerst einen Überblick über seine Biografie und sein damit verwobenes Werk (Kap. I - *Eine authentische Fiktion*). Der biografische Hintergrund ist für das Verständnis des Werks relevant, da er Kertész' geistige Positionierung in bestimmten historischen Situationen betrifft.[39] Kertész selbst schreibt in *Dossier K* über besagte Quellen, streng genommen seien sie keine Dokumente, „auf die man »sich stützen« kann".[40] Und in einer Tagebuchnotiz von 1991 bemerkt er, letztlich bestehe ohnehin kein Unterschied zwischen einem Dokument und einer Fiktion, denn: „Alles ist nur Fiktion, alles."[41] Einzelne persönliche Angaben wären tatsächlich nicht verifizierbar, jedoch erschließt sich alles für die Untersuchung Wesentliche aus Kertész' Selbstdarstellungen. Ergänzend nutze ich die Kertész-Biografien von Irene Heidelberger-Leonard (2015)[42] und Clara Royer (2017)[43], die ebenfalls auf Interviews (u. a.) mit Kertész beruhen, um etwa Personen zu identifizieren oder Fragen der Datierung zu klären. Interessanterweise gibt eine genaue und kritische Lektüre von Kertész' literarischen Schriften hierüber manchmal aber sogar einen besseren Aufschluss.[44] Informationen aus erster Hand beziehe ich zudem aus der von Kertész seit 1977 mit der Schweizer Literaturkritikerin Eva Haldimann geführten Korrespondenz, die in dem Band *Briefe an Eva Haldimann* (2009) veröffentlicht wurde (siehe *Primärliteratur*, [n]).

Nach diesem biografischen Überblick kommentiere ich in chronologischer Folge die von Kertész vorliegenden Texte (Kap. II - *Der Lot-Roman von Imre Kertész*). Es ist zu sehen, wie Kertész seine Erlebnisse mit Hilfe universeller Deutungsmuster auf die Ebene der Dichtung oder der Fiktion bringt und ihnen damit Eingang in eine geistige Tradition verschafft. In seinem letzten Werk, dem Tagebuchroman *Letzte Einkehr* (2014), hat er dies auch zu einem zentralen Thema gemacht. Dort legt er dem Leser nahe, die Tagebuchpassagen, die sein Leben in Berlin von 2001 bis 2009 authentisch widerspiegeln, als Nacherzählung der Geschichte von Lots Flucht aus Sodom aufzufassen. Lots Flucht symbolisiert dabei offenbar das Schreiben, durch das Kertész sich über den von Nietzsche sogenannten „wüsten Strom des Werdens"[45] erhoben und, als selbstbestimmte Person, gewissermaßen in die Weltliteratur gerettet hat. Ebenso zeigen ihn auch seine früheren Arbeiten stets als geistigen Exilanten, so dass sein Lebenswerk einem einzigen großen Lot-Roman gleicht.

„Plötzlich brach der Regen los. Wir suchten Unterschlupf im nächstgelegenen Gebäude, es war zufällig das Krematorium. Hier herein strömten auch die Jugendlichen. Ich wurde neben den ursprünglich weiß gekachelten, inzwischen vergilbten Seziertisch gedrängt." (Kertész, *Galeerentagebuch*, November 1980)

KZ-Gedenkstätte Buchenwald, 1983

I - Eine authentische Fiktion

Imre Kertész wurde am 9. November 1929 als Sohn jüdischer Eltern in Budapest geboren.[46] Bei der Deportation der ungarischen Juden im Jahr 1944[47] brachte man ihn aus Budapest über Auschwitz in ein Außenlager des KZ Buchenwald[48]. 1945 wurde er befreit, er kehrte in seine Heimatstadt zurück und schloss dort seine Schulausbildung ab. Nach einer Anfang 1951 „wegen ideologischer Unfähigkeit" beendeten Karriere als Journalist bei einer Tageszeitung[49] und einem kurzen Intermezzo als Fabrikarbeiter erhielt er eine Anstellung in der Presseabteilung des Ministeriums für Maschinenbau und Hüttenwesen.[50] Nebenher produzierte er für das Radio „Hörspiele" respektive „Hörspiel-Operetten" und sogenannte „Zusammenstellungen" mit Musik. Nach eigenem Bekunden hat er sich vor der Arbeit im Ministerium weitestgehend gedrückt. Lieber habe er die „Operetten" geschrieben und mit seinen „Freunden" das „Nachtleben" genossen: „Man lebte ganz ohne Ziel, ohne Aussichten, ohne Kohärenz. Man lebte von einem Tag auf den anderen."[51] Ende 1951 wurde er zum Militär einberufen, wo er u. a. als Wächter in einem Gefängnis arbeitete.[52] Seit seiner Entlassung im Jahr 1953 war er schon als freier Schriftsteller (und nach der Veröffentlichung von *Schicksalslosigkeit* auch als Übersetzer[53]) tätig. Über seine Motivation, Romane zu schreiben und sich dabei insbesondere mit seinem KZ-Erlebnis auseinanderzusetzen, bemerkt Kertész in einem Interview: „Die Jahre zwischen '49 und '53, das war einfach ein vollständiger Terror mit Massenverhaftungen, Massenerschießungen, mit Scheinprozessen und täglicher Angst. Ich habe gehungert, ich habe gefroren und war doch ein lustiger junger Mensch. Die Erfahrungen von Auschwitz habe ich nach dem Krieg sofort verdrängt, doch mit dem Stalinismus sind sie wieder an die Oberfläche gekommen, quälend und unabweisbar. Damals habe ich mit dem Schreiben begonnen."[54] Laut seinem Freund György Spiró lebte er zu dieser Zeit nur von „geistigen Gelegenheitsarbeiten, eigentlich aber von seiner opferbereiten Frau [*Albina*[55]], die das Geld nach Hause brachte", damit er sich ganz seinem „Roman" widmen konnte.[56] Um auf reguläre Weise Geld zu verdienen, verfasste er Boulevardstücke und Musicals,[57] die aber keinen Bezug zu seiner damals noch geradezu geheimen Tätigkeit als Romanautor hatten.[58] Außerdem schrieb er „Filmszenarien"[59] und arbeitete als „freischaffender Journalist" (siehe [61]). Den Beginn seiner ernsthaften literarischen Arbeit führt er auf eine „schöpferische Vision" oder „»Erleuchtung«"[60] im Jahr 1955 zurück. Plötzlich sei ihm klar geworden, dass er seine KZ-Haft, beziehungsweise überhaupt das historische Ereignis „Auschwitz", als Teil seiner individuellen Lebensgeschichte annehmen und – unabhängig von der offiziellen Geschichtsdarstellung – in eigener Verantwortung deuten müsse, um nicht der „Sogwirkung" einer wie im Gleichschritt marschierenden „Menschenmasse" zu erliegen.[61] Gerade seine vom Totalitarismus gezeichnete Biografie erscheint dabei als ein geeignetes Mittel, mit dem er in einer ideologisch gleichgeschalteten Gesellschaft demonstrativ seine persönliche Integrität wahren (vgl. [12]) und sich der „Massenerfahrung"[62] entziehen konnte. In der Nobelpreisrede »Heureka!« von 2002 erklärt er, durch jene „existentielle Bewusstwerdung" sei er dazu gelangt, der marxistischen Geschichtsphilosophie, die mit dem Nimbus wissenschaftlicher Objektivität versehen war, seine Subjektivität entgegenzustellen: „Dort hieß das philosophische Axiom, die Welt ist die unabhängig von uns existierende, objektive Realität.[63] Ich dagegen kam an einem schönen Frühlingstag 1955[64] unvorhergesehen auf den Gedanken, dass nur eine einzige Realität existiert, diese Realität aber bin ich selbst, mein Leben, dieses zerbrechliche und mir für unbestimmte Zeit zugesprochene Geschenk, das unbekannte Mächte beschlagnahmt, verstaatlicht, determiniert und besiegelt hatten und das ich aus der sogenannten Geschichte, diesem fürchterlichen Moloch, zurückholen musste".[65] In einem Interview zur Vorstellung seines Romans Dossier K von 2006 formuliert er, damals habe er sich quasi selbst erfunden: „Alles ist eine Fiktion, das Leben, vor allem der Mensch selbst, ab dem Moment, in dem er sich selbst erfindet. In einem gewissen Sinne entscheidet dieser Moment alles im Leben. Mir ist das ungefähr 1955 passiert, als ich beschlossen habe, Schriftsteller zu werden. Die Fiktion begann, weil ich mich als Schriftsteller erfunden habe."[66] Als sich kurz darauf im Zuge der Massenflucht nach der Niederschlagung der ungarischen Revolution Ende 1956 die Möglichkeit bot, in den Westen auszureisen, beschloss Kertész, im Land zu bleiben. Er begründet dies damit, dass er nun vor allem den Wunsch gehabt habe, zu schreiben, mit 27 Jahren aber seine „Sprache" nicht mehr „wechseln" konnte und sich auch nicht mit materiellen Sorgen belasten wollte: „Außerdem hätte ich im Westen nicht schreiben können, weil ich eine Existenz hätte aufbauen müssen, und dafür braucht es einen ganzen Menschen, nicht wahr? In Ungarn konnte ich anspruchslos leben, […]."[67] Mit dem Regime habe er „nie kollaboriert", er sei „aber auch nicht in der politischen Opposition" gewesen.[68] Als einer der „Schriftsteller, die »toleriert« waren", habe er schließlich sogar ein „1984"(!) von „György Soros[69]" gestiftetes „Stipendium" erhalten, das ihm für „etwa vier Jahre" den Lebensunterhalt sicherte.[70]

Einer der ersten Autoren, an denen Kertész sich bei seiner literarischen Arbeit orientierte, ist Paul Valéry. In Dossier K lässt Kertész durchblicken, dass er schon um 1953

Valérys Essayband *Variété* (Bd. 1, 1924) in einer ungarischen Übersetzung von 1931 gelesen hat.[71] Dies ist interessant, weil er damit gleich zu Beginn seiner schriftstellerischen Tätigkeit an die künstlerische Moderne anschließen konnte, deren Entwicklung in Ungarn durch die Stalinisierung („nach dem sogenannten Jahr der Wende 1948")[72] unterbunden schien. Der „geistige Raum" der Literatur ermöglichte ihm also „über die Zeiten hinweg" einen intellektuellen Austausch, den es im realen Literaturbetrieb nicht mehr gab.[73] Insofern erhielt die Literatur für Kertész eine eigenständige Funktion außerhalb der alltäglichen, unmittelbar gegenwartsbezogenen Diskurse, auf welches Potential übrigens Valéry selbst in *Das Recht des Dichters an der Sprache* (1928) hingewiesen hat.[74] (Tatsächlich ließe sich auch Kertész' existentielles Erlebnis von 1955 auf eine Valéry-Lektüre zurückführen, denn Valéry äußert etwa in dem Essay *Zu »Heureka«* [von E. A. Poe] aus *Variété 1* genuin Kantische Gedanken über die subjektive Konstruktion der Welt: „Ich sehe also ein *Ganzes*. [...] Ich kann nur in dieser Form sehen, [.../]. Das ist mein primäres UNIVERSUM".[75]) Ansonsten bildete Kertész sich an der klassischen Weltliteratur, die in preiswerten Ausgaben verfügbar war.[76] Wie er (u. a.) 2013 in einem Gespräch erklärt, erschloss sich ihm eine weitere wichtige Quelle, als er im Mai 1957 auf der Budapester Buchmesse Camus' Roman *Der Fremde* (1942)[77] entdeckte: „Der Roman »Der Fremde« [...] ist mir buchstäblich in den Händen explodiert. Ich fand ihn genial. Ich war 27 Jahre alt und hatte es in meinem Leben noch nie mit einem genialen Schriftsteller zu tun gehabt. [...] Dank »Der Fremde« habe ich verstanden, dass die wahre Literatur ein gewaltiges Freiheitsgefühl verschafft. [...] Ich mochte vor allem seine Respektlosigkeit. Für mich stellte er wirklich die Figur des jungen Mannes dar, der alles entdeckt, alles sieht, sich getraut, alles zu sagen. Schauen Sie, wie Camus, der aus Algerien kam und noch keine 30 Jahre alt war, es wagte, sich der großen Begriffe der Philosophie zu bemächtigen – das Absurde, der Mord, die Freiheit – ohne Respekt, ohne Vorsicht, ohne Angst. Ich habe ihn um diese Energie beneidet." Ähnlich habe ihn unter den Schriftstellern nur noch Thomas Mann beeindruckt: „Ein einziger anderer Autor hat einen vergleichbar starken Eindruck bei mir hinterlassen – Thomas Mann [*der von Lukács seit 1954 in Ungarn herausgegeben und – noch vor Camus – sogleich von Kertész gelesen wurde*[78]]. [...] Camus repräsentierte für mich den exzessiven und inspirierten jungen Mann, Thomas Mann den ruhigen und weisen Professor, [...], der über Wissen verfügt und es einem gelassen vermittelt."[79] Als weiteren Autor, dem er sich „verwandt" fühle, nennt Kertész Kafka. Allerdings habe er dessen Werk zu spät kennengelernt, um davon noch geprägt zu werden: „Die entscheidenden Leseerfahrungen habe ich in meinen jungen Jahren gemacht, was mich geprägt und erschüttert hat, das waren Albert Camus und Thomas Mann mit seinem Gesamtwerk. In meiner Jugend auch Dostojewski. Ich war noch keine 30 und habe fast die ganze Weltliteratur gelesen, das ist nicht so viel, wie man denkt. Dann war ich satt. [...] Franz Kafka, der mir so verwandt ist, ist leider erst nach [*eigtl.: in*] den Sechzigerjahren in ungarischer Sprache erschienen.[80] Ich habe dann alles von ihm gelesen, es hat mir auch alles sehr gut gefallen, aber ich hatte dieses erschütternde Erlebnis nicht mehr. Ich war schon zu alt, um beeinflusst zu werden."[81] Kafkas Werk habe er sich „Mitte der sechziger Jahre" zunächst in der deutschen Originalfassung erschlossen: „Da Kafka in Ungarn verboten war, musste ich mir die deutsche Ausgabe mit dem Wörterbuch mühsam entschlüsseln". Als Erstes habe er seine „Tagebücher" gekauft, die in einem Budapester „Geschäft für Fremdsprachen" für teures Geld erhältlich waren. Durch Kafka habe er sozusagen auch „Deutsch gelernt."[82] Und dies sei „die einzige Sprache gewesen", in der er „Bücher lesen konnte, die es in Ungarisch nicht gab."[83]

Neben der Literatur waren philosophische Schriften für Kertész ein grundlegendes Orientierungsmittel. Anfangs wurde er hierbei wohl von Camus und Mann inspiriert, deren Werke viele philosophische Bezüge erkennen lassen. Er selbst gibt an, durch Mann sei er zu „Schopenhauer" und „Nietzsche" gelangt.[84] Seit „Ende der fünfziger Jahre" habe er aber ohnehin die einschlägigen philosophischen Texte studiert: „Ich habe mich darangemacht, alle Klassiker zu lesen, von Platon bis zu den Modernen, denn ich wollte nachdenken, wusste aber nicht, wie ich das anfangen soll. Nachdenken ist schwierig. Einfach denken reicht nicht, man braucht einen Gegenstand, über den man nachdenken kann."[85] Bei dieser Lektüre sei es ihm zum einen darum gegangen, sein Schreiben theoretisch zu untermauern. Er habe „nicht nur am Roman [*Schicksalslosigkeit*]" gearbeitet, sondern auch „an dem Hintergrund, an einer Philosophie": „Ich musste mir klar machen, worüber ich schreibe."[86] Zum anderen habe er gewissermaßen in stilistischer Hinsicht profitieren können. So bemerkt er einmal über Nietzsche, dieser sei ihm „zuzeiten – und zwar gerade, als seine Werke im sozialistischen Ungarn auf der Verbotsliste standen [vgl. 84] – mit seinem radikalen Denken und seinem klaren, hinreißenden Stil ein wahrhafter Lehrmeister" gewesen.[87] Damit bezieht er sich auf den von Nietzsche sogenannten *„großen Stil"*[88], in dem sich ein autonomer Denker oder Künstler ohne falsche Rücksicht artikuliert: „Nietzsche lügt nicht. Sein Stil ist grandios. Er hat ganz klar ausgesprochen, was er dachte. Hätte er die NS-Zeit erlebt, er wäre der erste gewesen, den man in ein KZ gesteckt hätte."[89] Weiterhin befasste Kertész sich mit Adornos musikalischen Schriften, von denen in Ungarn 1970 eine Auswahl erschien. Hieraus entlehnte er das Konzept der »atonalen« Prosa[90] (wozu ihn wiederum Thomas Mann motiviert haben dürfte[91]). Diese für sein gesamtes Werk charakteristische Atonalität – oder: Immoralität – ist bereits in *Schicksalslosigkeit* musterhaft realisiert. Dort stellt Kertész das humanistische Ideal des »freien, moralisch handelnden

Menschen« in Frage, so wie auch die atonale Serielle Musik durch melodische Komposi-
tionsregeln determiniert wird, während es in ihr keine harmonische Gebundenheit mehr
gibt. Hierin sah er eine Analogie zur totalitären Gesellschaft, in welcher die traditionellen Werte, die einst eine individuelle Orientierung ermöglichten, nicht mehr gelten und
der Einzelne, der seiner persönlichen Verantwortung beraubt wurde, nur noch äußeren
Direktiven respektive einer gesetzmäßig ablaufenden Geschichtsdialektik unterliegt (oder
auch, nach Amérys Beschreibung von Auschwitz: „einer mathematisch vorausbestimmten
Lösung – der Endlösung!"[92]). Wie er in einer Tagebuchnotiz von 1970 formuliert, übernahm er also nach dem Vorbild der atonalen Musik gleichsam „gesellschaftliche Gesetze"
in die „Romantechnik". Wörtlich handelt *Schicksalslosigkeit* dabei zwar von der Lagerhaft
eines Jungen in Auschwitz und Buchenwald um 1944/1945, jedoch ging Kertész von der
Gegenwart totalitärer Verhältnisse aus und passte sein Schreiben dieser Bedingung an, so
dass sein „Werk, statt [*gemäß den Kategorien einer privilegierten Perspektive*[93]] »Darstellung« zu sein, *sich das anverwandelt*, was es darstellt".[94]

Kertész hat nicht zuletzt auch in seinen Romanen Hinweise auf seine philosophische
Lektüre gegeben. Etwa spielt in *Fiasko* (1988) der namenlose Erzähler auf Sartre an,[95] und
in *Kaddisch für ein nicht geborenes Kind* (1990) berichtet der Erzähler „B., der Schriftsteller
und Übersetzer," der als Alter Ego Kertész' zu erkennen ist, er habe zur Zeit seiner frühen
Schreibversuche Schopenhauers *Parerga und Paralipomena* (1851) antiquarisch erwerben
können. Konkret erwähnt er dessen „Abhandlung *Über die anscheinende Absichtlichkeit im
Schicksale des Einzelnen*" aus „einem der Parerga- und Paralipomena-Bände", die er „in der
den Bibliotheksliquidierungen nach den großen nationalen Wirren und der Auswande-
rungswelle folgenden Zeit [*also: seit Ende 1956*] in einem Antiquariat erbeutet" habe: „noch
dazu so billig, dass sogar ich die vier dicken schwarzen Bände[96], die jeglicher Zensur,
Bücherverbrennung, Einstampfung, jeglichem Buch-Auschwitz getrotzt hatten, bezahlen
konnte[97]".[98] In *Dossier K* bemerkt ferner das antwortende Alter Ego Kertész', die „*Parerga
und Paralipomena*" seien „eine Zeitlang sogar" seine „Elementarlektüre" gewesen: „Und sie
haben das unsterbliche Verdienst, mich zu Kant geführt zu haben." Namentlich die „Kritik
der Urteilskraft", die „in den sechziger Jahren in einer neuen ungarischen Übersetzung[99]
erschienen" sei, habe ihm Klarheit über seine Situation verschafft: „Es [*das Buch*] bestätigte
mir – was ich im übrigen schon immer geahnt hatte –, dass die Welt nicht eine »unabhängig von uns existierende objektive Realität« ist, wie diese Marxisten uns einhämmerten,
sondern gerade umgekehrt nur so lange existiert, wie ich existiere, und nur so existiert,
wie ich sie mir vorzustellen in der Lage bin: unter den mir gegebenen Bedingungen von
Raum, Zeit und Kausalzusammenhängen."[100] In einem Gespräch von 1996 erklärt Kertész

diesbezüglich: „Nach dem Krieg als junger Mann in Ungarn war ich natürlich zunächst gezwungen, ausschließlich die marxistische Philosophie zu lesen. Mit der Zeit löste diese Lektüre in mir einen derartigen Widerwillen aus, dass ich die Beschäftigung mit Philosophie schon aufgeben wollte, obwohl ich mich selbst als eine »philosophische Natur« betrachtete. Doch eines Tages kam in Ungarn Kants »Kritik der Urteilskraft« heraus. Ich kaufte mir das Buch und nahm es mit in den Urlaub an den Plattensee. […] Es bedeutete für mich eine Offenbarung, den Durchbruch zur wahren Philosophie.[/] Ich wurde immer hungriger auf philosophische Schriften, doch es waren in Ungarn kaum welche zu bekommen. Die »Kritik der Urteilskraft« bildete eine Ausnahme. Erst im Laufe der Zeit gelang es mir, mich mit Bruchstücken der existentialistischen Philosophie bekannt zu machen. Ende der sechziger Jahre kam dann immerhin Sören Kierkegaard heraus,[101] dessen Schriften für mich von großer Bedeutung waren".[102]

Interessant an den genannten philosophischen Positionen war für Kertész offensichtlich deren Individualismus. In ihnen muss er attraktive Gegenentwürfe zu der Lebenseinstellung des für die totalitäre Diktatur konstitutiven außengeleiteten Menschen gesehen haben.[103] In einer Notiz von Ende 1963 bezeichnet er letzteres orientierungslose, geistig passive und daher leicht lenkbare Massen-Individuum, das er auch für „Auschwitz" verantwortlich macht,[104] als „funktionalen Menschen".[105] Die diesem Menschentyp eignende Abhängigkeit von einem geschlossenen kulturellen oder ideologischen System und den damit einhergehenden Verzicht auf eine persönliche „Existenz" (im Sinne Kierkegaards oder Sartres) sieht er exemplarisch bei dem marxistischen Theoretiker Lukács gegeben.[106] Seine eigene schriftstellerische Arbeit charakterisiert er dagegen als autonomes „Ein-Mann-Unternehmen",[107] mit dem er – allen systemischen Zwängen und ideologischen Verführungen zum Trotz, und ohne moralischen „Grundton" – ein Beispiel für die unkonditionierte, reine „Erfahrung" eines Individuums geben wolle (siehe [90]). Seit Beginn seiner literarischen Tätigkeit vertrat er damit eine Haltung, die man dem klassischen Liberalismus[108] (sowie aus heutiger Sicht auch: einer hypothetischen westlichen »Leitkultur«[109]) zuordnen kann, und mit der er sich naturgemäß in Opposition zu der sozialistischen Gesellschaft brachte, in der er lebte.

Kertész' Vorhaben, bereits unter unwürdigen Bedingungen eine würdevolle[110] Existenz als verantwortlicher Bürger zu realisieren, fand einen bleibenden literarischen Ausdruck zunächst in dem Roman *Schicksalslosigkeit*. Kertész arbeitete hieran von 1960 bis 1973, nachdem er andere Projekte (wie u. a. *Ich, der Henker*) unvollendet beiseite gelegt hatte. Der Roman handelt von dem besagten neuen Menschentyp, der mit seiner Selbstaufgabe totalitäre Verhältnisse erst ermöglicht, sowie von Kertész' Befreiung aus diesem

Zustand durch eine geistige „Arbeit an sich selbst" (nach Thomas Mann; siehe [106] und [107]). Dieser konzeptionelle Hintergrund unterscheidet *Schicksalslosigkeit* von der sogenannten „Lager-Literatur"[111], die sich in realistischen Schilderungen erschöpft und zudem auf triviale Weise parteiisch ist. Zwar gleicht der Roman dem ersten Anschein nach einem Bericht Kertész' von seiner KZ-Haft, da aber demonstrativ jede Anklage vermieden ist (Köves erklärt, er habe im Lager „von Greueln nichts bemerkt"[112]), wird deutlich, dass Kertész die konventionelle „Opferrolle"[113] verweigert und im Grunde von etwas ganz anderem spricht als von dem bloß passiv erlittenen Erlebnis seiner Deportation. Dazu äußert er in späteren Interviews: „ich bin der Meinung, dass ich kein Holocaust-Buch geschrieben habe. Über den Holocaust [vgl. unten S. 111, [637]] kann man keinen Roman schreiben. Man sagt, über den Holocaust kann schreiben, wer in der Gaskammer getötet worden ist. Ich habe einen Roman über die Schicksalslosigkeit geschrieben. Das ist ein Zustand des Menschen in einer Diktatur, wo man des eigenen Schicksals beraubt wird."[114] Es erscheine ihm sinnlos, das Lager zu beschreiben, „weil wir [*einschließlich ihm selbst*; vgl. [94]] es mit unserem realen, heutigen Leben nicht in Verbindung bringen können."[115] Er wolle hierüber „keine Anekdoten erzählen", denn ein heutiger Leser würde sie nicht verstehen. Dagegen sei es möglich, die universellen Mechanismen des Totalitarismus darzustellen, die zu Auschwitz geführt hätten und die es auch noch heute gebe: „Ich glaube, man kann Auschwitz erklären, weil Auschwitz von unserem täglichen Leben kommt. Auschwitz ist bis heute nicht beendet, weil es unsere Lebensweise ist, die zu Auschwitz führt."[116] Uns sei „Auschwitz" durchaus „nicht fremd".[117] Auch unser Leben sei *so organisiert, dass wir auf Kosten anderer leben*, wovon die Lager nur ein extremes Beispiel gewesen seien. Die Menschen würden gezwungen, entweder Täter oder Opfer zu sein. Angesichts dessen sehe er nur den Ausweg, als Künstler ein Beispiel für eine radikal individuelle Existenz zu geben.[118] Dem Paradigma des physischen Überlebens stellt er dabei das der geistigen Existenz respektive der menschlichen Erkenntnis gegenüber. So thematisiert er in *Schicksalslosigkeit* nicht allein den von ihm erfahrenen Totalitarismus, sondern er zeigt auch, wie er sich seinem Einfluss entziehen konnte. Der erste Schritt einer solchen Befreiung besteht ihm zufolge aber im Beschreiben – oder zumindest: im bewussten Wahrhaben[119] – des realen Daseins, wie determiniert dieses auch (gewesen) sein mag. Stellvertretend hierfür *erzählt* Köves mit verstörendem Freimut, jedoch ohne Zynismus, wie er sich im Lager der „Logik des Überlebens" fügte und hierbei seine Persönlichkeit verlor – welche er durch eben dieses Eingeständnis wiedergewinnt.[120] Mit Valéry könnte man sagen, Köves (oder vielmehr: Kertész) antworte dem Seienden durch eine poetische „Fiktion" (siehe [28]). In *Dossier K* bemerkt Kertész' Alter Ego gleichlautend, im „Roman" seien „nicht die Tatsachen das Entscheidende, sondern allein das, was man den Tatsachen hinzufügt", der „Roman eines Schicksallosen" sei also – trotz aller Authentizität – eine „Fiktion".[121] In einem Interview von 2006 zu *Dossier K* erläutert Kertész genauer: „Jede schriftstellerische Arbeit ist eine Konstruktion. Die Sprache kommt hinzu, auch das Konzept, man kann theoretische oder wissenschaftliche Gedanken hinzufügen." Namentlich auch der vordergründige Realismus von *Schicksallosigkeit* sei „ironisch" gebrochen: „Der Roman ist ein Trick, kein Leben. Man verzichtet auf die Einfühlung in das, was man erlebt hat, und beschreibt etwas anderes."[122] Ebenso erklärt er schon 1996 in einem Gespräch anlässlich der zweiten deutschen Übersetzung *Roman eines Schicksallosen*: „Mit dem Realismus habe ich nie etwas zu tun gehabt. Er ist schon lange nicht mehr aktuell."[123] Entsprechend lässt sich das »Arbeitslager« des Romans als Allegorie von Kertész' literarischer Arbeit deuten,[124] die »Verhaftung« (der sich Köves aus „Anstand"[125] nicht entzieht, obwohl sich ihm eine Gelegenheit zur Flucht bietet[126]) als die seiner ethischen Verpflichtung etc. Weiterhin enthält der Roman verschlüsselte Referenzen auf bestimmte Vorbilder, an denen Kertész sich beim Schreiben orientiert hat. So trifft Köves in der »Krankenstation«[127] des Lagers („eine Art Heilanstalt") auf viele – oftmals „schöne" – Ärzte, Pfleger oder auch Kranke, die sich als Schriftsteller oder Philosophen identifizieren lassen: „zwei Männer", die „irgendeine Singsang-Sprache" sprechen, welche Köves nicht versteht, und von denen ihn einer auch, „allerdings mit recht seltsamer Betonung, auf deutsch" anspricht, als Goethe[128] und Celan[129]; der französische „Arzt", der „richtigen Würfelzucker" verteilt, als Valéry (und nicht, wie man denken könnte: Camus)[130]; der „Hilfspfleger" als Beckett[131]; ein Deutscher mit „Künstlermütze" und „rasiermesserscharfer Bügelfalte" als Thomas Mann[132]; ein polnischer „»Pfleger«" als Miłosz und ein anderer als Borowski[133]; ein ungarischer Gefangener, der aber bald fortgeschafft wird, weil er (wie Köves kombiniert) „das Geheimnis ausgeplaudert" hatte, dass man die Patienten verhungern ließe, als Márai[134]; der „Oberarzt", der von allen „aus eigener Einsicht, aus dem eigenen freien Willen sozusagen", geachtet wird, selbstverständlich als Kant und „ein anderer Arzt, von niedrigerem Rang", mit einer „Raubvogelnase" als Nietzsche[135]; schließlich der tschechische „Helfer[]" „Bohusch" als Kafka[136]. Volkhard Knigge, der Direktor der Gedenkstätte Buchenwald, erwähnt in seinem Kertész-Porträt *»Gott ist ein schöner Gedanke.«* einige Personen, die im Frühjahr 1945 eventuell mit Kertész' Rettung im Buchenwalder „Häftlingskrankenbau" zu tun hatten (u. a. ein französischer Arzt, zwei Polen, ein Tscheche) und die z. T. wohl Vorlagen für die Romanfiguren waren.[137] Die signifikanten Verweise auf Mann, Kant und Nietzsche berechtigen aber dazu, alle genannten Figuren allegorisch aufzufassen. Und auch der Vorname des Protagonisten György Köves (Rufname: Gyuri/Gyurka)[138], der im Lager eine Reihe lehrreicher Erfahrungen machen muss, bevor er freikommt, kann als ironische Anspielung auf den Philosophen György (Georg) Lukács gelesen werden. Nach dieser Lesart würde Lukács in der Gestalt Köves – die tatsächlich ein Ideal für Jedermann ist – von Kertész fiktiv wie ein Kind an der Hand genommen und aus seiner ideologischen Befangenheit (vgl. S. 20, [106]) in die Freiheit geführt. Dabei deutet Köves' Rufname auf den Prozess der persönlichen Bildung (ungar. *gyúr* = kneten, formen), ferner sein Familienname (*köves* = steinig) auf den Roman selbst, den Kertész, offenbar in Anlehnung an Rilke, mit einer steinernen „Kathedrale" vergleicht, in der sich die Existenz des Baumeisters symbolisch materialisiert. [139] Freilich sind die meisten dieser Anspielungen allein anhand des Romans kaum verständlich. Eindeutig, oder überhaupt auffällig, werden sie erst durch die Informationen, die Kertész später (etwa: in anderen Romanen) zusätzlich gegeben hat. Wie er selbst sagt, rechnete er beim Schreiben seines Erstlingswerks aber ohnehin nicht mit einer Veröffentlichung: „Ich habe, durch Boulevardstücke mühsam meinen Lebensunterhalt verdienend, in einer Budapester Einzimmerwohnung dreizehn Jahre am »Roman eines Schicksallosen« geschrieben, ohne die Hoffnung, ihn einmal gedruckt zu sehen. Auch bei den späteren Stücken wusste ich nie, ob sie ihren Weg finden würden aus Ungarn hinaus in die Welt." [140] Wichtiger als die unmittelbare Kommunikation seiner Gedanken war ihm demnach zunächst ihre inhärente Stimmigkeit, [141] und letztlich die „Komposition" [142] des Werks, in dem sie nach einem längeren gestalterischen Prozess ihren gültigen Ausdruck gefunden haben [143] – so wie auch die gotischen Kathedralen sogar „in der Turmregion, wo kaum eines Menschen Auge sie erblickt", „sorgfältig durchgearbeitet" wurden, als seien sie eine „Opfergabe für Gott" [144]. Es scheint, als habe Kertész in einem ungebrochenen „Weltvertrauen" geglaubt, dass sozusagen „die Erwachsenen" (siehe [19]), also die gebildeten und verantwortlichen Mitglieder der menschlichen Gesellschaft, den Roman irgendwie doch in den geistigen Raum der Literatur aufnehmen werden, sofern nur seine Qualität sie überzeugt. Auf der Grundlage dieses säkularisierten Glaubens an einen möglichen Erfolg der Vernunft [145] bemühte er sich dann auch 1973 um die Publikation seines fertigen Werks, nachdem er sich zuvor ganz vom „Literaturbetrieb" ferngehalten hatte und infolgedessen dort niemanden kannte. [146] Vermutlich hoffte er dabei weniger auf die Seriosität des Betriebs, den er schon immer „ekelig" fand (siehe [53]), als auf seine „Aleatorik" (vgl. die Notizen von 1985 [107] und 1991 [120]).

Zuerst reichte Kertész das Manuskript von *Schicksalslosigkeit* bei dem Verlag Magvető ein, der es jedoch wegen seines anstößigen Gehalts zurückwies. Schließlich veröffentlichte Szépirodalmi – als der einzige andere in Frage kommende Verlag – den Roman 1975. [147] Es wurde eine „Grundauflage" von 5000 Exemplaren gedruckt, von denen allerdings nur wenige in den offiziellen Handel gelangten. Weitere Auflagen folgten erst 1985 und 1993. [148]

Kertész konnte seit 1975 aber durchaus regelmäßig publizieren, und er hatte bei den ungarischen Verlagen anscheinend einige diskrete Unterstützer[149]. 1976 erschien seine frühe Erzählung *Erdenbürger und Pilger*[150], 1977 *Der Spurensucher* zusammen mit *Detektivgeschichte*[151], 1978 die Erzählung *Die Bank*[152], 1983 der »Prolog« seines zweiten großen Romans *Fiasko*[153], 1988 *Fiasko*[154] sowie 1989/1990 sein letzter vor der Wende – und bereits in einer bewegten „Aufbruchszeit"[155] – geschriebene Roman *Kaddisch für ein nicht geborenes Kind*[156]. Auch wurde *Schicksalslosigkeit* 1985 schon stärker rezipiert, nachdem György Spiró 1983 hierüber einen Artikel in der Zeitschrift ÉLET ÉS IRODALOM [*Leben und Literatur*] veröffentlicht hatte.[157] Nach 1989 verschaffte dann insbesondere dieser Roman Kertész den ihm zustehenden internationalen Erfolg (was eine erklärungsbedürftige Verspätung darstellt, denn Eva Haldimann rezensierte seine ungarischen Veröffentlichungen seit 1977 in der NZZ[158]). Seine Werke wurden übersetzt (dt. zunächst 1990: *Mensch ohne Schicksal*, 1991: *Protokoll*, 1992: *Kaddisch…*), und zum ersten Mal hatte er ein größeres Publikum, das für seine Arbeiten aufgeschlossen war.[159] Als gefragte moralische Instanz verfasste er nun neben erzählerischen Arbeiten auch Reden und Essays zu aktuellen Anlässen.[160] Durch den Wegfall der staatlichen Zensur konnte er sich endlich offen über den Holocaust und dessen ethische Konsequenzen äußern. In Vorträgen wie *Der Holocaust als Kultur* (Wien, 1992) warb er dafür, das Wissen um den europäischen Kulturbruch im kollektiven Gedächtnis zu verankern. Weiterhin gab er eine Vielzahl von Interviews, in denen er zu der Bedeutung von Auschwitz für die Gegenwart Stellung nahm und seine hierauf bezogene schriftstellerische Arbeit kommentierte.[161]

1991 erschien von Kertész die Erzählung *Die englische Flagge* (in HOLMI 3/1991 und im Sammelband *Die englische Flagge* mit Erzählungen, Essays und Tagebuchnotizen bei Holnap; siehe [160]), die einen Rückblick auf sein vergangenes Leben darstellt und zugleich in die Zukunft weist. In ihr berichtet der namenlose Erzähler – offenbar ein Alter Ego Kertész' – auf einer Feier zu seinem „bereits ziemlich runden Geburtstag" einigen jüngeren Gästen von seinem persönlichen Bildungsweg. Dieser beginnt mit seiner „Leseleidenschaft" und einer entscheidenden Inspiration durch „Richard Wagners Oper »Die Walküre«". Es ist zu sehen, wie jene frühen ästhetischen Erfahrungen zu seiner Distanzierung von der sozialistischen Gesellschaft beitragen. Für Letztere steht in der Erzählung exemplarisch die von Konformismus und Chaos geprägte „Redaktion", in der er anfangs als „Journalist" arbeitet. Nach dem Verlust dieser Stelle wird er zeitweilig „Fabrikarbeiter", um schließlich als freier Autor (oder: als freie, sich selbst bestimmende Person) ein fortwährendes *„Abenteuer des Erzählens"* zu erleben. Seinen Zuhörern – die schon von den neuen, liberalen Verhältnissen in Ungarn profitieren – versucht er begreiflich zu machen, dass nunmehr sie, „die »Jüngeren«", eine analoge Aufgabe zu erfüllen haben, während er selbst „die verheißungsvollere Zukunft, mit der man uns gegenwärtig von allen Seiten droht, nicht mehr erleben und auch nicht mehr verstehen[162] muss". 163 Ähnlich hatte Kertész bereits in *Fiasko* ein Resümee seiner bisherigen Arbeit gezogen 164 und mit *Kaddisch...* eine Art Testament hinterlassen 165. Weiterhin veröffentlichte er 1992 im Tagebuchroman *Galeerentagebuch* eine Auswahl von Arbeitsnotizen der Jahre 1961–1991 (siehe 34) und machte somit das, was er bis dahin noch „hinter der rein künstlerischen Form" verborgen hielt (siehe 128), auch im Klartext zugänglich. Wegen der strengen Auswahl, die das bloß Private unterdrückt, erfährt der Leser hier zwar nur wenig über Kertész' Leben, er kann jedoch Kertész' Entwicklung als Autor konkret nachvollziehen und erhält wichtige Deutungshilfen zu seinem Werk. Das *Galeerentagebuch* ist also gewissermaßen eine auf das Wesentliche reduzierte „geistige Autobiographie" 166, die über Kertész' erste Schaffensphase bis einschließlich seiner Neuorientierung zu Beginn des Systemwechsels informiert.

Neben all diesen Rückblicken schrieb Kertész zu dieser Zeit auch Texte, in denen sich seine Erfahrungen mit den neuen Lebensbedingungen spiegeln. Zunächst berichtet er in *Budapest, Wien, Budapest* (HOLMI 3/1990) von seinem ersten Aufenthalt in Wien, wo er im Rahmen eines Übersetzer-Stipendiums vom 2. bis zum 30. Oktober 1989 Gast der Österreichischen Gesellschaft für Literatur war. 167 Dies ist (abgesehen von einigen Notizen zu einem früheren Stipendienaufenthalt 1983 in München 168) seine erste Beschreibung einer Reise in den Westen. Wie es nahe liegt, vergleicht er in ihr die osteuropäische „Lagergesellschaft", in welcher der Mensch entmündigt und erniedrigt beziehungsweise „als Nichts deklariert" werde, mit der „Zivilisation" in Wien, die „zum Leben, *zum Gebrauch* angelegt" sei. 169 Allerdings warnt er zugleich vor falschen Hoffnungen angesichts des in Aussicht stehenden Anschlusses Ungarns an den Westen 170: „das arme Ungarn, das sich gerade jetzt europäisieren muss, gerade jetzt europäisieren will [*da* Europa *in seiner alten Form aufgehört hat zu existieren und nur noch eine* verflogene Idee *ist*]. Man sollte es, […], vor der zu erwartenden Enttäuschung warnen, vor den seelischen Folgen der Enttäuschung schützen, darüber aufklären, dass die Enttäuschung der Beginn des Erwachsenwerdens ist und dass die Enttäuschung auch Kraft und Klarheit birgt." 171 Ein wichtiges Motiv in *Budapest, Wien, Budapest* ist ferner das „Inkognito" 172, also die Möglichkeit, sich mit Hilfe ambivalenter Masken als »Person« (lat. *persona* = Maske, Verkleidung) einer naturalistischen Identifizierung zu entziehen. 173 Kertész erlebte 1989 in Wien, dass diese Möglichkeit dort alltäglich gegeben ist, während er sich dasselbe in der Diktatur nur durch seine radikale Isolation und seine Selbstfindung mit Hilfe des Schreibens erkämpfen konnte. Dieses Thema greift er auch wieder in der viel beachteten Novelle *Protokoll* (Magazin *2000* 6/1991) auf, die für seine weitere Arbeit von großer Bedeutung war (vgl. [160]). In ihr nimmt er Bezug auf den in Ungarn neu entstandenen („präventiven") Antisemitismus, dessen verschiedene Wortführer klar zwischen Ungarn und Juden unterscheiden wollten. [174] Dabei referiert er konkret auf den Artikel *Verfolger und Verfolgte* von Gyula Kurucz (HITEL, 3.10.1990), in dem dieser beklagt, die überwiegende Mehrheit der ungarischen Juden bekenne sich zu keinerlei „Identität" und sei damit quasi ungreifbar. [175] Ein Symbol hierfür ist in *Protokoll* der penetrante „Erlöser", „eine Art Prediger", der den Erzähler im Traum mit einem Griff durch den Türspion bedrängt: „die Hand aber, eher einem Greifwerkzeug als einer Hand ähnelnd, streckte sich wie ein Elefantenrüssel oder eine Riesenschlange nach mir aus und folgte mir überallhin, […]; da ich ihn nicht zur Tür hereingelassen hatte, sah ich nun meinen Mörder in ihm; aus der nicht benennbaren, gleichsam jenseitigen Beziehung von einst [*in einem anderen Erlöser-Traum* vor gut vier Jahren] war ein Verhältnis von Verfolger und Verfolgtem geworden". [176] Das aktuelle „Verhältnis von Verfolger und Verfolgtem" deutet signifikant auf Kurucz' Artikel. Der zudringliche Erlöser erscheint dabei als personifizierte Diktatur, die das „Eindeutigkeitsbedürfnis" [177] der Menschen befriedigt und sie durch die Fremdbestimmung ihrer Existenz gleichsam von sich selbst „erlöst" [178]. Mit der früheren „jenseitigen Beziehung" zu dem Erlöser meint Kertész dagegen, dass er bislang den Verführungen und Zwängen der Diktatur durch die existentielle Aneignung seines Lebens (etwa im Sinne Kierkegaards oder Sartres; vgl. [106]) widerstehen konnte. Dies belegt eine Notiz vom 12. April 1991, die dem Traum-Abschnitt in *Protokoll* korrespondiert. [179] Der ambivalente Traum von der Erlösung, die nur in der Konfrontation mit der Realität möglich ist, steht gleich am Anfang der Erzählung – das Erlöser-Motiv, auf das zudem ein *Vaterunser*-Zitat im Motto verweist, [180] grundiert somit die gesamte Handlung. Im Weiteren berichtet Kertész (oder: der ihn vertretende Erzähler) von einem beschämenden Erlebnis, an dem sich der problematische Zustand seines Landes zeigt. Er beschreibt, wie ihm bei einer Fahrt nach Wien, wo er eine Übersetzung von Wittgensteins *Vermischten Bemerkungen* vorbereiten wollte, [181] korrupte ungarische Zollbeamte 4000 Schilling abnahmen, weil er das Geld falsch deklariert hatte. Seine Reise endete infolgedessen an der Grenzstation Hegyeshalom, von wo aus er – um seine gesamten österreichischen Devisen erleichtert – unverrichteter Dinge nach Budapest zurückkehren musste. Laut dem „Protokoll" der Zollbehörde, aus dem in *Protokoll* zitiert wird, fand dies am „16. April 1991" statt, [182] also kurz nach jenem Traum, der Kertész dazu mahnte, wieder eine existentielle Beziehung zu seinem Leben zu suchen (siehe [179]). Der in seinem Traum verschlüsselten Forderung kam er aber sogleich mit seiner neuen, bereits im Juni veröffentlichten, Erzählung nach, für die er, wie immer, „durch Erleben" bezahlen musste. [183] In ihr zeigt er insbesondere, dass die für die Diktatur charakteristischen Verhaltensformen immer noch allgemein habitualisiert sind, und zwar auch von ihm selbst, insofern er nämlich durch den Umgang mit den Zöllnern ohne Weiteres in seinen früheren, unfreien Zustand zurückversetzt werden konnte: „Es war nicht ich, […], sondern ein seit Jahrzehnten gepeinigter, abgerichteter[184], an Bewusstsein, Persönlichkeit und Nervensystem gestörter, wenn nicht sogar völlig zerstörter Bürger – eher eigentlich ein Gefangener als Bürger."[185] Dies erkannte er schließlich als Bestätigung seiner künstlerischen Arbeit, da der politische Wandel allein offenbar nicht genügte, um die mentale Disposition der Gesellschaft zu verändern. So schreibt er in einem Brief von Anfang 1992 (zu welcher Zeit er schon in Wien mit der Wittgenstein-Übersetzung beschäftigt war) an Eva Haldimann, „dass die »Mission« bezüglich Ost-Europa – sofern man sie denn auf sich genommen hat[186] – noch keineswegs zu Ende ist", denn: „dasselbe setzt sich fort, und noch wissen wir nicht, wie; das heißt, das Notwendigste ist noch zu tun, und wer weiß, ob nicht noch mehr als zur Zeit des sogenannten Kommunismus."[187]

In einem Tagebucheintrag von 1992 bemerkt Kertész über das problematische Verhalten vieler seiner Landsleute, und hierunter speziell der „Intellektuellen": „Die ideologische Diktatur funktioniert über Kontraselektion und erschafft sichere Lebensbedingungen für jede mittelmäßig oder noch niedriger befähigte Existenz.[188] Diese Schicht, wenn sie lange genug verwöhnt wird, glaubt schließlich selbst, dass sie sich die Freiheit wünscht: Werden die Bedingungen dann aber tatsächlich lockerer, erlebt sie die Freiheit als Unsicherheit. Das war's dann. Sie sehnt sich in ihre Heimat zurück: in die Zensur, die Lüge, die Unterdrückung der Guten und die Durchsetzung des Schlechten". Er sah also, dass sich in Ungarn ein für ihn eher ungünstiges Klima entwickelte, wohingegen seiner Arbeit im Westen ein immer größeres Interesse entgegengebracht wurde. Und bereits damals stellte er in Rechnung, vielleicht „eines Tages im Exil[189] leben zu müssen", da er in seiner Heimat eine neue Diktatur für möglich hielt: „Die entscheidende Mehrheit der Intellektuellen dieses Landes scheint die ideologische Diktatur zu wollen".[190] Von der symbiotischen Beziehung solcher „ideologischen Intellektuellen" zur „Macht" (auf die Julien Benda schon 1927 mit dem Essay *Der Verrat der Intellektuellen* hingewiesen hat) handelt ebenfalls sein Vortrag *Der überflüssige Intellektuelle*, den er 1993 auf der Frühjahrstagung der Evangelischen Akademie in Tutzing hielt. Dort formuliert er, als „Künstler" sei es ihm „aufgegeben, der Ideologie die menschliche Sprache[191] entgegenzusetzen."[192] Tatsächlich kam es vor dieser Tagung auch zu einer Auseinandersetzung mit besagtem Gyula Kurucz, der sich (neben weiteren ungarischen Kulturfunktionären) dagegen ausgesprochen hatte, dass Kertész in Tutzing als ein Vertreter Ungarns auftritt.[193] Offenbar sah Kurucz in Kertész einen kosmopolitischen Juden, der kein legitimer Teil der Nation war. Sichtlich zermürbt von derartigen Anfeindungen, gegenüber denen argumentative Mittel wirkungslos erscheinen,[194] erklärt Kertész dann 1994 in einem Interview, dass er sich von seiner Heimat „eigentlich trennen" sollte: „weil es große moralische Reserven in sich birgt, wenn wir moralisch nicht mit jenen zusammenleben müssen, die wir in der Tiefe unseres Herzens verachten. Wie Thomas Mann, Márai und Bartók emigriert sind."[195] Zunächst fand er ein positiveres Umfeld jedoch bei Stipendienaufenthalten im Ausland, wie 1989 und 1992 in Wien, oder 1992 auf Lesereisen zur Vorstellung der deutschen Übersetzung von *Kaddisch…*. Für letztere Reisen konnte er das Stipendiatenhaus Villa Waldberta in Feldafing als „Stützpunkt" nutzen, wodurch er sich die Heimfahrt nach Budapest ersparte.[196] 1993 war er ferner drei Monate lang Gast des DAAD in Berlin.[197] Insbesondere begann aber der Verlag Rowohlt Berlin, Kertész' Werk in hochwertigen Übersetzungen herauszugeben: 1992 erschien *Kaddisch…*, 1993 folgte bereits das *Galeerentagebuch*, und 1994 erfuhr Kertész, dass seine Lektorin „Ingrid Krüger eine ausgezeichnete Übersetzerin [*nämlich: Christina Viragh*] für den *Roman eines Schicksallosen* [*1996*] gefunden zu haben scheint"[198]. 1994 machte ein ungarisch-israelischer Filmproduzent außerdem schon ein Angebot für die Verfilmung dieses Romans, das Kertész allerdings nicht wahrnahm.[199] Des Weiteren erhielt er zahlreiche Einladungen zu Veranstaltungen im Westen, u. a. 1992 zu einer Aufführung von *Protokoll* in Bonn[200], 1993 zur der Frühjahrstagung der Evangelischen Akademie Tutzing (s. o.) und den Rappertswiler Literaturtagen[201], oder 1995 zu einem Vortrag am Hamburger Institut für Sozialforschung (*Das glücklose Jahrhundert*; vgl.[160]) und den Solothurner Literaturtagen[202]. Ebenfalls 1995 wurde ihm der Brandenburgische Literaturpreis verliehen. In diesem Zusammenhang erschien 1996 eine Broschüre, die neben einer Laudatio von Adolf Endler eine auszugsweise Vorabveröffentlichung der deutschen Übersetzung von *Fiasko* sowie als Tondokument eine Lesung aus der neuen Übersetzung *Roman eines Schicksallosen* und ein Interview enthält.[203] Es ergaben sich für ihn also vielfältige Möglichkeiten, außerhalb Ungarns zu wirken, und eine Emigration erschien vorerst nicht nötig.

Diese „*Befreiung*" aus den alten, beengenden Verhältnissen machte Kertész zum Thema des Romans *Ich – ein anderer* (1997), an dem er anscheinend Ende 1995, nach dem Tod seiner Frau Albina, zu schreiben begann. Der Text ähnelt prima facie einem Tagebuch für die Zeit 1991–1995, bei genauerer Betrachtung erweist er sich jedoch als kunstvolle Komposition.[204] Da Kertész die biografischen Fakten zugleich wirklichkeitsgetreu dokumentiert, könnte man den Roman als eine authentische Fiktion bezeichnen. In erster Linie handelt *Ich – ein anderer* davon, wie Kertész die neuen Möglichkeiten nutzte, die sich durch den Systemwechsel ergaben. Etwa bekennt der Erzähler (in Vertretung Kertész') zur Romanzeit 1993, als er gerade Stipendiat in Berlin ist, stolz: „In diesem Jahr habe ich nur drei Monate zu Hause (in Budapest) verbracht.[/] Ich lebe wie ein Flüchtling."[205] Kertész thematisiert in dem Roman indes noch eine weitere Veränderung, die für sein Leben nicht minder wichtig war. Und zwar spielt er (seit 1992) auf ein sich entwickelndes Verhältnis mit seiner zukünftigen Partnerin Magda (M.) an, die er im April 1996, kurz nach dem Tod seiner ersten Frau Albina, heiratete (siehe [204]). Der Roman endet mit Albinas (oder: A.s)[206] Tod im Oktober 1995. Dieser bedeutete für Kertész einen tiefgreifenden Wandel seiner Identität, da seine „Rolle" nicht zuletzt durch das Zusammenleben mit ihr bestimmt wurde.[207] Einen analogen Bruch bewirkte aber auch seine Lösung von Ungarn, welches Motiv in *Ich – ein anderer* tatsächlich dominiert[208]. Die »Frau« des Erzählers lässt sich somit als Allegorie des Landes oder des Publikums[209] lesen (wie schon in früheren Texten Kertész')[210], und folgender Kommentar des Erzählers zum Verlust seiner Frau beträfe dann ebenfalls Kertész' Beziehung zu Ungarn, die an einen Endpunkt gelangt ist: „Unsere Liebe [*die in Kertész' Erzählungen und Romanen einen symbolischen Ausdruck gefunden hat*; siehe [210]] war wie ein taubstummes Kind,[[211]] das mit ausgebreiteten Armen und lachendem Gesicht dahinrennt, dessen Mund sich aber langsam zu einem Weinen verzieht, weil keiner es versteht und weil es kein Ziel sieht."[212] Am Anfang des Romans (1991) erinnert Kertész außerdem an seine künstlerische Entwicklung seit Mitte der 50er Jahre, während der er sich – privat und gleichsam heimlich – mit der Weltliteratur befasst hatte, statt am nationalen „Kulturbetrieb"[213] teilzunehmen. So erscheint einem früheren „Freund" die stille Reifung des Erzählers zum anspruchsvollen Autor nun, da seine „»höheren Fähigkeiten«" im Zuge der Wende plötzlich Geltung erlangen, als eine mysteriöse „»Verwandlung«[[214]]".[215] Wenig später (1992/1993) verwirft der Erzähler allerdings sein kreatives Ich von einst, dem er doch immerhin seine gegenwärtige Existenz verdankt. Diesbezüglich erklärt er im Vorgriff auf ein im Entstehen begriffenes „Theaterstück" (äquivalent dem Projekt, aus dem Kertész' nächster Roman *Liquidation* hervorging; siehe [161] und [189]): „im [*Selbst-*]Mörder (der Hauptrolle) werde ich mein eigenes schöpferisches Sein betrauern – jenes Wesen, das infolge dreißigjähriger geheimer, fruchtbarer und im Grunde harmloser Arbeit aus seinem Kokon eine Seidenraupe hervorgebracht hat, diesen anderen, der ich heute bin. Er aber, der eigentliche Schöpfer – ist tot." Damit meint Kertész, dass er die Rolle eines harmlosen Dissidenten, der offiziell geduldet und insgeheim verehrt wurde (vgl. [149]), nicht länger einnehmen konnte – das hieße nämlich, Diktatur zu spielen, nachdem es sie in der Realität nicht mehr gibt. Der Verlust seiner alten Rolle war für ihn aber durchaus problematisch. Hierzu äußert im Roman der Erzähler, als „Kind von Diktaturen" habe er gelernt, aus seinem „Gebrandmarktsein" literarisches „Kapital" zu schlagen: „daraus beziehe ich meine Inspiration". Mit Blick auf die Normalisierung der Verhältnisse frage er sich jedoch, ob er „zu einem normalen Leben überhaupt noch fähig" sei. Denn die (geistige) Lebensform eines Ausgegrenzten, der vom „Sein" in das „Schreiben" geflüchtet ist, sei ihm „wahrscheinlich längst in Fleisch und Blut übergegangen".[216] Die Diktatur hatte Kertész eine Rechtfertigung gegeben, auf jegliches „»Engagement«" zu verzichten, da er hiermit nur bestimmten vorgegebenen Bahnen gefolgt wäre.[217] Nach 1989 fiel diese Rechtfertigung natürlich weg. Der angekündigte »Suizid« bedeutet also, dass Kertész neu lernen musste, mit den gesellschaftlichen Bedingungen produktiv umzugehen. Als veränderungsbedürftig erkannte er freilich nicht seine Positionierung im geistigen Exil, sondern seine Beziehung zum heimischen Publikum. Früher hatte er sich mit diesem – bei aller Distanz zur nationalen „»Kulturpolitik«" – noch ausdrücklich solidarisiert (siehe [210]), während das Todesmotiv in *Ich – ein anderer* eine unwiderrufliche Abwendung anzeigt. Schon immer hatte Kertész es vermieden, als natürliche Person aufzutreten und in eigener Sache zu sprechen – bislang vermittelte zwischen ihm und dem Leser stets ein fiktives Alter Ego: Köves, der Abgesandte, Steinig/ der Alte, B. oder ein namenloser Erzähler (der in *Protokoll* Kertész' realer Existenz allerdings gefährlich nahe kommt). Diese Figuren erlaubten ihm, seine persönlichen Erfahrungen mitzuteilen, ohne sich sogleich selbst einem feindlichen Umfeld auszusetzen.[218] Der in *Ich – ein anderer* in Aussicht gestellte Tod des Autors deutet, ähnlich dem Tod seiner Frau, jedoch auf die Beendigung auch noch dieser literarisch vermittelten Beziehung. Wie bereits in *Kaddisch...* und *Die englische Flagge* verweigert Kertész sich damit offenbar der Rolle einer „geistigen Autorität"[219] oder einer künstlerischen Leitfigur etwa im Stile von Joseph Beuys[220] und insistiert auf der Verantwortung eines jeden Einzelnen, was gerade in einer liberalen Gesellschaft zumutbar erscheint. Er selbst nimmt sich hierbei nicht aus, denn der Erzähler erklärt sich (in Referenz auf Hofmannsthal) zum „»Jedermann«[[221]]" und fragt: „Was nun hat sich durch die »Wende« gewandelt? Gibt es kein Ausgeliefertsein mehr? Bin ich von mir selbst erlöst [*wie in der Diktatur*; vgl. [178]]?"[222] Mit dem fiktiven Tod seines schöpferischen Selbst besiegelt Kertész letztlich sogar seine Fremdheit gegenüber *allen* Gesellschaften und *jedem* Publikum (denn der Tote ist weder für seine ehemalige Frau noch für irgend jemand anderen erreichbar). Dies ist relevant, da er inzwischen eine internationale Leserschaft hat. Ihr gibt er zu verstehen, dass er wegen seiner kompromisslos geistigen Kunst in der bürgerlichen Gesellschaft ohnehin „unerkannt"[223] bleiben wird und dass er – um der künstlerischen „Freiheit" willen – den sozialen „Tod"[224] in Kauf nimmt. Anscheinend wurde er durch die politische Liberalisierung veranlasst, sich noch einmal seiner einstigen Radikalität zu versichern und sich entsprechend an die neuen Verhältnisse anzupassen. Insbesondere musste er seine Isolation, die ihm zur Zeit der Diktatur von außen auferlegt wurde, nun durch eigene Entscheidungen herstellen[225] beziehungsweise symbolisch postulieren (wie hier: durch den Suizid des Erzählers, welche Geste auch wieder an Camus' Roman *Der Fremde* erinnert, von dem Kertész sich bereits für *Schicksalslosigkeit* inspirieren ließ[226]). Selbstverständlich begrüßte es Kertész, dass in Ungarn ein freier Diskurs möglich geworden war, und er hielt es für wichtig, dies für eine Neuorientierung der Gesellschaft zu nutzen.[227] Angesichts der veränderten Lage achtete er jedoch um so mehr darauf, seine Freiheit nicht durch selbstgewählte parteiische Bindungen zu verspielen. Nachdem es für ihn in der Diktatur nicht wirklich etwas zu entscheiden gab, konnte er sich jetzt also zum ersten Mal in voller Verantwortung als Autor (im gewohnten gesellschaftlichen Abseits) positionieren.[228] Und eben hierauf dürfte sich der Romantitel *Ich – ein anderer* primär beziehen. Weitere spezielle Aspekte von Kertész' Verwandlung sind im Motto des Romans angedeutet, das Zitate von Montaigne, Pessoa und Rimbaud sowie ein Selbstzitat enthält:

(1) Von Montaigne zitiert Kertész aus dem Vorwort der *Essais*: „… denn ich bin es, den ich darstelle." Die vollständige Passage lautet: „Ich will jedoch, dass man mich hier in meiner einfachen, natürlichen und alltäglichen Daseinsweise sehe, ohne Beschönigung und Künstelei, denn ich stelle mich als den dar, der ich bin. Meine Fehler habe ich frank und frei aufgezeichnet, wie auch meine ungezwungene Lebensführung, soweit die Rücksicht auf die öffentliche Moral mir dies erlaubte."[229] Der öffentlichen Moral genügte aber insbesondere nicht die Ménage-à-trois von Kertész, Albina und Magda (über die sogar Heidelberger-Leonard in ihrer Kertész-Biografie von 2015 diskret hinwegzugehen versucht[230]).

(2) Weiterhin zitiert Kertész aus Pessoas posthum veröffentlichtem *Buch der Unruhe*: „… ich habe nicht existiert, ich bin jemand anderer gewesen (…) Heute auf einmal bin ich zu dem zurückgekehrt, der ich bin oder zu sein träume." Ausführlich lautet der Text: „Mein Verstand hat geschlafen, und so bin ich ein anderer im Leben gewesen. Eine Empfindung transportierten Glücks hat mich häufig begleitet. Ich habe nicht existiert, ich bin ein anderer gewesen; ich habe gelebt, ohne zu denken.[/] Heute plötzlich bin ich zu dem zurückgekehrt, der ich bin oder zu sein träume. Es war ein Augenblick großer Erschöpfung nach einer Arbeit ohne Bedeutung."[231] Die Referenz auf Pessoa, der sich bis zu seinem Tod mit einer politischen Zensur arrangieren musste,[232] ist also ein Hinweis darauf, wie belastend die Diktatur für Kertész trotz aller inneren Freiheit war. Und dass er von Pessoa übernimmt, er sei nun aus seiner Nichtexistenz zu seinem eigentlichen, traumartigen Sein „zurückgekehrt", bringt zum Ausdruck, die Öffnung zum Westen ermögliche ihm endlich ein wahrhaft menschliches Leben als verantwortliche Person.

(3) Von sich selbst („*I. K.*") zitiert er ferner den Satz (aus *Ich – ein anderer*): „»Ich« ist eine Fiktion, bei der wir bestenfalls Miturheber sind."[233] Dem korrespondiert u. a. folgen-

der Tagebucheintrag von 1990: „Ich habe mehrere Ichs, die alle einem einzigen Ich, meinem repräsentativen Ich, dienen. Doch meine sämtlichen Ichs – und damit auch *ich* selbst – wissen über dieses repräsentative Ich nur das wenigste. Ich bin wie Erde und Dünger des Beetes; die Blume[234], die ich austreibe [*also: das von Kertész' Existenz zeugende Werk*235], ist mir fremd; gleichsam nur aus Höflichkeit mir selbst gegenüber vermag ich, sie ab und zu für einen flüchtigen Augenblick zu bewundern."236 Ebenso erkennt auch der Erzähler in *Budapest, Wien, Budapest*, dass die von ihm gespielte Rolle von seinem Umfeld mitbestimmt wird, wobei namentlich in liberalen Gesellschaften Ambivalenzen möglich sind, die sein „Inkognito" und damit seine „Freiheit" bewahren (siehe S. 25, 173). Für die Lektüre von *Ich – ein anderer* folgt hieraus, dass Kertész dem Leser zwar eine gewisse eigene Vorstellung, jedoch keineswegs eine objektive Kenntnis seiner Person vermitteln will. Insofern manifestiert sich in dem Roman ein allgemeingültiges Ideal menschlicher Umgangsformen, das sich positiv von dem Naturalismus unterscheidet, der für totalitäre Gesellschaften charakteristisch ist. Mit Kant könnte man daher sagen, Kertész' autobiografische Erzählung sei ein „Symbol des Sittlich-Guten"237 – und mit Iris Murdoch (die in *Ich – ein anderer* wie beiläufig erwähnt ist) ließe sich ergänzen, dieses Symbol sei durchaus keine trockene Abstraktion („dry symbol"), sondern das Bild einer realen, geheimnisvollen Person („real impenetrable human person")238. Der im Motto zitierte Satz, dem zufolge Kertész als Autor seiner literarischen Selbstdarstellung lediglich „Miturheber" einer allgemeinen „Fiktion" wäre, hat darüber hinaus aber noch eine tiefere Bedeutung. So gesteht Kertész damit keineswegs seinen Zeitgenossen eine Mitbestimmung bei der Ausbildung seiner Persönlichkeit oder deren Darstellung zu, denn seine literarische Arbeit betrachtete er stets als „strikte Privatangelegenheit" (siehe 58), und bis zuletzt betonte er, sein *„wahres Leben"* spiele sich im Verborgenen ab.239 Vielmehr ist es plausibel, dass er sich hierdurch zum „Miturheber" der menschlichen (Geistes-)Geschichte und der für sie konstitutiven Personenrolle erklärt. Der Zweck seines »wahren«, ernsthaften und um der Ernsthaftigkeit willen autonomen Lebens bestünde so gesehen in der Tradierung der menschlichen (oder: geistigen) Lebensform, als deren wesentliches Merkmal die kumulative kulturelle Evolution identifiziert werden kann.240 Dieser evolutionäre Prozess wird von menschlichen »Personen« in Gang gehalten, die das überlieferte Wissen auf der Grundlage individueller Erfahrung aktualisieren respektive erweitern241 (während »funktionale Menschen« nur im Rahmen des Gegebenen agieren und mit ihrem Nihilismus allenfalls die Kultur zersetzen; vgl. S. 20, 105 und 106). Entsprechend erscheint es als Kertész' Anliegen, ein aktuelles Beispiel einer solchen individuellen Existenz zu geben und dies in einem autonom gestalteten Werk – „gut sichtbar, aber unantastbar", wie in einer Vitrine242 – für ein unbestimmtes Publikum zu dokumentieren. Hierbei nahm Kertész sich seinerseits die Werke der „Weltliteratur" zum Vorbild (siehe S. 17, [71] und [76]), denen seine eigenen Schriften gleichsam antworten und die er auch mehr oder weniger deutlich als Referenzen kenntlich gemacht hat. Dagegen vermied er hinsichtlich seiner künstlerischen Selbstdarstellung jede soziale Interaktion, durch die eine Rolle oder Identität über die Spiegelung in konkreten Anderen (etwa im Sinne Meads[243]) ermittelt werden könnte. Zwar ließ er es zu, dass seine zweite Frau Magda „Kommentare" über noch in Arbeit befindliche Texte abgab.[244] Wie er 1979 im Tagebuch notiert, war sein tatsächlicher Bezugspunkt aber: „Die große, fließende Erzählung vom Menschen, in der wir alle unseren Platz suchen", – oder auch: „Gott".[245] Ähnlich schreibt er Ende 1989, als in Ungarn gerade die Grenze zu Österreich geöffnet wurde, um Flüchtlingen aus der DDR die Weiterreise in den Westen zu ermöglichen[246]: „Was unterscheidet mich von ihnen? Sie stehen in Opposition zum System (zu Systemen), ich, wenn ich so sagen darf, zu Gott.[/] Wer in Opposition zu einem System steht, muss an ein anderes System glauben. Wer in Opposition zu Gott steht, muss an überhaupt nichts glauben, er muss nur leben, leben unter Seinem Blick".[247] Mit dem Begriff „Gott" meint Kertész also die *Abwesenheit* eines konkreten Gegenüber – jedoch ist dies keine leere Abstraktion, sondern bezeichnet neben der Transzendenz des Konkreten auch die Verpflichtung zum Erhalt der menschlichen Lebensform im Rahmen einer geistigen Tradition (wie es schon im antiken Ahnenkult praktiziert und in der Moderne wieder von Nietzsche gefordert wurde[248]). In diesem Verständnis erweitert das Aufheben gegenwärtiger Bindungen die Wahrnehmung zu einem von Schopenhauer sogenannten „Weltbewusstsein", welches eher theoretischer als lebenspraktischer Natur ist (gr. *theoros* = Zuschauer), so dass es die wesentlichen, universellen Aspekte der „Realität" erfasst.[249] Ein solches Bewusstsein motiviert dazu, jenseits aller provinziellen Rücksichten Verantwortung für das Fortbestehen der Kultur zu übernehmen und sich, in Kertész' Worten, in die „große, fließende Erzählung vom Menschen" als einer ihrer „Miturheber" einzureihen. Dies aktualisiert zugleich die Rolle der menschlichen Person („»Ich«"), die – wie die menschliche Kultur insgesamt – ein Konstrukt (also: eine „Fiktion") inmitten der physischen Welt ist (oder nach Kant: eine „Insel" in einem „stürmischen Ozeane"; vgl. [25]).

(4) Das letzte Zitat im Motto von *Ich – ein anderer* stammt aus den *Seher-Briefen* von Rimbaud: „Ich ist ein anderer." Rimbaud verwendet diese Formel einmal im Zusammenhang mit seinem Vorhaben, sich als Dichter aller konventionellen Kategorien oder Konditionierungen zu entledigen, um »sehend« zu werden und sich unbekannte Gebiete zu erschließen: „je travaille à me rendre *voyant*: [...]. Il s'agit d'arriver à l'inconnu par le dérèglement de *tous les sens*." Dass er sich hierbei über das Gewöhnliche erhebt, kom-

mentiert er mit der spöttischen Wendung, das Holz habe sich leider in eine Violine verwandelt: „Je est un autre. Tant pis pour le bois qui se trouve violon, [...]".[250] Ein andermal bezeichnet er damit die Differenz zwischen seiner realen, substanziellen Psyche und ihrer Erscheinung als bewusstes Ich, das sich zu seinem realen Substrat verhält wie eine Trompete („clairon") zu dem Kupfer („cuivre"), aus dem sie geformt ist, und das etwa die Entstehung eines Gedankens nur beobachtend begleitet, ohne selbst Ursache dieses geheimnisvollen inneren Vorgangs zu sein (was auch für Valéry oder Sartre vorbildlich gewesen sein könnte[251]): „Car Je est un autre. [...]; j'assiste à l'éclosion de ma pensée: je la regarde, je l'écoute". Ein Dichter, der nicht im Konventionellen verbleiben wolle, habe demnach die Aufgabe, seine Psyche zunächst gründlich zu erforschen („il cherche son âme, il l'inspecte, il la tente, l'apprend") und sie dann – im Sinne der oben erläuterten Entgrenzung – selbst ins »Monströse« umzubilden, so wie die legendenhaften *Comprachicos* (Kinderkäufer) die Kinder, die sie aufzogen und mit denen sie handelten, kunstvoll deformierten: „Mais il s'agit de faire l'âme monstrueuse: à l'instar des comprachicos[252], quoi!" Schließlich müsse er für die auf diese Weise ermittelten neuen Gegenstände („inventions") eine adäquate Sprache finden („Trouver une langue").[253] Das alles deckt sich wiederum mit der Beschreibung, die Kertész in einem Gespräch aus dem Jahr 2013 von seiner schriftstellerischen Tätigkeit gibt: „Wenn man sich auf das Schreiben eines Romans einlässt, muss man eine Sprache finden[254]. [...] Mein erstes Werk, »Roman eines Schicksallosen«, hätte in keiner anderen Sprache als der seinen geschrieben werden können. Andernfalls wäre es keine Fiktion, sondern lediglich ein Zeugnis [vgl. 2].[/ ...] Ich habe versucht, [...] eine Sprache zu finden, die es mir erlaubt, wie soll ich sagen – irgendwo einzudringen [*etwa: in die persönliche Erinnerung, namentlich an die Erlebnisse in* Auschwitz]. Ja, das ist es, es handelt sich um ein Buch, [...], das sich nicht um die [*objektive*] Geschichte kümmert, weil ich mich weigere, die Dinge von oben oder von außen zu betrachten. Der Erzähler ist am Eintauchen, während das Zeugnis immer eine Art Zurückhaltung voraussetzt."[255] In dem Vortrag *Die exilierte Sprache* von 2000 formuliert er ähnlich, heute gehe es darum, die sogenannte „Vor-Auschwitz-Sprache", die „das humanistische Weltbild des neunzehnten Jahrhunderts[256]" repräsentiert, um den Topos Auschwitz zu bereichern. Die von ihm und anderen Autoren wie Borowski oder Améry verwendete „Nach-Auschwitz-Sprache", in der bereits die „wahren Erfahrungen des Holocaust" überliefert würden, sei aber gleichsam eine „atonale Sprache", da in ihr die „Ungültigkeit von Übereinkunft, von Tradition" oder „allgemein anerkannte[n] Konventionen" zum Ausdruck komme.[257] In einer Notiz von 2001 bemerkt er dazu noch (speziell in Bezug auf den Regisseur „Stephen Spielberg", dessen Film *Schindler's List* er für einen ausgemachten Kitsch hielt): „Ich bedaure, so *nasty* zu sein, aber ich halte auch das Argument nicht für relevant, dass jene (Vor-Auschwitz-) Sprache besser verstanden werde und man folglich größere Massen mit ihr »erreichen« könne [*wie Spielberg wohl kalkuliert hat*]. Es greift bei mir deshalb nicht, weil ich es wiederum für unverständlich halte, dass sich die Wahrheit nur um den Preis einer Lüge »verkaufen« lassen soll. Die Wahrheit ist nun einmal nicht verkäuflich, und was schließlich trotzdem so verkauft wird, ist nicht die Wahrheit."[258] Um der Verständlichkeit willen musste Kertész seine spezifischen Erkenntnisse allerdings mit der Erfahrungswelt des Publikums in Bezug setzen. Insbesondere sein Lagererlebnis dürfte für die meisten Leser nicht nachvollziehbar sein (vgl. [94]), und das erlittene „Unrecht" konnte er als reines „Opfer" eigentlich nicht geltend machen (wie Lyotard in *Der Widerstreit* erklärt hat)[259]. Daher verwendete er eine vermittelnde »dritte Sprache«, die zwar seine eigenen Erfahrungen wiedergibt, jedoch zugleich für andere relevant und überzeugend ist.[260] Die entsprechend von ihm behandelten Themen sind etwa die geistige Orientierungslosigkeit („Das Wesentliche ist nicht einmal, was mit den Juden geschehen ist, das Wesentliche ist, was mit den europäischen Werten geschehen ist."[261]) oder die verkümmerte Persönlichkeit des modernen Massenmenschen, der sozusagen in aller Unschuld das banale Böse verkörpert („Dieses Ich-lose Wesen ist die Katastrophe, das wahre Böse, […], komischerweise ohne dass es selbst böse ist, wenngleich zu jeder bösen Tat fähig."[262]). Generell argumentiert er, von Auschwitz sei nicht nur die Gruppe der Verfolgten oder Ermordeten betroffen, sondern die gesamte spätere Kultur, denn dieses historische Ereignis habe ganz allgemein die – mitunter monströsen – *Möglichkeiten* menschlichen Handelns erkennen lassen. 1984 schreibt er dazu im Tagebuch in Anschluss an Pilinszky: „Warum »Trauma«? Nicht deswegen, weil sechs Millionen Menschen ermordet wurden, sondern deswegen, weil sechs Millionen Menschen ermordet werden *konnten*.[[263]]"[264] Er beruft sich also nicht auf irgendeinen prekären Opferstatus (etwa: als »Verfolgter des Naziregimes«), sondern nur auf das bewährte Verfahren der Alltagsrationalität, gemäß dem ein überraschendes Ereignis zum Anlass genommen wird, das hergebrachte Wissen zu hinterfragen und das eigene Verhalten ggf. so zu modifizieren, dass die Ereignisse (vorläufig) wieder beherrschbar sind. Dies aber ist nichts anderes als das von Peirce sogenannte »abduktive« Schließen, das singuläre Erfahrungen zu einem allgemeinen Wissen evaluiert.[265] Damit wird auch verständlich, wie Kertész davon sprechen konnte, ausgehend von der „negativen Erfahrung" des Holocaust ließen sich „Werte" schaffen, beziehungsweise, dass aus dem Holocaust eine neue Kultur der „Fremdheit" (oder: der Atonalität) erwachse,[266] die er als historische Notwendigkeit akzeptierte[267] und deren radikalen, post- oder neo-humanistischen Individualismus[268] er geradezu begrüßte: „Schiller schreibt aus einer gültigen Weltordnung.

Heute sind alle Werte bestritten. [...]. Und die Werte sind nicht nur bestritten, sie sind vor unseren Augen zusammengebrochen. Was uns bleibt ist eine individuelle Anständigkeit, eine individuelle Anstrengung, individuelle Werte zu schaffen. Und man fängt an bei einem Geständnis, dem Geständnis, dass man auf irgendeine Weise falsch lebt."[269] So gebe es heute auch „überhaupt keine wirklich gute, authentische Kunst", in der nicht ein solcher „Bruch" zu spüren sei[270]: „Wenn ich mich nicht irre, [...], hat Auschwitz die Reste zerschlagen, die von der europäischen, christlichen Kultur noch Bestand hatten – nach dem Ersten Weltkrieg und nach den Philosophen wie Nietzsche und so weiter. Den Holocaust erlebt zu haben und so zu tun, als ob nichts geschehen sei, das ist das Sterben einer Kultur. Das zu akzeptieren, ohne eine positiv gewendete, große Inspiration daraus zu gewinnen, wäre schäbig. Es ist möglich, dass es wirklich dazu kommt, dass aus dem Holocaust eine Kultur entsteht. Wir sehen, dass man in der Kunst nichts ohne das Wissen um den Holocaust machen kann. Es muss nicht sein, dass man direkt über den Holocaust redet. Aber wir erfahren diese Gebrochenheit und diese Atonalität in der Kunst. [...] Seitdem wir in einer anderen Kultur und – wie einige Philosophen sagen – in einer »Unkultur«[[271]] leben, gilt die Atonalität." Auf diese Weise entstehe de facto ein „neuer Konsens", der freilich kein „konkreter Konsens" und daher u. U. schwer vermittelbar sei.[272] Der von Kertész gemeinte neue Konsens – die allgemeine Bereitschaft, kontraintuitive Erfahrungen anzunehmen – hat aber durchaus historische Wurzeln, denn schon der antike Begriff des Autors (lat. *auctor* = Mehrer, Förderer, nach *augeo* = wachsen machen, vermehren) setzt das Vermögen voraus, sich vom Hergebrachten zu entfernen und dadurch die Kultur zu bereichern. Dasselbe Vermögen schreibt auch noch Rimbaud dem kreativen »Autor« oder »Poeten« zu, den er vom bloß funktionalen »Beamten« oder »Schreiber« unterscheidet.[273] Die in Frage stehende Empfänglichkeit demonstriert Kertész in mustergültiger Form bereits mit seinem ersten Roman *Schicksalslosigkeit*, in dem er – scheinbar in der Ausnahmeposition eines Holocaust-Überlebenden – grundlegende Konsequenzen aus dem europäischen Kulturbruch zieht. Und nicht anders verfährt er in dem (weithin unterschätzten[274]) Roman *Ich – ein anderer* in Bezug auf die Wende von 1989, welches Ereignis nun aber offenkundig »Jedermann« in gleicher Weise betrifft. Hierbei zeigt er sich insofern engagiert, als er in Ungarn dafür wirbt, sich um eine „Anbindung an das geistige Europa" zu bemühen und so den Systemwechsel aktiv zu gestalten. Namentlich sei die im Westen bereits erfolgte „Erschütterung des Geistes" durch „Auschwitz" nachzuholen, um die „Entzweiung" zwischen Ost- und Westeuropa zu überwinden.[275] In *Ich – ein anderer* nimmt er sein Engagement jedoch in gewissem Sinne wieder zurück, denn durch den angekündigten »Tod des Autors« weist er jedem seiner Leser eine individuelle Verantwortung zu (siehe oben S. 30).

Mit seinen Vorstellungen von einem verantwortlichen Leben blieb Kertész in Ungarn letztlich isoliert. Ihm zufolge hatten dort immer noch dieselben Leute „das Sagen", „die auch in den Zeiten von János Kádár schon am Ruder waren", und nach wie vor würden die „Intellektuellen" versuchen, sich an die herrschende Macht anzupassen[276] – jemand wie er musste hierbei aber stören. Des Weiteren war im Westen mit der Postmoderne ein Klima der Beliebigkeit und der Indifferenz entstanden, in dem ein »Autor« oder eine »Person« leicht als unzeitgemäße Figur (wenn nicht überhaupt: als wissenschaftlich unhaltbare Idee) erscheinen konnte. Dies kam wiederum all den Osteuropäern entgegen, die, wie Kertész beklagt, eine existentielle Auseinandersetzung mit der „Vergangenheit" scheuten.[277] Der in *Ich – ein anderer* und *Liquidation* inszenierte »Tod des Autors« lässt sich somit auch als ironische Anspielung auf Roland Barthes (*La mort de l'auteur*) und die postmoderne Bewegung lesen, die mittlerweile in Ost und West gleichermaßen verbreitet war.[278] Zu deren Literaturverständnis äußert Kertész sich im Tagebuch bereits seit 1994 kritisch. Etwa schreibt er dort: „Die sogenannte Postmoderne: dass der Schriftsteller nicht an die Sprache herankommt. Dass er keine großangelegte Konzeption für die großen Dinge findet. Und daraus wird dann eine Tugend gemacht, mehr noch, der Stil." Dabei betrachtet er eben diesen „allgemeine[n] Mangel an Ernst" und den damit verbundenen Verfall der Kultur als interessanten Gegenstand: „Aber das Weltende, das uns umbrodelt, eignet sich enorm zur stillen Bereicherung unseres Innenlebens."[279] 1996 erklärt er in einem Gespräch mit Adelbert Reif, die aktuell herrschende Desorientierung lasse sich insbesondere durch eine Bezugnahme auf Auschwitz überwinden: „Da unserer Zeit gültige Mythen fehlen, fehlt ihr auch der Stil. Die christlichen Mythen, [...], sind bedeutungslos geworden, und in noch stärkerem Maße trifft das auf die antiken Mythen zu. Beide bieten dem Menschen der Gegenwart keine nützlichen Beispiele mehr, an denen er sich orientieren könnte.[/] Doch nun hat sich in unserer Zeit der Unkultur langsam ein neuer wirklicher Mythos herausgebildet: Auschwitz. Das ist ein Mythos, der in seiner Struktur, in seiner Vielfältigkeit und historischen Bedeutung dem heutigen Menschen etwas zu sagen vermag, wenn dieser Mensch bereit ist, sich der Sprache dieses Mythos zu öffnen. [.../] Eine besondere Wichtigkeit erlangt der »Mythos Auschwitz« gerade für den Künstler.[280] Es mag paradox und unbarmherzig klingen, wenn ich hier im Zusammenhang mit Auschwitz über Kunst reflektiere. Und dennoch verhält es sich so, dass der heute oft beklagte Unstil in der Kunst – ich nenne nur das Stichwort »Postmoderne« – sofort verschwindet, wenn sich die Künstler auf etwas stützen: auf einen Mythos, eine Religion und so weiter. Erst durch seinen Bezug auf einen Fixpunkt schafft der Künstler einen Stil. Von daher bekenne ich als Romancier: Für mich ist Auschwitz eine Gnade."[281]

Nach dem Erscheinen von *Ich – ein anderer* 1997 in Ungarn publizierte Kertész dort noch die Essaysammlung *Eine Gedankenlänge Stille, während das Erschießungskommando neu lädt* (1998, dt. 1999; vgl. [160]). Als er aber erkannte, dass sein Werk auch in der von Repression und Zensur befreiten Nachwende-Gesellschaft nicht adäquat rezipiert wurde (siehe [189] und [274]), entschied er, dass es für ihn in seiner Heimat „keine Arbeit im geistigen Sinne" mehr gebe. Da seine Schriften hingegen in „Deutschland" auf einen „fruchtbaren Boden" zu fallen schienen und er sich ohnehin der „westlichen Zivilisation" zugehörig fühlte,[282] mietete er 2001 in Berlin zunächst eine „Arbeitswohnung"[283] und dann für sich und seine Frau Magda eine gemeinsame Wohnung, die sie Anfang 2002 bezogen.[284] Obwohl Kertész sich inzwischen auch in Budapest „sehr schön eingerichtet" hatte,[285] wurde Berlin in den folgenden Jahren sein Lebensmittelpunkt. Bereits 1993 war er dort für drei Monate Stipendiat des DAAD (siehe S. 28, [197]). Nun erhielt er, um den Roman *Liquidation* zu beenden, vom Wissenschaftskolleg zu Berlin ein Stipendium für 2002/2003[286] – und danach sei er „einfach hier hängengeblieben", wie er 2003 in dem Essay *Warum gerade Berlin?* schreibt.[287] Mitten in dieser Phase der Neuorientierung und des wachsenden Erfolgs[288] wurde ihm 2002 der Nobelpreis für Literatur verliehen (welchen er, als ihn ein Jahr zuvor V. S. Naipaul erhielt, als „Glückskatastrophe" bezeichnet hatte, der er glimpflich entronnen sei, wobei er „das Geld" natürlich gut hätte gebrauchen können[289]). Eine weitere öffentliche Anerkennung erfuhr er, indem die Berliner Akademie der Künste sich – schon vor dem Nobelpreis – um die Archivierung seiner Manuskripte bemühte. Erste Materialien erhielt die Akademie Ende 2001.[290] Seit 2003 besteht dort ein wissenschaftlich betreutes Kertész-Archiv,[291] das 2011 noch einmal erweitert und 2012, nach dem Erwerb des Materials, mit einer Lesung aus Kertész' Tagebüchern der Öffentlichkeit vorgestellt wurde.[292]

Von Juni bis September 2001 schrieb Kertész das Drehbuch zu der Verfilmung von *Schicksalslosigkeit*, die schon seit Mitte der 90er Jahre geplant war und an deren Vorbereitung er sich, nach anfänglicher Zurückhaltung, immer stärker beteiligte (siehe *Primärliteratur*, [q]). Das Skript erschien 2001 auf Ungarisch[293] und 2002 (bei Kertész' neuem Verlag Suhrkamp[294]) unter dem Titel *Schritt für Schritt* auf Deutsch[295]. Der Film *Fateless – Roman eines Schicksallosen* wurde 2003/2004 unter der Regie von Lajos Koltai gedreht und 2005 veröffentlicht. Über die Motivation, mit dem Filmskript gleichsam eine zweite Fassung seines Romans zu erstellen, notiert Kertész selbstkritisch: „Was zum Teufel hat mich zu dieser Arbeit verleitet? […] Ich habe ganz einfach eine primitivere, sentimentalere Variante des Romans hergestellt: als schriebe ich, viel direkter als im Roman, über mich selbst. Aber was hat mich dazu gebracht? Wahrscheinlich die stärkere Plastizität der Bilder und lebenden Darsteller, die auf bestechende Weise *Leichtigkeit* ermöglichte. Die Frage ist letzten Endes, ob ich nicht Verrat begangen habe. Persönlich, meine ich, [...], sicher nicht. Öffentlich aber habe ich gezeigt, wie leicht eine Variation und wie wenig notwendig eine notwendig erscheinende und als notwendig postulierte Form ist. Alles ist möglich – und das ist wie das »Postmoderne«, das ich so verabscheue [vgl. oben S. 37]."[296] Im Unterschied zum Roman, dessen provokante Atonalität im Westen weitestgehend verstanden und geschätzt wurde,[297] stieß der Film namentlich in der deutschen Presse auf eine reflexartige Abwehr (während er in den USA durchweg gute Kritiken hatte). Außer in einigen wenigen positiven Besprechungen[298] lautete das Urteil dort, *Fateless* sei „missglückt"[299]. Beanstandet wurde vor allem die konventionelle Inszenierung („nicht zynisch genug"[300]; „harmlose Kinobilder, in denen nichts sichtbar wird außer einer Menge Komparsen, vielen Töpfen Make-up und einem gutgefüllten Lumpenfundus"[301]; von „einer aufwändig agierenden Gewandmeisterei in Szene gesetzt"[302]) und die Musik von Morricone („grenzt ans Perverse"[303]; „Untermalt werden die Tableaus aus Buchenwald mit der schwelgerisch elegischen Musik von Ennio Morricone, der immer schon alles vertont hat, [...], vom Softporno zum Holocaust. Klingt alles ähnlich. Dank Lajos Koltai sieht es jetzt auch ähnlich aus."[304]). Ferner kritisierten einige Rezensenten die gelegentlich aus dem Off eingespielte Stimme von Köves, die nur ein ungeschickter Notbehelf sei.[305] Sie deuteten diese freilich als reine Erzähler-Stimme und erkannten nicht, dass es sich zuallererst um einen inneren Monolog (respektive: Dialog) handelt, in dem Köves – als verantwortliche Person (vgl. S. 10, [15]) – seine Erlebnisse und sein eigenes Verhalten für sich selbst artikuliert, wodurch sie explizite Inhalte seines Bewusstseins werden (vgl. S. 21, [119]). Letzterer Einwand erscheint somit als unberechtigt. Was aber die ersten beiden Punkte betrifft, enthalten die Kritiken möglicherweise einen wahren Kern. So betont Kertész im *Vorwort* von *Schritt für Schritt*, er verstehe sein Drehbuch als einen „Blankoscheck", den er dem „Regisseur und seinen Mitarbeitern" überreiche, „damit diese ihn mit ihrer eigenen Kunst, mit ihrem eigenen Können füllen."[306] Der Film zeugt allerdings eher davon, dass sich Koltai – als erfahrener Kameramann – am Drehbuch und an der mit Kertész vereinbarten Konzeption zum Teil nur mit handwerklicher Routine abgearbeitet hat, statt in einem freien, künstlerischen Prozess eine spezifische Übersetzungsleistung zu erbringen. Bei dieser sinnlichen Vermittlung des in der Handlung codierten Gehalts geht es nicht um die Befriedigung ordinärer Bedürfnisse, sondern darum, den einzelnen Zuschauer zu berühren und zu einer weiteren Reflexion anzuregen. M. E. wird jedoch speziell der erste, außerhalb des Lagers spielende, Teil von *Fateless* dem nicht gerecht (wogegen die irritierend schönen Szenen im Lager dies leisten). Auch Kertész schien von Koltais Regie nicht restlos überzeugt. Nach einer ersten Präsentation des Bildmaterials bemerkt er im Tagebuch: „Ich glaube, zu mehr ist K. nicht in der Lage, und es ist nicht wenig, wozu er in der Lage ist." Koltai habe „redliche Arbeit"[307] geleistet und „das Beste aus dem Stoff gemacht"[308]. Über „Morricones Filmmusik", die er vorab hören konnte, schreibt er: „sie gefiel mir sehr."[309] Gerade die Musik hinterlässt aber den zwiespältigen Eindruck einer „nicht vollkommen"[310] gelungenen Wertarbeit. Die zu Beginn gespielte Titelmelodie ist sogar ausgesprochen süßlich und einfältig (wie spätestens im Vergleich mit anderer, anspruchsvollerer beziehungsweise besser gespielter Musik auffällig wird[311]) und dürfte, neben der anfangs etwas uninspirierten Inszenierung, viel zur Ablehnung des Films beigetragen haben. Mag sein, dass mit ihr Köves' Naivität zum Ausdruck kommen sollte, was an sich konzeptionell stimmig wäre. Jedoch besteht die Gefahr, dass eben dies beim Publikum einen instinktiven Widerwillen auslöst, der sich leicht auf den gesamten Film überträgt und dann mit irgendwelchen anderen Argumenten rationalisiert wird. Zu den deutschen Kritiken anlässlich der Berlinale-Aufführung am 15. Februar 2005, von denen einige tatsächlich sehr emotional vorgetragen wurden, notiert Kertész: „Hier in Berlin ist der Film bei der Presse durchgefallen." „Trübe Tage. Der Film – der reine Irrtum, reine Zeitverschwendung. Möglicherweise muss ich auch aus Berlin wieder weg: ich bin dazu bereit. Ich könnte nach Italien gehen, Magda unterstützt die Idee. Ich bin zu freundlich zu den Deutschen, die mich doch eigentlich umbringen wollten. Andererseits darf ich mir die Emotionen, die in den Kritiken zutage treten, nicht zu sehr zu Herzen nehmen." „Die unverschämten Kritiken, von denen ich im Grunde nicht weiß, ob sie mir oder dem Film galten.[312] Ich beobachte eine grundlegende Veränderung: Die Zeit der Reue ist passé […]; trotz allem muss ich wohl noch nicht daran denken, auch aus Berlin wieder wegzuziehen."[313] Zum deutschen Kinostart Anfang Juni schreibt er ähnlich: „Gestern abend die Berliner Premiere (Film). Wowereit, der Bürgermeister, und der ungarische Botschafter waren gekommen. Schlechte Presse. Die Freude der deutschen Zeitungen, mir endlich mal einen Tritt verpassen zu können. Die Schonzeit ist vorüber. Interessant, wie ruhig ich das aufnehme. Halb soviel Hass und Unkorrektheit auf Ungarisch hätte mich [*wohl: wegen der gewohnten antisemitischen Anfeindungen*] schon zur Raserei gebracht."[314]

Nach der Fertigstellung des Drehbuchs zu *Fateless* im Herbst 2001 konnte Kertész 2003 auch den Roman *Liquidation*, an dem er bereits seit 1990 gearbeitet hatte, abschließen und veröffentlichen.[315] In *Dossier K* erinnert er sich, wie er das ins Stocken geratene Projekt in Berlin wieder aufgriff: „In Berlin ist *Liquidation* dann wiederauferstanden; während ich über den Ku'damm und seine Nebenstraßen schlenderte, erschienen in meiner Phantasie die verschwommenen Handlungslinien und verschwundenen Zusammenhänge wieder an ihrem Platz, […] – die noch fragilen Strukturen eines möglichen Romans."[316] Dies suggeriert zunächst eine unbeschwerte literarische Produktion. Im Tagebuch gibt Kertész aber zu erkennen, dass ihm die Arbeit durchaus nicht leicht fiel. Etwa gesteht er in einer Notiz vom 21. Oktober 2001, er fühle sich von dem Stoff überfordert: „Endlich bin ich mit allem fertig und zum Roman zurückgekehrt. Die Fremdheit der ersten Lektüre ist unwiederholbar. [...] Eine undurchschaubare Stoffmenge steuert mit eisiger Sicherheit auf das Verhängnis zu."[317] Außerdem erschwerten ihm diverse Alltagssorgen die Arbeit. So litt er seit 2000 an Parkinson,[318] wodurch seine rechte Hand „unbrauchbar"[319] wurde und er sich gezwungen sah, mit Hilfe eines Laptops zu schreiben. Nach anfänglichem Optimismus („Der langweiligen Kaste der Erfinder Dank und Respekt!") klagt er am 16. März 2001: „Noch vor drei Tagen in großer Romanstimmung, [...]. Dann warf vorgestern der Kauf eines Laptops mit einem Mal alles wieder um. Gestern von morgens bis abends vergeblich mit dem Apparat herumgearbeitet – ich komme nicht mit ihm zurecht."[320] Darüber hinaus musste sich Magda 2001/2002 einer (erfolgreichen) Krebstherapie unterziehen.[321] Und seit Oktober 2002 lenkte der „Nobelpreis-Wahnsinn"[322] Kertész vom Schreiben ab. Am 2. März 2003 vermerkt er aber schließlich: „Budapest. Vorgestern, am 28. mit der Abendmaschine angekommen. Die ganze Nacht nicht geschlafen. Gestern nachmittag ganz plötzlich mit brennenden Augen, im Chaos der zu erledigenden Papiere und in gereizter Stimmung den Roman abgeschlossen. *Liquidation* ist fertig, [...]. Es ist eine kurze, aufregende Lektüre geworden, »der letzte Blick, den ich – vor dem Abschied – auf Auschwitz richte«[323]."[324]

Unter jenem »letzten Blick auf Auschwitz« versteht Kertész seine Darstellung der gegenwärtigen Gesellschaft, die kein produktives Verhältnis zu ihrem kulturellen Erbe finden kann. In einem Interview von 2004 sagt er dazu: „Der »Roman eines Schicksallosen« spielt noch ganz im Konzentrationslager. »Fiasko« handelt von Überlebenden, die ihre KZ-Erfahrung reflektieren und analysieren. »Liquidation« dagegen erzählt von einem Schriftsteller [*dem Selbstmörder B. oder Bé*], der in Auschwitz geboren wurde und dann in Ungarn, in der kommunistischen Diktatur aufwächst und dort mit Juden der zweiten Generation konfrontiert ist. Das ist die letzte Perspektive, der letzte Blick, den ich auf Auschwitz werfen kann. »Liquidation« erzählt von der zweiten Generation, die Auschwitz als Erbe bekommt und damit nichts anfangen kann."[325] Im Roman vollzieht er dabei einen „Perspektivwechsel"[326], indem er nicht unmittelbar das Leben des suizidalen Autors Bé schildert, der sein Alter Ego und zugleich der (geisterhaft anonyme) Erzähler[327] ist, sondern – als eine von ihm respektive Bé bloß ausgedachte, hypothetische Geschichte[328] – das des Lektors (und verhinderten Autors?) Keserű[329], den er als »verbitterten Menschen« charakterisiert (ungar. *keserű* = bitter)[330]. Der Titel *Liquidation* weist darauf hin, dass Kertész sein vergangenes Sein, das durch eine Auseinandersetzung mit Auschwitz im Kontext der Diktatur geprägt war, als abgeschlossen betrachtet und dass er gewissermaßen seine alte

41

Existenz vernichtet, indem er sich neuen Erfahrungen öffnet. Insbesondere könnte das ein Vorbild für die besagte zweite Generation sein, die zwar nicht Auschwitz, aber doch den Kommunismus erlebt hat und nun, nach der Wende, sowohl mit neuen Problemen konfrontiert ist als auch neue Möglichkeiten hat, ihnen zu begegnen. Entsprechend gibt Kertész gleich zu Beginn von *Liquidation* einen deutlichen Hinweis auf diese problematische – jedoch nicht aussichtslose – Gegenwart, indem er auf das Eingreifen der NATO 1999 im Kosovo-Krieg[331] anspielt: „Neuerdings – in einem der späten Jahre des vergehenden Jahrtausends, sagen wir, just im frühen Frühling 1999[332], an einem sonnigen Vormittag – war die Wirklichkeit für Keserű zu einem problematischen Begriff, doch was noch schlimmer ist: zu einem problematischen *Zustand* geworden."[333] Dass Keserű mit der „Wirklichkeit" nicht zurechtkommt, bezieht sich offenbar auf die unter Intellektuellen verbreitete Neigung, die Erfahrung aufgrund theoretischer Prämissen zu relativieren (oder, wie im Fall der Literaturwissenschaft: sie hinsichtlich ihres akademischen Fachs für irrelevant zu erklären; vgl. S. 37, [278]). Die erlebte Realität lässt sich so natürlich nicht beeinflussen – und eben dieses Argument soll in *Liquidation* den Leser davon überzeugen, eventuell doch auf Kertész' literarisch vermittelte Erfahrung zurückzugreifen, um sich an ihr in der Gegenwart pragmatisch zu orientieren. Aus seiner persönlichen Erfahrung als verfolgter Jude und Bürger eines kommunistischen Staates schloss Kertész, dass totalitäre Diktaturen den Menschen darauf reduzieren, entweder Täter oder Opfer in einem naturalistischen Überlebenskampf zu sein (vgl. S. 21, [118]). Dies ist konkret auch auf den „*Zustand*" des Kosovo im Jahr 1999 anwendbar, wo, in Kertész' Worten, wieder einmal „die gerade zur Ausrottung bestimmte Minderheit" ausgerottet werden sollte (siehe [331]). Da Ungarn aber vor kurzem der NATO beigetreten war, die dem Genozid in Ex-Jugoslawien entschlossen entgegentrat, sah er nun eine realistische Möglichkeit, dass sein Land sich aktiv um die Verbreitung einer liberalen Kultur bemüht und dabei selbst Anschluss an das „geistige Europa"[334] findet. In dem 1999 verfassten Essay *Wird Europa auferstehen?* argumentiert er, zwar sei es bedenklich, dass statt der Zivilgesellschaft „vorläufig Politiker, Strategen und Soldaten" den „europäischen Geist" vertreten: „Doch zumindest ist es ein Zeichen und verweist als solches auf einen dringenden Bedarf."[335] Worin jener Bedarf seiner Meinung nach letztlich besteht, erklärt er in einer Notiz von Februar 1990, die bereits einige wesentliche Motive aus *Liquidation* enthält. So sei es in der Menschheitsgeschichte eine „große Erkenntnis" gewesen, dass man den (nach Kant: absoluten) Wert des Individuums entdeckt habe: „*Jeder Einzelne* ist ein Geschöpf Gottes.[336]" Im Totalitarismus manifestiere sich dagegen die „Wut der Macht" gegenüber „individueller Nonkonformität, überhaupt gegenüber dem *Individuellen als dem Ungehorsamen*", unter welchen

Umständen „die Solidarität – die Liebe –" als eine „Subkultur" erscheine: „in Wirklichkeit ist authentische Solidarität, authentische Liebe auch immer eine Subkultur. Anders gesagt: Revolte, die einzig gottgefällige Art der Revolte.[337] Die Revolte Gottes gegen die missglückte Schöpfung."[338] Und genau dieser vitale „Ungehorsam"[339] erscheint als das zentrale Thema von *Liquidation*. Aus einem Interview mit Kertész von 1992 geht hervor, dass die gesamte Komposition des – nur scheinbar realistischen – Textes auf das Wort „Liebe" an dessen Ende ausgerichtet ist.[340] Wie schon im Fall der beiden anderen größeren Erzählwerke *Die englische Flagge* und *Ich – ein anderer*, die er nach 1989 geschrieben hat, wirbt er mit seinem neuen Roman also dafür, das geistige Erbe der Diktatur zu liquidieren, wodurch in Osteuropa die mit der politischen Wende gleichsam geschenkte Freiheit[341] ein kulturelles Fundament erhalten könnte.

Noch bevor *Liquidation* im Herbst 2003 in den Druck gelangte, erwähnt Kertész im Tagebuch bereits ein neues Projekt. Diesmal handelt es sich um eine Nacherzählung der Geschichte von Lot (welches Motiv er aus seinen frühen Manuskripten von Anfang der 60er Jahre übernommen hat[342]). Am 28. Juni notiert er: „heute morgen bin ich mit der Idee vom *Einsamen von Sodom* aufgewacht [*wie schon einmal 2001*[343]]. [.../] Berlin verdanke ich die Inspiration zu der Idee vom *Einsamen*; ich stelle mir vor, dass Lot auf der Terrasse des Kempinski sitzt, sich wahrscheinlich eine Zigarette anzündet und, während er dem unter den Bäumen des Kurfürstendamms dahinströmenden Verkehr zuschaut, leise zu sprechen beginnt. [.../] Sollte mir also die Gnade gewährt werden, könnte ich einen großen, zusammenfassenden Roman schreiben, dem jedoch überhaupt nicht anzusehen wäre, dass er groß und zusammenfassend ist."[344] Am 17. Oktober, kurz nach Erscheinen von *Liquidation* (in Ungarn und, als Kertész' letzte Publikation bei Suhrkamp, in Deutschland; vgl. [315]), ist im Tagebuch dann noch von einem weiteren Roman die Rede: „Ein radikal persönliches Buch, bis schließlich nichts mehr übrig bleibt (*Die letzte Einkehr* [*ein letzter* Tagebuchroman[345]]). Den Weg zu Ende gehen,[346] im wortwörtlichen Sinn. Die Figur zerrütten, zermalmen, zernichten. Aber möglichst ohne jede Erklärung, vor allem ohne jede sogenannte Philosophie.[347]"[348] Zunächst aber begann er, für ihn selbst überraschend, 2004 mit der Arbeit an dem autobiografischen Roman *Dossier K*, der bereits 2005 fertiggestellt und 2006 veröffentlicht wurde. Geplant war eigentlich eine Biografie auf der Grundlage von Interviews, die sein Freund Zoltán Hafner mit ihm geführt hatte. Angesichts der Tonband-Manuskripte begann Kertész jedoch spontan, sich stattdessen selbst zu befragen (vgl. S. 12 und *Primärliteratur*, [5]). Hieraus entstand ein Roman nach Art der Platonischen Dialoge,[349] in dem er in Form eines zwanglosen Selbstgesprächs über sein Leben und seine schriftstellerische Motivation reflektiert. Gleich nach Beendigung des

Gesprächsbuchs beschloss Kertész, die beiden anderen Projekte mit Hilfe einer von Rilke inspirierten Konstruktion zu verbinden, weil er nur so hoffen konnte, die Arbeit zu bewältigen. Am 26. Juli 2006 notiert er dazu: „Heute morgen um fünf kam ich auf die Frage, wie *Die letzte Einkehr* und *Der Einsame von Sodom* miteinander zu verknüpfen wären; etwa so, wie Rilke die Geschichte des Malte Laurids Brigge mit der des verlorenen Sohnes verbunden hat. […] Ich glaube, es wäre der einzige Weg, sowohl den *Sodomer* als auch die *Einkehr* zu retten, die einzige reale Möglichkeit für ein letztes Buch."[350] Tatsächlich wurden die beiden Teile zuerst separat publiziert. So druckte MÚLT ÉS JÖVŐ [*Vergangenheit und Zukunft*] in Heft 3/2009 schon das erste Kapitel eines Romans über Lot (*A végső kocsma*; dt.: *Die letzte Einkehr*, NZZ, 7.11.2009). Danach erschien von Kertész wieder längere Zeit nichts, und die Realisierung seines letzten Werks konnte durchaus als fraglich gelten. Ende 2012, unmittelbar nach der Eröffnung des Kertész-Archivs in der Akademie der Künste, gab er aus gesundheitlichen Gründen auch seine Berliner Wohnung auf.[351] 2013 wurde dann aber der Band *Letzte Einkehr. Tagebücher 2001–2009* von Rowohlt als deutsche Erstveröffentlichung herausgegeben (einschließlich eines Kapitels *Die letzte Einkehr. Ein Fragment*, in dem Kertész einigen seiner Aufzeichnungen u. a. durch das Ändern von Namen und Weglassen der Daten einen fiktionalen Charakter verleiht, das jedoch nicht mit dem Vorabdruck von 2009 identisch ist[352]). Und 2014 erschien als Synthese der beiden Texte von 2009 und 2013 endlich der Tagebuchroman *Letzte Einkehr* (dt. 2015),[353] den Kertész selbst in einer Vorbemerkung als „Krönung" seines „Werkes"[354] bezeichnet. Ähnlich wie in *Fiasko*, wo »der Alte« – eine „Verkörperung"[355] Kertész' in Gestalt des Bibelübersetzers Hieronymus – fiktiv den zweiten Teil des Romans verfasst, in dem er anhand der Figur Steinig – eine Art Sisyphos-Maske – von seiner Lehrzeit als Künstler berichtet,[356] stilisiert Kertész sich hier als ein moderner Lot. So plant die Figur Sonderberg in einem Kapitel am Schluss von *Letzte Einkehr* (entsprechend dem 2009 veröffentlichten Text) einen Roman, in dem die biblische Gestalt des Lot in Bezug auf die Gegenwart neu interpretiert werden soll. Dabei kann man sich vorstellen, sein »Roman« bestehe aus Kertész' Berliner Tagebüchern der Jahre 2001–2009, die, leicht gekürzt und ohne Datum, in den vorherigen Kapiteln abgedruckt sind. Diese Konstruktion – oder: Komposition (vgl. [142]) – ist, wie angekündigt, Rilkes Tagebuchroman *Die Aufzeichnungen des Malte Laurids Brigge* entlehnt, der von seinen frühen Erfahrungen in Paris handelt und an dessen Schluss die von ihm nacherzählte Geschichte vom verlorenen Sohn[357] steht. Analog hebt Kertész die in seinen Tagebüchern beschriebenen „Tatsachen" durch das im Tagebuch-„Roman" als Deutungsperspektive hinzugefügte Lot-Motiv auf eine fiktionale Ebene (vgl. das Zitat aus *Dossier K*, oben S. 21 f, [121]) und erreicht damit das schon 2003 formulierte Ziel, ausgehend von seinen an sich trivialen und oft chaotischen Alltageserlebnissen noch einen letzten „großen, zusammenfassenden Roman" zu schreiben. Auf seine sinnstiftende Identifizierung mit dem aus Sodom geflohenen Lot – also: einem Menschen im geistigen Exil – deutet ebenso das Selbstzitat, das wie ein (Lebens-)Motto an den Schluss des Romans gestellt ist: „*Immer hatte ich ein heimliches Leben, und immer war dies das wahre.*"[358]

Mit dem Tagebuchroman *Letzte Einkehr* lag Kertész' Werk aber noch keineswegs vollständig vor, denn zwischen den beiden bislang veröffentlichten Tagebüchern *Galeerentagebuch* und *Letze Einkehr* war eine Lücke von 1991 bis 2001 verblieben, die Kertész erst 2016, kurz vor seinem Tod, durch den Band *Der Betrachter*[359] schloss. Außerdem wurden von ihm einige Stellungnahmen publiziert, in denen er die Erneuerung der politischen Kultur einfordert. So berichtet er im Interview *Document and Fiction* von Thomas Cooper[360], das im Frühjahr 2014 in einem Sonderheft des Magazins HUNGARIAN QUARTERLY erschien, die NEW YORK TIMES habe ein im Vorjahr mit ihm geführtes Interview nicht wie geplant gedruckt (also eigentlich: zensiert), weil er dort wider Erwarten nichts Negatives über Ungarn sagen wollte. Dies hat den Hintergrund, dass nach dem überwältigenden Wahlsieg der national-konservativen FIDESZ-Partei und der Christdemokraten im Mai 2010 die bestehenden demokratischen Strukturen unter der Führung von Viktor Orbán[361] radikal beschnitten wurden. Insbesondere stellt Kertész mit Verweis auf seine Diktaturerfahrung klar, zwar sei er nicht mit allem einverstanden, was in seinen Land geschehe, jedoch empfinde er das gegenwärtige Ungarn definitiv nicht als Diktatur, wie es dagegen die NEW YORK TIMES gerne geschrieben hätte.[362] Ebenfalls verwahrt er sich gegen eine Kritik linksgerichteter ungarischer Kreise, die ihm einmal vorgehalten hatten, dass er 2009, kurz vor den Europawahlen, der Einladung zu einer Rede Orbáns in Berlin gefolgt war – denn Orbán zuzuhören sei etwas anderes als ihn zu unterstützen.[363] Generell beklagt er in dem Interview von Cooper, in Ungarn fehle immer noch ein freier Diskurs über das nationale historische Erbe, wie er beispielsweise nach 1968 in Westdeutschland geführt worden sei.[364] Kertész dürfte es begrüßt haben, dass Orbán 2010 die sozialistische Herrschaft in Ungarn endgültig brechen und zugleich die offen antisemitischen Kräfte zurückdrängen konnte. Orbáns populistischer und autoritärer Politikstil widersprach jedoch klar dem von ihm bisher (auch schon zur Zeit der Diktatur) mit persönlichem Einsatz vertretenen Liberalismus. Gegenüber LE MONDE bezeichnete er Orbán Anfang 2012 deswegen sogar als „joueur de flûte d'Hamelin [*Rattenfänger von Hameln*]".[365] Dass er Orbán letztlich doch respektierte, ist vermutlich darauf zurückzuführen, dass dieser nie als Antisemit in Erscheinung getreten war. Im Unterschied etwa zum Fall von Gyula Kurucz oder anderen, die jene Grenze des Tolerierbaren überschritten (siehe S. 26, [174] und [175]), erschien somit eine sachliche Auseinandersetzung prinzipiell möglich. Eine ähnliche Haltung nahm Kertész auch ein, als er im August 2014 den (2011 von Orbán wieder eingeführten) Sankt-Stephans-Orden erhielt und ihm daraufhin vorgeworfen wurde, er habe sich mit der Annahme des Ordens politisch instrumentalisieren lassen. Er erwiderte, es sei ihm vor allem darum gegangen, durch das Akzeptieren dieser nationalen Auszeichnung „das Verlangen nach Schaffung eines Konsenses [*über fundamentale Werte*[366]] und dessen unaufschiebbare Notwendigkeit" zum Ausdruck zu bringen.[367] Der von ihm angestrebte Konsens, gemäß dem trotz aller möglichen Gegensätze die menschliche Solidarität gewahrt bliebe, würde aber gerade der Funktionalisierung der Einzelnen durch eine politische oder kulturelle Lagerbildung die Grundlage entziehen. Er versuchte also, der von Orbán und der Opposition gleichermaßen vorangetriebenen Polarisierung entgegenzuwirken. In einem Interview von Anfang 2015 äußert Kertész schließlich die Befürchtung, dass „die Demokratie sich nicht selbst schützen" könne und sich vielleicht sogar ein Ereignis wie „Auschwitz" „wiederholt". Konkret in Bezug auf den Umgang mit muslimischen Migranten in Europa erklärt er: „Ich kann mir sehr gut vorstellen, dass scheinbar im Interesse der Verteidigung der Demokratie gehandelt wird und dabei langsam eine »Grenzwache« entsteht, die auch nach innen gefährlich ist.[[368]] [...] Ich denke, dass sich die europäische Kultur und die europäischen Werte nur dann verteidigen lassen, wenn die beiden folgenden Bedingungen erfüllt sind: dass man die Demokratie nach außen verteidigt[[369]] und sie zugleich im Inneren bewahrt."[370] Er besteht also wiederum auf dem basalen Wertekonsens einer liberalen Leitkultur, die alles andere als indifferent ist, da in ihr zwischen „Vernunft und Fanatismus" respektive „Toleranz und Hysterie" unterschieden wird (siehe S. 20, [109]). Und man kann sagen, dass dies die Lehre darstellt, die er aus seiner Erfahrung als Auschwitz-Überlebender und langjähriger Bürger (oder: „Gefangener"; siehe S. 27) einer kommunistischen Diktatur gezogen hat.

Kertész starb am 31. März 2016. Am 22. April wurde er auf dem Nationalfriedhof in Budapest beigesetzt, seine Freunde György Spiró[371] und Péter Esterházy[372] verabschiedeten sich von ihm mit einer Grabrede.[373] Am 8. September starb auch Kertész' Witwe Magda. Laut einer Meldung der Agentur MTI vom 21. Dezember hatte sie seinen Nachlass der regierungsnahen *Stiftung für die Erforschung der Geschichte und Gesellschaft Mittel- und Osteuropas* vermacht. Diese plane die Gründung eines Instituts, an dem die in Berlin archivierten Manuskripte Kertész' für eine Veröffentlichung aufbereitet werden sollen. Ferner sei vorgesehen, in seiner früheren Wohnung in der Törökstraße (vgl. [285]) ein Museum einzurichten.[374] Die Stiftung wird vollständig von der Orbán-Regierung finanziert,[375] weshalb die Übereignung in die Kritik geriet. Etwa wendet der ungarische

Autor Iván Sándor (*1930) in einem Artikel von März 2017 ein, tatsächlich gebe es „keine neuen Informationen oder glaubwürdigen Dokumente darüber, dass Imre Kertész seine frühere Entscheidung revidiert hätte", den Nachlass von der Berliner Akademie der Künste betreuen zu lassen: „Die Zusage zum Drei-Millionen-Euro-Projekt der Orbán-Regierung hat seine Witwe [*am 30. August 2016* [376]] kurz vor ihrem Tod gegeben. Ich weiß nicht, wer die beiden Zeugen an ihrem Krankenbett waren[[377]] und ob sie verstanden hat, worum es geht. Moralisch halte ich diese »Übereignung« so lange für ungültig und inakzeptabel, bis ein von Kertész selbst unterzeichnetes, durch glaubhafte Zeugen bestätigtes Dokument auftaucht. Dort sollte eindeutig stehen, dass er seine frühere Entscheidung, seine Werke unter die Obhut der Akademie der Künste Berlin zu geben, zugunsten einer regierungsnahen Stiftung in Ungarn revidiert hat.[[378]]"[379] Magda Kertész' Sohn aus erster Ehe, Márton T. Sass, klagte sogar (erfolglos) gegen die Schenkung.[380] Da die Akademie 2012 bereits den Großteil von Kertész' Manuskripten erworben hat (siehe S. 38, [292] und S. 313), betrifft die Überschreibung aber in erster Linie ohnehin nur die Urheber- und z. T. die Verwertungsrechte (auf die das Berliner Archiv auch nie einen Anspruch erhoben hätte), und nicht das Eigentum an dem Nachlass (etwa mit Ausnahme von Kertész' Bibliothek und einiger Dokumente und Computerdateien[381]).

Die besagte Stiftung ist wegen ihrer Verbindung zu Orbáns FIDESZ-Partei höchst umstritten. Zwar erfuhr Kertész gerade von dort einen starken Rückhalt[382], und es ist durchaus vorstellbar, dass sie sich ernsthaft um die Pflege seines Werks bemühen wird[383]. Jedoch kann auch die offizielle Anerkennung nicht über den Gegensatz zwischen Kertész' genuin liberaler Einstellung und Orbáns politischem Kurs hinwegtäuschen. Dabei lässt die jüngste Entwicklung Kertész' zuletzt sehr moderates Urteil über die Verhältnisse in Ungarn (die ihn an die Bethlen-Ära erinnert haben mögen; vgl. [366]) immer weniger gerechtfertigt erscheinen. So wurde Anfang 2017 bekannt, dass Orbán, offenbar durch die Wahl des Populisten Donald Trump zum Präsidenten der USA ermutigt, administrativ gegen die – u. a. von George Soros unterstützten – liberalen NGOs in Ungarn vorgehen will, die ihm wohl als Kritiker (etwa in Bezug auf die staatliche Korruption oder den Umgang mit Flüchtlingen) lästig sind.[384] Weiterhin wurde 2017 ein Hochschulgesetz verabschiedet, das die von Soros finanzierte *Central European University* dazu zwang, ihren Betrieb in Budapest einzustellen.[385] Trotz Kertész' Dementi von 2014 (siehe [362]) ist also zu befürchten, dass sich in Ungarn eine Gesellschaftsordnung herausbildet, welche im Grunde die Zustände der Kádár-Zeit perpetuiert (vgl. [276]). Gleichwohl könnte Kertész' Beispiel jeden Einzelnen daran erinnern, dass keine Notwendigkeit besteht, sich dieser – nur scheinbar neuen – Situation einfach anzupassen.

„Ich möchte nicht mehr schreiben. Für mich ist das Werk, das so eng mit dem Holocaust verbunden ist, abgeschlossen." (Kertész im Interview *Die Wege des Schicksals* zur Eröffnung des Imre-Kertész-Archivs in der Berliner Akademie der Künste, SPIEGEL 46/2012)

Magda und Imre Kertész auf der Eröffnung des Imre-Kertész-Archivs, Berlin, 15.11.2012

II - Der Lot-Roman von Imre Kertész

In Thomas Coopers Interview *Document and Fiction* von 2014 erklärt Kertész mit Blick auf sein nun abgeschlossenes Werk, Erfahrung lasse sich allein durch Sprache – oder genauer: durch Schrift – an künftige Generationen vermitteln, und er habe versucht, seine Auschwitz-Erfahrung in eine adäquate Nach-Auschwitz-Sprache zu übertragen: „The words on paper will be cited, interpreted, debated, the experiences will be forgotten, only the language will remain.[386] So you have to fashion the right language. What is the right language after Auschwitz? Well, I tried to create one."[387] Die fragliche Sprache charakterisiert er an anderer Stelle als eine »atonale« oder »exilierte« Sprache (siehe S. 18, [90] und S. 34ff), die von einer individuellen Existenz des Autors zeugt und eine ebensolche Individualität auch beim Rezipienten voraussetzt (siehe [235]). Dies bedeutet, dass jeder Einzelne – entgegen allen Thesen vom Ende der Geschichte [388] – aufgrund seiner persönlichen Erfahrung einen Beitrag zur Fortschreibung der geistigen Tradition erbringen kann und dass die Berufung auf irgendeine hergebrachte Kultur oder ein vorgeblich gesichertes Wissen nicht mehr statthaft ist. Entsprechend formuliert Kertész 1990 in seinem ersten Vortrag *Die Unvergänglichkeit der Lager*, Auschwitz habe die Hinfälligkeit des im 18. Jahrhundert geprägten „Mythos der Vernunft[389]" erwiesen und „uns mit dem Fluch seelischer und geistiger Verwaisung" beladen. [390] Eine Literatur nach Auschwitz wäre demnach auch nicht mehr für eine bestimmte Gesellschaft repräsentativ, sondern allenfalls für das »heimatlos« gewordene Individuum respektive den modernen Menschen. Im Tagebuch schreibt Kertész dazu 1977 (nach der zunächst folgenlosen Veröffentlichung von *Schicksalslosigkeit, Erdenbürger und Pilger, Der Spurensucher* und *Detektivgeschichte*; vgl. S. 23f): „Was meine Bücher angeht, sich abfinden damit, dass sie nicht auf fruchtbaren Boden fallen [*nach dem Gleichnis Matth. 13, 3-8*]. Da sie einzig und ausschließlich von der Person Zeugnis geben, die sie hervorgebracht hat, und da sie der Heimatlosigkeit dieses Individuums entspringen, könnte ich sie genausogut auf sanskrit schreiben [*nach einem Kommentar Márais über den ungarischen Komponisten Béla Bartók, der 1940 in die USA emigrierte und dort kaum Beachtung fand* [391]], denn es gibt keine Nation, auch keine Gemeinschaft, die diese Äußerungen als ihr Eigen anerkennen würde."[392] Ähnlich distanziert er sich in einer Notiz aus dem Jahr 1989 von der sogenannten „offizielle[n] Kunst", mit der er wohl nicht mehr nur die genehmigte Kunst der Ostblockstaaten meint, sondern auch die sozial oder politisch engagierte Kunst, die damals im Westen populär war. Für ihn sei keine Kunst legitim, die „nicht aus der Privatsphäre heraus spricht" und mit der ihr Autor kein „selbstaufopferndes und zum Äußersten entschlossenes *individuelles Beispiel*" gibt (siehe S. 30, [220]).

Unter einem Kunstwerk verstand Kertész somit eine Art moralisches Dokument (im Sinne von lat. *docere* = lehren, unterrichten), das auf der singulären Lebenserfahrung seines Autors beruht und das zugleich über den Kontext seiner Entstehung hinaus von Relevanz ist. Zum einen folgt er damit Kant, der in *Kritik der Urteilskraft* das „Schöne" als ein „Symbol des Sittlich-Guten" bezeichnet (siehe [237]). Zum anderen korrespondiert dies einer Geschichts- und Kunstauffassung, wie sie – als Reaktion auf die im 19. Jahrhundert erfolgten gesellschaftlichen Umwälzungen – Schopenhauer und Nietzsche entwickelt haben. Schon sie waren mit einer erdrückenden Herrschaft der Masse konfrontiert, auf die sie nur durch eine dezidierte Absonderung von der Gesellschaft antworten konnten (während Kant noch in einer institutionalisierten Distanz zum „Volk" lebte, das für ihn, wie er 1798 in *Der Streit der Fakultäten* freimütig bekennt, aus „Idioten" bestand[393]). So schreibt Schopenhauer im zweiten Teil von *Die Welt als Wille und Vorstellung* (1819, 1844), es seien „nur die Individuen und ihr Lebenslauf real,[[394]] die Völker und ihr Leben bloße Abstraktionen": „Endlich laufen die Konstruktionsgeschichten [*wie in der Geschichtsphilosophie Hegels*; vgl. [388]], von plattem Optimismus geleitet, zuletzt immer auf einen behaglichen, nahrhaften, fetten Staat, mit wohlgeregelter Konstitution, guter Justiz und Polizei, Technik und Industrie und höchstens auf intellektuelle Vervollkommnung hinaus; weil diese in der Tat die allein mögliche ist, da das Moralische im Wesentlichen unverändert bleibt. Das Moralische aber ist es, worauf, nach dem Zeugnis unsers innersten Bewusstseins, Alles ankommt: und dieses liegt allein im Individuo, als die Richtung seines Willens. In Wahrheit hat nur der Lebenslauf jedes Einzelnen Einheit, Zusammenhang und wahre Bedeutsamkeit: er ist als eine Belehrung anzusehen, und der Sinn derselben ist ein moralischer." In historischen Zeiträumen werde eine Einheit lediglich durch „*Schrift*" (oder auch: „Denkmale") hergestellt. Diese erlaube es den Menschen, ihr individuelles Dasein zu transzendieren: „Die Schrift nämlich dient, das durch den Tod unaufhörlich unterbrochene und demnach zerstückelte Bewusstsein des Menschengeschlechts wieder zur Einheit herzustellen; so dass der Gedanke, welcher im Ahnherrn aufgestiegen, vom Urenkel zu Ende gedacht wird: dem Zerfallen des menschlichen Geschlechts und seines Bewusstseins in eine Unzahl ephemerer Individuen hilft sie ab, und bietet so der unaufhaltsam eilenden Zeit, an deren Hand die Vergessenheit geht, Trotz."[395] Ähnlich unterscheidet Nietzsche 1874 in *Vom Nutzen und Nachteil der Historie für das Leben* die profane Geschichte von einer „*monumentalischen* Historie", die von einer Elite isolierter Individuen geschrieben wird (siehe [45]). Und eben in einem solchen geistigen Prozess, der parallel zum historischen verläuft und mit diesem nicht identisch ist (was Kant noch als Apriorismus beschreibt [396]), hat Kertész sein „*wahres Leben*" verortet (siehe S. 32, [239] und [240]). Eine weitere Referenz war hier wohl auch Camus, der in seinen Tagebuchnotizen aus der Zeit nach dem 2. Weltkrieg von einer Wahl „zwischen Gott und der Geschichte[[397]]" spricht und sich dabei gegen eine „engagierte Literatur" entscheidet, in der „*nur* das Soziale" zählt. [398] Gleich ihm wählte Kertész als sein Betätigungsfeld die geistige Tradition, die – als „große, fließende Erzählung vom Menschen" – alle provinziellen Belange relativiert (siehe S. 33, [245]). In einer Notiz von Ende 1990, in der er sich auf die neue ungarische Regierung bezieht, die aus den ersten freien Wahlen nach der Wende (am 21. März und 8. April) hervorging, scheint er sogar strikt jedes politische Engagement abzulehnen: „Das Leben ist widernatürlich. Es soll jenen Kräften überlassen werden, die das Leben *wollen*, die die Macht wollen, das heißt, die das Leben zerstören wollen, den biblischen Beelzebuben, die auf der Oberflächenpalette des Lebens in den verschiedenen Tönungen des Faschismus erscheinen (von Rot bis Grün* und umgekehrt [* *gemeint ist die Regierungspartei MDF, Ungarisches Demokratisches Forum, in der auch der Antisemit István Csurka Mitglied war, bevor er 1993 MIÉP gründete*; vgl. [174]]) und die man, medizinisch betrachtet, als Wahnsinnige, als Paranoiker zu bezeichnen pflegt. Sie werden ihre Arbeit verrichten, wie es in der Apokalypse für sie vorgeschrieben ist. Und wir übrigen schauen zu, wie alle und alles, was wir lieben, vernichtet wird, […]." [399] In dem 1999 geschriebenen (aber erst Anfang 2001 veröffentlichten) Essay *Wird Europa auferstehen?* befürwortet er hingegen ausdrücklich den NATO-Einsatz im Kosovo, insofern dieser auf die Durchsetzung ethischer Prinzipien gerichtet war (siehe S. 42, [331]). Eine völlig apolitische, eskapistische Haltung wäre in der Tat auch nicht vereinbar mit seinem Anspruch, im Gegensatz zu den „funktionalen Menschen" der Massenkultur eine individuelle Verantwortung zu übernehmen (siehe S. 20, [105] und [106]). In Anschluss an Plessner ließe sich dies durch eine „Pflicht zur Macht" begründen, die aus der Notwendigkeit folgt, für den Fortbestand der Kultur zu sorgen. [400] Dennoch musste Kertész als Autor grundsätzlich zwischen den beiden Optionen der Darstellung seiner persönlichen Erfahrung und der Beteiligung am gesellschaftlichen Leben wählen, wobei er sich schon zu Beginn seiner literarischen Tätigkeit für eine Position „außerhalb" der Gesellschaft respektive der Politik entschied. [401] So erscheint auch seine Stellungnahme von 1999 in erster Linie als ein vorbildhaftes persönliches Bekenntnis, das zwar eine konkrete pragmatische Bedeutung hat, ihn aber trotzdem nicht an irgendeine Gemeinschaft oder Partei bindet.

Die Erfahrung mittels Schrift aufzubewahren hat nicht zur Voraussetzung, dass über das Geschriebene bereits ein allgemeiner Konsens besteht. Ein Autor, der im traditionellen Verständnis das hergebrachte Wissen erweitert (vgl. S. 36), sollte sich vielmehr gegen das Urteil seiner Zeitgenossen immun machen, da diese für gewöhnlich das Neue, zumal wenn es eine gewisse Relevanz hat, als ungebührliche Abweichung vom Status quo ablehnen. So wusste auch Kertész, dass namentlich Darstellungen, die den Bestand der Kultur nach Auschwitz in Frage stellen, nur schwer „angenommen"[402] werden. In dem Améry gewidmeten Vortrag *Der Holocaust als Kultur* von 1992 zitiert er entsprechende Befürchtungen von Borowski („Das Geschrei der Dichter, der Anwälte, der Philosophen und Priester wird über uns hinwegtönen. Der Schöpfer des Schönen, des Guten und der Gerechtigkeit. Der Religionsgründer."[403]) und Améry („Als die wirklich Unbelehrbaren, Unversöhnlichen, als die geschichtsfeindlichen Reaktionäre [...] werden *wir* dastehen, die Opfer, und als Betriebspanne wird schließlich erscheinen, dass immerhin manche von uns überlebten."[404]). Er selbst vermied angesichts dieser Umstände stets direkte Auseinandersetzungen, in denen er unterlegen gewesen wäre, und artikulierte sich nur in seinem Werk (vgl. [194]). Der Raum der Literatur war für ihn also eine Art Exil, in dem er eine vollkommene geistige Freiheit genoss. Im sozialistischen Ungarn musste er seine Gedanken zudem noch hinter Allegorien verbergen (siehe [128] und [228]). Essays, in denen er im Klartext formuliert, sind erst aus der Nachwendezeit überliefert. Im Tagebuch zitiert er lediglich einmal aus seinen Notizen zu einem „Freud-Artikel", der 1982 in ÉLET ÉS IRODALOM erscheinen sollte (und der dann doch nicht ihm, sondern einer „»geeigneteren« Person" in Auftrag gegeben wurde).[405] In einem Gespräch von 2000 erklärt Kertész, er habe sich damals aber in keiner Weise beeinträchtigt gefühlt. Dagegen sei nach der Wende die fortgesetzte Weigerung seiner Landsleute, sich mit der Vergangenheit zu konfrontieren, für ihn sehr enttäuschend gewesen (siehe [189]). In dem Vortrag *Die exilierte Sprache* aus demselben Jahr klagt er, in Ungarn werde der „Holocaust" nach wie vor verdrängt, so dass er sich dort weiterhin als Außenseiter fühle und die ungarische Sprache nur wie ein Gast (sprich: Jude) gebrauche: „Jedenfalls schreibe ich meine Bücher in einer Gastsprache,[[406]] von der sie naturgemäß abgewiesen oder allenfalls am Rande der Bewusstseinswelt geduldet werden."[407] In einem Dialog aus *Dossier K* macht er jedoch darauf aufmerksam, dass seine Schriften bei aller Marginalisierung immerhin existierten: „Du überschätzt die Wichtigkeit der sogenannten Kritik [*die in Ungarn neben Kertész' Essays vor allem »Ich – ein anderer« schlecht aufgenommen hatte*; siehe [274], vgl. auch [159]]. Die Werke – wirkliche Werke – führen ein eigenständiges Leben.[/ ...] *Auch deine theoretischen Arbeiten, deine Essays, die Vorträge, lehnt die ungarische Kritik fast einhellig ab.*[/] Unabhängig davon existieren sie ..."[408]

Kertész reagierte demnach auf den Widerstand gegen sein Werk und seine Person (insbesondere im akademischen Umfeld; vgl. [277]) mit einem Verzicht auf unmittelbare Geltung. Dies ist im Medium der Schrift ohne Verlust möglich, denn es betrifft nicht den Inhalt des Geschriebenen, während im realen Leben häufig nur die Wahl zwischen offener Konfrontation und Resignation (also: Schweigen oder ggf. Heuchelei) bleibt, abhängig davon, ob man sich in einer starken oder einer schwachen Position befindet. Dass Kertész nicht derart dem konkreten Dasein verhaftet war, ermöglichte somit die Existenz und zugleich die Integrität seines Werks (was er schon 1964 voraussah; siehe [141]). In *Ein Leben als Artikulation* habe ich gezeigt, wie der von ihm habitualisierte Geltungsverzicht, der in seinem Erzählwerk durch eine demonstrative Historisierung zum Ausdruck gebracht ist, schließlich sogar den Leser zu einer ebensolchen theoretischen Haltung motivieren kann. Geht dieser nämlich auf Kertész' argumentative Rhetorik ein, befindet er sich gleichsam in einer idealen Sprechsituation, die ihn von aktuellen Ansprüchen entlastet und die es ihm erlaubt, sich unbefangen mit dem sachlichen Gehalt der Texte zu befassen.[409] Ein Beispiel hierfür gab Kertész zuletzt auch bei seinem Auftritt als „Gastredner" im Deutschen Bundestag anlässlich des Holocaust-Gedenktags 2007. Statt einen historischen Vortrag zu halten, las er eine Passage aus *Kaddisch...*, in welcher der Erzähler B. über die Erklärbarkeit von Auschwitz reflektiert.[410] Genau entgegengesetzt verhielt sich bei ähnlicher Gelegenheit Wolf Biermann, als er 2014 im Rahmen einer Bundestagsdebatte zum Gedenken an den Mauerfall sein Lied *Ermutigung* vortrug und es sich nicht nehmen ließ, gegen die anwesenden Vertreter der Linkspartei zu polemisieren (woraufhin er vom Bundestagspräsidenten Norbert Lammert den Hinweis erhielt, er sei nur „zum Singen eingeladen").[411] Interessant an dem Vergleich zwischen Kertész und Biermann ist, dass Kertész sich bei seinem Auftritt ebenfalls kritisch an die Kommunisten wandte, ohne aber jemanden persönlich anzugreifen (und ohne dass seine Kritik unmittelbar auffällig wurde). So zitierte er aus *Kaddisch...* einen Monolog von B., in dem dieser seinen fiktiven Zuhörern sagt: „[...], wenn ich auch weiß, dass ihr es schwer akzeptieren könnt, dass ihr von gemeinen Kriminellen beherrscht werdet, [...]." Offenbar spricht B. hier von den politischen Verhältnissen in Ungarn während der späten 70er Jahre, obwohl zuvor ausschließlich „Auschwitz" das Thema war.[412] Kertész alias B. verurteilt die Diktatur damit nicht minder scharf als Biermann, jedoch stellt er eher ihren generellen Mechanismus bloß als die Verfehlungen bestimmter lebender Personen, und dass dies auf einer fiktionalen – oder theoretischen – Ebene geschieht (vgl. S. 21f und S. 33), entbindet ihn von allen sozialen Rücksichten.

Tatsächlich erhält Kertész' Werk gerade durch das unpopuläre Thema Auschwitz, das mit den allgemeinen Phänomenen des Totalitarismus und der Massenkultur assoziiert

werden kann, eine bleibende Bedeutung. Kertész ging davon aus, dass die „Katastrophe"
des europäischen Kulturbruchs, mit dem er selbst zuerst „in Auschwitz" und dann „im
Stalinismus" Erfahrungen machte, die gesamte spätere Geschichte prägen wird.[413] Und
genau darauf beruht die Konzeption seines Werks (siehe S. 35f). Eine weitere Univer-
salie, die sich darin ebenfalls abbildet, ist das menschliche „*Gesetz*", gemäß dem Kertész
– inmitten der naturalistischen Massenkultur – sein eigenes „Leben" gestaltet hat (siehe die
Notizen von 1968 [240] und 1985 [107]). Eine Erklärung zu diesen beiden komplementär aufei-
nander zugeschnittenen Motiven gibt er bereits am Schluss seines zweiten großen Romans
Fiasko. Dort beschreibt er das von seinem jugendlichen Alter Ego Steinig begonnene
Werk als einen aus seinem „Leben" zu destillierenden „Gegenstand", den ein Leser „wie
ein merkwürdiges Gebilde der Natur" aufheben und begutachten kann (siehe [164]). Dabei
betont er, jenes Werk solle von der Lebenserfahrung des Autors nur „das Wesentliche"
enthalten (also: das Dauerhafte, Beständige; vgl. ahd. *wesan* = sein, werden, geschehen,
leben; *fir-wesan* = zunichte machen, vergehen): „so würde er von nun an leben müssen,
den Blick auf dieses Sein geheftet, er würde es lange, durchdringend, staunend und ungläu-
big betrachten, immer nur betrachten, bis er daran endlich etwas erkennen würde, was fast
schon nicht mehr zu diesem Leben gehört, etwas, was greifbar ist, auf das Wesentliche zielt,
unbestreitbar und vollendet ist wie die Katastrophen [vgl. [413]]".[414] Analoge Ansprüche
haben (vor Auschwitz) auch schon Valéry und Ortega formuliert, und es ist gut möglich,
dass sich Kertész in *Fiasko* auf sie bezieht. So behauptet Valéry in der *Rede über die Dichtkunst* (Université des Annales, 2.12.1927): „*Was nur für uns allein Wert hat, das hat
gar keinen Wert. Das ist das Gesetz der Literatur.*"[415] Und Ortega bemerkt wenig später
in der Vorlesung *Was ist Philosophie?* (Madrid, 1930)[416], nur das Vernünftige, Rationale
sei im historischen Abstand noch verständlich: „Doch kann eine Epoche nicht verstanden werden, solange nicht der Mensch dieser seiner eigenen Zeit ein sinngemäßes Leben
führt, das heißt, wenn nicht, was er denkt und tut, eine rationale Struktur hat. Somit ist
die Geschichte dazu angehalten, alle Zeiten zu rechtfertigen, und ist genau das Gegenteil
von dem, was sie aufs erste zu sein drohte. Indem sie uns die Wandelbarkeit der menschlichen Meinungen vor Augen stellt, scheint sie uns zum Relativismus zu verurteilen; da
sie aber jedem relativen Standpunkt des Menschen seinen vollgültigen Sinn erteilt und
uns die ewige Wahrheit, die jede Zeit gelebt hat, enthüllt, überwindet sie auf radikale Art
die Unvereinbarkeit, die der Relativismus im Verhältnis des Menschen zu einer über das
Relative hinausgehenden und gleichsam ewigen Bestimmung des Menschen erblickt."[417]
Ortegas (wohl von Hegel stammendem) Idealismus gibt Kertész in *Fiasko* durch den Verweis auf die Universalität der „Katastrophen" allerdings ein reales Fundament, auf dem sich

die ewige „Bestimmung" des Menschen erst bewähren muss. Ebenso erklärt auch noch im Schlusskapitel des Tagebuchromans *Letzte Einkehr* Kertész' Alter Ego Sonderberg, der die Geschichte von Lots Flucht aus Sodom vor dem Hintergrund seiner eigenen Erlebnisse nacherzählen will: „Ihn, Sonderberg, [...], interessiere [*statt »volkskundlicher Studien« über die sexuellen Ausschweifungen in Sodom*] aber eher das, was immer zeitgemäß, für alle gültig und stets möglich sei. Ein diktaturähnliches Regime sei heutzutage – um es so auszudrücken – das *Modellregime*, das heißt aufgrund [LE0: anhand] eines bestimmten Rezeptes immer vorstellbar, [...]. Eine totale Diktatur, die dich von dir selbst befreit [vgl. S. 26, [178]], und eine konformistische [*oder bildhaft: homoerotische*[418]] Ideologie, ein konformistischer Glaube, der mit seinen strengen Religionsdogmen für deine Seele bürgt: das sei, wie wir gesehen hätten [LE0: haben], immer möglich. Darin liege die große Bedeutung des Geschehenen."[419] Kertész begegnete jenem allgegenwärtigen Konformismus, den er als die Ursache der besagten „Katastrophen" identifiziert hat, durch eine „existentielle Bewusstwerdung" (siehe S. 16, [65]), die ihn vom funktionalen Massenmenschen unterschied und ihn gewissermaßen in eine Position außerhalb der „Geschichte" respektive der „Menschheit" brachte (siehe [61] und [160]). Natürlich leugnete er nicht seine Beteiligung am historischen Geschehen, jedoch bestand er darauf, seine Erlebnisse selbst zu deuten (vgl. S. 10, [16] und S. 21, [120]). Wie erläutert, sah er in der theoretischen Deutung seiner Lebenserfahrung seine eigentliche Aufgabe als Autor. Und da er mit dem Schreiben keinen anderen Anspruch als den der Erkenntnis verband, diente ihm als Referenz nur die über die Weltliteratur vermittelte geistige Tradition (vgl. S. 33). Direkten Auseinandersetzungen entzog er sich hingegen weitestgehend (abgesehen etwa von Gesprächen mit befreundeten Künstlerkollegen wie János Pilinszky, György Spiró, Péter Esterházy, Tankred Dorst, György Ligeti, Daniel Barenboim, Claude Lanzmann etc. oder mit Intellektuellen wie der Historikerin Mária Ormos, mit der er schon in den 80er Jahren im Schriftstellerheim in Szigliget diskutierte)[420]. Eben diese geistige Exilierung (oder nach Schopenhauer: „transzendente" Lebensansicht; siehe [194]), die trotz ihres seltenen Auftretens eine anthropologische Konstante ist, wird aber in dem Lot-Motiv am Schluss von *Letze Einkehr* explizit. Des Weiteren kann man sehen, dass Kertész damit ein Thema aus der Zeit seiner ersten Schreibversuche aufgegriffen hat, weshalb sich die Lot-Erzählung als Deutungsperspektive für sein gesamtes literarisches Schaffen anbietet (siehe S. 43, [342] und [343]).

In diesem Sinne analysiere ich nun in chronologischer Folge die von Kertész vorliegenden Schriften. Hierbei weise ich die wichtigsten Referenzen auf literarische und philosophische Vorbilder nach und erläutere formale Besonderheiten, die für das Verständnis der Texte relevant sind.

Ich, der Henker - Der Einsame von Sodom - Erdenbürger und Pilger

Kertész arbeitete an dem Fragment *Ich, der Henker*, das als ein Kapitel in seinen zweiten Roman *Fiasko* (1988) eingegangen ist, seit ca. 1955. Neben der aus derselben Zeit stammenden Erzählung *Erdenbürger und Pilger* (s. u.) ist dies der älteste von ihm veröffentlichte Text.[421] Er besteht aus der fiktiven Verteidigungsschrift eines politischen Verbrechers, dem vor „Gericht" der „Tod von 30 000 Menschen" zur Last gelegt wird. Hiermit porträtiert Kertész das Ich-lose, funktionale Massen-Individuum, das er für den Totalitarismus verantwortlich macht. So rechtfertigt der Henker seine „Taten" mit einer ihm „von höherer Stelle zugewiesenen Berufung", statt persönlich für sie einzustehen, und er will an seiner hergebrachten „seelisch-geistigen Kultur" festhalten, „als sei nichts geschehen".[422] Laut einer Tagebuchnotiz von August 2001 befand sich Kertész selbst in einem solchen Zustand der Verantwortungslosigkeit, als er während seines Wehrdienstes Anfang der 50er Jahre Wärter in einem Militärgefängnis war (vgl. [52]). Die für den Totalitarismus charakteristische Entpersönlichung habe er somit nicht mehr nur aus der Perspektive eines Opfers (als KZ-Häftling) gekannt, sondern auch aus der eines Täters, und dies sei für ihn das entscheidende Motiv gewesen, Schriftsteller zu werden: „Nicht Auschwitz – das Erduldete – hat mich zum Schriftsteller gemacht, sondern das Militärgefängnis – die Situation des Henkers, des *Täters*** [* im Original deutsch].*" Erst dadurch sei ihm die verhängnisvolle „Flexibilität" des Menschen bewusst geworden, die ihn „zu jeder Untat fähig" mache und ihm zugleich erlaube, sofort wieder „ins redliche Gewissen und die Lebensweise des Kleinbürgers zu schlüpfen".[423] Die betreffende „»Erleuchtung«" datiert er auf 1955 (siehe oben S. 15f). Indem er schreibend über seinen Zustand reflektierte, unterschied er sich aber bereits von dem Wärter, der einfach nur den ihm befohlenen Dienst versah. Und dass in seinem Text der Henker bei „Verhören und Gerichtsverhandlungen" Rede und Antwort stehen soll (jedoch lieber das monologische Pamphlet „zu Papier" bringt),[424] erinnert wohl nicht nur zufällig an Kants Bild des inneren „Gerichtshof[s]", das die „Gewissenhaftigkeit" symbolisiert (siehe [15]).

Ein weiteres wichtiges Motiv, das Kertész' Schreiben schon früh bestimmte, ist *Der Einsame von Sodom* respektive die Figur des aus Sodom fliehenden Lot (siehe S. 43, [342] und [343]).

In einer Notiz von März 2001 erklärt Kertész, sein Thema der „Selbstaufgabe des freien Individuums im Rausch des Massenrituals" und das damit verbundene Motiv des „Sodomers Lot" gehe auf ein Erlebnis während seines Militärdienstes zurück, das er in *Fiasko* beschrieben habe.[425] Gemeint ist offenbar Steinigs Brief an Berg, der in *Fiasko* den o. g. Henker repräsentiert. In diesem – nicht abgeschickten – Brief, der eine Antwort auf Bergs monologische Verteidigungsschrift[426] ist, erzählt Steinig, wie er als Gefängniswärter einmal einen „wehrlosen Gefangenen" im Affekt schlug.[427] Steinigs kritische Selbstanalyse erscheint dabei als Ausweg aus Bergs Naturalismus. Ein Symbol des von Kertész alias Steinig gefundenen Auswegs aus dem Täter-Opfer-Dilemma, der in der „Arbeit an sich selbst" und der Bemühung um eine geistige Existenz besteht (siehe S. 20f), ist aber Lots Flucht aus Sodom. In *Fiasko* deutet Kertész freilich auch an, dass er nicht um jeden Preis versuchen wolle, seine Leser von dieser Möglichkeit einer persönlichen Befreiung zu überzeugen. So kann der hoffnungslos verblendete Berg, dem Steinig den Brief zuletzt doch nicht schickt, als Revenant oder Spiegelung jenes Gefangenen gelten, der in den Hungerstreik getreten war (also: sich allen Bildungsangeboten verweigert hatte) und mit dem deshalb Steinig die Geduld verlor (siehe [52]). Zugleich verkörpert Berg einen von Kertész für sich selbst verworfenen Lebensentwurf. Er akzeptiert die ihm von anderen zugeschriebene Rolle (*Ich, der Henker*), während Kertész' eigentliches Alter Ego Steinig sich als Autor im Wesentlichen selbst erfindet (vgl. S. 16, [66]), obwohl er seine reale Biografie keineswegs verleugnet. Steinigs existentielle Aneignung seines Lebens (im Sinne von Kierkegaard oder Sartre; vgl. [106]), die ihn zu einem verantwortlichen Menschen macht, ist demnach das positive Gegenbeispiel zum Nihilismus des funktionalen (Massen-)Menschen Berg, so wie auch Lot unter den kulturlosen Bewohnern Sodoms eine Ausnahme darstellt. Im Tagebuchroman *Letzte Einkehr* (2014) hat Kertész das Lot-Motiv schließlich wie ein Motto an das Ende seines Lebenswerks gestellt (siehe unten S. 143 ff).

Erdenbürger und Pilger (Erstdruck in ÉLET ÉS IRODALOM 38/1976) ist eine Nacherzählung der Geschichte von Kain und Abel. In ihr vereinigt Kertész im Vorgriff auf *Fiasko* bereits die beiden Motive des naturalistischen Mörders (der Ackerbauer Kain) und des geistigen Menschen (der nomadische Abel). 2004 bemerkt er im Tagebuch, der Titel und die Figuren „Kain und Abel" seien von Augustinus' *Gottesstaat* (*De civitate Dei*, entstanden 413–426) inspiriert, wobei er „den Hinweis auf Kain und Abel" aber „nicht dem Original, sondern einer sich darauf beziehenden Studie entnommen"[428] habe.[429] Im Original schreibt Augustinus über Kain und Abel: „Von Kain steht nun geschrieben, er habe einen Staat gegründet (Gen 4, 17). Abel aber als der Fremdling gründete keinen; denn der Staat der Heiligen ist droben, obwohl er hier unten Bürger zeugt, in denen er pilgert, bis die Zeit seines Reiches kommt." „Der erste Gründer eines irdischen Staates war ein Brudermörder: er hat seinen Bruder, den auf dieser Erde pilgernden Bürger des ewigen Staates, aus Neid umgebracht. Hiernach ist es nicht verwunderlich, wenn diesem ersten Beispiel, dem Archetypos, wie die Griechen sagen, lange nachher ein Bild derselben Art geantwortet hat, […]. Auf solche Art ist Rom gegründet worden. Die römische Geschichte bezeugt es, dass Remus von seinem Bruder Romulus ermordet wurde".[430] Falls Kertész auch letztere Passage kannte, wird er mit „Rom" namentlich das Sowjetreich assoziiert haben. Seine Nacherzählung der biblischen Geschichte vom Brudermord würde also nicht nur auf die Shoah deuten.

Schicksalslosigkeit

In *Schicksalslosigkeit* (Szépirodalmi, 1975) berichtet der Erzähler Köves – in Überein-stimmung mit Kertész' realen Erlebnissen – von seiner Deportation nach Auschwitz und Buchenwald sowie von seiner Befreiung am Ende des 2. Weltkriegs (vgl. oben S. 9). Kertész demonstriert damit, dass durch eine in eigener Verantwortung vorgenommene Deutung und Beschreibung der persönlichen Erfahrung die Individualität gegenüber einer ideologisch gleichgeschalteten Gesellschaft behauptet werden kann (vgl. S. 10f und S. 21, [120]). Wie erläutert, hat er diese nonkonforme Darstellungsweise, von der auch sein gesamtes weiteres Werk zeugt, als »atonale« oder »exilierte« Sprache charakterisiert.

Das Besondere an *Schicksalslosigkeit* ist, dass der Leser schon während der Lektüre die Gelegenheit zu einer negativen Erfahrung analog Kertész' Auschwitz-Erfahrung erhält. Diese lässt seinen gewohnten Habitus fragwürdig erscheinen und bereitet ihn darauf vor, sich ggf. ebenso im Alltag von eingespielten Verhaltensformen und kulturellen Normen zu distanzieren. Mangels eines umfassenden, objektiven Wissens müsste er sich die Bedeu-tung seiner Erlebnisse hierbei gleich Köves Schritt für Schritt, im Horizont seiner jeweili-gen Gegenwart, bewusst machen. Kertész erklärt dazu in verschiedenen Interviews: „Ich wollte mit diesem Buch eine *Gegenwart* schaffen. Den Erzähler, der von der Gegenwart in die Vergangenheit springt, gibt es bei mir nicht. Ich habe außerdem mit musikalischen Mitteln gearbeitet: Meine Erzählweise ist gewissermaßen atonal. Tonalität drückt Konsens aus, und das ging in diesem Buch nicht. Denn hier gibt es keine gültige Moral, kein Gut und kein Böse."[431] „Ich wollte vom ersten Satz meines Romans an, wie in einer atonalen Kompositionsreihe, Auschwitz entstehen lassen."[432] „Meine Technik war keine erzähleri-sche, sondern diente der Erzeugung von ständiger Gegenwart. […]. Ich musste Situationen schaffen, in denen dieses eigentlich stumme Kind anfangen konnte zu reden. […] Ich habe über die Jahre eine streng lineare Technik ausgearbeitet, die sich nicht aus Erinnerungen speist, obwohl es natürlich auch Erinnerungen gibt. Ständige Gegenwart – das bedeutete, man konnte nicht herausfallen aus der Geschichte. Dabei musste ich Situationen entwer-fen, auch solche, die in anderen, vergleichbaren Büchern nicht ausgeführt sind. […] Ich konnte nicht umhin, die zwanzig Minuten nach der Ankunft des Deportationszuges in Auschwitz-Birkenau auszufüllen. Außer bei Tadeusz Borowski [*in »Bitte, die Herrschaften zum Gas!*«] geht das bei fast allen Autoren sehr schnell vorbei. Aber es dauerte zwanzig Minuten, bis man zur Selektion kam. Was geschah in dieser Zeit? […] ich war 14 Jahre alt. Und da waren noch viele andere meines Alters, […]. Wir haben nichts verstanden, aber auch die Erwachsenen nicht. Sie ahnten überhaupt nicht, was passieren würde. Sie haben nicht einmal verstanden, was der Arzt mit ihnen machte. Sie haben alles bewusstlos und mit einem furchtbar falschen Bewusstsein erlebt. Ich musste danach forschen, woher dieses falsche Bewusstsein stammt. Einerseits war da die Arglosigkeit, anderseits gab es den Willen zum Leben, der sie die Realität verdrängen ließ."[433] „Einen Roman zu schreiben, heißt diese Zeit wiederzufinden, nach diesen fehlenden 20 Minuten zu suchen, die wir lieber verschweigen würden, wo sich aber alles abspielt. Es geht also nicht darum zu erzählen, was sich zugetragen hat, als eine Folge von vergangenen Ereignissen, sondern stattdessen das tiefe Gespür für das Eingetauchtsein in der Gegenwart wiederzufinden. Ein solches Eingetauchtsein ist dramatisch: Wenn ich vom Zug springe, mich in das Tohuwabohu einfüge, dann kooperiere ich – oder etwa nicht? –, dann passe ich mich meiner neuen Lage an, dann hat meine Haltung etwas von passiver Kollaboration. Im Laufe des Schreibens an diesem Roman fand ich mich unentwegt mit diesen verschlossenen Teilen meiner eigenen Geschichte konfrontiert, die ich wieder öffnen musste. Es geht nicht um historische Wirklichkeit, sondern um gelebte Authentizität."[434]

Kertész konstruiert in *Schicksalslosigkeit* aber nicht nur für Köves eine streng auf die Gegenwart beschränkte Perspektive, sondern erinnert auch den Leser an dessen reale Gegenwart (vgl. S. 19, [94]), indem er ihn planmäßig verunsichert und schon während der Lektüre zur Relativierung oder Korrektur seiner aktuellen Erwartungshaltung motiviert. Hierauf deuten bereits die vielen ironischen Zitate, die durch intonatorische Anführungszeichen als solche gekennzeichnet sind.[435] In dem Essay *Wem gehört Auschwitz?* von 1998 bemerkt Kertész diesbezüglich, dass man den „Holocaust" im Allgemeinen „institutionalisiert, ein moralisch-politisches Ritual um ihn errichtet und einen – oft falschen – Sprachgebrauch konstituiert": „Wörter werden der Öffentlichkeit aufgenötigt und lösen beim Hörer oder Leser fast automatisch den Holocaust-Reflex aus".[436] Und eben auf jenen „Holocaust-Reflex" macht er in *Schicksalslosigkeit* aufmerksam. Anscheinend wollte er erreichen, dass der Leser seine eigenen Naturalismen erkennt und sich ihnen gegenüber als ein im Sinne Kants »freies« Subjekt verhält.[437] So erzählt Köves, wie er in einer Gruppe von Häftlingen, die nach ihrer Ankunft in Auschwitz die Selektion erfolgreich überstanden haben, zum Bad gelangt: „Auch im Bad […] konnte ich sehen, dass sie schon auf uns vorbereitet waren, sie erklärten alles bereitwillig und weit im voraus. [… / …] Wir konnten zum Beispiel erfahren, dass wir uns im folgenden Raum, nämlich dem »Auskleideraum«, ausziehen und alle unsere Kleider an den dort befindlichen Haken aufzuhängen hatten. […] Während wir badeten, würden unsere Kleider desinfiziert. Es sei nun wohl gar nicht nötig […], uns extra zu erklären, warum es so wichtig sei, dass sich ein jeder die Nummer seines Kleiderhakens gut merke." Die Erzählung setzt er natürlich nicht so fort, dass sich das Bad als Gaskammer oder irgendeine andere Todesfalle erweist (denn er ist ein Überlebender, kein „Opfer", sonst könnte er nicht erzählen; vgl. S. 35, [259]). Vielmehr folgt die Anekdote, dass in der Dusche das Wasser plötzlich abgestellt wird, als sich ein „Rabbiner" gerade erst eingeseift hat, was dieser „überrascht […], aber irgendwie ergeben", registriert, „wie jemand, der gleichsam das Wirken eines höheren Willens zur Kenntnis nimmt, ihn versteht und sich ihm zugleich beugt."[438] Sollte sich nun der Leser bei flüchtiger Lektüre einer naheliegenden Assoziation wie KZ-Dusche ~ Gaskammer reflexartig gefügt haben, würde er das Ungenügen seines – quasi zum Freudschen „*Primärvorgang*"[439] rückgebildeten – Denkens ebenso bemerken wie der Rabbiner den Ausfall der ominösen Dusche (die sich übrigens als Parodie eines Motivs in Semprúns Roman *Die große Reise* erweist[440]). Derart verunsichert, könnte er sich dazu veranlasst sehen, seine Vorstellungen – in Analogie zur Kleider-Desinfektion beim Eintritt ins Lager – generell durch einen Abgleich mit der Erfahrung von falschen Klischees zu reinigen. Bereits die Leseerfahrung erhielte dann als Lernerfahrung den Charakter eines realiter zu bewältigenden Abenteuers mit ungewissem Ausgang. Und der dies initiierende „Text" besäße, wie Kertész in einer Notiz von 1970 formuliert, „immer und überall substantielle Funktion", er wäre also „nicht Beschreibung, sondern selbst Ereignis, nicht Erklärung, sondern Gegenwart".[441]

Anders als in Kertész' späteren Romanen, die viele deutliche Verweise auf philosophische und literarische Vorbilder enthalten, finden sich in *Schicksalslosigkeit* nur wenige signifikante Referenzen. Unmittelbar verständlich sind dabei lediglich die Anspielungen auf Kant, Nietzsche und Thomas Mann (siehe die Belege S. 22). Offenbar war Kertész eher daran gelegen, sein Publikum intuitiv zu überzeugen, als es in einen geistesgeschichtlichen Diskurs zu verwickeln. Jedoch ist durchaus zu erkennen, mit welchen Autoren er sich beim Schreiben inhaltlich und stilistisch auseinandergesetzt hat. Etwa übernahm er die herausfordernd distanzierte Sprache aus Camus' Roman *Der Fremde*, den er 1957 entdeckt hatte (siehe S. 17, [79] und S. 22, [130]; vgl. auch Royer[442]). Und für das Konzept der Atonalität orientierte er sich seit 1970 an Adornos Schriften zur Musik respektive an Thomas Manns Roman *Doktor Faustus* (siehe S. 18, [90] und [91]). In *Die Entstehung des Doktor Faustus* spricht Mann auch davon, dass sein „Buch selbst das werde *sein* müssen, wovon es handelte, nämlich konstruktive Musik",[443] was Kertész' Forderung nach einer im Roman realisierten „Gegenwart" korrespondiert. Letzteres könnte er ebenso von Robbe-Grillet übernommen haben, der in seinem Essay *Dem Roman der Zukunft eine Bahn* (1956, dt. 1965) schreibt, statt sich auf imaginäre „»Bedeutungen«" zu verlassen, solle ein Autor „versuchen, eine festere und unmittelbarere Welt zu bauen": „Erst sollen Gegenstände und Gebärden durch ihre *Gegenwart* ihre Existenz beweisen, es soll dieses ständige Hiersein vorherrschen, über jede erklärende Theorie hinaus".[444] Weiterhin referiert Kertész in *Schicksalslosigkeit* auf Thomas Manns Roman *Der Zauberberg* von 1924[445] (oder auch: auf seine *Betrachtungen eines Unpolitischen* von 1918, in denen schon viele Themen des Romans angeschnitten werden[446]). Insbesondere lässt sich das Arbeitslager als Pendant des Sanatoriums Berghof im *Zauberberg* identifizieren. Beide Motive sind Symbole eines geistigen Raums, der eine persönliche Bildung unabhängig von den in der Gesellschaft (oder nach Mann: im „»Flachland«"[447]) gültigen Normen erlaubt (vgl.[4]). Hierfür vorbildlich war sicher auch Schopenhauer (auf den Kertész gleichfalls durch Mann aufmerksam wurde; siehe S. 18,[84] und S. 19,[98]). Die existentielle Aneignung des eigenen Lebens, durch die Köves die »Schicksalslosigkeit« (vgl. S. 9,[3]) überwindet, deutet außerdem auf Kierkegaard und Sartre (vgl. S. 20,[106]). Dass Köves aufgrund seiner „Arbeit an sich selbst" (im Sinne von Manns *Betrachtungen…*; siehe [106] und [107]) die Rolle der menschlichen »Person« annimmt, die in der geistigen Tradition kulturübergreifend überliefert wird (vgl. S. 32f), hat wiederum eine Entsprechung im *Zauberberg*. Für diese charakteristisch menschliche Form der Existenz steht dort das Motiv der Taufschale, auf der über sieben Generationen hinweg die Namen von Hans Castorps Ahnen eingraviert sind, ferner die Beschreibung von Castorps Großvater, der „im gegenwärtigen Leben nur anpassungsweise zu Hause" gewesen sei, sich aber im Tod – als er in einer altertümlichen Tracht mit Spitzenmanschetten und Halskrause aufgebahrt wurde – in „seiner reinen und wahren Gestalt" gezeigt habe.[448] Auch das Todesmotiv in *Schicksalslosigkeit* (Kap. 7), das Kertész mit der Freiheit assoziiert (siehe [224]), findet sich so im *Zauberberg*. Dort heißt es über die Patienten des Sanatoriums: „sie sind so *frei* […], es sind ja junge Leute, und die Zeit spielt keine Rolle für sie, und dann sterben sie womöglich. Warum sollen sie da ernste Gesichter schneiden. […], Ernst gibt es genaugenommen nur im Leben da unten."[449] Und wie Kertész, der sich in *Schicksalslosigkeit* auf die Darstellung eines individuell gelebten Humanismus beschränkt, da „das humanistische Weltbild des neunzehnten Jahrhunderts" nach Auschwitz diskreditiert ist (siehe S. 34,[257]), lässt Mann im *Zauberberg* ausdrücklich nur eine durch die Erfahrung des 1. Weltkriegs relativierte „Idee des Menschen" aufscheinen: „die Konzeption einer zukünftigen, durch tiefstes Wissen um Krankheit und Tod hindurchgegangenen Humanität."[450] Darauf bezieht sich bei Kertész und Mann schließlich das Motiv der »Liebe«, das für *Liquidation* noch einmal eine besondere Bedeutung erlangen wird (siehe S. 42f und unten S. 136).

Der Spurensucher - Detektivgeschichte - Die Bank

Die Erzählung *Der Spurensucher* (Szépirodalmi, 1977; [korrigierte Fassung] *2000* 7-8/ 1993; überarbeitet 1997/ 1998) [451] handelt davon, dass ein ehemaliger Buchenwaldhäftling, offenbar ein Alter Ego Kertész', mit seiner Frau eine Reise nach Weimar unternimmt. Bei dieser Gelegenheit besichtigt er die Gedenkstätte Buchenwald und fährt zu der Fabrik in Zeitz ("ein gewisses Z." [452]), für deren Wiederaufbau Kertész während seiner KZ-Haft eingesetzt wurde (vgl. [48]). Eine solche Reise hat Kertész 1964 (1962?) tatsächlich unternommen (siehe *Primärliteratur,* [f]), jedoch verbirgt sich hinter den realistischen Motiven seiner Erzählung eine weitere Bedeutungsebene. Vor allem befasst er sich nämlich mit der Frage, wo in der Gegenwart Spuren des Totalitarismus zu finden sind. Darüber hinaus thematisiert er die ausgefallene – oder besser: unterdrückte – Publikumsreaktion auf *Schicksalslosigkeit* beziehungsweise sein Verhältnis zur offiziellen Literatur und zu den Lesern im Allgemeinen.

Der namenlose Protagonist von *Der Spurensucher* ist in Weimar „Gast" des DDR-Intellektuellen Hermann, der gleich zu Beginn als „Der Hausherr" eingeführt wird. [453] Dieser erscheint als Karikatur von Hermann Kant und repräsentiert insofern den sozialistischen Literaturbetrieb. Seine Frau steht entsprechend für das Publikum der DDR, analog dürfte mit der Frau des Gastes Kertész' heimisches Publikum gemeint sein (siehe [210]). Dass die Frau des Gastes ihn in Buchenwald nur bis zum Lagertor begleitet, die Gedenkstätte aber nicht betritt, lässt sich als Anspielung auf die Verdrängung des Holocaust in Ungarn verstehen (vgl. [128]). Zudem spiegelt sich darin die ausgebliebene Rezeption von *Schicksalslosigkeit* wider (vgl. [148]). Der Gast wird im Verlauf der Erzählung auch als Abgesandter oder Beauftragter, Sehender, Fremder und Reisender charakterisiert. Das verweist auf Jesus, den Abgesandten/ Beauftragten Gottes (und eventuell auf Hofmannsthals Schauspiel *Jedermann,* in dem der Tod ähnlich als Abgesandter Gottes auftritt; vgl. [221]), Rimbauds *Seher-Briefe* (vgl. S. 33f), Camus' Roman *Der Fremde* [454], der Kertész schon für *Schicksalslosigkeit* inspirierte (s. o.), und nicht zuletzt auf die von Kertész selbst nacherzählte Geschichte von Kain (*Erdenbürger*) und Abel (*Pilger* = Reisender) respektive sein Motiv des geistigen Exilanten Lot (vgl. S. 59f). In einer Notiz von 1975 stellt Kertész ferner einen Bezug zu Kafkas Roman *Das Schloß* her, indem er den Landvermesser K., der als „Lohengrin der Freiheit" in das „Dorf" gekommen sei, um „die allgemeine Übereinkunft zu brechen und ins Schloß zu gelangen", gleichfalls als „der Gesandte" bezeichnet (siehe [80]). Weiterhin deutet die Gastrolle des Protagonisten von *Der Spurensucher* auf Brochs Ausführungen in *Hofmannsthal und seine Zeit*, nach denen ein Künstler in der bürgerlichen Gesellschaft höchstens als ein Gast aristokratischer Kreise existieren könne (siehe [221]; vgl. S. 52, [406]). Auf die Ausnahmestellung des Künstlers oder des geistigen Menschen spielt Kertész auch dadurch an, dass der Abgesandte seiner Frau die Inschrift „»Jedem das Seine«" auf dem Tor des KZ Buchenwald vorliest und diese hintersinnig kommentiert: „es steckt eine Wahrheit darin, die man beherzigen sollte, nur muss man darauf kommen [*nach Thomas Manns Roman »Der Zauberberg«, in dem mit denselben Worten die Konstruktion einer Giftspritze kommentiert wird* [455]]".[456] Ebenso vertritt Thomas Mann in *Betrachtungen eines Unpolitischen* einen individualistischen (oder: aristokratischen) Gerechtigkeitsbegriff,[457] der mit jenem aus der Antike überlieferten Motto [458] ursprünglich zum Ausdruck gebracht wurde. Die vom Abgesandten gemeinte „Wahrheit" liegt also in der Individualität, die gegenüber dem herrschenden Konformismus behauptet werden muss. In Konsequenz dessen versucht er nicht einmal, sich zu den anderen Lager-Überlebenden zu gesellen, auf die er in der „Gastwirtschaft" der Gedenkstätte trifft.[459] Das eigentliche Ziel des Abgesandten, der gleich Kafkas Landvermesser „ins Schloß gelangen" will, aber keineswegs daran denkt, im „Dorf" zu bleiben, ist somit nicht die Anerkennung von Seiten der sozialistischen Gesellschaft oder ihrer Kulturfunktionäre als Opfer (»Verfolgter des Naziregimes«). Vielmehr ist zu sehen, dass er nach einem Schlüssel zum Verständnis seines einstigen Lagererlebnisses sucht. Diesen findet er jedoch weder in den Relikten der NS-Zeit (wie dem Lagermuseum oder der Fabrik in Zeitz) noch in den architektonischen „Details" des kulissenhaft erneuerten Weimar, sondern in einer bestimmten zeitlosen „Farbe". So entdeckt er plötzlich das im Weimarer Stadtbild vorherrschende „Gelb",[460] das ein Code für die fortbestehende Unterdrückung ist (denn: „Jetzt tragen alle einen gelben Stern, nicht nur die Juden"; siehe [3]). Außerdem erkennt der Abgesandte, dass die „Dinge" als solche „über nichts Rechenschaft" ablegen und dass es einzig darauf ankommt, sich „von seiner eigenen Existenz zu überzeugen".[461] Für letztere Aufgabe, „sich innerlich eine Existenz an[zu]verwandeln" (siehe [235]), suchte Kertész eine Orientierung bei den in der Weltliteratur überlieferten großen Beispielen (vgl. S. 17 und S. 33). In *Der Spurensucher* symbolisiert er dies durch die Schlemmerei des Abgesandten im Gourmet-Restaurant des Hotels Elefant [462], in dem u. a. schon Goethe und (1955, im Neubau von 1938) Thomas Mann Gast waren. Der Abgesandte lässt sich hierbei noch nicht einmal von der übertriebenen Verzweiflung der »Frau mit dem Trauerflor« stören, der er im Hotel begegnet und die sich kurz darauf an einem „aus ihrem eigenen Trauerflor gedrehte[n] Strick" erhängt.[463] Mit diesem (aus Manns *Zauber-*

berg entlehnten[464]) Motiv spielt Kertész vielleicht auf Adorno an, der in *Kulturkritik und Gesellschaft* (1951) den Rückbezug auf die geistige Überlieferung in einer nach Auschwitz total verdinglichten Welt kategorisch für „nichtig" erklärt und damit vor eben dieser Welt kapituliert.[465] In *Der Spurensucher* lässt Kertész aber auch das Versprechen der positiven sozialen Utopien, das dort von einer Eisverkäuferin personifiziert wird, als fragwürdig erscheinen: „Sie war schön, ja, und trotzdem war etwas Kaputtes an dieser Frau. Ihrem Strahlen haftete irgendwie die Verzweiflung der Anstrengung an, ihrer Sicherheit etwas Somnabules, [… ./ …] Alles an ihr war falsch, und allein ihre Falschheit war echt. […], sie glaubte, Eroberin zu sein, und war doch nur leichtgläubiges Opfer, sie glaubte, Schicksal zu sein, und war doch nur Beute, sie flirtete mit der Freiheit und schlief mit der Tyrannei.[466]"[467] Kertész unterstellt also den modernen Gesellschaftsutopien, ihnen fehle ein reales Fundament. Desgleichen verwirft er den klassischen Humanismus, der nur noch in Büchern überliefert ist (vgl.[268]). So erregt der Abgesandte sich über Goethes Schauspiel „»Iphigenie auf Tauris«", das seine Frau in einer Buchhandlung aufgestöbert hat. Er argumentiert, Goethe kaschiere mit seinem Idealismus lediglich die reale Barbarei. Dazu erfindet er eine ernüchternde, brutale Variante der Handlung und merkt polemisch an: „Ja, und dass ich es nicht vergesse: Am Abend gingen dann alle ins Theater, um sich anzusehen, wie der König der Barbaren auf der Bühne Gnade walten lässt, während sie [*die heutigen Barbaren*], in den Logen verborgen, sich kräftig ins Fäustchen lachten."[468]

Von Unterdrückung und Brutalität erzählt Kertész ebenfalls in der *Detektivgeschichte*, die in Ungarn 1977 zusammen mit *Der Spurensucher* erschien. Die Handlung spielt in einer imaginären südamerikanischen Diktatur, in der die Regierung zur Sicherung ihrer Macht den Ausnahmezustand ausgerufen hat und gegen vermeintliche Oppositionelle mit Folter und Mord vorgeht. Die wichtigsten Personen sind Martens, ein naiver Mitläufer bei einer Spezialeinheit der Polizei, der idealistische Student Enrique Salinas und sein Vater Federigo, Eigentümer einer landesweit bekannten Kaufhauskette. Der Vater versucht vergeblich, sich und seine Familie von allen politischen Angelegenheiten fernzuhalten, damit sie den Ausnahmezustand überleben. Die Geschichte ist fiktiv von Martens geschrieben. Sie besteht aus dem Bericht, den er nach dem Sturz des Regimes als Gefangener des neuen Systems über seinen Polizeidienst verfasst hat. In seinem Bericht erzählt er, wie Enrique und sein Vater in die Fänge der Behörden gerieten und schließlich hingerichtet wurden, da man sie mit einem Attentat in Verbindung brachte. Dabei zitiert er auch aus Enriques Tagebuch, das er sich in seiner Haft geben ließ, weil es für ihn eine persönliche Bedeutung besaß. Der Bericht ist ein Pendant zu *Ich, der Henker*, und Enriques Tagebuch korrespondiert in etwa

Steinigs Brief an Berg in *Fiasko* (vgl. oben S. 59f). Anders als der Henker und Berg, die lediglich Monologe halten beziehungsweise von keiner fremden Botschaft erreicht werden (da Steinig seinen Brief nicht abschickt), zeigt Martens sich aber an Enriques Gedanken interessiert.

Enrique kann als Alter Ego Kertész' identifiziert werden, und sein Vater erscheint als Personifizierung der Literatur oder der geistigen Überlieferung (wie schon Köves' Vater in *Schicksalslosigkeit*[469]). Entsprechend Kertész' Weigerung, sich parteiisch zu positionieren, nimmt Enrique nach einigem Zögern das „Angebot" an, sich „an der [*geistigen*] Arbeit der Männer" zu beteiligen, zu denen sein Vater „gehöre",[470] statt einer revolutionären Studentengruppe beizutreten (die ihn ohnehin nicht aufnehmen wollte). Deren Widerstand sei laut seinem Vater nicht allein gefährlich („eine Phantasterei, aus der jeden Moment blutige Wirklichkeit werden kann"[471]), sondern bleibe wahrscheinlich ohnehin immanent (vgl. 194): „Gegen eine Macht kämpft man meistens, damit man selbst an die Macht kommt."[472] Das erinnert stark an Hans Mayers Mahnung in *Macht und Ohnmacht des Wortes* (anlässlich des *Ersten Deutschen Schriftstellerkongress* 1947 in Berlin)[473], die Autoren sollten sich nicht im Streit der politischen Systeme funktionalisieren lassen[474]: „Der Schriftsteller ist ohnmächtig, wenn er abermals, wie in vergangenen Jahren, das Objekt von Gewalten abgibt, die nicht aus seiner Sphäre, der Sphäre des Wortes und des Geistes sind."[475] Obwohl Enrique und sein Vater sich politisch neutral verhalten, werden sie von der Polizei inhaftiert, in Verhören gefoltert und nach besagtem Attentat gemeinsam hingerichtet. Mit dem Attentat ist offenbar Kertész' Roman *Schicksalslosigkeit* gemeint (denn in einer Notiz von 1964 vergleicht Kertész das Schaffen eines Kunstwerks mit der „Tat" eines Verbrechers; siehe 58), und Enriques Verhör durch die Polizei, bei man ihm als Erstes die Nase blutig schlägt, um ihn zum Reden zu bringen, ist vermutlich eine Anspielung auf die Zurückweisung des Romans im Jahr 1973.

Einige Mitglieder der Studentengruppe sind als literarische Referenzen zu erkennen. Etwa deuten Max und Ramón, von denen Martens' Bericht u. a. handelt, auf Horkheimer und Adorno (siehe 418). Insbesondere bemerkt Martens abschätzig über Ramón: „Stellen Sie sich einen Blutegel vor. [...] Ich glaube, solche Typen haben einen Trick: Sie erwecken mit irgend etwas das Interesse an ihrer Person, und dann verstummen sie sofort. Von da an schweigen sie nur."[476] Im Klartext heißt das wohl: Nachdem Kertész für *Schicksalslosigkeit* von Adornos Schriften zur Musik profitieren konnte, wurde er von seinen anderen Texten (etwa: *Kulturkritik und Gesellschaft*) enttäuscht (vgl. 90 und 465). Martens erwähnt in seinem Bericht außerdem eine Figur C.: „Auch dieser C. war dort, ich schreibe seinen Namen gar nicht aus. [...] Ich fresse einen Besen, wenn er bei dem Attentat nicht die Hand im Spiel hatte."[477] Letztere Bemerkung verrät, dass sich hinter C. der „Erzengel" Camus verbirgt, von dem Kertész während seiner Arbeit an *Schicksalslosigkeit* begleitet wurde (siehe [130]). Weiterhin ist in der Erzählung die Rede davon, dass es an der Universität einen Aufruhr gegeben habe und sie daraufhin geschlossen worden sei. Das lässt zunächst an die Studentenunruhen von 1968 denken, bei denen die *Frankfurter Schule* bereits wegen ihrer akademischen Sterilität in die Kritik geriet. Ferner könnte der ungarische Aufstand von 1956 gemeint sein, der mit dem Beginn von Kertész' (streng privater) literarischer Arbeit zusammenfiel. Eine genaue Lektüre zeigt aber, dass Kertész sich auf Ortega bezieht, der 1930 von der Schließung der Madrider Universität betroffen war und der in seiner extern gehaltenen Vorlesung *Was ist Philosophie?* (vgl. S. 54, [416]) für eine „theoretische Haltung" wirbt, wie sie in der *Detektivgeschichte* Enrique und sein Vater vertreten.[478] Dem kontrastiert namentlich Sartres „»Engagement«" (vgl. S. 30, [217]), auf das Kertész hier ebenfalls anspielt. So „verheiratet" sich Enriques frühere „Verlobte" nach seinem Tod „mit einem gewissen Anibal Roque T. [*nach: Antoine Roquentin aus Sartres Roman »Der Ekel«*], einem bekannten Unternehmer."[479] Kertész erklärt damit, sein potentielles Publikum (Enriques „Verlobte") interessiere sich mehr für eine engagierte Literatur im Sinne Sartres als für Autoren wie ihn, die eine geistige Tradition fortführen (vgl. S. 33). Das und der Tod Enriques verweist schließlich auch auf Hofmannsthal, der schon 1907 in *Der Dichter und diese Zeit* den Dichter als eine marginalisierte Existenz beschreibt und ihn mit einem Toten vergleicht (siehe [221]).

In der Erzählung *Die Bank* (Erstdruck in ÉLET ÉS IRODALOM 11/1978) hat Kertész augenscheinlich biografisches Material aus seiner Zeit als Journalist bei der Budapester Tageszeitung VILÁGOSSÁG verwendet. Bezieht man die vom Ich-Erzähler mitgeteilten Daten (vor „zwei Jahren" sei er „neunzehn Jahre alt" gewesen[480]) auf Kertész' Biografie, so spielt die Handlung im Jahr 1950, also kurz vor Kertész' Entlassung aus der Redaktion zum Jahreswechsel 1950/1951 (vgl. S. 15, [49]). Der Text kann als ein realistischer Bericht von Kertész' damaligen Erlebnissen gelesen werden. Jedoch erweist sich, dass er eine zweite Bedeutungsebene besitzt, wie es schon bei *Schicksalslosigkeit* und *Der Spurensucher* der Fall war. Und wiederum ist Thomas Manns *Zauberberg* eine zentrale Referenz, die erst ein volles Verständnis ermöglicht.

Der junge Journalist in *Die Bank* wird de facto vom Redaktionsbetrieb ausgeschlossen, weil er sich dem dort seit der Stalinisierung herrschenden Konformitätsdruck nicht beugt – das trifft wörtlich auf Kertész im Jahr 1950 zu, beschreibt aber auch seine Situation als Autor Ende der 70er Jahre. Gleich dem „glücklichen" Schulversager im *Zauberberg*, der im

Unterricht „nicht mehr in Betracht kommt" (oder: dem unheilbar Kranken, der nie mehr aus dem Sanatorium Berghof ins „Flachland" zurückkehren wird) und der daher „eine orgiastische Form der Freiheit" genießt (woran Kertész sich bereits für *Schicksalslosigkeit* orientiert hat; siehe [4]), erfährt der Journalist zuletzt eine „aberwitzige Erleichterung", als er beschließt, seine halbherzigen Versuche der Anpassung aufzugeben und sich „zum ersten Mal seit langem" wieder in der Redaktion „krank" zu melden.[481] Der Auslöser dieses befreienden Entschlusses ist, dass er sich eines Nachts auf einer Bank mit einem Barpianisten unterhält, den er aus einem Café flüchtig kennt. Dieser erzählt, er verbringe die Nacht auf der Bank, weil er fürchte, auf einer Liste für Zwangsumsiedlungen[482] zu stehen. Durch seinen nächtlichen Aufenthalt im Freien wolle er wenigstens vermeiden, bei seiner Verhaftung aus dem „Bett" gezerrt zu werden: „Das ist das Schlimmste. Alles, nur das nicht. Dieses eine will ich unbedingt vermeiden."[483] Die Erzählung beruht auf einer tatsächlichen Begegnung Kertész' mit einem Budapester Jazzpianisten,[484] jedoch dürfte der Pianist in *Die Bank*, dessen Vorfahren „Großhändler"[485] waren, in erster Linie als Allegorie der Weltliteratur gemeint sein (analog dem Vater in *Schicksalslosigkeit*, der vor seiner Einberufung zum Arbeitsdienst »mit Holz gehandelt« hatte, und dem ermordeten Vater in *Detektivgeschichte*, der »Eigentümer einer Kaufhauskette« war; siehe S. 69f, [469]). Dass er nicht im Bett verhaftet werden will, hat zudem eine auffallende Parallele im *Zauberberg*. Dort wird Hans Castorp, „ein Kind des Friedens", von Naphta (etwa: eine Verkörperung Nietzsches) mit den „kriegerischen Mönchsorden des Mittelalters" bekannt gemacht, „die den Tod im Kampf gegen die Ungläubigen für verdienstvoller als den im Bette geachtet hatten".[486] Entsprechend lässt sich der Journalist vom Pianisten zu einer geistig militanten Haltung motivieren, die seine neuerliche Krankmeldung zur Folge hat. Und wie leicht zu sehen ist, deutet ihre nächtliche Unterhaltung eben auf Kertész' erste Lektüre des *Zauberbergs* im Jahr 1954 (also: kurz vor seinem existentiellen Erlebnis von 1955; siehe S. 15f), die auf einer „Bank" – „im Park oberhalb der Margitstraße", in der Nähe von Kertész' damaliger Wohnung in der Törökstraße – stattfand (siehe [78]). Denn der Erzähler berichtet über den Pianisten: „Er redete wie ein Wasserfall, fesselte meine erlahmende Aufmerksamkeit mit immer neuen Wendungen [*womit Kertész offenbar Thomas Manns weitschweifige Beschreibungen in »Der Zauberberg« parodiert*]."[487] Die Bank, auf der Kertész sich 1950 mit dem Pianisten unterhielt, befindet sich gleichfalls in dieser Gegend (siehe [484]). In der Erzählung *Die Bank* überführt er also die geografische Koninzidenz seiner realen Erlebnisse in eine allegorisch verschlüsselte Bedeutung.

Die Episode mit der Bank und das Motiv der Redaktion hat Kertész ebenfalls in *Fiasko* verwendet, und die Redaktion ist auch wieder ein zentrales Thema in *Die englische*

Flagge. Außerdem nimmt Kertész in *Die Bank* seine Betrachtungen über die Zuschreibung von sozialen Rollen in *Budapest, Wien, Budapest* (vgl. S. 25, [173]) und *Ich - ein anderer* (vgl. S. 29, [207]) vorweg. Und zwar muss der Journalist in der Redaktion eine beschämende Kritik über sich ergehen lassen, wobei er von den anderen Anwesenden gleichsam eine Identität zugewiesen bekommt. Hierzu äußert er: „Es ist sonderbar, wie einen Worte, die das eigene Ich betreffen, verändern können. Ich beobachtete die Person, von der um mich herum, [...], gesprochen wurde, selbst aus solcher Distanz und mit solcher Sachlichkeit, dass ich außer einer gewissen berechtigten Verachtung nichts für sie empfand [*wie - im positiven Sinne - auch Kertész während der Arbeit an »Schicksalslosigkeit«, bei der er jedoch selbst über die Darstellung seines Alter Ego Köves bestimmen konnte; vgl. S. 9, [3] und [4]*]."[488] Seine Beschreibung des Nachtlebens, das er – im Gegensatz zur Arbeit in der Redaktion – interessant gefunden habe und das wohl die literarische Tätigkeit symbolisiert, enthält des Weiteren das Motiv der Bar, auf das sich Kertész im Tagebuchroman *Letzte Einkehr* von 2014 erneut bezieht. So berichtet der Journalist in *Die Bank*: „Nachts suchte ich manchmal eine Bar auf. Ich traf mich hier mit Freunden, mit jungen Menschen von der Universität, vom Radio [...]. Immer war auch ein Mädchen dabei."[489] Am Schluss des Romans *Letzte Einkehr* (dem Kertész einmal den Titel: „»Endspiel in der Bar *Zum sicheren Verlierer*«" geben wollte; siehe [345]) begibt sich dagegen Sonderberg, gemeinsam mit dem namenlosen Erzähler, kurz vor Sonnenaufgang in eine schäbige Hafenkneipe an einem Fluss (ähnlich Goethe und Eckermann in *Eckermanns Traum*[490]), wo er bereits die ersten morgendlichen Säufer antrifft. Mit der unscheinbaren Erzählung von 1978 weist Kertész somit vielfach auf seine späteren Schriften voraus, und sogar noch in seinem letzten Roman variiert er ein Motiv aus diesem frühen Text.

„Anpassung heißt bei den Deutschen offenbar, dass sie sich völlig mit ihrer Situation identifizieren. Und als Krönung all dessen noch ein bestürzender, provinzieller Elendspatriotismus, DDR-Patriotismus. Lähmend." (Notiz im *Galeerentagebuch* anlässlich eines Stipendienaufenthalts in der DDR, 21. Juni 1980)

DDR, 1983

Fiasko

Der zweiteilige Roman *Fiasko* (Teil 1 veröffentlicht in KORTÁRS [*Zeitgenosse*] 2/1983; vollständig erschienen 1988 bei Szépirodalmi) ist eine Selbstdarstellung Kertész' sowohl hinsichtlich seiner aktuellen literarischen Arbeit als auch seiner frühen Schreibversuche. Die Protagonisten – »der Alte« in Teil 1, Steinig in Teil 2 [491] – repräsentieren den Zustand eines reifen und eines werdenden Autors. Der Alte hat bereits „mehrere Bücher vollendet [*und veröffentlicht* [492]], ganz besonders sein erstes" [493] (äquivalent *Schicksalslosigkeit*, neben dem Band mit *Der Spurensucher* und *Detektivgeschichte*). Gelegentlich liest er in seinen privaten „Papiere[n]" [494] (äquivalent Kertész' Tagebüchern, von denen erstmals in MÚLT ÉS JÖVŐ 1/1989 und HOLMI 11/1989 Auszüge gedruckt wurden; siehe *Primärliteratur,* j). Aus diesen stammen alle in der ersten Person Singular formulierten Aussagen des Alten, der ansonsten nicht als Ich-Erzähler auftritt. Zudem ist er der fiktive Autor des zweiten Romanteils, der als traumartig verfremdete Darstellung des von Kertész alias Steinig während der Arbeit an *Schicksalslosigkeit* vollzogenen Bildungsprozesses erscheint und der als „geistige Autobiographie" charakterisiert werden kann (vgl. [166]). Hier benutzt Kertész biografische Motive (seine Arbeit als Journalist, in einer Fabrik, in der Presseabteilung eines Industrie-Ministeriums, seinen Militärdienst etc.) als Allegorien bestimmter geistiger Zustände, in denen er sich einst befand. Am Schluss gehen Steinig und der Alte ineinander über, d. h. der Alte ist das Resultat der von Steinig durchlaufenen Entwicklung.

Der zweite Teil von *Fiasko* beginnt damit, dass der Autor Steinig (orig.: Köves, also: ein Pendant des Protagonisten von *Schicksalslosigkeit*; vgl. [164]) eine Reise von Budapest in eine geheimnisvolle andere Stadt – offenbar ein traumartig verwandeltes Budapest – unternimmt, nachdem sein erster Roman von einem Verlag mit einem vernichtenden Absageschreiben zurückgewiesen wurde (wie es auch Kertész erlebte, als er 1973 von Magvető die Absage für *Schicksalslosigkeit* erhielt). Trotz der Zurückweisung sah er sich – nicht zuletzt „im Spiegel des Verlagsbriefes" – in seiner Existenz als Schriftsteller anerkannt respektive in dieser Rolle gefangen: „Steinig wurde mit einem Mal klar, dass er – bildlich gesprochen – jetzt nur noch als Schriftsteller auf der Erde landen konnte, oder er würde sich im Nichts verlieren." Und da er die Bedeutung seines schicksalhaften – materiell gesehen aber problematischen – Schriftstellerdaseins ergründen wollte, „hatte er sich für die Reise entschieden."[495] Diese Reise, die einer Reise Kertész' in die Erinnerung an seine geistige Entwicklung seit 1955 entspricht (vgl. S. 15f, [61]), ist der Inhalt der gesamten weiteren Erzählung. Kertész unterläuft durch die dort geltende Traumlogik im Sinne von Freuds *Traumdeutung* symbolisch die (Selbst-)Zensur des gewöhnlichen Bewusstseins, für die im Roman diverse »Zöllner« (oder: Beamte des Staatssicherheitsdienstes AVO)[496] stehen. Er entwertet also demonstrativ die in der Gesellschaft gültigen Kriterien (namentlich: die Rolle des Künstlers betreffend), die normalerweise als »Über-Ich« verinnerlicht sind, zugunsten eines wahrhaft „individuelle[n] Sein[s]".[497] Dass er in *Fiasko* die Zurückweisung von *Schicksalslosigkeit* thematisiert, macht zugleich die realen Bedingungen der Kunst explizit, die im damaligen Kulturbetrieb wohl weitestgehend ausgeblendet (oder nach Freud: verdrängt) wurden. So wie er schon mit *Schicksalslosigkeit* seine Rolle als Auschwitz-Überlebender gegen den Widerstand seiner Umgebung in eigener Verantwortung gedeutet hatte, versuchte er demnach mit *Fiasko*, sich als Künstler selbst zu definieren. Die vielen in dem Roman enthaltenen Referenzen[498] lassen dabei erkennen, dass er sich für seine künstlerische Selbstfindung auf eine lange geistige Tradition bezog, die ihm half, den offiziellen Erwartungen, die sich im Spektrum zwischen Sozialistischem Realismus und guter Unterhaltung bewegt haben dürften, etwas Substantielles entgegenzusetzen. Im Tagebuch erklärt er hierzu 1982 (vielleicht in Anlehnung an Ossip Mandelstam und Ernst Bloch): „Noch einmal zur Problematik des »bürgerlichen« Schriftstellers. Die Frage der Rechtmäßigkeit, das Postulat einer Rechtsordnung als etwas, das zum Bürger und damit auch zum bürgerlichen Schriftstellertum gehört.[[499]] In den Kreis der Wahrheit des Jahrhunderts dringt der Schriftsteller aber nur vor, wenn er einsieht, dass er [*wie zum Beispiel Mandelstam wegen eines Schmähgedichts auf Stalin*[500]] getötet werden kann […]. Kafka tötet sich in der »Verwandlung« und im »Prozeß« selbst, […]. Andererseits […] ist es nicht unbedingt nötig, einen solchen Standpunkt einzunehmen – in diesem Fall muss man jedoch konstruktiv sein, das heißt tragisch, was nur im Fall wirklicher Größe heutzutage nicht lächerlich wirkt. Die Geste der Bewahrung der Welt, der Erhaltung der Weltordnung ist eine tragische Geste, eine Elitegeste. Um noch glaubwürdig zu sein, muss sie in einer tiefgehenden Tradition wurzeln, in einem geltenden und unerschütterlichen *Willen*, also in einer existierenden Elite [*wie auch Bloch nach seiner Ausreise aus der DDR in den Tübinger Vorlesungen von 1961/ 1962 gefordert hat*[501]]. – Die Konstruktivität der haltlosen Machtelite dagegen ist immer eine Pseudokonstruktivität, deren Inhalt furchtbar einfach die Destruktivität, direkt gesagt, die Vernichtung ist."[502]

Steinigs Entwicklung setzt genau dort ein, wo in *Die Bank* die Geschichte des jungen Journalisten endet. Sie besteht aus drei spezifischen „Stadien", die seine geistigen

„Zustandsveränderungen" (im Sinne Swedenborgs) anzeigen[503]: In der Wohnung, die er gleich nach der Ankunft in seiner neuen Heimat zugeteilt bekommt, erreicht ihn zunächst das Kündigungsschreiben einer Redaktion, bei der er bis dahin anscheinend als (abhängiger und verantwortungsloser) »Journalist« angestellt war. Danach wird er »Fabrikarbeiter« (was auf eine »Arbeit an sich selbst« deutet, wie schon das Arbeitslager in *Schicksalslosigkeit*; vgl. S. 20f und S. 66). Zuletzt erhält er eine Stelle in der »Presseabteilung des Produktionsministeriums«. Der dortige Pressechef, eine Verkörperung Celans (vgl. [129]), korrigiert ihn bei seinen künstlerischen Schreibversuchen und vermittelt ihm insofern eine ästhetische Orientierung. Vor allem wird er vom Pressechef dazu ermahnt, endlich „brauchbare Mitteilungen zu fabrizieren", nachdem er sich lange mit dem Verfassen sinnloser und unverständlicher Texte gequält hat.[504] Weiterhin enthält der Brief, mit dem er auf Bergs Traktat *Ich, der Henker* antwortet, wesentliche ethische Reflexionen (vgl. S. 60, [426] und [427]). Steinig erkennt, dass ein funktionaler Mensch wie Berg, der nur äußeren Imperativen folgt respektive sich ganz den eigenen Naturalismen überlässt, vom Geschehen im Grunde „völlig ausgesperrt"[505] ist und gewissermaßen überhaupt nicht existiert. Er erinnert sich, dass er auf diese Weise beinahe selbst seine Persönlichkeit einbüßte, als er während seines Wehrdienstes Wächter in einem Militärgefängnis war und bei einer Auseinandersetzung mit einem Gefangenen, der die Nahrung verweigerte, die Nerven verlor. Jedoch rettete er sich aus diesem bedenklichen Zustand (den in einem Traum die Figur eines »Ertrinkenden« symbolisiert) mit Hilfe seiner selbstkritischen Reflexionen, während Berg die ihm zugewiesene Rolle des Henkers akzeptierte und damit in der Immanenz verblieb (vgl. S. 59). Über diese geistige Befreiung schreibt Kertész 1984 im Tagebuch: „Ich habe meine ganze Kraft gebraucht, um mich herauszuziehen aus meinen Determiniertheiten, aus dem Schlamassel meines Nichtseins; dieser Prozess – auszubrechen aus der mich von allen Seiten umschließenden Negation – konnte ausschließlich verbal vonstatten gehen; aber es hat meine ganze Kraft gekostet. Ich habe mich gerettet – doch damit habe ich in dem Prozess auch einen Schlusspunkt gesetzt. Als habe mich diese letzte große Revolte auf den Tod ausgerichtet ...".[506] 1990, nach dem politischen Systemwechsel, notiert er dazu ferner: „Auch wenn der »Kommunismus« nur als geistige Verrenkung (auf jeden Fall mit Leichenbergen so hoch wie der Mount Everest) zu betrachten ist, waren die vergangenen vierzig Jahre doch Wirklichkeit, Realität, Zeit und Schauplatz meines Lebens. Heute verstehe ich kaum noch, dass ich aus- und durchgehalten habe; mir sogar einen geistigen Lebensraum geschaffen habe, [...], unempfindlich der materiellen und geistigen Armut, blind der Gefahr gegenüber. Was hat mich geleitet? Am ehesten wohl der Instinkt; so wie Ameisen marschieren, mit einem ihnen unbegreiflichen Ziel und unbegreiflich sicherer

Orientierung.[[507]]"[508] Und 1994 bemerkt er, das mit dem „[Roman-]Titel *Fiasko*" thematisierte „Scheitern" beziehe sich darauf, dass „die zentrale Figur" (Steinig) zwar eigentlich „ihr Ich verlieren will", dann aber doch nicht dem „im einleitenden Teil skizzierten Schicksal" des Alten entkommen kann, als ein verantwortliches Individuum zu leben.[509]

In einem Interview von 2009 verrät Kertész, die Figur »der Alte« sei eine Reminiszenz an Hemingways *Der alte Mann und das Meer* (siehe [164]). Daneben kommt als Vorbild aber auch der unter der Schminkschicht des Humanismus verborgene »alte Mensch« aus Gides *Der Immoralist* in Frage (vgl. [18]), sowie vielleicht der erzählende „Alte" aus Goethes *Unterhaltungen deutscher Ausgewanderten* (1795), der – gleich Kertész – in ein inneres Exil emigriert ist und entsprechend seinen fiktiven Zuhörern erklärt: „»aber soviel muss ich Ihnen sagen: wir andern, die wir von der Gesellschaft abhängen, müssen uns nach ihr bilden und richten, ja wir dürfen eher etwas tun, das ihr zuwider ist, als was ihr lästig wäre, und lästiger ist ihr in der Welt nichts, als wenn man sie zum Nachdenken und zu Betrachtungen auffordert [*wie Kertész in einem Gespräch von 2000 ähnlich bemerkt hat*; vgl. [402]]. Alles, was dahin zielt, muss man ja vermeiden und allenfalls das im stillen für sich vollbringen, was bei jeder öffentlichen Versammlung versagt ist [*weshalb laut Hans Mayer »Ironie und verhüllende Symbolik« die Stilmittel des späten Goethe waren*; siehe [128]].«"[510] Des Weiteren finden sich in *Fiasko* selbstverständlich Hinweise auf Kertész' Idole Camus und Thomas Mann. So wird am Ende des Romans Steinig (oder nun: der Alte) als »glücklicher Sisyphos« charakterisiert. Er habe seinen legendären Felsen schon so weit abgewetzt, dass er ihn „im Staub" vor sich herkicken könne. Der Alte, der fiktiv den zweiten Teil des Romans geschrieben hat, zitiert an dieser Stelle aus Camus, *Der Mythos des Sisyphos* (1942): „Sisyphos" (also: sein früheres Selbst) müsse man sich „als einen glücklichen Menschen vorstellen".[511] Auf Thomas Mann deutet dagegen die Figur des »Herrn mit dem Hund« (nach Manns Erzählung *Herr und Hund. Ein Idyll* von 1918). Diesen Herrn – offenbar ein Sinnbild der Weltliteratur (gleich dem Vater in *Schicksalslosigkeit* und *Detektivgeschichte*; vgl. S. 70, [469]) – holen eines Tages besagte »Zöllner« mit einem Lastwagen ab, welchen Vorfall Steinig als „ohnmächtiger Augenzeuge" beobachtet.[512] Ebenso wird bereits in *Die Bank* die Literatur von dem Pianisten repräsentiert, mit dem sich der Journalist nachts auf einer Parkbank unterhält (siehe S. 72). Tatsächlich gibt es auch in *Fiasko* einen solchen Pianisten („Winzling"), der die Nächte heroisch auf einer Bank verbringen will, weil er ahnt, dass er deportiert werden soll. Er lässt jedoch seine guten Vorsätze bald fallen und ergibt sich dem Alkohol, wie Steinig unmittelbar vor der Verhaftung des »Herrn mit dem Hund« bemerkt.[513] Augenscheinlich ist mit ihm eine pseudo-kritische, populäre Kunst gemeint (er spielt „heikle Nummern", da „die meisten Gäste" gerade diese hören wollen[514]), während der Pianist in *Die Bank* für die Hochkultur steht (beziehungsweise speziell für Thomas Mann, dessen Roman *Der Zauberberg* Kertész einst auf einer Parkbank gelesen hat und dessen ausladenden Stil er in *Die Bank* durch die Redeweise des Pianisten parodiert; siehe S. 72, [487]).

Eine der wichtigsten Referenzen in *Fiasko* ist schließlich Becketts Roman *Molloy* (1951). Wie die Anspielung auf *Murphy* in *Schicksalslosigkeit* (mittels der Figur des Hilfspflegers; siehe S. 22, [131]) dürfte der Bezug auf Beckett in *Fiasko* den meisten Lesern freilich kaum auffallen. Jedoch enthält *Liquidation* ein Indiz dafür, dass *Fiasko* eine Replik auf *Molloy* darstellt. Zwar spricht Kertész auch hier nur vage von der „Übersetzung eines französischen Romans", es erscheint aber evident, dass er *Molloy* meint: Gleich *Molloy* ist *Fiasko* ein moderner Entwicklungsroman, der dem Zerfall des abendländischen Humanismus Rechnung trägt. Und ähnlich der Figur Molloy aus dem ersten Teil von *Molloy*, die man als Projektion der Figur Moran aus dem zweiten Teil auffassen kann, hat der Alte in Teil 1 von *Fiasko* eine prekäre Existenz als unangepasster, autonomer Autor, die das Resultat von Steinigs »Arbeit an sich selbst« in Teil 2 ist.[515] Im Unterschied zu Beckett, der Moran am Schluss von *Molloy* eine durchaus nihilistische Position vertreten lässt („Ich werde es nicht mehr ertragen, ein Mensch zu sein, ich werde es nicht mehr versuchen. Ich will diese Lampe nicht mehr anzünden. Ich werde sie auslöschen und in den Garten gehen."[516]), entwirft Kertész in *Fiasko* allerdings ein „Happy-End", indem er für den Alten das glückliche „Leben eines Schriftstellers" voraussieht, der sich „von allem überflüssigen Plunder" eines profanen, naturalistischen „Leben[s]" befreit hat. Die wesentlichen Werte, die trotz aller Desillusionierung bestehen können, werden dabei durch den zu einem kleinen Stein abgeschliffenen Fels des Sisyphos symbolisiert, den der Alte vermutlich bis zu seinem Tod bei sich tragen wird: „mit seinen vom Star erblindeten, greisen Augen betrachtet er ihn wieder und wieder, […]. Er flicht seine zittrigen, gefühllosen Finger um ihn und wird ihn gewiss auch im Augenblick des allerletzten Anlaufs umklammert halten – wenn er einmal, dem Sekretär gegenüber, leblos vom Stuhl kippen wird."[517] Dies spiegelt sich noch im letzten Eintrag des von Kertész kurz vor seinem Tod veröffentlichten Tagebuchbands *Der Betrachter. Aufzeichnungen 1991–2001* (2016): „Wie die großen Romantiker kann ich sagen, mein Herz schlägt wild; nur schade, dass bei mir die Tachykardie die Ursache ist. – Doch ein Blick auf meinen Arbeitstisch und den verödeten Garten im Hintergrund – und auf einmal überkommt mich Freude: Solange du lebst, sei glücklich, weil allein das Glück des Lebens würdig ist, sonst vegetiertest du würdelos…"[518]

„Sie arbeiten, stehen Schlange, erziehen ihre Kinder – und plötzlich ist das Leben zu Ende. Zweifellos funktioniert dieses Fließband erfolgreich. Es bleibt keine Zeit, auf Distanz zu gehen, und da es keine Distanz gibt, gibt es auch keine Perspektive." (Notiz im *Galeerentagebuch* zu einem Besuch in Dresden, Mai 1980)

Dresden, 1983

Kaddisch für ein nicht geborenes Kind

Kaddisch für ein nicht geborenes Kind (KORTÁRS 11 und 12/1989; Magvető, 1990) ist der erste Roman, dem Kertész ein Motto vorangestellt hat. In diesem zitiert er aus Celans *Todesfuge* (rumän. Übers. 1946: *Tangoul morții* [*Todestango*], dt. 1947): „»... streicht dunkler die Geigen dann steigt ihr als Rauch in die Luft[/] dann habt ihr ein Grab in den Wolken da liegt man nicht eng«".[519] Anspielungen auf Celan finden sich bereits in *Schicksalslosigkeit* und *Fiasko* (siehe S. 22,[129] und S. 77,[504]). Dass im Motto von *Kaddisch...* nun Celans Gedicht explizit zitiert wird, deutet auf dessen besondere Bedeutung für den Roman hin. Dies bestätigt auch eine Tagebuchnotiz von 1988, in der Kertész bemerkt, *Kaddisch...* baue „völlig unbeabsichtigt und ohne »vorhergehende Überlegung«" auf der *Todesfuge* auf.[520]

Mit dem im Motto von *Kaddisch...* gleichsam zum Lebensziel erklärten „Grab in den Wolken" ist offenbar die geistige Tradition (oder: die Weltliteratur) gemeint. So erkennt im Roman Kertész' Alter Ego B., Auschwitz-Überlebender und von Beruf „Schriftsteller und Übersetzer", die „Natur" seiner „Arbeit" als: „Weiterschaufeln an jenem Grab, das andere für mich anfingen, in die Luft zu graben, um mir dann, einfach weil sie keine Zeit mehr hatten, es zu vollenden, [...], das Werkzeug in die Hand zu drücken und mich damit stehenzulassen, auf dass ich die von ihnen begonnene Arbeit, so gut ich kann, vollende."[521] Der Zweck dieser Arbeit bestehe darin, seine Lebenserfahrung als Wissen an nachfolgende Generationen weiterzugeben. Insofern interessiere er sich weniger für ein immanentes „Tatsachen-Leben" als für ein transzendentes „Geistes-Leben" oder eine „geistige Existenzform". Diese sei aber „nichts anderes als eine Erklärung, eine Anhäufung von Erklärungen" – und zwar in seinem Fall: für „Auschwitz". Die von ihm angestrebte „geistige Existenzform" korrespondiert also der spezifisch menschlichen Lebensform, gemäß der das Erfahrungswissen einzelner Personen im Rahmen der kulturellen Evolution weitergegeben und akkumuliert wird (vgl. S. 32,[240]). Das historische Ereignis Auschwitz fasst er folglich als ein Trauma auf, das nicht nur die Überlebenden betrifft, sondern prinzipiell auch alle späteren Generationen (wie Kertész schon in einer Notiz von 1984 in Anschluss an den „katholische[n] Dichter" Pilinszky respektive mit Bezug auf die hiervon abweichende Position der katholischen Kirche festgestellt hat; siehe S. 35,[263] und [264]). In diesem Sinne verkündet er (als „negative Offenbarung"; vgl.[413]): „Auschwitz *ist existent*".[522]

81

Zur Verteidigung der von ihm vertretenen transzendenten Lebensansicht (vgl. [194])
erläutert B. seiner „Frau" (also: dem Publikum; vgl. S. 29, [210]): „Ich hätte nicht in Auschwitz gewesen sein müssen, schrie ich, um diese Zeit und diese Welt zu begreifen, und dass
ich das, was ich begriffen habe, fortan nicht mehr leugnen werde, […] im Namen irgend-
eines komischen, wenn auch, […], überaus anschaulich erläuterten Lebensprinzips, das im
Grunde nur ein Prinzip der Anpassung sei, […], machen wir uns klar, dass *Assimilation*
hier nicht die Assimilation einer Rasse – Rasse! dass ich nicht lache! – an eine andere Rasse
[…] ist, sondern die *totale Assimilation* an das Bestehende".[523] Demnach geht es ihm
nicht speziell um eine historische Deutung des Holocaust (insbesondere nicht: als deutsch-
jüdischen Konflikt[524]) oder die Klärung seiner gegenwärtigen Rolle als Jude in Ungarn,
sondern darum, den – überall und zu jeder Zeit möglichen – Totalitarismus zu verstehen,
dessen Ursache die Kapitulation der Einzelnen vor einem zum Selbstzweck erhobenen
sozialen System ist. Der ambivalente Terminus „*totale Assimilation*" kann dabei auch so
interpretiert werden, dass B. zur konsequenten Anpassung an die menschliche Lebensform
aufruft, wozu die bloße Anpassung an die jeweils herrschenden Lebensbedingungen nicht
genügt. Er selbst äußert hierzu: „wenn ich mich assimiliere, tötet mich das [*durch die Funktionalisierung in einem zur »zweiten Natur« gewordenen System*[525]] noch eher, als wenn
ich mich nicht assimiliere, was mich eigentlich ebenfalls tötet [*wie ähnlich schon Nietzsche
mit Blick auf Kants kategorischen Imperativ vermutet hat*[526]]." Die geistige Existenz sei eine
„Existenzform des Überlebens, die ein gewisses Überleben nicht mehr überlebt", die aber
„trotz allem das Ihre fordert", und zwar: dass sie *gestaltet* werde."[527] Kertész hat die in
Frage stehende Lebensform als die eines verantwortlichen, anderen gegenüber solidari-
schen Individuums beschrieben, das nie kulturell integriert, sondern allenfalls Teil einer
„Subkultur" sein könne (siehe die Notiz von 1990, oben S. 42f, [338]). In *Kaddisch...* nennt
B. als Beispiel hierfür den »Herrn Lehrer«, der ihm einst auf einem Gefangenentransport
eine falsch zugeteilte Verpflegungsration unter Lebensgefahr zurückerstattet habe (vgl. [165]).
Dessen Verhalten, das keinerlei materielles Kalkül erkennen lasse, belege, dass allein „das
Gute" nicht erklärbar sei. Für „Auschwitz" gebe es hingegen sehr wohl Erklärungen (wie er
in Bezug auf den „einfältigen Satz": »Für Auschwitz gibt es keine Erklärung« aus einem
aktuellen „Bestseller [*nämlich: »Efraim« von Alfred Andersch*; vgl. [412]" betont).[528]
Der Titel *Kaddisch für ein nicht geborenes Kind* lässt sich als ironische Anspielung
auf das Konzept der »Sozialen Plastik« von Beuys lesen, das damals im Westen überaus
populär war und mittlerweile auch in Osteuropa diskutiert[529] wurde. Denn Beuys erklärt
in seiner bekannten Münchner Rede von 1985 (in der Reihe *Reden über das eigene Land*):
„wir werden gemeinsam den sozialen Kunstbegriff entwickeln als ein neugeborenes Kind

aus den alten Disziplinen" – eben ein solches Kind hat Kertész bildlich gesprochen aber nie gezeugt, was er im Titel seines Romans ironisch betrauert. Die von Beuys beworbene „Soziale Kunst" zielt nicht auf die Fortführung der geistigen Tradition mit Hilfe vermittelnder Symbole, sondern unmittelbar auf die Gestaltung der Gesellschaft (wozu bereits Wagner in *Das Kunstwerk der Zukunft* aufgerufen hat [530]). Mit ihr werde die – für „die große Mehrheit der Menschen" unzugängliche – Kunst der „Moderne" abgelöst, was zugleich „das Ende aller Traditionen" bedeute. Sich selbst präsentiert Beuys hierbei als eine Art Vordenker, der andere dazu anleitet, die „Ungestalt" der Gesellschaft (im Sinne der Anthroposophie Rudolf Steiners [531]) zu korrigieren: „für mich wurde es mehr und mehr zu einer gestalterischen Aufgabe, […], erst einmal eine Bedingung zu schaffen, einen Humus zu bilden in Begriffen und Vorstellungen, auf dem überhaupt eine lebendige Gestalt werden kann." Die praktisch zu leistende Arbeit sei dann eine „Aufgabe, die das Volk hätte." Zu Beginn seiner Rede spricht er übrigens auch von einem „Grab", aus dem jedoch zum Glück eine „Auferstehung" möglich sei. [532] Zwar teilte Kertész durchaus Beuys' Diagnose, das „Prinzip Auschwitz" sei immer noch wirksam (vgl. 12 und [525]), sein künstlerischer Ansatz musste ihm indes als eine westliche Spielart der offiziellen sozialistischen Kunst erscheinen, die für ihn, angesichts des sich abzeichnenden Systemwechsels und der Öffnung zum Westen, natürlich keine Option war (vgl. S. 30, [220]). Entsprechend antwortet B. gleich zu Beginn des Romans auf die Frage, ob er „Kinder" habe, „ohne zu zögern": „»Nein!«" [533] Auf Beuys deutet in *Kaddisch…* ebenfalls B.s „artikuliertes Schweigen". [534] So erinnert dieser Ausdruck an die Aktion *Das Schweigen von Marcel Duchamp wird überbewertet* (11.12.1964, live gesendet im ZDF), mit der sich Beuys kritisch auf Duchamps betont detachiertes, dandyhaftes [535] Auftreten (oder eigentlich: seinen Rückzug vom Kunstmarkt) bezog. [536] Genau hierin erkannte Kertész laut einer Notiz von 1990 aber sein künstlerisches „Ideal": „Mein Ideal ist ein hagerer Mann – sagen wir Duchamp –, den außer einer Manie (in seinem Fall das Schachspiel) und der äußersten Genauigkeit des Ausdrucks nichts mehr interessiert, er geht keinen Zerstreuungen nach, beschränkt sein Leben auf ein Minimum, […], alle seine Bewegungen werden von anarchischer Zweckdienlichkeit beherrscht. Doch auch er hat für erforderlichen Luxus gesorgt, der – minima ratio – für den Künstler, den schöpferischen Menschen anscheinend unerlässlich ist: Er lebt nicht in Europa – geschweige denn in Osteuropa! –, sondern in New York." [537]

Kertész hat verschiedentlich darauf hingewiesen, dass der erregte Ton des Erzählers B. in *Kaddisch…* den für Thomas Bernhard typischen Sprachduktus imitiert. [538] Damit ist auch evident, dass das den Roman eröffnende „»Nein!«" eine Replik auf das „*Ja*" am Schluss der gleichnamigen Erzählung von Bernhard darstellt. Dort erinnert sich der Erzähler nach dem Selbstmord seiner früheren Lebensgefährtin, der er ein unbewohnbares Haus gebaut hatte, mit jenem Wort habe sie ihm einmal lachend auf die Frage geantwortet, „ob sie selbst sich eines Tages umbringen werde" (wie es „heute so viele junge Menschen" tun).[539] Fasst man die »Frau« des Erzählers als Allegorie des Publikums auf, lässt sich der Schluss von *Ja* als resignierter Kommentar zur Verfassung der heutigen Mehrheitsgesellschaft deuten, die – durch ihre gleichsam suizidale Hinwendung zu einer geistig desorientierenden Massenkultur[540] – dem Künstler als Publikum verloren ging (vgl. [209]), so dass er schließlich selbst verlernt, auf produktive Weise zu arbeiten. Das unbewohnbare »Haus« entspräche etwa einer hermetisch gewordenen elitären Kunst, die tatsächlich niemand mehr sinnvoll rezipieren kann. In *Kaddisch...* erscheint das „»Nein!«" des Schriftstellers B. hingegen als ein Ausdruck von Kertész' Weigerung, seine Arbeit durch eventuelle Wünsche des Publikum bestimmen zu lassen. Denn ein hypothetisch von B. mit seiner Frau gezeugtes »Kind« stünde für eine provinzielle Literatur, die Kertész mit seinem Publikum gemeinsam verfasst hat, statt die geistige Tradition autonom fortzusetzen und sich in die Weltliteratur einzuschreiben.[541] In *Kaddisch...* äußert B. dazu (mit deutlich an Bernhard angelehnten Wendungen), es sei falsch gewesen, sich mit seiner „Frau" über einen bestimmten in Arbeit befindlichen „Roman [*äquivalent* »Fiasko«]" auszutauschen: „es war ein Fehler, meiner Frau Einlass zu gewähren zu dem empfindlichsten, geheimsten und ungeschütztesten Bereich meines Lebens, meines Fortbestehens, den mit einem Wort meine Arbeit bildete, ein Bereich, den es, ganz im Gegenteil, abzuschirmen und zu beschützen galt, wie ich es seither auch tue und auch zuvor stets getan habe, ihn gleichsam mit Stacheldraht umgebend gegen jeden unbefugten Eindringling, jedes unbefugte Eindringen, ja die bloße Möglichkeit eines Eindringens, von wem und welcher Art auch immer."[542] Hierauf bezieht sich wohl auch Kertész' Notiz vom 19. Mai 1976: „*Die Entstehung [später: *Fiasko*]* – Symphonie eines nicht geborenen Romans" (siehe *Primärliteratur*, ᶜ). Dem „*Ja*" der Frau in Bernhards Erzählung, mit dem diese in ihre eigene Zerstörung einwilligt, antwortet Kertész also mit einem emphatischen „»Nein!«", das sowohl Leser als auch Autoren vor einem solchen Nihilismus warnt und an die Möglichkeit einer geistigen Existenz erinnert. Außerdem variiert er Bernhards Erzählung insofern, als B. am Schluss von *Kaddisch...* seinem persönlichen Tod entgegensieht, nachdem er als Autor seine gestalterische Arbeit „vollbracht" und damit einen bleibenden Wert geschaffen hat (siehe [165]), während in *Ja* das besagte Haus in einem „noch nicht halbfertigen" Zustand verbleibt und wieder verrottet.[543]

B.s »Nein!« scheint ferner eine Paraphrase der »Neinsage« des in Paris lebenden deutschen Malers Feuermann alias Lefeu (nach fr. *le feu* = das Feuer) in Amérys Roman-Essay *Lefeu oder Der Abbruch* (1974) zu sein. Zwar nennt Christian Poetini in *Weiterüberleben*.

Jean Améry und Imre Kertész (2014, überarbeitete Fassung einer Dissertation von 2013) einige Argumente dafür, dass Kertész sich während der Arbeit an *Kaddisch...* (von Mitte 1987 bis Mitte 1989) noch gar nicht mit Améry auseinandergesetzt haben konnte. M. E. sind diese in der vorliegenden Form jedoch nicht überzeugend.[544] Hingegen gibt es eine Reihe von Indizien dafür, dass Kertész sich spätestens in *Kaddisch...* mit Améry befasst hat (und sogar bereits der Schluss von *Fiasko* erinnert an denjenigen von *Lefeu...*):

Zunächst könnte Kertész durch das in *Lefeu...* enthaltene Zitat „»Ein Grab in den Lüften«" aus Celans *Todesfuge*[545] dazu inspiriert worden sein, dieses Bild zum Leitmotiv seines Romans zu wählen. Anders als Améry, der Celans Formel wörtlich auffasst, verwendet er sie aber als Allegorie für die geistige Existenz. Weiterhin deutet in *Kaddisch...* B.s Streben nach dieser „Existenzform des Überlebens, die ein gewisses Überleben nicht mehr überlebt" (siehe S. 25, [165] und S. 82, [527]), signifikant auf Lefeus Erkenntnis: „Die Spur ist entdeckt, meine Neinsage ist rückführbar auf das Faktum, dass ich das Überstehen nicht überstehen kann."[546] Das von Lefeu – und zugleich: von Améry – artikulierte »Nein« bezieht sich namentlich darauf, dass er nach Auschwitz kein gewöhnliches, am beruflichen Erfolg orientiertes, Leben mehr führen kann, so als sei nichts geschehen. Die vitale, aber barbarisch gewordene Kultur des von ihm sogenannten „Glanz-Verfalls" nach 1945, die auch jedes noch so kulturkritische Werk als „Luxus-Abfallprodukt" absorbiert, nimmt er dabei als eine wesenlose Dynamik wahr, die ihm keine Möglichkeit einer sinnerfüllten Existenz bietet.[547] Der erzählerische Teil des Romans endet damit, dass Lefeu seine ohnmächtige Gewaltphantasie, ganz Paris anzuzünden, ersatzweise in dem Gemälde „Paris brûle [*Paris brennt*]" materialisiert, welches er aber zuletzt verbrennt, da es seiner Meinung nach nur eine harmlose Ware auf dem Kunstmarkt wäre: „Schön ist's. Ein Dreck ist's. Gekonnter Glanz-Verfall, einnehmend und zu Einnahmen führend für [*die Galeristen*] Monsieur Beaumann oder die Herren aus Düsseldorf."[548] Er selbst stirbt bei dieser Gelegenheit an Herzversagen. Sein Impuls zur „Gegengewalt" bleibt also ohne die geringste Folge, wie Améry es schon 1966 in *Jenseits von Schuld und Sühne* beschrieben hat.[549] Anders als Lefeu, der vor den herrschenden Umständen kapituliert und sein eigenes Werk zerstört, transzendiert B. aus *Kaddisch...* – in Vertretung Kertész' – den Kulturbetrieb seiner Zeit und verwirft „*Ergebnis, Literatur* oder gar *Erfolg*" zugunsten einer „*geistige[n] Existenzform*" (siehe [165]). Diese besteht konkret darin, dass er seine Lebenserfahrung schriftlich an die Nachwelt überliefert. Laut György Spiró arbeitete Kertész entsprechend „in dem optimistischen Kinderglauben, dass das Ganze zusammenbrechen und sein Roman alles überleben wird [*gemeint ist wohl »Schicksalslosigkeit« bzw. der jeweils aktuelle Roman, die Aussage trifft insbesondere aber auch auf »Kaddisch...« zu*; vgl. S. 24, [155]]."[550]

Kaddisch... endet mit einem weiteren Echo auf *Lefeu...*: „Nun also, es ist vollbracht [*nach Joh. 19, 30*], ich bin bereit. In einem letzten großen Aufgebot habe ich mein hinfälliges, verbissenes Leben aufgezeigt [...]" (siehe [165]). Dies bezieht sich offenkundig auf folgende Äußerung Lefeus nach dem Suizid seiner Frau Irene, die als Dichterin gescheitert ist: „Du hast es vollbracht, Irene, und liegst nun da in einem Zustand, den man friedlich nennt, wo er doch in Tat und Wahrheit jenseits ist von Fried und Unfried dank eines Pülverchens, das Nichts anzeigt und das Nein, die meine Sache waren, die meine, hörst du? – und in der du mir zuvorkamst."[551] Kertész zeigt bereits in *Fiasko* einen „*Ausweg*" aus der prekären Situation eines der Gesellschaft (oder: der „offiziellen und halboffiziellen »Kulturpolitik«") ausgelieferten Autors, indem er (respektive: der Alte) sich zum Subjekt erhebt und seine Erfahrungen mit dem Kulturbetrieb (wie zuvor in *Schicksalslosigkeit*: sein »Lager«-Erlebnis) in eigener Verantwortung beschreibt, statt sich seinerseits objektivieren zu lassen (vgl. S. 21, [118] und [120], die Notiz von 1982 in [210] sowie S. 75f). Ein bleibendes Resultat hiervon ist sein Werk, während Lefeu (aber durchaus nicht: Améry) mit einem „Nichts" endet. Als entscheidende Differenz zwischen Kertész und Améry erscheint hierbei, dass Kertész sich auf die universelle Relevanz des Traumas „Auschwitz" verließ, welches er als gemeinsamen Gegenstand mit seinen potentiellen Lesern nutzte (vgl. S. 37, [281] und S. 54, [413]), wohingegen Améry im „Konsum" den „einzigen Bezugspunkt" der „euramerikanische[n] Zivilisation" sah und nicht mehr daran glaubte, ein derart „fremdsprachige[s] Publikum" erreichen zu können. So schreibt er schon 1961 in *Geburt der Gegenwart*, Kap. *Im Schatten des Dritten Reiches: Deutsches Dichten und Denken in den fünfziger Jahren*: „Soll aber das Buch Dolmetscher sein, dann muss doch wohl der Autor nicht nur die eigene Sprache beherrschen, sondern auch die des Lesers. Dies aber war gerade bei den deutschen Schriftstellern nach 1945 nicht der Fall: ihre Sprache hieß »Neubeginn«, die des Publikums »Restauration«."[552] Letzteres (speziell auf Deutschland bezogene) Urteil hat er zwar wenig später angesichts der Erfolge von Autoren wie Grass, Johnson oder Walser revidiert,[553] jedoch behielt er die Vorstellung bei, dass der rasche Wechsel der künstlerischen Moden den hergebrachten Begriff der Nachwelt obsolet mache, so dass man im Grunde nur für ein zeitgenössisches Publikum produzieren könne. Und er selbst *wollte* seit 1968 immer weniger die Sprache der damals maßgebenden Leserschichten sprechen (weshalb dann etwa sein Essayband *Widersprüche* von 1971 ein Misserfolg wurde). Diesem Dilemma, an dem Améry schließlich verzweifelte, entkam Kertész mit Hilfe einer radikal sachlichen, von jedem Ressentiment befreiten »dritten Sprache«, die sich auf die allgemein relevanten Aspekte seiner Erlebnisse beschränkt und die daher eine Verständigung mit Fremden oder Nachgeborenen erlaubt (siehe S. 35, [260]). In *Kaddisch...* wendet er hiermit Amérys

Neinsage, die nur die Teilnahme am Kulturbetrieb negiert, in die positive Bedeutung der Transzendenz, wodurch sie den Charakter einer totalen Selbstaufgabe verliert.

Das zentrale Vorbild für die geistige oder transzendente Lebenseinstellung, die B. in *Kaddisch...* vertritt, ist der biblische Bericht über Jesus. In ähnlicher Form berief sich hierauf auch Beuys, den ich bereits in anderer Hinsicht als versteckte Referenz identifiziert habe (siehe oben S. 82f). So sei der von ihm beworbene „erweiterte Kunstbegriff" darauf ausgerichtet, dass der Mensch „von der Wirklichkeit" ergriffen werde, „ein geistiges Wesen" zu sein, aufgrund welcher „Christuskraft" er dann „die Verantwortung für diese Erde" übernehmen könne.[554] Aussagen wie diese könnten Kertész dazu veranlasst haben, in *Kaddisch...* vermehrt auf Jesus zu rekurrieren und – sozusagen als Antwort auf Beuys – ein eigenes Verständnis seiner Botschaft zum Ausdruck zu bringen. Besonders augenfällig werden die Parallelen zum Text des Neuen Testaments in der 1965 von Jörg Zink (1922–2016) vorgelegten Übertragung, auf die ich mich im Folgenden beziehe:

Zum Beispiel rechtfertigt Jesus sich vor den Schriftgelehrten: „Was ich euch vortrage, ist nicht ein Wissen, das ich mir angelernt hätte. Dieses Wissen gab mir der, der mich gesandt hat: Gott selbst. [...] Wer seine eigenen Gedanken vorträgt, dem geht es dabei um sein eigenes Ansehen. Wer aber in jedem seiner Worte auf den verweist, der ihn gesandt hat, und dessen Ehre sucht, der ist lauter in seinen Reden und hat kein trügerisches Spiel nötig." (Joh. 7, 16-18) Im selben Sinne erklärt er gegenüber Pilatus: „Mein Reich, [...], gehört nicht dieser Welt an wie andere Reiche. [...], ich bin geboren und in die Welt gekommen, um für die Wahrheit einzustehen. Wem Gott die Ohren für die Wahrheit öffnet, der hört meine Stimme." (Joh. 18, 36f) Bei anderer Gelegenheit bemerkt er über das »wahre Leben« jenseits der Immanenz (das Kertész in *Kaddisch...* und ebenso am Schluss von *Letzte Einkehr* als sein »heimliches Leben« bezeichnet; siehe S. 32, [239] und S. 45, [358]): „Wenn jemand meinen Weg gehen will, denke er nicht an sich selbst und sehe von seinem eigenen Leben ab. [...] Wer nämlich sein Leben retten will, wird es dabei verlieren, wer aber sein Leben verliert, weil er zu mir gehört und weil er meiner Botschaft glaubt, wird das wahre Leben finden." (Markus 8, 34f) Im Johannesevangelium wird dieses »wahre Leben« ferner als eine geistige Existenzform beschrieben, deren wesentliches Medium die menschliche Sprache (oder: die Literatur) ist: „Im Anfang war das Wort,[/] und das Wort war bei Gott,[/] und Gott war das Wort.[/] Jesus Christus, das wirkende Wort,[/] war im Anfang bei Gott.[/] Alles wurde durch ihn,[/] nichts entstand ohne den, der das Wort ist.[/...] Und das Wort ward Fleisch und wohnte unter uns,[/] und wir sahen seine Herrlichkeit,[/] eine Herrlichkeit, die dem Einen, dem Sohn,[/] vom Vater verliehen ist, voller Gnade und Wahrheit." (Joh. 1, 1-14) Hierauf bezieht sich Kertész wohl schon in einer Notiz von 1979, in der er die „große, fließende Erzählung vom Menschen, in der wir alle unseren Platz suchen", – also: die geistige Überlieferung oder die Weltliteratur, in der er selbst einen Platz suchte – im Geiste Nietzsches mit „Gott" gleichsetzt (vgl. S. 11, [27] und S. 33, [245]).

Das Verhältnis zwischen Gott und Jesus als Vater und Sohn spiegelt sich tatsächlich bereits in *Schicksalslosigkeit* und *Detektivgeschichte* (siehe S. 70, [469]). In *Schicksalslosigkeit* kann das vergebliche Bemühen von Köves, nach seiner Rückkehr aus dem Lager bei den Daheimgebliebenen Gehör zu finden (vgl. [278]), außerdem auf folgende Bibelstelle zurückgeführt werden: Jesus bemerkt bei dem Versuch, in seiner Heimatstadt Nazareth zu predigen, nirgends habe man „für einen Propheten so wenig übrig wie in seiner Heimat und in seiner Familie." (Matth. 13, 57; vgl. auch Kertész' Anspielung auf das korrespondierende Gleichnis vom »unfruchtbaren Boden« in einer Notiz von 1977, oben S. 49, [392]) Und in *Detektivgeschichte* erinnert die Hinrichtung von Enrique und seinem »Vater« Federigo an die Kreuzigung. In *Der Spurensucher* übernimmt der Protagonist (der Gast) ferner die Rolle von Jesus als Abgesandter oder Beauftragter (Gottes) (vgl. S. 67) – entsprechend wird in der Bibel Jesus der Titel eines „Beauftragten" oder „Bevollmächtigten Gottes" zugeschrieben. (Matth. 1, 1, 16) In *Fiasko* kündigt sich dann schon das Motiv der »geistigen Existenz« respektive des »wahren Lebens« an. So zielen Steinigs Bemühungen auf „das Wesentliche", das „fast schon nicht mehr zu diesem Leben gehört", aber „unbestreitbar und vollendet ist wie die Katastrophen" (siehe S. 54, [414]). Im ersten Teil des Romans versetzt sich Kertész alias »der Alte« auch in die Gestalt des Bibelübersetzers Hieronymus (siehe S. 44, [356]). In *Protokoll* berichtet er von zwei Erlöser-Träumen und verwendet als Motto ein Zitat aus der *Bergpredigt* (siehe S. 26, [180]). In *Die englische Flagge* zitiert er wiederum von Jesus, er wolle „für die Wahrheit zeugen" (siehe [580]). In *Ich – ein anderer* spekuliert er: „Man könnte die Linie von Christus [*der von Gott, seinem Vater, gleichsam zum Tode verurteilt worden sei*] zu Auschwitz ziehen".[555] In *Liquidation* erinnert er mit dem Motiv der Liebe (siehe S. 42f) schließlich an das christliche Liebesgebot (Matth. 22, 39) und hält dem »verbitterten (Massen-)Menschen« Keserű, der die europäische Kultur negiert (siehe S. 41, [329] und [330]), durch das Beispiel seines Alter Ego Bé entgegen: „Die Liebe […] wird nicht bitter durch dunkle Erfahrung." (Paulus, *1. Korintherbrief* 13, 4f) Der »Selbstmörder« Bé, der – analog B. aus *Kaddisch…* (vgl. [165]) – seinen »Roman« zur Vernichtung freigab (also: den persönlichen Tod akzeptierte), aber ein »Theaterstück« hinterließ (also: ein ihn überdauerndes Werk schuf; siehe S. 37, [278]), hat im Sinne Jesu gleichsam seinen „Leib" hingegeben „für das [*ewige, geistige oder wahre*] Leben der Welt". (Joh. 6, 51) Als geisterhafter »toter« Erzähler des Romans *Liquidation* (siehe S. 41, [327] und [328]) ähnelt er dabei auch stark dem drei Tage nach seiner Kreuzigung »auferstandenen« Jesus.

Bezüglich dieses Themenkomplexes erklärt Kertész in einer Tagebuchnotiz von 1997: „wenn wir die christliche Kultur retten wollen, ich sollte sagen: falls die christliche Kultur noch *rettbar* ist, dann ist die Kultur, die negative Ethik, die der Holocaust geschaffen hat, [*als »negative Offenbarung«*; siehe [413] und S. 81, [522]] noch Teil der christlichen Kultur [*vgl. auch die Notiz von 1998 in* [263]], so wie die Offenbarung Teil der Bibel ist. Doch dieses Land, in dessen Sprache[*!*] ich lebe, hat nie in der christlichen Kultur gelebt. Obwohl es von »christlichen Werten« schwafelt, hat es nicht verstanden, die christliche Kultur hier heimisch zu machen. Es blieb ein heidnisches Land." 2002/2003 folgert er, eben deshalb werde er in Ungarn „nicht verstanden".[556]

Budapest, Wien, Budapest - Die englische Flagge - Protokoll

Der Reisebericht *Budapest, Wien, Budapest* (Erstveröffentlichung in HOLMI 3/1990) handelt von Kertész' erstem Aufenthalt in Wien vom 2. bis zum 30. Oktober 1989. Kertész (oder genauer: sein erzählendes Alter Ego) vergleicht in dem Bericht die westlichen Lebensverhältnisse mit denen im Osten und reflektiert über den Anschluss Ungarns an Europa. Ein zentrales Thema ist seine Beobachtung, dass sich in Wien gelegentlich produktive Missverständnisse bezüglich seiner Person ergaben. Er zeigt, wie ihn dieses »Inkognito« von sozialen Zwängen befreite, da seine persönliche Existenz über eine ambivalente Rolle oder Maske vermittelt wurde. Er stellt fest, dass es im Westen anscheinend einen viel größeren Spielraum für ein solches privates (oder: „*heimliches*"; vgl. [239]) Leben gibt als in der ihm bekannten „Lagergesellschaft", in welcher der Mensch naturalistisch determiniert und damit eigentlich „als Nichts deklariert" werde (siehe S. 25, [169] und [173]).

Die neuen Lebensbedingungen nach dem Systemwechsel thematisiert Kertész ebenfalls in der Erzählung *Die englische Flagge* (Erstveröffentlichung in HOLMI 3/1991). In ihr beschreibt er seinen eigenen Bildungsweg (nach demselben Schema, das er in *Fiasko* für Steinigs „Zustandsveränderungen" verwendet hat; vgl. S. 24f, [164] und S. 76f), womit er offenbar seine Leser dazu motivieren will, eine analoge Entwicklung zu vollziehen. So berichtet der ihn vertretende Erzähler in einer Runde jüngerer Zuhörer, wie er zur Zeit des Sozialismus durch die Lektüre verschiedener Bücher (u. a.: Thomas Mann, *Wälsungenblut* und *Goethe und Tolstoi*) und andere ästhetische Erfahrungen (etwa: bei einer Aufführung von Richard Wagners Oper *Die Walküre*) dazu angeregt wurde, sich sein Leben existentiell anzueignen. Seinen autobiografischen Bericht charakterisiert er dabei als eine „radikale Erzählung", in der durch eine kategorische Historisierung der Form: »Ich *war*...« dasjenige in den Vordergrund gerät, was über private Belange hinaus von allgemeiner Relevanz ist.[557] Hierdurch entsteht eine ideale Sprechsituation (vgl. S. 53, [409]), in der es keine materiellen Bindungen zwischen Autor und Rezipient gibt und Letzterer sich ganz auf seine eigene, gegenwärtige Verantwortung verwiesen sieht (wie schon im Fall von *Schicksalslosigkeit*, wobei dort Kertész' Alter Ego Köves als Auschwitz-Überlebender per se eine Ausnahmeexistenz darstellt und sich aus diesem Grund eine explizite Historisierung erübrigt; vgl. S. 63 ff). Das titelgebende Motiv – die »englische Flagge«, die der Erzähler einst auf dem Auto eines britischen Diplomaten sah, der Ungarn während der Revolution 1956 fluchtartig verließ – soll wohl symbolisieren, dass Kertész sich in geistiger Hinsicht bereits in Sicherheit gebracht hat (vgl. S. 77, [506]), während für die Mehrheit der Ungarn wegen des Systemwechsels noch eine Art Ausnahmezustand herrscht. Bei aller Distanz gibt der Diplomat in der betreffenden Szene aber aus dem Auto heraus den Passanten (so wie Kertész in seiner Erzählung den Lesern) ein Zeichen seiner Solidarität: „Plötzlich raste ein jeepartiges Auto heran, den Kühler völlig von den britischen Farben Blau-Weiß-Rot, einer englischen Flagge, umhüllt. In rasendem Tempo brauste es durch die […] Menge, aus der es zuerst vereinzelt, dann immer stärker, offenbar als Zeichen der Sympathie, zu applaudieren begann. Ich sah das Auto, nachdem es an mir vorbeigerauscht war, jetzt nur noch in der Rückansicht: und in diesem Moment, […], streckte sich aus dem linken Seitenfenster zögernd, zuerst fast widerstrebend, eine Hand heraus. Diese Hand war von einem hellen Handschuh umschlossen, […]; und sie bewegte sich, wahrscheinlich als Antwort auf den Applaus, einige Male vorsichtig und parallel zur Fahrtrichtung des Wagens hin und her. […], es war darin auf jeden Fall vorbehaltlose Zustimmung und nebenbei auch etwas von dem sicheren Bewusstsein, mit dem diese handschuhumhüllte Hand bald das Geländer der von einem Flugzeug auf den Beton herabgelassenen Treppe berühren würde, bei der Heimkehr in das ferne Inselreich.[558]"[559]

Nachdem von Kertész schon erste essayistische Texte erschienen waren, wie der Reisebericht *Budapest, Wien, Budapest* (s. o.) oder *Die Unvergänglichkeit der Lager* (Vortrag von 1990, gedruckt in HOLMI 5/1990), stellt er in *Die englische Flagge* klar, dass sich damit nichts an seinem radikalen Individualismus geändert hat und er keineswegs an einer kulturellen Gemeinschaft interessiert ist (was er u. a. im Vorwort seines deutschen Essaybands von 1999 auch explizit bekennt; siehe [160]). In diesem Sinne äußert am Schluss der Erzähler über seine fiktiven Zuhörer, die ihn gefragt hatten, warum er sich nicht als Intellektueller engagiere: „Darüber konnte ich nur noch staunen, denn demnach hatte ich ihnen die Geschichte von der englischen Flagge völlig umsonst erzählt, es scheint, dass sie, die Kinder der Verwüstung, nicht mehr verstehen, nicht mehr verstehen *können*, dass die Zerstörungen des totalen Krieges erst durch den totalen Frieden zur endgültigen und sozusagen perfekten Verwüstung befördert worden sind."[560] Der erregte Ton des Erzählers, der seine Bestürzung über die naiv-optimistische Herdenmentalität der jungen Generation erkennen lässt, ist wiederum eine Reminiszenz an Thomas Bernhard (den Kertész bereits in *Kaddisch...* stilistisch imitiert hat; siehe S. 83, [538]). Weiterhin bezieht sich Kertész in *Die englische Flagge* auf Thomas Mann und Ernő Szép, die er als vorbildgebend für die historisierende Form der Erzählung kenntlich macht (siehe [557]), sowie auf Mihály Babits[561], von dem er im Motto zitiert: „»… vor uns Nebel, hinter uns Nebel[/] und unter uns ein versunkenes Land.«"[562]

Die Novelle *Protokoll* (Erstveröffentlichung im Magazin *2000* 6/1991) schrieb Kertész anlässlich eines Vorfalls zu Beginn seiner zweiten Reise nach Wien am 16. April 1991. Die Reise musste er schon an der Grenzstation Hegyeshalom abbrechen, weil ungarische Zöllner sein gesamtes (falsch deklariertes) österreichisches Geld konfiszierten. In *Protokoll* schildert er (oder: der Erzähler) dieses Ereignis aus seiner persönlichen Perspektive, um sozusagen das offizielle Protokoll der Grenzbeamten „gegenzuzeichnen"[563] und sich von dem „beschämenden Erlebnis" zu „befreien" (siehe das Zitat aus *Dossier K* in [160]). Zudem spielt er in der Novelle auf den in Ungarn seit Ende 1990 neu entstandenen Antisemitismus an (wie er etwa in den hier zitierten Artikeln von Csoóri oder Kurucz zum Ausdruck kommt; siehe [174] und [175]). In all dem sah Kertész Indizien dafür, dass die von der Diktatur geprägte Mentalität der Osteuropäer noch längst nicht überwunden ist. Hieraus zog er den Schluss, dass der politische Umbruch an den Bedingungen und dem Ziel seiner künstlerischen Arbeit durchaus nichts geändert hat (siehe oben S. 25ff). In *Protokoll* formuliert er: „Ich habe bisher wie ein Gefangener gelebt, meine Gedanken, mein Talent, mein wahres Wesen geheimhaltend, denn ich wusste genau, da, wo ich lebe, kann ich nur als Gefangener frei sein." Und seine „Illusion" der „Freiheit eines Gefangenen" wolle er auch jetzt nicht aufgeben, denn eine von ihr bestimmte Existenz im selbst gewählten inneren Exil sei immer noch „ehrenhafter, als in der Illusion von Freiheit doch nur wie ein Gefangener zu leben." In Konsequenz dessen negiert er mit Bezug auf den Schluss von Camus' Roman *Der Fremde* (und vielleicht auch: auf Hofmannsthals Essay *Der Dichter und diese Zeit*) demonstrativ jede Bindung an die Gesellschaft und erklärt sich für „tot": „Auf meinem restlos durchlöcherten, zum Tode verwundeten Körper, der nur noch an Nervensträngen baumelt, findet keine einzige Speerspitze, ja nicht einmal eine Injektionsnadel mehr Platz. Ich habe die Fähigkeit zum Dulden verloren, ich bin nicht mehr verwundbar. Ich bin verloren. […] Ich bin tot [*nach Hofmannsthal*; vgl. [221]]. (*Und damit sich alles erfüllt, damit ich mich weniger allein fühle, brauche ich nur noch eines zu wünschen* [*nach Camus*; vgl. [226]]: dass an meinem Grab oder meiner Urne oder dem, was immer von mir bleibt, ein Zöllner, wenn auch nicht als Zeichen der Rehabilitierung, so doch wenigstens als Zeichen der Vergebung[[564]], einst eine Blume niederlegt…)"[565] Mit dieser „Selbstverleugnung", für die schon in *Die englische Flagge* der Erzähler wirbt,[566] kam Kertész gewissermaßen auch den neuen Antisemiten zuvor, die ihn ihrerseits als einen Fremden in Ungarn betrachteten.

Galeerentagebuch (Tagebücher 1961–1991)

Kertész' erster Tagebuchband *Galeerentagebuch* (Holnap, 1992), der als »Tagebuchroman« deklariert ist, enthält Arbeitsnotizen aus der Zeit 1961 – August 1991. Diese betreffen vor allem Kertész' schriftstellerische Tätigkeit, dagegen bleibt sein Privatleben größtenteils ausgeblendet (vgl. oben S. 11f, [34] und S. 25, [166]).

Dem *Galeerentagebuch* sind vier Zitate als Motto vorangestellt. Aus ihnen kann auf den von Kertész intendierten Status des Textes geschlossen werden. Mit dem ersten dieser Zitate referiert Kertész offenbar auf Thomas Manns *Betrachtungen eines Unpolitischen* von 1918, die unter demselben Motto stehen: „Que diable allait-il faire dans cette galère?". Der zitierte Satz stammt aus folgendem Dialog in Molières Stück *Scapins Streiche* (siehe [34]): Géronte: »Was zum Teufel trieb ihn auf die Galeere?« Scapin: »Er konnte sich nicht ausmalen, wozu das führen würde.« Mann und Kertész empfanden das Schreiben demzufolge gleichermaßen als ein Abenteuer (wie auch der Erzähler in *Die englische Flagge*; vgl. S. 24f, [163]). Ebenso lassen sich auch Manns Vorbemerkungen zu den *Betrachtungen...* mit Kertész' Tagebuch in Bezug setzen: „Wie Hunderttausenden, die durch den Krieg aus ihrer Bahn gerissen, »eingezogen«, [...] ihrem eigentlichen Beruf [...] entfremdet [...] wurden, so geschah es auch mir; und nicht Staat und Wehrmacht waren es, die mich »einzogen«, sondern die Zeit selbst: zu mehr als zweijährigem Gedankendienst mit der Waffe [*also: dem Schreiben der »Betrachtungen...«, für das Mann die Arbeit am Roman »Der Zauberberg« unterbrach*], [... ./] Die Frucht dieser Jahre – aber ich nenne das keine »Frucht«, ich rede besser von einem Residuum, [...] einer Spur, und zwar, [...], einer Leidensspur – [...], ist vorliegender Band: [... / ...] Künstlerwerk und kein Kunstwerk, ja; denn es entstammt einem in seinen Grundfesten erschütterten, in seiner Lebenswürde gefährdeten und in Frage gestellten Künstlertum, einem krisenhaft verstörten Zustande dieses Künstlertums, der sich zu jeder anderen Art von Hervorbringung als völlig ungeeignet erweisen musste. [... / ...] Warum mir die Galeere, während andere frei ausgingen?"[567] Anders als Manns Essay ist Kertész' Tagebuch freilich kein Ersatz für die Literatur, vielmehr hat Kertész in ihm die Arbeit an seinem Erzählwerk dokumentiert. Mit Mann stimmt er aber darin überein, dass eine neue künstlerische Form gefunden werden muss. So notiert er schon im Dezember 1980: „Und was ist nicht hinfällig? Beckett ist es, Camus ist es auch, die Malerei ist hinfällig, die Musik, alles. Auf ausgebrannten, kahlen Feldern gedeiht keine üppige Kunst. Etwas ist verloren; doch gerade aus diesem Verlust kommt vielleicht etwas."[568] In einem Eintrag von Juni 1990 erkennt er schließlich, dass sein Schreiben – das er als Funktion in einem „großen geistigen Prozess" versteht – keineswegs durch den „Zeitgeist" bestimmt war, und dass dieser nun sogar an jenem geistigen Prozess partizipiert (etwa: durch die beginnende internationale Verbreitung seines Werks): „Eine interessante Frage, warum der Zeitgeist nie zusammenfällt mit dem großen geistigen Prozess; und warum er sich, wenn die Zeit vergeht, plötzlich doch in den großen geistigen Prozess einschaltet – das heißt das, was an Geist von ihm übriggeblieben ist."[569] Ähnlich bemerkt er 1992 beim Lesen der „Korrekturfahnen des *Galeerentagebuchs*": „wie wenig mein Buch der Zeit verhaftet ist. Das überraschte mich. Es scheint, das Röntgenbild meines »Inneren« [*wohl nach Mann, »Der Zauberberg«*[570]], meiner geistig-seelischen Eingeweide [*etwa nach Nietzsche, »Zur Genealogie der Moral«*[571]], gibt eine unabhängigere innere Landschaft wieder, als ich geglaubt hätte. Tatsächlich der »Weg einer Seele« – am Ende löst es sich (sich sozusagen vergeistigend) völlig von der Zeit; nun, und vom Leben."[572]

Das zweite Zitat im Motto stammt aus Malcolm Lowrys Erzählung *Durch den Panamakanal. Aus dem Tagebuch von Sigbjørn Wilderness* (posth. 1961), die 1974 in Ungarn erschien (und von Kertész sogleich lobend im Tagebuch kommentiert wurde)[573]: „... offenbar war dieses Zurückverfolgen eines Weges ein Teil der großen Prüfung; und selbst in diesem Augenblick wusste Martin, dass es kein Traum war, sondern ein seltsam symbolisches [symbolisiertes[574]] Bild der Zukunft." Der Romanautor Martin ist eine Figur in dem fiktiven Roman „*Dunkel wie das Grab, in das mein Freund gelegt*" (nach einem gleichnamigen Manuskript Lowrys), den Sigbjørn Wilderness auf einer Schiffsreise schreiben will. Während dieser Reise beginnt auf merkwürdige Weise der Romanstoff real zu werden, so dass Sigbjørn selbst sich „in die Handlung eines Romans [*mit dem Protagonisten Martin*] verstrickt" sieht, den er „kaum angefangen habe". Sigbjørns Tagebuch enthält u. a. folgende Notizen, die wiederum auf Kertész und seinen Tagebuchroman bezogen werden können: „Wenn diese Dinge lebendig bleiben sollten, sagte sich Martin, durfte er sie nie vergessen, er musste sie, [...], niederschreiben; denn für ihn waren sie der Kern aller Trauer und Mutlosigkeit.[/ ... /] Vielleicht will ich gar nicht leben? dachte Sigbjørn.[/] Im Augenblick scheine ich keinen besonderen Ehrgeiz zu haben ...[/] Sigbjørn Wilderness (so ein guter Name, schade, dass ich ihn [*im Roman*] nicht verwenden kann) konnte nur um ein Wunder beten, [...], das ihm etwas Liebe zum Leben wiedergäbe.[/] Das Wunder ist geschehen; offenbar war dieses Zurückverfolgen eines Weges ein Teil der großen Prüfung; [... *wie im Motto des »Galeerentagebuchs« zitiert*]."[575] Eine solche (Selbst-)„Prüfung", wie sie übrigens auch Nietzsche empfohlen hat (vgl. das Zitat aus *Schopenhauer als Erzieher* in [45]), stellte für Kertész aber das „Zurückverfolgen" seiner geistigen Entwicklung im *Galeerentagebuch* dar.

Des Weiteren zitiert Kertész im Motto des *Galeerentagebuchs* aus Camus' Vortrag *Der Künstler und seine Zeit* (Universität Uppsala, 14.12.1957, anlässlich der Verleihung des Nobelpreises[576]): „Jeder Künstler ist heutzutage auf die Galeere seiner Zeit verfrachtet." Camus meint damit, dass ein Künstler aktuellen Fragen nicht mehr ausweichen kann: „Bis jetzt war in der Geschichte ein Sichfernhalten immer […] möglich. Wer nicht billigte, konnte oft schweigen oder von etwas anderem sprechen. Heute ist das alles anders, und selbst Schweigen bekommt einen gefährlichen Sinn. Vom Augenblick an, da die Stimmenthaltung selber als eine Entscheidung angesehen […] wird, sieht sich der Künstler auf die Galeere verfrachtet, ob er will oder nicht. Verfrachtet scheint mir hier richtiger als engagiert." Hierin sieht er eine Bedrohung für die Autonomie der Kunst, wenn nicht sogar für ihre Existenz. Insbesondere warnt er davor, den in der „Gesellschaft" verbreiteten „Kunsthass" auch noch durch ein „Infragestellen der Kunst" von Seiten der Künstler selbst zu nähren. Namentlich der „Einbruch der Massen und ihrer erbärmlichen Lebensbedingungen in das Bewusstsein der Zeitgenossen" könne zu einem heteronomen Arbeiten verleiten, bei dem die Kunst hinter den politischen oder sozialen Anliegen der Masse zurücksteht. Ein zusätzlicher Grund für die „Abdankung des Künstlers" sei seine Entmutigung angesichts der kunst- und geistfernen „Gesellschaft der Händler" (nicht: „des Geldes"). Gerade bei ambitionierten Autoren führe die berechtigte Ablehnung dieser „Attrappengesellschaft" oft zu einer unfruchtbaren Isolation: „Der ursprünglich richtige Grundsatz, wonach ein wahrer Künstler sich mit der Welt des Geldes auf keine Kompromisse einlassen dürfe, wurde falsch, als man den Schluss daraus zog, ein Künstler könne sich nur behaupten, wenn er in Bausch und Bogen alles ablehne. […] Dann versteift sich der Intellektuelle unserer Zeit immer mehr, um sich größer zu machen. […] Und doch wird er fern von seiner Gesellschaft nur formale oder abstrakte Werke hervorbringen, die als Experimente ansprechen, der Fruchtbarkeit der wahren Kunst jedoch entbehren, besteht doch die Berufung der wahren Kunst darin, Sammelpunkt zu sein."[577] Camus' Rat, sich dem Publikum nicht unnötig zu verweigern, befolgte Kertész insofern, als er nach der Wende alle Möglichkeiten nutzte, sein Werk „in der Welt" zu plazieren (vgl. [35]). Etwa erschien von ihm 1992 neben der ungarischen Ausgabe des *Galeerentagebuchs* auch schon eine erste amerikanische Übersetzung von *Schicksalslosigkeit* (die er bereits im April 1991 im Tagebuch erwähnt)[578] und, als seine erste Publikation bei Rowohlt, die deutsche Übersetzung von *Kaddisch...* (vgl. *Primärliteratur*, [d]). Gleichfalls im Sinne von Camus' Vortrag äußert er 2002 in einem Gespräch anlässlich des Nobelpreises: „Ich weiß wirklich nicht, ob in dieser Geldgesellschaft Kultur entstehen kann. Ich glaube, diese Geldgesellschaft hat noch einen ganz kleinen Spielraum offen gelassen, in dem man arbeiten kann. Die Arbeit an sich selbst [*nach Thomas Mann, »Betrachtungen eines Unpolitischen«; siehe* [106] *und* [107]] kann diesen Spielraum noch vergrößern. Ich sehe das nicht hoffnungslos."[579] Anders als Camus, der am Schluss seines Vortrags allzu bemüht eine „Hoffnung" auf das Engagement „Millionen einzelner Menschen" beschwört, „deren Tun und Werke" immer wieder „flüchtig die stets bedrohte Wahrheit aufleuchten lassen, die ein jeder auf seinem Leiden und seiner Freude für alle aufrichtet [*wie Jesus* [580]]",[581] erwartete Kertész von seinen Zeitgenossen freilich überhaupt nichts und vertraute stattdessen allein auf seine eigene, in die Zukunft weisende Arbeit. Entsprechend lautet einer der letzten Einträge des *Galeerentagebuchs*: „Allmählich interessiert mich auch die Wahrheit nicht mehr, nur noch die Inspiration, denn in der Inspiration ist die Wahrheit; die Inspiration ist die Probe, der Katalysator; [… ./ …] Schließlich und endlich lässt es sich auch so formulieren: ein klares Bewusstsein erzeugen. Worauf könnte es basieren? Auf einem demonstrativen Prozess, dem Zeigen (und Vorzeigen), wie der Kampf um die Herstellung eines klaren Bewusstseins abläuft: das genügt – und nur das ist es, was genügt. Als Ergebnis wird keineswegs eine unwiderlegbare Wahrheit erwartet, nein, es besteht lediglich in der vielversprechenden Möglichkeit des Funktionierens des normalen Geistes, genauer: dass wir von dieser Möglichkeit Zeugnis geben."[582] Tatsächlich bekennt Kertész in einer Notiz von 1998, er sei von Camus' späteren Veröffentlichungen enttäuscht gewesen, und erst die Gesamtschau auf sein Lebenswerk habe ihn wieder so beeindrucken können, wie einst *Der Fremde* (vgl. S. 17, [79]): „Mich ärgerten seine Bücher nach *L'Étranger*. Später hat sich dann das Ganze aufgetan, die Persönlichkeit, das Leben, das erschütternde Beispiel, dass es im 20. Jahrhundert noch die Einheit, die Größe von Leben und »Werk« gibt."[583] Wenn Kertész also um 1992, wie von Camus gefordert, um ein zeitgemäßes Auftreten als Künstler bemüht war, wird er sich eher an einem Autor wie Beckett orientiert haben, auf den er schon in *Schicksalslosigkeit* mit der Figur des „Hilfspfleger[s]" anspielt (siehe S. 22, [131]) und über den er in einer Notiz von 1987 anerkennend schreibt: „Die Romane Becketts [*gemeint ist wohl die Trilogie: »Molloy« - »Malone stirbt« - »Der Namenlose«, die 1951–1953 erschien*]. »Ich kämpfe nicht mehr um Erfolg, sondern um den Misserfolg.« (»Malone stirbt«)[[584]] Beckett ist über den Abgrund gesprungen und spricht von der anderen Seite[[585]] aus. Ein großes Beispiel."[586] Auf eben die genannten Romane, die neben *Warten auf Godot* (1952) Becketts Ruhm begründet haben, könnte man aber Camus' (neidisches oder irritiertes?) Urteil beziehen, einige moderne Werke taugten nicht mehr als kultureller „Sammelpunkt". So qualifiziert Beckett seine gewöhnlichen Zeitgenossen pauschal ab (etwa in *Malone stirbt* als: „Rohlinge [*ungebildete Menschen*], wie es Billionen von ihnen gibt"[587]), während Camus noch eine vage Hoffnung auf das Wirken „Millionen einzelner Menschen" setzt. Dagegen bemerkt Kertész 1999 im Tagebuch: „Weder Kafka noch Beckett, noch Bernhard, noch, wie ich meine, ich selbst haben je so geschrieben, als ob wir zu einem »normalen« Lesepublikum sprächen." Denn für eine traditionelle Kunst, die transzendente geistige Werte repräsentiert, gebe es heute einfach „keinen Platz mehr": „Das ist das Problem der Kunst, dem wir am plastischsten in der Musik begegnen,[588] durch das Verschwinden der Tonalität als universale Metapher."[589] Dem Konzept der Atonalität, dem Kertész bereits beim Schreiben von *Schicksalslosigkeit* gefolgt war, blieb er somit auch nach 1989 treu, indem er auf der „Galeere seiner Zeit" demonstrativ seine Autonomie wahrte und sich – konsequenter als Camus – von der Gesellschaft distanzierte.

Das vierte und letzte Zitat im Motto des *Galeerentagebuchs* ist ein Satz aus Emerson, *Representative Men* (1850), Kap. 7 - *Goethe; or, the Writer*: „Nature will be reported." Emerson erklärt in diesem Essay, alle Dinge schrieben ihre eigene Geschichte, indem sie irgendeine Spur hinterließen. Insbesondere der Mensch sei »zum Schreiben geboren«. Es sei ihm natürlich, alle seine Erfahrungen wiederzugeben, nichts Erlebtes erschiene ihm unbeschreibbar. Und wie schon Goethe gesagt habe, profitiere ein Autor nicht zuletzt von seinen Leiden: „Men are born to write. [...] Whatever [*a writer*] experiences, comes to him as a model, [...]. He counts it all nonsense that they say, that some things are undescribable. [...] In conversation, in calamity, he finds new material, as our German poet said, »Some god gave me the power to paint what I suffer.«[»*Torquato Tasso*«[590]] He draws his rents from rage and pain." Über Goethe heißt es ferner, er sei gerade zu einer Zeit der kulturellen Stagnation aufgetreten, habe sich die für ihn eigentlich ungünstigen Bedingungen aber in vorbildlicher Weise zunutze machen können: „He appears at a time when a general culture has spread itself, and has smoothed down all sharp individual traits; when, in absence of heroic characters, a social comfort and co-operation have come in. There is no poet, but scores of poetic writers: no Columbus, but hundreds of post-captains [...]." „[...] this man was entirely at home and happy in his century and the world. None was so fit to live, or more heartily enjoyed the game. [.../] Goethe, coming into an over-civilized time and country, when original talent was oppressed under the load of books and mechanical auxiliaries, and the distracting variety of claims, taught men how to dispose of this mountainous miscellany, and make it subservient."[591] Durch das Emerson-Zitat stellt Kertész also – nur die Lumpe sind bescheiden! – eine Parallele zwischen sich und Goethe her und zeigt seine Absicht an, gleich ihm als literarischer Aristokrat in einer mediokren bürgerlichen Gesellschaft zu (über-)leben. Dabei teilt er offenbar auch Emersons Einsicht, dass jedes immanente Engagement unfrei macht und dass die wahre Natur des Menschen in einer geistigen

Existenz jenseits der Gesellschaft oder des »Lebens« besteht. So erscheint seine Notiz von Ende 1990: „Das Leben ist widernatürlich. Es soll jenen Kräften überlassen werden, die das Leben *wollen*, die die Macht wollen, […]" (siehe S. 51, [399]) als Replik auf Emersons Warnung: „Show me a man who has acted, and who has not been the victim and slave of his action. What they have done, commits and enforces them to do the same again. […], there is no spirit, but repetition, which is anti-spiritual." Nach Emerson bedürfe jede große Tat eines geistigen Impulses, der jedoch nicht erst von einer breiten Bewegung, sondern bereits von einem Individuum zu erwarten sei: „great action must draw on the spiritual nature. […] The greatest action may easily be one of the most private circumstance." Wichtiger als eine soziale Verankerung („Is he rich? […] is he of the movement? is he of the establishment?") sei schließlich die persönliche Bildung (*„Is he anybody?"*) sowie ein angemessenes Bewusstsein des eigenen Standes (oder nach Kertész: der „Rechtmäßigkeit" des eigenen Tuns; vgl. S. 76, [499]). Dies gehe den modernen Autoren aber in der Regel ab: „Still the writer does not stand with us on any commanding ground. I think this to be his own fault. […] There were times when he was a sacred person, – he wrote bibles; the first hymns; the code; […]. He wrote without levity and without choice. Every word was carved before his eyes into the earth and the sky;[592] and the sun and stars were only letters of the same purport, and of no more necessity. But how can he be honoured when he does not honour himself; when he loses himself in the crowd, when he is no longer the lawgiver, but the sycophant [*Aufpasser, Ankläger*], ducking to the giddy opinion of a reckless public; when he must sustain with shameless advocacy some bad government, or must bark all the year round in opposition; or write conventional criticism; or profligate novels; or at any rate, write without thought, and without recurrence by day and by night to the sources of inspiration?"[593] Goethe selbst, den Emerson hier als geniale Ausnahme vorstellt, erinnert diesbezüglich in einem Gespräch mit Eckermann daran, dass Größe nicht voraussetzungslos ist, sondern die Orientierung an einer Tradition zur Bedingung hat: „Man muss etwas sein, um etwas zu machen. Dante erscheint uns groß, aber er hatte eine Kultur von Jahrhunderten hinter sich; das Haus Rothschild ist reich, aber es hat mehr als ein Menschenalter gekostet, um zu solchen Schätzen zu gelangen. Diese Dinge liegen alle tiefer, als man denkt. Unsere guten altdeutschelnden Künstler wissen davon nichts, sie wenden sich mit persönlicher Schwäche und künstlerischem Unvermögen zur Nachahmung der Natur und meinen, es wäre was. Sie stehen unter der Natur. Wer aber etwas Großes machen will, muss seine Bildung so gesteigert haben, dass er gleich den Griechen imstande sei, die geringere reale Natur zu der Höhe seines Geistes heranzuheben, […]."[594] Und eine solche Größe strebte erklärtermaßen auch Kertész an (vgl. seine Notiz von 1982, oben S. 76, [502]).

Ich – ein anderer

Der Roman *Ich – ein anderer* (Magvető, 1997) ist gleich einem Tagebuch durch Jahreszahlen von 1991 bis 1995 gegliedert. In einer Notiz von Januar 1997 bemerkt Kertész jedoch, der Text solle nicht als ein „persönliches Tagebuch" gelesen werden, sondern als *„Chronik eines Wandels"* (wie der Untertitel der ungarischen Ausgabe lautet). Tatsächlich besteht er auch nicht aus einer Sammlung fortlaufender Notizen, vielmehr hat Kertész ihn nachträglich konstruiert (siehe [204]). Seine eigentlichen Tagebücher aus dieser Zeit wurden erst 2016 im Band *Der Betrachter* veröffentlicht. Wie oben (S. 28ff) erläutert, handelt der Roman von Kertész' Befreiung aus dem Zustand eines durch die Diktatur entmündigten Autors. Mit dem Titel *Ich – ein anderer* spielt Kertész darauf an, dass der Systemwechsel es ihm erlaubte, endlich die volle Verantwortung für sein Auftreten als Künstler zu übernehmen, nachdem er zuvor – in einer Art innerem Exil notdürftig eingerichtet – gewissermaßen nur die „Freiheit von Irrenhäusern"[595] genossen hatte. Zu Beginn des Romans („Neunzehnhunderteinundneunzig. Herbst") erklärt der ihn vertretende Erzähler aber noch, er fühle sich „verloren", alles sei „falsch": „(durch mich, wegen mir: meine Existenz verfälscht es)."[596] Kertész erkannte also, dass das lange Leben in einer Diktatur ihn sich selbst und seiner heimischen Umgebung entfremdet hat, da es ihn – trotz aller inneren Freiheit – zu einer unnatürlichen Haltung zwang.[597] Die »Verlorenheit« des Erzählers – offenbar eine Referenz auf Ortegas Essay *Der Aufstand der Massen* sowie auf den Roman *Die Wenigen und die Vielen* von Hans Sahl – deutet indes auf Kertész' Bereitschaft, sich die Fragwürdigkeit seiner gegenwärtigen Existenz einzugestehen und sich der veränderten „Wirklichkeit anzupassen".[598]

Der äußere Anlass für das Schreiben von *Ich – ein anderer* war der Tod von Kertész' erster Frau Albina im Oktober 1995. Mit diesem Ereignis endet auch der Roman. Ein weiteres zentrales Motiv ist die von Kertész anscheinend um 1992 begonnene Beziehung mit seiner zweiten Frau, der aus Ungarn stammenden Amerikanerin Magda Ambrus-Sass (im Roman: M.; siehe [204]). Beide Frauenfiguren lassen sich als Allegorie seines Lesepublikums (vor und nach der Wende) deuten, was erst den tieferen Sinn der Handlung erschließt. Schon in dem Reisebericht *Budapest, Wien, Budapest* von 1990 thematisiert Kertész, dass die von ihm gespielte Rolle in erheblichem Maß von seinem gesellschaftlichen Umfeld abhängig ist. Ebenso erklärt in *Ich – ein anderer* der Erzähler, durch den Tod seiner ersten Frau (also: durch den Untergang der sozialistischen Gesellschaft) sei er „ein anderer" geworden. [599]

In *Ich – ein anderer* benutzt Kertész gelegentlich bereits eine Dialogform, wie später durchgehend bei dem Gespräch seiner beiden Alter Egos in *Dossier K*. So ergreift neben dem Erzähler sporadisch „K., der Schriftsteller" das Wort. [600] Das Motiv des inneren Dialogs klingt bereits in *Ich, der Henker* und dem darauf antwortenden Brief Steinigs in *Fiasko* an (siehe oben S. 59f), in *Ich – ein anderer* wird es aber erstmals explizit. In diesem Selbstgespräch befasst Kertész sich vor allem mit der Frage, welche Haltung er angesichts der mit dem Systemwechsel entstandenen Situation einnehmen soll. Ein Aspekt hierbei ist durchaus auch die kulturelle Befindlichkeit Ungarns: nachdem schon *Protokoll* Anspielungen auf den sich dort neu formierenden Antisemitismus enthält (siehe S. 26), schildert Kertész nun konkret, wie einige ungarische Kulturfunktionäre versuchten, ihn wegen seiner jüdischen Herkunft (oder: seiner kosmopolitischen, liberalen Gesinnung) am Reden auf der Frühjahrstagung der Evangelischen Akademie 1993 in Tutzing zu hindern. Jedoch weicht der Erzähler in *Ich – ein anderer* diesem provinziellen Konflikt demonstrativ aus (siehe S. 27f, [193] und [194]). Und statt sich mit seinen ungarischen Kritikern zu streiten, befragt er sich selbst über die Funktion, die er als Autor in der nach Auschwitz zerstörten westlichen Kultur noch erfüllen kann (welche Relativierung der nationalen Problematiken vielleicht mit ein Grund für die schlechte Aufnahme des Romans in Ungarn war; vgl. [274]): „K., der Schriftsteller, sagt folgendes:[/] – Eine Annäherung an Auschwitz ist unmöglich, es sei denn von Gott aus [*also: mit Bezug auf die »große, fließende Erzählung vom Menschen«; siehe S. 33,* [245]]; Auschwitz ist eines jener großen Menetekel, die in Gestalt eines schrecklichen Schlags auftreten, um den Menschen hellhörig zu machen – falls er hinhört. Stattdessen werden wissenschaftliche Motive vorgebracht, wird von der Banalität des Mordens geredet [*nach Arendt*; vgl. S. 35, [262]], was wie ein Gruß aus der Hölle klingt. [...] So bin ich denn bereit, auf diesem riesigen, wüsten Schauplatz namens Erde, [...] Auschwitz im grässlichen Zeichen der Gnade *anzunehmen* ...[/] – Dazu hast du kein Recht – widerspreche ich sofort –, höchstens dann, [...], wenn du daran zugrunde gehst.[/] – Aber das tue ich ja – erwidert K., der Schriftsteller –, die Geschichte meines Lebens besteht aus meinen Toden, [...].[/] – Trotzdem ist etwas faul an der Sache – protestiere ich weiter. – Wenn du Auschwitz so theologisch auffasst, glaubst du offensichtlich auch, dass dein Leben einen Sinn hat. Vielleicht glaubst du sogar, Gott habe dich am Leben gelassen, weil er dich dazu ausersehen hat, Auschwitz als Menetekel zu begreifen.[/] K., der Schriftsteller, hat darauf nichts mehr erwidert. Seither schweigt er." [601]

In weiten Teilen gleicht *Ich – ein anderer* einer Meditation über die seelische Kultur. Etwa gibt der Erzähler zu bedenken, der „heutigen Kunst" fehle das Gefühl der „Dankbarkeit": „Wir mögen das Leben nicht. Wir freuen uns nicht daran."[602] Ferner erinnert er mit Camus daran, „dass das Glück eine Pflicht[603]" ist. Zur „Beschaffenheit des Glücks" in seinem eigenen Fall erklärt: „wenn deine Leidenschaft die Schilderung menschlicher Befindlichkeit ist, musst du dein Herz all dem Elend öffnen, das diese Befindlichkeit in sich birgt; dennoch kannst du dich der sogenannten Schaffensfreude, wenn der Bleistift übers Papier eilt, nicht verschließen. Bist du also ein Betrüger?"[604] Dem korrespondiert eine Notiz in *Der Betrachter* von 1996, in der Kertész – ausgehend von einer Kritik an Ciorans Negativität – sich und andere Autoren zur existentiellen Konfrontation mit der Wirklichkeit anhält: „Ich kenne den präventiven Pessimismus zu gut, als dass er [*in Ciorans Schriften*] meiner Aufmerksamkeit entgehen könnte, und der Satanismus, der der Verletztheit, der Angst entspringt, langweilt mich; wahre Größe sehe ich nur in der allwissenden Akzeptanz, in einem »und dennoch«[605], das sämtliche schlechte Erfahrungen kennt, durch sämtliche Verneinungen hindurchgegangen ist [*wie es ähnlich auch Rilke vom Dichter gefordert hat*; siehe [139] …"[606] Eine solche explizite Anerkennung der Erfahrung führt unter Umständen aber über das Gegebene hinaus, denn wer sich „dem *Seienden*" gegenüber bewusst positioniert, kann dabei eine eigene Deutungsperspektive zur Geltung bringen (worin Kertész das Wesen der Fiktion sah; vgl. S. 11, [27] und [28] sowie S. 21f, [121]). Paradigmatisch hierfür ist Kertész' Reaktion auf den Versuch, ihn, wie oben beschrieben, von der Rednerliste der Konferenz in Tutzing entfernen zu lassen. Indem er einen unfruchtbaren Streit vermied, der ihn nur in die vorgegebene Position eines Juden oder Volksfremden gebracht hätte, und stattdessen von der fraglichen Begebenheit erzählte, war es ihm möglich, sich als Person selbst zu definieren und zugleich eine eigene Darstellung des Geschehens zu geben. Hierzu äußert in *Ich – ein anderer* der Erzähler ironisch: „Jude ist der, über den man in der Mehrzahl reden kann, der ist, wie die Juden im allgemeinen sind, dessen Kennzeichen sich in einem Kompendium zusammenfassen lassen wie die einer nicht allzu komplizierten Tierrasse […]; und da »Jude« im Ungarischen zum Schimpfwort geworden ist, macht der als Kollaborateur ehrenhaft ergraute politische Redner und schnellgebackene Ungar einen Bogen um den heißen Brei und benutzt das Wort »Fremder« – doch weiß jedermann, wer gegebenenfalls seiner Rechte beraubt, gebrandmarkt, geplündert und totgeschlagen wird.[/] Und ich – was kann ich tun?[/] Schon seit langem nichts. Ich habe den Moment zum Handeln verpasst, bin bloßer Wächter und Zeuge."[607] Kertész gelang es also auf scheinbar passive Weise, sich einer naturalistischen Identifizierung zu entziehen und dadurch seine Würde zu wahren.

103

Eine wichtige Referenz in *Ich – ein anderer* ist der ungarische Exilautor Sándor Márai, dessen Erfahrungen in der westlichen Nachkriegsgesellschaft Kertész hier mit seiner eigenen Situation nach der Wende in Bezug setzt. Márai verließ Ungarn im August 1948, als sich abzeichnete, dass er dort keine Zukunft haben wird. Zunächst lebte er in der Schweiz und in Italien, seit 1952 in New York, von 1968 bis 1980 erneut in Italien (Salerno) und zuletzt bis zu seinem Freitod am 22. Februar 1989 wieder in den USA (San Diego). Im kommunistischen Ungarn waren seine Werke verboten.[608] Im Westen blieb er als Schriftsteller erfolglos, jedoch konnte er in verschiedenen Exilverlagen publizieren. Diese Veröffentlichungen gelangten auch nach Ungarn. Eine Rezeption von Márais Werk durch Kertész ist anhand des *Galeerentagebuchs* seit 1971 nachweisbar, und bereits eine Figur in *Schicksalslosigkeit* lässt sich als Anspielung auf Márai deuten (siehe S. 22, [134]). Kertész schätzte insbesondere seine essayistischen und autobiografischen Schriften, denen er – wohl gerade wegen ihres sachlichen Stils[609] – einen hohen literarischen Rang zuerkannte.[610] Die im *Galeerentagebuch* enthaltenen Einträge zu Márai zeigen, dass Kertész' Interesse an ihm durch den politischen Umbruch von 1989 (und vielleicht auch: durch seinen Tod im selben Jahr) neu angeregt wurde. Etwa lautet eine Notiz von August 1989: „Márais »Tagebuch«: mit 57 Jahren »wartet« er nicht mehr, hat er die Lebensform von »Warten auf Godot« aufgegeben, abgeschlossen und überlässt sich dem Leben ohne Erwartungen, wie er [*1957, im Jahr nach der niedergeschlagenen ungarischen Revolution*] schreibt,[[611]] was allerdings philosophisch (und auch praktisch) gesehen unmöglich ist, denn der in die Zeit geworfene Mensch ist nach vorn ausgerichtet; seine Erwartungen können sich allenfalls verändern, allenfalls gedämpft, allenfalls um- oder zurückgestuft werden."[612] Als Kertész dies schrieb, dürfte er gespannt die sich abzeichnenden gesellschaftlichen Veränderungen in Ungarn erwartet haben, an die Márai 1957 nicht mehr glaubte. An selber Stelle erklärt er jedoch (wiederum unter Verwendung eines Márai-Zitats), dass er zunächst zur Passivität verurteilt sei: „Aber ich muss mein Leben als Toter leben: Die Schande (und diese Schande ist die Schande, hier zu leben [*wie gleichlautend Márai 1944 im Tagebuch formuliert*; siehe [605]], mein Leben hier verlebt zu haben) erlaubt mir nicht, ein anderes Urteil zu fällen."[613] Letztere Klage könnte konkret darin begründet gewesen sein, dass für Kertész nach dem Abschluss von *Kaddisch...* im April zunächst kein neues literarisches Projekt in Sicht war. Dazu notiert er im Juli: „[...]. Manchmal warte ich auf mich, wie bei einem Rendezvous, dessen Zeitpunkt längst überschritten ist, [...], trotzdem regt sich in mir die vage Hoffnung: falls aber doch..." (siehe den Kommentar zu *Die englische Flagge*, Primärliteratur, [h]). Der nächste von ihm veröffentlichte Text *Budapest, Wien, Budapest* entstand tatsächlich erst anlässlich eines Aufenthalts im Westen (im Oktober). Und auch in diesem Reisebericht finden sich

Spuren von einer Beschäftigung mit Márai. Zum Beispiel spiegelt sich in Kertész' Beobachtung, „Europa" sei eigentlich nur noch eine „verflogene Idee" (siehe S. 25, [171]), folgende Notiz Márais von 1952: „[...] »Europa« in dem Sinne, wie es zu Zeiten unserer Väter noch existierte, gibt es nicht mehr. Staatsgrenzen gibt es, Zollgrenzen, geistige und weltanschauliche Grenzen, alles gibt es, nur eben Europa nicht. [.../] Man redet viel von Demokratie und Freiheit. Aber die Massen wollen Geborgenheit, nichts anderes. [...] Und dafür sind sie stets bereit, die Freiheit zu opfern. Nur Individuen, Ketzer, wollen die Freiheit. Nur sie sind bereit – täglich aufs neue – den Preis dafür zu zahlen. Und dieser Preis [*der – wie von Márai selbst bis zu seinem Tod erfahrenen – Marginalisierung*[614]] ist ungemein hoch."[615] Das seit 1989 aktualisierte Interesse Kertész' an Márai bildet sich schließlich vielfach in *Ich – ein anderer* ab. Etwa erwähnt der Erzähler zur Romanzeit 1992 die posthum veröffentlichten Ergänzungen zu Márais Tagebüchern: „In meinem heißen Zimmer lese ich Márai: *Was nicht im Tagebuch steht*. Ein interessantes Buch, voll vom wirren Ressentiment der Nachkriegszeit (das im *Tagebuch* tatsächlich fehlt).[[616]]"[617] Daneben enthält der Roman etliche subtile Anspielungen auf Márai. So deutet auf ihn die Formel „K., der Schriftsteller" (siehe S. 102, [600]), desgleichen die Feststellung des Erzählers, er sei durch den Tod seiner Frau „ein anderer" geworden (siehe S. 102, [599]). Auch folgt die Schilderung des Tutzinger Ereignisses von 1993 und die damit verbundene Charakterisierung der beteiligten Akteure (wie: „der als Kollaborateur ehrenhaft ergraute politische Redner und schnellgebackene Ungar"; siehe S. 103, [607]) dem Ratschlag aus Márais Tagebuch von 1951: „Unsere Gegner sind niemals davon zu überzeugen, wer und wie wir sind; erfolgversprechender ist es, mit aller Beharrlichkeit den Moment abzuwarten, da sich von unseren Gegnern herausstellt, wer und wie sie in Wirklichkeit sind."[618] Ferner erscheint die Erinnerung des Erzählers an seine einstige „trotzige Lebensform": „wie ich mich ständig den zerstörerischen Kräften entgegenstellte, hart auf hart, wie eine Pfeilspitze auf dem Bogen"[619] als Echo auf Márais Notiz von 1953 (seit welchem Jahr Kertész als freier Autor arbeitete): „Einen Elfenbeinturm gibt es nicht mehr. Aber vielleicht gibt es noch eine Igelstellung."[620] Und nicht zuletzt entspricht seine Aussage, »die westliche Kultur...«" sei heute (zur Romanzeit 1994) „nur noch ein Zauberwort – Gewoge einer gesichtslosen Masse in einem immer noch Europa genannten Museum"[621] der oben zitierten Notiz Márais von 1952 zum verschwundenen „»Europa«".

Weiterhin bezieht Kertész sich in *Ich – ein anderer* auf Beckett, *Malone stirbt*. So ist der Erzähler, der seinen eigenen »Tod« (genauer: den Selbstmord von Bé in *Liquidation*) ankündigt (siehe S. 29f, [216] und S. 37, [278]), ersichtlich ein Pendant des Erzählers Malone in Becketts Roman. Malone denkt sich in Erwartung seines Todes noch einige letzte

„Geschichten" aus, die man als Deutungsversuche seines vergangenen Lebens verstehen kann. Zudem plant er „eine Art Inventur", mit der ein Resümee der ihm verbleibenden geistigen Werte gemeint sein dürfte: „ich werde dann von Dingen sprechen, die in meinem Besitz bleiben, es ist ein uralter Plan."[622] Zu Beginn des Romans prophezeit er: „Ich werde endlich doch bald ganz tot sein." Später greift er diesen ersten Satz auf und erklärt: „Ja, Ich werde endlich doch bald, usw., das habe ich geschrieben, als ich begriff, dass ich nicht mehr wusste, was ich gesagt hatte, zu Beginn des Gesagten, und später, und dass infolgedessen mein Plan, zu leben und leben zu lassen, kurz, endlich zu spielen [vgl. 584] und bei lebendigem Leibe zu sterben, den Weg meiner übrigen Pläne gegangen war."[623] Offenbar versucht er, aus seiner empirischen Existenz in eine erzählte zu wechseln, wie gleichfalls der Erzähler in *Ich – ein anderer*, der unmittelbaren Auseinandersetzungen ausweicht und dem realen „Sein" das „Schreiben" vorzieht (siehe S. 30, [216]): „Anfangs schrieb ich nicht, sondern redete nur. Dann vergaß ich das, was ich geredet hatte. Ein Minimum an Gedächtnis ist unerlässlich, um wirklich zu leben." Dabei stellt er fest, durch das Schreiben verändere sich seine Lebensform respektive seine Identität: „Es ist nämlich nicht mehr ich, ich habe es sicher schon gesagt, sondern ein anderer, dessen Leben gerade beginnt."[624] Dass er das „schon gesagt" habe, deutet auf eine vorangegangene Passage, die von der existentiellen Aneignung seines Lebens und dessen Darstellung handelt: „Und ich spüre sogar, wie mich die seltsame Lust beschleicht, zu wissen, was ich tue und wozu, und es zu sagen. So berühre ich das Ziel, das ich mir in jungen Jahre gesteckt hatte und das mich hinderte zu leben. Und kurz bevor ich nicht mehr sein werde, gelingt es mir, ein anderer zu sein. Was gar nicht ohne ist." Nach einer Weile erfährt der Leser dann in einem Nebensatz, dass das erzählende Ich – vorübergehend – „Malone" heißt: „(so nenne ich mich nämlich zur Zeit)".[625] Ebenso stellt sich auch der Erzähler in *Ich – ein anderer* – und mit ihm: Kertész – als Protagonist eines „Lebens-*Entwicklungsromans*" dar, durch dessen Fortschreibung sich seine Identität ständig verändert (siehe [33] und [207]). In *Dossier K* bemerkt Kertész (oder: sein Alter Ego) hierzu: „Ich brauche Anpassungsfähigkeit, nicht Identität." Am Beispiel der Figur Köves aus *Schicksallosigkeit* erläutert er, beim Schreiben beziehe er sich zwar durchaus auf seine realen Erlebnisse, jedoch könne er sich durch ihre literarische Darstellung von ihnen distanzieren (vgl. auch [1] und [2]): „Indem ich die Figur schuf, habe ich mich selbst vergessen: [… ./ …] Ich bin gleichsam aus der eigenen Haut geschlüpft und habe mir eine andere übergezogen, doch ohne die vorherige zu verwerfen, das heißt, meine Erlebnisse zu verraten.[[626]]"[627] *Malone stirbt* endet damit, dass Lemuel, eine der Figuren aus Malones Geschichten, auf einem Boot mit einer Gruppe von Geisteskranken zwischen einer Ausflugsinsel und dem Festland treibt, nachdem er die Fährleute erschlagen hat. Damit beschreibt Beckett wohl seinen letzten Entwicklungsstand als Autor, der darin besteht, dass er sich von den hergebrachten Idealen des europäischen Humanismus und den aktuellen Diskursen der Mehrheitsgesellschaft gleichermaßen entfernt hält (siehe S. 98f, [587]). Wiederum kann man sehen, dass Kertész diesbezüglich mit Beckett übereinstimmt. So lobt er in verschiedenen Interviews Becketts Einsicht in die Hinfälligkeit des Humanismus (siehe [131]). Und speziell in *Ich – ein anderer* bringt er zum Ausdruck, dass er sich, nachdem er im sozialistischen Ungarn per se am Rande des kulturellen Geschehens stand, nunmehr (wie Lemuel in *Malone stirbt*) aktiv von der Mehrheitsgesellschaft distanziert (siehe S. 30f). Die versteckten Beckett-Zitate[628] führen also auf die zentrale Aussage des Romans, dass Kertész sich von einem durch die Diktatur ins Abseits getriebenen Autor zu einem freiwillig Exilierten wandelt und insofern „ein anderer" wird, „dessen Leben gerade beginnt". Weitere Aspekte dieser Verwandlung lassen sich aus dem Motto erschließen, das Zitate aus Montaignes *Essais*, Pessoas *Buch der Unruhe*, Rimbauds *Seher-Briefen* und ein Selbstzitat Kertész' enthält (siehe die Erläuterungen auf S. 31 ff).

Wie bereits oben belegt, hat das Motiv des Schein-Tods in *Ich – ein anderer* (und *Liquidation*) auch ein Vorbild in Hofmannsthals Vergleich des „unerkannt" wirkenden Dichters mit einem „Toten" (siehe S. 30, [221] und [223]). Außerdem könnte Kertész hierzu durch Krúdys Figur Sindbad inspiriert worden sein. So notiert er schon 1985/1986 im *Galeerentagebuch*: „Krúdys Bilder, Krúdys Gleichnisse, Krúdys Art, das Leben zu verklären. Sindbad, der als Toter unter den Lebenden spukt: ein hundertprozentiger Volltreffer des Krúdyschen Stils, wenn wir unter Stil die Summe unserer Beziehungen zum Leben verstehen."[629]

Auffälligerweise bedient Kertész sich in *Ich – ein anderer* trotz des Wegfalls der Zensur weiterhin schwer verständlicher Anspielungen (auf Ortega, Sahl, Márai, Beckett etc.), so dass die tiefere Bedeutung des Romans nicht sogleich von jedermann erfasst werden kann. Anscheinend zog er es auch nach der Wende vor, maskiert aufzutreten (vgl. S. 25, [173]), statt seine künstlerischen Ambitionen offen darzulegen. Der Grund hierfür besteht wohl darin, dass er in dieser Hinsicht sogar der westlichen (Massen-)Gesellschaft misstraute und nicht nach ihren Maßstäben beurteilt werden wollte (vgl. S. 49ff). Tatsächlich hätte seine radikale Kulturkritik dort ebenso Anlass zu einer Abwehr geben können wie seine unkonventionelle Deutung des Holocaust im sozialistischen Ungarn. Mit einem „*Bonmot*" eines der Gesprächspartner in *Dossier K* ließe sich daher sagen: „Es ist nicht adäquat, einen Pfirsich [*also: Kertész' Roman, der hinter seiner weichen Schale einen harten Kern verbirgt*] mit einem Nussknacker zu schälen [*also: bereits die wörtliche Erzählung ernst zu nehmen*]."[630] In diesem Sinne bemerkt schon Hugo Ball in einer Notiz von 1919 aus dem Tagebuch *Die Flucht aus der Zeit* (1927): „Wir [*modernen Künstler und Intellektuellen*] könnten soviel Geschlossenheit unseres Denkens, soviel Reinheit haben, dass wir die ungeordneten, aufdringlichen und brutalen Fakten, die sich als Geschichte anbieten, gar nicht beachten, sondern sie dem Vergessen überantworten [*nach Nietzsche, »Vom Nutzen und Nachteil der Historie für das Leben«, und im Grunde auch im Geiste von Kants Anthropologie*; vgl. S. 13, [45] und S. 51, [396]]. Aber wir müssten dann zu unserer Scham bekennen, dass wir unsere Begriffe von Ordnung und Vernunft nur aufzuzeigen vermögen, indem wir dartun, wie es nicht sein soll. Auch würden wir uns, wenn wir streng sein wollten, [*in der geistig und moralisch desorientierten europäischen Gesellschaft*] sehr rasch einer Einöde gegenüber befinden, die uns entweder aus Indifferenz verschmachten, oder aber aus einer Teufelei ihres aufgebauschten Durchschautseins vernichten ließe." Und gleich Kertész, der in *Ich – ein anderer* (sowie ähnlich in *Die englische Flagge*) zu erkennen gibt, dass die Liberalisierung nach 1989 für ihn kein Anlass ist, sich als Autor politisch oder sozial zu engagieren (siehe S. 30f und S. 92, [560]), erklärt Ball in einer Notiz von 1921: „Es ist mein Vorteil, kein Amt zu haben. Wäre ich Professor, so wären mir, wie die Dinge in Deutschland liegen, die Hände gebunden. Aber ich bin unabhängig und hoffe, es immer mehr zu werden. Ich muss meine ganze Aufmerksamkeit darauf richten, dass ich zu keiner Partei oder Klasse gezählt werden und es mir leisten kann, ohne Interesse und Rücksicht mich zu entscheiden."[631]

Der Betrachter. Aufzeichnungen 1991–2001

Das Tagebuch *Der Betrachter. Aufzeichnungen 1991–2001* (Magvető, 2016) ist die Fortsetzung des Tagebuchromans *Galeerentagebuch*, der die Jahre 1961–1991 abdeckt. Es erschien erst kurz vor Kertész' Tod, noch nach den Tagebüchern der Jahre 2001–2003 *Mentés másként* [*Speichern unter*] (Magvető, 2011) respektive dem umfassenderen Band *Letzte Einkehr. Tagebücher 2001–2009* (Erstveröffentlichung 2013 bei Rowohlt) und dem darauf basierenden Tagebuchroman *Letzte Einkehr* (Magvető, 2014). In *Der Betrachter* dokumentiert Kertész sein Leben nach dem Systemwechsel in Ungarn, jedoch nicht mehr seinen Umzug nach Berlin im Jahr 2001 (vgl. S. 38), den er erst in *Letzte Einkehr* beschreibt[632]. Einiges davon – etwa: seine Beziehung zu Albina und Magda oder sein Verhältnis zu Ungarn und zum Westen – hat er mehr oder weniger verschlüsselt ebenfalls in dem Roman *Ich – ein anderer* von 1997 dargestellt. Anscheinend wollte er aber über diese zum Teil sehr persönlichen Angelegenheiten nicht sogleich etwas im Klartext veröffentlichen, wie auch eine Notiz von 1994 vermuten lässt (siehe *Primärliteratur*, [m]). Des Weiteren enthalten die Notizen in *Der Betrachter* theoretische Reflexionen, die Kertész in seine essayistischen Texte übernommen hat.

Der Titel *Der Betrachter* deutet darauf hin, dass Kertész den nach der Wende einsetzenden Wandel in seinem Leben als irreal empfand und diesen gleichsam nur von außen betrachten konnte. So notiert er 1992: „Die Ereignisse – gestern Scheitern, heute Erfolg – sind geisterhaft; mein Leben ist geisterhaft; ich erlebe es nicht genug, ich bin quasi nur der Betrachter des Ganzen." Ähnlich schreibt er 1995: „und dann blicke ich zerstreut einem hinterher, der zum Welterfolg drängt [*den er 2002 tatsächlich erreicht und dann ebenso aus der Distanz betrachtet*[633]], während ich weiterhin hier in der Török-Straße [vgl. [285]] sitze."[634] Dabei schwingt auch mit, dass er insbesondere am ungarischen Leben nicht mehr wirklich teilnehmen konnte oder wollte. Entsprechend berichtet der Erzähler in *Ich – ein anderer* zur Romanzeit 1994 von einem Traum, der offenbar den Tod seines früheren Selbst und seine Abkehr von der zerfallenden ungarischen Gesellschaft symbolisiert: „Ich war ein emotional berührter Betrachter der Dinge, nahm an ihnen aber nicht teil. Was wie eine Stadt aussah, mündete in einen Schuttabladeplatz, in Moorland. […] In der Tiefe eines an eine Sandgrube erinnernden Höllenkreises erblickte ich plötzlich altersschwache

109

Menschen [...]; an einen Mann kann ich mich gut entsinnen, er trug eine Wollweste (wie sie A. [*Albina*] für mich gestrickt hat) und lag sanft im Sterben (wie alle übrigen Menschen auch); [...]."[635] Die Vorstellung, sich selbst und seiner eigenen Entwicklung wie ein Fremder oder ein passiver Beobachter beizuwohnen, könnte durch Rimbauds *Seher-Briefe* angeregt worden sein, aus denen Kertész im Motto von *Ich – ein anderer* zitiert (vgl.: „Car Je est un autre. [...]; j'assiste à l'éclosion de ma pensée: je la regarde, [...]", oben S. 34, [253]). Ein analoges Motiv findet sich bei Sartre (siehe [106] und [251]). Ferner hat dies ein Vorbild in Kants innerem „Gerichtshof" (siehe [15]), auf den in *Der Betrachter* und *Ich – ein anderer* zudem der fiktive Dialogpartner „K., der Schriftsteller" deutet (siehe S. 102, [600]). Letzteres Motiv nimmt auch schon die dialogische Form des Romans *Dossier K* vorweg, an dem Kertész 2004 spontan zu arbeiten begann (siehe unten S. 139ff).

Der Band *Eine Gedankenlänge Stille, während das Erschießungskommando neu lädt* mit Essays und Reden der Jahre 1990–1998 (dt. 1999 bei Rowohlt, nach einer ungarischen Veröffentlichung von 1998 bei Magvető [636]) ist Kertész' erste Essaysammlung, die in deutscher Übersetzung vorliegt. In Ungarn wurde bereits 1993 unter dem Titel *Der Holocaust als Kultur* ein Sammelband mit Kertész' Vorträgen *Die Unvergänglichkeit der Lager* (Budapest, 1990), *Lange, dunkle Schatten* (Budapest, 1991) und *Der Holocaust als Kultur* (Wien, 1992) bei Századvég publiziert (siehe [160]). Einzelne Texte erschienen seit 1993 regelmäßig auch auf Deutsch (etwa: *Über die Unvergänglichkeit der Lager*, SINN UND FORM 2/1993; *Der Holocaust als Kultur*, SINN UND FORM 4/1994; *Das unsichtbare Weimar*, MERIAN 4/1994 [zum Thema: *Weimar*]; *Meine Rede über das Jahrhundert*, SINN UND FORM 4/1995 etc.; siehe die Belege zu *Die exilierte Sprache* [ES] im Literaturverzeichnis).

Kertész wollte sich mit seinen seit der Wende entstandenen Essays nicht an aktuellen politischen Auseinandersetzungen beteiligen. Vielmehr verfolgte er das Anliegen, Auschwitz – oder: den »Holocaust« [637] – in die geistige Tradition Europas zu integrieren, nachdem dieses historische Ereignis vor allem in den sozialistischen Ländern lange Zeit verdrängt beziehungsweise nur in ideologisch verzerrter Form dargestellt wurde. Insbesondere erhoffte er sich von einer solchen kulturellen Selbstbesinnung für Ungarn eine „Anbindung an das geistige Europa" (wie er in *Lange, dunkle Schatten* formuliert; siehe oben S. 36, [275]). In einem 2000 in SINN UND FORM veröffentlichten Gespräch bemerkt er, er habe schon immer damit gerechnet, dass Auschwitz früher oder später auch in seiner Heimat wieder zum Thema werde: „Als ich am »Roman eines Schicksallosen« arbeitete, suchte ich Dokumente, und ich hatte die größten Schwierigkeiten, Material über den ungarischen Holocaust zu finden, […]. Damals sagte jeder, […], man befasse sich schon lange mit anderen Dingen. Also musste ich nachdenken, was Auschwitz eigentlich in der europäischen Kultur bedeutet. Ich bin zu der Erkenntnis gelangt, dass die europäische Kultur eine Kultur ist, die einerseits von der französischen Aufklärung, andererseits vom Christentum geprägt ist. Und in so einer Kultur musste Auschwitz traumatisch wirken [*vgl. auch Kertész' Notiz von 1984*, oben S. 35, [264]]. Wenn also Anfang der siebziger Jahre nicht darüber gesprochen wurde, würde es später geschehen. Es ist wie bei einem Trauma."

111

Nach einer Phase des Sich-Herausredens und der Verdrängung musste es wieder auftreten. So war es auch, ich habe das in meinem ersten Essay, »Holocaust als Kultur«, beschrieben [*vermutlich ist gemeint: »Die Unvergänglichkeit der Lager« im Sammelband »Der Holocaust als Kultur« von 1993*[638]]." In der „europäischen Kultur" habe schon „der Versuch einer Katharsis begonnen", „obwohl das Thema tabuisiert und instrumentalisiert" werde: „Immerhin gibt es eine Art von lebendiger Beziehung dazu." In Ungarn, wo gleich nach der Wende ein neuer Antisemitismus aufkam (vgl. S. 26, [174]), zeigten sich allerdings eher die Symptome einer traumatischen Wiederholung: „Die Symptome wiederholen sich, und die Sache wird weiterhin verdrängt. Je heftiger der Antisemitismus in Ungarn wird, desto deutlicher wird auch, dass das Trauma noch nicht aufgearbeitet ist. Übrigens ist der Antisemitismus der Intellektuellen viel stärker als der des Volkes, […]."[639] Entsprechend klagt Kertész im *Vorwort* zur deutschen Ausgabe der Essays von 1999 über ihre schlechte Rezeption in Ungarn. So sei „in einer der wenigen Rezensionen, die 1998 das Erscheinen dieser Essays in Ungarn begleiteten", sein „Gedanke, die traumatische Erfahrung des Holocaust könnte kulturbildend sein," herablassend als rein private Idee behandelt worden: „[*Zoltán Ágoston:*]»Es ist fraglich, ob dieser Gedanke, der für Kertész' eigenes Los, seine eigene Freiheit die einzige Möglichkeit darstellt, ein gemeinsamer werden kann«".[640]

Aus einer Notiz von 1998, in der Kertész wohl auf die Debatte um Martin Walsers provokante Friedenspreis-Rede vom 11. Oktober desselben Jahres anspielt, kann indes geschlossen werden, dass er mittlerweile sogar seinem Erfolg in Deutschland zu misstrauen begann: „in Deutschland hat man sich vorgestellt, mich in gewissem Sinn – um es so zu sagen: im Sinn einer redlichen Manipulation – benutzen zu können; doch jetzt wendet sich das Blatt auch dort, und die große Wahrheit: das Auschwitz-Wesen der Welt tut sich auf.[[641]]" Dass der westliche Diskurs über Auschwitz zu einem provinziellen Streit verkommen konnte, mag für ihn auch der Anlass gewesen sein, sich an selber Stelle zu mahnen: „Ich darf nicht weiter sogenannte Essays schreiben, weil ich damit in die »Menschheit« eintrete, […]."[642] Im *Vorwort* des deutschen Essaybands, das er anscheinend kurz zuvor (im „September 1998"[643]) geschrieben hat, relativiert er seine Ambitionen aber ohnehin schon in diesem Sinne (siehe [160]). In einem Gespräch von 2004 reduziert er seine Erwartung an die gesellschaftliche Aufarbeitung der Geschichte schließlich darauf, dass der Holocaust – wie es im Westen bereits der Fall sei – wenigstens einhellig verurteilt werden soll: „Wenn wir geglaubt haben, dass ein Ereignis wie Auschwitz die ganze christliche Kultur erschüttert hat und erschüttern musste, wenn wir geglaubt haben, dass aus diesem Bewusstsein eine neue Moral entsteht, wie ich es Ende der Achtzigerjahre wirklich geglaubt habe, dann muss ich sagen, ich habe mich geirrt.[[644]] Ich muss es zurückziehen. [*Vgl. in Thomas Mann,*

»Doktor Faustus« den verbitterten Kommentar von Adrian Leverkühn: »es soll nicht sein
... Das Gute und Edle ... Ich will es zurücknehmen ... Die Neunte Symphonie«.[645] *Dasselbe*
Motiv gebraucht Kertész in dem 2003 erschienenen Roman »Liquidation«; siehe S. 41,[329]*.]*
[...] Doch etwas ist entstanden, ein Konsens unter den westlichen, demokratischen Ländern: Man muss den Holocaust verurteilen. Das ist in den osteuropäischen Staaten noch
kein Konsens. Man bemüht sich darum. Die Verurteilung des Holocaust ist schon etwas.
Viel ist es nicht." Demnach hatte Kertész die Hoffnung aufgegeben, dass – als natürliche
Reaktion der Gesellschaft auf den in Auschwitz manifesten Kulturbruch – irgendwann ein
allgemeiner Mentalitäts- oder Bewusstseinswandel jenseits der bloßen Political Correctness einsetzt. Und trotzdem sah er die Künstler in der Pflicht, auf eine solche Veränderung (zumindest bei einzelnen Rezipienten) hinzuwirken: „Auschwitz ist im christlichen
Kulturkreis geschehen und darum muss dieser christliche Kulturkreis damit weiterleben,
dass es dort passiert ist. Das ist die ethische Konsequenz, an die ich dachte. Aber wir sehen
Konsequenzen, die sich in lauter Zwangshandlungen darstellen: repräsentative Denkmäler,
repräsentative, aber leere Reden und so weiter und so weiter. Auschwitz wird für die neuen
Generationen immer mehr zu einer fremden Geschichte. Hier muss die Literatur eintreten.
Es ist die Aufgabe oder der Zweck der Literatur, Erfahrungen zu ermöglichen, lebendige
Erfahrungen zu ermöglichen [*oder: eine individuelle Existenz*; vgl.[235]]."[646] Ebenso vertritt
Kertész schon 1997 in einem Gespräch über das Berliner *Denkmal für die ermordeten
Juden Europas* (für das damals gerade neue Entwürfe zur Diskussion standen): „man kann
Auschwitz nur ästhetisch beikommen." Dabei betont er wiederum die Wichtigkeit der
lebendigen, aktuellen Erfahrung. Er selbst habe den Totalitarismus der NS-Zeit einst im
Stalinismus wiedererkannt (vgl. auch S. 15,[54] und S. 54,[413]): „meine Jugenderfahrungen wurden ganz anders wieder lebendig." Analog wolle er seine Leser für ihre Gegenwart,
die immer noch von naturalistischen Verhaltensformen (oder: dem „Auschwitz-Prinzip";
vgl.[12] und[525]) geprägt sei, sensibilisieren (wie bereits mit *Schicksalslosigkeit*; vgl. S. 63ff):
„Auschwitz kommt aus unserer Lebensweise, wird mit alltäglichen Menschen gemacht,
ist bis heute nicht beendet [vgl.[94] und S. 21,[116]]." „Auschwitz ist kein einmaliges,
zurückliegendes Geschehnis, und nicht nur die damalige Generation hat unmenschliche
Menschen hervorgebracht. Auch kommt Auschwitz nicht [...] aus irgendeiner Logik, sondern aus der Dynamik totalitärer Herrschaft. Das ist es, was mich interessiert, was meine
Ästhetik ausprägt."[647]

Als Erzähler versucht Kertész die Sensibilisierung des Lesers für die Gegenwart im
Allgemeinen dadurch zu erreichen, dass er theatralisch vorspielt, wie er sich als ideologisch
ungebundenes Individuum gegenüber neuen Erfahrungen öffnet. Diese erzählerische

Technik verwendet er gleichfalls in seinen essayistischen Arbeiten. Etwa erklärt er im Vortrag *Das glücklose Jahrhundert* (Hamburger Institut für Sozialforschung, 1995): „Für mich ist das einzig wirklich Spezifische dieser Geschichte [*des 20. Jahrhunderts*], dass sie *meine Geschichte* ist, dass sie *mir* passiert ist.[648] Und vor allem, dass ich über die Bewertung des von mir Erlebten frei entscheiden kann: Es steht mir frei, es nicht zu begreifen, es steht mir frei, es als moralisches Urteil, als Ressentiment auf andere zu projizieren oder es umgekehrt zu rechtfertigen – doch es steht mir auch frei, es zu begreifen, darüber erschüttert zu sein und in dieser Erschütterung meine Befreiung zu suchen, es also zur Erfahrung zu verdichten, zu Wissen zu formen und dieses Wissen zum Inhalt meines weiteren Lebens zu machen."[649] Damit demonstriert er eine Haltung, in welcher der fatale Naturalismus des »funktionalen« Massenmenschen überwunden ist (vgl. S. 20, [105] und [106]) und in deren Verbreitung die von ihm gewünschte gesellschaftliche Antwort auf Auschwitz bestehen würde. Dies weist letztlich auch über das historische Thema hinaus, auf welchen Umstand Kertész selbst im *Vorwort* von *Eine Gedankenlänge Stille…* aufmerksam macht: „Wenn ich also über die traumatische Wirkung von Auschwitz nachdenke, denke ich paradoxerweise eher über die Zukunft als die Vergangenheit nach."[650]

Nachdem Kertész 2002 den Nobelpreis erhalten hatte, veröffentlichte sein neuer Verlag Suhrkamp[651] von ihm den erweiterten Essayband *Die exilierte Sprache* (2003). In Ungarn erschienen erweiterte Essaysammlungen 2001 und 2008.[652] Neu in *Die exilierte Sprache* sind neben aktuellen essayistischen Texten wie dem Berliner Vortrag *Die exilierte Sprache* (2000) oder der Nobelpreisrede *»Heureka!«* (2002) auch zwei Reiseberichte (*Budapest, Wien, Budapest*, 1990; *Jerusalem, Jerusalem…*, 2002). In die Taschenbuchausgabe von 2004 wurde außerdem Kertész' Rede *Bilder einer Ausstellung* (zur letztmaligen Präsentation der Ausstellung *Verbrechen der Wehrmacht* 2004 in Hamburg) aufgenommen. *Die exilierte Sprache* enthält sämtliche Essays aus *Eine Gedankenlänge Stille…*, jedoch ist Kertész' Vorwort (nun: *Vorbemerkung des Autors*) um die Hälfte gekürzt. Es fehlen alle Passagen, die sich auf die Verdrängung des Holocaust in Ungarn beziehen. Eingeleitet wird der Band durch das neue Vorwort *Kertész und sein Thema* von Péter Nádas (welcher Text anlässlich des an Kertész verliehenen Nobelpreises in Ungarn separat erschien[653]). Nádas betont dort, Kertész werde der Komplexität der von ihm behandelten Gegenstände sprachlich auf vorbildhafte Weise gerecht. So habe er sich das „fast vollständige Fehlen einer überkommenen analytischen Begrifflichkeit im Ungarischen" zunutze gemacht, um die Realität in einem „Gewebe unbeteiligter [*unvoreingenommener, theoretisch distanzierter*] Sehweisen" zu erfassen. Diese „literarische Leistung" würde durch das historische Thema „Auschwitz" jedoch „verdeckt".[654] Tatsächlich handeln die neuen Vorträge *Die exilierte Sprache* und »*Heureka!*« auch eher von Kertész' literarischer Tätigkeit als vom Holocaust, und in den genannten Reiseberichten befasst Kertész sich in erster Linie mit seinen aktuellen Erlebnissen. Zudem zeigt der neue Titel *Die exilierte Sprache* eine Akzentverlagerung von konkreten historischen zu universellen ästhetischen und ethischen Fragestellungen an. Unter einer »exilierten« oder »atonalen« Sprache verstand Kertész aber eine ideologiefreie Sprache menschlicher Individuen, wie sie eben aufgrund von Auschwitz geboten erscheint (vgl. S. 27,[191] und S. 49ff). Thomas Cooper fragt ihn im Interview *Document and Fiction* von 2014, ob dann nicht Auschwitz selbst eine allgemein gültige Referenz sei: „*Is the Holocaust not a tonal center for our culture, a point of comparison or relation? Is Auschwitz not the »key«, in the tonal sense, of our culture?*" Kertész bejaht dies im Prinzip (so wie er auch schon 2001 in einem Gespräch erklärt hat, aus dem Holocaust folge ein neuer, abstrakter „Konsens"; siehe S. 36,[272]): „Yes, I understand what you are saying, and yes, in a sense, I agree, the Holocaust as a negative experience creates value." Jedoch gibt er zu bedenken, die von der negativen Erfahrung des Holocaust geprägte Sprache transzendiere naturgemäß die Geschichte und wirke eigengesetzlich außerhalb des gesellschaftlichen Kontextes fort: „But here we get into the tendency of language to manufacture itself. The Holocaust destroys value, the Holocaust creates value."[655] Der Titel der neuen Essaysammlung *Die exilierte Sprache* lässt sich daher so deuten, dass Kertész nicht mehr an einen kulturellen Wandel aufgrund des Holocaust glaubte, sich aber von der Aufnahmebereitschaft seiner Zeitgenossen völlig unabhängig gemacht hat (vgl. das betreffende Zitat aus *Dossier K*, oben S. 52,[408]) und im Sinne Valérys gleichsam das „*Recht des Dichters an der Sprache*" in Anspruch nahm (vgl. S. 17,[74]). Hieraus erklärt sich auch, dass in der neuen *Vorbemerkung* alle Klagen über das Unverständnis in Ungarn getilgt sind. Diese Kürzung ist also keine Geste der Versöhnung, sondern der Verachtung (vgl. Kertész' Notiz von 1998, unten[751]). Angesichts dessen, dass Kertész ersichtlich schon um 2003 den Gedanken aufgegeben hat, der „Holocaust könnte kulturbildend sein" (wie er noch im *Vorwort* des Essaybands von 1999 schreibt; siehe S. 112,[640]), zeugt übrigens der Titel des Berliner Symposiums »*Holocaust als Kultur*«. *Zur Poetik von Imre Kertész* (Akademie der Künste, 2018) von einem Missverständnis. Denn mit ihm wird unter Berufung auf den bereits älteren Vortrag *Der Holocaust als Kultur* von 1992 suggeriert, dass die „Radikalität des Ästhetischen"[656] in Kertész' Werk generell auf eine »Kultur des Holocaust« zielt. In Wirklichkeit diente Kertész' (nicht zuletzt an Valéry orientierte) Poetik aber dem – eigentlich radikalen – Anliegen, eine geistige Existenz außerhalb jeder kulturellen Gemeinschaft zu realisieren.

„Am Brandenburger Tor. Hinter der Mauer Westberliner Busse mit Touristen, denen man die hiesigen Sehenswürdigkeiten zeigt. Ich überlege, ob ich bleiben soll, ob ich es aushalte. Mit Arbeit hielte ich es aus. Nur arbeite ich nicht." (Kertész, *Galeerentagebuch*, 30. Mai 1980)

Berliner Mauer, Blick auf das Brandenburger Tor von West-Berlin, 1980/1981

Warum gerade Berlin?

In dem Essay *Warum gerade Berlin?* (Erstveröffentlichung in DU, Juni 2005; als Rede gehalten 2006 bei der Entgegennahme der Ernst-Reuter-Medaille der Stadt Berlin) reflektiert Kertész über sein Verhältnis zu Berlin, wo er seit dem Jahreswechsel 2001/2002 gemeinsam mit seiner Frau vorwiegend lebte (siehe S. 38, [284]). Den Text schrieb er 2003, als sich geklärt hatte, dass er dauerhaft in der Stadt bleiben wird (siehe S. 38, [287] und *Primärliteratur*, [W]). Die entscheidende Anregung hierzu gab anscheinend der Regisseur Claude Lanzmann. So bemerkt Kertész in einer Notiz von Juli 2003, er habe Lanzmann versprochen, einmal sein „Verhältnis zu den Deutschen zu formulieren."[657] Der Titel *Warum gerade Berlin?* ist offenbar eine Anspielung auf Lanzmanns Film *Warum Israel* (*Pourquoi Israël*, 1973) über die aus den verschiedensten Ländern nach Israel emigrierten Juden. Kertész' Begegnung mit Lanzmann spiegelt sich auch noch in dem Tagebuchroman *Letzte Einkehr* von 2014, an dessen Schluss eine Notiz von Juni 2003 einmontiert ist, die sich auf Lanzmanns Film *Shoah* bezieht (siehe das Zitat im Kapitel zu *Letzte Einkehr*, unten S. 151, [774] und [775]). Dort definiert Kertész sein Verhältnis zu den Deutschen insofern, als er sich vorstellt, dass die von ihm geschaffene Figur des geistigen Exilanten „Lot" wie eine posthume Verkörperung seiner selbst in der „Morgendämmerung" – also: zu Beginn einer neuen Zeit – „auf der Terrasse des [*Berliner Hotels*] Kempinski sitzt, sich wahrscheinlich eine Zigarette anzündet und, während er dem Verkehr zuschaut, der unter den Bäumen des Kurfürstendamms dahinströmt, leise zu sprechen beginnt. »Wisst ihr, was Einsamkeit ist, in einer sich pausenlos selbst feiernden Stadt?«" (siehe S. 151, [773]).

Kertész schildert in dem Essay, wie er schon vor der Wende, im „Frühjahr 1962 [oder 1964?; vgl. *Primärliteratur*, [f]]" und 1980, den Ostteil Berlins besuchte und nur wenig später, „1993", als „West-Berliner Stipendiat [*des DAAD*; vgl. [197]], zu Fuß von Charlottenburg zum Alexanderplatz" ging, um sich gleichsam mit „eigenen Beinen" vom Fall der Mauer zu überzeugen.[658] Über das heutige Berlin schreibt er, es sei eine liberale, weltoffene Stadt, die sich, nicht zuletzt durch ihre zahlreichen Denkmäler, vor allem auch zu ihrer Vergangenheit bekenne: „Berlin verhehlt seine schreckliche Vergangenheit nicht." Speziell das *Denkmal für die ermordeten Juden Europas* (das seit 2003 nach einem Entwurf von Peter Eisenmann gebaut wurde) habe in ihm allerdings den „Zweifel" geweckt, „ob die Erinnerung in ihrer

Berliner Mauer, 1980/1981

Unermesslichkeit auch in der Wirklichkeit einen derart großen Raum" benötige. Dieses überdimensionierte Holocaust-Mahnmal vergleicht er mit einer bescheideneren Gedenktafel am Wittenbergplatz (1967, erweitert 1995), der er geradezu literarische Qualitäten beimisst: „Auf der Tafel steht nichts weiter als die Namensliste der einstigen Todeslager, untereinander: Auschwitz, Buchenwald – und so fort, und das wirkte im Gewimmel des verkehrsreichen Platzes, als sprächen diese reglos erstarrten Ortsnamen nicht von dieser Tafel, sondern aus einer anderen Zeit, vielleicht aus der Ewigkeit zu mir."[659] Schließlich bekennt Kertész, er fühle sich in seiner neuen Heimat „gar nicht wie ein vollkommen Fremder". Zum einen sei Berlin „eine literarische Stadt", von der er sich einen positiven Einfluss auf die Verbreitung seines Werks verspreche: „Der Weg osteuropäischer Schriftsteller führt meistens über Berlin in andere Sprachen, in die Weltliteratur weiter." Zum anderen sei es eine tolerante „»Weltstadt«", „ein großer Trost für die Exilierten, für Weltenbummler und geborene Heimatlose", oder einfach: „ein bewohnbarer Ort[660]."[661] Seinen Weggang aus Budapest begründet er mit einem Zitat aus *Ich – ein anderer*: „»Man kann die Freiheit nicht am selben Ort kosten, an dem man die Knechtschaft erduldet hat.«" Unmittelbar in Anschluss hieran erklärt in *Ich – ein anderer* der Erzähler ferner (zur Romanzeit 1991): „Ich müsste weggehen, weit weg von hier. Ich werde es nicht tun."[662] Mit dem Bezug seiner neuen Wohnung in Berlin hat Kertész sich also einen einstmals utopischen Wunsch erfüllt (vgl. 660).

Warum gerade Berlin? erscheint als Fortsetzung des Essays *Budapest. Ein überflüssiges Bekenntnis* (erstmals veröffentlicht im ZEIT-Magazin, 5.3.1998), in dem Kertész bereits andeutet, dass er aus Budapest weggehen könnte. Er fühle sich dort wie ein „Auswanderer", der im Begriff sei, seine Koffer zu packen, und sich nur noch keine „Reisedokumente" besorgt habe (vgl. S. 38, [285]). Die reale Stadt interessierte ihn nicht mehr, stattdessen lebe er in einem „eigenen, individuellen Budapest", das seiner Phantasie entspringe (ähnlich dem Traum-Budapest im zweiten Teil von *Fiasko*; vgl. oben S. 75f): „Inzwischen ist mir bewusst, dass mich letzten Endes die Leidenschaft des Schreibens von der Stadt getrennt hat, in der ich heute noch lebe. Denn diese Leidenschaft, das Schreiben, war für mich stets nur ein Mittel, mich vom Druck der Umwelt und der Umstände zu befreien." Aufgrund des Systemwechsels sei ihm mittlerweile die Möglichkeit gegeben, Budapest „nicht nur in der Phantasie, sondern auch in der Praxis" zu verlassen. Wie später in *Warum gerade Berlin?* zitiert er aus *Ich – ein anderer* den Satz: „»Man kann die Freiheit nicht am selben Ort kosten, wo man die Knechtschaft erduldet hat.«" (s. o.), und er fügt an, ohnehin gebe es für ihn in Budapest keine geistige Aufgabe mehr (vgl. S. 38, [282]).[663] Dass er bald darauf tatsächlich fortzog, war demnach vorherzusehen.

„Dreizehn Jahre später, 1993, bin ich, […], zu Fuß von Charlottenburg zum Alexanderplatz gegangen, um mich gleichsam mit meinen eigenen Beinen davon zu überzeugen, dass ich jetzt […] tatsächlich ungehindert bis zur Ost-Berliner Straße »Unter den Linden« spazieren konnte." (Kertész, *Warum gerade Berlin?*)

Baustelle in Berlin Tiergarten, Blick auf den Reichstag, Februar 1993

„Schon heute ist das Ganze verfremdet in diesen Holocaust-Feiern und Denkmälern und so weiter. Obwohl interessanterweise in der modernen Gesellschaft immer noch alle Motive vorhanden sind, die Auschwitz hervorgebracht haben." (Kertész im Gespräch mit Sebastian Hefti und Wolfgang Heuer, 2001)

Baustelle des *Denkmals für die ermordeten Juden Europas*, Berlin, 2000/2001

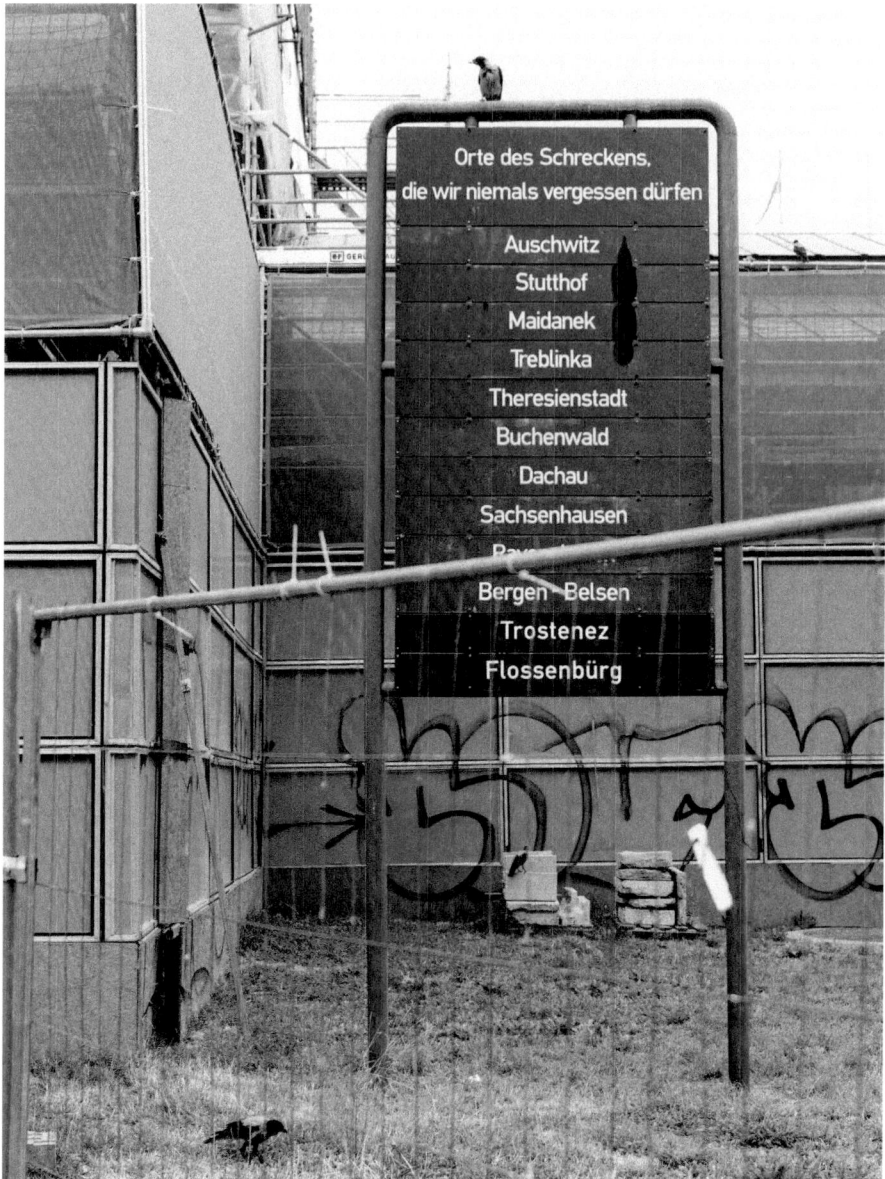

**Orte des Schreckens,
die wir niemals vergessen dürfen**

Auschwitz

Stutthof

Maidanek

Treblinka

Theresienstadt

Buchenwald

Dachau

Sachsenhausen

~~Rav~~

Bergen - Belsen

Trostenez

Flossenbürg

Gedenktafel am Wittenbergplatz, Berlin, 2019

Film: Schritt für Schritt - Fateless

Das Drehbuch zur Verfilmung von *Schicksalslosigkeit* (Magvető, 2001; dt. 2002 unter dem Titel *Schritt für Schritt* bei Suhrkamp) ging aus einer Zusammenarbeit Kertész' mit seinem Freund György Spiró und dem Regisseur des Films Lajos Koltai hervor. Die endgültige Fassung schrieb Kertész von Juni bis September 2001. Der Film *Fateless – Roman eines Schicksallosen* (orig.: *Sorstalanság* [*Schicksalslosigkeit*]) entstand in den Jahren 2003 und 2004. Die Uraufführung fand am 8. Februar 2005 auf der Ungarischen Filmwoche in Budapest statt. Eine Woche später wurde *Fateless* auf der Berlinale gezeigt. [664]

Mit dem Drehbuch hat Kertész seinen Roman in das Medium Film übersetzt, soweit er hierfür als Schriftsteller zuständig sein konnte. Zu dieser Arbeit äußert er im *Vorwort* von *Schritt für Schritt* (das in der ungarischen Ausgabe fehlt [665]): „als Drehbuchautor ertappt sich der Schriftsteller dabei, dass er plötzlich ausführlicher und persönlicher wird. Nun kann er gewissen autobiographischen Motiven Platz geben, Erinnerungen, auch Anekdoten, die er als Romancier strengstens verwerfen musste." [666] In einem Gespräch von 2003 bemerkt er jedoch, das Drehbuch sei vor allem eine Adaption des Romans und keineswegs eine anekdotische Wiedergabe seiner Erinnerungen, so wie auch schon die Romanhandlung nicht als autobiografischer Bericht missverstanden werden solle: „Mein *Roman eines Schicksallosen* ist keine Erinnerung an Auschwitz und Buchenwald, sondern ich habe Auschwitz sozusagen erfunden und neu gestaltet. [...] Das bedeutet: In der Erinnerung ist Auschwitz schon »mein Auschwitz« geworden. [...] Was das Drehbuch betrifft, so war es so, dass ich den *Roman eines Schicksallosen* als Auschwitz erinnerte. Meine eigene Wirklichkeit des Drehbuchs war nicht das existierende Auschwitz, sondern mein Roman. Das ist somit eine doppelte Abstraktion. Es war also nicht so, dass ich meine schrecklichen Erlebnisse wieder erleben musste, sondern ich habe mich an den *Roman eines Schicksallosen* erinnert und aus diesem etwas mehr Anekdotisches gemacht." [667] Gleichwohl schreibt er 2004 im Tagebuch: „mir ist [...] klargeworden, dass mein Drehbuch den Zustand *vor* dem *Roman eines Schicksallosen* widerspiegelt, sagen wir, dass das Drehbuch eigentlich das *Rohmaterial* des Romans ist." [668] Damit meint Kertész anscheinend, dass er die besondere Form des Romans, durch die der Leser mit seiner eigenen „Gegenwart" konfrontiert wird, nicht auf das Drehbuch übertragen hat, so dass der Film nur den Charakter einer symbolischen „»Darstellung«" besitzt und insofern einfacher konzipiert ist als die Romanvorlage (siehe Kertész' Notiz von 1970, oben S. 19, [94] und S. 65, [441]). Insbesondere fehlt die Anekdote vom Rabbiner in der Dusche, die den Romanleser auf den „Holocaust-Reflex" aufmerksam machen soll und ihm diesbezüglich bereits während der Lektüre eine negative Erfahrung ermöglicht (siehe S. 64f, [436] und [438]). Im Film ist der Topos der »Erfahrung« dagegen lediglich durch die streng lineare Erzählung [669] dargestellt, in deren Verlauf die Erwartung der Protagonisten permanent durch überraschende Entwicklungen (zum Schlechten und zum Guten) enttäuscht wird. Zum Beispiel kommt dort (wie im Roman) am Ende des zweiten, im Lager spielenden Teils ebenfalls ein verdächtiges Duschbad vor, das sich letztlich als harmlos erweist. Im Drehbuch schreibt Kertész zu dieser Szene (die im Roman wohl als Umkehrung oder Spiegelung der Episode mit dem Rabbiner gedacht ist): „Wir befinden uns im Duschbad [*einer Krankenstation von Buchenwald, wohin der dem Tode nahe Köves aus Zeitz gebracht wurde*].[/ ... /] Jetzt taucht über dem Dickicht von Beinen ein Duschkopf auf. [...] Als würde uns etwas wieder in den Sinn kommen, erhält dieser Duschkopf in unseren Augen plötzlich eine über Leben und Tod entscheidende Bedeutung. [...] Der Duschkopf beginnt zu dampfen. Und dann beginnt daraus rasend, unbändig und erleichternd Wasser herniederzuprasseln." [670] Anders als im Fall der Erzählung vom duschenden Rabbi versucht Kertész hier jedoch nicht, den Rezipienten eines in sich widersprüchlichen Denkens zu überführen, sondern er demonstriert nur, wie die Realität eine plausible Vorahnung widerlegen kann.

Bei aller Vereinfachung übernimmt Kertész im Drehbuch sämtliche wichtige Motive des Romans und damit auch dessen Vieldeutigkeit oder Ironie (vgl. Kertész' Notiz von 2003, oben S. 9, [6] und das Zitat von Hans Mayer in [129]). Tatsächlich verbirgt sich hinter der Handlung, die auf der ersten Bedeutungsebene den Mechanismus der totalitären Herrschaft illustriert, ein Bericht von Kertész' Entwicklung zum Künstler. So liegt es etwa nahe, die von den gefangenen Juden allzu gehorsam gebildeten „Kolonne" [671] als ein Symbol des Konformismus aufzufassen, der laut Kertész eine wesentliche Bedingung der totalitären Macht ist. Darüber hinaus erinnert das Motiv der Kolonne aber auch an Schopenhauers Bild vom „Zuge der Ameisen", das Kertész in einer Notiz von 1990 auf seinen geistigen „Instinkt" bezieht. Durch diesen habe er sich zur Zeit der Diktatur, während der es keine vertrauenswürdige kulturelle Orientierung gab (so dass die universelle menschliche Natur zur Geltung kommen konnte), als Autor leiten lassen, „so wie Ameisen marschieren, mit [...] unbegreiflich sicherer Orientierung" (siehe S. 77f, [507] und [508]). Besagte „Menschenkolonne", welche die Passanten in Budapest mit einem „hastigen, zögernden, verstohlen neugierigen Blick" betrachten, bevor sie sich wieder ihren gewohnten „Beschäftigungen" zuwenden, besteht in diesem Verständnis also aus (werdenden) Künstlern oder geistig orientierten Ausnahmeexistenzen, die in der „Menge" immerhin auf eine gewisse oberflächliche Neugier stoßen.[672] Weiterhin ist zu sehen, dass der zum Arbeitsdienst einberufene Vater von Köves die zensierte und ideologisch in Dienst genommene Literatur verkörpert (vgl. S. 70, [469]). Hierauf deuten nicht zuletzt seine Abschiedsworte: „[*Der Vater László Köves:*] »Ich werde dir schreiben. Schreib auch du mir,... Gyurka [*György Köves*]... mein Sohn...«" und der Dialog: „[*Köves' Nachbar Fleischmann:*] »Und was schreibt unser lieber Freund László?«[/] [*Gyurkas Stiefmutter:*] »Was zu schreiben möglich ist«, [...]: »Die Frage ist, was sich dahinter verbirgt...«"[673] Analog lässt sich die von Köves in Zeitz geleistete Zwangsarbeit als ein Symbol der von Thomas Mann in *Betrachtungen eines Unpolitischen* beworbenen „Arbeit an sich selbst" interpretieren (vgl. S. 20f). Das Lager erscheint dabei als ein Pendant des Sanatoriums Berghof im *Zauberberg* (vgl. S. 66, [447]), worauf Kertész im Drehbuch auch konkret anspielt: „[*Die Mitgefangenen zu Köves und Bandi Citrom, die sich während eines Appells laut über den schwulen und kriminellen Lagerältesten unterhalten:*] »Warum seien Sie noch immer nicht still? Sie werden uns in Unglück bringen...« [.../] »Das ist ein Konzentrationslager. Kein Sanatorium«, [...]."[674] Ferner kann das Deutsch der Lager-Aufseher, welche die Häftlinge zum – eigentlich: künstlerischen – „*Arbeiten*"[675] antreiben und sie beim Appell anbrüllen: „»*Warum bist du nicht rasiert?*«"[676] (im Original deutsch), im Sinne Valérys als eine von der Volkssprache verschiedene „poetische Sprache" gedeutet werden (vgl. S. 17, [74] und S. 38, [295]). Entsprechend stellen Köves und seine Mitgefangenen bereits auf ihrer Fahrt nach Auschwitz fest, dass „die Deutschen hier [*in Polen*] jeden Ort umbenannt haben", weshalb sogar ein „Geographielehrer" (also etwa: ein materialistisch orientierter Wissenschaftler oder Ideologe) sich nicht mehr auskennt. Dass Köves bei seiner Ankunft den Ortsnamen auf dem Stationsschild mühsam als „A-usch-witz-Bir-ke-nau" buchstabieren muss und auch die anderen diesen Namen „noch nie gehört" haben,[677] soll wohl besagen, dass die Sphäre der Kunst oder des Geistes im Allgemeinen unbekannt ist (vgl. die Zitate von Hofmannsthal und Broch in [221]). Desgleichen lässt sich die Selektion in Auschwitz durch einen – demonstrativ positiv beschriebenen und mit Kertész ähnlichen – SS-Arzt („gutaussehend, um die Vierzig [*wie Kertész, als er* »*Schicksalslosigkeit*« *schrieb*], sympathisches, scheinbar zerstreutes, in Wirklichkeit jedoch müdes Gesicht, klare Augen, [...]"[678]) so verstehen, dass nur wenige »auserwählte« Menschen Zugang zur Kunst finden. Die durch den Arzt bescheinigte Arbeitstauglichkeit von Köves bedeutet dabei wohl auch, dass Kertész sich sozusagen selbst zum Künstler gewählt – oder: „als Schriftsteller erfunden" – hat (siehe das Interview mit Kertész zu *Dossier K,* oben S. 16, [66]). Eine wichtige, damit verbundene, Szene ist schließlich die unwahrscheinliche Rettung von Köves, für die das Drehbuch „das Gesicht des in Auschwitz selektierenden SS-Arztes" als Himmelserscheinung vorsieht (worauf Koltai im Film aber verzichtet hat). Nachdem Köves völlig entkräftet aus Zeitz nach Buchenwald zurückgebracht wurde, gibt er seinen Lebenswillen (oder nach Schopenhauer: das immanente „*Wollen*"; vgl. [194]) auf und stellt sich tot. Jedoch verrät ein unwillkürliches „Zwinkern", dass „noch Leben in ihm ist", weshalb man ihn auf einer Art „Schubkarre" in die Krankenstation des Lagers transportiert (wo er im Roman auf allegorischer Ebene Bekanntschaft mit einer Reihe großer Künstler und Philosophen macht; siehe die Belege oben S. 22).[679] Insgesamt korrespondiert dem Kertész' Notiz von 1991 zur „Seltenheit von Künstlern" (siehe [120]).

Fateless unterscheidet sich somit von vielen anderen »Holocaust-Filmen« (wie schon der Roman *Schicksalslosigkeit* von der einschlägigen »Lagerliteratur«; vgl. Kertész' Notiz von 2003, oben S. 9, [6] und das Zitat aus *Dossier K*, oben S. 21, [111]) durch zwei besondere Merkmale, die bereits im Drehbuch angelegt sind: Zum einen ist die Erzählung von Köves' Lagererlebnis trotz ihrer „*Authentizität*" kein Versuch einer historisch rekonstruierenden, „»realen« *Darstellung des Holocaust*",[680] vielmehr dient sie zur exemplarischen Veranschaulichung totalitärer Herrschaftsmechanismen, die ihre Wirksamkeit bis heute nicht verloren haben und daher für das Publikum eine aktuelle, lebenspraktische Relevanz besitzen (vgl. S. 35, [260]). Dieser verallgemeinernde Gebrauch der Motive kann mit Peirce als »symbolisch« charakterisiert werden (vgl. [278]). Zum anderen benutzt Kertész die Motive auf einer zweiten, ironischen oder allegorischen Ebene zur Darstellung seiner geistigen Entwicklung. Generell zeichnet sich der Film durch den Verzicht auf jede Sentimentalität aus, über welchen Punkt es auch eine Verständigung zwischen Kertész und Koltai gab.[681] *Fateless* ist nicht mehr im Vor-Auschwitz-Humanismus befangen (wie dagegen etwa Spielbergs Film *Schindler's List*, den Kertész in einem Interview von 2009 deswegen als „scheissfalsch" bezeichnet[682]). Die „stillschweigende Schlussmoral" der „story" (im Sinne von Rudolf Arnheim)[683] entspricht derjenigen der atonalen „Nach-Auschwitz-Sprache" Kertész' und einiger anderer Schriftsteller, die sich existentiell mit der „Katastrophe" des europäischen Kulturbruchs auseinandergesetzt haben (vgl. S. 34, [257] und S. 54, [413]).

Koltai hat das (u. a. mit seiner Hilfe entstandene) Drehbuch in *Fateless* mit wenigen Ausnahmen treu umgesetzt. Die größte Abweichung besteht darin, dass etliche Monologe (oder: innere Dialoge; vgl. S. 39) von Köves (im Drehbuch: „Die Stimme des Jungen") nicht verwendet wurden, worin Kertész aber im Voraus eingewilligt hatte.[684] Weiterhin fehlen zwei ästhetisch überhöhte Motive, die es auch im Roman nicht gibt:

(1) Zu Köves' Ankunft an der Rampe von Auschwitz am Ende des ersten Teils schreibt Kertész im Drehbuch: „Dann sieht man auf einmal von außen, wie sich [*im Waggon*] der Junge durch die Menge hindurch bis zur Tür kämpft, die hohe Stufe hinunterspringt, sich in das strahlende Licht stürzt und seine Gestalt darin verschwimmt."[685] Im Film wechselt dagegen eine im Waggon spielende Szene, bei der die Insassen durch die geöffnete Tür in ein blendendes Licht schauen, mit einem harten Schnitt zu einem Bild von ihrem Empfang an der Rampe, das historischen Fotografien (aus dem von Lil[l]i Jacob Meier gefundenen »Auschwitz-Album«[686]) nachempfunden ist.

(2) Am Ende des zweiten Teils sieht Köves laut dem Drehbuch am Himmel das Gesicht des SS-Arztes (vgl. oben S. 126,[679]). Koltai verwendet stattdessen ein realistisches Bild aufreißender Wolken, hinter denen die Sonne zum Vorschein kommt. Auch hat er nicht versucht, mit der Figur des Arztes an Kertész zu erinnern (vgl. S. 125,[678]).

Diese beiden Motive hätten der zweiten, ironischen Ebene des Films mehr Gewicht verliehen. Vermutlich wurden sie von Koltai aber eben deswegen ersetzt, denn ihr abstrakter Gehalt ist nicht unmittelbar verständlich, wegen ihrer Auffälligkeit hätte das Publikum aber (zumeist wohl vergebens) nach einem Sinn gesucht. Zwar erschließt sich gerade bei künstlerisch wertvollen Filmen der Gehalt oft erst durch mehrmaliges Ansehen, und schon die Romanvorlage für *Fateless* enthält irritierende „Wörter", die der Leser „als brennendes Geheimnis" im Gedächtnis behalten sollte (siehe S. 23,[139]). Jedoch ist Koltais Vorgehen hier nachvollziehbar, da kein übertrieben anspruchsvoller Film geplant war (vgl.[681]).

Eine weitere Kürzung im ersten Teil stellt dagegen einen wirklichen Verlust dar, für den es m. E. keine Rechtfertigung gibt. An der betreffenden Stelle sieht das Drehbuch vor, dass die in einer Ziegelei provisorisch internierten Juden einen „auf Budapest niedergehenden Bombenangriff" beobachten. Bei dem Angriff wird auch die Shell-Raffinerie in Csepel getroffen, in der Köves und einige andere mit ihm festgenommene Jungen bisher beschäftigt waren. Dies veranlasst sie, sich freiwillig zur Arbeit in einem deutschen Lager zu melden: „Die Jungen verfolgen stumm, fast erschüttert, was sich am Himmel abspielt.[/] In diesem Moment steigt am Horizont eine dichte schwarze Rauchwolke auf.[/] »Sie haben es verdient«, flüstert, mehr zu sich selbst, kaum hörbar, der ›Glimmstengel‹.[/] »Csepel brennt…«, sagt Rosi.[/] »Die Öltanks…«, fügt der von den anderen ›Zierleder‹ Getaufte hinzu.[/] »Melden wir uns«, sagt der ›Halbseidene‹. »Da bleibt kein Stein auf dem anderen…«[/] »Fahren wir!« stimmt Rosi zu.[/] »Habt ihr denn gar keine Vaterlandsliebe im Leib?« spottet Moskovics.[/] Die Jungen lachen.[/] »Wir haben alles redlich mitgemacht. Und sie [*die ungarischen Gendarmen*], sie haben [*bei unserer Festnahme*] auf unsere Ausweise gespuckt«, sagt der Junge [*Köves*]." Kertész gibt dazu die Anweisung: „Dieser Luftangriff findet bei strahlender Mittagssonne statt und ist vielleicht die einzige Szenenfolge des Films, die in ästhetischem Sinn als herausragend schön bezeichnet werden kann. [...]"[687] Wie die beiden erstgenannten Szenen kommt diese Passage im Roman nicht vor. Koltais Entscheidung, sie ebenso in *Fateless* wegzulassen, könnte u. a. darin begründet gewesen sein, dass er mit seinem Film eher dem Roman als dem Skript entsprechen wollte. Darauf deutet auch, dass er am Schluss eine (in der Budapester Straßenbahn spielende) Episode des Romans, die im Drehbuch fehlt, wieder eingefügt hat.[688] Dennoch erscheint es bedenklich, ausgerechnet auf jene von Kertész als „herausragend schön" hervorgehobene „Szenenfolge" zu verzichten, denn der Hinweis auf ihre ästhetische Sonderstellung ist ein Indiz für ihren Status als inhaltlicher Schlüssel. Tatsächlich kann der „Luftangriff" auf Budapest und die „dichte schwarze Rauchwolke" über Csepel als Referenz auf die Zerstörung von Sodom und Gomorra verstanden werden (vgl. 1. Mos. 19: „und siehe, da ging ein Rauch auf vom Lande, wie der Rauch von einem Ofen"). Dass Köves angesichts des Bombardements seine Heimatstadt verlässt und in ein deutsches Arbeitslager geht (d. h.: sich seiner geistigen Entwicklung widmet), korrespondiert also offenbar Lots Flucht aus Sodom. Außer dieser Anspielung auf die biblische Geschichte, unter deren Zeichen Kertész' gesamtes Werk steht, enthält die Beschreibung des Luftangriffs im Drehbuch noch eine zweite interessante Referenz. So merkt Kertész an, dass Márai im Tagebuch eben dasselbe Ereignis schildert: „(Sándor Márai hat diesen am 3. Juli stattfindenden Luftangriff in seinem »Tagebuch« von 1944 mit den Worten verewigt: »[...]«"[689] Dabei befindet sich in seinem Zitat genau an der Stelle eine Auslassung (...), an der Márai erwähnt, dass er von einem Zug aus die gefangenen Juden in der Ziegelei bemerkt hat.[690] Auf Letzteres weist Kertész indes schon 1990 im Tagebuch hin: „Márais Tagebuch, die Seiten von 1944: »[... *hier steht das vollständige Zitat*]« – Ich weiß nicht, warum mich schlagartig noch nachträglich dankbare Freude darüber ergreift, dass Márai mich erblickt hat. Er war vierundvierzig, ich vierzehn. Er erblickte zwischen den Trockenschuppen der Ziegel das Kind mit dem gelben Stern und wusste, was dieses Kind damals nicht wusste: dass es schon bald nach Auschwitz abtransportiert würde. All das schrieb er – was sonst konnte ein Schriftsteller tun – in seinem »Tagebuch« nieder (und dieses »Tagebuch« ist, nebenbei bemerkt, der reinste, umfassendste und wichtigste geistige Abdruck dieser Zeit [vgl. [610]]). Was bedeutet all das? Es ist so schwer zu deuten wie eine eigenwillige Sternenkonstellation. Dennoch, ich fühle darin ganz entschieden einen tiefen, von uns beiden unabhängigen Sinn, der in einem langsam größer werdenden Kreis leise ausstrahlt, so wie eine Radiowelle im Äther, die im allgemeinen Lärm außerordentlich schwer zu empfangen, trotzdem aber existent und unauslöschbar ist."[691] Demnach besitzt der im Drehbuch skizzierte Luftangriff eine weit über das historische Ereignis hinausreichende Bedeutung. Dass dieser abstrakte Gehalt von den meisten Zuschauern nicht unmittelbar erfasst werden könnte, hätte auch keineswegs dagegen gesprochen, die Szene („unauslöschbar") in den Film zu übernehmen. Denn sie fügt sich – anders als etwa Köves' Vision des SS-Arztes – unauffällig in die realistische Erzählung ein und gibt keinen Anlass zur Irritation (außer vielleicht bei einigen ungarischen Nationalisten, denen das Gespräch der Jungen nicht gefallen dürfte). Aufgrund der im Drehbuch vorgesehenen besonderen Schönheit würde das Motiv dem Zuschauer aber im Gedächtnis bleiben und ihn eventuell zu einer nachträglichen Reflexion anregen. Hätte Koltai sich hier an Kertész' Vorgabe gehalten, könnte das Publikum also besser verstehen, dass der erste Teil des Films noch von etwas anderem als der Judendeportation handelt. Auf das unterschwellig vorhandene Thema des Geistes oder der Literatur deutet dort allein die Figur des Vaters. Zu dieser hat Koltai durchaus starke Bilder geschaffen, die einen tieferen Sinn erahnen lassen (wie: die merkwürdig unbeholfene Verabschiedung des Vaters von seinem Sohn; zuvor auch: das gewaltsame Aufsetzen seines Rucksacks für den Arbeitsdienst und die prismatische Vervielfachung seines Gesichts in einer geschliffenen Glasscheibe, durch welche Verfremdung er schon dem Leben entrückt scheint). Der Luftangriff auf Budapest, verbunden mit Köves' Entschluss, sich für ein Arbeitslager in Deutschland zu melden, wäre jedoch ein viel markanterer Anhaltspunkt für eine allegorische Interpretation gewesen.

An *Fateless* kann außerdem kritisiert werden, dass die von Koltai gewählten sinnlichen Gestaltungsmittel, die ebenso wie die „story" des von Arnheim sogenannten *„Konfektionsfilms"* eine bestimmte Moral implizieren (vgl. S. 126, [683]), allzusehr im Konventionellen verbleiben. Vor allem die Begleitung der an sich sehr präzisen Bilder durch die bisweilen aufdringlich mittelmäßige Filmmusik von Morricone erscheint mir unglücklich. Nach meinem Empfinden hindert die Musik (und manchmal auch: der gesprochene Text) den Betrachter geradezu daran, die Bilder – in denen bereits ein großer Teil des geistigen Gehalts codiert ist – richtig wahrzunehmen.[692] Koltai geht definitiv die Obsession etwa eines Rainer Werner Fassbinder, David Lynch oder Don Coscarelli ab, die nötig gewesen wäre, um immun gegen die (vermeintlichen) Erwartungen des Publikums zu sein und falsche Kompromisse konsequent auszuschließen. Unbestreitbar gibt es viele, die sich nicht geistig berühren lassen wollen[693] und die es vorziehen, auf angenehme Weise zerstreut zu werden – aber ein Künstler sollte diesem Publikum ohnehin keine Zugeständnisse machen (wovor gleichfalls Thomas Mann in *Doktor Faustus* warnt: „[*Antwort des Erzählers Serenus Zeitblom auf den vom Teufel besessenen Musiker Adrian Leverkühn, der als eine Personifizierung der im Verfall befindlichen modernen Kunst erscheint:*] Kunst ist Geist, und der Geist braucht sich ganz und gar nicht auf die Gesellschaft, die Gemeinschaft verpflichtet zu fühlen, […]. Eine Kunst, die »ins Volk geht«, die Bedürfnisse der Menge, des kleinen Mannes, des Banausentums zu den ihren macht, gerät ins Elend" [694]). So gesehen hat Koltai den ihm von Kertész mit dem Drehbuch überreichten „Blankoscheck" (siehe S. 39, [306]) für einen zu geringen Betrag eingelöst. Eine Ursache für die konventionelle Form von *Fateless* mag auch gewesen sein, dass Kertész, der den „Avantgarden" misstraute (wie er 2013 im Interview *Mit Spielberg kann ich nicht konkurrieren* erklärt; siehe [131]), selbst keinen aus dem Rahmen fallenden Film wollte und einen dazu passenden Regisseur engagierte (vgl. das Zitat aus Kertész' Gespräch mit Marx von 2004 in [681]). Vielleicht hatte er die Befürchtung, dass sein präzise ausgearbeiteter Plot durch die Handschrift eines anderen profilierten Künstlers wieder unkenntlich gemacht wird. Bei *Fateless* überdeckt aber gerade Morricones gesucht biedere Musik (die Kertész „sehr" gefiel) den anspruchsvollen Gehalt, und in dieser Hinsicht lag sogar Ekkehard Knörer nicht ganz falsch, als er in seiner ausfälligen Kritik zur Berlinale-Aufführung des Films Kertész vorhielt, „dass er von der Ästhetik des Kinos nichts versteh[e]" (siehe S. 40, [309] und [312]). Gleichwohl ist Koltai mit *Fateless* eine beachtliche Verfilmung von *Schicksalslosigkeit* gelungen, die von einem Remake schwerlich übertroffen werden könnte. Denn die durch Koltais engen Kontakt mit Kertész bedingte Authentizität und konzeptionelle Integrität des Films wiegen die genannten Unvollkommenheiten bei weitem auf.

Liquidation

In dem Roman *Liquidation* (Magvető, 2003) beschreibt ein anonymer Erzähler, wie sich die junge Generation in Ungarn nach der Wende wieder mit dem historischen Erbe Auschwitz konfrontiert sieht. Es gibt signifikante Hinweise darauf, dass der Erzähler mit der Figur des Selbstmörders B. oder Bé, einem Alter Ego Kertész', identisch ist. Durch das fiktiv von Bé entworfene Szenario motiviert Kertész den zeitgenössischen Leser, den Konformismus und die Verantwortungslosigkeit zu überwinden, die eine wesentliche Bedingung sowohl für Auschwitz als auch für die kommunistische Diktatur waren. Dieser verbreiteten Mentalität stellt er das Ideal einer subkulturellen „Solidarität" oder „Liebe" gegenüber, welche Haltung einen gangbaren Weg in die Zukunft weisen würde (siehe oben S. 40-43).

Wie erläutert, stilisiert Kertész sich in der Figur des Selbstmörders Bé als abwesender »toter Autor«, der seine Lebenserfahrung in einem literarischen Werk der Nachwelt überliefert hat (was namentlich dem von Barthes in *La mort de l'auteur* propagierten Literaturverständnis widerstreitet). Das Werk und die ihm zugrunde liegende Lebenserfahrung symbolisieren in *Liquidation* das von Bé hinterlassene Theaterstück »Liquidation« (äquivalent Kertész' Werk) und ein aus seinem Nachlass verschwundener Roman (äquivalent den erinnerten Erlebnissen Kertész'), der die „Existenzbasis" des Theaterstücks ist (siehe S. 37, [278]). Jener Roman wurde auf Bés Wunsch hin von seiner geschiedenen Frau Judit verbrannt. Die »Frau« ist bei Kertész generell eine Allegorie des heimatlichen Publikums oder der Nation (siehe S. 29, [210]). Dass Bé seinen »Roman« von Judit »verbrennen« ließ, bringt somit zum Ausdruck, Kertész sei damit einverstanden und begrüße oder fordere es sogar, dass die von ihm mit seinen ungarischen Zeitgenossen geteilte persönliche Erinnerung an Auschwitz und die kommunistische Diktatur verloren geht[695] (von welchem natürlichen Vorgang schon der Erzähler in *Ich – ein anderer* berichtet; siehe [207]). In einem Interview von 2014 formuliert er im Klartext: „the experiences will be forgotten, only the language will remain" (siehe S. 49, [387]). Das Bild des Feuers verwendet er nach *Liquidation* ebenfalls in *Dossier K* mit Bezug auf die Opfer des Holocaust: *„die verbrannt wurden;* […] *die Toten"* (siehe [637]). Im selben Sinne »tot« respektive abwesend ist in *Liquidation* auch der Auschwitz-Überlebende Bé. Im Gegensatz zur Mehrzahl der anderen Überlebenden hat er jedoch ein literarisches Werk hinterlassen, das der Nachwelt sein Wissen über Auschwitz (oder genauer: das „Prinzip Auschwitz"; vgl. [12] und [525]) vermittelt. Hiermit spielt Kertész wohl auf Amérys Roman *Lefeu oder Der Abbruch* an, in dem der Maler Lefeu – anders als Bé – sein eigenes Werk verbrennt (vgl. S. 84ff), und zugleich auf Becketts Roman *Murphy*, in dem der »Pfleger« Murphy – analog Bé – in einem »Heim für Geistes-kranke« durch ein Feuer umkommt (vgl. S. 22, [131]).

Dass der einst mit Bé befreundete Lektor Keserű sich zuletzt mit dem unwieder-bringlichen Verlust von Bés »Roman« abfinden muss, soll offenbar besagen, der Leser sei zukünftig auf eigene, neue Erfahrungen angewiesen (wovon Kertész ihn bereits mit *Schicksalslosigkeit* zu überzeugen versucht hat; vgl. S. 63ff). Hierauf deutet auch die auf den ersten Blick übernatürlich wirkende Prophetie von Bés Theaterstück, die Kertész aber umgehend relativiert. So entdeckt Keserű, der selbst in diesem Stück vorkommt, darin Szenen, die seine eigenen Erlebnisse realitätsgetreu wiedergeben, obwohl die betreffenden Ereignisse erst nach Bés Tod stattgefunden haben. Da das Stück jedoch natürlicherweise ein Ende hat, erfährt er nach der Lektüre: „Seine Geschichte war zu Ende, ihn selbst aber gab es noch,[[696]] und das war ein Problem, dessen Lösung er immer wieder aufschob."[697] Keserű – gleich seinen Vorfahren ein nihilistischer, verbitterter Mensch (vgl. S. 41, [330]) – bekennt, ein gewisser Roman, in dem „die Neunte Symphonie [*also: der europäische Humanismus*] zurückgenommen" wird, sei für ihn zu Beginn seiner Beschäftigung mit der Literatur eine entscheidende Inspiration gewesen: „Ich fühlte mich auserwählt, so als sei ich eines Geheimnisses teilhaftig geworden, das nur wenigen vorbehalten war; wie jemand, den man plötzlich erweckt hat".[698] Er hat also Thomas Manns *Doktor Faustus* gelesen und sich sozusagen dem Antihelden Adrian Leverkühn angeschlossen, der dort eine entsprechende Erklärung abgibt (vgl. S. 41, [329] und S. 113, [645]). Keserűs paradoxer Nihilismus, den man mit einem Argument von Nietzsche widerlegen könnte,[699] wird in *Liquidation* dadurch parodiert, dass in Bés Roman zu lesen ist, Bé nehme aus Liebe zu Judit Auschwitz zurück.[700] Prima facie erscheint dies ebenso unsinnig wie die Zurücknahme der europäischen Kultur durch Leverkühn (welche Kapitulation vor Auschwitz hingegen Adorno ernsthaft erwogen hat; vgl. S. 69, [465]). Jedoch ließe sich das Auslöschen der Geschichte auch als existentielle „Nichtung" im Sinne Sartres deuten (siehe [106]), oder, noch radikaler, mit Kertész als persönlicher Gedächtnisverlust, der durch eine Verschriftlichung der Erfahrung kompensiert wird. In einer Notiz von 2001 schreibt Kertész dazu: „Lang-sam entfaltet sich doch die ganze Größe der Geschichte (*Liquidation*). Das Erzählen der Geschichte ist zugleich die Zurücknahme der Geschichte."[701] So gesehen wäre *Liquidation* der musterhafte Ausdruck eines ins Geistige gesteigerten Pragmatismus, gemäß dem die historischen Ereignisse nüchtern registriert und in das kulturelle Gedächtnis aufgenommen werden. Der damit verbundene Gleichmut, der sich durch die Formal »und dennoch« umschreiben ließe (vgl. S. 103, [605]), ist freilich etwas ganz anderes als der von Nietzsche zurecht kritisierte moderne „*Optimismus*"[702]. Ein korrespondierendes Beispiel seiner Gelassenheit gibt Kertész etwa auch in einem Gespräch von 2004, in dem er den Verlust seiner Illusionen über die Aufarbeitung von Auschwitz einräumt und dabei, wie in *Liquidation*, einen Bezug zu Manns *Faustus*-Roman herstellt (siehe S. 112f, [646]).

Formal auffällig an *Liquidation* ist die scheinbar wechselnde Rolle des Erzählers. Zunächst kann man davon ausgehen, Kertész' Alter Ego Bé, der fiktive Autor des in den Roman integrierten Theaterstücks, sei auch der Erzähler der Rahmenhandlung, da sich das Theaterstück dort identisch wiederholt. Im Roman wird Bé zwar nicht als Erzähler identifiziert, jedoch bestätigen Kertész' Arbeitsnotizen von 2001 diese naheliegende Annahme (siehe S. 41, [327] und [328]). Allerdings werden die Dialoge des Theaterstücks immer wieder von erzählten Passagen gespiegelt, in denen jeweils eine andere Figur das Wort übernimmt. So tritt plötzlich Keserű, der bislang nur in den im Roman zitierten Theater-Dialogen sprach und über den ansonsten in der dritten Person berichtet wurde (etwa: „Seine Geschichte war zu Ende, […]"; s. o.), als Erzähler auf, nachdem er einen von ihm im Stück geäußerten Satz in der Roman-Realität wiederholt hat: „[*Zitat aus dem Stück »Liquidation«:*] »Darüber habe ich mir selbst schon oft den Kopf zerbrochen«, sagte Keserű.[/] Darüber habe ich [*Keserű*] mir selbst oft den Kopf zerbrochen. Die Umstände erklären vieles. […]"[703] Ein von Keserű wiedergegebener Dialog zwischen ihm und Judit geht dann unvermittelt in einen längeren Monolog Judits über, der von einem früheren Gespräch zwischen ihr und ihrem zweiten Mann Ádám handelt und der auch an Ádám adressiert ist: „Ich [*Judit*] habe mein Leben mit dir so geliebt, Ádám, weil du [*als ein naiver »erster Mensch«, der nichts über Auschwitz wusste; vgl.* 330] nie den letzten Rest von Fremdheit zerstören wolltest, den anscheinend jede Liebe braucht [*während er mittlerweile aber in Bés Manuskripten gelesen und sich über Auschwitz informiert hat, was die Fremdheit aufzuheben droht*].[/] Ich denke daran, wie ich dich an jenem Abend erwartete. Ich hatte auf der Terrasse gedeckt, […]."[704] Ihr Gespräch wird schließlich in Bés Stück zu Ende erzählt: „[*Regieanweisung:*] *Das Wohnzimmer in der Villa von Judit und Ádám. Das Licht brennt noch, obwohl es hinter den großen Fenstern schon tagt. Die Glastür zur Terrasse ist geschlossen. Im Kamin verlöschende Glut.*[/] *Judit und Ádám. Beide sind müde, sie haben offensichtlich die Nacht durchwacht.* […]"[705] Vor dem Hintergrund, dass Kertész in *Liquidation* auf *Doktor Faustus* anspielt (s. o.), drängt sich nun die Vorstellung auf, Keserű und Judit rezitierten als Erzähler lediglich einen von Bé erdachten Text, so wie auch in Manns Roman der Teufel gleich einem Bauchredner aus verschiedenen Figuren spricht (etwa gegen Ende aus dem Kind Nepomuk alias Echo: „[*Echo zu Adrian:*] »Gelt, da freust du dich, dass ich gekommen bin.«[706]). Diese Vermutung wird durch folgende Notiz Kertész' von 2001 bestätigt: „Wenn es den allwissenden Erzähler nun einmal nicht mehr gibt. Und wir es dennoch mit Allwissenheit zu tun haben, weil wir uns in der dritten Person bewegen ... Vielleicht ist es mir doch gelungen, wenn auch nicht *die*, so doch wenigstens *eine* Lösung zu finden: Existenzgrundlage für den Roman ist ein Theaterstück. Die Wirklichkeit des Werkes ist ein anderes Werk. Hinzu kommt, dass wir dieses andere Werk – das Theaterstück – nicht in Gänze kennen.[707]"[708] Kertész lässt also in der Roman-Realität, welche die Projektion des Theaterstücks ist, zwar durchgehend Bé erzählen, verschleiert dies aber durch die scheinbare Autorschaft diverser puppenartiger Figuren (was übrigens stark an Syberbergs *Hitler*-Film von 1977 erinnert, in dem ebensolche „Menschenpuppen" ein angeblich frei erfundenes „Satyrspiel" aufführen[709]). Konsequenterweise verzichtet er auch darauf, Bé explizit als Erzähler der Rahmenhandlung auszuweisen.

Außer durch die besondere Maskierung des Erzählers unterscheidet sich *Liquidation* von Kertész' früheren Romanen durch einen gewissen Mangel an Authentizität (worin wiederum eine Parallele zu dem erklärtermaßen rein fiktiven Plot von Syberbergs *Hitler*-Film besteht). So lässt der Name des Erzählers „B. (oder Bé, wie er sich selbst gern nannte)[710]"[711] darauf schließen, dass er eine Replik oder Variante von B. aus *Kaddisch...* ist (vgl. S. 81ff), wobei die erwähnte Möglichkeit einer subjektiven Abweichung („oder Bé") anzeigt, dass er sich neu erfunden hat und sich nicht durch seine Vergangenheit oder äußere Zuschreibungen determinierten lässt. Tatsächlich erzählt Kertész alias Bé in *Liquidation* nicht von einer selbst erlebten Vergangenheit, vielmehr entwirft er – auf der Grundlage seiner bisherigen Erfahrung – ein Szenario der Zukunft, in dem sein eigenes Leben letztlich ebenso imaginär ist wie dasjenige anderer Personen. In einer Notiz von 2004 erläutert er, alles sei nur „ein Gedankenspiel des Schriftstellers B.", und auch sein Selbstmord sei rein fiktiv: „Nach der Papierlogik müsste B. Selbstmord begehen – das folgt aus *Kaddisch* –[712], aber ist es so sicher, dass er dieser Suggestion folgt?[713] Es gibt dafür keinen Beweis. Im Gegenteil, das Spielerische des ganzen Romans, die legere und etwas unwahrscheinlich wirkende Beschreibung des Selbstmords [*mit Morphium*[714]] weisen darauf hin, dass sich hier jemand einen Spaß mit dem Leser macht [*womit Kertész vielleicht auf Becketts Roman »Murphy« anspielt, dessen Protagonist Murphy einen außerordentlichen »Spaß« daran hat, in seinem Geiste zu leben; siehe* [131]].[715]

In *Liquidation* bezieht Kertész sich vielfach auf Beckett. Dies betrifft sowohl einzelne Motive (wie: der »tote Autor«, das »Ende der Geschichte« oder das »Morphium«; siehe S. 105f, S. 132, [696] und [714]) als auch generell den fiktiven Charakter der Handlung, auf den bereits das Beckett-Zitat im Motto deutet (siehe [340]). Insbesondere scheint Kertész seine Technik, die Figuren demonstrativ als bloße Puppen zu behandeln, von Beckett entlehnt zu haben. So bemerkt er im Tagebuch schon 1975, kurz nach einer Bemerkung zu Becketts *Endspiel* (1957)[716]: „Eine vom Schriftsteller geschaffene Figur ist kein lebendiges Wesen, sondern nur eine Puppe: Schwachsinn also, sie wie ein lebendiges Wesen zu behandeln."[717] In diesem Sinne schreibt Beckett etwa in dem Roman *Der Namenlose* (der an *Molloy* und *Malone stirbt* anschließt): „[*Der namenlose Erzähler:*] Ich werde Gesellschaft haben. […] Ein paar Puppen. Ich werde sie fallenlassen, später. Wenn ich kann. […/] Malone ist da. Von seiner sterblichen Lebhaftigkeit sind nur wenig Spuren übriggeblieben. Er zieht in zweifellos regelmäßigen Zeitabständen an mir vorbei, […]. Manchmal frage ich mich, Ob es nicht Molloy ist? Vielleicht ist es Molloy, mit Malones Hut."[718] Ähnlich erklärt auch in *Malone stirbt* der Protagonist Malone, der sich gelangweilt Geschichten über einen heruntergekommenen oder pervertierten Homo sapiens ausdenkt: „Der Mann heißt Saposcat[719]. Wie sein Vater. Vorname? Ich weiß nicht. Er braucht keinen. […] Einige Worte über seine Jugend. Es muss sein. […/] Wie langweilig."[720] Und tatsächlich erscheint die in *Liquidation* von Bé erdachte Figur Keserű als ein Pendant von Malones Saposcat: „Nennen wir unseren Mann, den Helden dieser Geschichte, Keserű. Wir denken uns einen Menschen und dazu einen Namen. Oder andersherum: wir denken uns den Namen und dazu einen Menschen. Obschon wir das alles auch lassen können, weil unser Mann, der Held dieser Geschichte, auch in Wirklichkeit Keserű heißt.[/] Schon sein Vater hieß so.[/] Und sogar schon sein Großvater.[721]"[722] Keserű selbst – oder eigentlich: Bé in der Maske Keserűs – berichtet über seine Herkunft: „Es wird behauptet, dass man zum Maler, Komponisten oder Schriftsteller mehr oder minder geboren wird; zum Lektor eigentlich nicht. Dazu braucht es wahrscheinlich irgendeine spezielle Deformation, und um die zu begreifen, muss ich ziemlich weit ausholen. Ich muss meine Laufbahn erzählen, das heißt die Geschichte meines totalen Heruntergekommenseins; die Geschichte des Heruntergekommenseins meiner Familie […], meiner sozialen Klasse, meiner Umgebung, meiner Stadt, meines Landes – […] der ganzen Welt. […/…] In meiner Familie gab es keine Literatur. Überhaupt keine Kunst. Ich bin unter nüchternen Menschen aufgewachsen, die durch Kriege und diverse Diktaturen geformt worden waren – aber zu was eigentlich?"[723] Hierbei ist zu sehen, dass Kertész im Gegensatz zu Beckett die von ihm erdachte Figur in den Kontext der konkreten „Wirklichkeit" stellt. Und zwar erfährt Keserű „im frühen Frühling 1999" die Wirklichkeit des Kosovo-Kriegs, an dem seit dieser Zeit auch Ungarn als neues Mitglied der NATO beteiligt war (siehe S. 42, [332] und [333]). Kertész hat in *Liquidation* also nicht nur bestimmte vorbildhafte Elemente aus Becketts Werk übernommen, sondern zugleich eine Kritik an dessen eskapistischen Zügen formuliert (wie schon in einer Notiz von 1975, in der er zu Becketts *Endspiel* den Kommentar abgibt: „mit dem Verlieren ist noch nicht Schluss"; siehe [716]). In späteren Interviews äußert Kertész sich über Beckett jedoch stets positiv. Er sei einer der „größten Künstler nach dem Holocaust", mit seinem Werk trage er der Nach-Auschwitz-Realität Rechnung, auch ohne dass dort Auschwitz explizit erwähnt werde: „er zeigt, in welcher Welt wir leben" (siehe [131]).

Weiterhin sind in *Liquidation* Thomas Manns Romane *Der Zauberberg* und *Doktor Faustus* wichtige Referenzen. Aus letzterem stammt etwa das Motiv der »Zurücknahme der Neunten Symphonie«, das Keserűs Verbitterung symbolisiert (siehe S. 132, [698]). Ferner zitiert Kertész in Bés Abschiedsbrief aus Adrian Leverkühns Bericht von seinem Gespräch mit dem Teufel die Formel: „Weistu was so schweig" (mit welchen Worten schon in der anonymen *Historia von D. Johann Fausten* von 1587 der Teufel Fausts vergebliche Reue verspottet).[724] Außerdem wurde Kertész wohl durch den Teufel in *Doktor Faustus* dazu inspiriert, Bé wie einen Bauchredner aus verschiedenen Figuren sprechen zu lassen (siehe S. 133f). Und nicht zuletzt ist das Leitthema von *Liquidation* die „Liebe", die in *Der Zauberberg* und *Doktor Faustus* gleichfalls eine zentrale Rolle spielt (siehe S. 43, [340]).

In dem Motiv der Liebe bestand offenbar Kertész' erster „Einfall" für *Liquidation* (den er auf ca. Anfang 1990 datiert hat; siehe *Primärliteratur*, [0] und die Notiz von Februar 1990 zur „Liebe" oder „Solidarität", oben S. 42f, [338]). Tatsächlich ist die – vom funktionalen Menschen verlernte – Liebe (vgl. das Paulus-Zitat, oben S. 88) aber schon ein Thema in *Schicksalslosigkeit*. So erzählt Köves, dass er sich beim Transport seiner „»sterbliche[n] Überreste«" von Zeitz nach Buchenwald, wohin er „mit all denen, an deren Arbeitsfähigkeit offensichtlich keine großen Hoffnungen mehr zu knüpfen waren," zurückgebracht wurde, plötzlich von seinen Alltagssorgen entbunden sah und nach langer Zeit erstmals wieder so etwas wie Liebe empfand: „all das […] beeinflusste mich nicht mehr, ja, ich darf sagen, dass ich mich schon lange nicht mehr so leicht, so friedlich, fast schon verträumt, um es rundheraus zu sagen: so angenehm gefühlt hatte [*wie Kertész in einem SPIEGEL-Interview von 1996 auch von sich selbst berichtet*; siehe [224]]. Nach so langer Zeit war ich zum erstenmal auch die Qual der Gereiztheit los: die Körper, die an mich gepresst waren, störten mich nicht mehr, irgendwie freute es mich eher, dass sie bei mir waren, mir so vertraut und dem meinen so ähnlich, und jetzt zum erstenmal erfasste mich ihnen gegenüber ein ungewohntes, regelwidriges, irgendwie linkisches, um nicht zu sagen ungeschicktes Gefühl – möglicherweise vielleicht Liebe, glaube ich."[725] Vorbildlich war hier, wie in *Liquidation*, neben Mann wohl auch Jung, der in dem Essay *Gegenwart und Zukunft* von 1957 die Liebe und den gesellschaftlichen Zusammenhalt als Schutz gegen staatliche

Willkürherrschaft bezeichnet (siehe S. 43, [337]). Zudem dürfte Kertész sich mit Freuds Essay *Das Unbehagen in der Kultur* von 1930 befasst haben. Dort charakterisiert Freud die Liebe als eine aussichtsreiche „Technik der Lebenskunst", die – anders als etwa der Gebrauch von Rauschmitteln (vgl. [714]) – an der „Außenwelt" orientiert bleibe und – anders als die Askese – am „Streben nach positiver Glückserfüllung" festhalte. Jedoch wendet er sich gegen das religiöse Gebot unbedingter Nächstenliebe, da es in letzter Konsequenz „Prämien für das Bösesein" aufstelle: „Das Gebot ist undurchführbar; eine so großartige Inflation der Liebe kann nur deren Wert herabsetzen, nicht die Not beseitigen."[726] In gleicher Weise argumentiert auch Kertész in dem Essay *Wird Europa auferstehen?* von 1999 mit Blick auf den Kosovo-Krieg. Er befürworte den Militäreinsatz der NATO, weil es darum gehe, „das gefährlichste historische Erbe der osteuropäischen Staaten zu bekämpfen, das in der Person des jugoslawischen Diktators [*Milošević*] quasi verkörpert zu sein scheint" (siehe S. 42, [331]). Worin jene Gefahr besteht, führt er 2001 in der Rede *Von der Freiheit der Selbstbestimmung* genauer aus. Dort erklärt er, es sei eine wesentliche Eigenschaft totalitärer und autoritärer Regime, dass sie durch Ideologisierung und Aufstachelung zum Hass die „Kultur" und die „Seelen der Menschen" zerstören, um die derart desorientierte „Masse" für eigene Zwecke zu funktionalisieren: „Und das Schlimmste daran ist, dass die moderne Masse, die der Kultur niemals teilhaftig war, die Ideologien als Kultur aufnimmt [*wie in »Liquidation« der verbitterte Keserü und seine Vorfahren*]. Dafür mag es zahlreiche Gründe geben, einer davon ist sicher der, dass diese Masse just in der Zeit in Erscheinung trat, als die westliche Zivilisation sich in einer ihrer tiefsten – wenn nicht *der* tiefsten – Wertekrise befand; den Zusammenhang von Ursache und Wirkung wollen wir hier dahingestellt sein lassen, begnügen wir uns damit, dass sich Menschen fanden, die entschlossen waren, mit Hilfe raffiniert aufgebauter Parteiapparate die Steuerung und dann den Einsatz dieser Massen zu übernehmen. Ich glaube, von Thomas Mann stammt das Wort, es genüge, die Masse als Volk aufzurufen, um sie zu allem zu bewegen. [*Dies bemerkt Serenus Zeitblom*[727] *in »Doktor Faustus«.*[728]] Dazu aber bedurfte es nicht einmal totalitärer Staatsgewalt; auch autoritäre Regime, wie es die von Franco, Dollfuß oder Miklós Horthy waren, brachten es fertig, alles – Religion, Patriotismus, Bildung – zu Politik und Politik selbst zum Instrument des Hasses verkommen zu lassen."[729] Ähnlich äußert er sich daraufhin in dem Reisebericht *Jerusalem, Jerusalem…* von 2002 über den Konflikt zwischen Israel und Palästina (siehe [369]). Wenn also Politik und Recht nicht mehr ihre Aufgabe erfüllen, ein Versagen der Kultur – ggf. mit Gewalt – aufzufangen, sondern im Gegenteil selbst die Kultur zerstören, indem sie den Einzelnen ihre „Fähigkeit zu Solidarität"[730] und ihre „Würde" nehmen (vgl. [110], [336] und [400]), wäre dies aus Kertész' Sicht ein klares Merkmal des Bösen, das es zu bekämpfen gilt. Hierauf bezieht sich auch der von Kertész 2014 anlässlich der Verleihung des Sankt-Stephans-Ordens angemahnte „Konsens" (siehe S. 46, [366] und [367]). *Liquidation* erscheint insofern als ein Versuch, den ungarischen (respektive: osteuropäischen) Lesern – denen mit der Figur Keserű gleichsam ein Spiegel vorgehalten wird – eine geistige Orientierung zu vermitteln, damit diese ggf. ihre von der Diktatur geprägte Mentalität ändern und so das Erbe des Totalitarismus »liquidieren«. Zugleich können westliche Leser, die bestehende Demokratien gegen illiberale Tendenzen verteidigen müssen (und denen Phänomene wie Entfremdung, Werteverlust etc. ebenfalls bekannt sein dürften), analoge Schlüsse aus dem Roman ziehen. Bei allem Gegenwartsbezug ist *Liquidation* aber mehr als nur ein Beitrag zu einem aktuellen gesellschaftlichen Diskurs, denn die von Kertész in Schriftform gefassten Erkenntnisse (namentlich: über die Natur des Totalitarismus und des funktionalen Menschen) sind von universeller Relevanz. Dabei suggerieren das Motiv des verschollenen Romans und der Titel *Liquidation*, dass die von Kertész alias Bé in Auschwitz und in der kommunistischen Diktatur gemachten Erfahrungen nicht absolut gesetzt werden sollen. Vielmehr nimmt Kertész spätere Generationen in die Pflicht, im Sinne der kulturellen Evolution das historische Wissen durch ihre eigenen Erfahrungen zu erweitern (vgl. S. 32, [240]). Darüber hinaus hat der Titel *Liquidation* die Bedeutung, dass Kertész selbst sich durch das „Erzählen der Geschichte" gewissermaßen von seinen Erinnerungen an die für ihn einst reale Geschichte befreit hat (siehe die Notiz von 2001, oben S. 132, [701]). Entsprechend erklärt er in einem Gespräch von 2002: „Nach jedem Buch werde ich leerer und leerer. Der Stein des Sisyphos wird kleiner und kleiner und die Seiten voller und voller. In dem Buch, an dem ich gerade schreibe [*Liquidation*], gibt es keinen mehr, der das Konzentrationslager persönlich erlebt hat."[731]

Dossier K. Eine Ermittlung

Den Roman *Dossier K. Eine Ermittlung* (Magvető, 2006) schrieb Kertész 2004/2005 an Stelle einer Autobiografie, für die sein Freund Zoltán Hafner 2003/2004 bereits umfangreiche Interviews mit ihm geführt hatte (siehe S. 12, S. 43 und *Primärliteratur,* [5]). Der Roman besteht aus einem fiktiven Selbstgespräch, in dem zwei Alter Egos Kertész' über sein Leben und sein Werk reflektieren. Formal gleicht dies dem in *Liquidation* angewandten Verfahren, die Stimme eines Erzählers aus verschiedenen puppenartigen Figuren ertönen zu lassen (vgl. S. 133ff). Im Unterschied zu den Protagonisten in *Liquidation*, deren Geschichte frei erfunden ist, sind die Dialogpartner in *Dossier K* aber authentische Vertreter Kertész'. Einer ähnlichen Form bedient Kertész sich auch in *Fiasko*, wo Steinig auf Bergs Monolog *Ich, der Henker* antwortet, und in *Ich – ein anderer*, wo neben dem Erzähler gelegentlich „K., der Schriftsteller" zu Wort kommt (siehe S. 59f und S. 102). Allen diesen Dialogen ist gemeinsam, dass sie im Sinne Kants als Ausdruck einer menschlichen „Gewissenhaftigkeit" verstanden werden können (siehe [15]; vgl. auch das Zitat aus *Kaddisch...* in [245]). Dabei bezieht Kertész sich jeweils nur auf sich selbst, und nicht auf etwas Drittes, das wie ein Freudsches „Über-Ich" (also etwa: eine verinnerlichte „Elterninstanz") [732] bereits eine gültige Moral vorgibt (vgl. S. 18, [90]). Ebenso ließe sich sogar schon in *Schicksalslosigkeit* die Stimme von Köves deuten, nimmt man als ihren ersten Adressaten nicht den Leser an, sondern Köves selbst. Nach dieser Auffassung würde er durch seine Erzählung zunächst für sich Rechenschaft von seiner eigenen Existenz ablegen (vgl. S. 21, [119] und [120]). Insbesondere die Verfilmung *Fateless* macht eine solche Sicht plausibel, denn dort gibt es einen klaren Wechsel zwischen der aus dem Off eingespielten Stimme von Köves, mit der er – wie in einem laut vernehmbaren inneren Gespräch – seine Erlebnisse beschreibt, und seiner Stimme im Rahmen der – nur für das Publikum – schauspielerisch dargestellten Handlung (vgl. S. 39, [305] und S. 126, [684]). Im Roman erzählt er hingegen durchgehend, weshalb der Unterschied dieser beiden Ebenen unauffällig bleibt. Schließlich besitzen auch Kertész' Tagebücher als ursprünglich rein private Aufzeichnungen per se ein dialogisches Moment (das bisweilen explizit wird, wie in folgender Notiz von 1974, in der Kertész sich fragt: „In meinem Galeerentagebuch blätternd: Wo ist mein Alltag, wo ist mein Leben? Existiert es nicht, oder ist es mir peinlich? Stilisiere ich mich vielleicht deswegen?"; siehe [34]).

Obwohl Kertész in *Dossier K* demonstrativ ein Selbstgespräch führt, richtet er sich mit seinem Roman natürlich an ein Publikum. In dem Interview *Imre Kertész über sein neues Buch »Dossier K.«… von Eszter Rádai* erklärt er, vor allem habe er das falsche Bild korrigieren wollen, das nach dem Nobelpreis von ihm verbreitet worden sei (siehe oben S. 12, [38]; vgl. auch [35]). Da ihm als Autor allerdings die bloße Wiedergabe von Fakten nicht genügte (vgl. [2] und [355]), ist das Resultat eher eine „geistige Autobiographie" (wie bereits das *Galeerentagebuch* von 1992; siehe S. 11f, [34] und S. 25, [166]). So berichtet er in *Dossier K* zwar viel Konkretes aus seinem Leben, jedoch betont er zugleich, als Romanautor füge er den „Tatsachen" stets seine eigene Deutungsperspektive hinzu (siehe S. 21f, [121]): „Jedenfalls strebe ich immer nach der einzig authentischen Interpretation.[/] *Der schrift-stellerischen Interpretation der Person?[/]* Der Person und ihrer Situation.[/] *Könntest du statt Interpretation auch Wahrheit sagen?[/]* Ich weiß nicht, was Wahrheit ist [*nach Joh. 18;* vgl. S. 98, [580]]. Ich weiß nicht, ob es überhaupt meine Aufgabe ist, das zu wissen."[733] Analog schreibt er schon am Schluss des *Galeerentagebuchs*, er interessiere sich nicht für eine objektive, „unwiderlegbare Wahrheit", sondern versuche lediglich, ein individuelles „Zeugnis" von der „Möglichkeit des Funktionierens des normalen Geistes" zu geben (siehe S. 98, [582]). In einer Notiz von 1992 stellt er entsprechend fest, das *Galeerentagebuch* gli-che einem „Röntgenbild" seiner „geistig-seelischen Eingeweide", auf dem von der „Zeit" und vom „Leben" nur sehr wenig zu sehen sei (siehe S. 96, [572]). Ebenso erkennen dann auch in *Dossier K* seine beiden Alter Egos, er sei auf seiner *„Schriftstellerlaufbahn"* in eine Position geraten, die man als *„absurd* [vgl. [497]]" bezeichnen könnte, da bei ihm *„die äußere Geschichte nicht viel mit der inneren zu tun"* habe.[734] Kertész' autobiografischer Dialogro-man zeugt also im Wesentlichen von einer den konkreten Lebensbedingungen abgetrotz-ten geistigen Existenz.

Kertész bezieht sich in *Dossier K* mehrfach auf Nietzsche, um deutlich zu machen, welchen bestimmten Anspruch er mit dem Text vertritt. Zunächst weist er in der *Vorbe-merkung* darauf hin, dass Nietzsche (in *Die Geburt der Tragödie*) „den Roman von den *Platonischen Dialogen* herleitet" (siehe [349]). Hierdurch deklariert er seine in der Form eines Selbstgesprächs vorliegende Autobiografie als Fiktion. Weiterhin äußert in *Dossier K* eine der beiden Figuren: „Was ist der Literatur genannte geistige Raum im Grunde anderes als ein Einander-die-Hände-Reichen von Schriftstellern über die Zeiten hinweg." Dies hat u. a. ein Vorbild in der *„monumentalischen* Historie", die Nietzsche in der zweiten »Unzeitge-mäßen Betrachtung« *Vom Nutzen und Nachteil der Historie für das Leben* von der profanen Geschichte unterscheidet (siehe [45] und S. 17, [73]). Damit spielt Kertész auf das universelle Problem an, sich in einer geistlosen Umgebung auf würdevolle Weise um die Fortführung der geistigen Tradition zu bemühen. Wie er (oder: sein Alter Ego) in *Dossier K* erläutert, konnte er selbst das kulturelle Vakuum mit Hilfe der Weltliteratur und der großen Werke der Philosophie kompensieren (siehe etwa die Referenzen auf Valéry, Schopenhauer und Kant, oben S. 16f,[71] und S. 19,[100]). In Bezug auf seine eigenen Arbeiten erklärt er dort ferner, sie existierten unabhängig von ihrem kulturellen Kontext: „Die Werke – wirkliche Werke – führen ein eigenständiges Leben" (siehe S. 52,[408]). Insgesamt bringt er somit zum Ausdruck, dass er sich von allen provinziellen Bindungen befreit und eine Position im geistigen Exil eingenommen hat. Dies ist auch das zentrale Thema seines 2014 erschienenen Romans *Letzte Einkehr*, der auf Tagebüchern der Jahre 2001–2009 beruht.

„Die ungeschminkte Wahrheit: Ich bin ein hinkender Greis geworden. Und neben mir M. – so erschütternd. Ich habe sie mit der deutschsprachigen Umgebung in eine schwierige Situation gebracht." (Notiz im Tagebuch *Letzte Einkehr*, 2. Oktober 2006)

Magda und Imre Kertész auf der Eröffnung des Imre-Kertész-Archivs, Berlin, 15.11.2012

2009 erschien in MÚLT ÉS JÖVŐ und in der NZZ unter dem Titel *Die letzte Einkehr* bereits das Schlusskapitel des Tagebuchromans *Letzte Einkehr* (Magvető, 2014), mit dem Kertész sein Lebenswerk vollendet hat (siehe S. 44 und *Primärliteratur*, [x] und [z]). In dem vorab veröffentlichten Kapitel berichtet ein namenloser Ich-Erzähler von seinen Gesprächen mit dem „Schriftsteller"[735] Sonderberg (wohl: nach Thomas Mann, *Der Zauberberg*), wobei er jedoch allein dessen Äußerungen zitiert und niemals seine eigenen. Dies ähnelt den anderen Dialogen in Kertész' Werk, die, wie zuletzt in *Dossier K*, eine menschliche „Gewissenhaftigkeit" im Sinne Kants zum Ausdruck bringen (vgl. S. 139 und [15]). Da der Erzähler aber lediglich als Protokollant auftritt, entspricht die Situation nun eher einer Anhörung als einer Verhandlung vor einem imaginären Gericht. Dass über Sonderberg in der dritten Person gesprochen wird, obwohl er offenkundig ein Alter Ego Kertész' ist, verleiht ihm den Status einer maskenartigen „»Verkörperung«" (vgl. [355]). Dazu schreibt Kertész 2004 im Tagebuch, das „Grundprinzip des Romans" solle „etwas »radikal Subjektives«" sein, wofür sich eben die Form der dritten Person besonders eigne: „Gestern [7. *Januar*] mit der dritten Person Singular (im Manuskript der *Letzten Einkehr*) experimentiert: sehr attraktiv. Auch geheimnisvoller. Stärker als die erste Person." „Das ist die radikale Subjektivität, von der ich sprach."[736] Radikal subjektiv ist dies insofern, als Kertész sich zu seinem fiktiven Stellvertreter wie zu einem Fremden verhält, dessen geheime Motive er selbst nicht (mehr) kennt. Die mit der dritten Person verbundene Objektivierung der *Figur* Sonderberg (nicht: der hinter ihr verborgenen Persönlichkeit) erinnert dabei auch an Kertész' Notiz von 1995: „Warum glaubt man, der Autor wüsste mehr über seine Figuren als der Leser […]?" (siehe [278]). Tatsächlich lässt sich Sonderberg als exemplarische Interpretation der Rolle eines Schriftstellers (oder: eines geistigen Menschen) auffassen, die auch jemand anderes annehmen und – auf nunmehr seine Weise – literarisch »verkörpern« könnte.

Dem Erzähler zufolge wollte Sonderberg einen „Roman über Lot" schreiben, um die biblische „Geschichte von Lot, Gottes einzigem Gerechten in Sodom", neu zu „deuten".[737] Der konkrete Anlass dieses Vorhabens sei gewesen, dass er Corots Gemälde *Der Brand von Sodom*[738], auf dem Lots Flucht dargestellt ist, als nicht mehr zeitgemäß erkannt habe: „Ob ich Corots Gemälde von der Zerstörung von Sodom kenne, fragte Sonderberg, von jener im letzten Augenblick stattfindenden Flucht aus dem unbewohnbar gewordenen *Zuhause*, wie ein rettender Engel Lot, Lot aber eine seiner Töchter mit sich zerre [LE0: zerrt], rennend, während hinter ihm die Stadt in Schwefelflammen stehe [LE0: steht] [*vgl. das korrespondierende Motiv in »Schritt für Schritt«, oben S.* 127f] und die eigene Frau zur Salzsäule erstarre [LE0: erstarrt]. Er, Sonderberg, habe dieses Bild eine Zeitlang täglich im Album *Die französische Malerei* aufgeschlagen. Habe es so lange angeschaut, bis er herausgefunden habe, dass es ihm nichts sage; ein dramatisches Bild, aus einem dramatischen Zeitalter stammend; nur sei das Drama, sei der dramatische Mensch ausgestorben, verschwunden, sagte Dr. [LE0: Doktor] Sonderberg." Auch teile er nicht die herkömmliche Auffassung von „Sodoms Vergehen", nach der es sich bei diesen um „blutrünstige Rituale, perverse Ausschweifungen, mörderische Bacchanale [LE0: Bacchanalien]" etc. gehandelt habe. Sodom sei für ihn vielmehr ein Symbol des Konformismus (vgl. S. 55, [418] und [419]) respektive des konformistischen »funktionalen Menschen« (vgl. S. 20, [105] und [106]), der keine individuelle Verantwortung übernehme und sich einem naturalistischen Chaos assimiliere: „Eine totale Diktatur, die dich von dir selbst befreit [vgl. [178]], und eine konformistische Ideologie, ein konformistischer Glaube, der mit seinen strengen Religionsdogmen für deine Seele bürgt: das sei, wie wir gesehen hätten [LE0: haben], immer möglich. […] Alles, was geschehen sei [LE0: ist], beeinflusst das, was noch geschehen könne [LE0: kann]. Was wir in Ermangelung eines besseren Wortes Schicksal nennten [LE0: nennen], sei an die Zeit und an geschichtliche Prozesse gebunden. Und unabänderlich. Wer aber wäre dann hier der »Schuldige« und wer der »Unschuldige«, sagte Sonderberg. [LE0: ?]" Ebenso habe er von der Figur Lot ein eigenes Bild entworfen, das viel prosaischer sei als ihre tradierten Darstellungen: „Dieser Lot trete jetzt aus seiner eigenen Legende heraus, desgleichen aus dem Bild von Corot: In seiner Version sei Lot ein namenloser moderner Heimatloser, zermürbt und zerfressen von einer zeitgenössischen Diktatur, sagte Sonderberg." Der von ihm geplante Lot-Roman erfordere demnach „die denkbar *unromanhaftesten* Mittel, die schwerfällige und langweilige Moral absoluter Authentizität".[739] Letztere Äußerung Sonderbergs macht es aber plausibel, seinen (fertigen) Roman mit den vorangegangenen Teilen des Tagebuchromans zu identifizieren, die aus Kertész' letzten Tagebuchnotizen (und einem eingeschobenen Prosafragment mit dem Titel *Die letzte Einkehr*; vgl. S. 44, [352]) bestehen. Diese wurden – leicht gekürzt und ohne Datum (beziehungsweise in einem Fall: mit geändertem Datum; siehe [343]) – aus dem Band *Letzte Einkehr. Tagebücher 2001–2009* (dt. Erstausgabe 2013 bei Rowohlt) übernommen, worauf Sonderbergs Formulierung: „die denkbar *unromanhaftesten* Mittel" augenscheinlich anspielt. Mit dem Roman *Letzte Einkehr* hat Kertész also ein abschließendes Zeugnis seiner geistiger Existenz gegeben, die auf der

Fiktionalisierung seiner realen Erlebnisse beruht. Dabei griff er auf überlieferte Motive wie »Sodom« (= konformistische Gesellschaft) und »Lot« (= einsamer geistiger Mensch) zurück, deren Semantik er auf der Grundlage seiner persönlichen Erfahrung (insbesondere: seit 2001 in Berlin) aktualisierte. Hiermit schrieb er, als einer von vielen Autoren, die „große, fließende Erzählung vom Menschen" fort, in welcher der Mensch – nach Nietzsche: an Stelle von „Gott" – eine transzendente geistige Ordnung errichtet (vgl. S. 11, [27] und S. 33, [245]). Im selben Sinne wird am Schluss des Romans auch Sonderberg zitiert, der sein Leben – respektive: seine in einem „großen Stil [*nach Nietzsche*; vgl. S. 18, [88]]" gehaltene Selbstdarstellung in der Gestalt des Lot – als einen „Versuch" bezeichnet habe, „zu einem wahren Ebenbild [*Gottes*] zu gelangen": „auf diese Weise, sagte Sonderberg, erhielten wir Einblick in die Mühen der Schöpfung selbst, ja, er als Schriftsteller, sagte Sonderberg, werfe [*in Erwartung seines Todes*] bedrückt die Frage auf, ob er nicht die Verantwortung habe, sich an dieser Dauerarbeit zu beteiligen…"[740] Kertész' Arbeitsnotizen belegen, dass die Idee zu dem Roman auf den nicht ausgeführten Entwurf *Der Einsame von Sodom* von Anfang der 60er Jahre zurückgeht (siehe S. 43, [342] und [343] sowie S. 59f). *Letzte Einkehr* erscheint damit als Vollendung eines Lebensprojekts, das von der Inspiration bestimmt war, sich naturalistischen Zusammenhängen zu entziehen und mit Hilfe des Schreibens eine geistige Existenz zu realisieren.

Die Publikationsgeschichte der insgesamt drei Texte lässt darauf schließen, dass Kertész nicht wusste, ob er sein letztes Werk wie geplant fertigstellen kann. So ist das hierfür wesentliche Konzept – die Neuinterpretation des Lot-Motivs in einem Roman – schon in dem Sonderberg-Kapitel formuliert, das 2009 vorab veröffentlicht wurde. Und setzt man dazu die 2013 auf Deutsch erschienenen Tagebücher der Jahre 2001–2009 in Relation, ist dies im Grunde bereits ein Äquivalent des Romans *Letzte Einkehr* von 2014. Gäbe es nur das Sonderberg-Kapitel und das Tagebuch, in dem der Vorabdruck von 2009 auffälligerweise nicht enthalten ist (wobei Kertész den Text sogar in einer Notiz von 2007 erwähnt[741]), könnte man annehmen, Kertész habe mit diesen verstreuten Publikationen demonstrativ eine Art romantisches Fragment hinterlassen wollen, das sich nicht mehr in konventionelle Formen der Veröffentlichung fügt. Auf eine generelle Orientierung an der Romantik deutet etwa auch seine Notiz vom 31. Juli 2001: „Die Trostlosigkeit beginnt im Grunde genommen dort, wo die Romantik, jedwede, auch die verborgene Romantik zu Ende ist [*also: wo ein starres rationales System herrscht und der »Mythos der Vernunft« die individuelle Existenz negiert*; vgl. S. 49, [389] und [390]].[/…/] Dann wäre also, könnte man sagen, jede große Kunst, jede bedeutende Stilrichtung für dich romantisch? Aber natürlich, würde ich antworten. Es gibt zwei Arten von Kunst: romantische und schlechte Kunst[[742]]…"[743] In dem Prosafragment *Die letzte Einkehr*, das in den Tagebüchern zwischen dem 18. Oktober und dem 5. Dezember 2003 eingefügt ist, vergleicht weiterhin Kertész' Alter Ego B. seine „Erinnerungen" (an einen Aufenthalt in London) mit den Gemälden von William Turner (1775–1851), dessen Spätstil man als romantisch charakterisieren kann: „Warum wurden für Turner im Alter Farben und Licht allmählich wichtiger als saubere, alles be- und abgrenzende Linien?[744] Und warum wirkt das so authentisch? Gibt es etwas, denkt er [B.], das wir allgemein »Altersstil« nennen könnten?"[745] Tatsächlich schreibt Kertész schon in einer Notiz vom 23. Dezember 2001 über seinen damals noch in Arbeit befindlichen (und vielleicht: letzten[746]) Roman *Liquidation*, dieser werde „einem Turner-Bild ähneln": „Die klaren Konturen wie von Nebeln verwischt, in ihrer Tiefe ein geheimnisvolles Leuchten: Und das ist das Sein selbst."[747] Als „»Turner«-Buch" bezeichnet er aber erst *Letzte Einkehr*. So bemerkt er in einem Interview von 2004: „Mit dem Buch [*Letzte Einkehr*], an dem ich gerade schreibe, arbeite ich regelrecht an einem Altersstil. Ich habe mir als Muster die späten Bilder von William Turner angeschaut, wo er nur noch Farbflecken malt, keine klaren und trennenden Linien mehr.[/ . . ./] Ich habe mit »Liquidation« [*Kertész' »letzter Blick auf Auschwitz«*; vgl. S. 41, [323] und [324]] einen Kreis geschlossen, und dieser Kreis ist wirklich geschlossen. Mit diesem »Turner«-Buch will ich woanders hin. Mich interessiert jetzt das Alter und der Tod."[748] Entsprechend erklärt Kertész' Lektorin Ingrid Krüger in der *Vorbemerkung* zum Tagebuch von 2013, Kertész habe im Gespräch geäußert: „Es schwebe ihm ein Werk »in der Manier Turners« vor", und es sei „in dieser Ausgabe ein Fragment [*Die letzte Einkehr*] aufgenommen" worden, das zeige, „wie stimmig diese Vergleiche sind."[749] Das Fragment besteht aus tagebuchartigen Aufzeichnungen, in denen Kertész die malerische „Manier Turners", welche die objektiven Fakten gleichsam verwischt erscheinen lässt, durch den Verzicht auf konkrete Daten und die Änderung der Namen imitiert. Die anderen Teile des Tagebuchs sind freilich in einem völlig unromantischen, objektiven Stil gehalten. Eine gewisse Angleichung findet erst im Tagebuchroman von 2014 statt, in dem die (gekürzten) Tagebuchpassagen ebenfalls ohne Datum wiedergegeben sind. Dieser enthält auch das (seit September 2007 vorliegende; vgl. [741]) Sonderberg-Kapitel, mit welcher Ergänzung die Fragmentierung aufgehoben und endlich das kompositorische Konzept umgesetzt wird, das Kertész bereits 2006 nach dem Vorbild von Rilkes Roman *Die Aufzeichnungen des Malte Laurids Brigge* für sein „letztes Buch" erdacht hat (siehe die Notiz vom 26. Juli 2006, oben S. 44, [350]). Außerdem ist die romantische Auflösung hier insofern relativiert, als die Umdeutung des Tagebuchs zum Lot-Roman, durch die Kertész nach Rilkes Beispiel den kontingenten Fakten seines Lebens eine universelle Struktur aufprägt, das Prinzip der Personalität oder der individuellen Existenz bewahrt.

Rilkes *Malte Laurids Brigge* ist nicht nur ein formales Vorbild für die Konstruktion, die den Tagebuchpassagen in *Letzte Einkehr* einen fiktionalen Charakter verleiht, sondern auch eine wichtige inhaltliche Referenz. Vor allem korrespondiert das Motiv des verlorenen Sohnes am Schluss von Rilkes Roman dem Motiv des „aus dem unbewohnbar gewordenen *Zuhause*" fliehenden Lot im Sonderberg-Kapitel von *Letzte Einkehr* (s. o.): beide Motive legen nahe, den jeweils vorangehenden autobiografischen Text unter dem Aspekt des geistigen Exils aufzufassen. Maltes (oder: Rilkes) »Paris«, in dem die fiktiven *Aufzeichnungen* geschrieben wurden, entspricht dabei Kertész' »Berlin«. Ebenso wie Malte als kreativer Dissident[750] gelernt hat, mit seiner Einsamkeit umzugehen und sie zu deuten,[751] findet sich Kertész alias Sonderberg in seine „fragwürdige Existenz" als Außenseiter oder, wie er ironisch schreibt, „Gesetzesbrecher"[752]. Und so wie schon Rilkes Roman vom Verfall der bürgerlichen Kultur handelt, dem zu begegnen Malte als eine persönliche Aufgabe erkennt,[753] nimmt Kertész in *Letzte Einkehr* vielfach kritisch zum geistigen Zustand Europas Stellung, ohne aber an diesem zu verzweifeln. Zum Beispiel lautet eine in den Roman aufgenommene Notiz von August 2002: „In jeder großen Kunst gibt es einen unbeugsamen, […], halsstarrigen Zug, der bei der kleineren als Mangel erscheint und meist auch korrigiert und eliminiert wird – während große Kunst gerade durch diese absurde Eigenheit und das sture Festhalten daran groß wird. (Bei den heutigen Zuständen von großer Kunst zu sprechen, ist geradezu schandbar [LE2: Bei den heutigen Verhältnissen ist es sozusagen schandhaft, von großer Kunst zu sprechen]; und doch glaube ich nicht, dass man sie vollkommen aufgegeben hat, auch wenn der vorherrschende Menschentyp eben jene menschlichen Züge verloren hat, die ihn zu Inanspruchnahme und Erschaffung großer Kunst bewegen würden [LE2: die ihn dazu bewegen würden, große Kunst zu verlangen und zu schaffen]. [*Nach Spengler, »Der Untergang des Abendlandes«*[754]])"[755] Gleich Malte, der bekennt, in Paris habe er sich am liebsten in der Nationalbibliothek aufgehalten, um dort einen der – wenigen – Dichter zu lesen („Dreihundert Dichter gibt es nicht.")[756], berichtet Kertész von seiner Auseinandersetzung mit großen Autoren wie (neben Rilke) Nietzsche, Stendhal, Strindberg, Valéry, Kafka, Thomas Mann, Márai, Beckett, Camus, Celan, Améry und Miłosz. Von Letzterem lobt er namentlich *Das Land Ulro* (1977), mit welchem Buch Miłosz eine Gegenposition zum aktuell herrschenden Materialismus (äquivalent „Ulro", dem „Land des geistigen Leidens"[757]) bezogen hat: „dieses großartige Buch von Miłosz; kein »Thema« ist heute interessanter für mich als der emigrierte osteuropäische Intellektuelle [vgl. S. 10,[22]]…"[758] In *Das Land Ulro* beklagt Miłosz die nach dem „Gesetz der siegreichen Banalität" verlaufende Entwicklung des kulturellen Niveaus. Diesen Prozess führt er darauf zurück, dass der von den „Termiten der Zweitrangigkeit" veranstaltete „Tumult" alles Höhere aufreibt[759] (wie gleichfalls Rilke schreibt; siehe [751]). Ähnlich äußert sich auch Kertész in *Letzte Einkehr*. Etwa weist er dort mehrfach auf den in Vergessenheit geratenen Autor Dezső Szomory (1869–1944) hin, an dem er seine These festmacht, „dass für den Künstler in dieser Welt kein Platz mehr ist."[760] Laut einer Notiz von 1991 hatte er sich jedoch ohnehin längst mit der Marginalisierung und der „Seltenheit von Künstlern" abgefunden (siehe [120]). In einem in *Letzte Einkehr* enthaltenen Tagebucheintrag bemerkt er dazu: „dass die Qualität versiegt wäre, glaube ich indes [LE2: jedoch] nicht. Sie zieht sich nur in die Stille zurück – aber wann wäre das nicht so gewesen? Die Periode des Analphabetismus hat der Literatur gutgetan, und sollte uns – wie zu erwarten – eine neue bevorstehen, wird sie wieder inspirierende Wirkung haben."[761] Neben den genannten Schriftstellern erwähnt er weiterhin große Komponisten wie Ludwig van Beethoven (1770–1827)[762], Gustav Mahler (1860–1911)[763], Arnold Schönberg (1874–1951)[764] und Béla Bartók (1881–1945)[765]. Mit György Ligeti (1923–2006) pflegte Kertész sogar eine Freundschaft, die allerdings durch Ligetis Neid auf seinen Nobelpreis getrübt wurde. In *Letzte Einkehr* schreibt er anlässlich eines ihm lästigen Telefonats mit dem erkrankten Ligeti: „In Wahrheit habe ich den armen Ligeti, der – ein außergewöhnlicher Künstler, ein großartiger Kopf – so kleinlich ist, dass er mir den Preis nicht verzeihen kann, schon lange abgeschrieben. Das ist Juden-Neid, den ich so gut kenne, noch aus meiner Kindheit; […]. Aufrichtig gesagt, mag ich Ligeti nicht und auch seine Musik nicht. Wenn ich Bartók höre, spüre ich erst, wie groß der Rangunterschied zwischen ihnen ist. Das gleiche gilt für Kurtág [*György Kurtág, *1926*], der noch dazu völlig in Autismus versunken ist."[766]

Insgesamt zeigt Kertész' Selbstdarstellung in *Letzte Einkehr*, dass sein Verhältnis zu anderen Künstlern im Wesentlichen geistiger oder transzendenter Natur war, analog Maltes einsamer Lektüre in der Pariser „*Bibliothèque Nationale*" (siehe [751]). Dabei erscheint die für den geistigen Menschen charakteristische Einsamkeit, die man als sozialen Tod beschreiben kann, noch dadurch gesteigert, dass Kertész sich auf seinen physischen Tod vorbereitet hat. In *Letzte Einkehr* orientiert er sich diesbezüglich wiederum an Rilkes Roman. So erinnert Malte daran, das man „den Tod *in* sich" trägt „wie die Frucht den Kern" (siehe [224]), und Sonderberg erklärt, dass er bis zuletzt nur seinen eigenen Erfahrungen trauen und keine „geistigen Betäubungsmittel" benutzen wolle: „er wolle klar sehen, solange dies möglich sei, […]. Sterben sei unsere letzte Aufgabe im Leben und man dürfe sie nicht verfehlen, anderen überlassen, durch Bewusstseinsverlust verpassen […]. Nein: Unser Tod gehöre noch uns, sei unser letzter Besitz, den man uns, gewichtige Gründe beiseite gelassen [LE0: beiseitegelassen], nicht entreißen könne…"[768] Des Weiteren diente für Sonderbergs „Versuch", ein „Ebenbild" Gottes zu schaffen (siehe S. 145, [740]), offenbar die Hinwendung des verlorenen Sohnes zu Gott im Schlusskapitel der *Aufzeichnungen...* als Vorlage: „ich sehe sein Dasein, das damals die lange Liebe zu Gott begann, die stille, ziellose Arbeit. [.../ ...] Er vergaß Gott beinah über der harten Arbeit, sich ihm zu nähern, [...]. Die Zufälle des Schicksals, auf die die Menschen halten, waren schon längst von ihm abgefallen, aber nun verlor, selbst was an Lust und Schmerz notwendig war, den gewürz- haften Beigeschmack und wurde rein und nahrhaft für ihn. Aus den Wurzeln seines Seins entwickelte sich die feste, überwinternde Pflanze einer fruchtbaren Freudigkeit."[767] Gleich einer Antwort hierauf schreibt Kertész ferner im Prosafragment *Die letzte Einkehr* über sein fiktives Alter Ego: „Eines Tages erwacht er mit einer ganz besonderen [LE2: eigenartigen], bisher noch nie empfundenen Traurigkeit, [...]. Alles durchdringt sie wie Schwefelsäure; auch die Freude." Diese Traurigkeit habe er als „das Vorgefühl des nahenden Todes" iden- tifiziert: „»[...] Wir können uns nicht vorstellen, wie es ist zu sterben. [...] Das Tier aber, das (glücklicherweise) in uns lebt, spürt ganz genau, wann der Tod an unser Bett tritt, [...], wann wir anfangen müssen, uns auf ihn vorzubereiten. Und auch dann wissen wir nicht, worauf wir uns in Wirklichkeit vorbereiten. Nur die hereinbrechende große Traurigkeit, sie allein nimmt uns, so wie der Erzieher das Kind, an der Hand«, schreibt er." Im folgen- den Abschnitt entwickelt er dann Rilkes Motiv der überwinternden „Pflanze", mit dem die stille künstlerische Arbeit in einer kulturellen „Eiszeit" gemeint ist (vgl. S. 32, [235]), weiter zu einer Allegorie des Todes und der eventuellen geistigen Nachfolge: „Vor seinem Arbeitszimmer blickt er auf den Balkon. Die hoch aufgeschossenen, schlanken Zweige der Topfpflanze sind vom Winterregen geknickt, [...], und fallen nun herab, wie eine ergebene Frauengestalt, [...], erschrocken und zugleich wollüstig darauf wartend [LE2: einer ergebe- nen Frauengestalt gleich, die ... darauf wartet], was mit ihr geschieht ..."[769]

Sein »Sterben« hat Kertész im Tagebuch bis Mitte 2009 dokumentiert. Am 29. Mai kündigt er dort das Ende seiner Aufzeichnungen an: „Ich habe ein »Exit-Tagebuch« eröff- net. Weiß nicht, ob es Sinn hat. Seit einiger Zeit lebe ich in einer Atmosphäre von Depres- sion, meiner eigenen und der anderer [LE2: Ich lebe seit einiger Zeit in einer von mir selbst und anderen ausgehenden Atmosphäre der Depression]. Etwas in mir – und außerhalb von mir [LE2: meiner] – verhindert den Schritt nach vorn. Das Schöpferische."[770] Der letzte Eintrag datiert auf den 14. Juli. In ihm formuliert Kertész optimistischer: „Morgendämme- rung, zerfetze Wolken verhüllen den grauen Himmel; noch ist nicht alles verloren, noch befallen mich ab und zu die alten bekannten Glücksanfälle."[771] An der parallelen Stelle des Tagebuchromans ist der zweite Satzteil durch das Zitat einer Notiz von 2003 ersetzt, in der Kertész für den geplanten Roman *Der Einsame von Sodom* die Figur des Lot als sein Alter Ego entwirft und eine Handlung skizziert, die Thomas Manns *Joseph*-Roman (1933–1943)

Hotel Kempinski am Kurfürstendamm, Berlin, 2017

nachempfunden ist: „Morgendämmerung, zerfetze Wolken verhüllen den grauen Himmel. [*Nach einer Notiz vom 28. Juni 2003*; vgl. S. 43,[344]:] Ich stelle mir vor, dass Lot auf der Terrasse des Kempinski sitzt, sich wahrscheinlich eine Zigarette anzündet und, während er dem Verkehr zuschaut, der unter den Bäumen des Kurfürstendamms dahinströmt, leise zu sprechen beginnt. »Wisst ihr, was Einsamkeit ist, in einer sich pausenlos selbst feiernden Stadt?« [*nach Nietzsche*[772]] usw. Die Figur der Ruth. Die Figur Josephs. Die beiden Töchter. Sie lassen sich jenseits von Eden nieder. Lots Rückfall, die Orgie. Lot schreibt seine Erlebnisse auf und wird reichlich dafür belohnt. Was bedeutet die westliche Lebensweise, die westliche Kultur für ihn?"[773] In einer analogen Ergänzung unmittelbar vor diesem letzten Eintrag stilisiert Kertész sich dagegen als todgeweihter Steuermann eines Schiffes, das in einem Sturm richtungslos auf dem Meer treibt: „[*Zitat einer Notiz vom 26. Juni 2003:*] [...] Ich stand auf der Wache und sah zu, wie das richtungslose Schiff schlingerte. [...] Es war stockdunkel, und als die Stunden vergingen und das Licht sich nicht veränderte, begriff ich, dass es nie mehr hell werden würde ... Und fragte entsetzt: Ist das schon das Ende? So, als wüsste ich es nicht [*wie Adam Czerniakow, der Präsident des Judenrats von Warschau, angesichts der Deportationen aus dem Ghetto, die er nicht abwenden konnte; nach Lanzmann, »Shoah«*[774]]."[775] Die „Morgendämmerung" zeigt also den neuen Tag nach dieser bedrückenden Nacht – d. h.: die Zeit nach Kertész' Tod – an (vgl. das korrespondierende Motiv in *Eckermanns Traum*, S. 73,[490]). Das Bild des im Sturm treibenden Schiffs erscheint dabei als Reminiszenz an Turner (vgl. S. 146,[748]). Auf dem Cover der deutschen Ausgabe von *Letzte Einkehr* ist entsprechend ein Ausschnitt seines Gemäldes *Snow Storm – Steam-Boat off a Harbour's Mouth* (1842) abgebildet.[776] Zugleich erinnert das Motiv an Kants Allegorie des »stürmischen Ozeans«, der für eine chaotische, nicht vom Verstand geordnete Natur steht (siehe [25]). Von einem solchen naturalistischen Chaos spricht aber ebenso Sonderberg in Bezug auf die menschliche Gesellschaft (siehe S. 144,[739]). Demnach verweist Kertész zum einen auf seinen physischen Tod, zum anderen thematisiert er den bedenklichen Zustand der Gesellschaft und setzt diesem mit seiner posthumen Verkörperung des geistigen Exilanten Lot eine ideale „westliche Lebensweise" entgegen. Gleich Beckett, der in *Malone stirbt* ein äquivalentes Bild gebraucht (siehe S. 98f,[587]), verwirft er freilich den klassischen Humanismus und wirbt stattdessen für eine liberale Kultur eigenverantwortlicher Individuen. Schließlich ist auch zu sehen, dass das Hotel Kempinski (in dem Kertész regelmäßig verkehrte[777]) in *Letzte Einkehr* noch eine zweite Bedeutung hat (wie ähnlich das Sanatorium Berghof in Thomas Manns Roman *Der Zauberberg*; vgl. S. 66). Denn mit diesem Hotel etablierte die jüdische Familie Kempinski sich nach der NS-Zeit wieder in Berlin (siehe die Dokumentation zu nebenstehendem Foto, unten S. 333). Das

„Kempinski" in Kertész' letztem Roman kann somit als Symbol eines hoffnungsvollen Neubeginns nach dem europäischen Kulturbruch gelesen werden, der in Form einer persönlichen Initiative prinzipiell möglich ist.

Insbesondere betrifft dieser Neubeginn die Entwicklung eines als geistige Instanz wieder ernstzunehmenden Künstlertums, wofür Kertész mit seinem „Ein-Mann-Unternehmen" (vgl. [107]) ein richtungsweisendes Beispiel gegeben hat. Die Notwendigkeit einer Neuausrichtung der Kunst wurde schon zu Beginn des 20. Jahrhunderts allgemein erkannt. Etwa bemerkt der Kunsthistoriker Wilhelm Worringer in *Künstlerische Zeitfragen* (1921) übereinstimmend mit Spengler (vgl. S. 147, [754]), die (geistig anspruchsvolle) Kunst habe ihre gesellschaftliche „Funktion" verloren, sie beruhe nur noch auf einer verzweifelt aufrechterhaltenen „Fiktion", einem „tragischen Als-Ob [*nach Hans Vaihinger*; [778]]": „Gewiss, es hat eine geistige Kunst gegeben [*namentlich: die christliche*; vgl. S. 23, [144]]: der Irrtum war nur, es könnte auch heute eine geben [*wie die Expressionisten glauben*]. Gehören doch zu ihr die Voraussetzung einer geistigen Gebundenheit, die wir unwiederbringlich verloren haben und die darum bei uns nur in Programmen, nicht mehr in Seelen lebt." Auffällig sei dies zuallererst auf dem Gebiet der Plastik geworden: „Wie der Begriff Kunst oder vielmehr die Tatsache Kunst in unserer Zeit soziologisch verdunstet, das kann man vorerst vielleicht am eindringlichsten am Schicksal der Plastik sich bewusst machen. [...] Sie ist da, aber sie lebt soziologisch nicht, ist, soziologisch gesprochen, vielmehr ein Fremdkörper" (welcher Situation später Beuys mit einer forciert »sozialen« Plastik gerecht werden wollte; vgl. S. 82f, [532]). Aber auch die Architektur führe lediglich ein „Scheinleben" in Form eines „sehr hochwertigen Eklektizismus" (den man heute der »Postmoderne« zurechnen würde): „Der Blutkreislauf des Lebens geht nicht mehr durch sie hindurch." Und die moderne Malerei erscheine ihm als „die letzte [*vergebliche*] Revolte gegen die wachsende soziologische Wesenlosigkeit der bildenden Kunst." Faktisch fülle ein ins Leere laufender „Kunst*betrieb*" den „Hohlraum, den die organisch gewachsene und lebensnotwendige Kunst bei ihrem Scheiden zurückgelassen" habe (woraus bereits Duchamp praktische Konsequenzen zog; vgl. S. 83, [535]).[779] Relevant seien hingegen die aktuellen Arbeiten von Wissenschaftlern und Intellektuellen (wie u. a. Spenglers „Untergang des Abendlandes").[780] Ähnlich spekuliert auch Kertész 1980 im Tagebuch, aus der Unmöglichkeit, unter den herrschenden Bedingungen eine „üppige Kunst" zu schaffen, könnte sich etwas Neues ergeben (siehe S. 95f, [568]). Und schon in einer Notiz von 1974 stellt er das „Beispiel" einer gelebten „Existenz" über „»Literatur«[[781]]" oder „Fiktion", wobei er das fiktionale „*Zeugnis*" einer individuellen Existenz, das in erster Linie an die Nachwelt adressiert ist (und nicht: an eine zeitgenössische „»Elite«"[782]), als akzeptablen Kompromiss zwischen seinen literarischen

Ambitionen und den realen Bedingungen erkennt (siehe [235]). Eben ein solches Zeugnis hat er aber mit seinem letzten Tagebuchroman (und allen seinen anderen Schriften) vorgelegt. Wie gezeigt, ist dieser kein bloßer biografischer Bericht, sondern ein anspruchsvoll gestaltetes Kunstwerk und zugleich ein ernsthafter Beitrag zur Geistesgeschichte. Freilich dürfte den meisten Lesern kaum auffallen, dass das Stückwerk von Tagebuchpassagen und Prosafragmenten in Wirklichkeit „groß und zusammenfassend" ist (vgl. S. 43, [344]) und welcher Reichtum an Gedanken sich dahinter verbirgt. Anders als Worringer und Spengler, die an der gesellschaftlichen Akzeptanz als Kriterium für die Möglichkeit einer Kunstform festhielten, nahm Kertész also offenbar in Kauf, dass seine Arbeit von der Mehrheit des Publikums nicht verstanden wird. Als einer der „Schriftsteller des Exils", die eine „neue geistige Existenzform" repräsentieren,[783] zeigte er sich nur an einer transzendenten geistigen – und nicht: immanenten sozialen – Funktion seiner Arbeit interessiert (wie vor ihm etwa bereits Thomas Mann alias Serenus Zeitblom im Roman *Doktor Faustus*, den Kertész treffend als eine „im Alptraum des Zusammenbruchs stöhnende, gotisch himmelwärts fliehende" „Kathedrale" bezeichnet hat; siehe S. 23, [139] und S. 129f, [694]). Dabei war ihm bewusst, dass dies den Horizont des gegenwärtig dominanten Menschentyps überschreitet. Im Roman schreibt er entsprechend (nach einer Notiz von August 2002): „Ich habe meine Kunst schon immer als ein einsames Vergnügen betrachtet [*wie Rilke*; vgl. S. 147, [751]], das einzig mit mir und meinem Gott [*also: der geistigen Überlieferung*; s. o.] zu tun hat und sehr wenig mit den sogenannten und nicht vorhandenen Lesern." Die seinem Werk zugrunde liegende „ethische Kreativität", die „als Wert wahrscheinlich völlig verschwinden" werde, betrachte er als das „Ergebnis einsamer und aristokratischer Betätigung", wogegen die „Dummheit" und die „Verkaufsstatisik[[784]]" „demokratisch" – also: zeitgemäß und wirkungsmächtig – seien.[785] Kurz darauf berichtet er auch von einer Zufallsbekanntschaft, in der sich die von ihm beklagte Banalität der Mehrheitsgesellschaft konkretisiert: „Sollte ich das *smarte* amerikanische Ehepaar nicht erwähnt haben, das wir in Berlin im Restaurant Diekmann kennenlernten? [...] Altgewordene Babys, die aber auffallend viel von der Börse verstehen und davon, sich Gewinne zu sichern."[786] Insofern erscheint Kertész' Tagebuchroman, der prima facie vor allem „Trivialitäten" enthält (siehe [166]), als kunstvolles Understatement, das einer Ausnahmeexistenz ein „richtiges Leben im falschen"[787] erlaubt.[788] Er gleicht einer Maske (vgl. S. 25, [173] und S. 107f), die Kertész' wahre Existenz vor dem (Massen-)Publikum verbirgt (so wie schon die ironische Sprache von *Schicksalslosigkeit* Unmenschlichkeit markiert, um das menschlich Wertvolle zu bewahren[789]). In diesem Sinne erklärt Kertész schließlich im letzten Satz des Romans, sein „*heimliches Leben*" sei immer auch „*das wahre*" gewesen (siehe S. 45, [358]).

Anmerkungen

Einleitung

1   Kertész schreibt in dem autobiografischen Roman *Dossier K. Eine Ermittlung* (2006), in dem er in Form eines Selbstgesprächs über sein Leben und seinen künstlerischen „Stoffwechsel mit der Realität" reflektiert: „Ich betrachte mein Leben als Rohstoff für meine Romane". (DK, 99, 15) Diese Formel hat er anscheinend dem deutsch-jüdischen Exilautor Hans Sahl (1902–1993) * entlehnt, der in seiner Autobiografie *Memoiren eines Moralisten* (1983) erklärt: „[Ich habe] einmal den »Roman einer Zeit« [*nämlich:* »*Die Wenigen und die Vielen«, 1959*] geschrieben, in dem ich die Fakten meines Lebens und die Ereignisse, die sie bestimmten, in einem Buch verschlüsselte, das von mir handelte und doch auch wieder nicht nur von mir, einem Ich-Roman, der zugleich ein Du- und ein Er-Roman war, und in dem ich das autobiographische Material nur als Rohstoff benutzte." (*Memoiren eines Moralisten. Das Exil im Exil*, 11)

    *   Kertész erhielt 2002 kurz vor dem Nobelpreis auch den Hans-Sahl-Preis des Autorenkreises der Bundesrepublik. Im Interview *Lieber sich allem verweigern als eine Marionette sein* von Marko Martin bekennt er, speziell dieser Preis habe ihn „sehr froh gemacht": „In Sahl, dem Ideologiefernen und lebenslang Exilierten, habe ich tatsächlich einen Bruder im Geiste entdeckt." (MUT 425, Jan. 2003, 53)

2   Im Gespräch mit Hähnel und Mesnard von 2000 bejaht Kertész die Frage, ob er zwischen „historischer Zeugenschaft" und „literarischer Vermittlung" einen Unterschied sehe: „Ein Essayist ist den Dingen näher, und er blickt von oben auf sie herab. Man wird sehr objektiv. Man redet wie vom Katheder und ist für die sachlichen Dinge, die man sagt, verantwortlich." Die „Fiktionalität" habe für ihn eine „befreiende Funktion". Jedoch bewahre er auch als Erzähler einen Bezug zur Erfahrung: „Ich bewege mich ja nicht auf grundloser Fiktion, wenn ich eine persönliche Beziehung zum Thema habe. Ich bewege mich auf sicherem Boden." Dagegen habe er „höchste Zweifel", wenn es sich bei Zeugenberichten „um eine rohe, nichtkünstlerische Vermittlung handelt",* denn dabei drohe „fast immer die Gefahr der Manipulation."° (SINN UND FORM 3/2000, 372f) Anders als ein Zeuge, der konventionelle sprachliche Mittel gebraucht, versuchte Kertész also, einen individuellen Ausdruck für seine Erfahrungen zu finden. 2013 erklärt er dazu im Gespräch mit Alexandre Lacroix: „Mein erstes Werk, »Roman eines Schicksallosen«, hätte in keiner anderen Sprache als der seinen geschrieben werden können. Andernfalls wäre es keine Fiktion, sondern lediglich ein Zeugnis." (PHILOSOPHIE MAGAZIN 5/2013) In einem Gespräch mit Iris Radisch aus demselben Jahr beklagt er ferner, in Stockholm sei er nur als Zeuge ausgezeichnet worden, nicht als Schriftsteller: „Ich habe den Literaturnobelpreis nur bekommen, weil man die Literatur des Zeugentums preisen wollte." Schon 2001 sei er nach Stockholm zu der Konferenz *Witness Literature* (4.–5.12.2001) eingeladen worden (wo er den Vortrag *Von der Freiheit der Selbstbestimmung* hielt), und nun vermute er, man habe damals lediglich sehen wollen, ob er „eine akzeptable Figur abgebe", oder ob er sein „Rührei mit den Händen esse". (*Ich war ein Holocaust-Clown*, DIE ZEIT, 12.9.2013; vgl. LE1, 438, Anm. zu 7. Dezember 2001; zur Konferenz siehe Engdahl, *Witness Literature*) In der Begründung der Schwedischen Akademie zur Vergabe des Preises an Kertész wird sein Werk tatsächlich platt realistisch interpretiert. (Pressemitteilung 10.10.2002, WWW)

    *   Ähnlich kritisiert bereits Joseph Roth in *Über das »Dokumentarische«* (*Das Neue Tagebuch*, Paris, 1938) die naive „Authentizität" vieler „Schreibenden". (*Werke 3*, 613)

    °   Positive Gegenbeispiele sind etwa die Interviews in Claude Lanzmanns Film *Shoah* (1985).

3   Kertész im Gespräch mit Peter Liebers: „[…] über mich selbst zu schreiben, das bedeutet nicht, dass ich über mich selbst schreibe. Ich möchte hier Gustave Flaubert zitieren, der gesagt hat: »Wenn ich in meinem Roman ich sage, […], [*dann ist das*] eine Fiktion, und diese Fiktion hat mit meinen Erlebnissen etwas zu tun – doch es ist ganz etwas anderes. Das bin nicht ich, das ist eine Figur, die ich so verallgemeinert sehe, eine interessante Figur, die ich ins Zentrum der Geschehnisse stelle.«[*] Ich habe sehr viel nachgedacht [*über die Frage*]: Ist es mir erlaubt, ein Kind ins Zentrum zu stellen? Das ist sehr wirksam, […], das ist sofort ein Erfolg […]. Das wollte ich aber nicht. Ich habe so geschlossen: […] Infantilismus ist ein Symptom der Zeit, also im totalitären Staat wird der Mann in einem Sinne Kind, weil er kann nicht entscheiden, es wurde über ihn entschieden. Er wurde determiniert – wie man Jude ist, […], nur die Gesetze machen ihn zu einem Juden.[°] […] Darum habe ich diesen Titel gegeben, also »Mensch ohne Schicksal« auf Deutsch. Weil man kann nicht über sein Schicksal entscheiden und man durchlebt ein Schicksal, das schon determiniert und vorgeschrieben […] ist. […] Und das ist […] ein Problem des Jahrhunderts, [*wie*] ich glaube." (*Gespräch mit dem ungarischen Schriftsteller Imre Kertész über seine Autobiographie »Schicksalslosigkeit«*, RADIO DDR II, 28.1.1989)
* Vgl. *Flaubert an Mademoiselle Leroyer de Chantepie*, Paris, 18.3.[1857]: „*Madame Bovary* enthält nichts Wahres. Es ist eine *vollkommen erfundene Geschichte*. Ich habe weder von meinen Gefühlen, noch von meinem Leben etwas hineingebracht. Die Illusion (wenn es eine gibt) kommt im Gegenteil aus der *Unpersönlichkeit* des Werkes. Es ist eines meiner Prinzipien, dass man sich nicht selbst beschreiben soll. Der Künstler muss in seinem Werk wie Gott in der Schöpfung sein, unsichtbar und allmächtig; man soll ihn überall spüren, ihn aber nirgends sehen." (*Briefe*, 366) Entsprechend notiert Kertész 1984 im Tagebuch: „»Schicksalslosigkeit« als autobiographischer Roman. Das Autobiographischste in meiner Biographie ist, dass es in »Schicksalslosigkeit« nichts Autobiographisches gibt. Autobiographisch ist, wie ich darin um der großen Wahrhaftigkeit willen alles Autobiographische weggelassen habe. Und wie aus diesem erkämpften Individualitätsmangel am Ende doch ein Sieg und der Inbegriff des in seiner Partikularität stummen Individuums hervorgeht." (GT, 185, Juni 1984)
° Damit spielt Kertész auch auf die sozialistische Diktatur an. So bemerkt er im Interview *Der letzte Zeuge* von Batthyany und Krogerus: „Die totale kommunistische Diktatur kam 1948/1949, alles wurde verstaatlicht. Schon damals kursierte der Witz: »Weißt du, was die heutige Situation von den Nazis unterscheidet?« »Jetzt tragen alle einen gelben Stern, nicht nur die Juden.«" (DAS MAGAZIN, 7.11.2009; analog im Gespräch *Als niemand wusste, wie ihm geschah* mit Hanno Müller, THÜRINGER ALLGEMEINE, 7.12.1996)

4   Kertész antwortet im Gespräch mit Peter Liebers auf die Frage nach seinen Emotionen beim Schreiben des Romans *Schicksalslosigkeit*: „Ich habe 13 Jahre an diesem Roman gearbeitet, damals habe ich alles durchgedacht, wovon ich auch heute lebe, geistig. Und da habe ich meine Figur, die ich geschrieben habe, ganz anders betrachtet als mich selbst. […] ich habe keine Emotionen, ich musste meine eigenen Erinnerungen ablegen, damit ich *ganz frei* [*schwer verständlich*] schreiben kann. […] Diese Geschichte mit Auschwitz hat seine obligatorischen Momente. Die Momente sind: »zu Hause«, dann geht man ins »Ghetto«, dann wird man vom Ghetto nach Auschwitz geschleppt, also das »Reisen« selbst, das spielt eine große Rolle. »Die ersten Erlebnisse in Auschwitz«, wenn man sich als Häftling findet, dann die »Zwangsarbeit«, und dann, »ob man am Leben bleibt oder stirbt«. Und dann, »wenn man frei wird und nach Hause kommt«. Das sind die obligatorischen Momente. Und daran habe ich mich gehalten. Ich habe alles ausgelassen, was ganz fürchterlich, was ganz persönlich, was ganz mein Erlebnis ist.[*] […] Ich wollte nur das, was gesetzmäßig – also künstlerisch gesetzmäßig – ist. Weil, ich habe gefunden, dass dieses Thema, das ich ins Zentrum stelle, das hat nur in dieser Gesetzmäßigkeit Variationen, aber diese Variationen müssen durchgespielt werden und so muss die Komposition enden. […], ganz unabhängig davon, dass es *wie mich selbst getroffen ist* [*vermutlich: meiner eigenen Geschichte gleicht*]." (RADIO DDR II, 28.1.1989)

* Deshalb wäre es verfehlt, Kertész' Roman psychologisch zu interpretieren und es etwa wörtlich zu nehmen, dass der Protagonist Köves »Glück« oder »Hass« empfindet. In *Dossier K* weist Kertész hierauf auch explizit hin: „*György Köves kehrt aus dem Konzentrationslager heim, und auf die Frage, was er zu Hause empfindet, hier, in der Stadt, die er verlassen musste, antwortet er dem Journalisten in der Straßenbahn: Hass.*[/] Das ist einer der am meisten missverstandenen, oder besser, missdeuteten Sätze des *Romans eines Schicksallosen*. [… /] *Im Roman eines Schicksallosen finden sich viele solcher Wörter: Zum Beispiel »Glück«, dann »Heimweh« …* [/ …] In einem Roman verändern bestimmte Wörter ihre gewöhnliche Bedeutung; […]“. (DK, 96) Eine naheliegende Interpretation z. B. des Wortes »Hass« ist, dass Kertész alias Köves eine geistige Lebensform anstrebt – denn Thomas Mann bemerkt in den *Betrachtungen eines Unpolitischen* (1918): „*Geist ist vielleicht nichts als Hass* und keineswegs Humanität, Solidarität, Fraternität …“. (MK 116, 240) Ferner enthält Manns Roman *Der Zauberberg* (1924) einen Schlüssel zum Verständnis des »Glücks«, das Köves skandalöserweise im »Lager« empfindet. So erscheint es als Anspielung auf den „glücklichen“ Schulversager, der im Unterricht „nicht mehr in Betracht kommt“ – oder: den unheilbar Kranken, der nie mehr aus dem Sanatorium Berghof ins „Flachland“ zurückkehren wird – und der daher „eine orgiastische Form der Freiheit“ genießt. (Kap. 3, *Herr Albin* und Kap. 7, *Der Donnerschlag*, Werke 3, 115, 981f) Gemeint ist also das Glück des geistigen Menschen, der sich, wie Kertész als Autor, von allen profanen Bindungen befreit hat.

5   Ein charakteristisches Beispiel der sog. »Lagerliteratur« ist Fritz Selbmanns Roman *Die lange Nacht* (Halle, 1961; ungar.: Budapest, 1963). Aus diesem hat Kertész für seine frühen Entwürfe eines Romans über Lot das Motiv eines zurückgezogen lebenden Mythenforschers entlehnt. (Kelemen, *Der Vorlass von Imre Kertész*, in Györffy / Kelemen, *Kertész und die Seinigen*, 14; vgl. unten 342) Weiterhin spielt er in *Schicksalslosigkeit* ironisch auf Selbmanns Roman an. So taucht in *Die lange Nacht* der KZ-Häftling Robert Hesse nach seiner Befreiung durch die Amerikaner unter, weil er „die amerikanische Freiheit“ ablehnt: „Gerade vor dieser Freiheit verstecke er sich jetzt.“ Stattdessen erwarte er „die Freiheit von den Russen“. (364f) In *Schicksalslosigkeit* wird Köves nach seiner Befreiung dagegen von „amerikanischen Soldaten“ zunächst „ein Stück nach Osten“ mitgenommen und dann von dem Kommunisten „»Onkel Miklós«“ nach Budapest geleitet, wobei das bevormundende Gebaren von Miklós die Aussicht auf ein Leben in Freiheit bereits zweifelhaft werden lässt: „Zu Hause – ließ er verlauten – bauen wir uns eine neue Heimat, und fürs erste brachte er uns auch gleich ein paar Lieder bei. Als wir dann zu Fuß durch Ortschaften und Kleinstädte zogen […], sangen wir sie, militärisch in Dreierkolonne geordnet. […]: »Wir sind die junge Gar-de, das Pro-le-ta-ri-at«, wobei wir mit gewöhnlicher Stimme dazwischenrufen mussten: »Rotfront!«“ (RS, 259-261; verkürzt, und dadurch weniger polemisch, in MS, 204f)

6   LE1, 167 (25. Januar 2003); LE2, 124

7   LE1, 423 (11. Juni 2008); LE2, 312

8   *Rilke an Gräfin Margot Sizzo-Noris Crouy*, 17.3.1922, *Briefe 2*, 338

9   Im Gespräch *Als niemand wusste, wie ihm geschah* mit Hanno Müller (zum Erscheinen der Übersetzung *Roman eines Schicksallosen*) erklärt Kertész, die Figur Köves habe er mit so vielen autobiografischen Zügen ausgestattet, „wie für die historische Authentizität nötig war.“ Diesbezüglich habe er sich auch an Dokumenten orientiert: „Ich habe zunächst meine Erfahrungen gesammelt. Ich begann auch sofort mit deren Bearbeitung. Besonders interessierte mich der Totalitarismus. So entstanden zwar viele Texte, darunter viele Fiktionen, nur wollten sie sich noch nicht zu einem Romanstoff verdichten. Schließlich habe ich mich für einen Entwurf entschieden, dessen Material ich ganz sicher kenne. Oft erdenkt man Figuren, die zwar in sich geschlossen sind und stimmen, solange sie aber nicht durch ein Dokument belegt sind, fühlt man sich doch unsicher. Mein »Roman eines Schicksallosen« unterscheidet sich von den Fiktionen, die ich vorher schrieb, nur dadurch, dass ich das dokumentarische Material ganz gut und sicher kannte.“ (THÜRINGER ALLGEMEINE, 7.12.1996) Ebenso bemerkt er im Gespräch *Der Repräsentant und der Märtyrer* mit Andreas Breitenstein: „Ich hatte meine Erinne-

rungen, aber ich durfte ihnen nicht glauben. Ich musste Dokumente lesen". (NZZ, 7.12.2002) György Spiró schreibt hierzu in dem Kertész-Porträt *In Art only the Radical Exists*: „He [*Kertész*] systematically read up everything that had been written anywhere about the Second World War and the Holocaust, diligently delving through the diaries and notebooks of the Nazi war criminals[*] who had been sentenced to life imprisonment. Few people in the world are greater experts on fascism and nazism than Kertész." (THE HUNGARIAN QUARTERLY Vol. 43, No. 168, Winter 2002, 34)

* In dem Fragment *Ich, der Henker* aus den 50er Jahren parodiert Kertész den Stil dieser „schwülstigen und voller Paradoxien steckenden Bekenntnisse[] der Nazikriegsverbrecher, wie sie damals in großer Zahl veröffentlicht wurden." (Kertész, *Vorbemerkung* zu *Ich, der Henker*, OH, 23)

10 Kertész bekennt 2013 im Gespräch mit Iris Radisch, er habe nie Literatur im herkömmlichen Sinne schaffen wollen: „Mich interessiert die Literatur nicht. Literatur ist eine zweitrangige Angelegenheit. [...] Es ging nur darum, die Sprache zu finden für den Totalitarismus, [...]. [*Radisch:*] *Es hat Sie nicht interessiert, einen guten Roman zu schreiben, eine gute Geschichte zu erzählen?* [*Kertész:*] Überhaupt nicht. Die Geschichten sind alle schon erzählt." (*Ich war ein Holocaust-Clown*, DIE ZEIT, 12.9.2013)

11 GT, 14 (1964)

12 Kertész erklärt im Vortrag *Das glücklose Jahrhundert* (Hamburger Institut für Sozialforschung, 1995): „Die Rollenunsicherheit des Überlebenden [...] rührt zu einem nicht geringen Teil daher, dass er all das, was im nachhinein als unbegreiflich angesehen wird, zur gegebenen Zeit sehr wohl begreifen musste, denn eben das war der Preis des Überlebens. [...] eben das ist die große Magie, wenn man so will, das Dämonische: dass die totalitaristische Geschichte unseres Jahrhunderts von uns die ganze Existenz fordert, uns aber, nachdem wir sie ihr restlos gegeben haben, im Stich lässt, einfach weil sie sich anders, mit einer grundlegend anderen Logik fortsetzt. Und dann ist für uns nicht mehr begreiflich, dass wir auch die vorhergehende begriffen haben, das heißt, [...] wir begreifen uns selbst nicht.[/...] In unserer Zeit erlebt es der Mensch als Schicksal, von der Geschichte seiner autonomen Persönlichkeit beraubt zu werden". (ES, 116f; *Rede über das Jahrhundert*, EGS, 22) Ebenso äußert er im Interview *Wie Glück entstehen kann im Grauen* von Erdmute Klein: „Heute sehe ich, dass das Prinzip Auschwitz[*] sehr lebendig ist. [...] Zum Auschwitz Prinzip gehört auch, dass alles vergessen wird. Das Individuum hat keine Kontinuität. Wenn eine totalitäre Welt zugrunde geht, dann tritt sofort eine andere Philosophie auf, und man rechtfertigt sich und vergisst sehr schnell alles. Das habe ich mehrmals erlebt. Doch ein Individuum kann nur ein Individuum sein, wenn die Erinnerung bewahrt und rein bewahrt wird". (MÜNCHNER MERKUR, 22.4.1996) Ferner bemerkt er im Gespräch mit Hähnel und Mesnard, typisch für den Totalitarismus sei das „Akzeptieren absurder Begriffe" und die damit verbundene Verleugnung der persönlichen Erfahrung: „der eigentliche Vorgang im Totalitarismus ist der, dass man nach und nach die Beziehung zur Existenz verliert, keine existentielle Kohärenz gewinnt. Was ich Katharsis nenne, ist der Prozess, die eigene Existenz wiederzugewinnen." (SINN UND FORM 3/2000, 375) Ähnlich sagt er in einem Interview von Eszter Rádai, in totalitären Diktaturen werde der Mensch dazu verführt, sich aufzugeben: „er verleugnet sich selbst und tut etwas, was er aus eigener Überzeugung nie tun würde. In einer Situation, in der er sich nicht mehr zurechtfindet, in der sich die natürliche Kontinuität seines Lebens auflöst, überlässt er *seine ihm zur Last gewordene Persönlichkeit der totalitären Macht.*" (*Imre Kertész über sein neues Buch »Dossier K.« und den neuen europäischen Antisemitismus*, ÉLET ÉS IRODALOM, 28.7.2006, dt.: PERLENTAUCHER)

* Denselben Ausdruck hat Joseph Beuys (1921–1986) verwendet, worauf Kertész vielleicht referiert: „Die Lage, ihn der sich die Menschheit befindet, ist Auschwitz, und das Prinzip Auschwitz wird in unserem Verständnis von Wissenschaft und politischen Systemen, und der Delegation von Verantwortung an Spezialisten und im Schweigen der Intellektuellen und Künstler fortgeführt. Ich musste mich ständig mit dieser Situation und ihren historischen Wurzeln auseinandersetzen. Ich meine zum Beispiel, dass wir heute Auschwitz in seiner zeitgenössischen Ausprägung erleben. [...] Talent und

Kreativität werden ausgebrannt: eine Art Hinrichtung im geistigen Bereich, eine Atmosphäre der Furcht wird geschaffen, die durch ihre Subtilität noch gefährlicher ist." (Erklärung aus dem Jahr 1978, in Caroline Tisdall, *Joseph Beuys*, New York, 1979; dt. im Katalog *Beuys vor Beuys*, Köln, 1987; zitiert nach Förderverein »Museum Schloss Moyland e. V.«, *Joseph Beuys Symposium Kranenburg 1995*, 228)

13 Kertész im Interview *Mit Spielberg kann ich nicht konkurrieren* von Sieglinde Geisel, NZZ, 20.10.2013

14 Im Gespräch mit David Dambitsch erinnert sich Kertész: „Ich habe einfach angefangen zu schreiben. Und je mehr ich […] mich in das Schreiben vertiefte, desto mehr habe ich mich von dieser Gesellschaft entfernt. Und dann fand ich mich in einer einsamen Situation – nicht politisch, sondern einfach gedanklich, also praktisch. […] Das war ambivalent: einerseits existentiell hoffnungsvoll, dass ich eine gedankliche Freiheit erreichen konnte, aber andererseits hoffnungslos, dass ich mit diesen Gedanken und mit dem, was ich schreibe, nie im praktischen Sinne weiterkommen werde." (*Imre Kertész*, Zusammenstellung verschiedener Interviews seit 1992, in Dambitsch, *Im Schatten der Shoah*, 49)

15 Für Kant zeichnet sich eine verantwortliche Person durch ihre „Gewissenhaftigkeit (welche auch *religio* genannt wird)" in Bezug auf die Gebote einer aus ihr selbst stammenden „moralisch-gesetzgebenden Vernunft" aus. Sie rechtfertige sich gleichsam vor einem „Gerichtshof" in ihrem *Inneren* bzw. einem „innere[n] Richter", welches „über Alles machthabende moralische Wesen aber **Gott** heißt": „so wird das Gewissen als subjektives Prinzip einer vor Gott seiner Taten wegen zu leistenden Verantwortung gedacht werden müssen". Kant merkt an, daraus ergebe sich eine „zwiefache Persönlichkeit", ein „doppelte[s] Selbst": „Ich, der Kläger und doch auch Angeklagter, bin eben derselbe *Mensch* (*numero idem*), aber als Subjekt der moralischen, von dem Begriffe der Freiheit ausgehenden Gesetzgebung, wo der Mensch einem Gesetz Untertan ist, das er sich selbst gibt (*homo noumenon*), ist er als ein Anderer als der mit Vernunft begabte Sinnenmensch (*specie diversus*), aber nur in praktischer Rücksicht zu betrachten, – und diese spezifische Verschiedenheit ist das der Fakultäten des Menschen (der oberen und unteren), die ihn charakterisieren." (*Die Metaphysik der Sitten*, 1798, Akad. VI, 439f) Entsprechend empfand auch Kertész sich als ein Beobachter seiner selbst (worauf u. a. die Titel des Tagebuchbands *Der Betrachter* und des Romans *Ich – ein anderer* deuten).

16 Im Gespräch *Mein Leben ist eine Fiktion* mit Jörg Plath sagt Kertész, das Schreiben habe ihm das Eingeständnis seiner Beteiligung erleichtert, da es per se eine Distanzierung von sich selbst verlange: „Wenn ich im Konzentrationslager überleben will, muss ich seiner Logik folgen. Diese willentliche oder nicht willentliche Kollaboration ist die größte Schande des Überlebenden, er kann sie nicht eingestehen. Der Schriftsteller kann es. Denn die Literatur besitzt eine besondere Aufrichtigkeit. Das sind einfach gute Sätze, wissen Sie. Gute Sätze sind in diesem Fall viel wichtiger als meine eigene Schande." (DER TAGESSPIEGEL, 10.10.2006) Seine KZ-Erfahrung übertrug Kertész dabei auch auf die sozialistische Diktatur. So bemerkt er im Interview *Was ich schreibe, bin ich nicht* von Isabella Hager zur Situation nach 1989: „Nach der Wende können Sie sehen, wie fremd einige Leute ihr Leben in der Diktatur sehen, […]. Am Ende, […], will man nicht akzeptieren, was man war. »Das hat das System mit mir gemacht.«: Man fühlt sich nicht verantwortlich. [*Hager:*] Ist es denn anders? [*Kertész:*] Wenn ein Überlebender seine Teilnahme an diesem Vorgang akzeptieren kann, wenn er das aussprechen darf, dann ist er frei. Der Junge im *Schicksallosen* hat Auschwitz überlebt, und als er das individualisieren will, trifft er auf Ablehnung durch die Gesellschaft, die sich unschuldig sehen will. [*Hager:*] Und das Opfer als Opfer sehen will? [*Kertész:*] Die Rollen als Opfer und Täter, da ist nichts klar. Es würde klarer werden, wenn einer sagen darf: Ich habe mitgemacht. Nicht als Nationalsozialist oder Kommunist – aus Not, weil ich sonst nicht überleben hätte können." (DER STANDARD, 27.4.2007)

17 Im Juni 1989 notiert Kertész (vielleicht anlässlich der ersten freien Wahl in Polen am 4. Juni 1989): „Zweifellos hat der Mensch im Bürgertum und in der Bürgerlichkeit sein Erwachsenenalter erreicht. […] Gegenüber der bürgerlichen ist jede diktatorische und autarke Form von Herrschaft so wie jede Form von Massenherrschaft eine Regression in die Pubertät, ins Urmenschentum." (GT, 255)

18 Kertész bemerkt im Interview *Mit Spielberg kann ich nicht konkurrieren* von Sieglinde Geisel: „Der Roman [*Schicksalslosigkeit*] ist in reduzierter Sprache geschrieben, auf dem Niveau eines Kindes, das nur überleben will, ohne zu begreifen, wie ihm geschieht. Ich habe eine bereits vorhandene Konstruktion benutzt und einen negativen Bildungsroman geschrieben über die Figur des totalitären Menschen, der sich reduziert, um zu überleben." (NZZ, 20.10.2013) Selbst diese Erklärung erscheint noch ironisch bzw. ambivalent, denn der auf das Wesentliche reduzierte Protagonist »überlebt« den Totalitarismus, insofern er gegen pseudo-humanistische Ideale immun ist und stattdessen als eigentlichen menschlichen Wert seine persönliche Erfahrung zur Geltung bringt respektive sie zumindest für sich (und zugleich für den Leser) artikuliert. Damit bewahrt er auch nach Auschwitz ein anthropologisches Minimum, oder eine universelle Moral, da die menschliche Lebensform – die kulturelle Evolution – eben durch die Aktualisierung des tradierten Wissens anlässlich immer neuer, unvorhersehbarer Erfahrungen ausgezeichnet ist. Im Vortrag *Der Holocaust als Kultur* (Jean-Améry-Symposium, Wien, 1992) äußert Kertész in diesem Sinne, das „tragische Weltwissen einer den Holocaust überlebenden Moral" könne heute eventuell das „von Krisen geschüttelte europäische Bewusstsein befruchten, ähnlich wie der der Barbarei trotzende und in den Perserkrieg ziehende griechische Genius die antike Tragödie als unvergängliches Vorbild hervorbrachte." (ES, 88; EGS, 68f) Ähnlich spricht bereits in Gides* Roman *Der Immoralist* (1902) der Archäologe Michel von einem »alten Menschen«, der hinter der überkommen Kultur sichtbar werde: „Die Anhäufung aller erworbenen Kenntnisse auf unserem Geist blättert ab wie Schminke und lässt an manchen Stellen das nackte Fleisch sehen, das eigentliche Wesen, das sich darunter verbarg[°].[/] *Dies* wollte ich von nun an entdecken: das eigentliche Wesen, den »alten Menschen«[†], wie ihn das Evangelium nicht mehr wollte; den alles um mich, Bücher, Lehrer, Eltern, und den ich selbst erst zu unterdrücken versucht hatte. [… / …]; ich kostete die Freude des Gelehrten, der auf demselben Papier unter der neueren Schrift einen sehr alten und unendlich kostbareren Text entdeckt. Wie lautete dieser verborgene Text? Musste man nicht, um ihn lesen zu können, erst die jüngeren Texte auslöschen?" (*Werke 7*, 399f [Übers.: Gisela Schlienz])

* Zu Kertész' Rezeption von Gide siehe Sarin, *Ein Leben als Artikulation*, 88, ↑223 und 93, ↑240.

° Vgl. Kant, *Die Religion innerhalb der Grenzen der bloßen Vernunft* (1794): „Die Hüllen, unter welchen der Embryo sich zuerst zum Menschen bildete, müssen abgelegt werden, […]." (Akad. VI, 121)

† Vgl. Nietzsche, *Die Geburt der Tragödie* (1874²): „hier war die Illusion der Kultur von dem Urbilde des Menschen weggewischt, hier enthüllte sich der wahre Mensch, der bärtige Satyr, […]. Vor ihm schrumpfte der Kulturmensch zur lügenhaften Karikatur zusammen." (*Werke 1*, 49)

19 Jean Améry (1912–1978), der 1943 als gefangener Widerstandskämpfer im belgischen Fort Breendonk von der SS gefoltert wurde, berichtet in *Jenseits von Schuld und Sühne* (1966), Kap. *Die Tortur*, damals habe er sein „Weltvertrauen" verloren: „Weltvertrauen. Dazu gehört vielerlei: der irrationale […] Glaube an unverbrüchliche Kausalität etwa […]. Wichtiger aber […] ist […] die Gewissheit, dass der andere auf Grund von geschriebenen oder ungeschriebenen Sozialkontrakten mich schont, […], dass er mein physisches und damit auch metaphysisches Bestand respektiert. [… /] Mit dem ersten Schlag aber bricht dieses Weltvertrauen zusammen." (*Werke 2*, 65f) Hierzu erklärt Kertész im Gespräch *Man schreibt als ein glücklicher Mensch* mit Ijoma Mangold unter Bezugnahme auf seine eigene KZ-Haft: „[Améry] hat das Weltvertrauen verloren. Er hat statt Mitmenschen nur Gegenmenschen gesehen. Bei einem Kind ist es etwas ganz anderes. Solange man Kind ist, verliert man dieses Weltvertrauen nicht. Man glaubt, dass die Erwachsenen einen immer nach Hause führen werden. Diese Lebenslust eines Kindes ist nicht leicht zu zerstören. Und ich meinerseits war damals Kind." (SZ, 9.11.2004) Wie Kertész 1992 in seinem Vortrag auf dem Améry-Symposium in Wien bemerkt hat, kannte er freilich lange Zeit* „von Améry noch nicht einmal den Namen." (*Der Holocaust als Kultur*, EGS, 61; ES, 82)

* Sogar noch beim Schreiben des »Prologs« von *Fiasko*, der Ende 1980 fertig war (vgl. 153 und 544).

20 MS, 207; RS, 263

21 In einer Notiz von 1965, in der schon der Titel des Romans anklingt („»Roman einer Schicksalslosigkeit« – als möglicher Titel, unbedingt aber als Untertitel"), überlegt Kertész: „Was bezeichne ich als
Schicksal? Auf jeden Fall die Möglichkeit der Tragödie. Die äußere Determiniertheit aber, die Stigmati-
sierung, die unser Leben in eine durch den Totalitarismus gegebene Situation, in eine Widersinnigkeit
presst, vereitelt diese Möglichkeit: Wenn wir also als Wirklichkeit die uns auferlegte Determiniertheit
erleben statt einer aus unserer eigenen – relativen – Freiheit folgenden Notwendigkeit, so bezeichne
ich das als Schicksalslosigkeit.[/] Wesentlich ist, dass die Determiniertheit immer im Gegensatz stehen
muss zu den natürlichen Ansichten und Neigungen, denn so tritt die Schicksalslosigkeit in chemisch
reinem Zustand[*] auf." (GT, 16f, 1. Mai 1965) Dass der Totalitarismus jene „natürlichen Ansichten",
die eher idealistisch als realistisch sind,° obsolet machte, war für Kertész aber eine wesentliche Motivation, literarisch zu arbeiten. So notiert er kurz darauf: „Vielleicht macht nicht irgendeine Begabung
den Menschen zum Schriftsteller, sondern die Tatsache, dass er die Sprache und die fertigen Begriffe
nicht akzeptiert. Am Anfang ist er, glaube ich, nur dumm, dümmer als alle anderen, die alles sofort
verstehen. Dann beginnt er zu schreiben, wie jemand, der von einer schweren Krankheit genesen[†]
und seinen Wahnsinn bezwingen will – wenigstens so lange, wie er schreibt." (GT, 18, Juni 1965)
    * Vielleicht ironisch nach Herman Grimm, *Das Leben Goethes* (1939 [1877]): der von allem „Zufäl-
lige[n]" abgetrennte, „in höchster chemischer Reinheit hergestellte freie Wille des Individuums". (427)
    ° Ebenso unterscheidet Kant in *Kritik der reinen Vernunft* (1781, 1787[2]): „unter dem Worte *natür-
lich*" könne (vorzugsweise) das verstanden werden, „was billiger und vernünftiger Weise geschehen
sollte", oder aber „das, was gewöhnlicher Maßen geschieht". (B 7f)
    † Mit denselben Worten kommentiert wiederum Kant in seiner ersten Kritik die fatalistische „faule
Vernunft (*ignava ratio*)": „So nannten die alten Dialektiker einen Trugschluss, der so lautete: Wenn es
dein Schicksal mit sich bringt, du sollst von dieser Krankheit genesen, so wird es geschehen, du magst
einen Arzt brauchen, oder nicht. Cicero sagt, dass diese Art zu schließen ihren Namen daher habe,
dass, wenn man ihr folgt, gar kein Gebrauch der Vernunft im Leben übrig bleibe." (B 717, Anm.)
22 Das Wort „natürlich" verwendet Köves auffällig oft. Damit bezieht Kertész sich vermutlich auf den
polnischen Exilautor Czesław Miłosz (1911–2004), der in dem Essayband *Verführtes Denken* (1949),
Kap. II - *Der Westen vom Osten aus gesehen* auf die Relativität jeder Kultur aufmerksam macht: „Welche
Welt ist die »natürliche«? Die, wie sie vor dem Kriege war, oder die des Krieges? Offenbar sind beide
naturgegeben, überlegt der Mensch, denn er hat sie beide erlebt. Es gibt keine Einrichtung, keine Sitte,
keine Gewohnheit, die sich nicht ändern könnte. [...] der Mensch ist ein plastisches Wesen". (41f) Das
Buch, das in den sozialistischen Staaten lange verboten war, lag 1953 bereits auf Deutsch vor. Kertész
könnte es also während der Arbeit an *Schicksalslosigkeit* gelesen haben (wofür es in dem Roman auch
einen konkreten Hinweis gibt; siehe unten 133). Für die stilisierte Verwendung des Wortes „natürlich"
wurde er wohl außerdem von Camus' Roman *Der Fremde* (1942) inspiriert (siehe den Kommentar
zu Camus in 130). In *Dossier K* gibt Kertész an, das Wort habe er der Sprache seiner „Stiefmutter"
entlehnt. (DK, 25) Dies ist offenbar allegorisch gemeint (Stiefmutter = sozialistische Gesellschaft).
23 Kant, *Anthropologie in pragmatischer Hinsicht* (1798): „Die wichtigste Revolution in dem Innern des
Menschen ist: »der Ausgang desselben aus seiner selbstverschuldeten Unmündigkeit.«[*] Statt dessen, dass bis dahin andere *für* ihn dachten und er bloß nachahmte oder am Gängelbande sich leiten
ließ, wagt er es jetzt, mit eigenen Füßen auf dem Boden der Erfahrung, wenn gleich noch wackelnd,
fortzuschreiten." (Akad. VII, 229; * nach *Beantwortung der Frage: Was ist Aufklärung?*, Akad. VIII, 35)
Ähnlich formulieren auch Marx und Engels in *Die deutsche Ideologie* (1845/1846): „Die Menschen
haben sich bisher stets falsche Vorstellungen über sich selbst gemacht, [...]. Befreien wir sie von den
Hirngespinsten, [...] unter deren Joch sie verkümmern. [.../...] es wird nicht ausgegangen von dem,
was die Menschen sagen, sich einbilden, [...] es wird von den wirklich tätigen Menschen ausgegangen
[...]. Nicht das Bewusstsein bestimmt das Leben, sondern das Leben bestimmt das Bewusstsein." Als

Grundlage eines ideologiefreien, auf die Erfahrung gestützten Menschenbilds führen sie zunächst in größter Allgemeinheit „die Existenz lebendiger menschlicher Individuen" und deren Stellung zur „Natur" an, wie es ebenso Kant getan hätte. Jedoch verengen sie dann doch die empirische Basis ihrer Theorie und geben zu: „Diese Betrachtungsweise ist nicht voraussetzungslos. Sie geht von den wirklichen Voraussetzungen [*nämlich: den aktuellen sozialen Verhältnissen*] aus, […]. Ihre Voraussetzungen sind die Menschen nicht in irgendeiner phantastischen Abgeschlossenheit und Fixierung, sondern in ihrem wirklichen, empirisch anschaulichen Entwicklungsprozess unter bestimmten Bedingungen." (MEW 3, [*Vorrede*] 13, [*Feuerbach*] 26f, 20f, 27) Indem sie auf diese Weise die dauerhaften, überhistorischen Eigenschaften des Menschen ausblenden, geht allerdings die Möglichkeit einer Kritik an nicht mehr menschengerechten Zuständen verloren. Und im Zentrum ihrer Theorie steht nicht das menschliche Individuum als solches, das es zu befreien gilt, sondern – dem historischen Zeitpunkt (und ihrem politischen Anliegen) gemäß – die Klasse des Proletariats, *für* welche sie letztlich denken.

24 MS, 223; RS, 283. Zum Doppelsinn des Wortes »Jude« siehe die Erläuterung von Kertész (oben 3).

25 Kant beschreibt in *Kritik der reinen Vernunft* das Gebiet des vom Menschen nach universellen Gesetzen konstituierten „reinen Verstandes" als eine „Insel", die „durch die Natur selbst in unveränderliche Grenzen eingeschlossen" sei: „Es ist das Land der Wahrheit (ein reizender Name), umgeben von einem weiten und stürmischen Ozeane, dem eigentlichen Sitze des Scheins". (B 294f)

26 Kertész bemerkt zu dem Fragment *Ich, der Henker* aus den 50er Jahren, das er in seinen zweiten großen Roman *Fiasko* (1988) integriert hat: „Ich wollte ein Bild von der totalitären Staatsmacht zeichnen, vom physischen und moralischen Zustand des mit nicht mehr steigerbarem Unglück geschlagenen Menschen, so wie ich es in Auschwitz, später im stalinistischen Budapest kennengelernt hatte. Das Problem war, ob ich die Sprache finden würde, in der ich diese mit nichts vergleichbaren Erlebnisse beschreiben konnte." (*Vorbemerkung* von 2007 zu *Ich, der Henker*, OH, 23) In Bezug auf seine 13-jährige Arbeit an *Schicksalslosigkeit* äußert er ferner in einem Interview von Sieglinde Geisel: „Ich hatte ein literarisches Ziel, das erfordert einen bestimmten Stil. Wenn ich ein großes Ziel vor Augen habe, kann ich es nur mit einem großen Stil erreichen. Das bedeutet allerdings nicht, auch mit einer großen Begabung geboren zu sein. Ich hatte in meinem Leben etwas erkannt und merkte, dass mein Stil für diese Erkenntnis nicht ausreichte, so musste ich meinen Stil meiner Erkenntnis anpassen." (*Mit Spielberg kann ich nicht konkurrieren*, NZZ, 20.10.2013) Analog formuliert er in einem Gespräch mit Lerke von Saalfeld: „Nachdem ich diese Figur, dieses 14-jährige Kind [*den Protagonisten Köves*], diesen Ton, diese Sprache gefunden hatte, […]." (*Es ist ein Spiel*, DIE ZEIT, 26.10.2006)

27 Kertész erklärt 2002 in seiner Nobelpreisrede: „Alte Prophezeiungen sprechen davon, dass Gott tot ist. Zweifellos ist, dass wir uns nach Auschwitz selbst überlassen sind und unsere Werte selbst schaffen müssen.[*] […] das, was in der *Endlösung* […] seinen Ausdruck gefunden hat, kann nicht missverstanden werden, und die einzige Möglichkeit, zu überleben und uns schöpferische Kraft zu wahren, besteht darin, dass wir diesen Nullpunkt erkennen. Warum sollte diese Klarsicht nicht fruchtbar sein? In der Tiefe großer Erkenntnis, selbst wenn sie sich auf unüberwindbare Katastrophen gründen, steckt immer etwas vom großartigsten aller europäischen Werte, ein Moment der Freiheit, das als Surplus, als etwas Bereicherndes in unser Leben eingeht, indem es uns die wahre Tatsache unserer Existenz und unsere wahre Verantwortung für sie zu Bewusstsein bringt." (»*Heureka!*«, ES, 252f)
    * Vgl. Nietzsche in *Die fröhliche Wissenschaft* (1882): „Gott ist tot! Gott bleibt tot! Und wir haben ihn getötet! […] Müssen wir nicht selber zu Göttern werden, […]?" (*Werke 2*, 127)

28 Sehr ähnlich, und für Kertész wohl auch vorbildlich, formuliert Valéry in *Notwendigkeit der Dichtkunst* (Vortrag an der Université des Annales, 19.11.1937): „Sie wissen, dieses Wort *Poesie* hat zwei Bedeutungen. […] Poesie als Dichtkunst, dies ist der erste Sinn des Wortes, meint eine besondere Kunst, die auf der Sprache beruht. Poesie enthält aber auch einen allgemeineren Sinn, der verbreiteter, doch auch verschwommener und deshalb schwerer zu definieren ist; er bezeichnet einen […] zugleich

rezeptiven und produktiven Zustand, [...]. Produktiv ist er an Fiktionen, und bedenken Sie, dass die Fiktion unser Leben ausmacht. Wir leben ununterbrochen in einem Erzeugen von Fiktionen [...]. Das *Nichtseiende* antwortet in Ihrem Geist dem *Seienden*, denn die Macht, die das *Seiende* über Sie hat, ruft in Ihnen die Macht herauf, die das *Nichtseiende* hat; [...]. Dann lehnen wir uns gegen das Faktische auf; ein Faktum wie den Tod können wir nicht anerkennen." (*Werke 5*, 101f)

29 Kertész im Gespräch mit Alexandre Lacroix, PHILOSOPHIE MAGAZIN 5/2013

30 Kertész im Interview *Ich rolle den Fels immer wieder hinauf* von Sönke Petersen (31.1.2007), BLICK-PUNKT BUNDESTAG ONLINE (Archiv 01/2007)

31 Kertész im Interview von Marko Martin, MUT 425, Januar 2003, 54f. Analog schreibt Hans Sahl (den Kertész im selben Interview erwähnt; siehe 1) in *Das Exil im Exil* (1990) über seine Zeit als Exilant in Paris: „ich denke nicht gern an diese Pariser Zeit zurück, weil die Erinnerung an sie mit soviel Kläglichkeit und Ohnmacht und Armut verbunden ist, [...], weil man [...] der Aussichtslosigkeit seiner Existenz nur eins entgegensetzen konnte: sein Talent, seine Zuversicht, seinen Glauben. Solange man schrieb, lebte man noch, solange man schrieb, hatte Hitler noch nicht gesiegt." (*Memoiren eines Moralisten. Das Exil im Exil*, 227) Über seine durch das Schreiben vermittelte Beziehung zum Leben notiert Kertész ferner im Tagebuch: „Es wäre fatal anzunehmen, mein Leben gehöre mir; [...], ich weiß, dass es mich trägt (obschon da unbedingt ein Fall von Wechselseitigkeit vorliegt), ich weiß aber auch, dass ich nicht mit ihm *identisch* bin." (B, 15, 1991) „Dein Leben folgt einem Gesetz, solange du – obwohl du es erst später erkennst – diesem Gesetz auch selbst folgst; in dem Augenblick aber, da du die in deinem Leben erkannte Gesetzmäßigkeit ins Joch deiner engen Interessen spannen, dein Leben *beherrschen* willst, statt deine Existenz *anzunehmen*, zu verstehen und zum Ausdruck zu bringen: in dem Augenblick tritt das Gesetz des Chaos und des Zufalls in Kraft." (B, 107, 1995) Das Schreiben versteht er hier also nicht in dem Sinne als eine vitale Funktion, dass es unmittelbar zur Selbsterhaltung beiträgt, vielmehr sieht er es als ein Mittel zum Erhalt der spezifisch menschlichen (geistigen) Existenzform, worauf sich auch der oben zitierte Begriff des „Überlebens" bezieht. Der naturalistischen Sorge um das Überleben stellt er dabei eine gleichsam religiöse „Ehrfurcht vor dem Leben" (nach Albert Schweitzer) entgegen: „Ein Zeitalter ist vergangen, ein bestimmtes menschliches Verhalten erweist sich als unwiederbringlich, wie die Lebenszeit, wie die Jugend. Was war Kennzeichen dieses Verhaltens? Das Staunen des Menschen über die Schöpfung; seine andächtige Verwunderung darüber, dass vergängliche Materie – der menschliche Körper – lebt und eine Seele besitzt. Seine Verwunderung über das Bestehen der Welt ist vergangen und damit eigentlich die Ehrfurcht vor dem Leben, die Andacht, die Freude, die Liebe. [...] Eine Zeitlang entschlüpfte er seiner Bestimmung, seiner Aufgabe, sprang dem Tod von der Schippe und ergötzte sich an dem, was er zerstören musste: am Leben. So ließe sich [...] sagen, dass der Mensch doch nicht ganz umsonst entstand, insofern er sich mit seiner Weigerung – wenigstens eine Zeitlang – eine Lebensweise aneignete, die Zeugnis gibt. So gesehen wäre alles Höhere in Form und Gedanken, das je geschaffen wurde, dieser Weigerung zu verdanken; Kunst, Philosophie, Religionen, alles das Produkt eines plötzlichen Innehaltens, eines Zauderns angesichts der eigentlichen Aufgabe – der Zerstörung". (GT, 270f, Februar 1990; äquivalent in der *Rede über das Jahrhundert* [Hamburg, 1995], EGS, 28-30; *Das glücklose Jahrhundert*, ES, 122f)

32 In *Erdenbürger und Pilger* (geschrieben Ende der 50er Jahre/1965–1967?; siehe *Primärliteratur*, t) und *Detektivgeschichte* (1976 als Beigabe zu *Der Spurensucher* verfasst; siehe *Primärliteratur*, b) ist der biografische Gehalt nicht unmittelbar zu erkennen. *Erdenbürger und Pilger*, eine Nacherzählung der Geschichte von Kain und Abel, erscheint zunächst nur als Allegorie der Shoah. Die Figur des »Pilgers« Abel bezieht sich aber auf Kertész' Leben als unangepasster Autor in einer Diktatur. Ebenso ist die *Detektivgeschichte*, die in einer imaginären südamerikanischen Diktatur spielt, auf den ersten Blick nicht autobiografisch. Jedoch beschreibt Kertész dort wie schon in *Schicksalslosigkeit* die Situation des Menschen im Totalitarismus, und es ist zu sehen, dass er eigentlich wieder seine Schriftstellerexistenz

thematisiert. Im Gespräch *Das Geheimnis der Diktatur* mit Stephan Speicher weist er selbst auf dieses biografische Moment hin: „Ich hätte die Struktur [*der Beziehungen zwischen den Figuren in »Detektivgeschichte«*] nicht aufbauen können, hätte ich nicht im Kádár-Regime[*] gelebt, im kommunistischen Ungarn." (BERLINER ZEITUNG, 6.11.2004)

* János Kádár (1912–1989), ungarischer Ministerpräsident 1956–1958 und 1961–1965, Generalsekretär der sozialistischen Arbeiterpartei Ungarns 1956–1988

33 Kertész zitiert 1983 im Tagebuch aus Kermode, *Literary Fiction and Reality* (1965): „Kermode: »Wir alle schreiben unseren eigenen Roman.« [*Kermode: man is the novelist of himself*]" (GT, 160, Mitte 1983; Kermode, *The Sense of an Ending*, Kap. V - Literary Fiction..., 140, Anm.) Dieser Essay ist in dem ungarischen Band Kermode, *Mi a modern?* [*Was ist modern?*] (1980) enthalten (*Az irodalmi fikció és a valóság*), den Kertész damals wohl gelesen hat. Kermode zitiert an genannter Stelle seinerseits aus Ortega y Gasset, *Geschichte als System* (engl. 1935/ span. 1941): „[...] Man vergisst allzuoft, dass der Mensch undenkbar ist ohne [...] die Fähigkeit, sich ein Lebensbild zu erfinden, die Persönlichkeit, die er sein will, »auszudenken«. Ob Original oder Plagiator, der Mensch ist der Romandichter seiner selbst [*wie von Kertész zitiert*. [...]" (*Werke 4*, 365f) In diesem Sinne erklärt Kertész im Gespräch mit Lerke von Saalfeld, als er sich in den 50er Jahren dazu entschied, „Schriftsteller zu sein", habe er sich „selbst erfunden", und diese „Fiktion" setze er beständig fort: „Wenn ich überlege, was ich gemacht habe, dann sehe ich, dass ich an einem großen ewigen Roman schreibe." Freilich sei ihm das nicht immer bewusst: „wenn ich unmittelbar schreibe, denke ich nicht daran." (*Es ist ein Spiel*, DIE ZEIT, 26.10.2006) Gleichlautend äußert in *Ich - ein anderer* (1997) der Erzähler: „Ich bin der leicht skeptische, aber durchaus empfängliche Protagonist meines Lebens-*Entwicklungsromans** [*Im Original deutsch*]." (IA, 63)

34 Das *Galeerentagebuch* (*Gályanapló*, Holnap, Budapest, 1992) ist eine von Kertész redigierte Fassung seiner Aufzeichnungen aus der Zeit 1961 - August 1991. Der Klappentext der deutschen Ausgabe (Rowohlt, September 1993) weist den Text als „»Tagebuchroman«" aus. Am 2. Oktober 1991 vermerkt Kertész im Tagebuch die Fertigstellung seines neuen »Romans«: „*Galeerentagebuch* beendet und abgegeben. Dreißig Jahre meines Lebens, eingewickelt in Wachspapier." (B, 7) 1994 erklärt er rückblickend: „Mit dem *Galeerentagebuch* habe ich die Kuppel auf eine Chronik gesetzt, Chronik als eine mit der Epoche simultan fortschreitende Geschichte - »denselben Roman leben und schreiben«[*]; das Dach kam genau in dem Moment auf das Haus, als das wirkliche Haus - vierzig Jahre geschichtlicher Ruinenbau - zusammengestürzt war; voilà, tritt hinaus ins Freie, bleib in einiger Entfernung stehen und wirf einen Blick zurück auf die Trümmer, doch mit einem Fuß schon in der Kurve, die bald alles hinter dir verdeckt." (B, 52) Analog formuliert der Erzähler in Kertész' Tagebuchroman *Ich - ein anderer*, der von 1991 bis Ende 1995 gewissermaßen das *Galeerentagebuch* fortsetzt°, zur Romanzeit 1992: „Das *Galeerentagebuch* entstand und erschien zur selben Zeit, als die Veränderung einer begrenzten Lebensform (meiner) mit einer umfassenderen Wende (der des Landes) zusammenfiel.[†] [...]" (IA, 30) Die Tagebücher sind in der Berliner Akademie der Künste archiviert, unterliegen aber einer Sperre. Über die im *Galeerentagebuch* vorgenommenen Kürzungen schreibt Kertész in einer Notiz von Anfang 2001: „Das Tagebuch von 1982: Was für ein reicher, was für ein strömender, mäandernder Text. Im *Galeerentagebuch* habe ich das Ganze kastriert, vor allem - um A. [*Kertész' erste Frau Albina*] nicht zu verletzen - die Teile über das Liebesleben [*wohl auch: mit anderen Frauen‡*]. Dadurch kam im *Galeerentagebuch* ein reiner und lichter Text zustande, aber das Licht ist nur intellektuell, es mangelt ihm schmerzlich an sinnlichem Glanz." (LE1, 12, 12. Januar 2001; fehlt in LE2) Freilich fragt er schon früher: „In meinem Galeerentagebuch blätternd: Wo ist mein Alltag, wo ist mein Leben? Existiert es nicht, oder ist es mir peinlich? Stilisiere ich mich vielleicht deswegen?" (GT, 35, 1974)

* Zitat aus dem *Galeerentagebuch* (GT, 84, Ende 1977)

° Kertész' Tagebücher der Jahre 1991–2001 (*A néző* [*Der Betrachter*]) erschienen erst am 10. März 2016 bei Magvető. Die Tagebücher der Jahre 2001–2003 (*Mentés másként* [*Speichern unter*]) wurden im selben Verlag bereits 2011 veröffentlicht, sie sind auch enthalten in dem Band *Letzte Einkehr. Tage-bücher 2001–2009* (dt. Erstveröffentl. 2013, Rowohlt) (siehe *Primärliteratur*, m und y).

† Nach Thomas Mann, *Betrachtungen eines Unpolitischen*. Mann schreibt dort über sich selbst, er habe das „Schicksal, so in die Zeit gestellt zu sein, dass die Wende des persönlichen Lebens mit katastropha-ler Zeitwende zusammenfällt." (MK 116, 160f) Auf Manns *Betrachtungen* verweist Kertész auch im Motto des *Galeerentagebuchs*, für das er eines der Zitate aus dem Motto von Manns Text übernimmt: „Que diable allait-il faire dans cette galère?[/] Molière" (GT, 5; Mann, MK 116, 7) Das Zitat stammt aus Molières Stück *Les Fourberies de Scapin* [*Scapins Streiche*], der Dialog lautet ausführlich: „[*Géronte:*] Que diable allait-il faire dans cette galère? [*Was zum Teufel trieb ihn auf die Galeere?*] [*Scapin:*] Il ne songeait pas à ce qui est arrivé. [*Er konnte sich nicht ausmalen, wozu das führen würde.*]" (Acte II, Scène VII; Quelle: www.toutmoliere.net; Übers.: B. Sarin)

‡ Vgl. Kertész' Notiz von 1997: „Mein Schuldbewusstsein Frauen gegenüber scheint sich nun [*nach der Heirat mit seiner zweiten Frau Magda im April 1996*; vgl. 204] zum ersten Mal aufzulösen; jetzt bin ich zum ersten Mal treu – in dem Sinn des Wortes, der auch das Ausgeliefertsein enthält." (B, 155f)

35 In einem Interview anlässlich der Wiener Buchwoche von 2003 bemerkt Kertész, namentlich nach dem „Nobelpreis" habe er sich um eine korrekte Auslegung seiner Schriften bemühen müssen: „Ich musste der sprunghaft gestiegenen Verbreitung meiner Bücher folgen und auch ihr dienen. […] es werden so viele […] Falschheiten und Irrtümer über meine Bücher veröffentlicht. Ich aber möchte alles daransetzen, die Reinheit und Geschlossenheit meines Werkes zu bewahren." (*Von alten Struk-turen und alten Mentalitäten lösen*, Interview von Wolfgang Huber-Lang, APA, 21.11.2003) Im Tage-buch schreibt er schon 1999 ähnlich: „Wenn unsere Existenz sich weitet und wächst, dann müssen wir dieser Entwicklung folgen, solange wir nur können, da wir zu dieser Existenz gehören, mit all unserer Verantwortung, unserer Anstrengung, unserer Ehre.[/] Professionalität, das Verwalten und Plazieren des Werkes in der Welt – und die Haltung, die damit einhergeht – gehört zum Leben dazu". (B, 191f)

36 Kertész, *K. dosszié*, Magvető, Budapest, 2006

37 Im Gespräch mit Lerke von Saalfeld berichtet Kertész, im Gegensatz zur „Interviewform" habe ihn die „Dialogform" (respektive: die Form des Selbstgesprächs) „inspiriert" und er habe, für ihn selbst über-raschend, wie automatisch geschrieben: „es kam wie ein schon fertiges Material. Obwohl ich nie vor-hatte, über mich so unmittelbar zu reden." (*Es ist ein Spiel*, DIE ZEIT, 26.10.2006) Interessanterweise äußert ähnlich schon in *Fiasko* der politische Verbrecher Berg (*„der Henker"*), er wolle lieber in seiner Zelle „das eine oder andere zu Papier bringen", was er „gerade für gut und notwendig erachte", als Aussagen vor Gericht zu machen: „ein erfrischender Ausgleich zu den protokollierten Verhören und Gerichtsverhandlungen, wo ich nur auf das antworten kann, wonach ich gefragt werde, und mich ausschließlich in dem Licht zeigen kann, in das man mich dort zwangsläufig stellt." (F, 363, 366)

38 Kertész im Interview *Imre Kertész über sein neues Buch »Dossier K.«...* von Eszter Rádai, ÉLET ÉS IRODALOM, 28.7.2006, dt.: PERLENTAUCHER; analog in der *Vorbemerkung* zu *Dossier K*, DK, 5

39 Für eine systematische Lektüre von Kertész' Werk bietet es sich an, mit Erwin Panofsky (1892–1968) folgende drei Interpretationsebenen zu unterscheiden, die prinzipiell für alle Formen der darstellen-den Kunst (wie erzählende Malerei, Lese- oder Bühnenliteratur, Film etc.) relevant sind (nach *Studien zur Ikonologie der Renaissance*, 30–41; vgl. Sarin, *Ein Leben als Artikulation*, 14f):
1) „*Vorikonographische Beschreibung*": Das vorikonische Auffassen primärer gegenständlicher oder ausdruckshafter Motive. – Unter diesem Gesichtspunkt handelt etwa *Schicksalslosigkeit* von der Deportation eines jungen Budapester Juden in ein deutsches Konzentrationslager sowie von seiner Befreiung und Heimkehr am Ende des 2. Weltkriegs.
2) „*Ikonographische Analyse*": Das im engeren Sinne ikonographische Identifizieren konventionel-ler Themen, wie sie in Bildern, Anekdoten oder Allegorien darstellbar sind. – Entsprechend ist in *Schicksalslosigkeit* zu sehen, dass die Lagerhaft des Jungen eine allegorische Darstellung von Kertész'

persönlicher Entwicklung während seiner Arbeit an diesem Roman ist. Das zentrale Thema wäre das der »Personalisierung«, die traditionell der Gegenstand eines Bildungsromans ist.

3) *„Ikonologische Interpretation"*: Das im tieferen Sinne ikonographische (oder: ikonologische) Ermitteln eines symbolischen Gehalts, der von dem Autor des betreffenden Werks in einem bestimmten historischen Kontext zum Ausdruck gebracht wurde. – Kertész zeigt in *Schicksalslosigkeit* (allegorisch codiert), wie es ihm gelang, in einer totalitären Gesellschaft seine persönliche Würde zu wahren. Damit macht er auf der Grundlage seiner individuellen Erfahrung eine symbolische Aussage (im Sinne der Semiotik von Peirce*) über die Bedingungen des menschlichen Lebens, die ein Leser – in einem anderen Kontext und vor einem anderen Erfahrungshintergrund – pragmatisch interpretieren (und ggf. kritisieren) kann.

    * Charles Sanders Peirce (1839–1914), Mathematiker und Philosoph, Mitbegründer des Pragmatismus

40   DK, 12
41   B, 15 (1991). Ebenso erklärt Kertész noch 2014 in einem Interview von Thomas Cooper: „I often think everything is fiction. We have the idea that there is documentation on the one hand and fiction on the other, but sometimes I am skeptical. Even a first person narrative, an attempt at objectivity or at least an honest perspective, becomes fictive because one imagines oneself. One tries to find a suitable language in which to narrate one's experiences, but in doing so one really narrates oneself and transforms all the real experiences into language, which is always fictive." (*Document and Fiction*, THE HUNGARIAN QUARTERLY, Holocaust Special Issue 2014, 5)
42   Heidelberger-Leonard, *Imre Kertész. Leben und Werk* (2015). Die Literaturwissenschaftlerin Irene Heidelberger-Leonard (*1944) ist Herausgeberin der Améry-Werkausgabe bei Klett-Cotta (2002ff) und Autorin der Améry-Biografie *Revolte in der Resignation* (Klett-Cotta, 2004).
43   Royer, *Imre Kertész: »L'histoire de mes morts«* (2017). Die Historikerin und Kulturwissenschaftlerin Clara Royer (*1981) ist Ko-Autorin des Drehbuchs für den Film *Son of Saul* (2015) von László Nemes.
44   Siehe die Kommentare zu Heidelberger-Leonard: S. 31, Anm. 230; S. 75, Anm. 492; S. 131, Anm. 695.
45   Nietzsche unterscheidet in *Vom Nutzen und Nachteil der Historie für das Leben* (1874, *Unzeitgemäße Betrachtungen*, Nr. 2) die profane Geschichte von einer *„monumentalischen* Historie", die nicht von den „Massen", sondern von genialen Einzelnen geschrieben wird: „Es wird die Zeit sein, in der man sich aller Konstruktionen des Weltprozesses oder auch der Menschheits-Geschichte weislich enthält, eine Zeit, in der man überhaupt nicht mehr die Massen betrachtet, sondern wieder die einzelnen, die eine Art von Brücke über den wüsten Strom des Werdens bilden. Diese setzen nicht etwa einen Prozess fort, sondern leben zeitlos-gleichzeitig, […]; ein Riese ruft dem andern durch die öden Zwischenräume der Zeiten zu, und ungestört durch mutwilliges lärmendes Gezwerge, welches unter ihnen wegkriecht, setzt sich das hohe Geistergespräch fort." (*Werke 1*, 220, 270) Im selben Sinne schreibt er in *Schopenhauer als Erzieher* (1874, *Unzeitgemäße Betrachtungen*, Nr. 3): „Wer sein Leben nur als einen Punkt versteht in der Entwicklung eines Geschlechtes oder eines Staates oder einer Wissenschaft und also ganz und gar in die Geschichte des Werdens, in die Historie hineingehören will, hat die Lektion, welche ihm das Dasein aufgibt, nicht verstanden und muss sie ein andermal lernen. Dieses ewige Werden ist ein lügnerisches Puppenspiel, über welchem der Mensch sich selbst vergisst, die eigentliche Zerstreuung, die das Individuum nach allen Winden auseinanderstreut, das endlose Spiel der Albernheit, welches das große Kind Zeit vor uns und mit uns spielt. Jener Heroismus der Wahrhaftigkeit besteht darin, eines Tages aufzuhören, sein Spielzeug zu sein. Im Werden ist alles hohl, betrügerisch, flach und unserer Verachtung würdig; das Rätsel, welches der Mensch lösen soll, kann er nur aus dem Sein lösen, im So- und nicht Anders-sein, im Unvergänglichen. Jetzt fängt er an zu prüfen, wie tief er mit dem Werden, wie tief mit dem Sein verwachsen ist – eine ungeheure Aufgabe steigt vor seiner Seele auf: alles Werdende zu zerstören, alles Falsche an den Dingen ans Licht zu bringen." (*Werke 1*, 319f)

I – Eine authentische Fiktion

46 Siehe Heidelberger-Leonard und Royer. In *Dossier K* erzählt Kertész auch selbst von seiner Kindheit. Dort steht allerdings das falsche Geburtsdatum „29. [*statt: 9.*] November" 1929. (DK, *Lebensdaten*, 236)

47 Vgl. Raul Hilberg, *Die Vernichtung der europäischen Juden*, 859-926 (*Ungarn*). Laut Heidelberger-Leonard und Royer wurde Kertész im Juni 1944 in Budapest verhaftet und Anfang Juli über Auschwitz nach Buchenwald/Zeitz deportiert. Kertész schreibt über seine Festnahme in *Dossier K*. (DK, 9-11)

48 Es handelt sich um das Lager »Wille« in Tröglitz/Rehmsdorf bei Zeitz. Dort wurden Häftlinge zur Reparatur eines im Krieg beschädigten Treibstoffwerks der Braunkohle-Benzin AG (Brabag) eingesetzt. Vgl. Benz/Distel, *Der Ort des Terrors*: „Im Lager inhaftiert waren [...] hauptsächlich ungarische Juden, die über Auschwitz nach Buchenwald und von dort zur Zwangsarbeit in das Außenlager »Wille« transportiert wurden. Zu ihnen gehörte auch Imre Kertész.[/.../] Für die Vorgänge im Außenlager »Wille« ist kaum jemand zur Rechenschaft gezogen worden. Dr. [Hans Karl*] Wille, Werkleiter der Brabag in Zeitz und zugleich Gestapochef des Werkes, verschwand beim Besatzungswechsel im Juni 1945 spurlos. Kommandoführer Rudolf Kenn wurde mangels Beweisen freigesprochen. Lediglich der Lagerälteste Hans Wolf, wegen seiner Brutalität gegenüber den Häftlingen besonders berüchtigt, wurde 1946 im Dachauer Buchenwaldprozess zum Tode verurteilt." (Bd. 3, 593-595; * Arndt/Schwarz, 28)

49 Laut *Dossier K* lautete der Name der Zeitung „»Világosság« [*Klarheit*]", später „»Esti Budapest« [*Budapest am Abend*]", und das genaue Datum der Kündigung war der „1. Januar 1951". (DK, 124, 117) Kertész bemerkt 2002 im Gespräch mit Andreas Breitenstein, nach seiner Befreiung aus dem KZ sei er zwar „grundsätzlich kommunistisch eingestellt" gewesen, die Stalinisierung seit 1949 habe ihn aber schnell erkennen lassen, „dass es nicht das war, was [*er*] wollte." Bei der Zeitung sei er dann „auch bald wegen ideologischer Unfähigkeit entlassen" worden. (NZZ, 7.12.2002) Im Gespräch mit Alexandre Lacroix erläutert er: „Tatsächlich wurde ich entlassen, weil ich nicht die aktuellen Parteimeldungen verbreiten wollte. Diese Entlassung war wirklich noch ein Glücksfall, denn für gewöhnlich wurden die Aufsässigen viel brutaleren Maßregeln unterworfen." (PHILOSOPHIE MAGAZIN 5/2013) Diese letzte Phase von Kertész' Anstellung als Journalist ist auch Gegenstand der Erzählung *Die Bank* (1978). (OH, 45-57) Die „Redaktion" ist weiterhin ein Motiv in *Die englische Flagge* (1991). (EF, 5-58) Ebenso erhält im zweiten Teil von *Fiasko* der Protagonist Steinig ein Kündigungsschreiben der „Redaktion der Zeitung, für die er bis dahin als Journalist tätig gewesen war". (F, 198)

50 Zur Fabrik („MÁVAG") und zum Wechsel in die „Presseabteilung" des „Ministerium[s] für Hüttenwesen und Maschinenbau" im „Frühjahr 1951" siehe DK, 117, 124ff; vgl. Kertész im Radioporträt »*Ich bin ein Privat-Überlebender*« von Cornelius Hell, ORF, 2.6.1996. Beides verwendet Kertész auch in *Fiasko*.

51 Kertész im Radioporträt »*Ich bin ein Privat-Überlebender*« von Hell, ORF, 2.6.1996; vgl. unten 373, †.

52 DK, 144f. Im Interview *Imre Kertész über sein neues Buch »Dossier K.«...* von Eszter Rádai erzählt Kertész: „1951 wurde ich zum Kriegsdienst einberufen. Nach der ›Allgemeinen Grundausbildung‹ wurde unsere Einheit als *Wache zur Militärstaatsanwaltschaft* bestellt. Wir mussten die unter Anklage stehenden Gefangenen aus dem Gefängnis zum Gericht oder zum Arbeitsplatz bringen, morgens rauslassen, abends einlassen und so weiter. In der Wirklichkeit bin ich von hier entkommen, indem ich einen Nervenzusammenbruch vortäuschte, ins Krankenhaus kam und von dort ins »Filminstitut« der Armee, wo ich Diafilme für die Weiterbildung anfertigen musste." (ÉLET ÉS IRODALOM, 28.7.2006, dt.: PERLENTAUCHER) In einem Interview von Franziska Augstein erklärt er, beim Militär habe ihm bisweilen seine KZ-Erfahrung genützt: „Manchmal hat diese Erfahrung mir Vorteile gebracht: Als ich 1951 zum Militär eingezogen wurde, kam ich in eine für mich sehr bekannte Situation. Die anderen Rekruten hatten viel mehr Mühe, sich einzufinden." (*Schande und Liebe in Zeiten der Diktatur*, SZ, 16.9.2006) Seine Erlebnisse beim Militär thematisiert Kertész wiederum in *Fiasko*. Jedoch hat dieses Motiv dort vor allem eine allegorische Bedeutung. Etwa ist Steinigs Ungeduld mit einem Insas-

sen des Militärgefängnisses, der „das Essen zurückweise", (F, 419ff) offenkundig eine Anspielung auf Kertész' geringe Neigung, andere zu missionieren: „Ich schreibe nie in dem Bewusstsein, dass ich eine Berufung hätte oder die Menschen erlösen müsste. Ich schreibe nur für mich, Schreiben ist Privatsache." (Kertész im Gespräch *Es ist ein Spiel* mit Lerke von Saalfeld, DIE ZEIT, 26.10.2006) Gegenüber seiner Biografin Heidelberger-Leonard hat Kertész auch „versichert", die Passage in *Fiasko*, in der Steinig einen Gefangenen im Affekt schlägt, sei rein fiktiv. (*Imre Kertész*, 69, 169, Anm. 37 in Kap. 3)

53 Im Gespräch *Ein Roman und sein Schicksal* mit Michael Töteberg von 2005 erläutert Kertész: „Erst nachdem mein Buch [*Schicksalslosigkeit*] 1975 erschienen war, konnte ich Übersetzungen machen. Vorher haben die Leute im Literaturbetrieb meinen Namen nicht gekannt, und das war so auch richtig. Denn ich wollte nicht Karriere machen in einem Literaturbetrieb, der ganz ekelig war." (RSF, 297) Als erste Übersetzungen Kertész' katalogisiert die ungarische Nationalbibliothek: Tankred Dorst, *Dorothea Merz* (1980); W. E. Richartz, *Büroroman* (1981); Volker W. Degener, *Heimsuchung* (1982); Dorst, *Merlin oder Das wüste Land* (1983) etc. Im Interview von RADIO DDR II (28.1.1989) erwähnt Kertész seine Übersetzungen von „Canetti" (*Hochzeit*, 1988; in Arbeit befindlich: „*Das Augenspiel*", 1993) und „Dürrenmatt" (*Der Mitmacher*, 1989), ferner, als für ihn besonders wichtig, „Nietzsche" (*Die Geburt der Tragödie*, 1986), „Freud" (*Der Moses des Michelangelo*, 1987) und „Joseph Roth", „*Hiob*" (1989). Zu letzterem Roman bemerkt er im Gespräch mit David Dambitsch (1992ff): „Ich wollte unbedingt den *Radetzkymarsch* übersetzen, aber das war schon geschehen; dann wollte ich die *Kapuzinergruft* übersetzen, auch die war bereits übersetzt; und dann bekam ich den *Hiob*. Das ist ein wunderschönes Buch – würden Sie Ungarisch sprechen, dann würden Sie auch die Schwierigkeiten verstehen, denn das Ungarische ist eine dem Deutschen ganz entgegengesetzte Sprache –, und es war eine wunderschöne Aufgabe für mich, Joseph Roth zu übersetzen. Dass die Fülle seiner Sätze geblieben und hinübergerettet wurde, dass das gelungen ist, haben mir sehr viele Leute gesagt. Das Buch wurde sehr populär in Ungarn." (Dambitsch, *Im Schatten der Shoah*, 47f) Die 1989 gegründete Zeitschrift HOLMI druckte Kertész' Übersetzungen von Eduard Goldstücker, *Pharaos Bäcker* (7/1990) und Hans-Georg Gadamer, *Der Zauberflöte anderer Teil* (12/1991). Im Gespräch mit Alexandre Lacroix kommentiert Kertész außerdem seine 1995 erschienene Übersetzung von Wittgenstein, *Vermischte Bemerkungen*: „Diese »Vermischten Bemerkungen« sind von einem Wissenschaftlergremium zusammengestellt worden, ausgehend von einem ungefähr halbmeterhohen Berg von Manuskripten, den der Philosoph bei seinem Tod hinterlassen hat. Und meine Übersetzung ist eigentlich eine Interpretation, eine freie Lektüre, die ich von diesem Material unterbreite. Von Wittgenstein behalte ich vor allem die Idee zurück, dass es keine private Erfahrung gibt, weil die Sprache, in der ich denke und mich ausdrücke, eine öffentliche Sprache ist, die gemeinschaftlich geschaffen wurde und wird." (PHILOSOPHIE MAGAZIN 5/2013) Weiterhin übersetzte er u. a. Hofmannsthal, *Die Frau ohne Schatten* und Schnitzler, *Flucht in die Finsternis* für einen Band österreichischer Erzählungen (1988). 1991 wurde in Budapest auch Schnitzlers Stück *Professor Bernhardi* in Kertész' Übersetzung aufgeführt. Für seine Verdienste als Übersetzer erhielt Kertész 1986 den Forintos-Preis des ungarischen Schriftstellerverbands (wohl anlässlich der Übersetzung von Nietzsches *Die Geburt der Tragödie*) und 1997 den Friedrich-Gundolf-Preis (siehe auch unten 288). In der Laudatio zu letzterem Preis sagte Michael Krüger: „Man muss eigentlich nur die Grenze überqueren, um sein Lob zu hören. [...] die Übersetzungen, die Imre Kertész erarbeitet hat, [...] haben Schule gemacht und werden in der Schule und im Seminar gelesen und auf dem Theater gesprochen. [...] Seine Übersetzungen [...] werden geradezu als klassische Beispiele gefeiert." (*Deutschstunde in Buchenwald*, in *Jahrbuch der Deutschen Akademie für Sprache und Dichtung 1997*, 93-96)

54 Kertész im Interview *Wie Glück entstehen kann...*, Erdmute Klein, MÜNCHNER MERKUR, 22.4.1996

55 Kertész lernte Albina Vas (1920–1995) am 14. Sept. 1953 kennen. Er heiratete sie 1960 und lebte mit ihr bis zu ihrem Tod am 4. Okt. 1995 zusammen. (Heidelberger-Leonard, 24f, 32; Royer, 69-77, 274-277; vgl. IA, 125; B, 117, 130ff, 213) Er erzählt von ihr auch im Interview von Augstein, SZ, 9.11.2009.

56 Spiró, *Nicht jüdisch. Nicht ungarisch. Nicht antideutsch genug.*, Magazin DU 757, Juni 2005, 20

57 Die ungarische Nationalbibliothek katalogisiert etwa *Bekopog a szerelem* [*Die Liebe klopft an die Tür*], musikalische Komödie in drei Akten, Libretto: Imre Kertész (József Attila Theater, Budapest, 1960). Kertész selbst erwähnt 2013 im Gespräch mit Alexandre Lacroix die populäre Komödie *Csacsifogat* [*Eselskarren*] (von der 1984 sogar eine Fernsehfassung bei M3 produziert wurde): „Ich habe ein Stück geschrieben, das »Eselskarren« hieß – hübscher Titel, nicht wahr? –, das ein voller Erfolg war." (PHILO-SOPHIE MAGAZIN 5/2013) Kurz nachdem im Oktober 2002 bekannt wurde, dass er den Nobelpreis erhält, meldete das Soproner Stadtmagazin SOPRONI ÁSZ, sein früherer Freund Pál Bán, der 1956 emigriert war und angeblich Autor eben dieses Stücks ist, bezichtige ihn des Plagiats. Bán habe nach seiner Emigration die Komödie Kertész zur Verwertung überlassen, dies aber später revidiert. Kertész hatte in einer Fernsehsendung bemerkt, dass jenes Stück für ihn einst recht einträglich war, was Bán wohl zu seiner Anschuldigung veranlasste. (Royer, 320) Kertész gab gegenüber der Agentur MTI eine Gegenerklärung ab (Budapest, 15.11.2002).* Im Tagebuch notiert er: „Die Groteske, die mein Leben begleitet. […] Kindheitsfreunde: […] es setzt mir mehr zu als nötig." (LE1, 158, 17. Nov. 2002; LE2, 115f)
  * *A Csacsifogat tovább gördül...* [*Der Eselskarren rollt...*], GONDOLA.HU, 15.11.2002 (WWW)

58 Im Gespräch mit Alexandre Lacroix von 2013 erzählt Kertész, ein Freund (István Kállai; vgl. DK, 200 und LE1, 451, Anm. zu 24. Juni 2004) habe ihn dazu motiviert, mit ihm gemeinsam Stücke für freie Ensembles zu schreiben. So sei es ihm möglich gewesen, Geld zu verdienen, ohne „mit dem Regime zu tun" zu haben: „Um die Lage zu verstehen, müssen Sie wissen, dass es in Ungarn Ende der fünfziger Jahre viele talentierte und berühmte Schauspieler gab, die weder auf den nationalen Bühnen auftreten noch offizielle Filme drehen durften, weil sie 1956 massiv Imre Nagy bei seinem Versuch der Erhebung gegen die Russen unterstützt hatten… Diese Schauspieler waren allerdings relativ frei. Sie traten in Boulevardstücken auf, die sie oft an improvisierten Orten aufführten, […]. Diese Stücke hatten großen Erfolg. Da sie keine politischen Themen berührten, drückten die Behörden die Augen zu. Ich machte mich also daran, fürs Boulevardtheater zu schreiben". (PHILOSOPHIE MAGAZIN 5/2013) 2004 bemerkt er im Gespräch mit Ijoma Mangold, das habe „aber überhaupt nichts mit Literatur zu tun" gehabt, er habe damit nur seine Kunst finanziert: „Ich hätte genauso gut Holz hacken können, nur wäre das physisch zu schwer gewesen. Davon habe ich meine Geheimarbeit finanziert." (SZ, 9.11.2004) Zu seiner »geheimen« literarischen Arbeit notiert er schon 1964 im Tagebuch: „»Ein Bild muss mit dem-selben Gefühl gemacht werden, mit dem ein Verbrecher seine Tat ausführt«: Degas[*] – Das ist die eine Seite des Problems; die andere ist, dass die Behörden mit den besseren Künstlern heute geradeso wie mit Verbrechern umgehen." (GT, 10; *ebenso von Thomas Mann zitiert in *Fragment über das Religiöse*, MK 119, 270) In der Nobelpreisrede »Heureka!« von 2002 erklärt Kertész ferner, angesichts seiner geistigen Isolation habe er das Schreiben stets als eine „strikte Privatangelegenheit" aufgefasst. Er betont aber zugleich: „Privatangelegenheit: das schließt Ernsthaftigkeit natürlich nicht aus, auch wenn eine derartige Ernsthaftigkeit ein wenig lächerlich erscheint in einer Umgebung, in der allein die Lüge ernst genommen wird." (ES, 243f) Vgl. auch das betreffende Zitat aus dem Gespräch mit Lerke von Saalfeld von 2006 (oben 52). Ähnlich erinnert Kertész sich 2010 im Gespräch mit Thomas Cooper: „I realized quite early on that if I wanted to be a writer and write what I wanted, not what was wanted of writers, then I shouldn't let anyone know I was writing, shouldn't let anyone know that some guy named Imre Kertész was sitting in his apartment working on a novel." (*A Conversation with Imre Kertész*, in Kertész, *The Holocaust as Culture*, 33)

59 GT, *Über den Autor*, 319

60 DK, 140, 142

61 Kertész berichtet in einem Interview von Sieglinde Geisel: „Es war in den fünfziger Jahren, ich arbeitete als freischaffender Journalist und schrieb Artikel über Themen wie die Frage, warum die Züge in Ungarn so oft Verspätung hatten. Bei der Recherche zu diesem Artikel wartete ich in einem

L-förmigen Flur. Ich hörte Schritte, die die Treppe hochkamen. Es war nur eine Person, aber ich vernahm diese Schritte, als wäre es eine Menschenmasse. Diese Schritte hatten eine Sogwirkung, und auf einmal wusste ich, dass ich mich entscheiden musste: Wenn ich mich in diese Schritte einreihe, verliere ich mich. Ich wusste nicht, was das war, ich wusste nur, dass ich mich dagegen wehren musste. Auf diesem Flur ereilte mich die Erkenntnis, dass alles, was ich bis dahin getan hatte, falsch war, lächerlich. Ich hatte Auschwitz überlebt und damit am unvorstellbarsten Ereignis der Geschichte teilgehabt – und trotzdem lebte ich, als wäre nichts gewesen." (NZZ, 20.10.2013) In einem Fernsehgespräch mit Klara Obermüller formuliert er in der Terminologie Kierkegaards (den er damals, in den 50er Jahren, aber wohl noch nicht gelesen hatte; siehe S. 20, Anm. 101), er habe sich vor die Entscheidung gestellt gesehen, ob er „entweder mit dieser Masse marschiere oder austrete aus der Reihe der sogenannten Geschichte". Er habe blitzartig erkannt, dass es um *sein* Leben ginge („das ist *mein* Leben, das bin *ich*") und er die „Wesenlosigkeit" überwinden müsse, in die er sich zuvor gefügt habe. (SRF, *Sternstunde Philosophie*, 28.9.2003) U. a. in der Nobelpreisrede »*Heureka!*« von 2002 datiert er dieses Ereignis genauer auf 1955. (ES, 244-246) Im Gespräch mit David Dambitsch (1992ff) erläutert er dazu weiterhin: „Das war wirklich ein existentieller Moment, das hat mich erschüttert. Wie das kam, das weiß ich nicht mehr genau. Ich erinnere mich nur daran, dass ich mich damals dahingehend geäußert habe, niemals in der Zukunft etwas zu schreiben, das mich nichts angeht. Ich hatte damals als Journalist gearbeitet und einige Unterhaltungsstücke fürs Theater geschrieben; das habe ich dann auch weiterhin gemacht, aber nur um meinen Roman zu finanzieren, damit ich frei bleibe und nicht eine Stelle annehmen muss." (Dambitsch, *Im Schatten der Shoah*, 55) Jenes existentielle Erlebnis, das sich auf dem „L-förmigen Flur" einer Behörde abgespielt habe, thematisiert Kertész auch in *Fiasko* (F, 33, 152, 432ff) und *Dossier K* (DK, 140, 142f, 151, 154f, 157, 165f).

62 Im Gespräch mit Hähnel und Mesnard unterscheidet Kertész die „Massenerfahrung", wie sie im „Totalitarismus" für den „funktionalen Menschentyp" charakteristisch sei, von der „Kollektiverfahrung": „Kollektiv würde ich sie nicht nennen. Ich würde nur sagen, dass der Mensch in Massenereignissen ein anderer wird. Der einzelne ist dort nicht mehr zu finden." (SINN UND FORM 3/2000, 371) Hierbei bezieht er sich vielleicht auf C. G. Jung, *Über die Psychologie des Unbewussten* (1917): „Es hat etwas Furchtbares an sich, dass der Mensch auch eine Schattenseite hat, welche nicht nur etwa aus kleinen Schwächen und Schönheitsfehlern besteht, sondern aus einer geradezu dämonischen Dynamik. Der einzelne Mensch weiß selten davon; […]. Lassen wir diese harmlosen Wesen aber Masse bilden, so entsteht daraus gegebenenfalls ein delirierendes Ungeheuer, und jeder Einzelne ist nur noch kleinste Zelle im Leibe des Monstrums, wo er wohl oder übel schon gar nicht mehr anders kann, als den Blutrausch der Bestie mitzumachen". (Kap. 3 - *Der andere Gesichtspunkt: Der Wille zur Macht*, Werke 7, 32)

63 Vgl. etwa Georg Lukács im *Vorwort* (1967) zu Bd. 2 seiner gesammelten Werke: Man müsse die schon von „Engels" gestellte „Aufgabe" lösen, „der Kantschen Lehre vom »unfassbaren Ding an sich« ein Ende zu bereiten". (*Werke 2*, 21) Die ursprüngliche Intention hiervon ist, die zur „»zweiten Natur«" gewordene kapitalistische Warenmystik als „ökonomische Mystifikation" (Marx) zu entlarven und sie als objektiv erkennbares menschliches Konstrukt zu begreifen (wie Lukács 1923 in *Geschichte und Klassenbewusstsein* formuliert hat; *Werke 2*, 260) Analog kann auch jedem anderen historischen Geschehen, insofern es als Resultat menschlichen Handelns rationalisierbar ist, eine objektive Erkennbarkeit zugesprochen werden, und es liegt nahe, daraus einen Anspruch auf Deutungshoheit wissenschaftlich qualifizierter Interpreten herzuleiten. Allerdings definiert sich Wissenschaft generell durch die Kritisierbarkeit der Argumente, was einen Alleinvertretungsanspruch als autoritäre Attitüde erscheinen lässt und letztlich sogar die Subjektivität der einzelnen Forschenden legitimiert.

64 Vielleicht eine Anspielung auf Musil, *Der Mann ohne Eigenschaften*: „Es war ein schöner Augusttag des Jahres 1914." Musil parodiert dort ebenfalls den Versuch, „das Tatsächliche" objektiv zu erfassen. (Teil 1, 9) In *Dossier K* datiert Kertész' Alter Ego das Ereignis auf ca. „Ende 1955". (DK, 157)

65   ES, 247, 244

66   Kertész im Interview von Eszter Rádai, ÉLET ÉS IRODALOM, 28.7.2006, dt.: PERLENTAUCHER

67   Kertész im Gespräch mit Ijoma Mangold, SZ, 9.11.2004

68   Kertész im Gespräch mit Peter Michalzik, FRANKFURTER RUNDSCHAU, 4.7.1996

69   György/George Soros (*1930, Budapest) ist ein in den USA lebender ungarisch-jüdischer Milliardär, der die deutsche Besatzung in Ungarn überlebte, in London bei Karl Popper Philosophie studierte und weltweit eine Reihe von Stiftungen finanziert, mit denen er auch einen gesellschaftlichen bzw. politischen Einfluss ausübt (*Open Society Foundations*; der Name ist durch Poppers Buch *The Open Society and Its Enemies* von 1945 inspiriert).

70   Kertész im Gespräch mit Ijoma Mangold, SZ, 9.11.2004

71   In *Dossier K* erzählt das antwortende Alter Ego Kertész', während der „stalinistischen Ära" (also: vor Juni 1953, als in Ungarn Ministerpräsident Mátyás Rákosi im Rahmen der Entstalinisierung durch Imre Nagy abgelöst wurde) habe er als junger Schriftsteller, der „die ganze Weltliteratur lesen musste", antiquarisch eine Sammlung mit Essays von Valéry erstanden. Dieses in *Dossier K* als „alte kartonierte Schwarte" bezeichnete Buch kann als die 1931 in Budapest erschienene Übersetzung *Változatok* von *Variété* (Bd. 1, 1924) identifiziert werden: neben Valérys „Leonardo"-Studie und seinen Essays zur „Krise des Geistes" habe es einen äußerst interessanten Text zur Poetologie enthalten, der durch ein Zitat als *Zu »Adonis« von La Fontaine* (*Au Sujet d'Adonis*, 1920) kenntlich gemacht ist. (DK, 170f) „Valérys Leonardo-Studie" wird auch schon in Kertész' Roman *Liquidation* (2003) als Hilfsmittel des Autors und Übersetzers B./Bé erwähnt. (L, 123) Damit gibt Kertész einen wertvollen Hinweis auf die Herkunft seines künstlerischen Selbstverständnisses. Offenkundig stimmte er mit Valéry darin überein, dass ein Autor seine einmalige Existenz als solche nicht vermitteln kann, während sein Werk den Leser zugleich in objektiv bestimmter Weise beeinflussen soll. Das Werk darf demnach kein impulsiver Ausdruck des Autors sein, sondern muss vielmehr methodisch konstruiert werden bzw. in einem längeren reflexiven Prozess entstehen. Derartige Überlegungen, die sich auf Valéry zurückführen lassen (siehe u. a. den *Adonis*-Aufsatz), finden sich namentlich in Kertész' Tagebuchroman *Galeerentagebuch*, der Arbeitsnotizen von 1961 bis 1991 enthält. Dort schreibt Kertész etwa: „Die Krise der »Humanität«, […]. Was ist hier Begabung wert? Sie ist eher […] eine Bürde. Noch nie war »Methode« so dringend erfordert." (GT, 9f, 1963) Entsprechend nennt auch Pál Kelemen Valéry als Referenz in Kertész' frühen, nicht veröffentlichen Notizen, die in der Berliner Akademie der Künste archiviert sind. (Györffy/Kelemen, *Kertész und die Seinigen*, Kap. *Der Vorlass von Imre Kertész*, 13f)

72   DK, 97. Siehe dazu auch DK, 101, 104, 115.

73   „Was ist der Literatur genannte geistige Raum im Grunde anderes als ein Einander-die-Hände-Reichen von Schriftstellern über die Zeiten hinweg." (DK, 140) Damit referiert Kertész auf Hofmannsthals Vortrag *Das Schrifttum als geistiger Raum der Nation* (Universität München, 10. Januar 1927, in *Reden und Aufsätze 3*), ferner auf Nietzsches Begriff der „*monumentalischen* Historie" (siehe oben 45).

74   Valéry schreibt in *Das Recht des Dichters an der Sprache*, die „Literatur" könne eine „poetische Sprache" schaffen, die „von der Sprache der Alltagspraxis ebensosehr verschieden wäre wie es die Kunstsprachen der Algebra oder der Chemie sind." Von der – gleichsam zufälligen – „»allgemeine[n] Bewegung der Sprache«", die „aus den ungeordneten Handlungen aller als Durchschnitt" resultiere (wie Saussure in *Cours de linguistique générale* postuliert hat), unterscheide sich die poetische Sprache durch ihre wohl überlegte und signifikante Gestaltung durch wenige Einzelne. Diese würden die naturwüchsigen Gesetze der Sprache planvoll für ihre „persönlichen Zwecke" nutzen. (*Werke 1*, 484f)

75   Valéry, *Zu »Heureka«* (1921, Einleitung zu Baudelaires Übersetzung von Poe, *Eurêka*), *Werke 4*, 122. Kant führt in seiner Dissertation *Über die Form und die Prinzipien der sinnlichen und der Verstandeswelt* (1770), in der er die Grundlagen seiner kritischen Philosophie vorstellt, ebenso die vermeintlich „*unbedingte Ganzheit*" der Welt auf eine subjektive Konstruktion zurück. (§ 2, Akad. II, 391)

76 Kertész: „I practically devoured all of world literature. Well, I should have read the classics at school, but obviously, in those days, it was difficult to get hold of these books. But later, the Hungarian government tried to gain legitimacy by publishing all of those works, churning them out en masse at three forints apiece. Unfortunately, that didn't include modernist fiction, so it was up to me to make up my own Weltanschauung, my literary point of departure." (Interview von Luisa Zielinski, THE PARIS REVIEW No. 205, Summer 2013)

77 Auf der Messe wurde wohl die zweite Auflage der ungarischen Übersetzung präsentiert: Camus, *Közöny* [*Der Fremde*], Übers.: Albert Gyergyai, Budapest (Révai) 1948, (Magvető) 1957.

78 Kertész erläutert in einem Interview von Tilman Krause: „1954 hat Georg Lukács die ersten Thomas-Mann-Texte nach dem Krieg herausgebracht, die ich verschlang. Das hat mein Leben verändert, »Tod in Venedig«, »Wälsungenblut«." (*In Ungarn haben Antisemiten das Sagen*, DIE WELT, 5.11.2009) In *Budapest, Wien, Budapest* (1990) erinnert er sich (zur Erzählzeit *„September 1989"*) ebenfalls daran, dass er vor „gut fünfunddreißig" Jahren (= 1954) „auf einer rauhen, hinfälligen Bank im Park oberhalb der Margitstraße [*wohl: im Margit utcai park nahe der Törökstraße, in der Kertész wohnte*] binnen drei Tagen den »Zauberberg« [*1924*] ausgelesen ha[*t*], einen der vom Genius-Verlag edierten dunkelblauen Bände [*also: in der schon älteren Ausgabe von 1925 oder 1931, Übers.: József Turóczi*]". (ES, 33)

79 Kertész im Gespräch mit Alexandre Lacroix, PHILOSOPHIE MAGAZIN 5/2013

80 Laut dem Katalog der ungarischen Nationalbibliothek erschien bereits 1957 der Band *Az ítélet* [*Das Urteil*] (mit: *Das Urteil, Die Verwandlung, Ein Landarzt, Auf der Galerie, Vor dem Gesetz, Elf Söhne, Ein Bericht für eine Akademie, In der Strafkolonie, Ein Hungerkünstler*). 1964 folgten *Das Schloß*, 1967 *Amerika*, 1968 *Der Proceß* und 1973 ein Band *Erzählungen*. Royer schreibt, Kertész habe 1963 schon den *Proceß* gelesen. (191) Dieser wurde in der Zeitschrift NAGYVILÁG [*Die weite Welt*] 7-8/1963 gedruckt (und in Heft 2 auch der *Brief an den Vater*).* Im *Galeerentagebuch* erwähnt Kertész Kafka erstmals 1965: „Die beiden Möglichkeiten des Schutzes: Wir verwandeln uns, gewissermaßen aus freien Stücken, in unsere Determiniertheit (in Kafkas Tausendfüßler [*aus »Die Verwandlung«*]) und versuchen so, diese Fremdbestimmung dem eigenen Schicksal anzuverwandeln; oder wir revoltieren". (GT, 17) 1975 referiert er dort auf *Ein Bericht für eine Akademie*, *Das Schloß* und *Der Proceß*. (GT, 53, 58, 59) Zu den beiden letztgenannten Romanen bemerkt er, Kafka habe in ihnen ein treues Bild des „osteuropäischen Lebens" entworfen (was im Westen nicht verstanden werde): „das Bild einer Welt der Knechtschaft, die auf allgemeiner Übereinkunft basiert." „Man akzeptiert eine erfundene Ordnung, eine Spielregel, und gründet auf diese Spielregel sein Leben, als sei sie die Ordnung des Lebens oder der Natur." „»Die Lüge wird zur Weltordnung gemacht.« [*Der Proceß*, Kafka, Werke 3, 233]" Dabei nimmt er sich offenbar K. aus *Das Schloß* zum Vorbild und setzt ihn auch mit dem Gast/ Abgesandten aus seiner Erzählung *Der Spurensucher* von 1977 in Bezug: „K., der Gesandte, der [...] Lohengrin der Freiheit, der gleichsam in das Dorf gekommen ist, um die allgemeine Übereinkunft zu brechen und ins Schloß zu gelangen." (GT, 58-60) Aus diesen Notizen zitiert er noch 2003 in dem Essay *Kafka kann einen Schriftsteller lähmen*. Zum Teil abweichend von der oben aufgeführten Liste mit ungarischen Veröffentlichungen Kafkas schreibt er dort ferner: „Erst Ende der fünfziger Jahre erschien der erste schmale Erzählungsband in einer ganz kleinen Auflage, die gar nicht in den Verkauf gelangte; die Romane kamen noch später, beginnend mit »Amerika« [*eigtl.: »Das Schloß«*]". (LITERATUREN 1-2/2003, 41) * Heft 8 enthält zudem einen Artikel über die internationale Kafka-Konferenz 27./28. Mai 1963 in Liblice bei Prag. Dort hatte wiederum der ungarische Germanist Jenő Krammer von den (geplanten) Publikationen in NAGYVILÁG und den (geplanten) ungarischen Buchveröffentlichungen berichtet. (Krammer, *Kafka in Ungarn*, in Goldstücker et al., *Franz Kafka aus Prager Sicht*, 79-80)

81 Kertész im Interview *Der letzte Zeuge* von Batthyany und Krogerus, DAS MAGAZIN, 7.11.2009

82 Kertész im Gespräch mit David Dambitsch (1992 ff), Dambitsch, *Im Schatten der Shoah*, 50, 47. Im Gespräch mit Ijoma Mangold von 2004 erwähnt Kertész, Deutsch habe er schon in der Schule gelernt:

„[Es gab] in Osteuropa ein weites Gebiet, in dem der kulturelle Einfluss Deutschlands wirksam war von der Krim bis nach Krakau. Das haben die Deutschen leider selbst zerstört. Auch für mich war es in der Schule selbstverständlich, Deutsch zu lernen. Schon als Fünfjähriger sang ich: »Müde bin ich, geh zur Ruh/ Schließe meine Augen zu.«" (SZ, 9.11.2004)

83 Kertész im Gespräch mit Peter Michalzik, FRANKFURTER RUNDSCHAU, 4.7.1996

84 Kertész erklärt 1996 im Gespräch mit Peter Michalzik: „Wer mich enorm beeinflusste, war Thomas Mann. Durch ihn bin ich zu Schopenhauer und Nietzsche gelangt." Mit Manns Schriften wurde er freilich ausgerechnet durch Lukács bekannt (siehe 78), der in *Die Zerstörung der Vernunft* (1954) Schopenhauer und Nietzsche als reaktionär charakterisiert (während er Mann als fortschrittlich bezeichnet). Nietzsche habe gar den Hitlerfaschismus geistig vorbereitet, vom Rassentheoretiker Alfred Rosenberg unterscheide er sich nur „wie ein gelber Teufel von einem blauen". (Kap. 3 - *Nietzsche als Begründer des Irrationalismus der imperialistischen Periode*, Werke 9, 313) Entsprechend bemerkt Kertész in dem Gespräch mit Michalzik: „Nietzsche war damals wie der Teufel, aber die Begegnung mit Nietzsche war damals für mich grundlegend." (FRANKFURTER RUNDSCHAU, 4.7.1996)

85 Kertész im Gespräch mit Alexandre Lacroix, PHILOSOPHIE MAGAZIN 5/2013

86 Kertész im Gespräch *Ich zeige einen Ausweg* mit Klaus Nüchtern, FALTER Nr. 48, 26.11.2003

87 Kertész, *Die Exilierte Sprache* (Vortrag in Berlin, 2000), ES, 214. Zu Kertész' Nietzsche-Rezeption seit Mitte der 60er Jahre siehe die Belege in Sarin, *Ein Leben als Artikulation*, 161f, ↑490.

88 Nietzsche, *Götzen-Dämmerung* (1889): „Das höchste Gefühl von Macht und Sicherheit kommt in dem zum Ausdruck, was *großen Stil* hat. Die Macht, die keinen Beweis mehr nötig hat; die es verschmäht, zu gefallen; die schwer antwortet; die keinen Zeugen um sich fühlt; die ohne Bewusstsein davon lebt, dass es Widerspruch gegen sie gibt; die in *sich* ruht, fatalistisch, ein Gesetz unter Gesetzen: *Das* redet als großer Stil von sich. –" (*Werke* 2, 997); *Aus dem Nachlass der Achtzigerjahre:* „Der höchste Typus: das *klassische* Ideal – als Ausdruck eines Wohlgeratenseins *aller* Hauptinstinkte. Darin wieder der höchste Stil: *der große Stil*. Ausdruck des »Willens zur Macht« selbst. Der am meisten gefürchtete Instinkt *wagt sich zu bekennen*." (*Werke* 3, 669 [*Der Wille zur Macht*, Nr. 341]) „Dieser Stil hat das mit der großen Leidenschaft gemein, dass er es verschmäht, zu gefallen; dass er es vergisst, zu überreden; dass er befiehlt; dass er *will*... Über das Chaos Herr werden, das man ist; sein Chaos zwingen, Form zu werden: logisch, einfach, unzweideutig, Mathematik, *Gesetz* werden – das ist hier die große Ambition. – Mit ihr stößt man zurück". (*Werke* 3, 782 [*Der Wille zur Macht*, Nr. 842])

89 Kertész im Interview *Was der Mensch erlebt, das ist die Welt* von Franziska Augstein, SZ, 9.11.2009

90 In *Dossier K* bemerkt das antwortende Alter Ego Kertész': „ich habe viel aus Adornos Schriften zur Musik gelernt, als diese endlich auch in Ungarn erschienen, [...]. Mehr habe ich nicht von ihm gelesen [*was wohl nicht wörtlich gemeint ist*]." (DK, 120) Kertész bezieht sich hier auf die Essaysammlung *Zene, filozófia, társadalom* [*Musik, Philosophie, Gesellschaft*], Budapest, 1970 (Inhalt siehe *Allgemeine Literatur*). Bei der Arbeit an *Schicksalslosigkeit* dürfte er vor allem von dem Aufsatz über Schönberg profitiert haben, der in dem genannten Band enthalten ist.* Ende 1970 notiert er dazu: „Durch die Lektüre Adornos sehe ich wieder völlig klar, dass die Technik meines Romans der Zwölfton- bzw. Reihentechnik, also einer integralen Kompositionsmethode, folgt. Sie verbietet freie Charaktere und die Möglichkeit einer freien Wendung der Erzählung. [...] Der Verlauf [...] ist von vornherein durch die STRUKTUR festgelegt, Wendungen wie Fluchten, anekdotische Teillösungen, [...] können hier also nicht in Betracht kommen. [...] die totalitäre STRUKTUR diktiert die Erzählung." (GT, 26f 26. Dezember 1970) Aus diesem Akzeptieren des Determinismus, das dem gewöhnlichen menschlichen Selbstverständnis widerstreitet, entwickelte Kertész schließlich sein Konzept der Atonalität, das eine neue Freiheit birgt, indem es von jeder kulturellen Übereinkunft dispensiert und so in eine unkonditionierte, reine Erfahrung führt: „Ein atonaler Roman. Was heißt Tonalität? Der Grundbass einer eindeutigen Moral, der Grundton, der überall darin brummt. Gibt es einen solchen Grundton?

Falls es ihn gibt, ist er [*nach dem europäischen Kulturbruch*] erschöpft. Ein Roman also, in dem sich keinerlei statische Moral findet, nur die ursprünglichen Formen des Erfahrens [vgl. oben 18], die Erfahrung im reinen und geheimnisvollen Sinne des Wortes." (GT, 74, Juli 1977)

   * Hingegen vermutet Heidelberger-Leonard, Kertész habe von Adorno die in Ungarn „verboten[e]"(?) „*Philosophie der neuen Musik*" (1949) gelesen, die auch etwas zu Schönberg enthält. (*Imre Kertész*, 44)

91   Eine Notiz Kertész' von Ende 1970 lässt eine Auseinandersetzung mit Thomas Manns Roman *Doktor Faustus* (1947) bzw. mit *Die Entstehung des Doktor Faustus. Roman eines Romans* (1949) erkennen. In diesen Schriften nimmt Mann auf Adornos Manuskript zu *Philosophie der neuen Musik* Bezug. (GT, 26-28, 26. Dezember 1970; siehe den Beleg in Sarin, *Ein Leben als Artikulation*, 62f, ↑140)

92   Améry, *Jenseits von Schuld und Sühne*, Kap. *An den Grenzen des Geistes*, Werke 2, 47

93   Vgl. Thomas Cooper, *Imre Kertész and the Post-Auschwitz Condition* (2011): „Historical narratives derive their credibility from the assumed authority of the retrospective moment in which they are written. The work of Kertész, however, offers no self-assured perspective from which the past can be assessed and moral authority retrieved." (Kertész, *The Holocaust as Culture*, 16)

94   GT, 27 (26. Dezember 1970). Als überlebender Zeuge wäre Kertész zwar prinzipiell kompetent für die Darstellung des Lagers, aber ein Leser ohne vergleichbare Erfahrungen würde ihn nicht verstehen. 2006 bekennt er in einem Interview von Franziska Augstein, auch er selbst könne sich das KZ nicht mehr vorstellen: „Ich kann mir nicht mehr vorstellen, wie es war, als ich Kartoffelschalen in mich hineinstopfte, oder wie es war, dass ich während der Arbeit nicht aufs Klo gehen durfte." (*Schande und Liebe...*, SZ, 16.9.2006) Wie er u. a. im Vorwort seines Essaybands von 1999 bzw. 2003/2004 erklärt, sei der Totalitarismus als solcher aber in der Gegenwart sehr wohl erfahrbar: „Der Holocaust und der Lebensstatus, in dem ich über den Holocaust schrieb, sind unlösbar miteinander verknüpft. Mir ist der Holocaust nie im Imperfekt erschienen." (ES, 13; analog EGS, 9) Ebenso betont er 2002 in seiner Nobelpreisrede, „dass seit Auschwitz nichts geschehen ist, was Auschwitz aufgehoben, was Auschwitz widerlegt hätte": „Der Holocaust konnte in meinem Werk niemals in der Vergangenheitsform erscheinen." (ES, 251) Und im Gespräch mit David Dambitsch erinnert er daran, dass selbst in Demokratien totalitäre Verhältnisse entstehen könnten: „Totalitarismus ist, glaube ich, ein allgemeines Phänomen, und findet sich selbst in einer Demokratie. Nehmen Sie etwa Westdeutschland: Das ist unbestritten ein demokratisches Land. Aber es gibt dort auch Keime geistiger Verallgemeinerungen, und diese drängen zu einem versteckten geistigen Totalitarismus – [...], ich sage nicht, dass dieser schon vorhanden ist. Aber er ist eine Möglichkeit, [...]. Die Marktverhältnisse zum Beispiel können totalitär werden – wenn auch nicht im klassischen Sinn – und eine Denkweise hervorbringen, die alle anderen unterdrückt. Das kann man mit den heutigen Medien und ihren Möglichkeiten, die Menschen zu beeinflussen, ganz gut erreichen, [...]." (*Imre Kertész*, 1992ff, in Dambitsch, *Im Schatten der Shoah*, 52f; O-Ton in Dambitsch, *Stimmen der Geretteten*, Radioessay *Schreiben im Bauch der Galeere* von 1994) Außer in solchen konkreten Symptomen sei der Totalitarismus auch als traumatische Erinnerung an den Holocaust präsent, der man sich bewusst stellen müsse, um diese problematische Situation zu klären. Im Gespräch *Die Ungarn werden mich nie verstehen* mit Johanna Adorján sagt Kertész dazu: „Man muss sich seiner Geschichte stellen, das ist der einzige Weg. Auch dafür, dem ewigen Judenhass oder Fremdenhass zu entkommen. Der Holocaust ist ein europäisches Trauma, er gehört für mich zur europäischen Kultur. Dieses Trauma lebt, auch wenn es heute eine Stufe niedriger in der europäischen Auffassung steht, weniger wichtig genommen wird als früher. Es ist traurig, dass die osteuropäische Kultur diese andere Kultur, die ich Kultur des Holocaust nenne, nicht aufnimmt." (FAZ, 18.7.2010) In einem seiner letzten Interviews bemerkt Kertész sogar, Auschwitz sei kein zufälliger „Betriebsunfall" gewesen und könne sich durchaus wiederholen: „eine Notwendigkeit führte dahin, dass Auschwitz geschehen konnte. Und viele Anzeichen deuten darauf hin, dass es sich wiederholt." (*Auschwitz kann sich wiederholen*, Interview von Gregor Mayer, MITTELBAYERISCHE, 23.1.2015)

95   In *Fiasko* äußert der Erzähler über Kertész' Alter Ego »der Alte« und dessen Sartre-Lektüre: „[…] (wie jemand, der keine Wahl mehr hat) (obwohl wir immer eine Wahl haben) (auch dann, wenn wir keine haben) (und [*nach Sartre**] immer uns selbst wählen – wie in einer französischen Anthologie nachzulesen ist) (die der Alte auf dem Bücherregal bewahrte […]) (doch wer ist dann der, der uns wählt – wäre zu fragen)“. (F, 52; ähnlich F, 106; * vgl. den Kommentar zu Sartre unten in Anm. 106)

96   Etwa: *Parerga és paralipomena*, 4 Bde., Übers.: Pál Liebermann, György Kecskeméti, István Varró und Vera Vikár, Budapest (Világirodalom Könyvkiadóvállalat [Verlag der Weltliteratur]), [1924]

97   Ähnlich thematisiert auch Thomas Mann in *Buddenbrooks* (1901) Schopenhauers *Die Welt als Wille und Vorstellung* (Kap. „»Über den Tod […]«“). Dieses Buch habe „Thomas Buddenbrook“ einst „beim Buchhändler zu einem Gelegenheitspreis achtlos erstanden“. (*Werke 1*, 654f) Der Bericht des Erzählers in *Kaddisch…* könnte also gut auch nur eine Reminiszenz an Mann sein. Gleichwohl ist zu sehen, dass Kertész sich bereits während der Arbeit an *Schicksalslosigkeit* (1960–1973) mit Schopenhauer beschäftigt hat. So zitiert er 1966/1967 im Tagebuch aus der genannten „Abhandlung“: „»Denn nicht in der Weltgeschichte … ist Plan und Ganzheit, sondern im Leben des Einzelnen.« Und »… die Einzelnen sind das Reale.« Und insbesondere: »Weder unser Thun noch unser Lebenslauf ist unser Werk; wohl aber Das, was Keiner dafür hält: unser Wesen und unser Daseyn.«“ (GT, 22; vgl. *Parerga und Paralipomena 1, Werke 4*, 229f, Anm. 79 [Senilia 12]) Und schon 1963 spricht er dort vom „Leben des Einzelnen“ und dessen individuellem „Schicksal“, was wiederum auf Schopenhauer deutet. (GT, 9) Zu seiner Schopenhauer-Lektüre wurde aber er in der Tat durch Mann motiviert (siehe 84).

98   K, 37, 68

99   Kant, *Az ítélőerő kritikája*, Budapest (Akadémiai Kiadó), 1966, übersetzt und eingeleitet von dem Philosophen und Lukács-Schüler István Hermann.

100   DK, 188f

101   Kertész meint vermutlich *Sören Kierkegaard Írásaiból* [*Schriften*], Budapest (Gondolat), 1969. Der Band enthält Auszüge von: *Über den Begriff der Ironie, Entweder/Oder, Die Wiederholung, Furcht und Zittern, Der Begriff Angst* und *Abschließende unwissenschaftliche Nachschrift zu den philosophischen Brocken*. 1972 folgte die Übersetzung des Don-Juan-Kapitels aus *Entweder/Oder*, 1978 die vollständige Übersetzung. Im Tagebuch erwähnt Kertész Kierkegaard freilich schon 1966/1967: „Kierkegaard: Das »Gegebene« zu akzeptieren bedeutet nichts anderes, als Konventionen und verhängnisvolle Zufälle zu akzeptieren. – Nicht wahr?!“ (GT, 22) Ferner deutet bereits eine Notiz von Ende 1963 auf eine Beschäftigung mit Kierkegaard (siehe unten 106 und 217).

102   Kertész, *Für mich ist Auschwitz eine Gnade*, Gespräch mit Adelbert Reif, UNIVERSITAS 12/1996, 1227

103   Im Gespräch mit David Dambitsch zählt Kertész gewisse „Tugenden“ auf, die „in den dreißiger Jahren“ den „Nationalsozialismus“ ermöglicht hätten: „Dummheit, Anpassung, Unselbständigkeit, Gehorsam, Vertrauen in Behörden – alles das, was sich später als mörderisch erwies.“ (Dambitsch, *Im Schatten der Shoah*, 48) Hierzu gibt es eine Reihe soziologischer Studien, an denen er sich orientiert haben dürfte. So nennt etwa Hermann Broch in *Massenwahntheorie*, III.5 - *Demokratie versus Totalitärstaat* (1948) als Grund für die Attraktivität totalitärer Herrschaftsformen die Bequemlichkeit einer auf Konformismus beruhenden Ordnung: „Der Totalitarismus befriedigt des Menschen Eindeutigkeitsbedürfnis; er […] gibt ihm den Halt eines eindeutigen Zentralwertes, nämlich den der regulativen Grundprinzipien, denen sich sowohl das staatliche wie das private Leben unterzuordnen hat, und die hie[r]zu strafrechtlich geschützt werden.“ (*Kommentierte Werkausgabe 12*, 517f) Entsprechend erklärt Bertrand Russell in *Power. A New Social Analysis* (1938), II - *Leaders and Followers*, sogar die religiöse Gefolgschaft ziele auf eine kollektive Aneignung von Macht: „When men willingly follow a leader, they do so with a view to the acquisition of power by the group which he commands, and they feel that his triumphs are theirs. […] Even in religion this impulse appears. Nietzsche accused Christianity of inculcating a slave-morality, but ultimate triumph was always the goal. »Blessed are the meek, *for they shall*

inherit the earth [Selig sind die Sanftmütigen, denn sie werden das Erdreich besitzen].« [Bergpredigt, Matth. 5, 5, nach Luther]" (15) Ebenso bemerkt Manès Sperber in *Zur Dialektik von Anpassung und Widerstand* (Vortrag zum Gedenken an die Geschwister Scholl, München, 1980): „Wer sich unterwürfig verhält, ist mitnichten unvernünftig, denn er darf hoffen, eine wenn auch nur winzige Parzelle dieser Macht selbst auszuüben, [...]: Der Blockwart wird selbst Tyrann im Dienste der Polizei, er weiß sich fortan allen überlegen und gefährlich." (*Essays zur täglichen Weltgeschichte*, 641) Das Beispiel Hitlers zeigt, dass es auch eine Resonanz zwischen den tatsächlich vorhandenen, aber unartikulierten, Motiven der Masse und denen eines Führers geben kann, der den Willen der Allgemeinheit teilt, ihn offen benennt und – formal gesehen: auf demokratische Weise – politisch umsetzt. Bereits Ortega weist in *Der Aufstand der Massen* (1930) darauf hin, dass mittlerweile die Masse eine Herrschaft ausübt, die sachlich nicht gerechtfertigt ist: *„Charakteristisch für den gegenwärtigen Augenblick ist jedoch, dass die gewöhnliche Seele sich über ihre Gewöhnlichkeit klar ist, aber die Unverfrorenheit besitzt, für das Recht der Gewöhnlichkeit einzutreten und es überall durchzusetzen.* Wie es in Nordamerika heißt: Anderssein ist unanständig. Die Masse vernichtet alles, was anders, was ausgezeichnet, persönlich, eigenbegabt und erlesen ist. Wer nicht »wie alle« ist, [...], läuft Gefahr, ausgeschaltet zu werden." (*Werke 3*, 13) Alfred Adler (Sperbers Lehrer) gibt in *Zur Massenpsychologie* (1934) eine plausible Erklärung dieses plebejischen Machtstrebens, indem er es auf ein falsch kompensiertes Minderwertigkeitsgefühl zurückführt: „alle diese [...] Massenbewegungen entsprachen einer Massenpsyche, die dem Einzelnen und der Masse ein höheres Wertgefühl vorspiegelte, sie dem Gefühl der Wertlosigkeit zu entreißen schien und regelmäßig ihr Wertgefühl aus der Wertlosigkeit anderer bezog". Als Lösung schlägt er vor: „Wer also unrichtige Massenbewegungen zum Stillstand bringen will, muss imstande sein, klar nachzuweisen, dass das Gefühl der Wertlosigkeit nur auf einem anderen Weg behoben werden kann." (*Studienausgabe 7*, 190f) Alfred Weber stellt in *Kulturgeschichte als Kultursoziologie* (1935, erweitert 1950) fest, dass die Masse ohnehin zur Macht gekommen ist und nun von jeder Regierung berücksichtigt werden muss: „in der einen oder anderen Form schlugen überall die Massen durch wie in einer geistigen Völkerwanderung, die von unten aufsteigt. Die von den oberen Schichten getragene Kultur fing an zu wanken. Die Massen und ihre viel einfacheren Einstellungen wurden maßgebend. Gleichgültig, welches politische oder ideelle Regime bestand oder sich erhob, es musste oder muss mit vielen seiner Kräfte in ihren seelisch-geistigen Wesensformen wurzeln; auch wenn es sie um neue Ideale schart." Dabei habe gerade die sich global verbreitende Aufklärung („Bewusstseinsaufhellung") dazu beigetragen, „apriorisch *allgemeingültige*" Ideale, die bislang „auf der Grundlage innerer Erfahrung für hoch, für edel, für heilig" gehalten wurden, zu zersetzen: „Über die ganze Erde hin muss ein geistig vereinfachtes Zeitalter anbrechen, das aber doch keine Möglichkeit einer neuen Offenbarungsreligion, keine einer neuen allgemeinverbindlichen Philosophie in sich zu tragen scheint. Denn *so* weit ist auch die Bewusstseinsentwicklung der Massen, dass sie, grob und allgemein gesprochen, in ihrer großen Menge an Magie und Mythologie im *alten* Sinne nicht mehr glauben können, wie sie sich keiner neuen Intellektuellenmetaphysik, und wohl keiner neuen Offenbarungsreligion mehr beugen werden. Gerade so weit hat sie die bisherige Geschichte gebracht." (Kap. 7 - *Die Moderne*, AWG 1, 460-463) Den nivellierenden Einfluss der Massengesellschaft erkennt auch schon Le Bon in *Psychologie der Massen* (1895): „Die Masse nimmt nicht den Geist, sondern nur die Mittelmäßigkeit in sich auf. Es hat nicht, wie man so oft wiederholt, die »ganze Welt mehr Geist als Voltaire«, sondern Voltaire hat zweifellos mehr Geist als die »ganze Welt«, wenn man unter dieser die Massen versteht." (35) Hiermit übereinstimmend erklärt Elias Canetti in *Masse und Macht* (1960): *„Innerhalb der Masse herrscht Gleichheit. [...] Um dieser Gleichheit willen wird man zur Masse."* (28) Allerdings ist die Anpassung nicht immer freiwillig. Etwa berichten Siegfried Kracauer und Paul Berkman in der Studie *Satellitenmentalität* (1956), die auf Interviews mit osteuropäischen Emigranten aus den Jahren 1951–1952 basiert, in den sowjetisch besetzten Ländern habe polizeiliche Einschüchterung und ökonomischer Mangel ein lähmendes „Klima der Angst" und der „Unsicherheit" erzeugt. (Kap. III.1 - *Klima der Angst*, Kracauer, *Werke 2.2*, 214-217) In einer solchen Situation entfiele aber jede positive Motivation, das System zu unterstützen, und die Herrschaft bestünde letztlich allein aufgrund der allgemeinen Desorientierung fort. Diesen Mechanismus der totalitären Diktatur beschreibt Nadeschda Mandelstam in ihren Erinnerungen *Generation ohne Tränen* (1972) mit Bezug auf die Sowjetunion zur Zeit Stalins durch ein anschauliches Gleichnis: „Was sind wir überhaupt für Leute, dass man nach uns fragt? Wir sind nichts anderes als Holzspäne, und der stürmische, fast tollwütige Strom der Geschichte trägt uns davon … […/…] man widersetzt sich doch nicht dem Unausweichlichen: Der historische Prozess ist determiniert, genauso wie der Zustand der Gesellschaft. […], und man machte diesem Haufen von biologischen Zellen, die die menschliche Gesellschaft bilden, den Vorschlag, im allgemeinen Strom mitzuschwimmen – immer den Siegern hinterdrein. Und Sieger war der, der im richtigen Augenblick die allgemeinen Tendenzen der Geschichte erfasste und sich ihrer zu bedienen wusste. Bekanntlich konnten unsere Herren die Zukunft voraussagen – sie […] wandten eine wissenschaftliche Methode an, auch die wirklich wirksame Methode der Einschüchterung und Bestrafung: nicht einseitig Schuldigen gegenüber und denen, die sich widersetzten, sondern ganz egal wem gegenüber. […/…] Wenn ich den historischen Prozess mit einem Fluss vergleiche, der schwimmenden Abfall mit sich führt, dann muss ich dabei auch das Gefühl der Spontaneität und der völligen Hilflosigkeit unterstreichen, das bei jedem entstand, der in die Geschehnisse hineingezogen wurde. Sich in diesen stürmischen Perioden vor einer Teilnahme an den Geschehnissen drücken zu wollen, ist sehr schwierig, beinahe unmöglich." (Kap. *Angst*, 140f) Ähnlich charakterisiert C. G. Jung in *Nach der Katastrophe* (1945) die Verhältnisse, die seiner Meinung nach zur Naziherrschaft geführt haben: „Es braucht vor allem die Anhäufung […] einseitig beschäftigter, aus ihrem Boden ausgerissener Massen, welche jeglichen gesunden Instinkt, sogar den der Selbsterhaltung, verloren haben. In dem Maße nämlich, als vom Staate erwartet wird, ist der Selbsterhaltungsinstinkt in Verlust geraten, […]. Die zunehmende Erwartung an den Staat […] will nämlich bedeuten, dass das Volk auf dem besten Wege ist, zur Schafherde zu werden, welche immer von den Schäfern erwartet, auf gute Weide getrieben zu werden. Bald wird der Schäferstab zur eisernen Rute, und die Schäfer verwandeln sich in Wölfe. Es war nicht leicht, mitanzusehen, wie ein ganzes Deutschland aufgeatmet hat, als ein größenwahnsinniger Psychopath [*Hitler*] sagte: »Ich übernehme die Verantwortung.« Wer noch Selbsterhaltungsinstinkt besitzt, weiß ganz genau, dass es nur ein Betrüger sein kann, der ihm die Verantwortung abnehmen will, […]." (*Werke 10*, 226)

104 Kertész erklärt 1996 im Gespräch mit Adelbert Reif: „Die Möglichkeit von Auschwitz liegt in unserer modernen Massengesellschaft begründet, in der sich der Mensch nicht wie in früheren Gesellschaften an bestimmte religiöse Werte oder moralische Regeln gebunden fühlt. Wir können nämlich beobachten, dass immer dann, wenn diese Massengesellschaft in eine Krise gerät, zum Beispiel in eine wirtschaftliche Rezession, sich die Verteilungskämpfe sofort in Gewalt und Hass manifestieren. Der Hass vor allem ist eine Energie, die besonders leicht funktionalisierbar ist." (UNIVERSITAS 12/1996, 1223f) Die Masse unterscheidet Kertész dabei vom Kollektiv (siehe das Gespräch mit Hähnel und Mesnard, oben 62), wohl weil bei diesem noch gemeinsame Werte vorausgesetzt werden können. Ebenso schreibt Broch (den Kertész im Gespräch mit Reif auch erwähnt) in *Theorie der Demokratie (1938–1939)* (1941), die eigentliche Ursache des aktuellen Kulturzerfalls liege nicht in objektiven „ökonomischen Gefährdungen", sondern in einer latenten psychischen Unsicherheit („Vor-Panik") der „Massen", die sich in Krisensituationen schnell als „Herabminderung der rationalen Urteilskraft", völliger „Gleichgültigkeit gegenüber allen Lebenswerten" und einer „Bereitwilligkeit, sich jedem starken Führerwillen unterzuordnen", äußere. Er vermutet, dass „die Totalitärbestrebungen als erste Versuche zur Behebung der Wertezersplitterung aufgefasst werden können und dass sie deshalb von den (eben durch die Wertezersplitterung) panikisierten Massen als Rettung empfunden und begrüßt werden".

(*Kommentierte Werkausgabe 11*, 76 f) Ferner erkennt Broch in *Der Zerfall der Werte* (aus dem Roman *Die Schlafwandler* von 1932) eine unmenschliche „Sachlichkeit" in dem von einem „Zentralwert" befreiten, profanen „Denkstil dieser Zeit": „dies ist alles von der nämlichen aggressiven Radikalität, ist von jener unheimlichen, ich möchte fast sagen, metaphysischen Rücksichtslosigkeit, ist von jener auf die Sache und nur auf die Sache gerichteten grausamen Logizität, die nicht nach rechts, nicht nach links schaut". Diese moderne Kultur vergleicht er mit der im „Mittelalter" um ein „Wertzentrum" geordneten und hierdurch relativierten Welt: „Es war ein im Glaube ruhendes, ein finales, kein kausales Weltganzes [...]: der Glaube war der Plausibilitätspunkt, bei dem jede Fragekette endigte". (*Essays 2*, 19 f) Wie Ricarda Huch in *1848. Die Revolution des neunzehnten Jahrhunderts in Deutschland* (1930) berichtet, hat ähnlich bereits der preußische Reformpolitiker Freiherr von Stein (1757–1831) in Bezug auf den – ursprünglich von ihm selbst geförderten – „wirtschaftlichen Liberalismus" verlangt, das „Erwerbsleben" solle wieder „sittlich-religiösen Geboten und Zwecken untergeordnet werden". (19)

105 Ende 1963 notiert Kertész im Tagebuch: „Der funktionale Mensch. Die Ausprägungen und Organisationen der modernen Daseinsstruktur, innerhalb deren das Leben des funktionalen Menschen abläuft wie der Kolben in einem gut isolierten Glaszylinder. [...]" Dieser wesenlose Mensch eigne sich „nicht als künstlerischer Stoff", und seine Darstellung sei ein „technisches Problem". (GT, 8 f, Weihnachten 1963) Möglicherweise hat er zuvor Kracauer gelesen, der in *Das Ornament der Masse* (FRANKFURTER ZEITUNG, 9. und 10.6.1927, in OM, dt. Erstausg. 1963) die Situation des Menschen im Kapitalismus auf verwandte Weise charakterisiert und sich zu ihrer Darstellbarkeit äußert: „Da das Prinzip des *kapitalistischen Produktionsprozesses* nicht rein der Natur entstammt, muss es die natürlichen Organismen sprengen, die ihm Mittel oder Widerstände sind. Volksgemeinschaft und Persönlichkeit vergehen, wenn Kalkulabilität gefordert ist; der Mensch als Massenteilchen allein kann reibungslos an Tabellen emporklettern und Maschinen bedienen. Der Produktionsprozess läuft öffentlich im Verborgenen. Jeder erledigt seinen Griff am rollenden Band, übt eine Teilfunktion aus, ohne das Ganze zu kennen. [...] Den Beinen der Tillergirls entsprechen die Hände in der Fabrik. [...] Das Massenornament ist der ästhetische Reflex der von dem herrschenden Wirtschaftssystem erstrebten Rationalität.[/] Die Gebildeten, [...], haben den Einzug der Tillergirls und der Stadionbilder übel vermerkt. [...] Entgegen ihrer Meinung ist das *ästhetische* Wohlgefallen an den ornamentalen Massenbewegungen *legitim*. [...] Wenn große Wirklichkeitsgehalte aus der Sichtbarkeit unserer Welt abgezogen sind, so muss die Kunst mit den übrig gebliebenen Beständen wirtschaften, denn eine ästhetische Darstellung ist um so realer, je weniger sie der Realität außerhalb der ästhetischen Sphäre enträt." (53 f) Kracauer argumentiert dabei (auf paradoxe Weise) im Rahmen der marxistischen Theorie, der zufolge „die entfremdete Arbeit dem Menschen 1. die Natur entfremdet, 2. sich selbst, seine eigne tätige Funktion, seine Lebenstätigkeit", und somit auch „das Gattungsleben". Das „produktive Leben" sei im Kapitalismus reduziert auf die Sorge um die „Erhaltung der physischen Existenz": „Das produktive Leben ist aber das Gattungsleben. Es ist das Leben erzeugende Leben." (Marx, *Ökonomisch-philosophische Manuskripte aus dem Jahre 1844*, MEW 40, 516) Das marxistische Ideal wäre also ein Mensch, der einem naturwüchsigen System als bloßes Mittel untergeordnet ist. Aber eben einen solchen Naturalismus, der dem Einzelnen eine vorherbestimmte „Funktion" zuweist, wollte Kertész (gleich Kracauer) nicht akzeptieren, und es ist anzunehmen, dass er den Begriff des funktionalen Menschen nicht zuletzt aus einer Auseinandersetzung mit der „marxistische[n] Philosophie" gewonnen hat (vgl. S. 20, Anm. 102). Vorbildlich für ihn könnte ferner Alfred Weber gewesen sein, der in *Kulturgeschichte als Kultursoziologie* ähnlich von einem neuen „»vierten Menschen«" spricht. Dieser sei von allen traditionellen Bindungen befreit und lasse sich als verantwortungsloser Funktionär oder Spezialist, der nur noch einer kontingenten Ideologie folge, zu einem Werkzeug totalitärer Herrschaft machen: „Stets hängt über der rationalisierten totalen Daseinsmaschine, in die der Mensch, seiner Freiheit beraubt, als funktionierendes Partikular eingefügt wird, mit Terror und Bespitzelung

im Rücken – stets hängt darüber ein Glauben. Stets lebt, sofern der Totalitarismus funktioniert, zum mindesten ein Teil der in ihn Eingefügten in diesem Glauben, [...] –, die erste Persönlichkeitsspaltung, da dieser Glaube ja zugleich ein von außen kommender Befehl ist. Stets aber ist jeder Eingefügte auch Funktionär mit spezialisiertem Funktionsehrgeiz[*] und als solcher wieder ein besonderes Wesen. Und schließlich und vor allem muss jeder bereit sein zu einem Handeln auf Befehl, das jede Menschlichkeit beiseite schiebt, nach dem sachlichen Diktat der Totalität sich vollzieht, auch zu jeder Schurkerei und Grausamkeit. Wenn er sich dabei auch winden sollte – er *muss* auch ein Zyniker werden." (AWG 1, 466-469) Ebenso hat sich Eichmann 1961 vor dem Jerusalemer Bezirksgericht als Befehlsempfänger und gesetzestreuer(!) Beamter dargestellt, (Arendt, *Eichmann in Jerusalem*, 1963°) wodurch der Begriff des »funktionalen Menschen« wiederum in der öffentlichen Wahrnehmung aktualisiert wurde. Entsprechend unterscheidet dann auch Jaspers in *Die Chiffern der Transzendenz* (Vorlesungen, Basel, 1961) zwischen dem Menschen als „Person" und als „Funktion". (Nr. 5, 63f) Kertész gibt keine Hinweise auf die Herkunft dieses von ihm seit 1963 verwendeten Terminus. Im Gespräch mit Iris Radisch von 2013 betont er nur, dass er seine gesamte Arbeit dem betreffenden Phänomen gewidmet habe: „Es ging nur darum, die Sprache zu finden für den Totalitarismus, eine Sprache, die zeigt, wie man eingemahlen wird in einen Mechanismus und wie der Mensch sich dadurch so sehr verändert, dass er sich und sein eigenes Leben nicht mehr wiedererkennt. Der funktionale Mensch verliert sich selbst. Ich wollte nie ein großer Schriftsteller werden, ich wollte immer nur verstehen, warum die Menschen so sind. [...] Das hört sich vielleicht eigenartig an. Aber meine ganze Arbeit geht um den funktionalen Menschen des 20. Jahrhunderts. [...] Dass ich diesen funktionalen Menschen erarbeitet habe. Darauf bin ich wirklich stolz." (*Ich war ein Holocaust-Clown*, DIE ZEIT, 12.9.2013)

* Einen solchen „»Experten«" gibt es auch in *Schicksalslosigkeit*. (MS, 43; RS, 57, u. ö.)

° Kertész las das Buch erst nach der Wende von 1989. (Interview von Busnel, LIRE, April 2005)

106 Die Fortsetzung der oben in Anm. 105 zitierten Notiz von Ende 1963 lautet: „[...] Aber Vorsicht: Der funktionale Mensch ist ein entfremdeter Mensch, er ist dennoch nicht der Held der Zeit: der *entfremdete*, der funktionale Mensch hat ja *gewählt*, auch wenn seine Wahl im wesentlichen eine Absage ist. Woran? An die Wirklichkeit, die Existenz [*nach Kierkegaard* oder Sartre°*]. Denn er bedarf ihrer nicht: Die Wirklichkeit des funktionalen Menschen ist eine Pseudowirklichkeit, [...], ihm ist im voraus ein Platz bestimmt und zugewiesen, den er nur noch auszufüllen hat. So lebt niemand seine eigene Wirklichkeit, sondern jeder nur die eigene Funktion, ohne das existentielle Erlebnis seines Lebens, das heißt ohne ein eigenes Schicksal, das für ihn Gegenstand von Arbeit – einer Arbeit an sich selbst [*nach Thomas Mann* †] – bedeuten könnte. Der Horizont des funktionalen Menschen ist nicht »der bestirnte Himmel über ihm«, und auch nicht »das moralische Gesetz in ihm«[*nach Kant* ‡], sondern die Grenzen seiner eigenen organisierten Welt: die schon erwähnte Pseudowirklichkeit." (GT, 8f) Mit dem Kant-Zitat referiert Kertész ersichtlich auf Lukács' Essay *Die Theorie des Romans* (1916), der 1963 in der zweiten deutschen Buchauflage (und erst 1975 auf Ungarisch) herausgegeben wurde. Lukács schreibt dort: „Selig sind die Zeiten, für die der Sternenhimmel die Landkarte der gangbaren und zu gehenden Wege ist und deren Wege das Licht der Sterne erhellt." „Kants Sternenhimmel glänzt nur mehr in der dunklen Nacht der reinen Erkenntnis und erhellt keinem der einsamen Wanderer – und in der Neuen Welt heißt Mensch-sein: einsam sein – mehr die Pfade. Und das innere Licht gibt nur dem nächsten Schritt die Evidenz der Sicherheit oder – ihren Schein. [...] Die visionäre Wirklichkeit der uns angemessenen Welt, die Kunst, ist damit selbständig geworden: sie ist kein Abbild mehr, denn alle Vorbilder sind versunken; sie ist eine erschaffene Totalität, denn die naturhafte Einheit der metaphysischen Sphären ist für immer zerrissen." (22, 30f) Während Kant mit dem „Sternenhimmel" die vom Menschen unabhängige (aber in menschlichen Kategorien erkennbare) Natur meint, neben die er die Welt des autonomen Intellekts stellt, bezieht Lukács diese Metapher auf eine zur zweiten Natur gewordene Kultur (vgl. oben 63), an der sich der Einzelne in früheren Zeiten verbindlich orientieren

konnte. Mit seinem Postulat, eine solche Orientierung sei unwiederbringlich verloren und auch nicht durch abstrakte anthropologische (oder: metaphysische) Koordinaten zu ersetzen, bezeugt er eine charakteristisch romantische Haltung, die er später aber überwindet. So erklärt er im *Vorwort* von 1967 zum Sammelband *Geschichte und Klassenbewusstsein*, nach einigen Irrwegen sei es ihm – durch eine kritische Rezeption von „Hegel" und gewisse Modifikationen der „romantisch-antikapitalistischen" Elemente in dessen Philosophie – gelungen, Elemente eines „neuen, nunmehr einheitlichen Weltbilds" zu ermitteln. (*Werke 2*, 12) Dazu meint wiederum Kertész: „Hegel stellt sich eine totale Welt vor, ganz harmlos, ganz unschuldig. Die totale Welt wurde eine Realität bei Hitler. Nehmen wir den Philosophen Georg Lukács, in Deutschland wahrscheinlich bekannter als in Ungarn. Er hat einmal ganz offen geschrieben, er habe angefangen zu philosophieren und dabei mehrere Linien verfolgt, aber eigentlich habe er die Welt auf einen Nenner bringen wollen. Dieser eine Nenner, das ist die furchtbarste Sache. Davon sprechen verbrecherische Politiker wie unschuldige Philosophen." (*Das Geheimnis der Diktatur*, Gespräch mit Stephan Speicher, BERLINER ZEITUNG, 6.11.2004)

* Kierkegaard wirbt in *Entweder/Oder* (1843), Teil 2, Kap. *Das Gleichgewicht zwischen dem Aesthetischen und dem Ethischen...* für eine „absolute Wahl", (189; siehe auch 167, 229) durch die der Mensch sich zu einem geistigen Akteur macht und im historischen Prozess als Individuum Verantwortung übernimmt: „Der einzelne Mensch wird sich also seiner bewusst als dies bestimmte Individuum mit diesen Fähigkeiten, diesen Neigungen, [...], als dies bestimmte Produkt einer bestimmten Umwelt. Er bedenkt sich nicht, ob er das Einzelne mit übernehmen solle oder nicht; denn er weiß: wenn er es nicht tut, so ist da ein weit Höheres, das verloren geht. Er ist somit im Augenblick der Wahl in der vollendetsten Isolation; denn er zieht sich aus seiner Umgebung heraus; und gleichwohl ist er in dem gleichen Augenblick in unbedingtem Zusammenhang mit ihr, denn er wählt sich selbst als Produkt; und diese Wahl ist der Freiheit Wahl, in dem Sinne, dass man von ihm, indem er sich selbst als Produkt wählt, ebenso gut sagen kann, er produziere, erzeuge sich selbst. Er ist also im Augenblick der Wahl am Schluss, denn seine Persönlichkeit schließt sich zusammen; und doch ist er im gleichen Augenblick gerade am Anfang; denn er wählt sich selbst nach seiner Freiheit." (267f) Insofern das Allgemeine derart als Quelle des Individuellen anerkannt wird, ist laut Kierkegaard auch eine persönlich empfundene „Reue" für die Verfehlungen früherer Generationen möglich: „Und hier zeigt die Reue sich in ihrer ganzen tiefen Bedeutung; denn während sie mich in gewissem Sinne zum Einzelnen macht, knüpft sie mich in einem anderen Sinne unauflöslich ein in das ganze Geschlecht; denn mein Leben beginnt ja nicht in der Zeit und mit nichts, und vermag ich das Vergangene nicht zu bereuen, so ist die Freiheit ein Traum." (255) Tatsächlich gibt es in *Schicksalslosigkeit* eine entsprechende Szene, in der Köves beim Abschied von seinem Vater weint (obwohl Kertész jede Psychologisierung vermeiden wollte; siehe 4). In *Ein Leben als Artikulation* vermutete ich darin noch eine Referenz auf Schopenhauer. (53, ↑118) Die wirkliche Vorlage war aber wohl Kierkegaards Formulierung: „der Reue Tränen" über „der Väter Verfehlung", (*loc. cit.*, 255) mit der die Stelle wesentlich schlüssiger interpretiert werden kann.

° Ähnlich Kierkegaard erklärt Sartre in *Das Sein und das Nichts* (1943), „dass für die menschliche Realität Sein soviel wie *sich wählen* ist". (561) Vielleicht in Orientierung an Valéry, *Notwendigkeit der Dichtkunst* (siehe 28) schreibt er dort ferner, jene selbst gewählte Existenz beruhe auf einer Bewusstwerdung des Seins, die dieses transzendiert: „Diesen fortwährenden Akt, durch den das An-sich zur Anwesenheit bei sich verfällt, nennen wir ontologischen Akt. Das Nichts ist die Infragestellung des Seins durch das Sein, das heißt eben das Bewusstsein oder das Für-sich." (131) „»Sein« heißt für das Für-sich, das An-sich, das es ist, nichten. Unter diesen Umständen kann die Freiheit nichts anderes sein als diese Nichtung. Durch sie entrinnt das Für-sich seinem Sein als seinem Wesen, durch sie ist es immer etwas anderes, als was man von ihm *aussagen* kann, [...]. Ich bin dazu verurteilt, für immer jenseits meines Wesens zu existieren, jenseits der Antriebe meines Tuns: ich bin dazu verurteilt, frei zu sein." (559f) Selbst die Übertragung der Verantwortung auf andere geschehe in Freiheit: „wenn ich in einem Kriege einberufen werde, ist dieser Krieg *mein* Krieg, weil ich jederzeit mich ihm hätte entziehen können, durch Selbstmord oder Fahnenflucht: [...]. Da ich mich ihm nicht entzogen habe, habe ich ihn *gewählt* [*vgl. Sartres Kriegstagebücher, Heft 1, in denen er über sein stoisches Akzeptieren der militärischen Disziplin reflektiert*]; das kann aus Energiemangel oder aus Feigheit gegenüber der öffentlichen Meinung geschehen, [...]. Wie dem auch sei, es handelt sich um eine Wahl." (697) Auf Letzteres könnte Kertész in der Notiz von 1963 konkret angespielt haben. Auf die „Wahl" bezieht er sich ebenfalls in *Fiasko* (siehe oben 95). Weiterhin verwendet er gelegentlich das Motiv der beobachtenden „Anwesenheit bei sich" (siehe die Belege im Kapitel zu *Der Betrachter*, S. 109f).

† Thomas Mann, *Betrachtungen eines Unpolitischen*, MK 116, 397

‡ Kant, *Kritik der praktischen Vernunft, Beschluss*, Akad. V, 161

107   1985 notiert Kertész: „Ideologische Literatur ist immer Paraliteratur. Auch Literatur, die eine Gegentheorie vertritt, ist theoretische Literatur, das heißt zuweilen Rechtfertigungsliteratur.[*] Was rechtfertigt sie? Den freiwilligen Selbstverzicht, das Im-Stich-Lassen der individuellen Aufgabe: gleichsam eine Beglaubigungsurkunde für den Bankrott[°]. Wirklicher Nonkonformismus bedeutet, dem System – allen Systemen – das Leben restlos aus der Hand zu nehmen; uns selbst zu Ursache, Wirkung und Resultat[†] zu machen und dabei nichts über das Regime, das System, das sich gegen dies alles – lebensgefährlich – stemmt, zu verschweigen. Es muss offenbar werden, dass der Spalt, aus dem das Leben als Ein-Mann-Unternehmen[‡], so wie ein Grashalm zwischen Steinen, hervorsprießt, existiert, dass die Aleatorik des Systems existiert und die Umkehrung von Verurteiltwerden, die Gnade." (GT, 199, Juni 1985)

* Damit spielt Kertész vermutlich auf Sartre an, den er später als Vertreter eines „Gegenkonformismus" bezeichnet. (GT, 302, Jan. 1991) Das Wort „Paraliteratur" übernimmt er von Márai, wie aus seinem Tagebuch hervorgeht: „»Paraliteratur« (Sándor Márai)" (GT, 198, März – Mai 1985; vgl. die Zitate aus dem 1985 auf Ungarisch erschienenen Band Márai, *Tagebücher 1976–1983*, unten 540). Márai referiert wohl auf Sedlmayr, *Kunst, Nichtkunst, Antikunst* (1976): „Parakunst". (*Kunst und Wahrheit*, 209)

° Thomas Mann bezeichnet in *Betrachtungen eines Unpolitischen* unter Berufung auf Dostojewski den „politischen Revolutionarismus" als „»inneren Bankrott«" und stellt dem die Charakterbildung des religiösen Menschen entgegen: „»*Demütige dich, stolzer Mensch! Arbeite (an dir), müßiger Mensch!*«" (MK 116, 387) Hierfür vorbildlich kritisiert Dostojewski in seiner Puschkin-Rede von 1880 den politischen Revolutionär, der die Wahrheit „irgendwo außerhalb seiner Person" sucht, „im Sinne des russischen Volksglaubens und der Volkswahrheit": „Bezähme dich, stolzer Mensch, und zerbrich erst einmal deinen Hochmut. Demütige dich, müßiger Mensch, und arbeite erst einmal an deinem heimatlichen Acker!" (*Puschkin. Eine Skizze*, in *Tagebuch eines Schriftstellers*, 487-489)

† Kant charakterisiert in *Kritik der Urteilskraft* (1790, 1793^2) das Leben als einen „*Naturzweck*", der „*von sich selbst* [...] *Ursache und Wirkung*" ist. (B 286) Ferner erklärt er, ein autonomer Wille, gemäß dem der Mensch nicht als sinnlich getriebenes „Naturglied", sondern nach eigenen Prinzipien frei handle, gebe ihm einen „absoluten Wert" und dem „Dasein der Welt einen *Endzweck*". (B, 411f)

‡ Der Ausdruck „Ein-Mann-Unternehmen" stammt aus Márais Tagebuch: „Die Gesellschaft der Bösen und Dummen, dieser fürchterliche Interessenverband, der zu allen Zeiten das Leben vergällt. [...] Die private Ein-Mann-Partei ist auch heute die letzte Möglichkeit." (MTB 3, 52f, 1977)

108   1995 schreibt Kertész im Tagebuch: „Schließlich ist doch die Freiheit, die konkrete, geistige und persönliche Freiheit, der einzige sich aus dem Lauf meines Lebens entfaltende, wahre, unerschütterliche Wert [vgl. 27], für den ich stets alles aufs Spiel gesetzt habe und der mich, sei es auch gegen meine Daseinsinteressen, geleitet hat. Mein Freiheitsdrang erwies sich oft stärker als die Realität – die sogenannte Realität[*] –, und dass er schließlich die Oberhand gewann, ist teils glücklichen Umständen, in nicht geringem Maß jedoch dem Wesen der Realität zuzuschreiben: Energien wie der Freiheitsdrang gehören nicht weniger zu den Realien als die ihm gegenüberstehende Wirklichkeit selbst." (B, 109) Die Freiheit, oder: die persönliche Verantwortlichkeit im Sinne Kants (vgl. 23), war für Kertész also ein gültiger

„Zentralwert", vergleichbar den Werten, die nach Broch einst über den Glauben vermittelt wurden (vgl. 104). Croce gebraucht hierfür in seiner *Geschichte Europas im neunzehnten Jahrhundert* (1932), die eine Geschichte des Liberalismus ist, den treffenden Ausdruck „Religion der Freiheit". (Kap. I) In Kap. XI - *Ausblick* charakterisiert er die Idee der Freiheit als anthropologische Konstante, die namentlich auch in kommunistischen Staaten nicht zu unterdrücken sei: „Die Freiheit ist das einzige Lebensgesetz des Menschen auf Erden, und ohne sie würde das Leben nicht lebenswert sein. Das Problem der Freiheit existiert, es ist unvermeidlich, es geht aus dem innersten Wesen der Dinge hervor. Und die Kommunisten selbst müssen fühlen, wie in dem Menschenmaterial, das sie [...] nach ihren Begriffen formen wollen, das Problem der Freiheit gärt." (319) „Nur das Ideal der Freiheit hält der Kritik stand und stellt für die menschliche Gesellschaft jenen festen Punkt dar, um den [...] das Gleichgewicht immer wiederhergestellt wird. Wenn einem daher die Frage gestellt wird, ob der Freiheit sozusagen die Zukunft gehöre, dann muss man erwidern: etwas viel Besseres – die Ewigkeit! Heute begegnet man der Freiheit mit Kälte, mit Verachtung und Hohn, und dennoch ist sie in unseren Institutionen, Sitten und Geisteshaltungen vorhanden und wohltuend wirksam. Aber noch bedeutender ist es, dass der Gedanke der Freiheit in allen edlen Köpfen der ganzen Welt lebendig ist. Überall zerstreut und alleinstehend bilden diese eine kleine, aber aristokratische *republica literaria*: sie alle halten der Freiheit die Treue, verehren sie immer mehr und lieben sie nur noch leidenschaftlicher als in Zeiten, wo [...] sogar der *vulgus* sich um sie scharte". (320) Ebenso erklärt er 1949 im Gespräch mit Márai, der Ungarn verlassen hatte und ihn in Neapel besuchte: „[*Zitiert von Márai:*] Die Massen wollen die Freiheit nicht. Auch die Deutschen wollen sie nicht haben. Die Masse hat die Freiheit nie gewollt, zu keiner Zeit. Die Freiheit zu wollen war stets Sache der Elite, der geistigen, der historischen Elite, und selbst wenn sie nicht verwirklicht werden kann, im Bewusstsein der Menschen gilt es den Anspruch auf Freiheit auch dann zu bewahren – *le besoin de la liberté*..." Márai kommentiert: „Croce will Liberalismus und Freiheit. Er weiß, die Massen wollen keinen Liberalismus mehr, noch Freiheit; sie wollen Sicherheiten gegen die Bedrohung durch Arbeitslosigkeit, Krankheit und Alter. Freiheit und Liberalismus können in dieser Welt nur bei Kontrolle durch den Sozialismus menschengemäß sein. Auch das weiß er, doch er ist schon sehr alt; er lässt sich auf keine Diskussion ein, er deklariert nur." (MTB 6, 115-117)
* Vielleicht nach Hesse, *Phantasien* (1918): „die sogenannte »Wirklichkeit«", „an die der Dichter nie glauben konnte, jene unsäglich wichtige Welt von Geschäften, Parteien, [...]." (*Werke 10*, 62, 64)

109 Der Politikwissenschaftler Bassam Tibi hat seit 1996 in mehreren Publikationen für eine „*Leitkultur*" geworben, die einer Zersplitterung der Gesellschaft in unversöhnliche Lager entgegenwirken soll. Mit diesem leider recht missverständlichen Ausdruck meint er eine kultur*übergreifende* „zivilisatorische Identität" im Sinne eines grundsätzlichen „Einverständnisses über Gemeinsamkeiten". (*Leitkultur als Wertekonsens*, AUS POLITIK UND ZEITGESCHICHTE B 1-2/2001) Offenkundig in Anlehnung hieran erklärt Kertész in *Wird Europa auferstehen?* (geschrieben 1999 angesichts des Kosovo-Kriegs; leicht gekürzt in NZZ, 20.1.2001), der einzige Konflikt, der legitimerweise auch militärisch auszutragen sei, bestehe im Widerstreit zwischen „Vernunft und Fanatismus, Toleranz und Hysterie." Indessen fehle heute ein allgemein akzeptiertes Wertesystem, das für eine gemeinsame Kultur notwendig wäre: „In unserer ungläubigen Zeit sind biblische Kriege im Gange, Kriege zwischen »Gut« und »Böse«. Diese Wörter sind deshalb in Anführungszeichen zu setzen, weil wir einfach nicht wissen, was gut und böse ist. Wir haben unterschiedliche und verschiedenartige Begriffe davon, und diese Begriffe werden auch umstritten bleiben, solange nicht wieder ein festes Wertesystem einer [...] gemeinsam getragenen Kultur entstanden ist." (ES, 167; äquivalent in der *Rede zum Jahrestag der Deutschen Einheit 2003*, in der Kertész auch den 2003 begonnenen Irak-Krieg thematisiert, FAS, 5.10.2003) Ebenso formuliert er in *Hommage à Fejtő* (1999), legitim seien „*Gegensätze*" im Rahmen eines Grundkonsenses, nicht aber eine fundamentale „*Gegnerschaft*" („Wertediktatur, Fremdenfeindlichkeit, Antisemitismus"), zu der Demagogen immer nur deswegen anstiften würden, „um sich die Staatsmacht anzueignen". (ES, 191)

Über die Idee der Leitkultur sagt er ferner 2007 in einem Gespräch mit Jörg Plath: „Wenn Europa nicht mehr die europäischen Werte vertritt, sondern einen, sagen wir, »gemischten Salat«, dann wird es eine lebende Leiche. Mir ist ein Europa sympathischer, das die Einwanderer assimilieren und von seiner Idee überzeugen kann. Ich sehe keine höhere Kultur als die europäische. Das bedeutet nicht, dass sie vollkommen ist oder frei von Lügen. Aber was Europa zustande gebracht hat …[*] Man denke nur an den Wohlstand. In Europa kann man am besten leben. Das ist sehr wichtig für mich. Wenn wir so weit kommen, dass uns eine fanatische Ideologie wichtiger ist, als gut und frei zu leben und zu denken: Das ist schon der Anfang der Sklaverei." (*Stunde der Wahrheit*, NZZ, 7.7.2007) Letztere Bemerkung bezieht sich vermutlich auf die Absetzung von Mozarts Oper *Idomeneo* 2006 in Berlin. Im Tagebuch schreibt Kertész dazu: „Europa erlebt ohne Zweifel wieder eine seiner schmachvollsten Epochen. Die Deutsche Oper in Berlin hat Mozarts *Idomeneo* vom Programm genommen, weil die Handlung, so wörtlich, den Islam verletzen könnte." (LE1, 385, 27. September 2006; LE2, 287)

    * Ähnliche Überlegungen stellt Klaus Mann in *Der Wendepunkt* (1952) an. (Anfang von Kap. 7, 204)

110   Zur „Frage der Würde" notiert Kertész Ende 1990: „In einem gewissen Lebensalter einsehen, dass Selbstzerstörungstriebe infantile Strebungen sind; von dem Moment an stellt sich die Frage der Würde – und selbst schreiben dürfte man dieses Wort eigentlich nur insgeheim und in codierter Schrift; ich verstehe darunter aber lediglich die positive Entscheidung, am Leben zu bleiben, weiter nichts […]." (GT, 298, 9. Dez. 1990) Würde ließe sich somit als Bewusstsein vom eigenen Existenzrecht charakterisieren, dem auch objektiv Geltung verschafft werden muss.* Eben dies wird in Diktaturen aber vereitelt. Broch schreibt dazu in *Theorie der Demokratie*: „[Es] zeigte das Phänomen der Diktaturen, dass gerade durch Vergewaltigung der menschlichen Würde sich eine maximale politische Wirksamkeit nach innen und außen erreichen lässt [siehe auch 103]. Ferner zeigte sich, dass die diktatorialen Gebilde direkte Abkömmlinge der Demokratie sind, d. h. dass diese sich weder sachlich noch formal als fähig erwiesen haben, sich gegen diese Vernichtung, die aus ihrem eigenen Schoße emporgewachsen ist, irgendwie zu erwehren". Hieraus kann man folgern, verantwortlich für den Erhalt der Demokratie sei letztlich jeder Einzelne. Insbesondere sollte sich jeder um seine persönliche Bildung bemühen, da institutionelle Sicherungen nicht genügen. Damit übereinstimmend erklärt Broch, vor allem die „ethische Unsicherheit der modernen Massenbevölkerung" sei eine Ursache für den „Zusammenbruch der europäischen Demokratien" gewesen (siehe auch 104). (*Kommentierte Werkausgabe 11*, 72, 76)

    * Vgl. Grimm, *Deutsches Wörterbuch*, Eintrag zu *Würde*: „[…] *trotz anfänglicher oder später engster berührung mit wert, m. zieht würde, viel stärker als wert, den relativen, auf vergleichender beziehung beruhenden bedeutungen absolute wie »rang, stand«, »amt«, »ehre, ansehen, geltung«, »ehrung« vor*".

111   DK, 11. Siehe auch Kertész' Tagebuchnotiz zur „Lagerliteratur" oben S. 9, Anm. 6.

112   MS, 221; RS, 281

113   Kertész im Gespräch *Der Mann ohne Identität* mit Rosenfelder und Harmati über die Rezeption seines Romans *Schicksalslosigkeit* in Deutschland: „[Frage:] *Aber in Deutschland gab es auch irritierte Reaktionen. Nicht jeder kam mit Ihrer Ironie zurecht.* [Kertész:] Nun gut, da sind Tabus ausgearbeitet worden. Außerdem erwartet man in Deutschland von jemandem, der in einem Konzentrationslager war, dass er eine Opferrolle spielt, und die spiele ich nicht." (AUFBAU, 5.6.1998)

114   Kertész im Gespräch mit Ijoma Mangold, SZ, 9.11.2004

115   Kertész im Interview *Der letzte Zeuge* von Batthyany und Krogerus, DAS MAGAZIN, 7.11.2009

116   Kertész im Gespräch mit Peter Michalzik, FRANKFURTER RUNDSCHAU, 4.7.1996

117   Kertész im Gespräch *Ich zeige einen Ausweg* mit Klaus Nüchtern, FALTER Nr. 48, 26.11.2003

118   Kertész erklärt 2006 im Gespräch *A man apart* mit Julian Evans, im Schreiben habe er einen Ausweg aus den totalitären Zwängen gefunden, wie sie modellhaft in Auschwitz wirksam gewesen seien: „They forced a person to choose in a way we were never forced to choose before: to become either a victim or a perpetrator. Even surviving involved collaboration. [Evans:] *To choose to become a writer was his way*

of refusing to collaborate with dictatorship.[/... Kertész:] Modern life is organised so that you benefit at the expense of the other, and the most extreme example of that is a camp. [...] it's the organisational structure of life, and I can't see a cathartic event that would bring us out of this pattern [...]. What writers can do in this symbolic ice age is to preserve and to present individual identities, individual existences that you can pick out from the flow and present as something that moves people, or shocks them. *[Evans:] We now live in a state of such conformity that we are in danger of forgetting those exist-ences? [Kertész:]* Exactly." (THE GUARDIAN, 22.4.2006)

119 Die heutige Neurobiologie unterscheidet: (1) bewusste Erfahrungen, die über ein explizites/ dekla-ratives Gedächtnis vermittelt werden; (2) unbewusste Erfahrungen, bei denen ein implizites/ proze-durales Gedächtnis beteiligt ist. Bewusst ist z. B. die räumliche Orientierung eines Lebewesens, bei der dieses eine neuronale »Karte« seiner Umgebung erstellt und seine Bewegung hieran ausrich-tet.* Erinnerungen an bewusste Erlebnisse können mit materiellen Symbolen bezeichnet werden. Entsprechend vermutet schon Freud 1915 in *Das Unbewusste* (und analog 1911 in *Formulierungen über die zwei Prinzipien des psychischen Geschehens* sowie 1900 in *Die Traumdeutung*), beim bewuss-ten Denken seien die „Sachvorstellungen" durch „Wortvorstellungen" (bzw. eventuell: ihre „eigenen Wahrnehmungsreste") übersetzt. (*Werke 10*, 300f) Dies macht auch Sartres Vorstellung plausibel, das Bewusstsein bewirke eine radikale „Infragestellung des Seins" (siehe das Zitat aus *Das Sein und das Nichts*, oben 106). Denn das einem Individuum bewusst gewordene Sein würde aus einer subjektiven Perspektive beschrieben, die einer etablierten Semantik, nach der das Sein bereits objektiv bestimmt schien, widerstreiten könnte.

 * Siehe etwa: Kandel, *Psychiatrie, Psychoanalyse und die neue Biologie des Geistes*, Kap. 2 - *Ein neuer theoretischer Rahmen für die Psychiatrie* (1998), Kap. 3 - *Biologie und die Zukunft der Psychoanalyse* (1999), Kap. 5 - *Die Molekularbiologie der Gedächtnisspeicherung* (2001, nach Kandels Nobelpreisrede von 2000); Deneke, *Psychische Struktur und Gehirn. Die Gestaltung subjektiver Wirklichkeiten* (2001). Speziell zum räumlichen Gedächtnis: Kandel, *Auf der Suche nach dem Gedächtnis* (2006), Kap. 23.

120 Im Gespräch *Ich zeige einen Ausweg* mit Klaus Nüchtern erläutert Kertész: „Ich habe mitgemacht: Um zu überleben habe ich mich der Logik des Überlebens unterworfen, und das war die Logik des Terrors. In diesem Sinne war ich ein, wenn auch winziger, Teil dieser schrecklichen Maschinerie. Wenn ich das anerkenne, kann ich mich damit auch auseinandersetzen – und eine wirkliche Auseinanderset-zung mit der eigenen Funktion führt zu einem klareren Bewusstsein." (FALTER Nr. 48, 26.11.2003) Hierzu schreibt er auch bereits 1991 im Tagebuch, von der Mehrheit unterscheide er sich durch die Bereitschaft, sich ein realistisches Bild der Verhältnisse zu machen: „Ich habe von einer Epoche nie etwas anderes geglaubt als das, was ich von ihr gesehen und erlebt habe. Erst jetzt zu merken, dass Menschen bis zum Schluss [*aktuell: bis zur Wende*] etwas anderes glaubten, an etwas glaubten, wäh-rend sie durchmachten, was sie durchmachten, oder dass sie zumindest nicht glaubten, dass sie das durchmachten, was sie durchmachten. Für viele ist so Überleben möglich geworden, sogar Wohlerge-hen oder vielleicht das Gefühl, über das Leben einen Triumph errungen zu haben; man sollte sich aber klarmachen, dass sie daran auch gleichzeitig verkrüppelt sind. Und diese Verkrüppelung stellt einen schweren Schlag für die Kreativität dar, [...]; der Geist erträgt nur das bloße Überleben, der Künstler kann die Zeit nur als Opfer überstehen, ein Opfer, das die Zeit vollkommen zu Boden getrampelt hat und das daran dennoch nicht zerbrochen ist. Ein seltsames Paradox, die Seltenheit von Künstlern zeigt die vollkommene Aleatorik eines solchen marginalen Zufalls." (GT, 308f, April 1991) Ähnlich argumentiert er 2006 im Gespräch mit Jörg Plath (siehe 16). Und 2007 antwortet er auf eine Frage von John Nadler: „*You survived both the Nazi death camps and the Soviet dictatorship in Hungary. Is your life an example of how the human will can flourish even in harsh conditions? [Kertész:]* Human will always flourishes. But I do not consider my life an example of this. I am a commentator on it." (*10 Questions for Imre Kertész*, TIME, 19.2.2007) Indem Kertész aber das Leben darstellt oder kommentiert, folgt er

der Logik eines geistigen Überlebens und etabliert sich als ein geistiger Akteur. Dazu bekennt er sich auch explizit in seinem zweiten Roman *Fiasko*. So liest in dem 1983 vorab veröffentlichen »Prolog« des Romans (vgl. 153) »der Alte« in seinen privaten Papieren, die als Äquivalent von Kertész' damals noch unveröffentlichten Tagebüchern gelten können: „Vielleicht wollte ich das, ja: […]; aus meinem ewigen Objekt-Sein zum Subjekt werden; selber benennen statt benannt zu werden [*etwa nach Sartre, »Das Sein und das Nichts«, Kap. Der Blick*]. Mein Roman [*äquivalent »Schicksalslosigkeit«*] ist nichts als eine Antwort auf die Welt – anscheinend die einzige Art von Antwort, die ich geben kann." (F, 114) Dem korrespondiert ein Tagebucheintrag von 1973, in dem Kertész offenbar über eine mögliche Antwort auf die Zurückweisung von *Schicksalslosigkeit* durch einen staatlichen Verlag (Magvető) nachsinnt: „Macht, ins Literarische projiziert: das Privileg des Rechts auf Objektivierung.[/] Es wäre interessant, die Manifestationen des Geistes im Lauf der Jahrhunderte einmal aus diesem Blickwinkel zu betrachten: Das wäre die wahre Prüfung, die Geistesgeschichte der Macht". (GT, 32) Mit derselben Intention notiert er ferner 1978 in Bezug auf den Protagonisten „K." = Steinig (ungar. Köves) des zweiten Teils von *Fiasko*, der gleich ihm um die „Rückeroberung" seiner „Individualität von der Geschichte" kämpft: „Mit Hilfe der Phantasie Herrschaft über die Welt zu erlangen, die Herrschaft über ihn besitzt. Die Objektivierung (in gewissem Sinne) als Rache, die jedoch nur im disziplinierenden Gewand der künstlerischen Form erscheinen kann, also verwandelt, verzaubert, entfremdet." (GT, 85)

121 DK, 12
122 Kertész im Interview *Schande und Liebe in Zeiten der Diktatur* von Franziska Augstein, SZ, 16.9.2006
123 Kertész im Gespräch mit Thomas Schmid, HAMBURGER MORGENPOST, 9.5.1996
124 In *Schicksalslosigkeit* wird das „»Vernichtungslager«" Auschwitz explizit von einem „»Arbeitslager«" unterschieden: „dort sei das Leben leicht, die Verhältnisse und die Lebensmittelversorgung, so hieß es, unvergleichlich besser, was nur natürlich ist, denn auch das Ziel war ja schließlich ein anderes." (RS, 128; analog MS, 98) Wenn mit dem Arbeitslager das literarische Schreiben gemeint ist, dann könnte Kertész mit dem Vernichtungslager auf seine frühere Anstellung als Journalist anspielen.
125 RS, 65; in MS, 49: „Ehrgefühl"
126 Im Tagebuch erklärt Kertész, dieses Motiv habe einen realen Hintergrund: „Beim Korrekturlesen des *Romans eines Schicksallosen* sind mir bestimmte reale Details eingefallen. Zum Beispiel ist es mit Sicherheit so, dass ich (noch in Pest) nicht aus der Kolonne fliehen wollte; […]. Zweifelsfrei ist auch, dass in dem gegebenen Bösen alle gut zu mir waren. Der Polizist ermutigte mich mit einem scharfen Blick, aus der Kolonne zu fliehen". (B, 195, 1999) Dieser „Blick" kommt im Roman nicht vor, wohl aber in der Verfilmung *Fateless* (2005) bzw. dem von Kertész hierfür geschriebenen Drehbuch *Schritt für Schritt* (2001), in dem er sich gestattete, „gewissen autobiographischen Motiven" Platz zu geben, „Erinnerungen, auch Anekdoten", die er im Roman „strengstens verwerfen musste". (SS, *Vorwort*, 8)
127 Siehe in *Schicksalslosigkeit* das Kap. 8; alle betreffenden Zitate aus RS, 209ff.
128 Vor allem Goethes späte Schriften zeichnen sich durch eine vorsätzliche Verrätselung aus. Eckermann berichtet diesbezüglich in *Gespräche mit Goethe*: „es blieb mir [*in Faust II*] so vieles rätselhaft, dass ich mich gedrungen fühlte, Goethe um einigen Aufschluss zu bitten. Er aber, in seiner gewöhnlichen Art, hüllte sich in Geheimnisse, […]: »[…] Ich gebe Ihnen das Manuskript mit nach Hause, studieren Sie alles wohl und sehen Sie zu, wie Sie zurecht kommen.«" (10. Januar 1830, Goethe, GA 24, 384) Hans Mayer deutet in *Goethe. Ein Versuch über den Erfolg* (1973) Goethes kryptischen Stil als Ausdruck einer Opposition zum „Zeitgeist" bzw. einer *Kreativität außerhalb der eigenen Zeit*: „als Ausdruck jener Einsamkeit und Gegenzeitlichkeit[] werden die Werke der Einbildungskraft zunehmend stärker verfremdet durch *Ironie und verhüllende Symbolik*." (50f) Ebenso charakterisiert Kertész im Vorwort seines Essaybands von 1999 bzw. 2003/ 2004 seine eigene frühe Produktion: In der sozialistischen Gesellschaft, in der „das normale Leben für illegal erklärt" worden sei, habe er sich beim Schreiben über das Tabu des „Holocaust"* wohlweislich „hinter der rein künstlerischen Form verbor-

185

gen", die ihm „ein zwar durchschaubares, aber dennoch sicheres Versteck bot". (ES, 13; analog EGS, 9f)
Im Tagebuch lobt er Goethe (nach einem Besuch des Goethe-Hauses in Weimar): „Ausschließlich *hier
und zu jener Zeit* war *er* möglich. Der unproduktiven Gegenwart auf produktive Weise den Rücken
zuwenden, das nennt man deutsche Klassik. Er erkannte den zeitgemäßen Schauplatz seiner unzeitgemäßen Genialität. Und welche Gebrechlichkeit zugleich, welches Ausgeliefertsein!" (GT, 103, 1980)
* Hierüber äußert Kertész im Vortrag *Lange, dunkle Schatten* (Konferenz *Ungarisch-jüdische Koexistenz*, Budapest, 1991), insbesondere hätte die ehrliche Aufarbeitung der Geschichte eine im Sozialismus unerwünschte „Anbindung an das geistige Europa bedeutet": „Die Diktatur aber wollte die
Entzweiung […], weil sie ihren Zwecken dienlich war." (EGS, 89; ES, 57) Analog formuliert er in der
Dankrede zum Leipziger Buchpreis 1997. (Kertész/Liehm, *Leipziger Buchpreis 1997…*, 31-39)

129 Hans Mayer analysiert in *Das Geschehen und das Schweigen* (1969) als Beispiel eines verschlüsselten Schreibens Celans Gedicht *Tübingen, Jänner*, was Kertész für *Schicksalslosigkeit* inspiriert haben
dürfte*: „Jedes Wort in jeder Zeile ist vieldeutig gehalten, meint jeweils Außenwelt und Innenwelt." (12)
Der in *Schicksalslosigkeit* nur vage zu vermutende Bezug zu Celan wird in *Fiasko* bestätigt. Dort ist
der dichtende „Pressechef", dessen Werke Steinig nur schwer versteht, als traumartig verfremdete
Verkörperung Celans zu erkennen (denn er paraphrasiert Celans Prosatext *Edgar Jené und der Traum
vom Traume*; F, 336-341). Im Motto von *Kaddisch…* zitiert Kertész dann sogar aus Celans *Todesfuge*.
* Aufgrund zahlreicher Parallelen erscheint es als sicher, dass Kertész Mayers Essaysammlung bereits
während der Arbeit an *Schicksalslosigkeit* gelesen hat. (Sarin, *Ein Leben als Artikulation*, 59f, ↑131)

130 Über den französischen Arzt berichtet Köves: „Schon am ersten Abend hatte ich mit ihm Bekanntschaft geschlossen." (RS, 214; analog MS, 168) Da Kertész Camus schon 1957 als Vorbild für sich entdeckte und da der Ton von *Schicksalslosigkeit* auch sehr an *Der Fremde* erinnert,* könnte man den Arzt
als Anspielung auf Camus auffassen (wie ich es in *Ein Leben als Artikulation* getan habe; 205, ↑631).
Jedoch hatte Kertész zuvor schon Valérys *Variété* gelesen (siehe oben S. 16f, Anm.71), und einiges
spricht dafür, dass Valéry und nicht Camus gemeint ist. So erzählt Köves, er habe den Arzt nicht
verstehen können: „Ich antworte mit dem einzigen Satz, den ich auf französisch kann: »Schö nö
kompran pa, mössjöh.«" (RS, 214; analog MS, 168) Kertész war aber von Camus' *Der Fremde* sofort
stark beeindruckt (siehe S. 17, Anm.79), dagegen gesteht sein Alter Ego in *Dossier K*, er habe von
Valérys Leonardo-Essay aus *Variété* „kein einziges Wort" verstanden. (DK, 170) Außerdem erzählt
Köves, der Arzt habe jedem Patienten ein Stück Würfelzucker gegeben, und denen, „die seine Sprache
verstanden", „auch noch ein zweites Stückchen": „Da erst begriff ich, was man mir zu Hause immer
eingetrichtert hatte, nämlich dass Bildung nützlich ist, und vor allem, in der Tat, die Kenntnis von
Fremdsprachen." (RS, 215; MS, 168) Nun wurden von Camus nach *Der Fremde* bald weitere Bücher
auf Ungarisch herausgegeben (1962: *Die Pest*, 1969: ein Band Erzählungen, 1970: *Die Pest, Der Fall*),
während von Valéry erst wieder 1973 bei Gondolat etwas erschien (*Két párbeszéd* [*Zwei Dialoge*:
Eupalinos oder Der Architekt, Die Seele und der Tanz]). Das *einzige* Zuckerstück kann somit nur
Band 1 von *Variété* sein, den Kertész in ungarischer Übersetzung besaß. Die weiteren Zuckerstückchen
für die Sprachkundigen bedeuten entsprechend die noch nicht ins Ungarische übersetzten Folgebände
oder auch andere Schriften Valérys. Auf Camus deutet in *Schicksalslosigkeit* dagegen Bandi Citrom, der
im Lager für Köves eine Art Mentor ist. Siehe hierzu Kertész' Notiz: „Ein plötzlich aufsteigendes, beinahe schmerzliches Gefühl von Freundschaft beim Anblick einer alten Photographie von Camus. Es
drängt mich beinahe, ihn zu umarmen. Die Zeit, als mein Bewusstsein erwachte, den ganzen Zeitraum
meiner Wandlung hat er als einer meiner Erzengel begleitet." (GT, 286, 15. Juli 1990)
* Vgl. etwa den Anfang von *Der Fremde*: „Heute ist Mama gestorben. […/…] Ich habe meinen Chef
um zwei Tage Urlaub gebeten." (7) und *Schicksalslosigkeit*: „Heute war ich nicht in der Schule. [*Dies
erscheint zugleich als Paraphrase des Anfangs von Flaubert, »Madame Bovary«.*] Das heißt doch, aber
nur, um mir vom Klassenlehrer freigeben zu lassen. […], mein Vater sei zum Arbeitsdienst einbe-

rufen worden; da hat er [*der Lehrer*] weiter keine Schwierigkeiten gemacht." (RS, 7; analog MS, 5) Desgleichen hat das auffällige „natürlich" von Köves (das auch auf Miłosz deutet; siehe oben S. 10, Anm. 22) eine Parallele in *Der Fremde*, wo Meursault vieles „egal" ist (ob jemand sein Freund wird, ob er heiratet, oder ob er Karriere macht und von Algier nach Paris versetzt wird), und dort findet sich sogar der als Zitat hervorgehobene Ausdruck: „»Natürlich« [*Orig*: J'ai dit: »Naturellement.«]" (53)

131 Becketts erster Roman *Murphy* (1938) lag 1972 auf Ungarisch vor (Magvető, Übers.: Dezső Tandori), und es erscheint plausibel, dass Kertész hier auf den Protagonisten Murphy anspielt, der einige Gemeinsamkeiten mit Beckett bzw. generell einem modernen Künstler aufweist. So heißt es einleitend über Murphy: „in seinem Geiste [*zu*] leben, machte ihm Spaß, solchen Spaß, dass Spaß nicht das richtige Wort ist." (*Werke 2*, 8) Ferner lässt er sich im Verlauf des Romans in einem Heim für Geisteskranke – von denen aber „nur 15 Prozent" „offiziell für verrückt erklärt waren" – als Pfleger anstellen. Dort untersteht er einem „Chefkrankenpfleger" sowie einem „Oberkankenpfleger" und bekommt gesagt: „Sie werden nicht dafür bezahlt, dass Sie sich für die Patienten interessieren, sondern dafür, dass Sie für sie hin- und herflitzen und den Dreck aufwischen, den sie hinterlassen." (117, 119, 124) Ähnlich ist es in *Schicksalslosigkeit* die Aufgabe des Hilfspflegers, den bettlägrigen Patienten den Nachttopf zu bringen: „Er erschien bei dieser Gelegenheit mit einem flachen und dem Zweck entsprechend langstieligen Geschirr, das unter die Decke geschoben wurde. Dann musste man ihn erneut rufen, »Bitte! Fertig! Bitte!«, bis er es holen kam." (RS, 217; analog MS, 170) Murphy stirbt am Ende bei einem Gasunglück. Er hatte verfügt, dass man seine Asche in der Toilette des irischen Nationaltheaters entsorgt, jedoch wird sie schon vorher in einer Kneipe geschändet: „Als die Polizeistunde schlug, waren Körper, Geist und Seele Murphys weit über den Fußboden der Kneipe verstreut; und ehe ein neuer Morgen über der Erde graute, wurden sie mit dem Sand, dem Bier, den Kippen, den Scherben, den Streichhölzern, der Spucke und dem Erbrochenen weggefegt." (*Loc. cit.*, 202) Interessant für Kertész dürfte der provokante Ton und die Radkialität gewesen sein, mit denen Beckett, in einer durchschaubaren Allegorik, die Bedingungen des modernen Künstlertums darstellt (wie er es dann selbst in *Schicksalslosigkeit* getan hat). Auf Beckett bezieht er sich später noch mehrfach. Gelegentlich übt er an ihm Kritik, im Tagebuch äußert er aber auch höchstes Lob: „Beckett ist über den Abgrund gesprungen und spricht von der anderen Seite aus. Ein großes Beispiel." (GT, 227, 1987) „Beckett ist ein großer Autor, und das bleibt er auch." (LE1, 369, 21. April 2006; LE2, 274) In Interviews erklärt er, Beckett werde der von Werten entleerten Welt nach Auschwitz künstlerisch gerecht, auch wenn seine Werke nicht explizit von Auschwitz handelten: „Beckett never mentions Auschwitz, but his world is ultimately derelict." (*A man apart*, Gespräch mit Julian Evans, THE GUARDIAN, 22.4.2006) „Man kann nicht mehr so sprechen, als hätte es Auschwitz nicht gegeben – in diesem Sinn leben wir in einer Auschwitz-Kultur. Allein unter den Juden wurden sechs Millionen ermordet, […]. Das kann man mit Gedenkstätten nicht wiedergutmachen, auch nicht mit Geld. Es muss sich in der Kultur spiegeln. Bei den größten Künstlern nach dem Holocaust, wie etwa Beckett oder Giacometti, ist diese Stimme hörbar. Auschwitz gehört nicht zur Avantgarde, denn die Avantgarden wechseln viel zu schnell, sondern zur Moderne. Wenn die Figuren in Becketts »Endspiel« in Mülltonnen sitzen, ist das nicht komisch, es zeigt, in welcher Welt wir leben." (*Mit Spielberg kann ich nicht konkurrieren*, Interview von Sieglinde Geisel, NZZ, 20.10.2013)

132 Döblin schreibt 1955 in einem Nachruf auf Thomas Mann: „Es gab diesen Thomas Mann, welcher die Bügelfalte zum Kunstprinzip erhob, erheben wollte, und mehr brauchte man von ihm nicht zu wissen. Er vertrat nämlich das gesamte mittlere und höhere Bürgertum im Lande, das über eine mäßige Bildung verfügte, und sich um einige überlieferte Namen der sogenannten klassischen Bildung gruppierte. […/…] von den realen Menschen hatte er wenig Kenntnis, er putzte das Bürgertum heraus, […], er schrieb die Bügelfaltenprosa, darauf bedacht, dass sein Frack keinen Staubfleck zeigte. Nebenbei bemerkt war es die Zeit, in der das Land sich ungeheuer umbildete mit Eis[en], Stahl, Dampf aus einer größten Teils agra[r]ischen Fläche zu einer industriellen Großmacht. Aber man suche davon

nichts in dem Werk des jetzt abgedankten Autors." (*Von Leben und Tod, die es beide nicht gibt*, in *Zwei Seelen in einer Brust*, 498f; zuerst veröffentlicht in SINN UND FORM 9/1957)

133 Der polnische „»*Pfleger*«" „Pjetka" (RS, 219, 227; MS, 172, 178) betreut Köves auf der Station. Gelegentlich lädt er dorthin seinen Landsmann „Zbischek" (RS, 236)/„Sbischek" (MS, 186), der in einem anderen Krankensaal als Pfleger arbeitet, zum Abendessen ein. Anscheinend spielt Kertész mit Pjetka auf den polnischen Exilautor Miłosz an und mit seinem Gast Zbischek auf Borowski. * Ein Schlüssel, mit dem sie identifiziert werden können, ist Miłosz' Essaysammlung *Verführtes Denken* von 1949°, in der Borowski als „*Beta – Der unglücklich Liebende*" porträtiert ist. Wie Miłosz in dem betreffenden Kap. V schreibt, habe er Borowski persönlich gekannt: „Als ich Beta im Jahre 1942 kennenlernte, […]." Er erinnere sich an ihn als jemanden, der seine Kräfte gerne spielerisch ausprobiert: „Er war innerlich überzeugt, seinen Gesprächspartnern überlegen zu sein, er griff an und zog sich wieder zurück, als wolle er seine Krallen verbergen." (117) Ganz ähnlich erzählt aber auch Köves von den Treffen der beiden Pfleger: „[*Sie*] plaudern, […], oder sie machen ein bisschen Spaß, die Ellbogen aufgestützt, die Hände verschränkt, probieren sie ihre Kraft aus". (RS, 237; analog MS, 186) Weiterhin urteilt Miłosz in *Verführtes Denken* über Borowskis Erzählungen: „Ich habe viele Bücher über Konzentrationslager gelesen, aber keines ist so erschütternd wie die Erzählungen Betas. Denn Beta empört sich nicht, er berichtet nur." (120f) Eben Letzteres dürfte wiederum Kertész für *Schicksalslosigkeit* inspiriert haben. Tatsächlich konnte er Borowskis Texte auch selbst lesen, denn 1971 erschien in Ungarn von ihm der Band *Die steinerne Welt* (*Kővilág*, Európa, Übers.: Irén Fejér) mit Erzählungen, die von seiner Haft in Auschwitz, Natzweiler-Dautmergen und Dachau handeln. Kertész erinnert sich in der Nobelpreisrede »*Heureka!*«, wie er sich bei der Arbeit an *Schicksalslosigkeit* u. a. hieran orientierte: „Ich spreche von jenen zwanzig Minuten, die an der Verladerampe des Vernichtungslagers Birkenau vergingen, bis die aus dem Zug gestiegenen Menschen vor den Offizier gelangten, der die Selektion vornahm. Im großen und ganzen erinnere ich mich an diese zwanzig Minuten, aber der Roman verlangte von mir, meiner Erinnerung nicht zu trauen. […] Nach authentischen Quellen suchend, las ich zum erstenmal die klaren, selbstquälerisch gnadenlosen Erzählungen Tadeusz Borowskis, darunter »Bitte, die Herrschaften zum Gas!«. Später kam mir die Foto-Serie in die Hände, die ein SS-Soldat von den an der Rampe von Birkenau ankommenden Menschentransporten gemacht hatte […]. Bestürzt betrachtete ich die Bilder. Hübsche, lachende Frauengesichter, verständnisvoll dreinblickende junge Männer, voll von den besten Absichten, der Bereitschaft zur Mitarbeit. […], da begriff ich die Technik des Schreckens, begriff, wie es möglich gewesen war, die menschliche Natur selbst gegen das Leben des Menschen zu verwenden." (ES, 249f) Im Roman erzählt Köves freilich, dass „meistens Pjetka es fertigbringt, Zbischeks dem Anschein nach stärkeren Arm niederzuzwingen", und dass er ihn auch „nicht gern gegen Pjetka [*als Pfleger*] eintauschen würde." (RS, 237; analog MS, 186) Daraus kann geschlossen werden, dass Kertész Miłosz für den substantielleren Autor hielt und er sich Borowski, der zum Kommunismus konvertierte und kurz danach Selbstmord beging, nicht zum Vorbild nehmen wollte.

* In *Ein Leben als Artikulation* habe ich die Referenz auf Miłosz noch nicht erkannt und stattdessen spekuliert, dass mit Köves' »Pfleger« Pjetka Borowski gemeint sein könnte. (205, ↑631)

° Dieses Buch gibt auch dem Wort „natürlich" in *Schicksalslosigkeit* einen bestimmten Sinn (siehe 22).

134 Sándor Márai (1900–1989), der Ungarn 1948 aus politischen Gründen für immer verließ, schreibt 1966 im Tagebuch: „Hinter den Rauchwolken dämmert hin und wieder die Wirklichkeit auf: Die Kommunisten wissen, dass sie in einer nahezu luftdicht abgeschlossenen Welt über glühende Kohlen gehen. Und befürchten, diese Glut werde eines Tages in Flammen ausbrechen, wenn irgendwo ein Fenster geöffnet wird. Rauch und Gestank sind in dieser abgeschlossenen Welt so unerträglich, dass das Fenster hin und wieder einen Fingerbreit aufgemacht werden muss – und mit dieser gefährlichen Unternehmung werden meistens Leute betraut, die vorher jahrzehntelang die Glut geschürt haben. Doch sobald frische Luft eindringt, werfen sie ärgerlich die Tür zu: Sie wissen, dass auflodernde Glut

ihr Verhängnis werden kann." (MTB 5, 289) Márais *Tagebücher 1958–1967* erschienen (auf Ungarisch) 1968 in Rom. Eine Rezeption Márais durch Kertész lässt sich im *Galeerentagebuch* seit 1971 nachweisen. (Sarin, *Ein Leben als Artikulation*, 58, ↑128) Es ist also gut möglich, dass er in *Schicksalslosigkeit* auf Márais Notiz von 1966 anspielt.

135 Vgl. Kertész' Notiz von 1974: „Nietzsches Radikalismus. Dennoch konnte er es sich nicht versagen, auch ein Prophet zu sein. Paradox, aber in dieser Hinsicht ist Kant radikaler: Nichts zu wollen außer Kritik – dieses Maßhalten ist der wahre Radikalismus." (GT, 34)

136 Zwar hat Kertész erklärt, er sei von Kafka nicht mehr grundlegend geprägt worden (vgl. S. 17f, Anm. 80 und 81), jedoch gibt es in *Schicksalslosigkeit* durchaus Parallelen zu dessen Werken. So ist die von Läusen befallene Wunde an Köves' Hüfte offenbar durch eine Passage aus Kafkas Erzählung *Ein Landarzt* inspiriert: „Würmer, […], winden sich, im Innern der Wunde festgehalten, mit weißen Köpfchen, mit vielen Beinchen ans Licht. Armer Junge, dir ist nicht zu helfen." (Kafka, *Werke 1*, 204) Außerdem wird Köves auf der Krankenstation gefragt, warum er denn „»verhaftet«" worden sei, ohne „etwas Schlimmes" getan zu haben (RS, 233; analog MS, 183) – sehr ähnlich heißt es aber auch in Kafka, *Der Proceß* über Josef K.: „ohne dass er etwas Böses getan hätte, wurde er eines Morgens verhaftet." (*Werke 3*, 9) In beiden Fällen deutet die »Verhaftung« auf das Schreiben, dem die Autoren sich mit dem Einsatz ihres Lebens gewidmet haben. Köves' Befreiung (die Aneignung einer individuellen Existenz) korrespondiert dabei dem im *Proceß* zuletzt an K. vollzogenen »Todesurteil« (vgl. unten 224).

137 Knigge berichtet von einem falsch ausgefüllten Dokument aus Buchenwald, mit dem Kertész' Tod vorgetäuscht wurde, um ihn zu retten*: „Der aus den Bestandslisten Gestrichene konnte heimlich in den Häftlingskrankenbau verlegt und dort gepflegt und zusätzlich versorgt werden. Wer an dieser Rettung beteiligt war, lässt sich nicht mehr genau rekonstruieren. Aber dass da ein Anderer gewesen war, einer der Mitmensch sein und bleiben wollte, […], ist unabweisbar. Dieser Andere könnte, den Quellen nach, mit Folgenden identisch gewesen sein: mit Charles Richet, einem französischen Widerstandskämpfer und Arzt; mit André Respaut, einem französischen Anarchisten und Spanienkämpfer; mit Clemens Bukowski, einem Deutschen; mit Bohumil Kubat, einem Tschechen; oder mit zwei Polen, die Imre Kertész als Pjetka und Zbischek erinnert." (»Gott ist ein schöner Gedanke.«, in Ebert, *Das Glück des atonalen Erzählens*, 17) Den von Knigge genannten Tschechen Bohumil Kubat identifiziert Heidelberger-Leonard in ihrer Kertész-Biografie mit „Bohusch im *Roman eines Schicksallosen*". (*Imre Kertész*, 19; vgl. RS, 242) Ferner gibt es im Roman einen französischen Arzt und zwei polnische Pfleger (siehe die Belege oben), wie sie Knigge ebenfalls aufführt.

* Kertész bemerkt in seiner Nobelpreisrede »Heureka!« von 2002, jene falsche „Tagesmeldung über den Häftlingsbestand des Konzentrationslagers Buchenwald vom 18. Februar 1945" habe er von Knigge zugesandt bekommen, als er sich gerade „auf diese Rede vorbereitete". (ES, 254)

138 Den Namen gebraucht Kertész im Roman erstmals in folgender Passage, die auf seine eigene Lehrzeit und spätere dauerhafte Tätigkeit als Autor deutet: „Man hat mich mit einem amtlichen Schreiben benachrichtigt: »Ihnen wird ein ständiger Arbeitsplatz zugewiesen.« Adressiert war es: »An den zum Hilfsarbeiter auszubildenden Heranwachsenden Köves György«". (RS, 34; analog MS, 25) Köves' Rufname (orig.: Gyurka) wurde verschieden übersetzt: „Gyuri" (MS, 5)/ „Gyurka" (RS, 7).

139 Vgl. Rilkes *Requiem* für Wolf Graf von Kalckreuth (geschrieben am 4. und 5. November 1908 in Paris):
    „[…] – O alter Fluch der Dichter,[/] die sich beklagen, wo sie sagen sollten,
    die immer urteiln über ihr Gefühl[/] statt es zu bilden; […]
    […] Wie die Kranken[/] gebrauchen sie die Sprache voller Wehleid,
    um zu beschreiben, wo es ihnen wehtut,[/] statt hart sich in die Worte zu verwandeln,
    wie sich der Steinmetz einer Kathedrale[/] verbissen umsetzt in des Steines Gleichmut."

    (*Werke 1*, 663)

Dasselbe Bild verwendet Kertész in *Dossier K* mit Bezug auf *Schicksalslosigkeit*: „Es ist gut, wenn es

189

in einem Roman Wörter gibt, die als brennendes Geheimnis im Leser weiterleben.[/ .../] Wörter, die nur in ihrer Immanenz Bedeutung erlangen. In der dramaturgischen Wirkung, die ihnen Ort, Zeit und das komplizenhafte Einverständnis des Lesers verleihen. In einem Roman verändern bestimmte Wörter ihre gewöhnliche Bedeutung[*]; so wie man zur Errichtung einer Kathedrale zwar Ziegelsteine braucht, wir am Ende aber die Türme und das Bauwerk bewundern, die durch sie Form gewonnen haben." (DK, 96f) Ebenso bezeichnet er 1981 im Tagebuch Thomas Manns Roman *Doktor Faustus* (der für *Schicksalslosigkeit* vorbildlich war; vgl. 91) als eine „im Alptraum des Zusammenbruchs stöhnende, gotisch himmelwärts fliehende" „Kathedrale". (GT, 124) In *Dossier K* bezieht er sich wohl auch auf das Interview *Eine Kathedrale bauen* (2003) mit Lajos Koltai, dem Regisseur von *Fateless – Roman eines Schicksallosen*: „[*Koltai:*] In unserem Beruf muss man sich auch gewisse grundlegende Sachen aneignen, worauf man später, [...], eine Kathedrale bauen kann." (HEREND HERALD 1/2003, 30)

* Laut Rilke hat der Dichter die „Verpflichtung, *sein* Wort von den Worten des bloßen Umgangs und der Verständigung gründlich, wesentlich zu unterscheiden": „*Kein* Wort im Gedicht (ich meine hier jedes »und« oder »der«, »die«, »das«) ist *identisch* mit dem gleichlautenden Gebrauchs- oder Konversations-Worte". (*Rilke an Gräfin Margot Sizzo-Noris Crouy*, 17.3.1922, *Briefe 2*, 340) Ähnlich formuliert auch Valéry 1928 in *Das Recht des Dichters an der Sprache* (siehe S. 17, Anm. 74). Vgl. auch die Zitate aus *Dossier K* in Anm. 4.

140   Kertész im Interview *Lieber sich allem verweigern...* von Marko Martin, MUT 425, Januar 2003, 54

141   Im Tagebuch zitiert Kertész 1964 in diesem Sinne Orwell: „He was a lonely ghost [... ./] (Er war eine einsame Spukgestalt, die eine Wahrheit verkündete, die niemand jemals hören würde. Aber solange er sie verkündete, war auf unergründliche Weise die Kontinuität nicht unterbrochen. Nicht indem man sich Gehör verschaffte, sondern indem man bei gesundem Verstand blieb, bewahrte man das Erbe der Menschheit.) Shakespeare [In Wirklichkeit Orwell (*I. K.*) – Die Kaschierung gebot sich in den sechziger Jahren, als Orwell in Ungarn, wie in ganz Osteuropa, an vorderster Stelle auf dem Index stand.* (*D. Übers.*)]" (GT, 14f; Zitat aus Orwell, *Nineteen Eighty-Four*, Teil I, Kap. 2)

* Während des Kalten Kriegs wurde Orwells Buch im Westen auch als antikommunistische Propaganda eingesetzt, im Osten wurde sein Besitz geahndet. (Wolf Lepenies, »*Big Brother*«. *Wer Orwells »1984« las, wanderte in den DDR-Knast*, DIE WELT, 8.6.2009) Die ungarische Nationalbibliothek katalogisiert eine Samisdat-Ausgabe von 1984 (*Ezerkilencszáznyolcvannégy*, 2. Aufl., Magyar Október Szabadsajtó [Ungarischer Oktober, Freie Presse], Übers.: György Antal). Von Orwell ist auf Ungarisch zuvor nur der Roman *Burmese Days* (1934) nachweisbar (*Tragédia Burmában*, Káldor, 1948, Übers.: Elek Máthé).

142   Seit 1970 gebraucht Kertész eine musikalische Terminologie. Zunächst referiert er dabei – wie Thomas Mann in *Doktor Faustus* – auf Adorno (siehe S. 18, Anm. 90 und 91). Generell vorbildlich war hierfür wohl Mann, der seine Werke häufig „Komposition" nennt (siehe etwa unten 446). Im Tagebuch schreibt Kertész z. B. über *Schicksalslosigkeit*: „Der Handlungsverlauf, die Themen entwickeln sich linear – es gibt keine »Reprise«, nichts lässt sich umkehren oder wiederholen –, und wenn die Bearbeitung beendet ist, alle möglichen Varianten innerhalb der einzigen bestehenden Möglichkeit ausgeschöpft sind, ist auch die Komposition abgeschlossen, und dieser Schluss lässt dennoch alles offen." (GT, 27, 26. Dezember 1970) Ähnlich formuliert er 1989 im Interview von RADIO DDR II (siehe 4) und 2000 im Gespräch mit Hähnel und Mesnard (SINN UND FORM 3/2000, 369). 2004 bemerkt er im Gespräch mit Ijoma Mangold: „Ich habe meine Romane immer auch als eine Komposition gesehen. Der Leser muss das gar nicht merken, aber für mich war die musikalische Struktur wichtig – und damit meine ich nicht nur, dass die einzelnen Sätze schön fallen, sondern dass der ganze Aufbau eines Buches einem musikalischen Muster folgt." (SZ, 9.11.2004) 2014 erklärt er ferner in einem Interview von Thomas Cooper: „To be honest I always write about the same thing, the process of composition." „[...] I wanted to document, but of course the process of composition became fiction." (*Document and Fiction*, THE HUNGARIAN QUARTERLY, Holocaust Special Issue 2014, 5, 9)

143 Im Gespräch mit Hähnel und Mesnard charakterisiert Kertész sein Schreiben als einen „Entfremdungs-
prozess", bei dem das vorher Gedachte einer weiteren Prüfung unterzogen wird: „Dort entsteht alles,
dort stellt sich heraus, ob das, was ich vorher gedacht habe, stimmt oder nicht. Das Schreiben ist ein
Geschehen, wäre es ein Nicht-Sein, das stumme Niederschreiben dessen, was ich vorher gedacht habe,
wäre es überhaupt nicht gefährlich. Gefährlich wird es nur, wenn ich auf dem Papier erkenne, dass ich
etwas falsch gedacht habe." (SINN UND FORM 3/2000, 370f)

144 Lützeler, *Weltgeschichte der Kunst* (1959), 720. Ebenso weist Worringer in *Formprobleme der Gotik*
(1909) auf den transzendenten Charakter der gotischen Architektur hin: „sie hat kein direktes Objekt,
keinen direkten praktischen Zweck". Der radikale Gestaltungswille der gotischen Künstler erscheint
ihm freilich nur als eine irrationale „Spitzfindigkeit" „ohne Erkenntniszweck": „denn die Erkenntnis
ist ja durch die geoffenbarte Wahrheit der Kirche und des Dogmas schon festgelegt". (70)

145 Kant schreibt in *Kritik der reinen Vernunft*, für einen solchen „Vernunftglaube[n]" sei „Gott" eine
„praktisch notwendige Idee der Vernunft": „Es ist notwendig, dass unser ganzer Lebenswandel sittlichen Maximen untergeordnet werde; es ist aber zugleich unmöglich, dass dieses geschehe, wenn
die Vernunft nicht mit dem moralischen Gesetze, welches eine bloße Idee ist, eine wirkende Ursache
verknüpft, welche dem Verhalten nach demselben einen unseren höchsten Zwecken genau entspre-
chenden Ausgang, es sei in diesem, oder einem anderen Leben, bestimmt. Ohne also einen Gott
und eine für uns jetzt nicht sichtbare, aber gehoffte Welt sind die herrlichen Ideen der Sittlichkeit
zwar Gegenstände des Beifalls und der Bewunderung, aber nicht Triebfedern des Vorsatzes und der
Ausübung, weil sie nicht den ganzen Zweck, der einem jeden vernünftigen Wesen natürlich und durch
eben dieselbe reine Vernunft *a priori* bestimmt und notwendig ist, erfüllen." (B 857, 840f) In diesem
Verständnis formuliert auch Kertész 1990 im Tagebuch: „Ob es Gott gibt oder nicht, ist keine Frage.
Der Mensch darf auf jeden Fall nur in der Weise leben, als gäbe es ihn." (GT, 295, Oktober 1990)

146 Kertész erklärt 2003 im Gespräch mit Klaus Nüchtern: „Ich kannte niemanden, [...]. Ich bin mit dem
Literaturbetrieb erst in Kontakt gekommen, als ich den »Roman eines Schicksallosen« publizieren
wollte.[/...] Der »Roman [...]« ist in mir gereift und ich hatte kein anderes Ziel, als ihn zu schreiben.
Was für eines hätte ich auch gehabt? Es war ja klar, dass er ein schwieriges Schicksal erleiden würde,
und die Zeit, in der ich ihn schrieb, war eine sehr glückliche Zeit. Es war ein ganz großes geistiges
Abenteuer, und es war ein absurdes Abenteuer, in einer Diktatur frei zu schreiben und zu leben, wie ein
Schriftsteller leben muss: unabhängig, ungestört von Ideologien. Die Probleme begannen erst nach der
Niederschrift. [*Nüchtern:*] *Welche Probleme?* [*Kertész:*] Die Publikation." (FALTER Nr. 48, 26.11.2003)

147 Kertész berichtet 2005 im Gespräch *Ein Roman und sein Schicksal* mit Töteberg: „Magvető galt als
der Verlag, der die riskanten Bücher herausbrachte, und dort habe ich, von der Straße sozusagen,
das Manuskript hingegeben. Nach zwei, drei Monaten wurde es zurückgeschickt.[/] Freunde haben
mich dann überzeugt, es bei dem Verlag Szépirodalmi zu versuchen – obwohl ich skeptisch war: Im
kommunistischen Ungarn gab es eine Zensur, und ich sagte mir, wenn der eine Verlag es ablehnt,
wird auch der andere das Buch ablehnen. Aber sie hatten recht. Es ging ganz bürokratisch zu. Der
Verlag arbeitete wie eine große Behörde, erinnerte gar nicht an eine Institution, die sich mit Literatur
beschäftigt. Hatte ein Manuskript zwei positive Gutachten, dann wurde es gedruckt. Mein Buch ist einfach durchgerutscht. Ich hatte zwei Gutachten, eines stammte von einem alten Juden, der Kommunist
war, das andere von einer jungen Lektorin, die sehr sensibel war, also zwei ganz verschiedene Lekto-
ren [*nämlich: Ernő Gondos und Margit Ács**] befürworteten es, es ging weiter, seinen sozialistischen
Gang sozusagen, und 1975 ist das Buch automatisch erschienen. Und es passierte – nichts." (RSF, 293;
* Royer, 171f) Siehe dazu auch Cooper, *Imre Kertész and the Post-Auschwitz Condition* (2011) und
A Conversation with Imre Kertész (2010). (Kertész, *The Holocaust as Culture*, 2 und 28, 34-36) Über
die Umstände der Veröffentlichung von *Schicksalslosigkeit* schreibt Kertész ferner in *Dossier K*: „Joyce
und Proust standen der normalen Verständnislosigkeit und Geistesträgheit der Verlage gegenüber.

[…] Mich hingegen hatte das zuständige Exekutivorgan eines totalitären Systems abgelehnt, […]; da ging es gar nicht mehr um mein Buch, sondern um die Provokation der Macht, die flugs registriert wird, um den Täter mit der Vernichtungsgeste der Autorität einfach wegzufegen, wie etwas, was im Wege liegt.[/ …/] *Aber ein anderer Verlag hat dein Buch ja schließlich dennoch herausgebracht.*[/] Nicht *ein* anderer Verlag, sondern *der* andere Verlag. Mehr gab es nämlich nicht. Und dieser zweite Verlag hätte das Buch in derselben Weise ablehnen können". Er hätte aber auch dann nicht mit dem Schreiben aufgehört: „Ich hätte höchstens für meine Manuskripte keinen Verlag mehr gesucht." (DK, 204f)

148 In einem SPIEGEL-Interview von 1996 erklärt Kertész: „man druckte [*1975*] eine sogenannte Grund-auflage von 5000 Stück, aber das Buch war schon nach zwei oder drei Wochen aus allen Buchhand-lungen verschwunden. […] Anfangs habe ich tatsächlich geglaubt, dass mein Buch so schnell verkauft worden ist – bis ich dann erfahren musste, dass es außerhalb Budapests große Lager gab, wo solche Bücher in riesigen Mengen gestapelt waren. Schließlich habe ich dort 200 Exemplare in ein Taxi gepackt, um sie dann selber an Freunde und Bekannte zu verteilen." (SPIEGEL 18/ 1996) Noch im Jahr 2000 klagt er im Gespräch mit Hähnel und Mesnard über die schlechte Verfügbarkeit seiner Schriften in Ungarn: „Der »Roman eines Schicksallosen« hatte drei Auflagen (1975, 1985 und 1993), die alle vergriffen sind. Die Bücher sind schwer zu haben. Ich bin in die ungarische Literatur nicht integriert, ich bin kein Autor, auf den man sich bezieht. Ich akzeptiere die Spielregeln nicht." (SINN UND FORM 3/ 2000, 376) György Spiró berichtet 2002 in dem Kertész-Porträt *In Art only the Radical Exists*, wie er 1975 von dem Autor Péter Hajnózy (1942–1981) auf das Buch aufmerksam gemacht wurde („»Now, Imre Kertész. Shit! That's the real thing! *Fatelessness.* Shit! There's the real thing! Unbelievable. That you just have to read!«"), es sogleich kaufte und allen seinen Freunden weiterempfahl. 1983 habe er darü-ber auch einen Essay in „Élet és Irodalom" [*Leben und Literatur*] veröffentlicht.* (THE HUNGARIAN QUARTERLY Vol.43, No.168, Winter 2002, 29, 35) Weiterhin informiert er in dem Kertész-Porträt *Nicht jüdisch. Nicht ungarisch. Nicht antideutsch genug.* über die Bedingungen der ungarischen Litera-tur in den verschiedenen politischen Phasen nach 1945. U. a. schreibt er dort: „Ein bemerkenswertes Ereignis der sechziger Jahre war es, als bisher verbotene ungarische Autoren erscheinen durften […]. Imre Kertész, damals ein Außenseiter, entschied sich zu dieser Zeit, seinen ersten Roman zu schreiben, und er hoffte zu Recht, sein Werk werde eine breite Anerkennung finden. Unbekannte Autoren, die mit einem ersten Werk aufwarteten, konnten damals davon ausgehen, dass es in einer Auflagenhöhe von 5000 bis 10000 Exemplaren erscheinen würde. […] Damals lasen die Ungarn noch – das war der letzte archaische Augenblick vor der betäubenden Explosion der Bildkultur." (DU 757, Juni 2005, 20) Zur Rezeption des Romans in Ungarn bemerkt ferner Kertész 2013 im Interview von Sieglinde Geisel: „das Buch […] verschwand [*1975*] sogleich wieder aus den Geschäften. Aber ein Buch, das einmal erschienen ist, führt ein Eigenleben. Auf dem Schwarzmarkt wurde der »Roman eines Schicksallosen« für das Zwanzigfache des Ladenpreises gehandelt [*wohl vor allem nach Spirós Essay von 1983, der den Roman bekannt machte und dem anscheinend auch die zweite Auflage von 1985 zu verdanken ist*; siehe unten 157]." (*Mit Spielberg kann ich nicht konkurrieren*, NZZ, 20.10.2013)
* Spiró, *Non habent sua fata. A Sorstalanság - újraolvasva* [*Sie (Bücher) haben nicht ihr eigenes Schicksal. Schicksallosigkeit - neu gelesen*], ÉLET ÉS IRODALOM 30/ 1983, 5

149 Kertész erwähnt etwa im *Vorwort* zur deutschen Ausgabe der *Detektivgeschichte* ein Gespräch mit einem „Verlagsdirektor [*bei Szépirodalmi*], einem gutgekleideten, silberhaarigen, äußerst verschlage-nen und vorsichtigen Herrn [*nämlich: Endre Illés* *], den die Bitternis vieler Kompromisse und der leichte Hauch französischen Cognacs umgab": „Er habe den *Spurensucher* gelesen, und würde ihn auch gern herausgeben, wenn er nur ein wenig umfangreicher wäre. […] Ich solle doch noch irgend etwas hinzuschreiben, schlug er vor." Hierauf habe ich die *Detektivgeschichte* wieder aufgegriffen, die dann 1977 zusammen mit *Der Spurensucher* erschien. (D, 5-7; * Royer, 188) *Der Spurensucher* enthält äußerst mokante Anspielungen auf den sozialistischen Kulturbetrieb (namentlich: auf Hermann Kant

alias „Der Hausherr"; siehe das Kapitel zu *Der Spurensucher*), und es ist bemerkenswert, dass ein staatlicher Verlag dies druckte. Von einer ähnlichen Begebenheit erzählt Kertész auch in *Dossier K*: „einer der Chefideologen der Partei, Oberzensor und sogenannter Superlektor," habe sich bei ihm einmal sehr emotional, und „noch nicht einmal dumm", für *Schicksalslosigkeit* bedankt. (DK, 195)

150 Kertész, *Világpolgár és zarándok* [*Erdenbürger und Pilger*], ÉLET ÉS IRODALOM 38/1976

151 Kertész, *A nyomkereső. Két kisregény* [*Der Spurensucher. Zwei Novellen*] (*A nyomkereső, Detektívtörténet*), Szépirodalmi, Budapest, 1977

152 Kertész, *A pad* [*Die Bank*], ÉLET ÉS IRODALOM 11/1978

153 Kertész, *A kudarc* (*A regény első része*) [*Das Fiasko* (*Der erste Teil des Romans*)], KORTÁRS [*Zeitgenosse*, Zeitschrift des ungarischen Schriftstellerverbands] 2/1983 (Februar). Im Tagebuch vermerkt Kertész bereits Ende 1980 die Fertigstellung dieses ersten Teils: „Der Prolog ist ganz fertig, hier und da habe ich gestrafft. Er ist blutloser geworden dadurch, hat aber zumindest jene Konsequenz gewonnen, die er auch mager mit Stolz tragen kann, wie ein hagerer Aristokrat, der auch in der Hinfälligkeit seine Haltung bewahrt.[/] Und was ist nicht hinfällig? […]." (GT, 112, Dezember 1980) Zur Vorabveröffentlichung 1983 siehe auch *Briefe…*, 105, Anm. zu Nr. 4 (*Kertész an Haldimann*, Budapest, 26.2.1983).

154 Kertész, *A kudarc* [*Das Fiasko*], Szépirodalmi, 1988. Zur Fertigstellung des Romans im Mai 1987 schreibt Kertész im Tagebuch: „Finita l'opera!! – am Tag des Sieges. – Verworrene Nachgefühle. Am Ende war es, als schriebe sich der Roman vollkommen von selbst, als säße ich nur da, damit ihn wenigstens jemand beaufsichtigt." (GT, 225, 8. Mai 1987) Zur Veröffentlichung von *Fiasko*, und auch schon zu seinem folgenden Projekt *Kaddisch…*, notiert er Ende 1987: „Der eine Verlag (Magvető) schickt einen Vertrag für »Kaddisch«, der andere (der Verlag für die sogenannte »Schöne Literatur«) hat »Das Fiasko« in Druck gegeben… Mein verdorbenes Leben ist zu dickem Morast gefault, in dem ich unablässig wate, stapfe und stapfe, als ginge ich irgendwohin, […], und ich stapfe und stapfe, bis ich diesen Sumpf endlich zu Teig geknetet habe und darin steckenbleiben werde oder er sich plötzlich unter meinen Füßen verflüssigen wird, so dass ich endgültig darin versinke." (GT, 234, Okt./Nov. 1987)

155 Im Interview »*Das Wichtigste: ein erregendes Spiel zu finden*« von Nicole Henneberg berichtet Kertész über die Veröffentlichung von *Fiasko*: „[*Henneberg:*] *»Fiasko« – ein sehr radikales Buch; wie konnte das 1988 erscheinen? [Kertész:*] Das war ein Glücksfall. 1986 war in Ungarn klar, dass die Wirtschaft zusammengebrochen war.[*] In meinem Verlag wurde einem Autor nach dem anderen gekündigt, aber meine Lektorin versprach, das Buch durchzusetzen, und es erschien auch. Dann brach der Verlag zusammen und kurz darauf das ganze Regime.[/] 1988 war ein denkwürdiges Jahr: Es fing eine Aufbruchszeit für den Geist an, daran hat man große Hoffnungen geknüpft. Es war klar, dass es nicht so wie zur Breschnew-Zeit weitergehen konnte; […]. Die sozialistische Partei hatte damals eingesehen, dass man Schritte in Richtung Demokratie machen musste; sehr viel mehr wurde erlaubt". (BAZ, 9.5.2007)
* Im Tagebuch notiert Kertész 1986 zum absehbaren Verfall des Systems: „Diese Rattenmacht, die schon längst keine totalitäre (Ratten)Macht mehr ist, sondern bloß noch gesichtsloses Endprodukt von Erstarrung, von Ausharren, eine Macht aber selbst dann, wenn sie nicht mehr Macht sein wollte, […], wenn die eigene Macht vor allem ihr selbst lästig geworden ist; […] eine Macht, von der man königliche Wohltaten und patriarchalische Strafen erwartet, eine Macht, die musiziert, philosophiert, ein Fernsehprogramm ausstrahlt, Gefängnisse, Kindergärten und eine Sturmpolizei unterhält, die aufgegeben hat und praktisch nicht mehr in der Lage ist, ihre Machtfunktionen (die rationalen, die konstruktiven) zu erfüllen, eine Macht, die es vielleicht gar nicht mehr gibt, […], die vielleicht nur eine Vorstellung millionenfacher, schweißnasser, drückender Angstträume ist." (GT, 216)

156 Kertész, *Kaddis a meg nem született gyermekért* [*Kaddisch…*], Teil 1 und 2, KORTÁRS 11 und 12/1989; Magvető, 1990. Zur Fertigstellung und Veröffentlichung des Romans notiert Kertész: „Der erste Teil des »Kaddisch« ist zum Abtippen gegeben, der zweite Teil seit einem halben Jahr unberührt." (GT, 246, 4. Februar 1989) „[*Im Schriftstellerheim in*] Szigliget. Die Hoffnung, die mich hierhertrieb. Eisenbahn,

dann mit dem Taxi. Wie ein Phäake. Vor genau einem Jahr habe ich hier die neue Fassung von »Kaddisch« begonnen. Wie gehetzt, wie schreibsüchtig ich damals war. Jetzt keine Spur davon. Angst. Als müsste ich Panzerschichten aufbrechen, […], um mit dem Schreiben beginnen zu können, in eine andere Welt gelangen, wo alles andere Dimensionen hat als in der, aus der ich komme. Ich breche auf aus dem Chaos und gelange in eine Welt, die bei gesundem, normalem Verstand ist. Doch warum kann ich mich nicht ständig dort aufhalten? Bin *ich* das Chaos?" (GT, 247f, 7. März 1989) „Von diesen Wochen und Monaten bleibt keine Spur. Die Umstände, unter denen »Kaddisch« abgeschlossen wurde. Die Umstände meines Lebens. Wieder in Angyalföld [*Budapest*] in meinem halben Wohnsilozimmer. Die Tante. Das Krankenhaus. Doch trotz des ganzen Drucks erweist sich die hinterste Ecke meines Winkels, meiner Hundehütte als uneinnehmbar; und das Schicksal oder Gott oder wer auch immer lässt mir diesen Winkel. Es ist eine seltsame Bemerkung, aber mein Leben ruft entweder Wut in mir hervor, oder es bewegt mich zu Andacht. Ich wähle letzteres, versuche darin die Gnade zu erkennen." (GT, 249, 26. April 1989) „Mein »Kaddisch« ist [*bei Magvető*] erschienen. Kühle, Stille. Äußere Angelegenheiten. Schnitzler-Übersetzung [*Professor Bernhardi*; vgl. oben 53]. Beklemmende Ahnungen, Anarchie, Wahnsinn, Tod." (GT, 279, Juni 1990)

157 Im Gespräch mit Klaus Nüchtern von 2003 bemerkt Kertész über die zweite Auflage des Romans, der zunächst nur ein „Geheimtipp" gewesen sei: „erst als 1985 die zweite Auflage des lange vergriffenen Buches erschien, haben es sehr viele Leute gekauft." (FALTER Nr. 48, 26.11.2003) Im Gespräch *Ein Roman und sein Schicksal* mit Töteberg von 2005 erklärt er: „1982 [*eigtl.*: 1983; siehe 153], als der Prolog zu »Fiasko« in einer Zeitschrift erschien, nahm dies ein junger Schriftsteller namens György Spiró zum Anlass, über den »Roman eines Schicksallosen« eine Besprechung zu schreiben. In der Redaktion wollte man ihm dies ausreden, aber Spiró hatte gerade einen Literaturpreis bekommen und ließ sich nicht davon abbringen. Sein Artikel erschien [*in* ÉLET ÉS IRODALOM 30/1983; siehe 148], und so hat eine Generation, die zwanzig Jahre jünger ist, von dem Roman erfahren, und es kam zu einer zweiten Auflage. Das war 1985 – erst seitdem kann man sagen, dass das Buch in Ungarn veröffentlicht ist." (RSF, 297f) 2010 sagt er in einem Gespräch mit Cooper: „[*1975*] they printed 5.000 copies and I thought it was a fantastic success! Then a friend suggested that I visit the huge bookstore on Csont Street at Csepel Island. I did so, and found copies of *Fatelessness* stacked in towers, waiting to be turned into pulp! This was the world of socialism in Hungary – nothing in it was real. Somehow the novel had managed to slip through the cracks and be published, but then nothing, it came to nothing. Then eight years later [*1983*] [*hier steht fälschlich*: it was published again.] György Spiró […] wrote an article on it in *Élet és Irodalom*. I didn't know him at the time but his article made it clear that members of the younger generation were reading the novel and that copies of it were even being sold on the black market. Then, in 1985, it was published again. It gained more official recognition and drew some attention but still not much." (*A Conversation with Imre Kertész*, in Kertész, *The Holocaust as Culture*, 36f)

158 Siehe die Kritiken in Haldimann, *Momentaufnahmen…* und Kertész' Briefwechsel mit Haldimann seit 1977 (*Briefe…*). Kertész selbst glaubte, in den 70er Jahren sei auch im Westen die Zeit „noch nicht reif" gewesen für seine „Art von Auseinandersetzung mit dem KZ". (Interview von Armgard Seegers, HAMBURGER ABENDBLATT, 3.6.2005) Dass er dort nicht schon vor der Wende publiziert wurde, könnte aber auch schlicht rechtliche Gründe gehabt haben. Denn die ungarischen Autoren benötigten eine Genehmigung von *Artisjus*, der staatlichen Monopolorganisation für alle Urheberrechte bis 1990, um ihre Manuskripte ins Ausland zu schicken. (*Briefe…*, 106, Anm. zu Nr. 5, *Kertész an Haldimann*, Budapest, 27.1.1990) Somit ist es erklärbar, dass *Schicksalslosigkeit* im Westen erst später – zunächst 1992 in einer amerikanischen Übersetzung (vgl. 578) – erscheinen konnte, während die Übersetzung *Mensch ohne Schicksal* für den Ostberliner Aufbau-Verlag/Rütten & Loening schon 1989 angefertigt wurde (vgl. das Interview von RADIO DDR II, oben 3 und 4). Darauf deutet auch Tötebergs Kommentar zu seinem Gespräch mit Kertész von 2005: „Der Aufbau-Verlag wurde [*nach der 2. Auflage*

von 1985] darauf aufmerksam und erwarb die Übersetzungsrechte. »Mensch ohne Schicksal« erschien 1990 bei Rütten & Loening, mitten in der Zeit des politischen Umbruchs, […]. Vielleicht wurde das Buch deshalb verramscht. »Das war mein großes Glück«, sagt Kertész, denn die Übersetzung sei schlecht gewesen, auf DDR-Jugendsprache getrimmt. Erst 1996, als Rowohlt Berlin den »Roman eines Schicksallosen« in einer neuen Übersetzung herausbrachte, machte das Buch auch international seinen Weg.« (*Ein Roman und sein Schicksal*, RSF, 298) Den Erfolg der Neuübersetzung führte Kertész darauf zurück, dass über den Holocaust gerade „1996 viele interessante Bücher erschienen, etwa von Ruth Klüger und Daniel Goldhagen", so dass die „ganze Gesellschaft" bereits auf dieses Thema „eingestellt" gewesen sei. (Gespräch mit Rosenfelder und Harmati, AUFBAU, 5.6.1998) Zur früheren Verbreitung seines Romans im Westen bemerkt er 2010 im Gespräch mit Cooper, es seien wohl Kopien aus Ungarn gelangt, ohne dass dies aber zu einer größeren Aufmerksamkeit geführt habe: „copies were smuggled out of the country and read abroad, which is funny since I myself had trouble getting copies at first. But the novel was read by a small circle of intellectuals who devoured it without ever actually writing about it [*wie es dagegen Spiró 1983 in Ungarn mit Erfolg getan hat*; vgl. 148 und 157]. Haldimann was the exception. But, you know, if you have something to write then you write it – you don't think about your audience." (*A Conversation with Imre Kertész*, in Kertész, *The Holocaust as Culture*, 37 f)

159 1993 schreibt Kertész im Tagebuch über die Rezeption seines Werks in Ungarn: „ich spüre hier nicht viel Sympathie meinem Werk gegenüber, trotz meines sogenannten »Erfolgs«; es könnte sich eines Tages herausstellen, dass meine Existenz, alles, was ich tue und denke, aus Sicht der Nation, zumindest einer eingeschränkten, als Bande verstandenen Nation […] fremd, ja, schädlich und »entartet« sein wird. Mir geht Toynbees Rat durch den Kopf, das Judentum solle die westliche Kultur bereichern. Und wenn die ungarische Kultur bald gar nicht mehr Teil der westlichen sein will?" Daraus folgert er: „Ich muss mein Werk in Übersetzungen retten für die, die es »nutzen« können und wollen, die Freude daran finden und denen dessen Ernte echte Früchte bringt." (B, 41) Kurz darauf denkt er sogar darüber nach, seine Manuskripte außer Landes zu bringen (wie es auch geschah; siehe S. 38, Anm. 290): „Es ist vollkommen offensichtlich, dass ich hier keinen Platz habe – formulieren wir es genauer: dass mein Platz nicht in der ungarischen Literatur ist. […] Klar sehen, dass ich an diesem Ort fremd bin, mich aus allem heraushalten, die Vorteile meiner Ungebundenheit nutzen, […]; mit einer gewissen Skepsis betrachten, was aus meinen Werken »nach meinem Tod« wird – die Manuskripte aber an einen sicheren Ort vor diesem feindseligen Land retten." (B, 59f, 2. April 1994) „[Es] stellt sich doch die Frage, wie ich zu meiner literarischen Existenz stehe. Wenn ich in diesem Tagebuch zurückblättere, finde ich außer ein paar Ausbrüchen meines (zu Recht) gekränkten schriftstellerischen Ehrgeizes nichts. Freue ich mich also nicht über meine deutschen, holländischen, schweizerischen und schwedischen Erfolge? Dass man den *Roman eines Schicksallosen* auf hebräisch liest und ich erst neulich die französische *Kaddisch*-Ausgabe erhielt? Dass den diesjährigen Plänen zufolge von Brasilien bis Norwegen, von der Türkei bis Spanien fast in allen Sprachen (ausgenommen das slawische Sprachen, Griechisch und Italienisch) ein Buch von mir erscheint? Wenn ich mich freue, dann nur so, dass ich mir immer wieder sagen muss: hey, Mann, du drängst direkt zum Welterfolg usw. […] *Eines* aber vergesse ich nie: dass ich den Fängen dieses Landes schließlich entkommen bin, und das ist so wie damals, als ich Auschwitz und Buchenwald entkam. Denn hier hat man mich lediglich aus Zerstreutheit nicht vernichtet (und weil ich gut »in Deckung ging«), […], und es ist sicher, dass mein Werk dazu verurteilt ist, totgeschwiegen zu werden, es wird wirkungslos in der schimmeligen Tiefe des ungarischen Kellergewölbes herumliegen – wenn ich nicht auch meine Schriften von hier wegbringe." (B, 91f, 1995)

160 Die ersten essayistischen Arbeiten, die von Kertész veröffentlicht wurden, sind: die Vorträge *Die Unvergänglichkeit der Lager* (Enquête *L'univers de concentration*, Budapest, 1990; HOLMI 5/1990), *Lange, dunkle Schatten* (Konferenz *Ungarisch-jüdische Koexistenz*, Budapest, 1991; Magazin *2000* 12/1991) und *Der Holocaust als Kultur* (Jean-Améry-Symposium, Wien, 1992; Magazin *2000* 1/1993), zusam-

men abgedruckt in *A holocaust mint kultúra. Három előadás* [*Der Holocaust als Kultur. Drei Essays*], Századvég, Budapest, 1993; ferner vier Sendungen in der Reihe *Briefe von daheim* (RADIO FREE EUROPE, April 1991; *Hazai levelek* [*Briefe von daheim*], JELENKOR 6/1991; dt.: *Free Europe*, 1999 [in EGS], 2003/2004 [in ES]). Später erschien die umfangreichere Sammlung *A gondolatnyi csend, amíg a kivégzőosztag újratölt. Monológok és dialógok* [*Eine Gedankenlänge Stille, während das Erschießungskommando neu lädt. Monologe und Dialoge*] (Magvető, 1998; dt. mit Abweichungen: Rowohlt, 1999; erweitert unter dem Titel *Die exilierte Sprache* bei Suhrkamp, 2003/2004; siehe *Primärliteratur*, l und p). Im Vorwort von September 1998 zur deutschen Ausgabe dieses Essaybands bekennt Kertész: „Offen gesagt hätte ich die hier versammelten Reden und Essays über die ethische und kulturelle Bedeutung des Holocaust wahrscheinlich nie geschrieben, wenn ich nicht darum gebeten worden wäre. Und ich wäre nie darum gebeten worden, wenn nicht jenes andere große totalitäre Reich Europas, das mit dem Adjektiv »sozialistisch« versehen war, zusammengebrochen wäre." (ES, 13; analog EGS, 9) Im Tagebuch bemerkt er schon 1994 selbstkritisch: „Ist es nicht erstaunlich, dass ich sogenannte Essays schreibe? Weder Kafka noch Beckett schrieben Essays, und sie hätten auch nie Essays geschrieben, auch nicht des Geldes wegen. Ich habe meinen letzten Essay (*Das glücklose Jahrhundert*) entschieden des Geldes wegen geschrieben (noch dazu für viel Geld [*von Reemtsma bzw. dem Hamburger Institut für Sozialforschung*]). Ich mache den Clown – so empfinde ich es wenigstens, auch dann, wenn ich meine Ernsthaftigkeit ungeachtet dessen nicht aufgebe; aber der gespreizte Ton, die klagende Visage, die pathetischen Schlussfolgerungen ... – wenn es nicht sein muss, schreib keine Abhandlungen mehr, denn über wen und über was, vor allem aber *warum* gäbe es etwas abzuhandeln? – Eine Meinung hat jeder, aber Meinung ist nicht Kunst ..." (B, 78) 1998 erklärt er schließlich: „Ich darf nicht weiter sogenannte Essays schreiben, weil ich damit in die »Menschheit« eintrete, ihre Lügen teile und Zeugnis von meiner Hoffnung gebe, einer Hoffnung, an die ich, wenn ich bei meiner Kunst, also meinem Radikalismus bleibe, mitnichten glaube." (B, 186) Entsprechend schreibt er in dem Essayband von 1999 bzw. 2003/2004 einleitend, dass er nicht die „Brücke aus dem Niemandsland zur sogenannten Menschheit" überschreiten, sondern nur „auf der anderen Seite" verstanden werden wolle.* (ES, 14; analog EGS, 10) Kertész' erster Vortrag *Die Unvergänglichkeit der Lager* wurde auch in den Sammelband *Az angol lobogó* [*Die englische Flagge*] aufgenommen (Holnap, 1991), der außerdem die Erzählungen *Die englische Flagge* (HOLMI 3/1991; dt. in EF), *Erdenbürger und Pilger* (1976, vgl. 150; dt. in OH) und *Die Bank* (1978, vgl. 152; dt. in OH) sowie die Tagebuchauszüge *1984-em* [*1984*] (HOLMI 11/1989) und den Reisebericht *Budapest, Wien, Budapest* (HOLMI 3/1990; dt. in ES) enthält. Von einer Reise nach Wien – bzw. der schikanösen Grenzkontrolle durch den ungarischen Zoll und dem Abbruch der Reise – handelt auch Kertész' Novelle *Protokoll* (*Jegyzőkönyv*, Magazin *2000* 6/1991; dt. in LITERATUR IM TECHNISCHEN ZEITALTER 1991; neu übersetzt in EF). Diese Novelle erregte große Aufmerksamkeit, sie wurde im Theater vorgetragen und mit einer korrespondierenden Erzählung von Péter Esterházy in dem Band *Jegyzőkönyv/Élet és irodalom* [*Protokoll/Leben und Literatur*] gedruckt bzw. als Hörbuch vertrieben (Magvető, 1993; dt.: *Eine Geschichte. Zwei Geschichten*, Residenz Verlag, 1994; Audio-Kassette: *Vox Libris 2*, Budapest, 1994; CD: RBB, 2003). In *Dossier K* schreibt Kertész dazu: „*Eigentlich bist du mit dieser Novelle in die [...] öffentliche Arena gestiegen, wurdest mit ihr schlagartig von einem abstrakten Romanautor zu einer bekannten Figur des öffentlichen Lebens. Ich denke, du hast die Geschichte nicht mit dieser Absicht geschrieben ...*[/] Davon kann nicht die Rede sein. Ich wollte mich einfach nur von dem beschämenden Erlebnis befreien.[/] *Jedenfalls schlug die Novelle wie eine Bombe ein; noch im Erscheinungsjahr 1991 trug Mihály Kornis den Text als Monodrama auf der Literaturbühne des József-Katona-Theaters vor, Péter Esterházy schrieb eine Brudernovelle dazu, beide Geschichten erschienen bald darauf, sowohl auf ungarisch als auf deutsch, zusammen in einem schmalen Band und kamen auch als sogenanntes Hörbuch auf Kassetten in Umlauf.*[/ ...] Wenn ich die Erzählung aus der Sphäre der Tagesaktualität zurücknehme und sie in die Reihe meiner Werke eingliedere,

196

dann muss ich diese Novelle heute als Ausgangspunkt meiner Neubesinnung bezeichnen, als Resultat eines ersten Sichumblickens in der neuen Situation.[/] *Der ersten Verblüffung...*" (DK, 223f) In einem Brief an Eva Haldimann erwähnt Kertész zudem eine Aufführung von *Protokoll* in Bonn 1992: „am 22. [Juni] fahre ich nach Bonn, wo Kornis *Jegyzőkönyv* (*Protokoll*) vorträgt (ich werde dolmetschen)". (Wien, 14.6.1992, *Briefe...*, 33) Hiervon berichtet er auch in dem Interview *Egy eléggé szűk ketrecbe zárt író* [*Ein in einen recht engen Käfig gesperrter Schriftsteller*] von Zoltán András Bán. Dort bemerkt er, die Publikumsreaktion in Bonn habe er als inspirierend erlebt, und es sei ihm klar geworden, dass er seine isolierte Lebensweise, die für ihn während der Diktatur in Ungarn notwendig war, nun unbedingt ändern müsse: „Ich weiß nur noch nicht, wie." (BESZÉLŐ, 10.10.1992; Übers.: B. Sarin, nicht enthalten in der dt. Übers. in *Briefe...*) Kertész' erster Reisebericht *Budapest, Wien, Budapest* weist durchaus essayistische Momente auf, so dass er sich organisch in den Essayband *Die exilierte Sprache* einfügt (wie auch der andere dort enthaltene Reisebericht *Jerusalem, Jerusalem...* von 2002). Mit der hieran anknüpfenden Novelle *Protokoll* überschreitet Kertész dann wieder die Grenze zur Fiktion, wobei das geschilderte Ereignis aber ebenso Gegenstand einer konventionellen Reportage sein könnte.
* Kertész referiert wohl auf folgende Stelle in Ciorans *Cahiers*: „ich verstehe mich im Tiefsten ganz besonders mit den Juden, denn so wie sie fühle ich mich außerhalb der Menschheit." (240) Vgl.: „Cioran sagt irgendwo, eine wirkliche Verständigung habe es für ihn in erster Linie mit den Juden gegeben, da auch er sich, ebenso wie sie als »außerhalb der Menschheit« empfinde. Nichts könnte den Zustand, in dem ich jahrzehntelang gelebt habe, genauer ausdrücken." (ES, 13; analog EGS, 9) Vgl. auch die Notiz von 1987 zu Beckett: er „spricht von der anderen Seite" (oben 131; ausführlich S. 98).

161 In dem SPIEGEL-Interview *Es geht um Europas Werte* von 1999 sagt Kertész zu seiner seit der Wende sprunghaft gestiegenen Popularität: „Meine Situation hat sich geändert. Die Bücher erscheinen im Ausland, wo ich bekannter bin als daheim. Ich musste ganz neue Dinge lernen: Ich hätte nie gedacht, dass ich fähig sein könnte, ein Interview zu geben oder im Radio zu lesen. Das genieße ich." (SPIEGEL 20/ 1999) Das erste mir bekannte Interview, in dem Kertész sich zu seinem Werk äußert, ist das am 28.1.1989 von RADIO DDR II gesendete Gespräch zur Veröffentlichung von *Mensch ohne Schicksal* bei Rütten & Loening. Als 1992 bei Rowohlt *Kaddisch für ein nicht geborenes Kind* (1990) erschien, wurden dazu im deutschsprachigen Raum ebenfalls Interviews veranstaltet. Im Interview *Egy eléggé szűk ketrecbe zárt író* [*Ein in einen recht engen Käfig gesperrter Schriftsteller*] von Zoltán András Bán (1992), in dem Kertész seine Situation als ungarischer Autor nach dem Systemwechsel kommentiert und Vergleiche mit seinen Erfahrungen bei einem Stipendienaufenthalt in Wien anstellt, erwähnt er auch schon seine Arbeit am Roman *Liquidation* (2003) (der ursprünglich als Theaterstück angelegt war; siehe den übersetzten Teil des Interviews in *Briefe...*, Anhang, 127-129). Weiterhin ist das 1993 von Rowohlt herausgegebene *Galeerentagebuch* (1992) Gegenstand in den Gesprächen mit Dambitsch (1992ff; siehe auch seinen Radioessay zu Kertész von 1994). Ein ausgesprochen breites Medieninteresse stellte sich schließlich ein, als 1996 bei Rowohlt *Sorstalanság* in der Neuübersetzung *Roman eines Schicksallosen* herauskam. Aber bereits folgende Notiz Kertész' von Ende 1991 stammt vom „Berühmtwerden" (wohl: wegen *Protokoll*; vgl. 160): „Lächerlich. Vorgestern im Fernsehen. Gestern Abend Rundfunkaufnahme. Überall, bei jeder Gelegenheit und zu jedem sage ich das gleiche." (B, 7, 2. Oktober 1991)

162 Hiermit könnte Kertész auf Brochs Essay *James Joyce und die Gegenwart* (1936, ursprünglicher Untertitel: *Rede zu Joyces 50. Geburtstag*) anspielen, in dem Broch einleitend schreibt: „Um das fünfzigste Jahr herum erhebt sich für jeden Schaffenden die Frage nach seinem Verhältnis zu der Zeit, in der er lebt. [...] da nun die Fünfundzwanzigjährigen antreten, eine Generation, die er – schon zweifelt er daran – vielleicht noch verstehen, vielleicht nicht mehr verstehen wird, da die Zeit, [...], mählich geschwängert wird von neuem Sein und neuen Problemen und die Unentrinnbarkeit des Alterns vor der Türe steht, an dieser Grenzscheide muss es sich erweisen, ob das eigene Werk, das zeitgebunden entstanden ist, [...] zur Wirklichkeit geworden ist, enthoben dem schönen und berauschenden Spiel, das jedesmal da

197

ist, wenn die Welle der Zeit aufs neue aufrauscht und ihre neuen Farben und Formen zur Oberfläche wirft: dass es kein Spiel gewesen war, das sich verflüchtigt, sondern eine Wirklichkeit, [...], eingesenkt und einsinkend vor eigenem Gewicht in die Fluten der Zeiten[*], von keiner mehr wegzuschwemmen [...] gleichwie der Geist einer jeden Periode und manchmal auch der einer Generationenspanne [...] bis in die spätesten Zeiten lebendig weiterwirkt." (*Essays 1*, 183)

* Entsprechend bittet auch am Schluss von *Kaddisch...* der Erzähler: „lass mich versinken" (siehe 165).

163 EF, 7f, 23, 34, 55, 58

164 In *Fiasko* schreibt der Protagonist des 1. Teils, »der Alte«*, fiktiv den 2. Teil, in dem er anhand der Figur Steinig (ungar.: Köves)° seinen – bzw. Kertész' † – Werdegang als Autor schildert (Journalist – Fabrikarbeiter – Schriftsteller, nebenbei beschäftigt mit dem Schreiben von Lustspielen; zeitweilig ist er in der „Presseabteilung des Produktionsministeriums" angestellt, während seines anschließenden Wehrdienstes ist er „Gefängniswärter" im „zentralen Militärgefängnis"; F, 301, 409). Am Ende gehen Steinig und der Alte ineinander über: „mit der Bitterkeit des Heimwehs genießt er [*Steinig*] ungestillt die süße Erinnerung an sein Fiasko, an die Zeit, als er ein lebendiges Leben lebte, ihn die Leidenschaft verzehrte und die heimliche Hoffnung nährte, die später ein alter Mann – der [*wie der erzählende* »*Alte*« *in Teil 1*] vor dem Sekretär steht und nachdenkt – nicht mehr teilen kann. Sein einmaliges Abenteuer, seine heroische Zeit sind ein für allemal zu Ende. Seine Person hat er zu einem Gegenstand gemacht, sein hartnäckiges Geheimnis ins Allgemeine verwässert, seine unaussprechliche Wirklichkeit zu Zeichen destilliert." (442) Diesen „Gegenstand", sein Werk, sieht er als ein geistiges Vermächtnis an, das er nachfolgenden Generationen überlässt: „etwas, was sich langsam von diesem Leben löst, wie ein gefrorener Kristall, den jeder aufheben kann, um seine endgültige Gestalt zu betrachten und es wie ein merkwürdiges Gebilde der Natur zur Begutachtung in andere Hände weiterzugeben ..." (436f)

* Im Interview *Was der Mensch erlebt, das ist die Welt* von Franziska Augstein erklärt Kertész, die Figur gehe auf eine Lektüre von Hemingways Erzählung *Der Alte Mann und das Meer* (1952) zurück: „Ich habe das Buch [*Fiasko*] angefangen als einen Büroroman [*Anspielung auf den gleichnamigen Roman von W. E. Richartz, den Kertész 1981 übersetzte und aus dem er in Fiasko auch zitiert; vgl. F, 99ff*]. Ein alter Mann am Schreibtisch, der einen Roman schreiben will. Aber das war mir nicht genug. Und dann las ich Hemingways »Der alte Mann und das Meer«. Das war so schön: Es war falsch – aber so süß. [*Augstein:*] *Deswegen heißt Ihre Hauptfigur* »*der Alte*«? [*Kertész:*] Das habe ich noch nie erzählt. Ja. Das war auf einmal da. Und ich habe das mit Genuss gemacht, es hat mich in eine andere Sphäre entrückt. Ich musste Hemingways Welt nur für mich übersetzen." (SZ, 9.11.2009)

° Im ungarischen Original heißt Steinig Köves (*köves* = steinig), wie der Junge aus *Schicksalslosigkeit*. Der Alte heißt im Original Öreg (*öreg* = alt), was eine Assonanz auf Köves ergibt.

† Vgl. den Dialog in *Dossier K*: „Ich schreibe den »Alten«, der schreibt Steinig [...].[/] *Und wer ist Steinig?*[/] Das kannst du nicht im Ernst fragen, »Madame Bovary, das bin ich.« [*Flaubert*] Wenn du ein kleineres Risiko haben willst, ist es besser, wenn du dich gar nicht erst an einen Roman setzt." (145)

165 In *Kaddisch...* grenzt der Erzähler „B., der Schriftsteller und Übersetzer," (K, 37) der Auschwitz überlebt hat, seine Existenz als „Privatüberlebender" (24) von einem gesellschaftlich integrierten Dasein ab, das irgendeiner „Gemeinschaftsidee" (79) respektive dem „Prinzip der Anpassung" (153) unterliegt. Er berichtet, als KZ-Häftling sei er während eines Transports im „Viehwaggon[]" dem sogenannten »Herrn Lehrer«* begegnet, der ihm eine falsch zugeteilte „Verpflegungsration" unter Lebensgefahr zurückerstattet habe. Dessen unerklärbares Verhalten bezeichnet er als Vorbild für ein solidarisches Leben jenseits aller profanen Rationalität. (56ff) Hieran sei auch seine eigene Arbeit als Autor ausgerichtet, die auf einen selbstlosen Erwerb von „Wissen" ziele und nicht auf „*Ergebnis, Literatur* oder gar *Erfolg*": „[*Ich erkannte*] mein Leben, einerseits als Fakt, andererseits als *geistige Existenzform*, genauer, als Existenzform des Überlebens, die ein gewisses Überleben nicht mehr überlebt, nicht überleben will, ja wahrscheinlich auch nicht überleben kann, die trotz allem das Ihre fordert, bezie-

hungsweise fordert, dass sie *gestaltet* werde, wie ein abgerundeter, glasharter Gegenstand, damit sie schließlich so fortbestehe, egal: wozu, egal: für wen – *für alle und keinen* [°], […]; das ich jedoch als *Fakt*, als reinen Fakt des Überlebens auslöschen und liquidieren werde". (38, 111, 155f) Der Roman endet mit den Worten: „Nun also, es ist vollbracht [*nach Joh. 19, 30*], ich bin bereit. In einem letzten großen Aufgebot habe ich mein hinfälliges, verbissenes Leben aufgezeigt […], um mich sodann mit dem Bündel dieses Lebens in den hoch erhobenen Händen auf den Weg zu machen und wie in dem treibenden schwarzen Wasser eines dunklen Flusses[/] zu versinken,[/] o Gott![/] lass mich versinken[/] in alle Ewigkeit[/] *Amen*." (157; vgl. Kertész' Notiz von Ende 1987, oben 154, ferner das Broch-Zitat in 162)
* Der »Herr Lehrer« ist keine erfundene Figur. Vielmehr beruht die Episode in *Kaddisch…* auf einer tatsächlichen Begebenheit, wie Kertész im Radioporträt »*Ich bin ein Privat-Überlebender*« von Cornelius Hell erklärt. (ORF, 2.6.1996)
° Nach Nietzsche, *Also sprach Zarathustra. Ein Buch für Alle und Keinen* (1883–1885)

166 Kertész bemerkt in einer Notiz vom 23. August 2002 aus dem 2013 erschienenen Tagebuch *Letzte Einkehr*: „Eigentlich sollte ich eine geistige Autobiographie schreiben [*statt nur Trivialitäten aufzuzeichnen**]." (LE1, 143; LE2, 101) Entsprechend lobt er schon 1974 im Tagebuch Kafkas Fähigkeit zu einer abstrakten Selbstobjektivierung. Seine Figuren, die „K.s", würden „nichts Persönliches mehr enthalten, nur noch das fremd, aber gültig gewordene Allgemeine." Daher sei Kafka für ihn „das Vorbild für jede radikale Kunst: den Weg angewidert bis zu Ende zu gehen. Dieser Widerwille bedeutet Ablehnung von Selbstbetrug (von Schönheit) und Verurteilung von Konformismus, der Ausschmückung des Bewusstseins in Kleinbürgerart (Lobpreisung des Eigentums und der Mythos von der Seelentiefe)." (GT, 39f) Tatsächlich schuf Kertész zwischen 2004 und 2005 mit dem Roman *Dossier K* einen solchen autobiografischen Text, dessen Titel an Kafkas „K.s" erinnert und in dem er Auskunft über die wesentlichen Motive seines literarischen Schaffens gibt. Freilich erzählt er dort auch die eine oder andere Anekdote und nennt konkrete biografische Daten.
* Im Abschnitt *Garten der Trivialitäten*, der den Zeitraum 5. Dezember 2003 – 14. Juli 2009 umfasst, klagt Kertész: „Das Aufzeichnen dieser Trivialitäten hat wirklich keinen Sinn. Außer natürlich den, meine Hilflosigkeit, meine tägliche Schande zu dokumentieren. Zudem ist es auch sprachlich von Übel, denn ich schreibe schlechte Sätze." (LE1, 238, 13. Dezember 2003; LE2, 181)

167 Kertész schreibt in *Budapest, Wien, Budapest*, er sei im Oktober 1989 Gast der „Österreichischen Gesellschaft für Literatur" gewesen: „Offiziell meiner Übersetzungen wegen, in Wirklichkeit: freundschaftliche Unterstützung". Gefördert wurde eine Übersetzung von „Canetti", *Das Augenspiel* (erschienen 1993; siehe 53). (ES, 17, 28) Im Tagebuch notiert Kertész: „Vom 2. bis 30. Oktober Wien. Ruhe. Sonnenbäder im Volksgarten. Angst vor der Heimkehr. Ich genoss die Zivilisation, an der ich eigentlich nie anhaltender teilhatte. Ich glaube, ich bin für ein besseres Leben geboren, als mir zu leben gegeben wurde. Doch diese Feststellung ist hochmütig und Hochmut im wesentlichen immer Dummheit. Das Leben leben, das uns zugefallen ist, und es so leben, dass es uns ganz zufällt, das ist die Lebensaufgabe, wo immer wir leben." (GT, 265, November 1989) In seinem Wiener Vortrag *Der Holocaust als Kultur* von 1992 erwähnt er, dass er „1989 zum erstenmal" in Wien war. (ES, 76; ebenso in *Ich – ein anderer*, IA, 17, Romanzeit 1992)

168 Aus dem Interview *Der letzte Zeuge* von Batthyany und Krogerus geht hervor, dass dies Kertész' erster Aufenthalt im Westen war. Anders als im Tagebuch gibt Kertész hier auch eine genauere Beschreibung: „[*Frage:*] 1983 waren Sie zum ersten Mal im Westen. Wie zeigte sich Ihnen der Kapitalismus? [*Kertész:*] Das Goethe-Institut hat mich eingeladen als Übersetzer. Ich war in München, es war ein heißer Sommertag, und während der Besprechung fing es an zu regnen, zu stürmen, zu hageln. Als man mich zur Tür begleitete, erklärte man mir, welche Straßenbahn ich nehmen sollte, um ins Hotel zu gelangen. Doch ich bestellte ein Taxi. Zum ersten Mal in meinem Leben hatte ich Deutsche Mark in der Hand. Echtes Geld! Der ungarische Forint war ja kein Geld. Als wir ankamen, gab ich dem Fahrer

199

Trinkgeld, eine Mark, worauf er sich bedankte. Da gab ich ihm noch eine Mark, worauf er sich erneut bedankte. Das war meine erste Erfahrung mit dem Kapitalismus. Ein Taxifahrer." Ferner erinnert er sich, in München habe er zum ersten Mal „Punks" getroffen, die zu ihm sehr höflich gewesen seien. Beeindruckt habe ihn außerdem ein gut sortierter Buchladen: „Später ging ich in den Buchladen eines großen Warenhauses und verbrachte dort mehrere Stunden. So viele Bücher hatte ich noch nie gesehen, ich war überwältigt und konnte mich nicht entscheiden. [*Frage:*] Die Menge hat Sie erschreckt. Der Überfluss. [*Kertész:*] Erschreckt? Von mir werden Sie keine Kapitalismuskritik hören, niemals. Ich habe vierzig Jahre in kommunistischer Gefangenschaft gelebt und lebe viel besser in der kapitalistischen Wirtschaft, weil sie frei ist. Frei bis zum Tod. Das Problem war nicht der Überfluss. [*Frage:*] Sie hatten nicht genug Geld? [*Kertész:*] Das Gewicht war das Problem! Ich konnte nicht so viel tragen, und ich konnte die Bücher nicht zurück über die Grenze nach Ungarn schmuggeln." (DAS MAGAZIN, 7.11.2009) Über seinen Stipendienaufenthalt in München berichtet Kertész ebenfalls in der Dankrede zum Gundolf-Preis 1997: „Es war noch zu Zeiten des sogenannten Kalten Krieges, als ich, im Sommer 1983, mit einem zweiwöchigen Stipendium des Goethe-Instituts zum ersten Mal in meinem Leben eine Reise in die damalige Bundesrepublik Deutschland, in den Westen überhaupt, unternehmen konnte. Noch heute erinnere ich mich gut an das Abendessen in einer Ambacher Gartenwirtschaft, wo neben Michael Krüger [*der Kertész eine Nietzsche-Ausgabe schickte*; vgl. unten 288], Tankred Dorst [*den Kertész damals übersetzte*; vgl. 53], Tilman Spengler, Ursula Ehler und andere Intellektuelle am Tisch beisammen saßen und dem aus der nebulösen Transzendenz des real existierenden Sozialismus hierher geratenen Fremden wohlgesinntes Interesse zollten." (*Jahrbuch der Deutschen Akademie für Sprache und Dichtung 1997*, 97-99) In einem Vortrag der Reihe *Briefe von daheim* von RADIO FREE EUROPE erzählt er weiterhin von den Vorbereitungen seiner Reise in Ungarn: „Noch 1983, als ich mit einem 2-Wochen-Stipendium des Goethe-Instituts nach München aufbrach, ermahnte mich die mit meinen Reiseangelegenheiten betraute Ministerialbeamtin: »Dass Sie mir bloß keine Stellungnahmen bei Radio Freies Europa abgeben!« Ich konnte sie reinen Herzens beruhigen: »Wieso sollte ich Stellung nehmen? Mich wird nicht einmal ein Hund nach meiner Stellungnahme fragen!«" (ES, 72, April 1991) Im Tagebuch von 1983 finden sich dagegen nur Notizen über seine Heimreise: „Über drei Wochen Westdeutschland. Das beklemmende Gefühl, als ich in München den Zug nach Hause bestieg. Die plötzliche dörfliche Stille auf dem Grenzbahnhof Hegyeshalom. Eine dicke Frau schleppte barfuß zwei große, volle, blaulackierte Wasserkannen. Das heruntergekommene Bahnwärterhaus, der rotbemützte Bahnwärter mit seiner Fahne: drei Wochen lang hatte ich solche Erscheinungen nicht gesehen. Der Mann (Eisenbahner?) mit der abgetragenen Uniform, der ins Abteil kam und unter die Sitze schaute. [...] Rückkehr zu mir selbst. Erniedrigende Erlebnisse möglichst meiden." (GT, 162, Juli 1983)

169   Kertész, *Budapest, Wien, Budapest*, ES, 17f, 40
170   Ungarn trat 1999 der NATO bei und 2004 der EU.
171   Kertész, *Budapest, Wien, Budapest*, ES, 36
172   Kertész, *Budapest, Wien, Budapest*, ES, 33 und passim
173   Zur Etymologie von Person/Maske schreibt Hugo Ball in *Der Künstler und die Zeitkrankheit* (1926), eine „Persönlichkeit" solle nicht so vorgestellt werden, als nutze sie eine „Maske" nur als ein „erlogenes Antlitz". Das Wort „persona" sei nicht auf „personare, durchtönen" zurückzuführen (nach der Maske des antiken Theaters, die mit einem Schallrohr versehen war), sondern auf „personari, Festkleider anlegen." Die Maskierung, etwa durch eine „Tier- oder Göttermaske", ziele auf eine magische Erhöhung: „Es handelt sich hier nicht mehr um ein Mimikry [...], sondern um die magische Identifikation mit einem kreativen übermenschlichen Wesen, das den Menschen, der vorher nur Sinn und Materie war, im Innersten prägt und erhöht." (*Ausgewählte Schriften*, 104) Ball beruft sich dabei auf Vico, der in *Prinzipien einer neuen Wissenschaft über die gemeinsame Natur der Völker* (1725, erw. 1744) erklärt, „*persona*" leite sich von „*personari*" her, „welches Verb nach unserer Vermutung »sich in Tierfelle

kleiden« bedeutet hatte (was allein den Heroen erlaubt war)". Als Persönlichkeit würden in diesem Sinne generell „Menschen von hohem Stand und bedeutender Erscheinung" bezeichnet. (*Viertes Buch, Vierzehnter Abschnitt*, 560f) Entsprechend erzählt Kertész in *Budapest, Wien, Budapest*, wie er in Wien als „Herr aus dem Ausland" respektvoll behandelt wurde: „mich ergreift eine gewisse Hochachtung vor mir, als reiste ich inkognito. Geheimer Agent eines ganz und gar unbekannten Geheimnisses, mit ganz und gar unbekannten Aufgaben. Dass sie mich bloß nicht enttarnen – bange ich." Weiterhin bemerkt er, dass das spielerische Geltenlassen verschiedener konventioneller Rollenbilder (wie z. B.: „dieser ungarische Literat, sympathisch, ein wenig verschroben; jener schon ein wenig in die Jahre gekommene Herr, der so ein lustiges Deutsch sprach") seine sozialen Kontakte vermitteln und erträglich machen konnte: „Die Bandbreite der Freiheit ist vielleicht an der Menge und Vielfalt anzulegender Inkognitos zu messen, denke ich als letztes, trübselig und frivol." (ES, 20, 35, 41) Ähnlich argumentiert auch Nietzsche in *Jenseits von Gut und Böse* (1886): „Alles, was tief ist, liebt die Maske". (*Werke 2*, 603)

174 Sándor Csoóri, Präsidiumsmitglied des ungarischen Schriftstellerverbands, unterstellt in *Nappali hold* [*Tagesmond*] (HITEL, 5.9.1990) den ungarischen Juden „umgekehrte Assimilationsbestrebungen": „Das liberale ungarische Judentum wünscht das Ungartum in Stil und Gedanken zu »assimilieren«. Dazu konnte es sich ein parlamentarisches Sprungbrett zimmern, wie ihm das zuvor nie möglich war." (Zitiert nach Kertész, *Briefe...*, *Anhang*, 122) Dieser Artikel, mit dem laut Kertész „der neue Antisemitismus" in Ungarn auftauchte, war (u. a.) für ihn der Anlass, aus dem Verband auszutreten. *
Ihm zufolge ziele der neue Antisemitismus darauf, eine Atmosphäre der Irrationalität herzustellen, damit wieder eine „geschlossene Gesellschaft" auf der Basis „irgendeiner diskriminierenden, auf jeden Fall aber diktatorischen Ideologie" entstehen könne: „Als präventiven Antisemitismus bezeichne ich die Schaffung einer solchen Atmosphäre. Präventiv, weil hier […] im voraus geschossen wird, jenes »Gelände« der Vernunft, der Rationalität bombardiert wird, wo ein normaler gesellschaftlicher Dialog zustande kommen könnte, […], damit man den dunklen und keineswegs geklärten Fragen der Vergangenheit nicht ins Auge sehen muss." (Kertész im Interview *Át nem lépve a szabadság kapujának a küszöbét* [*Man überschreitet nicht die Schwelle am Tor zur Freiheit*] von Cecília Szebényi, BESZÉLŐ, 3.3.1994, dt. in *Briefe...*, *Anhang*, 137, 139f) Ähnlich weist er 1999 in *Hommage à Fejtő* darauf hin, der Antisemitismus sei, wie jede fundamentalistische Abgrenzung, nur ein Mittel zur Erlangung politischer Macht (siehe 109). Ebenfalls 1999 beklagt er in *Wird Europa auferstehen?* den in Osteuropa neu entstandenen Nationalismus: „[*Es*] wurde mit dem Erlangen der Freiheit nicht der Geist der Erneuerung freigesetzt, sondern vielmehr der Geist der schlechten Vergangenheit, […], manchenorts [*wie im Kosovo*] in Form von in Mord und Genozid ausartender nationalistischer Raserei, anderswo als verhaltenerer, sich hinter der Maske der Demokratie verbergender Nationalismus.[/…] Wer hätte geglaubt, dass sich die sogenannte »samtene Revolution« für die osteuropäischen Völker als Zeitmaschine erweisen würde, die mit ihnen nicht vorwärts, sondern rückwärts in die Zeit abhebt, und dass sie ihre Kinderspiele nun dort fortsetzen würden, wo sie sie etwa 1919, […], abgebrochen hatten?" (ES, 170f)
* Siehe Kertész' Kündigung vom 25.9.1990 (*Briefe...*, 17f), ferner seinen Artikel *Ein Mythos geht zu Ende* (DIE ZEIT, 1.4.2004) zu einem späteren antisemitischen Vorfall im Schriftstellerverband. Als weiteren Protagonisten des ungarischen Antisemitismus erwähnt er István Csurka (1934–2012) von MIÉP, *Partei für ungarisches Recht und Leben*. (LE1, 23, 79, 434, 437, 26. März und 3. Oktober 2001; vgl. Attila Wéber, *Der Rechtsextremismus...*, FRANKFURTER HEFTE 9/1999, Thema: *Ungarn*, 805-810)

175 Kurucz: „Immer wilder, immer zorniger stehen sich Ungarn jüdischer und Ungarn ungarischer Abstammung gegenüber.[/…] Der absolut überwiegende Teil des »Judentums« im Land ist keiner ethnischen Gruppe zugehörig (Muttersprache, Homogenität von Kultur, Religion, Folklore usw.). Der auf rassischer Grundlage konfessionell organisierte Teil erhebt Anspruch auf eine andere Art von Schutz und Pflege. Und der Kampf geht nicht gegen diese kleinere, klar abgegrenzte Schicht.[/] Der endlos erscheinende Stellungskrieg bewegt sich um jene Mehrheit, die nicht einmal mit ihrer eigenen

Identität eindeutig klarkommt (z. B. inländisches und ausländisches Judentum)." (*Üldözők és üldözöt-tek* [*Verfolger und Verfolgte*], HITEL, 3.10.1990; dt. in Kertész, *Briefe...*, Anhang, 129f)

176 Kertész, *Protokoll*, EF, 159f; analog in LITERATUR IM TECHNISCHEN ZEITALTER 1991, 126f
177 Broch, *Massenwahntheorie, Kommentierte Werkausgabe 12*, 517; siehe das ausführliche Zitat oben 103.
178 Kertész erklärt 2009 im Interview von Batthyany und Krogerus: „Die Diktatur erlöst den Men-schen. Sie hebt das Individuum auf. Es ist eine ganz große Erleichterung, wenn einem das Denken abgenommen wird. So bleibt auch die persönliche Verantwortung auf der Strecke. Und ohne diese persönliche Verantwortung ist der Mensch ein Kind. Totalitarismus bedeutet eine infantilisierte Gesell-schaft." (DAS MAGAZIN, 7.11.2009) 2013 bemerkt er im Interview von Luisa Zielinski, der Held sei-nes ersten Romans sei nicht zuletzt deswegen ein Kind, weil Diktaturen den Menschen infantilisieren, indem sie ihn in einem Zustand der Unwissenheit und Abhängigkeit halten: „anyone in a dictatorship is kept in a childlike state of ignorance and helplessness". (THE PARIS REVIEW No. 205, Summer 2013) Ebenso formuliert er 1996 in einem SPIEGEL-Interview: „Typisch für totalitäre Regime wie den Nazismus oder den Stalinismus ist doch, dass man auf ein gewisses Niveau herabgedrückt wird. Der Mensch lebt in einer Art Infantilismus, er wird gebraucht und funktioniert, mehr nicht." (SPIE-GEL 18/1996) Dasselbe sagt er auch schon 1989 im Interview von RADIO DDR II (siehe 3).
179 In *Protokoll* steht: „In der Nacht habe ich eine grauenvolle Erscheinung. [...] Mein Erlöser sucht mich auf, doch in welch anderer Gestalt als damals, vor gut vier Jahren, als er mir zum ersten Mal erschienen war, direkt an und über meinem Bett, [...], schmale, blaue Augen, die mit [...] Sanftmut auf mir ruhten, während er mit einer [...] segnenden Handbewegung mein Dasein billigte, mich bestärkend, so zu leben, wie ich lebe, und das zu tun, was ich tue." (EF, 159; analog in LITERATUR IM TECHNISCHEN ZEITALTER 1991, 126) Die korrespondierende Notiz im Tagebuch lautet: „ein seltsamer, aufdringlicher, mahnender (und bedrohlicher) Traum. Eine Parallele zu dem merkwürdigen Erlöser-Traum vor drei oder vier Jahren. Ein unmissverständlicher Hinweis: Der Erlöser schickte die Nachricht, dass er in einer Krise stecke, dass er vernachlässigt werde und zu strafen gedenke – mich, das heißt sich selbst. Vorsicht also, Verbindung suchen mit dem Urglück, das in der Tiefe von allem steckt,[*] mit der Schöpfung; schreiben, zugleich aber auf alles, was dich umgibt, achten – Einsamkeit suchen, sie sogar schaffen, und trotzdem nicht alles andere sträflich liquidieren, wie du es immer getan hast." (GT, 309, 12. April 1991) In den nachfolgenden Aufzeichnungen besinnt Kertész sich darauf, dass das Akzeptieren – oder genauer: das ungeschönte Wahrhaben – seiner Lebensverhältnisse (etwa im Sinne Nietzsches)° ihm stets geholfen hatte, zu überleben, so dass eben dies eine „Erlösung" ver-spricht: „Ich beginne zu durchschauen, dass mich vorm Selbstmord (dem Vorbild Borowskis, Celans, Amérys, Primo Levis usw.) jene »Gesellschaft« bewahrt hat, die mir, nach dem KZ-Erlebnis, in Form des sogenannten »Stalinismus« den Beweis brachte, dass von Freiheit, Befreiung, großer Katharsis usw., von allem also, wovon die Intellektuellen, die Denker und die Philosophen in glücklicheren Weltgegenden nicht nur sprachen, sondern woran sie offenkundig auch glaubten, überhaupt nicht die Rede sein konnte; [...]. Das ist der Grund dafür, dass mich jene Flutwelle der Enttäuschung[†] nicht erreichte, [...]; ich wusste bereits, dass meine Erniedrigung [...] auch Erlösung birgt, wenn mein Herz mutig genug sein würde, diese Erlösung: diese besonders grausame Form der Gnade anzuneh-men, [...]. [...] Nicht ablehnen, sondern akzeptieren, [...] ja sagen – zum geheimnisvollen Tor eines wirklichen, von Ideologien unverfälschten, von den Verschmutzungen meines Ichs gereinigten Lebens vordringen." (GT, 310f) Ähnlich erklärt er schon im November 1989, er wolle sich sein Leben „ganz" aneignen, dürfe also auch dessen unangenehme Aspekte nicht leugnen (siehe oben 167).
* Vgl. Kertész' Notiz von Juni 1976: „während mein Leben – das gerade zu scheitern scheint – mich quält, klingelt in der Tiefe eine aufreizende, fast unverschämte Fröhlichkeit. Was kann mir passie-ren? Die äußersten, die grundlegendsten Voraussetzungen kommen immer irgendwie zustande; und solange sich ein Bett findet und ein Tisch..." (GT, 69)

° Nietzsche: „Die alten Denker suchten mit allen Kräften das Glück und die Wahrheit – und nie soll einer finden, was er suchen muss, lautet der böse Grundsatz der Natur. Wer aber Unwahrheit in allem sucht und dem Unglücke sich freiwillig gesellt, dem wird vielleicht ein anderes Wunder der Enttäuschung bereitet: etwas Unaussprechbares, […], naht sich ihm, […] die Ereignisse […] werden traumhaft […]. Dem Schauenden ist, als ob er gerade zu wachen anfinge und als ob nur noch die Wolken eines verschwebenden Traumes um ihn her spielten. Auch diese werden einst verweht sein: dann ist es Tag. –“ (*Schopenhauer als Erzieher*, Werke 1, 320)

† Im Gespräch mit David Dambitsch erläutert Kertész genauer, worin jene „Enttäuschung“ seiner Meinung nach bestand. So hätten Autoren wie Levi oder Améry erfahren müssen, dass man „in der westlichen Gesellschaft“ zwar „über Auschwitz reden konnte“, dieses Reden aber ohne Folgen blieb: „es bedeutete überhaupt nichts; […]. Ich kann mir vorstellen, dass das für Leute, die gesprochen und geschrieben haben, wie ein großer Raum war, der immer leerer wurde – die Erfahrung in einer freien Gesellschaft, dass man reden und schreiben konnte, aber ohne Effekt, […].“ (*Imre Kertész*, 1992ff, in Dambitsch, *Im Schatten der Shoah*, 52) Dieselbe Erklärung gibt er auch in einem Interview von Marko Martin: „Primo Levi und Jean Améry […] lebten in Westeuropa, in freien, demokratischen Gesellschaften, die ihnen die Chance vorgaukelten, vieles wäre möglich – auch für sie, die traumatisiert den Holocaust überlebt hatten. Als sie merkten, dass sie selbst in einem freien Land unfrei blieben, den eigenen Erinnerungen, für die man sich kaum interessierte, hilflos ausgeliefert, begannen sie endgültig, jede Hoffnung zu verlieren.“ (*Lieber sich allem verweigern…* , MUT 425, Januar 2003, 55)

180 Im Motto von *Protokoll* zitiert Kertész aus dem *Vaterunser*-Gebet der *Bergpredigt* Jesu: „… Und vergib uns unsere Schuld,[/ …/] Und führe uns nicht in Versuchung,[/] sondern erlöse uns von dem Bösen … [*Matth. 6, 12f, nach Luther*]“ (EF, 156; LITERATUR IM TECHNISCHEN ZEITALTER 1991, 125)

181 Wegen dieser Übersetzung von Wittgensteins *Vermischten Bemerkungen* hielt Kertész sich von Januar bis Juni 1992 als Fellow beim *Institut für die Wissenschaft vom Menschen* in Wien auf. (B, 245, Anm.; vgl. IA, 13ff) Das Projekt drohte zunächst aufgrund ungeklärter Urheberrechtsfragen zu scheitern, (IA, 23; *Kertész an Haldimann*, Wien, 17.3.1992, *Briefe…*, 32) konnte aber schließlich durchgeführt werden. Kertész' Übersetzung erschien 1995 unter dem Titel *Észrevételek* [*Bemerkungen*] bei Atlantisz.

182 Kertész, *Protokoll*, EF, 176; LITERATUR IM TECHNISCHEN ZEITALTER 1991, 136

183 Am 10. Juli 1991, als *Protokoll* schon im Juniheft der Monatszeitschrift *2000* publiziert war, schreibt Kertész an Eva Haldimann: „Inzwischen ist auch das Urteil verkündet: Der Staat hat wie ein Taschendieb die gesamten 4000 Schilling konfisziert, mir also noch nicht einmal das gelassen, was ich rechtmäßig hätte bei mir führen dürfen. – Aber das ist nun wirklich nebensächlich; und wenn ich daran denke, was ich für *Sorstalanság* (Roman eines Schicksallosen) (durch Erleben) zahlen musste, dann scheint mir der Preis für diese Novelle wirklich ein Spottpreis zu sein.“ (*Briefe…*, 25)

184 Vgl. Schopenhauers Bemerkung zur besonderen „*Abrichtungsfähigkeit*“ des Menschen. (*Parerga und Paralipomena 2*, XXVI - *Psychologische Bemerkungen*, § 344, Werke 5, 664f)

185 Kertész, *Protokoll*, EF, 177; analog in LITERATUR IM TECHNISCHEN ZEITALTER 1991, 137

186 Es scheint, als sei Kertész damals noch relativ optimistisch gewesen, was die Wirkung seiner Arbeit betrifft. Vgl. aber sein Gespräch mit Lerke von Saalfeld von 2006, in dem er bekennt, dass er nur für sich schreibt und niemanden „erlösen“ wolle (oben 52).

187 *Kertész an Haldimann*, Wien, 16.1.1992, *Briefe…*, 26

188 Hierfür offensichtlich vorbildlich schreibt Márai 1944 im Tagebuch über die Bedingungen des Faschismus in Ungarn: „Die Kontraselektion der letzten fünfundzwanzig Jahre hat alle Versuche, eine demokratische Mittelklasse heranzubilden, bewusst unterdrückt. Jeder, der von demokratischer Erziehung sprach, wurde als »Judenknecht« oder heimlicher Bolschewik verdächtigt. Und nun fehlt uns genau diese Schicht.“ „Fünfundzwanzig Jahre lang haben wir alle – in Fragen der Nation, der Gesellschaft, der Moral! – immer nur halbe Sätze geschrieben; die andere Hälfte blieb dem Schriftsteller in der

Feder oder schon im eigenen Nervensystem stecken. Die feine geistige Tyrannei, die nicht mit Peitsche und Schafott arbeitete, sondern das Konzert des ungarischen Geisteslebens allein mit einem Stirnrunzeln oder einem Wink von siegelringtragenden Beamten dirigierte!" „In Augenblicken großer Veränderungen, [...], geht die eigentliche Gefahr immer vom Neid der Unbegabten [...] aus, die endlich einen Knüppel in die Hand bekommen haben [... ./ ...] Diese hassen niemanden so sehr wie den Begabten. Wenn sie die Möglichkeit dazu bekommen – und jetzt haben sie sie –, töten sie ihn." (MTB 7, 101, 179, 197) Überhaupt werde es wohl nie eine Gesellschaft geben, in der die „Krüppel und Fallsüchtigen nicht die Gesunden hassen" oder „die Unbegabten und Halbgebildeten aller Berufe nicht jeden mit einer Flut von unhaltbaren Verleumdungen überschütten würden, dessen Talent auch nur einen Zentimeter weit über das Mittelmaß hinausragt." (MTB 7, 115) Ähnlich äußert sich auch schon Schopenhauer in *Parerga... 2*, XX - *Über Urteil, Kritik, Beifall und Ruhm. (Werke 5*, 494 ff)

189   In einem Gespräch mit Zoltán András Bán von 1992, in dem Kertész über ein in Arbeit befindliches Theaterstück Auskunft gibt (aus dem der Roman *Liquidation* hervorging)*, ist zunächst nur von einer inneren Emigration die Rede bzw. davon, dass er das Prosaschreiben aufgibt: „Früher konnte ich es sehr gut ertragen, dass ich ganz umsonst Prosa schreibe und sie nicht erscheint. Die Situation war vollkommen klar, aber jetzt habe ich das Gefühl, es passiert mir noch mehr. Ich bin älter geworden, da hat man nicht mehr so weite Perspektiven wie im Alter von dreißig. Ich würde also nicht mehr gern für die Schublade schreiben. Das ist auch nicht mehr nötig, denn man veröffentlicht mich, hingegen gibt es nicht die Art von Buchverlag, in der ich als Autor wirklich präsent wäre. Bei mir kommt es vor, dass in einem Roman ein Verweis auf einen früheren Roman erfolgt. Und diesen früheren Roman kann sich der geneigte Leser dann nicht beschaffen [*wie im Fall des vergriffenen Romans »Kaddisch...«*°]. Das ist ein ungesunder Zustand, [...]. In *Protokoll* sagt diese Figur, die ich geschaffen habe, dass sie eine weitere Diktatur nicht mehr ertragen könne. Das gleiche passiert mir: Ich kann es jetzt nicht mehr ertragen, dass wir in einem so ungesunden geistigen Klima leben. [...] Ich habe das Prosaschreiben eingestellt. Entweder kommt ein Verlag, der mich so nimmt, wie ich bin [...], oder ich ziehe mich in die innere Emigration zurück. Ich mache die Erfahrung, dass man sich in Deutschland momentan mehr für meine Texte interessiert als hier." (*Egy eléggé szűk ketrecbe zárt író [Ein in einen recht engen Käfig gesperrter Schriftsteller]*, BESZÉLŐ, 10.10.1992; dt. in *Briefe...*, *Anhang*, 128f) Vgl. auch Kertész' Aussage im Gespräch mit Hähnel und Mesnard: „[*Frage:*] Haben Sie in den siebziger Jahren unter dem Unverständnis gegenüber Ihrer Arbeit gelitten? [*Kertész:*] In den siebziger Jahren nicht, denn es war ganz offensichtlich, dass man sich mit dem Thema [Holocaust; siehe 128] nicht auseinandersetzen durfte. Das hat mich befreit. Dafür habe ich nach der Wende darunter gelitten, dass man überhaupt keine Erklärung in dieser Sache gab. Es wird sogar immer schlimmer." (SINN UND FORM 3/2000, 374)
        *   Im Kertész-Archiv befinden sich Entwürfe zu einem Theaterstück *Felszámolás [Liquidation]* mit den Bezeichnungen *Der Mangel. Eine osteuropäische Horrorkomödie* bzw. *Komödie in drei Akten. Spielt in Budapest oder irgendwo. 1990 oder irgendwann* (Kertész-Imre 247-251 und 312). Vgl. Primärliteratur, o.
        °   „»Kaddisch« [...] war nach einer Woche vergriffen. Da der staatliche Verlag inzwischen Konkurs gemacht hat, ist das Buch [...] nicht mehr lieferbar." (Schülke, *Ein Grab in der Luft*, FAZ, 4.3.1993)
190   B, 32f (1992)
191   Vgl. Schopenhauer: „Die tierische Stimme dient allein dem Ausdrucke des *Willens* in seinen Erregungen und Bewegungen; die menschliche aber auch dem der *Erkenntnis*." (*Parerga und Paralipomena 2*, XXV - *Über Sprache und Worte*, § 298, *Werke 5*, 624)
192   Kertész, *Der überflüssige Intellektuelle*, EGS, 79-81; ES, 98f
193   Kurucz war damals Leiter des Kulturzentrums *Haus Ungarn* in Berlin. Kertész erinnert sich 1998 im Tagebuch an ihn als: „der Wurm, der [*1993*] meinen Auftritt in Tutzing verhindern wollte". (B, 171) Siehe auch seine Schilderung dieses Vorfalls in *Ich – ein anderer* (IA, 63-66) und die Korrespondenz mit Haldimann (*Briefe...*, Nr. 34-39; zugehörige *Anmerkungen* und Texte im *Dokumentarischen Anhang*).

194　In dem Roman *Ich - ein anderer*, in dem Kertész von der Begebenheit in Tutzing berichtet, erkennt er (bzw.: der Erzähler) richtig, er dürfe sich nicht auf die Logik seiner Gegner einlassen, denn man wolle ihn nur „in den Ring" dieser „Logik" zwingen, um ihn nach deren Regeln „k. o. zu schlagen": „Durch eine höfliche Verbeugung kann ich noch immer der Einladung zur Hinrichtung entgehen – und das ist meine Aufgabe, praktisch und mental." (IA, 63, 66) Sein Ausweg besteht in der künstlerischen *Darstellung* des betreffenden Ereignisses und seiner dazu eingenommenen Haltung, wobei er sich von dem real ungreifbaren Erzähler vertreten lässt und so eine direkte Auseinandersetzung vermeidet. Diese Differenz zwischen einer transzendenten künstlerischen Ambition und einem immanenten* Erfolgs- oder Machtkalkül thematisiert ähnlich Márai in seinem Tagebuch (auf das Kertész in *Ich - ein anderer* vielfach referiert)°. So bemerkt er in einer Notiz von 1977 zum Bedeutungsverlust der Kunst, die für das Transzendente steht: „Die großen Werke der griechischen und römischen sowie der Renaissance-Literatur bezeugen, dass die Menschen zu allen Zeiten grausam und unbarmherzig waren. [...] Aber im 16. Jahrhundert konnte ein Künstler noch glauben, er habe eine Funktion in der Gesellschaft: Man erwartete etwas von ihm, ein Evangeliumswort oder den Trost durch Schönheit. Heute erwarten vom Künstler nur noch wenige etwas anderes, als dass er den Geschmack und die Interessen der jeweiligen herrschenden Klasse bedient." Damit korrespondiert auch der folgende Eintrag, der sich ebenso auf den Konflikt zwischen Kertész und den »ideologischen Intellektuellen« anwenden lässt: „Der Dumme ist samt und sonders gefährlicher als der Schlechte. Anders als mit dem Schlechten kann man mit ihm nicht diskutieren – er versteht die Argumente nicht, denn er ist ja dumm." (MTB 3, 63, 65)
　　* Schopenhauer unterscheidet zwischen der „transzendente[n]" und der „immanente[n]" „Lebensansicht": „Die erstere Stimmung geht eigentlich daraus hervor, dass im Bewusstsein das *Erkennen* das Übergewicht erhalten hat, [...]. In der anderen Stimmung hingegen herrscht das *Wollen* vor, und das Erkennen ist bloß da, die Objekte des Wollens zu beleuchten und die Wege zu denselben aufzuhellen." (*Parerga und Paralipomena 2*, XXVI - *Psychologische Bemerkungen*, § 337, Werke 5, 662)
　　° Siehe das Kapitel zu *Ich - ein anderer* (S. 101 ff) und Sarin, *Ein Leben als Artikulation*, 128f.

195　Kertész im Interview von Cecília Szebényi, BESZÉLŐ, 3.3.1994, dt. in *Briefe...*, Anhang, 140

196　Am 21. September 1992 schreibt Kertész an Haldimann: „Im Oktober/November bin ich Gast in der Villa Wal[d]berta in Feldafing am Starnberger See, diesen angenehmen Status hat mir mein Freund [*Tankred*] Dorst verschafft [*der Kertész wohl als Stipendiat vorgeschlagen hat*], und neben den übrigen Freuden beglückt es mich auch, solange nicht »zu Hause« (also in Budapest bzw. in Ungarn) sein zu müssen. Mit dem Feldafinger Stützpunkt im Rücken breche ich dann zu den Lesereisen auf, die Rowohlt [*anlässlich der Veröffentlichung von »Kaddisch...«*] für mich organisiert, und sehe ihnen mit einer gewissen kindlichen Freude entgegen, wie ein Arbeitsscheuer, der sich reinen Gewissens drücken kann (denn eigentlich müsste ich zu Hause sitzen und ein Stück [»*Liquidation*«; vgl. 189] schreiben)." (*Briefe...*, 34)

197　In einem Brief von Mitte September 1993 teilt Kertész Haldimann mit: „Vom DAAD erhielt ich unerwartet ein dreimonatiges Stipendium nach Berlin. Darüber freue ich mich sehr, aber wir müssen schon am 20., das heißt am kommenden Montag, losfahren (für die ersten zwei Wochen begleitet mich Albina [*Kertész' Frau*], und dann kommt sie noch einmal im Dezember, wenn wir nach Hause fahren)." (*Briefe...*, 52; vgl. auch seine folgenden Briefe, die er aus Berlin an Haldimann geschrieben hat, Nr. 30-35, 27.9.–8.12.1993) Das Stipendium von 1993 erwähnt Kertész ebenfalls in dem Essay *Warum gerade Berlin?* (geschrieben 2003, dt. Erstveröffentlichung in DU, Juni 2005). (OH, 77)

198　*Kertész an Haldimann*, Budapest, 31.3.1994, *Briefe...*, 72

199　*Kertész an Haldimann*, Budapest, 5.8.1994: „Pál Salamon[*] hat sich gemeldet, wir haben uns auch einmal getroffen. Die ganze Bekanntschaft ist Ergebnis eines peinlichen Missverständnisses; ein gewisser János Edelényi, ein in Israel lebender ehemaliger Mitarbeiter des ungarischen Fernsehens – zur Zeit im Ausland Filmproduzent[°] – hat mir damit geschmeichelt (oder gedroht?), einen Film aus *Roman* *eines Schicksallosen* zu machen, und das Drehbuch solle Salamon machen. Ein komischer Mensch, letzten Endes weiß ich nicht, ob er mir sympathisch oder eher unsympathisch war – interessant, nicht? Doch noch interessanter ist, dass ich hoffe, es wird sich auch nie aufklären; und das bedeutet letztlich, dass ich keine wirkliche Sehnsucht habe, ihn wieder zu treffen." (*Briefe...*, 77) Hierauf spielt Kertész wohl auch 2004 in einem Gespräch mit József Marx an, in dem er über die verschiedenen Anläufe zur Verfilmung seines Romans Auskunft gibt: „However, we must go back a bit in time, back to when someone thought of making a film of *Fateless*. [...], a man from an American television company made an inquiry with Magdi[†]. [...]" (*Conversation in Berlin with Imre Kertész about Fateless and the Cinema*, 23.7.2004, in Marx, *Fateless...*, 217)

* Ein ungarischer Schriftsteller, der seit 1977 abwechselnd in Israel und den USA lebte. (*Briefe...*, 117, Anm. zu Nr. 42, *Kertész an Haldimann*, Budapest, 5.8.1994)

° Vgl. die Kurzbiografie von Edelényi bei IMDb: „Graduating from the Academy of Films in Budapest, both as a director and director of photography, Janos Edelenyi rejoined the staff of the Hungarian Television, where he had worked prior to film school. [...] Edelenyi has directed and co-produced or/and photographed over 40 documentaries and 7 feature films. He is Executive Director of the Tel Aviv based Prolitera Productions. He co-wrote the script and served as Producer for *The Long Shadow* [*1992, Regie: Zsigmond Vilmos, Buch: Edelényi und Salamon*], a Hungarian-Israeli-American feature film [...], and presently is in post production of *Prima Primavera* [*2009*]". (http://www.imdb.com/ name/nm0248953/bio?ref_=nm_ov_bio_sm [16.07.2019])

† Kertész' zweite Frau Magda, die lange in den USA gelebt hat; siehe die Erläuterung unten in Anm. 204.

200 *Kertész an Haldimann*, Wien, 14.6.1992, *Briefe...*, 33; siehe das Zitat oben 160.

201 *Kertész an Haldimann*, *Briefe...*, Nr. 25-32 (Budapest, 17.1.1993 – Berlin, 28.10.1993)

202 *Kertész an Haldimann*, Budapest, 16.12.1994, *Briefe...*, 79

203 Kertész, *Eine Zurückweisung. Buch und CD zum Brandenburgischen Literaturpreis 1995*, Hrsg.: Brandenburgisches Literaturbüro, Vacat, 1996

204 In *Dossier K* bezeichnet Kertész *Ich – ein anderer* als einen „*Roman der Befreiung, der sich erweiternden Perspektive*". (DK, 227) Die Niederschrift scheint er erst nach dem Tod seiner Frau Albina (am 4. Oktober 1995; vgl. 55) begonnen zu haben, mit dem auch der Roman endet. Hierauf deuten folgende Notizen im Tagebuch: „Die Beerdigung. [...] Jetzt bin ich zum ersten Mal imstande, mich in diesem ganzen Grauen zu akzeptieren... – Und ein ungeheurer geistiger Hunger quält mich, [...], an meinem Buch zu schreiben.[/] Zu schreiben anfangen kann man nur unter der Voraussetzung geistiger Intaktheit. [.../] Eine sonderbare Folge des Verlusts, der Trauer: Ich bin mir selbst gegenüber *ein anderer*". (B, 135f, 25. Oktober 1995) „Ich war so voller Trauer, gemeinsamer Erinnerungen mit Albina und Liebe zu M. [*Kertész' zweite Frau Magda**], dass ich den ganzen Tag benommen war, zu arbeiten schaffte ich nur, die vorhandenen 43 Seiten des Manuskripts (*Ich – ein anderer*) zu lesen." (B, 141f, 1996) Fertiggestellt wurde der Roman am 10. Januar 1997. (B, 152, 11. Januar 1997) Entsprechend dem Untertitel der ungarischen Ausgabe *Valaki más. A változás krónikája* [*Ein anderer. Chronik eines Wandels*] (Magvető, 1997) dokumentiert Kertész in *Ich – ein anderer* sein Leben von 1991 bis Ende 1995 schlaglichtartig in chronologischer Folge. Etwa berichtet er von der Förderung, die er im Ausland erfuhr: z. B. 1992 in Wien (vgl. 181) und Feldafing (IA, 31ff; vgl. 196), 1993 in Berlin (IA, 57ff; vgl. 197) etc., aber auch von Anfeindungen durch ungarische Antisemiten 1993 in Tutzing (vgl. 193 und 194). Im Tagebuch bemerkt er zum Status des Textes: „Am Morgen [*nach dem Abschluss des Romans*] habe ich einen Untertitel dafür gefunden: *Chronik des Wandels*. Das ist etwa so, wie wenn der Komponist das Tempo vorschreibt – noch etwas mehr: Ich will das Genre der Lektüre vorgeben, damit man den Text nicht als persönliches Tagebuch, sondern ausschließlich als partikulare Aufzeichnungen liest [*analog dem »Galeerentagebuch«*; vgl. 34]. Vielleicht wird er Ausgangspunkt eines Prozesses sein, den ich als »Beginn eines Abschieds« bezeichnen würde. Er verleiht allem, was ich gemacht habe, seine musikali-

sche Struktur: Ich lasse alle meine Themen erneut erklingen, aber aus einer anderen, abschließenden Perspektive. Das gäbe meinen weiteren Arbeiten ihren Sinn". (B, 152, 11. Januar 1997)

* Im April 1996 heiratete Kertész die aus Ungarn stammende Amerikanerin Magda Ambrus-Sass (1942–2016), die seit 1991 (oder nach Royer: 1990) wieder in Budapest lebte. (DK, 212; ebd., *Lebens-daten*, 237; LE1, 443, Anm. zu 17. Januar 2003; Royer, 266f) Kennengelernt hatten sie sich im Oktober 1990 auf einer Abendgesellschaft des Kritikers Sándor Radnóti. Sie hatten bereits zu Lebzeiten Albinas (mit ihrem Wissen) ein Verhältnis. (Royer, 266, 275). Im Tagebuch beschreibt Kertész ein Abendessen zu dritt, das nach der Entdeckung von Albinas letzter schwerer Krankheit stattfand: „das Abendessen bei Magda, [...], als hätte Gott Regie geführt. [...] An mein Ohr gebeugt, mit bereits stockenden Worten, flüsterte sie [*Albina*]: »In einem halben Jahr werde ich schon von dort oben, hinter den Schäfchen-wolken hervor auf euch blicken ...«" (B, 117f, [August] 1995) In *Ich – ein anderer* erzählt er schon 1992 von einem Treffen mit „M." im Feldafinger Stipendiatenhaus Waldberta und ihrem anschließenden Ausflug nach Verona. (IA, 36f) 1993 erwähnt er ein „Rendezvous am Münchner Hauptbahnhof" und eine Fahrt nach Florenz. Hierbei spricht er bereits offen von ihrer „schicksalhaften Zusammengehö-rigkeit". (66f) 1994 berichtet er von einer gemeinsamen Reise in Frankreich (93ff) und schreibt über „M.s Fähigkeit, glücklich zu machen": „Rasch ziehe ich meine Hand zurück, wenn sie mich am Glück teilhaben lassen will, doch sie zwingt ihre Finger zwischen meine [...]". (86) 1995 besuchte er mit ihr Venedig und Mailand. (118) Magda lebte mit ihm bis zu seinem Tod am 31. März 2016 zusammen. Sie selbst starb am 8. September 2016. (Johanna Adorján, *Männer aktuell, diesmal: Imre*, SZ, 31.3.2018)

205 IA, 57f

206 In *Ich – ein anderer* kommt sowohl der Name „Albina" (IA, 34) als auch das Kürzel „A." (passim) vor.

207 Der Erzähler in *Ich – ein anderer* bezeichnet sich als: der „empfängliche Protagonist meines Lebens-*Entwicklungsromans*" (IA, 63; vgl. oben 33). Damit gesteht er ein, dass sein Leben auch von äußeren Umständen geprägt wird. Am Schluss erkennt er, seine Identität habe im Wesentlichen aus der Spie-gelung in seiner ersten Frau Albina resultiert. Sie hätten gemeinsam eine „einzigartige, *geschlossene Welt*" aufgebaut. Diese sei mit Albinas Tod verloren gegangen, und nun vermöge „kein Beweis" seine „Erinnerungen" zu „bekräftigen": „vielleicht stimmt es gar nicht, dass ich gelebt habe, vielleicht stimmt gar nichts." Er könne somit nur als „ein anderer" weiterleben: „mein Fuß holt unschlüssig zu einem Schritt aus. Einem Schritt wohin? Egal, denn wer den Schritt tut, bin schon nicht mehr ich, das ist ein anderer ..." (126f) Im Tagebuch notiert Kertész nach Albinas Beerdigung am 25.10.1995: „Ich bin mir selbst gegenüber *ein anderer*; als hätte meine Identität sich verändert. [...] Der archimedische Punkt der Identität ist, wie es scheint, der Blick des anderen, das andere Bewusstsein, dem *gegenüber* sich unser Identitätsbewusstsein – die Rolle – herausbildet: fehlt der andere, erleiden wir die Unsicherheit des Rollenverlustes, neben Liebesverlust und Trauer." (B, 136; analog LE1, Prosafragment *Die letzte Einkehr*, 195; LE2, 139) Mit seiner zweiten Frau Magda führte er entsprechend ein „verändertes Leben". (B, 149, 1996) Ähnlich stellt er auch schon 1990 in *Budapest, Wien, Budapest* die Projektionen anderer für die von ihm gespielte Rolle in Rechnung (siehe 173).

208 Kertész relativiert im Tagebuch ausdrücklich die Darstellung Albinas: „Das Porträt Albinas, genauer, meine Erschütterung über ihren Tod, konnte wegen des verfluchten Kompositionszwanges nicht das Gewicht erhalten, das ich mir ursprünglich vorgestellt hatte: [...], das Gleichgewicht des Büchleins wäre gekippt, hätte ich darin eine vollständige und persönliche Darstellung der Trauer unternommen – wie ich es in tagelangem Ringen versuchte". (B, 152, 11. Januar 1997)

209 Vgl. Kertész' spätere Notiz: „Nicht der Roman ist tot, sondern der Leser." (LE1, 142, 19. Aug. 2002)

210 Die Allegorie der Frau gebraucht Kertész zuerst in der Erzählung *Der Spurensucher* (1977), die auf eine Reise nach Buchenwald und Zeitz Anfang der 60er Jahre zurückgeht (siehe *Primärliteratur*, f): Der Gastgeber/Hausherr „Hermann", „ein Mensch mit einem schwierigen Familiennamen", ist wohl eine Anspielung auf den DDR-Autor und Kulturfunktionär Hermann Kant. (EF, 61) Hermanns Frau steht

offenbar für die DDR bzw. das dortige Publikum. Mit der Frau des Gastes/ Abgesandten, die von diesem mit nach Buchenwald genommen wird, ihn aber nur bis zum Lagertor begleitet, ist entsprechend das ungarische Publikum gemeint. Die Dialoge zwischen dem Abgesandten und seiner Frau symbolisieren also den Austausch von Kertész mit seinen Lesern, d. h. zunächst den Ungarn.* Im Tagebuch notiert Kertész dazu: „Das Problem der ungarischen Schriftsteller ist nicht das, über das diese heute klagen, nämlich, dass sie ihrer – vermeintlichen – sprachlichen Isoliertheit wegen nicht zur Welt sprechen können; ihr Hauptproblem ist, dass sie nicht zu den Ungarn sprechen können. Die Schriftsteller der offiziellen und halboffiziellen »Kulturpolitik« tun so, als sei die Literatur eine entsetzlich ernste Sache, die ihre Ernsthaftigkeit nicht, sogar *ausdrücklich* nicht, aus dem Individuellen schöpft, sondern aus einer großen, gemeinschaftlichen, […], nationalen Aufgabe […]. Als sei eine die Nation erhaltende Lüge wichtiger als eine die Nation zugrunde richtende Wahrheit; […]. Haben sie jedoch geprüft, ob das Volk, auf das sie sich pausenlos berufen, nicht vielleicht doch die Wahrheit interessiert?" (GT, 132f, 1982) Im selben Sinne kann in *Fiasko* die „Frau des Alten" verstanden werden. Z. B. träumt sie davon, dass sie ihre Arbeit in einem „Gastronomiekombinat", das einem „Gefängnis" ähnelt, mutig kündigt, während ihre Kollegin in einem mit sozialistischen Elementen kombinierten „ungarischen Trach-tenkostüm" (ein „Rock in den Nationalfarben" und ein „rotes Mieder") weiter schwitzend die Gäste bedient. (F, 134-137) Und auch in *Kaddisch…* ist evident, dass die Frau des Erzählers B. Kertész' heimi-sches Publikum repräsentiert. So bekommt sie durch B. das Gefühl vermittelt, als Jüdin (also: Bürgerin einer Diktatur; vgl. den Kommentar ° in 3) *„den Kopf erheben"* zu können. Zugleich beklagt sie sich über seine „zerstörerische Kraft", die ihr „Leben" gefährde. (K, 101, 152)

    * Wahrscheinlich hat Kertész sich hier an Sartre orientiert, der in *Was ist Literatur?* (1948) das ideale – „frei[e]" und „klassenlose[]" – „konkrete Publikum" als „riesige weibliche Frage" bezeichnet: „die Erwartung einer ganzen Gesellschaft, die der Schriftsteller aufzufangen und zu erfüllen hätte." (120)

211   1995 schreibt Kertész im Tagebuch über seine Beziehung zu Albina: „Habe ich sie je gekannt? Hat sie mich je gekannt? Unsere Liebe war wie ein taubstummes Kind, das pausenlos die Arme nach Vater und Mutter ausstreckt." (B, 131) Ebenso äußert er sich aber auch 2003 über sein Verhältnis zu den Ungarn: „Die Sprache, die ich auf muttersprachlichem Niveau spreche, scheint die fremdeste Fremdsprache zu sein. Egal, was ich sage, sie verstehen mich nicht, egal, was sie sagen, ich verstehe sie nicht. Zwischen uns hat sich eine süßliche Pseudosprache entwickelt, als spräche ich mit Autisten oder kleinen Kindern, freilich mit Kindern, die eine Pistole in der Tasche haben." (LE1, 170, 9. Februar 2003; LE2, 127)

212   IA, 126

213   Im Gespräch mit Hendrik Röder von 1996 betont Kertész, er sei „nie in diesem Literaturbetrieb gewe-sen", vielmehr habe er „ganz ruhig zu Hause gearbeitet": „Ich habe große Literatur gelesen, Dosto-jewski, Flaubert…". (Tondokument auf CD, in Kertész, *Eine Zurückweisung*) Ähnlich erklärt er 2009 im Interview *In Ungarn haben Antisemiten das Sagen* von Tilman Krause: „Ich bin ein Produkt der europäischen Kultur, ein Décadent, wenn Sie so wollen, ein Entwurzelter, stempeln Sie mich nicht zum Ungarn. […] Während all der sozialistischen Jahre habe ich kein einziges der staatlich genehmigten ungarischen Bücher gelesen. Mein Geschmack hat das einfach nicht gefressen. […] Natürlich gibt es ein paar ungarische Autoren, die ich sehr verehre, […]: Gyula Krúdy […], oder Dezső Szomory, […] Sándor Márai, dessen Tagebücher ich für ganz vorzüglich halte, seine Romane weniger, sie sind nicht auf der Höhe der Moderne. […] Aber als ich jung war, als ich ein Schriftsteller werden wollte, habe ich die europäische Literatur gelesen, vor allem die deutsche." (DIE WELT, 5.11.2009)

214   Vgl. dasselbe Motiv in Kafka, *Die Verwandlung* (1915).

215   IA, 7f. Der Freund ist Mihály Kornis, siehe die analoge Szene im Tagebuch. (B, 9, 245, 1991, Anm.)

216   IA, 58 (1993), 26f (1992)

217   1963 fragt Kertész im Tagebuch: „die Falle der »Humanität«, die dem »Künstler« vor die Füße gewor-fen wird – worum handelt es sich dabei überhaupt? Moralische Gemeinschaft – »Engagement« – oder

da stehen, wo »Gut und Böse sich scheiden«?" (GT, 10, Weihnachten 1963) 1974 distanziert er sich ähnlich vom „sogenannten »Engagement« Sartres und anderer": „Der […] verlogene Schriftsteller, der moralisierende Schriftsteller, der tendenziöse Schriftsteller." (GT, 39) Tatsächlich wirbt Sartre in dem Essay *Was ist Literatur?* von 1948 für ein tagesaktuelles Engagement, das naturgemäß an bestehenden (revolutionären) Normen ausgerichtet ist: „Eine bestimmte Institution muss man entlarven – und auf der Stelle –, einen bestimmten Aberglauben muss man sofort zerstören; […]. Dieser leidenschaftliche Sinn für die Gegenwart bewahrt ihn [*den engagierten Schriftsteller zur Zeit der Französischen Revolution*] vor dem Idealismus; […], zum erstenmal seit der Reformation greifen die Schriftsteller ins öffentliche Leben ein". (85f) Konträr hierzu demonstriert Kertész mit seinem Werk, wie er zunächst „die Sprache und die fertigen Begriffe nicht akzeptiert" und erst durch die Reflexion über seine eigenen Erfahrungen zu einer bestimmten ethischen Haltung gelangt (siehe die Notiz von Juni 1965, oben 21). Dabei verbindet er gewissermaßen den emanzipatorischen Immoralismus Nietzsches* mit der existentialistischen Ethik Kierkegaards°. Ebenso negiert auch schon Thomas Mann (alias Serenus Zeitblom) in dem 1947 erschienenen Roman *Doktor Faustus* die „Gemeinschaft". (*Werke* 6, 495) Und es scheint, als habe Sartre hierauf mit *Was ist Literatur?* antworten wollen.

* Nietzsche schreibt etwa 1886 in *Jenseits von Gut und Böse*: „man *weiß* ersichtlich in Europa, was Sokrates nicht zu wissen meinte, und was jene alte berühmte Schlange einst zu lehren verhieß – man »weiß« heute, was Gut und Böse ist. Nun muss es hart klingen […], wenn wir immer von neuem darauf bestehn: was hier zu wissen glaubt, […], ist der Instinkt des Herdentiers Mensch: als welcher zum Durchbruch, […], zur Vorherrschaft über andre Instinkte gekommen ist […]. *Moral ist heute in Europa Herdentier-Moral* […]." (*Werke* 2, 659)

° Kertész' Formulierung „wo »Gut und Böse sich scheiden«" in der Notiz von 1963 könnte bereits eine Anspielung auf Kierkegaard sein. Vgl. in *Entweder/Oder*, Teil 2: „Mein Entweder/Oder bezeichnet zuallernächst nicht die Wahl zwischen Gut und Böse, es bezeichnet jene Wahl, mit der man Gut und Böse wählt, oder Gut und Böse abtut. […] Es ist daher nicht so sehr die Rede davon, dass man zwischen dem Wollen des Guten und dem Wollen des Bösen wählt, als vielmehr davon, dass man das Wollen wählt, hiermit aber ist wiederum das Gute und das Böse gesetzt." „Mithin: was durch mein Entweder/Oder in Erscheinung tritt, ist das Ethische. Es ist daher noch nicht die Rede davon, dass man *Etwas* wähle, […], sondern von der Realität, welche das Wählen als solches hat. […], dass es dem Wesen eines Menschen eine Feierlichkeit, eine stille Würde, […], gewährt, wenn er wählt. […] Wenn da um einen her alles still geworden, […], wenn die Seele allein ist in der ganzen Welt, […], da tut der Himmel sich gleichsam auf, und das Ich wählt sich selbst, […]. […], da empfängt die Persönlichkeit den Ritterschlag, der sie für eine Ewigkeit adelt." (Kap. *Das Gleichgewicht…*, 180, 188)

218 Kertész erklärt im Interview von Batthyany und Krogerus: „ich kann eine Figur kreieren, die statt mir was sagt." (DAS MAGAZIN, 7.11.2009) Vgl. das konkrete Beispiel in *Ich – ein anderer*, oben 194.

219 Kertész bemerkt 1995 im Tagebuch: „Mit der Stimme einer geistigen Autorität zu sprechen, als gäbe es noch einen gültigen Geist und eine auf akzeptierten Werten basierende Autorität: das ist der Trick, mit dem manche die eigene Leere und den allgemeinen Sauerstoffmangel verdecken, […]." (B, 112)

220 1989 notiert Kertész: „Der Schrecken der Kunst heute ist die offizielle Kunst, und jede Kunst ist offiziell, die nicht aus der Privatsphäre heraus spricht, […] nicht selbstaufopferndes und zum Äußersten entschlossenes *individuelles Beispiel* ist, […], einsames, […] an den unbefleckten Tod gemahnendes Beispiel." (GT, 259f, Aug. 1989) Kertész bezieht sich hier vermutlich nicht mehr nur auf die offizielle Kunst des Sozialismus, sondern ebenso auf aktuelle westliche Positionen wie namentlich die von Beuys, der wie er die Gegenwart des „Prinzip[s] Auschwitz" thematisiert hat (siehe 12) und dessen Konzept der Sozialen Plastik damals sehr populär war. Anscheinend reagiert er auf Beuys' Rede vom 20.11.1985 in den Münchner Kammerspielen (in der Reihe *Reden über das eigene Land**). Offenbar in Anschluss an Wagner, der in *Das Kunstwerk der Zukunft* (1850) bereits ein ähnliches Konzept vertritt,

stilisiert Beuys sich in dieser Rede als Leitfigur einer sozial engagierten Kunst. Siehe dazu die Erläuterungen im Kapitel zu *Kaddisch…* (S. 82 f) und in Sarin, *Ein Leben als Artikulation*, 59, 84, 99-105.

* In Bertelsmann, *Nachdenken über Deutschland*, 275-290. In derselben Veranstaltungsreihe hielt Kertész am 10.11.1996 den Vortrag *Wer jetzt kein Haus hat* (EGS, 111-127; ES, 133-146).

221 Der Begriff „Jedermann" erscheint als Anspielung auf Hofmannsthals gleichnamiges Schauspiel (1905, 1911). In diesem stellt der Tod sich dem Jedermann (wie Jesus) als Abgesandter Gottes vor und fordert von ihm Rechenschaft*: „Von deines Schöpfers Majestät[/] Bin ich nach dir ausgesandt, […/] Denn ob du ihm gibst wenig Ehr,[/] In der himmlischen Sphär denkt er dein. […/] Abrechnung will er halten mit dir." (*Dramen 3*, 40f) Hiermit kann außerdem Hofmannsthals Bild des »toten Dichters« in *Der Dichter und diese Zeit* (1907) assoziiert werden: „So ist der Dichter da, wo er nicht da zu sein scheint, […]. Seltsam wohnt er im Haus der Zeit, unter der Stiege [*wie der Heilige Alexius°*], wo alle an ihm vorüber müssen und keiner ihn achtet. […] Dort haust er und hört und sieht seine Frau und seine Brüder und seine Kinder, wie sie die Treppe auf und nieder steigen, wie sie von ihm als einem Verschwundenen, wohl gar einem Toten sprechen und um ihn trauern. Aber ihm ist auferlegt, sich nicht zu erkennen zu geben, und so wohnt er unerkannt unter der Stiege seines eigenen Hauses." (*Reden und Aufsätze 1*, 66) Dass Kertész sich während der Arbeit an *Ich – ein anderer* mit Hofmannsthal beschäftigt hat, belegt sein Gespräch mit Adelbert Reif von 1996. So erwähnt er dort Brochs „Essay über »Hofmannsthal und seine Zeit«" (posth. 1955), in dem Broch (u. a. in Bezug auf Hofmannsthal, *Der Dichter und diese Zeit*) das Verhältnis des Künstlers zur bürgerlichen Gesellschaft erörtert. (UNIVERSITAS 12/ 1996, 1221) In Anschluss an Hofmannsthal erklärt Broch in dem genannten Essay, der Künstler oder Dichter werde vom „Volk" eigentlich „nicht zur Kenntnis" genommen. Allenfalls unterstütze ihn die noch rudimentär bestehende „Aristokratie", die ihn aber ebenfalls nicht integriere, sondern ihm nur eine „Gastrolle" zuweise. Auf geistiger Ebene sei er dagegen fest im Volk verwurzelt, seine Existenz sei dort „sogar dauerhafter als die seiner Gastgeber": „gleichgültig nämlich welchem Stand die Realität den Dichter zugesellt, ja sogar gleichgültig ob es überhaupt Stände gibt, die seine Zugesellung je gestatten würden, sein Leben vollzieht sich nicht in ihren festumrissenen Räumen, sondern im Symbol- und Sprachraum des Volkes [vgl. 73], d. h. in jenem spirituellen Sozialkörper, aus dem des Volkes Sprache und Symbole fortwährend geboren werden. Und gerade daraus ergibt sich die Pflicht, ergibt sich die Leistung des Dichters; mit der Hebung der Symbole zur Sprache, mit der Hebung der Sprache ins Symbol besorgt er das Geschäft des Volkes, verwurzelt er sich im eigentlichen Volk [*sozusagen als »Jedermann«*], auch wenn er von ihm nicht zur Kenntnis genommen wird." (*Essays 1*, 136f)

* Das war anscheinend auch ein Vorbild für den Abgesandten in *Der Spurensucher* (vgl. 80 und 210).

° Das Bild greift Rilke in einem Brief an Gudi Nölke (3.10.1919) auf. (*Rilkes Leben und Werk*, Nr. 278)

222 IA, 8

223 Hofmannsthal, *Der Dichter und diese Zeit*: „[…], und so wohnt er unerkannt […]" (siehe oben 221). In derselben Terminologie formuliert auch Shelley in *A Defence of Poetry* (posth. 1840): „Poets are the unacknowledged legislators of the world." (*Prose Works 2*, 38) Auf letzteren Satz bezieht sich Kertész 1990 in *Die Unvergänglichkeit der Lager* und ebenso schon 1974 im Tagebuch: „Albert Camus sagt in »Der Mensch in der Revolte« – und ich glaube, er zitiert selbst einen anderen, vermutlich Shelley –: Die Dichter sind die Gesetzgeber der Welt." (*Die Unvergänglichkeit…*, EGS, 43; ES, 44) „»Die Dichter sind die Gesetzgeber der Welt«, sagt Camus, Shelley zitierend, glaube ich." (GT, 36) Dabei unterschlägt er freilich das Adjektiv »unerkannt« (oder: »nicht anerkannt«), das Camus noch zitiert: „»Die Dichter«, sagt Shelley, »sind die unerkannten Gesetzgeber der Welt.«" (*Der Mensch in der Revolte*, 305)

224 1990 notiert Kertész im Tagebuch: „die Bindung, die der Mensch zum eigenen Leben, zu den wichtigsten Personen in seinem Leben hat. Dass das Abenteuer immer etwas oder jemand anderes zu sein scheint, als gründete unsere Freiheit nicht in den wichtigsten individuellen Lebensaufgaben, nicht in den Pflichten gegenüber uns wichtigen Personen, nicht in der Moral, sondern in dem »Anderen«, dem

Vorgestellten, in dem, was nicht ist [*vgl. Valéry in »Notwendigkeit der Dichtkunst«*, oben 28], schlimms-
tenfalls in der verhängnisvollen Lebensverfehlung. [.../] Den Tod *ein*üben. – Wie? Vor allem immer
vom Tod her (von jenseits des Abgrundes her) schreiben. – In dieser Beziehung bin ich einen Schritt
voraus, denn in Osteuropa erzieht das *Leben* zum Tod." (GT, 288f) 1995 schreibt er nach einer Herz-
attacke ähnlich: „Interessant, dass der Gedanke an den Tod bei mir stets mit einem fast schubartigen
Gefühl von Freiheit einhergeht. [...], inzwischen gibt es wenigstens schon einiges Beweismaterial, dass
der wichtigste Inhalt meines Lebens doch die Freiheit war [vgl. 108] und die wichtigsten Taten – meine
paar Werke – Akte der Freiheit. Der Tod lebt mit einem Vorgefühl von Abenteuer in mir.[*]" (B, 81)
1999 bemerkt er: „Gute Sachen kann man nur im Zustand tiefster Verzagtheit schreiben; wenn man
sich völlig frei fühlt, weil man gewissermaßen schon von jenseits des Grabes spricht und einen menschliche Gesetze nicht mehr binden." (B, 192f) Dabei „freue" er sich sogar über den Verfall Europas, den
er „als untergehender Europäer" unter dem „Schutz" Amerikas regelrecht genieße: „Denn nichts ist
fruchtbarer als die Vegetation des Verfalls, von der wir in eine durch keinerlei Pflichten eingeschränkte
Freiheit, vielleicht in die Freiheit des Todes blicken. Es gibt nichts Wundervolleres als schrankenlose
[...] Freiheit." (B, 201f) In einem Interview von 1996 äußert er ferner: „Ich war [*im KZ*] mehrmals in
einem Zustand, wo ich so gut wie tot war. Das sind keine eindeutig schlechten Erfahrungen. Da waren
die SS-Leute ausgeschaltet, da gab es keine Politik mehr, da gab es nur noch mich und den Tod. Was in
diesen Momenten in mir geschehen ist, das ist mir unvergesslich." (SPIEGEL 18/1996) Ebenso erklärt
er im Gespräch mit Hähnel und Mesnard: „[*Köves aus »Schicksalslosigkeit«*] erlebt den Tod zwar nur
als Jude, aber er erlebt auch seinen eigenen Tod[*]. Es ist ein großes und befreiendes Erlebnis, das ihn
sogar von seinem Judentum erlöst." (SINN UND FORM 3/2000, 372)
* Vgl. in Rilke, *Die Aufzeichnungen des Malte Laurids Brigge* (1910): „der Wunsch, einen eigenen Tod
zu haben, wird immer seltener. Eine Weile noch, und er wird ebenso selten sein wie ein eigenes Leben.
[.../...] Früher wusste man (oder vielleicht man ahnte es), dass man den Tod *in* sich hatte wie die
Frucht den Kern." (*Werke 6*, 714f) Malte schildert hierfür exemplarisch das Sterben seines Großvaters.

225 Kertész entschied sich etwa 1990 dazu, den ungarischen Schriftstellerverband zu verlassen (siehe 174).
Ein weiteres Beispiel für eine solche Entscheidung ist sein Ausscheiden aus der Redaktion der Zeitschrift HOLMI*, der er von März 1994 bis November 1997 angehörte. In *Dossier K* spielt er darauf an,
dass er sich dort nicht mehr integrieren konnte: *„Eine Zeitlang warst du auch noch Mitglied im Redak-
tionskomitee des Literaturblattes »Holmi«. Dann – Mitte oder Ende der 90er Jahre – verschwindet dein
Name plötzlich aus der Zeitschrift. Ich hätte irgendeine Erklärung über den Grund deines Ausscheidens
erwartet…[/] Ich auch. Dass man zum Beispiel meinen Rücktrittsbrief abdruckt, wie es sich unter besseren Leuten gehört hätte…"* (DK, 228f) Der Anlass für seinen Weggang war ein Kommentar darüber,
dass er schon wieder etwas über den Holocaust schreiben wollte („Encore l'Holocauste?"; Royer, 282).
Einige Notizen von 1994 und 1997 könnten sich ebenfalls auf die HOLMI-Redaktion beziehen: „unter
ungarischen Intellektuellen – es gibt nichts Trostloseres. [...] *Worüber* sie reden, *wie* sie reden, und
dazu diese Gesichter: [...], hinter denen sich kalte Angst mit Entschlossenheit paart. Der Werteverlust,
die totale Kontraselektion [vgl. 188]". (B, 79, 1994) „[...], sogenannte Kuratoriumssitzung, eine Gesellschaft von Schriftstellern; davon nur Depression. Alle logen, [...]. Sie [...] sahen mich an wie eine
alberne, zynische Figur – meine ewige Rolle, wenn ich inmitten unersprießlicher sozialer Betrachtungen ihre Aufmerksamkeit auf etwas Konkretes, sagen wir, ihre eigenen Lügen lenke." (B, 163f, 1997)
* Die Kultur- und Literaturzeitschrift HOLMI bestand von Oktober 1989 bis Dezember 2014.
Gegründet wurde sie mit Unterstützung der Stiftung CEEPP (*The Central and East European Publishing Project*), die durch solche Projekte die Liberalisierung Osteuropas fördern wollte. Ein wichtiger
Geldgeber für das CEEPP war (u. a.) George Soros bzw. der *Open Society Fund* (vgl. 69). Das CEEPP
finanzierte auch Kertész' Übersetzer-Stipendium 1992 in Wien (vgl. S. 26, Anm. 181). (Ash/Dahren-
dorf et al., *Freedom for Publishing, Publishing for Freedom*, 31, 33, 48, 95)

226 Am Schluss von Camus' Roman *Der Fremde* erwartet der zum Tode verurteilte Mörder Meursault geradezu freudig seine Hinrichtung: „Damit sich alles erfüllte, damit ich mich weniger allein fühlte, brauchte ich nur zu wünschen, dass am Tag meiner Hinrichtung viele Zuschauer dasein würden und dass sie mich mit Schreien des Hasses empfangen." (143) Zu Kertész' Orientierung an diesem Roman beim Schreiben von *Schicksalslosigkeit* siehe oben 130.

227 In einer Notiz von Ende 1998 überlegt Kertész (bereits ernüchtert, aber noch immer mit einer gewissen Hoffnung für sein Land): „Ungarn […] hat in geistiger Hinsicht noch nicht über sich entschieden; […], es hat noch nicht darüber entschieden, ob es wie ein erwachsenes, verantwortliches Land leben oder, […], sich hinter Wahnideen versteckend, dahinvegetieren will. In dem Moment, in dem diese Entscheidung getroffen wird, muss die Entwicklung gemeinsamer Standpunkte in den großen Fragen beginnen, die Ausbildung eines *discours*, das Zustandebringen eines Konsenses, weil allein ein solcher den Rahmen für eine gemeinsame Arbeit schaffen könnte." Vorbildlich hierfür sei etwa, wie in (West-)„Deutschland" nach dem Krieg mit dem „Trauma" der Nazizeit umgegangen wurde. (B, 189f) 1999 bemerkt er in Hinsicht auf sich selbst, die neue Situation verbiete ihm, sich weiterhin auf bequeme Weise abzusondern: „(Im übrigen sage ich, dass sich mit der Veränderung der Situation auch die Authentizität der Abgesondertheit verändert; es geht einfach darum, dass in der heutigen Situation trotz allem eine Verantwortung – eine gemeinschaftliche Verantwortung – besteht, was in der Situation der achtziger Jahre eine falsche Interpretation gewesen wäre, insofern war die Abgesondertheit zu Zeiten der völligen politischen und gesellschaftlichen Ohnmacht authentisch, und daher ist diese Authentizität heute, da wir zumindest unsere Stimme erheben können, zweifelhaft.)" (B, 202f)

228 Ein konkretes Beispiel dafür, dass Kertész auf der ihm bekannten Position eines Außenseiters oder Ausgestoßenen beharrte, ist seine Vorstellungsrede auf der Frühjahrstagung der Deutschen Akademie für Sprache und Dichtung (Budapest, 1998), deren Mitglied er seit 1997 war. In ihr bezeichnet er sein Werk als eine gleichsam gesetzeswidrige „Schmuggelware"*, die er „von einer Sprache in die andere, oder durch die ideologischen und realen Panzerfallen von Diktatoren [*sic, Diktaturen?*] hindurch, ins Freie" gebracht habe, und er betont, diesen Status der Illegalität wolle er nun auch als anerkannter Autor bewahren: „Die Deutsche Akademie für Sprache und Dichtung nämlich hat, indem sie mich zu ihrem korrespondierenden Mitglied wählte, der Schmuggelware den Stempel der Legalität aufgedrückt – einem Werk, das doch gerade aus der unvergleichlichen Intimität des Erlebens von Illegalität[°] hervorgegangen ist. Dennoch habe ich nicht das Gefühl, in Rollenirritation gekommen zu sein. Im Gegenteil, die Mitgliedschaft in der Akademie verpflichtet mich meiner Auffassung nach, noch entschiedener auf meiner alten Lebensansicht zu beharren." (*Jahrbuch 1998*, 55)

     * Etwa nach Ossip Mandelstam, der in seiner Rezension *Jack London. »Gesammelte Werke«* (1913) die These aufstellt, „dass echte Kunst, wenn sie je Erfolgt gehabt hat, als Schmuggelware in die Köpfe der Leute gelangt ist, unter der Flagge ganz anderer Motive." (*Essays 1*, 40)

     ° Vgl. die Notiz von 1964 (oben 58) und die Bemerkung zur »Illegalität des normalen Lebens« im Vorwort des Essaybands von 1999 bzw. 2003/2004 (oben 128). Sehr ähnlich hat übrigens auch Beuys in der Performance [*John*] *Dillinger* (1974) die Verwandtschaft des Künstlers mit dem Verbrecher thematisiert.

229 Montaigne, *Essais 1*, An den Leser, 5. Kertész bezieht sich hierauf schon einmal 1984 im Tagebuch: „Pascal über Montaigne: »Wie töricht sein Plan, sich selbst darzustellen!«[*] – Es reizt mich, dies als Motto für »Das Fiasko« zu verwenden." (GT, 176)

     * Pascal: „Wie dumm ist sein Plan, sich selbst abzumalen, und das nicht nur so nebenbei […]. Denn Dummheiten zu sagen aus Zufall und aus Schwäche ist ein allgemeines Übel; sie aber vorsätzlich zu sagen, das ist unerträglich, und solche zu sagen wie diese…" (*Pensées…*, 43 [Nr. 18, nach Strowski]).

230 Heidelberger-Leonard konnte Kertész für ihre Biografie persönlich sprechen. Dabei hätte sie ihn über diesen Punkt, auf den er selbst in *Ich – ein anderer* anspielt, *befragen* sollen, anstatt ihn schamhaft zu kaschieren: „Es schien, als könne er [*Kertész, nach dem Tod Albinas im Oktober 1995*] keinen Trost

finden: [...] Nur langsam erholte er sich von diesem Zusammenbruch.[/] Sein neues Leben baut Imre Kertész [*eigentlich wohl schon seit ca. 1992**] mit der aus Ungarn stammenden Amerikanerin Magda Mária Ambrus-Sass auf. Im zweiten Tagebuch-Roman, [... »Ich – ein anderer«], schreibt er von »M.s Fähigkeit, glücklich zu machen« [*und zwar bereits zur Romanzeit 1994**]. Die Vermählung fand am 14. April 1996 in Budapest statt, der Jugendfreund István Kállai war Trauzeuge." (*Imre Kertész*, 32f; * siehe die Zitate aus *Ich – ein anderer*, oben 204) Eine Notiz Kertész' von 1995 belegt auch, dass Albina von Magda wusste (siehe 204). Freilich wurde sie erst 2016 veröffentlicht, also nach der Biografie. Dennoch hat Heidelberger-Leonard ersichtlich wider besseres Wissen ein falsches, reduziertes Bild von Kertész entworfen, und mit Kertész / Gombrowicz könnte man bemerken: »»Ist euch das Gefühl bekannt, in jemandem klein zu werden?« (Gombrowicz, *Ferdydurke*, 1. Kapitel [*12f*])" (IA, 52, Romanzeit 1993)

231 Pessoa, *Das Buch der Unruhe des Hilfsbuchhalters Bernardo Soares*, 324 (Nr. 334)

232 Pessoa schreibt am 30.10.1935 in einem (unabgeschlossenen) Brief an Adolfo Casais Monteiro von der Zeitschrift PRESENÇA, dass er unter den aktuellen Bedingungen in Portugal nicht mehr veröffentlichen will*: „Es ist jedoch etwas geschehen – und zwar vor fünf Minuten geschehen –, was mich in einer bis dahin unsicheren Entscheidung bestärkt und mich hindert, der »Presença« oder irgendeiner anderen Publikation dieses Landes Beiträge zukommen zu lassen oder irgendein Buch zu publizieren.[/] Seit der Rede, die [*der Ministerpräsident*] Salazar am 21. Februar dieses Jahres bei der Verteilung von Preisen im Nationalen Propaganda-Sekretariat gehalten hat, wussten wir, wir alle, die wir schreiben, dass die einschränkende Regel der Zensur »man darf nicht dies oder jenes sagen« durch die sowjetische Machtregel ersetzt worden ist: »man soll dieses oder jenes sagen.« In deutlicheren Worten: alles, was wir schreiben, darf nicht allein nicht den (mir ihrer Natur nach unbekannten) Prinzipien des »Neuen Staates« (Estada Novo) zuwiderlaufen, sondern es muss den Direktiven untergeordnet sein, die die geistigen Orientatoren des besagten »Neuen Staates« vorzeichnen." (*Dokumente...*, 172) Schon 1934 erklärt er in einer Notiz: „Ich publiziere nicht, weil ich nicht möchte: ich publiziere nicht, weil ich nicht kann. Man betrachte diese Worte nicht als gegen die Zensur-Kommission gerichtet; [... ./] Nun kann aber die Mehrheit der Dinge, die ich schreiben könnte, nicht von der Zensur genehmigt werden. Ich kann möglicherweise nicht den Impuls unterdrücken, sie zu schreiben: ich beherrsche jedoch mit Leichtigkeit, weil ich ihn nicht habe, den Drang, sie zu publizieren und werde die Zensoren auch nicht mit einer Materie belästigen, deren Publikation sie zwangsläufig verbieten müssten." (*Dokumente...*, 32)
* Pessoa starb am 30.11.1935. Er hinterließ eine Truhe voller unveröffentlichter Manuskripte.

233 IA, 12. Unmittelbar daneben steht auch die Formel „»Ich ist ein anderer.« (Rimbaud [*Seher-Briefe*])", die Kertész ebenfalls im Motto zitiert.

234 Vgl. Schopenhauer: „Ich stand vor einer, von rücksichtslosem Fuß getretenen Lücke im reifenden Kornfeld. Da sah ich zwischen den zahllosen, einander ganz gleichen, schnurgeraden, die volle schwere Ähre tragenden Halmen eine Mannigfaltigkeit blauer, roter und violetter Blumen, die, in ihrer Natürlichkeit, mit ihrem Blätterwerk, gar schön anzuseh[e]n waren. Aber, dachte ich, sie sind unnütz, unfruchtbar und eigentlich bloßes Unkraut, das hier nur geduldet wird, weil man es nicht los werden kann. Dennoch sind sie es allein, die diesem Anblick Schönheit und Reiz verleih[e]n. So ist denn, in jeder Hinsicht, ihre Rolle die selbe, welche die Poesie und die schönen Künste im ernsten, nützlichen und fruchtbringenden bürgerlichen Leben spielen; daher sie als Sinnbild dieser betrachtet werden können." (*Parerga und Paralipomena 2*, XXXI - *Gleichnisse, Parabeln und Fabeln*, § 330a, *Werke 5*, 712)

235 Im Tagebuch notiert Kertész schon 1974 (nachdem Magvető *Schicksalslosigkeit* zurückgewiesen hatte und er als Autor in eine Art Wartezustand versetzt war; vgl. S. 23, Anm. 147): „Was kann ich überhaupt tun? An »Literatur«, an Fiktion glaube ich immer weniger. [...] Was bleibt? Vielleicht das Beispiel (die Existenz)[*]: mehr als Kunst und zugleich weniger. Das Verlangen, *Zeugnis abzulegen*[°], wächst dennoch, als sei ich der letzte, der noch lebt und reden kann, und ich richte meine Worte gleichsam an jene, die die Sintflut, den Schwefelregen oder die Eiszeit überleben[†] – biblische

Zeiten, große, schwere Kataklysmen, Zeiten des Verstummens. An die Stelle des Menschen tritt die Gattung, der Einzelne wird vom Kollektiv niedergetrampelt wie von einer entsetzt fliehenden wilden Elefantenherde." (GT, 35f) Des Weiteren erklärt er dort 1988 (als er gerade intensiv an *Kaddisch...* arbeitete; vgl. 156): „Die Kunst vermittelt Erleben, das Erleben der Welt und dessen ethische Konsequenzen. Kunst vermittelt der Existenz die Existenz. Um Künstler zu sein, müssen wir uns innerlich eine Existenz anverwandeln, ebenso wie derjenige, der das Kunstwerk rezipiert, sich innerlich eine Existenz anverwandeln muss. Mit weniger dürfen wir uns nicht zufriedengeben; und wenn dieser Ritus[‡] irgendeine Bedeutung hat, ist diese Bedeutung allein hier zu suchen." (GT, 239)

* Entsprechend fordert Nietzsche in *Schopenhauer als Erzieher* von den „Philosophen", ein „Beispiel zu geben" „durch das sichtbare Leben und nicht bloß durch Bücher". So könnten sie „ganze Völker nach sich ziehen". Namentlich Schopenhauer sei in dieser Hinsicht vorbildlich gewesen: „Kant hielt an der Universität fest, unterwarf sich den Regierungen, blieb in dem Scheine eines religiösen Glaubens, ertrug es unter Kollegen und Studenten: so ist es denn natürlich, dass sein Beispiel vor allem Universitätsprofessoren und Professorenphilosophie erzeugte. Schopenhauer macht mit den gelehrten Kasten wenig Umstände, separiert sich, erstrebt Unabhängigkeit von Staat und Gesellschaft – dies ist sein Beispiel, sein Vorbild – um hier vom Äußerlichsten auszugehen." Mehr noch als in der Philosophie habe eine solche Befreiung aber in der Kunst stattgefunden, wie vor allem im Fall Richard Wagners: „Unsre Künstler leben kühner und ehrlicher; und das mächtigste Beispiel, welches wir vor uns sehn, das Richard Wagners, zeigt, wie der Genius sich nicht fürchten darf, in den feindseligsten Widerspruch mit den bestehenden Formen und Ordnungen zu treten, wenn er die höhere Ordnung und Wahrheit, die in ihm lebt, ans Licht herausheben will." (*Werke 1*, 298f)

° Márai erklärt in *Bekenntnisse eines Bürgers* (1934), „wer heute schreibt", wolle, angesichts der Herrschaft der „Massen", „nur Zeugnis ablegen für eine spätere Zeit – Zeugnis, dass das Jahrhundert, in dem wir geboren sind, einst den Triumph des Verstandes proklamiere". (419) In *Land, Land* (»Föld, föld!...« [nach Nietzsche: „... Land! Land! ... Jetzt endlich zeigt sich hier die Küste: wie sie auch sei, an ihr muss gelandet werden"; *Vom Nutzen und Nachteil der Historie...*, *Werke 1*, 276], 1972) nennt er ferner Texte „»Literatur«", deren Autor mit seiner Aufrichtigkeit „kokettiert" und „mehr sagt als die Fakten". (114)

† Damit bezieht Kertész sich auf Adornos Essay *Strawinsky. Ein dialektisches Bild* (1962), aus dem er zuvor folgende markierte Worte zitiert: „Die Frage, was aus dem Subjekt im Zeitalter seiner vollendeten Ohnmacht und Regression wird, ist nicht nur reaktionär sondern eine nach dem metaphysischen Existenzminimum, als wollten die künstlerischen Verhaltensweisen reale einüben, die dem beschädigten Leben in der hereinbrechenden Eiszeit zu überwintern gestatten." (Adorno, *Schriften 16*, 407; unterstrichene Passage in GT, 34) Der Essay ist in dem ungarischen Sammelband mit musikalischen Schriften Adornos von 1970 enthalten, den Kertész offenbar besaß (siehe oben 90).

‡ Hier referiert Kertész vielleicht auf Huizinga, *Renaissance und Realismus* (1929): „Die große Kunst bleibt immer die Kunst mit einer Bestimmung und einem Sinn, die ihre Ausdrucksform binden und bestimmen. Sie wurzelt in Kultus oder Liturgie und ist deshalb monumental oder hieratisch. Diese an einen Lebensstil gebundene Kunst ist immer wieder gezwungen, den Realismus zu überwinden. Erst wo ein großer Teil der Kunst jeden Zusammenhang mit dem Kultus verliert oder zu verlieren scheint, kann sich der Realismus ungestört als Kunstform entwickeln. Dies ist es, was *nach* der Renaissance geschieht." (*Das Problem der Renaissance. Renaissance und Realismus*, 84f) Tatsächlich lehnte Kertész in diesem Sinne einen äußerlichen „Realismus" ab (Gespräch mit Schmid, 1996; siehe S. 22, Anm. 123), und er bestand auf einem geistigen „Fixpunkt", mit dem sich der „Unstil" in der Kunst vermeiden lasse (Gespräch mit Reif, UNIVERSITAS 12/1996, 1222; ausführlich S. 37, Anm. 281).

236 GT, 272 (17. März 1990)

237 Kant: „Nun sage ich: das Schöne ist das Symbol des Sittlich-Guten; und auch nur in dieser Rücksicht (einer Beziehung, die jedermann natürlich ist, und die auch jedermann andern als Pflicht zumutet)

gefällt es mit einem Anspruche auf jedes andern *Beistimmung*, wobei sich das Gemüt zugleich einer gewissen Veredlung und Erhebung über die bloße Empfänglichkeit einer Lust durch Sinneneindrücke bewusst ist". (*Kritik der Urteilskraft*, B 258)

238 Murdoch, *Against Dryness. A Polemical Sketch*, ENCOUNTER Januar 1961, 20. Diesen Essay der Autorin und Literaturwissenschaftlerin Iris Murdoch (1919–1999) diskutiert Kermode an zentraler Stelle in *Literary Fiction and Reality*. Auf letzteren Text bezieht sich Kertész schon 1983 im Tagebuch (siehe 33), daher ist zu vermuten, er habe irgendwann auch Murdochs Essay gelesen. In *Ich – ein anderer* erwähnt er Murdoch zur Romanzeit 1995 (also: unmittelbar vor Ausbruch ihrer Alzheimer-Krankheit). So habe er sie und ihren Mann John Bayley (1925–2015) in Israel bei einem gemeinsamen Ausflug mit dem Schriftsteller Aharon Appelfeld (1932–2018) getroffen: „[...] wie wir uns auch mit Iris Murdoch und John Bailey [*sic*] befreundeten, diesem wunderbaren alten Paar, das einem Stück von Beckett entsprungen schien. Wir schlenderten zusammen auf der Festung Massada umher; Johnny mit seiner abgetragenen Stoffmütze, [...], neben ihm die hitzegerötete Iris, die nur darauf wartete, dass sie ihr Badekleid aus der Tasche kramen und in irgendein Wasser springen konnte. Wir unterhielten uns über tiefsinnige Dinge, ohne dass wir gegenseitig auch nur ein Wort verstanden." (IA, 113f) Murdochs Essay enthält eine Vielzahl von Reflexionen, die für Kertész insbesondere nach dem Systemwechsel interessant gewesen sein dürften (etwa: zur Rolle der Kunst in einem aufgeklärten, materialistischen Wohlfahrtsstaat; oder: zu einem Verständnis der Personalität, das dem Liberalismus angemessen ist). Zudem lobt sie Autoren wie Camus oder Beckett, die ebenfalls für Kertész wichtig waren.

239 In *Kaddisch...* will der Autor B. seine „Frau" in ihrer „Hingabe" ihm gegenüber „beschränken" (also: die Erwartungen des Publikums abwehren), um seine „Freiheit" zu bewahren. In diesem Zusammenhang erklärt er: „fest steht aber auch, dass ich [...] *schon immer auch ein heimliches Leben hatte und immer das mein wahres Leben war*." (K, 113; analog im parallel geführten Tagebuch, GT, 241, zwischen 17. Juni und 23. November 1988) Diese Formel zitiert Kertész ebenfalls am Schluss der beiden Fassungen von *Letzte Einkehr* als eine Art Fazit seines Lebenswerks. (LE1, *Exit-Tagebuch*, 431; LE2, Kap. *Exit*, 337)

240 Laut Hans Eggers ist das althochdeutsche *wârnissa*/ *wâr* eine Lehnübersetzung von lat. *veritas*/ *verus* (*veritas* = Wahrheit, Wirklichkeit, Naturgemäßheit). Mit Bezug auf den frühmittelhochdeutschen *Gesang von den Wundern Christi* von Ezzo weist Eggers vor allem auf die Bedeutung des Gesetzmäßigen hin. Der Ausdruck „*wâr reda*" bedeute hier keineswegs „»wahre Geschichte«": „Es geht hier überhaupt nicht um das subjektive »Richtig oder Falsch« des Dichters, sondern um den objektiven Gegensatz zwischen der Erdenwelt des bloßen Scheins und jener wahren, ewigen, unwandelbaren Gotteswelt, in die einzugehen dem Menschen erst nach dem Tode des Leibes vergönnt ist." Zum richtigen Verständnis des Textes müsse die Weltsicht des mittelalterlichen Menschen berücksichtigt werden, der zufolge „seine relativ kleine, überschaubare Welt von Gott geschaffen und aufs beste geordnet" ist: „Gottes Wille ist – neben seinem Walten in der Natur – in der Heiligen Schrift der Bibel festgelegt". (*Deutsche Sprachgeschichte 1*, 93, 330, 346f) Und so ist offenbar auch die Formel „*wahres Leben*" gemeint, mit der Kertész namentlich der totalen Historisierung des Menschen im Dialektischen Materialismus widerstreitet (vgl. oben 23). Hierbei vertritt er freilich keinen mittelalterlichen Glauben, sondern eine Anthropologie im Sinne Kants bzw. der Aufklärung. Schon in einer Notiz von 1968, in der er die tendenziöse Einführung zu einer neuen Ausgabe von Kants Ästhetik kritisiert, schreibt er entsprechend: „In einer umfänglichen Einführung zur »Kritik der Urteilskraft« von 1966 [vgl. 99] (die dem Leser im Wesentlichen dringlich von Kant abrät) können wir lesen, dass die Ästhetik, der Sinn für Ästhetik, alles Ästhetische »natürlich (!)[*] keine anthropologisch bedingte Eigenschaft des Menschen ist«. Jawohl: Dem Menschen alles nehmen, was ewig und unabänderlich, was *Gesetz* in ihm ist, um ihn so betrachten zu können, wie man ihn haben will: als ein dem Totalitären ausgeliefertes, substanzloses Wesen, als funktionalen Menschen [*wie ihn bereits Kant verhindern wollte*°]." (GT, 23, 28. Juli 1968) Als das fragliche „*Gesetz*" des Menschen (d. h.: als anthropologische Konstante) erkenne ich die kul-

turelle Evolution. Diesbezüglich hat Kertész sich an Nietzsche und Ortega orientiert, wie aus folgenden Notizen von Ende 1983 hervorgeht (siehe auch Sarin, *Ein Leben als Artikulation*, 10, 21f, 259f): „(Den Kopf nicht in den Sand der ewigen Dinge stecken, sagt Nietzsche.[†]) Man kann den Stoff der Zeit [*heute also in erster Linie: Auschwitz und den europäischen Kulturbruch*] nicht außen vor lassen. Unser Innerstes muss seinen Weg durch den historischen Stoff hindurch zu sich selbst zurücklegen; und es muss auch den Stoff (den Dreck), der an ihr haftenbleibt, mit sich mitschleppen." (GT, 163) „Ortegas Anthropologie. Der Mensch ist »durchaus nicht Sache«, sondern »Drama«, das heißt Ereignis. Die »Aufgabe« des Individuums. Bei Ortega jedoch: Die Aufgabe lässt sich nicht wählen, da die Wahl unvermeidbar ist. Zugleich die Zweifelhaftigkeit der Individualität: Der Tiger ist immer der erste Tiger, sagt er; doch der Mensch ist nie Adam, nie der erste Mensch, denn wir werden in eine Struktur hineingeboren, über die die Vergangenheit herrscht.[‡]" (GT, 165)

* Nach Kant, KrV ist das Natürliche das Vernünftige, Gesetzmäßige, nicht das Gewöhnliche (siehe 21).
° Kant erklärt in *Grundlegung zur Metaphysik der Sitten* (1785): „Der Mensch aber ist keine Sache, mithin nicht etwas, das *bloß* als Mittel gebraucht werden kann, sondern muss […] jederzeit als Zweck an sich selbst betrachtet werden." (Akad. IV, 429) Kertész folgert, „dass der Mensch als Sache keine Chance hat". (GT, 165) Siehe dazu auch Broch, *Der Mensch als Sache* (posth. 1955), *Essays 2*, 222ff.
† Nietzsche, *Also sprach Zarathustra, Von den Hinterweltlern*: „Einen neuen Stolz lehrte mich mein Ich, den lehre ich die Menschen: nicht mehr den Kopf in den Sand der himmlischen Dinge zu stecken, sondern frei ihn zu tragen, einen Erden-Kopf, der der Erde Sinn schafft![/] Einen neuen Willen lehre ich die Menschen: diesen Weg wollen, den blindlings der Mensch gegangen, und gut ihn heißen und nicht mehr von ihm beiseite schleichen, gleich den Kranken und Absterbenden!" (*Werke 2*, 298f)
‡ Ortega, *Geschichte als System*: „Das menschliche Leben ist offensichtlich nicht ein Ding, es hat keine Natur, und infolgedessen muss man sich entschließen, es in Kategorien und Begriffen zu denken, die sich radikal von denen unterscheiden, die uns aus der Erscheinungen der Materie erklären." (*Werke 4*, 354) „Der Mensch ist kein Ding, sondern ein Drama – sein Leben, ein reines, allumfassendes Ereignis, das einem jeden zustößt und bei dem jeder seinerseits nur Ereignis ist. […] Das Existieren selbst wird ihm nicht »fertig« gegeben […] wie dem Stein, […]. Das Leben ist eine Aufgabe." (363f) „Es besteht also kein Anlass, über die Veränderlichkeit alles Menschlichen allzusehr zu jammern. Das ist ja gerade unser ontologisches Privileg. Nur der schreitet fort, der nicht an das gefesselt ist, was er gestern war, […]. Aber […] es genügt nicht, dass er sich befreien kann von dem, was schon ist, […]. Fortschreiten heißt Sein anhäufen, sich an Wirklichkeit bereichern. […] der Tiger von heute […] ist immer noch ein erster Tiger. Aber der einzelne Mensch ist nicht zum erstenmal Menschheit. Er findet sogleich in seiner Umwelt […] eine Art Mensch zu sein […,], die er für seine eigene Entwicklung zum Ausgangspunkt nehmen kann. […] Der Mensch ist nicht ein erster Mensch, ein ewiger Adam, sondern er ist formell ein zweiter Mensch oder ein dritter usw." (376f) Aus *Geschichte als System* zitiert Kertész schon Mitte 1983 nach Kermode, *Literary Fiction and Reality* (siehe 33). Es scheint, als sei er durch Kermode auf Ortegas Essay aufmerksam geworden und habe ihn dann auch im Ganzen gelesen, als er 1983 in dem Sammelband *Két történelmi esszé* [*Zwei historische Essays*] bei Európa, Budapest, erschien.

241 Zum Begriff der »Person« im Sinne der Philosophischen Anthropologie siehe Sarin, *Ein Leben als Artikulation*, 10f, 29, ↑53-↑54. Dieser deckt sich mit der Erklärung von Ball/ Vico, nach der eine Person ein kreatives Individuum ist, das gleichsam außerhalb der Menschheit bzw. des Gegebenen steht (siehe 173).
242 1964 gibt Kertész sich im Tagebuch die Anweisung: „nach einer geschlossenen Form streben, den Inhalt gleichsam hinter eine Glasscheibe stecken, gut sichtbar, aber unantastbar." (GT, 13)
243 Vgl. Mead, *Mind, Self and Society* (1934).
244 LE1, 325 (29. Dezember 2004); fehlt in LE2
245 1979 notiert Kertész im Tagebuch: „Der Mensch lebt in ewiger Aussprache, im ewigen Zeichengeben, einem ewigen Dialog, jede Gebärde ist Ausdruck. Und da er sich unablässig »ausdrückt«, bedarf er

auch des anderen Pols, der das Ausgedrückte empfängt. Äußerste Grenze ist Gott. Die große, fließende Erzählung vom Menschen, in der wir alle unseren Platz suchen. Wir alle leben unter Augen, die uns bewachen. Augen, die uns registrieren. Wird einer nicht registriert, fühlt er sich verlassen [...]. Das ist der Seelenzustand Kains." (GT, 92f) Analog formuliert auch B. in *Kaddisch...*: „wenn wir schreiben, führen wir einen *Dialog*, so las ich irgendwo,[*] solange es noch Gott gab, führten wir wahrscheinlich mit ihm einen *Dialog*, jetzt, da es ihn nicht mehr gibt, führt man höchstwahrscheinlich nur mit den anderen Menschen *Dialoge* oder, im besseren Fall, nur noch mit sich selbst". (K, 28)

* Schopenhauer fordert, dass die Literatur „ein Dialog sein sollte, und zwar einer, in dem man sich um so deutlicher auszudrücken hat, als man die Fragen des anderen nicht vernimmt". (*Parerga und Paralipomena 2*, XXIII - *Über Schriftstellerei und Stil*, § 284, *Werke 5*, 593f) Indes beklagt bereits Ortega in *Tod und Auferstehung* (1917) den Verlust eines solchen fragenden anderen: „Unser Leben ist ein Dialog, bei dem das menschliche Einzelwesen nur der eine von den beiden Sprechern ist: der andere Partner ist die Landschaft, die Umwelt. Ließe sich der eine je ohne den anderen verstehen? [.../...] Manchmal verspüren wir bei unseren Handlungen etwas [...] wie Unruhe und Unbeholfenheit. [...] Wir sind heimatlos geworden, weil wir die Fühlung mit unserer Landschaft verloren haben. [...] Da uns die andere Hälfte unseres Seins genommen ist, spüren wir an der uns verbleibenden den Schmerz der Amputation." (*Werke 1*, 98f) Ähnlich bemerkt auch Camus: „Habe immer geglaubt, das Werk sei ein Dialog. Aber mit wem? Mit unserer literarischen Gesellschaft, [...], wo die Beleidigung die kritische Methode ersetzt? Mit der Gesellschaft schlechthin? Ein Volk, das uns nicht liest, ein Bürgertum, das im Jahr die Zeitung und zwei Bücher liest, die gerade in Mode sind. In Tat und Wahrheit kann ein Schöpfer nur ein einsamer Prophet sein, der von einer maßlosen Schöpfung bewohnt und aufgefressen wird." (*Tagebuch März 1951 – Dezember 1959*, 261, 8. August 1957)

246 Seit Montag, 11.9.1989 war die Grenze offen, bis Dienstag reisten bereits ca. 15.000 DDR-Bürger aus. (Deutsche Botschaft Budapest, *Chronik der Geschichte der Grenzöffnung in Ungarn*, WWW)

247 GT, 264 (September/Oktober 1989)

248 Siehe etwa Fustel de Coulanges, *Der antike Staat* (1864). Zu Nietzsche siehe oben S. 11, Anm. 27.

249 Schopenhauer, *Parerga und Paralipomena 2*, XXVI - *Psychologische Bemerkungen*, § 333, *Werke 5*, 558

250 *Rimbaud an Georges Izambard*, Charleville, Mai 1871, *Seher-Briefe/Lettres du voyant*, 10f

251 Ähnlich Rimbaud spricht auch Sartre in *Das Sein und das Nichts* von einer beobachtenden „Anwesenheit bei sich" (siehe 106). Ebenso besteht eine Verwandtschaft zu Valérys Formulierung in *Notwendigkeit der Dichtkunst*, das „*Nichtseiende*" antwortet in der Poesie dem „*Seienden*" (siehe 28).

252 Nach Victor Hugos Roman *L'Homme qui rit* (1869); vgl. die Erläuterung in Rimbaud, *Seher-Briefe*, 67f.

253 *Rimbaud an Paul Demeny*, Charleville, 15. Mai 1871, *Seher-Briefe/Lettres du voyant*, 20-25, 30f

254 Vgl. auch Kertész' Kommentar zu *Ich, der Henker* (oben 26), ferner seine betreffende Aussage im Gespräch *Ich war ein Holocaust-Clown* mit Iris Radisch (oben 10; ausführlich am Schluss von 105).

255 Kertész im Gespräch mit Alexandre Lacroix, PHILOSOPHIE MAGAZIN 5/2013

256 Gemeint ist der naive Glaube an »den« Menschen, wie ihn schon Nietzsche in *Die Geburt der Tragödie* kritisiert („optimistische[] Verherrlichung des Menschen an sich", „Auffassung des Urmenschen als des von Natur guten und künstlerischen Menschen"; *Werke 1*, 105).

257 Kertész, *Die exilierte Sprache*, ES, 211f. Vgl. auch oben S. 18, Anm. 90.

258 LE1, 66 (6. August 2001); fehlt in LE2

259 Lyotard schreibt in *Der Widerstreit* (1983): „Opfer sein bedeutet, nicht nachweisen zu können, dass man ein Unrecht erlitten hat. Ein Kläger ist jemand, der geschädigt wurde und über Mittel verfügt, es zu beweisen. Er wird zum Opfer, wenn er diese Mittel einbüßt. Er büßt sie ein, wenn sich etwa ein Urheber des Schadens unmittelbar/oder mittelbar als dessen Richter erweist. [...] Wenn er auf diesem Unrecht weiter beharrt, [...], werden ihn die anderen [...] leichthin für verrückt halten." (Kap. *Der Widerstreit*, 25 [Nr. 9]) Lyotard bezieht sich hier auf „[Robert] Faurisson", der die Existenz von Gas-

kammern mit dem Argument in Zweifel zog, dass ihm niemand beweisen könne, sie „mit eigenen Augen" gesehen zu haben. (17, [Nr. 2]) Eben diese Schlussweise parodiert auch Kertész in *Schicksalslosigkeit*. (MS, 207f; RS, 263f) Da der Roman aber 1973 abgeschlossen war und Faurisson erst kurze Zeit später begann, seine Thesen zu verbreiten, spielt Kertész damit wohl auf Paul Rassinier an, der schon in *Le Mensonge d'Ulysse* [*Die Lüge des Odysseus*] (1950) ähnlich argumentiert.

260 In *Dossier K* berichtet das antwortende Alter Ego Kertész' von seiner Arbeit an *Schicksalslosigkeit*: „In Wirklichkeit suchte ich nach jener gewissen dritten Sprache, die nicht meine Sprache, aber auch nicht die der anderen ist, sondern die Sprache, die mein Text erfordert". Er habe feststellen müssen, dass sein „Text um so falscher wurde", je „»unmittelbarer«"* er zu schreiben versuchte. (DK, 176)
 * Vgl. Goethe: „Fehler der Dilettanten: Phantasie und Technik unmittelbar verbinden zu wollen." (*Maximen und Reflexionen*, Nr. 823, *Werke 12*, 481)

261 LE1, 65 (6. August 2001); fehlt in LE2

262 L, 64; analog LE1, 69 (9. August 2001); fehlt in LE2. Anspielung auf Arendt, *Eichmann in Jerusalem. A Report on the Banality of Evil*; im Tagebuch referiert Kertész explizit auf Miłosz, Musil und Nietzsche.

263 Nach János Pilinszky (1921–1981)*, *Die Geschichte meines Engagements* (Vortrag, Konferenz über die schöpferische Imagination, Poigny-La-Forêt, 9.–13.10.1970): „Alles, was hier geschah, ist Skandal, weil es *geschehen konnte*, und ist ausnahmslos heilig, dadurch, dass es *geschah*.[°]" (*Großstadt-Ikonen*, 76) 1998 notiert Kertész dazu außerdem: „Ich muss [… zum *Thema* Auschwitz als Trauma] noch anfügen, dass der sogenannte Papst [*Johannes Paul II / Karol Józef Wojtyła*] gerade jetzt [*und: nicht zum ersten Mal*] (unter dem fadenscheinigen Vorwand der Entschuldigung) die Bemerkung gemacht hat, die Shoah (Auschwitz; die Endlösung) sei nicht die Tat des Christentums – was bedeutet, dass sie sich außerhalb des Christentums ereignet hat.[†] Er hat nicht bemerkt, dass er das Christentum damit zum toten Mythos erklärt. Das Christentum galt mithin von Christi Geburt bis 1933, dann verschwand es und setzte sich von 1945 an fort. Demzufolge gibt es nichts, weswegen die Christen Buße tun müssten. […] damit haben sie sich der lebendigsten Quelle für die Möglichkeit zur Erneuerung beraubt. Ein katholischer Dichter, Pilinszky, wusste das; doch da er auf ungarisch schrieb – in einer verlorenen und unbekannten Sprache –, hat man ihn noch nicht zum Ketzer erklärt." (B, 174f)
 * Kertész kannte Pilinszky persönlich. (Royer, 185-188; LE1, 436, Anm. zu 17. Juni 2001)
 ° Analog formuliert bereits Jung 1945 in *Nach der Katastrophe*: „Mit Schrecken sind wir gewahr geworden, was der Mensch alles kann und was wir daher auch könnten, und seitdem benagt uns ein furchtbarer Zweifel an der Menschheit, in welcher auch wir eingeschlossen sind." (*Werke 10*, 226)
 † In dem Schreiben *We remember: A Reflection on the Shoah* (16.3.1998) der Vatikanischen Kommission für die religiösen Beziehungen zu den Juden heißt es: „The *Shoah* was the work of a thoroughly modern neo-pagan regime. Its anti-Semitism had its roots outside of Christianity and, in pursuing its aims, it did not hesitate to oppose the Church and persecute her members also." (WWW) Ebenso erklärt Wojtyła auch schon 1988, es wäre „ungerecht und unwahr, diese unsäglichen Verbrechen dem Christentum anzulasten." (*Ansprache an die Vertreter der jüdischen Gemeinde*, Wien, 24.6.1988, WWW)

264 GT, 185 (Juni 1984); analog in der Nobelpreisrede »*Heureka!*« von 2002, ES, 252

265 Peirce schreibt in *Phänomen und Logik der Zeichen* (*Syllabus of Certain Topics of Logic*, 1903): „*Abduktion* ist jene Art von Argument, die von einer *überraschenden Erfahrung* ausgeht, das heißt von einer Erfahrung, die einer aktiven oder passiven Überzeugung zuwiderläuft. Dies geschieht in Form eines Wahrnehmungsurteils oder einer Proposition, die sich auf ein solches Urteil bezieht, und eine neue Form von Überzeugung wird notwendig, um die Erfahrung zu verallgemeinern." (IV - *Spekulative Grammatik*, 95) „*Abduktion* ist eine Methode, eine allgemeine Voraussage zu bilden, ohne irgendeine positive Sicherheit dafür, dass sie entweder in einem Spezialfall oder insgesamt erfolgreich sein wird; sie ist deshalb berechtigt, weil auf ihr die einzig mögliche Hoffnung beruht, unser zukünftiges Verhalten rational zu steuern". (VI - *Nomenklatur und Unterteilung der Triadischen Relationen*, 136)

266 Kertész, *Wer jetzt kein Haus hat* (*Rede über das eigene Land*, München, 1996), EGS, 125f; ES, 145f

267 Kertész: „Auschwitz *musste durchlebt werden*, [...]. Natürlich kann man nicht erwarten, dass der im historischen Geist erzogene und im modernen Chaos lebende Mensch mich versteht." (B, 89f, 1995)

268 Mit Ludwig Curtius kann unter „Humanismus" die Tradierung der europäischen Kultur durch die jeweils herrschende Schicht verstanden werden. In *Die antike Kunst in der modernen Welt* (Festschrift für Karl Jaspers, 1953) schreibt Curtius hierüber: „Diese [*kulturbestimmende, aristokratische*] Gesellschaft empfing in jeder Epoche ihren Bildungsbesitz von der vorausgehenden und gab ihn, schöpferisch ihn verwandelnd, in einer nicht abgerissenen Tradition an die folgende weiter. Diesen Bildungsbesitz kann man, [...], als europäischen Humanismus bezeichnen. In ihm dominiert innerhalb der christlichen Weltanschauung die antike Literatur als Grundlage der Erziehung. [.../] Diese humanistisch erzogene Aristokratie nun ist zuerst durch die Französische Revolution erschüttert, durch die politisch-soziale Entwicklung des 19. Jahrhunderts immer mehr geschwächt und schließlich als Folge der beiden letzten Weltkriege gänzlich aufgelöst worden. An ihre Stelle ist keine neue getreten. Diese völlig neue Situation erhält aber dadurch noch ein besonderes Gepräge, dass durch die von der modernen Technik hervorgerufene Bevölkerungsvermehrung die Masse als politischer Faktor auftritt mit dem Anspruch auf ihren Anteil an dem allgemeinen Kulturgut. Zugleich fallen in diese Zeit die großen Fortschritte der Naturwissenschaften und der von diesen getragenen Technik. Aber diese bilden als solche keinen Widerspruch gegen den Humanismus. [...] Sondern das Wesentliche ist dies, dass seit der Erschütterung der bis dahin führenden Aristokratie die das Kulturleben ordnende Instanz fehlt." (*Torso*, 46f) Diese Tradition, die im 20. Jh. abbrach, hat Kertész als geistiger Exilant individuell fortgeführt. Damit ist der Humanismus nicht als herrschende Kultur restituiert, es erschiene allerdings irreführend, Kertész mit Alexander Fest als „anti-goethisch, anti-humanistisch" zu charakterisieren. (*Kleine Rede auf Imre Kertész*, SINN UND FORM 1/2010, 139)* Vielmehr nahm Kertész sich Goethes „unzeitgemäße[] Genialität" zum Vorbild (siehe das Zitat aus dem *Galeerentagebuch*, oben 128).

  * Fest bezog sich vermutlich auf *Der Spurensucher*; vgl. hier das betreffende Kapitel (S. 67ff).

269 Kertész im Gespräch *Das Geheimnis der Diktatur* mit Speicher, BERLINER ZEITUNG, 6.11.2004

270 Kertész, »*Heureka!*«, ES, 251

271 Kertész referiert hier etwa auf Wittgensteins *Vermischte Bemerkungen* (die er 1992 übersetzte; vgl. 53 und 181): „Die Kultur ist gleichsam eine große Organisation, die jedem, der zu ihr gehört, seinen Platz anweist, an dem er im Geist des Ganzen arbeiten kann, und seine Kraft kann mit großem Recht an seinem Erfolg im Sinne des Ganzen gemessen werden. Zur Zeit der Unkultur aber zersplittern sich die Kräfte und die Kraft des Einzelnen wird durch entgegengesetzte Kräfte und Reibungswiderstände verbraucht, [...]." (*Werke 8*, 458) In einem Brief an Haldimann vom 14.9.1997 schreibt er entsprechend: „Es hat mich tief getroffen, was Sie über die derzeitige Stimmung in der Schweiz schreiben, nämlich dass der Antisemitismus im westlichen Kulturkreis nicht auszurotten ist; manchmal habe ich das Gefühl, als sei er geradezu einer der Motoren des ganzen Getriebes, das diese verdorbene und kranke »Kultur« – Unkultur* [* im Original deutsch], wie Wittgenstein sagt – treibt und treibt, wer weiß wohin." (*Briefe...*, 96) Ähnlich Wittgenstein spricht auch Broch in *Hofmannsthal und seine Zeit* von einem kulturellen „Vakuum" und dem korrespondierenden „Un-Stil" in den Künsten. (Kap. 1 - *Die Kunst und ihr Un-Stil am Endes des 19. Jahrhunderts*, Essays 1, 45, 70f) Auf diesen Essay bezieht sich Kertész explizit im Gespräch mit Adelbert Reif. (UNIVERSITAS 12/1996, 1221; vgl. oben 221).

272 Kertész im Gespräch *Wichtig ist die Öffentlichkeit* mit Sebastian Hefti und Wolfgang Heuer, 22.2.2001, in Ganzfried, ... *alias Wilkomirski*, 213f

273 *Rimbaud an Paul Demeny*, Charleville, 15. Mai 1871: „Des fonctionnaires, des écrivains: auteur, créateur, poète, cet homme n'a jamais existé!" (*Seher-Briefe/ Lettres du voyant*, 22f)

274 In Ungarn wurde *Ich – ein anderer* ausgesprochen schlecht aufgenommen. Im Tagebuch notiert Kertész dazu: „Wären meine sogenannten Kritiker nicht von Hass verblendet, könnten sie bemerken, dass ich in

Ich – ein anderer einen besonders flexiblen, glücklichen Charakter zeige, der über alle Greuel der Existenz triumphiert". (B, 159, 1997) „Folgt man den ungarischen Kritiken, […], so ist meine schriftstellerische Laufbahn seit dem *Roman eines Schicksallosen* eine fortlaufende Katastrophe, ein Niedergang, […]. Vor allem die Essays und *Ich – ein anderer* werden bemängelt". (LE1, 239, 13. Dezember 2003) Ebenso schreibt er in *Dossier K*: „Du publizierst Artikel und Tagebuchaufzeichnungen, in denen von politischer Deformation, von neuem Antisemitismus, von historischer Amnesie und ähnlichem die Rede ist; dann publizierst du 1997 dein Buch *Ich – ein anderer, das in Kritikerkreisen allgemein auf Missfallen stößt…[/]* Man verwies mich der Nation, so wie man einen rückfällig gewordenen Störenfried von der Penne wirft…" (DK, 229) Sein eigenes Urteil (anlässlich der ungarischen Neuauflage von 2002) lautet: „Die Korrekturen zur ungarischen Neuauflage von *Ich – ein anderer* abschließend, erstaunt mich die Originalität und, ich sage es ohne falsche Scham: Größe des Buches. Ich finde da für viele Dinge endgültige Formulierungen. Und ermesse angstvoll den seither erfolgten physischen und geistigen Niedergang. […] Daneben ergreift mich ein tiefes Bedauern, dass niemand dieses Buch gelesen hat bzw. liest bzw. lesen wird. Weil es auf Ungarisch geschrieben ist und in diesem Land kein Publikum findet und weil die Übersetzungen die Kraft der Formulierungen kaum wiedergeben[*]; doch selbst wenn sie sie wiedergäben, läsen die Leute so etwas nicht in Übersetzungen." (LE1, 145f, 29. August 2002) Die deutschen Kritiken fielen dennoch positiv aus (siehe insbesondere Breitenstein, *Arbeit am Grab*, NZZ, 26.3.1998). Alexander Fest bezeichnete in seiner Rede zu Kertész' 75. Geburtstag den Roman sogar als ein „außergewöhnliches Zeugnis": „plötzlich ist da in einigen Passagen ein neuer Ton. Vielleicht kann man auch sagen: eine Aufhebung innerer Grenzen, eine Erweiterung der Perspektive." (*Die Stimme*, SINN UND FORM 1/2005, 126) Ebenso hebt Durs Grünbein in seinem Nachruf auf Kertész *Ich – ein anderer* besonders hervor: „Jungen Menschen empfehle ich zu beginnen mit »Ich – ein anderer«." (*Leb wohl, Imre Kertész*, FAZ, 2.4.2016) Insgesamt ist das Medienecho auf *Ich – ein anderer* jedoch in keiner Weise vergleichbar mit dem auf *Schicksalslosigkeit*. Etwa listet complete-review.com für *Ich – ein anderer* (*Valaki más*) nur 3, ausschließlich deutschsprachige, Rezensionen auf, für *Schicksalslosigkeit* (*Fatelessness*) dagegen international 17. (WWW, Stand: 16.07.2019; siehe Literaturverzeichnis, *Bibliografien*)
* In einem Brief an Haldimann von Dezember 1997 lobt Kertész aber die deutsche Übersetzung von Ilma Rakusa: „wunderbar" (siehe *Primärliteratur*, k).

275 Kertész in *Die Unvergänglichkeit der Lager* (Budapest, 1990) und *Lange, dunkle Schatten* (Budapest, 1991). (EGS, 44f, 89; ES, 45, 57) Zur Tabuisierung des Holocaust in Osteuropa siehe auch oben 128.

276 Kertész antwortet im Interview *Was der Mensch erlebt, das ist die Welt* von Franziska Augstein auf ihre Feststellung, in den „neunziger Jahren" sei er „aus antisemitischen Gründen in Ungarn befehdet" worden: „Die gleichen Leute haben noch heute das Sagen. Dieselben Leute, die auch in den Zeiten von János Kádár schon am Ruder waren. Es ist sehr traurig, was in Ungarn passiert. Die Intellektuellen passen sich an, aber sie wissen noch nicht an wen. Das ist eine Situation, die ich in Diktaturen mehrmals erlebt habe. Und Ungarns Umgang mit seiner Geschichte ist vollkommen verlogen." (SZ, 9.11.2009)

277 In *Dossier K* spricht das antwortende Alter Ego Kertész' von „neokonformistischen, literaturwissenschaftliches Kauderwelsch plappernden[*] Aufsteigern an den akademischen Lehrstühlen" im Nachwende-Ungarn°. Da diese sich nicht mit der „Vergangenheit" auseinandersetzen wollten, lehnten sie insbesondere seine „Essays" ab, und natürlich auch seine Person: „Ich selbst gefalle ihnen noch weniger." (DK, 230f)
* Etwa nach O. Mandelstams Parodie des konformistischen Literaten in *Vierte Prosa* (1929/1930): „Er spricht französisch, wenn sein Herr Franzose ist, wird er jedoch nach Persien verkauft, sagt er auf persisch: »Plapperchen – Dummkopf« oder »Plapperchen will Zucker«." (*Das Rauschen der Zeit*, 266)
° Von den ungarischen Publikationen über sein Werk sei einzig „Sára Molnárs Buch" *Ugyanegy téma variációi* [*Variationen eines Themas*] (Koinónia, Kolozsvár [Klausenburg], 2005) diesem angemessen. (LE1, 348f, 27. Juli 2005; fehlt in LE2; vgl. auch DK, 177f, Anm.) Das Buch liegt nicht auf Deutsch vor.

278 Barthes polemisiert in *The Death of the Author* (1967)* gegen die angeblich illegitime Methode, einen Text in Bezug auf die persönlichen Motive oder die Biografie seines Autors zu deuten: „the image of literature to be found in contemporary culture is tyrannically centered on the author, his person, his history, his tastes, his passions". Überhaupt solle als Urheber keine Person, sondern die Sprache selbst angenommen werden. Ein Text sei kein Ausdruck eines Autors („expression"), sondern eine von ihm im Dienste der Sprache hinterlassene Spur („inscription"). Tatsächlich berichtet Kertész von hiermit übereinstimmenden Erfahrungen, wie z. B. bei der Fertigstellung von *Fiasko*: „Am Ende war es, als schriebe sich der Roman vollkommen von selbst" (siehe 154). Jedoch muss die gesamte Arbeit, die er zuvor auf den Text verwandt hat, ihm zugerechnet werden, desgleichen die persönliche Erfahrung, die ihn zum Schreiben speziell dieses Romans befähigte (vgl. Steinig in *Fiasko*: „Ich kann nur den für mich einzig möglichen Roman [*äquivalent »Schicksalslosigkeit«*] schreiben"; F, 439). Es zeugte also von einer erheblichen Realitätsferne, würde man mit Barthes die Tätigkeit des Autors auf den Akt des Schreibens reduzieren und damit seine vorherige Existenz leugnen, nur weil diese dem Leser verborgen bleibt („linguistically, the author is never anything more than the man who writes"). Dennoch traf Barthes' Essay im akademischen Raum auf große Resonanz. Anscheinend bestand ein allgemeines Bedürfnis, sozusagen die Erfahrung des Autors aufzuheben, um Platz für eine empirisch ungebundene Literaturkritik zu schaffen. Dieser Platz wurde namentlich von der postmodernen Bewegung eingenommen, die Barthes' Paradigma weiter kultivierte. Für ihre Vertreter waren Texte weniger ein Anlass zur kritischen Deutung als zur eigenen freien Produktion. Selbstverständlich hätte die Intention eines Autors dabei nur gestört. Ganz ähnlich sah sich aber auch Kertész in der Kádár-Gesellschaft mit einem ideologischen Konsens konfrontiert, nach dessen Logik seine individuelle Erfahrung nicht vorgesehen war. Entsprechend stößt schon Köves in *Schicksalslosigkeit* auf eine unüberwindliche Abwehr, als er den Daheimgebliebenen von seinen Erlebnissen im Lager berichtet und ihnen seine Schlüsse vorträgt: „Doch freilich, ich merkte, sie wollten gar nichts einsehen". (RS, 285; analog MS, 225) Ebenso erinnert sich in *Fiasko* der Alte daran, dass der für seinen ersten Roman (*Schicksalslosigkeit*) zuständige Lektor, den er als „Berufhumanisten" charakterisiert, seinen „Erfahrungen die Geltung absprechen" wollte und im Grunde nach seiner „Vernichtung" trachtete. (F, 50) Dasselbe thematisiert Kertész schließlich auch in dem 2003 erschienenen Roman *Liquidation* anhand der Figur eines »toten Autors«°. So hinterlässt dort der Selbstmörder B./Bé ein Theaterstück (also: einen für das Publikum oder die Nachwelt bestimmten Text), dessen „Existenzbasis" ein verbranntes Roman-Manuskript (äquivalent dem Leben bzw. der biografischen Erinnerung des Autors) ist. Durch eine „Notiz" Bés erfährt der Lektor Keserű immerhin, dass es diesen Roman einmal gegeben hat. (L, 76f, 114, 138; vgl. unten 707) Hiermit will Kertész offenbar den Leser oder Kritiker mahnen, seine Urheberschaft auch in seiner Abwesenheit in Rechnung zu stellen. Dass eine solche Literatur denkbar wäre, die auf der vorgängigen Existenz eines Autors beruht, gibt Barthes zwar durchaus zu. Er lässt sie aber als unzeitgemäß erscheinen und preist stattdessen den Autoren (respektive: Schreibern) genau die Arbeitsweise als modern an, die zu seiner Theorie passt. Dabei ist seine Erklärung, dass Schrift erst mit der Rezeption zu existieren beginnt und die Instanz des Autors notwendig derjenigen des Lesers zum Opfer fällt, ersichtlich nur ein normatives Diktat und keine theoretische Erkenntnis: „The Author, when we believe in him, is always conceived as the past of his own book: [...]. Quite the contrary, the modern writer (scriptor) is born simultaneously with his text; he is in no way supplied with a being which precedes or transcends his writing, [†] [.../...] the true locus of writing is reading. [...]: the birth of the reader must be ransomed by the death of the Author." Überdies legt er dem Leser dieselbe Wesenlosigkeit nahe wie schon dem Autor: „the reader is a man without history, without biography, without psychology; he is only that someone who holds gathered into a single field all the paths of which the text is constituted." Somit zielt er nicht, wie von ihm suggeriert, auf die Emanzipation des Lesers oder Kritikers von der überbewerteten Autor-Persönlichkeit, sondern auf die Diskreditierung einer pragmatisch interpretierenden Lektüre, bei welcher

der symbolische Ausdruck eines Autors von einem Interpreten in Bezug auf ein (nominell) gemeinsames Objekt kritisch beantwortet wird. Dieser traditionelle Zeichengebrauch (den Peirce bekanntlich als dreistellige Relation zwischen *Symbol, Objekt* und *Interpretant* beschrieben hat; siehe *Syllabus…*) impliziert aber einen Bezug zur empirischen Welt, welcher der Maßstab jeder rationalen Argumentation ist. Barthes schließt hingegen eine die Schrift transzendierende Empirie per Definition aus. Er lässt nur rein intertextuelle Relationen (zwischen *Symbol* und *Interpretant*) gelten, womit er eigentlich fordert, dass die Literatur ihre lebenspraktische Relevanz verliert. (Nebenbei gerät durch seinen neuen Ansatz auch die Sterblichkeit des Autors aus dem Blick, was ihn vielleicht ebenfalls attraktiv machte.) Insgesamt ist Barthes' Essay also eine Apologie der Wesenlosigkeit bzw. der Nichtexistenz und des damit verbundenen (akademischen oder auch politisch-ideologischen) Unernstes‡. Konträr hierzu schreibt Kertész 1988 im Tagebuch, er verlange vom Autor wie vom Leser, sich „innerlich eine Existenz an[zu]verwandeln" (siehe 235). Spätere Notizen handeln ferner von der Möglichkeit universell gültiger Werke, die ein Leser objektiv als solche erkennen und beurteilen kann: „Die großen Werke kennen wir von alters her, aus unseren Träumen gewissermaßen vor unserem Leben, vor unserer Geburt; und wenn wir sie zum ersten Mal sehen – hören – lesen, ist es nur ein *Wiedererkennen* [*nach Platons Konzept der Anamnese*; vgl. *Phaidon*, Kap. 18-22, 72 e 3 ff]: Ja, das ist es." (B, 67, 1994) „Warum glaubt man, der Autor wüsste mehr über seine Figuren als der Leser oder der Schauspieler? Denn sie lesen oder sagen lediglich einen Text auf, der Autor wiederum schreibt lediglich den Text: Alles in allem ist das der Unterschied." (B, 96, 1995) Die Figuren seiner Erzählungen und Romane verstand Kertész demnach als vermittelnde Formen (oder: Symbole), die auf seiner eigenen Lebenserfahrung beruhen und die in ihren wesentlichen Aspekten einer empirischen Prüfung durch den Interpreten unterliegen.

* Originaltitel: *La mort de l'auteur*, zitiert nach der engl. Erstveröffentlichung in ASPEN 5+6/1967

° Kertész' Motiv des »toten Autors«, der durch seinen Suizid gleichsam der Ermordung durch die Kritik zuvorkommt, hat eine auffällige Parallele, und vielleicht auch ein konkretes Vorbild, in R. W. Fassbinders Film *Satansbraten* (1976). Am Ende dieses Films wird der Autor Walter Kranz von seinem debilen Bruder Ernst mit Theatermunition »erschossen«, wobei Ernst als Karikatur eines Kritikers zu erkennen ist (er sammelt tote Fliegen = Gedichte bzw. Dichter; Ernst: „schöne Fliegen"; Walter: „gewöhnlich versucht er, seine Fliegen zu ficken"). Zuvor stirbt Walters Frau Luise, die offenbar das bürgerliche Publikum repräsentiert (wie die Frau des Erzählers bei Kertész; vgl. 210). Zu Beginn »erschießt« Walter (ebenfalls zum Schein) seine Geliebte Irmgard von Witzleben, die für ein aristokratisches Publikum steht (Luise: „diese adlige Fotze"). Irmgard und Walter erleben schließlich eine Auferstehung. Gleich Kertész bezieht sich Fassbinder damit wohl auf Broch bzw. Hofmannsthal (vgl. 221). Kertész' Figur des toten Autors ist ferner eine Reminiszenz an Beckett, *Malone stirbt* (1951), wie ich in den Kapiteln zu *Ich – ein anderer* und *Liquidation* zeige.

† Vgl. aber Schopenhauer: „Wiederum kann man sagen, es gebe dreierlei Autoren: erstlich solche, welche schreiben, ohne zu denken. Sie schreiben aus dem Gedächtnis, aus Reminiszenzen, oder gar unmittelbar aus fremden Büchern. Diese Klasse ist die zahlreichste. – Zweitens solche, die während des Schreibens denken. Sie denken, um zu schreiben. Sind sehr häufig. – Drittens solche, die gedacht haben, ehe sie ans Schreiben gingen. Sie schreiben bloß, weil sie gedacht haben. Sind selten." (*Parerga und Paralipomena 2*, XXIII - *Über Schriftstellerei und Stil*, § 273, Werke 5, 546)

‡ Vgl. Vargas Llosa, *Alles Boulevard* (2012), Kap. III - *Verbieten verboten*, 83-99.

279 B, 79 f (1994)

280 Ebenso argumentiert Kertész in den Vorträgen, die in seinem ersten Essayband *A holocaust mint kultúra* von 1993 enthalten sind (*Die Unvergänglichkeit der Lager, Lange, dunkle Schatten* und *Der Holocaust als Kultur*; siehe 160). Hierauf bezieht er sich später auch im Gespräch mit Hähnel und Mesnard. (SINN UND FORM 3/2000, 376-378) Dass Kertész Auschwitz als künstlerisch befruchtenden »Mythos« bezeichnet, geht eventuell auf Jung zurück. Etwa erklärt Jung in *Gegenwart und*

Zukunft (1957): „Große Kunst hat bis jetzt noch immer ihre Befruchtung aus dem Mythus geschöpft, das heißt aus jenem unbewussten Symbolprozess, der sich durch Äonen fortsetzt und als ursprünglichste Manifestation des menschlichen Geistes auch die Wurzel aller zukünftigen Schöpfungen sein wird. Die Entwicklung der modernen Kunst mit ihrer scheinbar nihilistischen Auflösungstendenz ist als Symptom und Symbol einer Weltuntergangs- und Welterneuerungsstimmung, wie sie für unsere Zeit charakteristisch ist, zu begreifen. […] Dieses Anliegen unserer Zeit, welches wir wahrhaftig nicht selber bewusst gewählt haben, bildet den Ausdruck des sich wandelnden inneren und unbewussten Menschen. Von dieser folgenschweren Veränderung werden sich die kommenden Generationen Rechenschaft geben müssen, wenn die Menschheit sich vor der drohenden Selbstzerstörung durch die Macht ihrer Technik und Wissenschaft retten will." (*Werke 10*, 335) Ähnlich spricht er auch schon in *Der Kampf mit dem Schatten* (1946) von der Rationalisierung unbewusster Motive in Zeiten geistiger Krisen: „Neue Symbole traten dann auf, von kollektiver Natur, die aber nun die Kräfte der Ordnung widerspiegelten. […/…] Die Integrierung unbewusster Inhalte ist ein individueller Akt des Realisierens, Verstehens und sittlichen Wertens. Es ist eine äußerst schwierige Aufgabe, die ein hohes Maß an ethischer Verantwortung fordert. Nur von relativ wenigen Individuen lässt sich die Fähigkeit zu solcher Leistung erwarten, und diese sind nicht die politischen, sondern die moralischen Führer der Menschheit. Die Erhaltung und Weiterentwicklung der Zivilisation hängen von solchen Einzelmenschen ab, denn es ist offenkundig genug, dass die Bewusstheit der Massen seit dem Ersten Weltkrieg keinerlei Fortschritt gemacht hat. Nur gewisse der Überlegung fähige Geister sind bereichert worden, und ihr sittlicher und intellektueller Horizont hat sich erheblich erweitert durch die Bewusstwerdung der ungeheuren und überwältigenden Macht des Bösen einerseits und andererseits der Tatsache, dass die Menschheit imstande ist, zu dessen bloßem Werkzeug zu werden." (*Werke 10*, 248f)

281 Kertész im Gespräch *Für mich ist Auschwitz eine Gnade* mit Reif, UNIVERSITAS 12/1996, 1221f

282 LE1, 16 (30. Januar 2001); fehlt in LE2. Ähnlich äußert Kertész sich bereits in dem Essay *Budapest. Ein überflüssiges Bekenntnis* (DIE ZEIT, 5.3.1998): „An das freie Budapest bindet mich mein Schicksal nicht mehr, […]. Mein Hiersein ist in geistiger Hinsicht nicht mehr gerechtfertigt, so wie es zur Zeit der Diktatur – auf paradoxe Art – gerechtfertigt war." (EGS, 137; ES, 163; OH, 69f) Ebenso schreibt er im Tagebuch: „Es ist beschämend, dass ich hier keine Aufgabe habe, dass mein Wort hier von niemand verstanden wird, dass all meine Erfahrungen, all meine Bemühungen, die das Gewand dieser Sprache tragen, vergeblich sind." (B, 169, 1998) „Mein wahres geistiges Elend in diesem Land rührt daher, dass ich hier keinerlei Aufgabe, im geistigen Sinn überhaupt nichts zu tun habe." (B, 236, 2000)

283 DK, *Lebensdaten*, 237. In *Dossier K* berichtet das antwortende Alter Ego Kertész', „etwa im Herbst 2000" habe seine Frau ihn dazu überredet, „eine kleine »Arbeitswohnung« in Berlin zu mieten", weil er in Budapest an Depressionen litt. (DK, 233) Vgl. auch Kertész, *Warum gerade Berlin?*, OH, 74f.

284 Am 4. August 2001 schreibt Kertész im Tagebuch: „Ich beginne mit den Vorbereitungen zum Verlassen dieses Landes. Meine Frau geht mit mir. Wenn es gelingt, erfüllt sich nur, was schon lange notwendig ist und sich schon lange […] in mir vorbereitet". (LE1, 63; fehlt in LE2) Am 31. Oktober 2001 notiert er: „Wir haben uns in Berlin eine Wohnung angesehen." (LE1, 88; fehlt in LE2) Und schon am 17. November heißt es: „Wir haben in Berlin eine Wohnung gefunden." (LE1, 89; LE2, 54) Laut einem Eintrag vom 2. Januar 2002 bezogen sie die neue gemeinsame Wohnung zum Jahreswechsel: „Vom 28. Dezember bis 3. Januar Berlin. Die Wohnung in der Meineke-Straße. »Wir richten unser Berliner Zuhause ein.« Natürlich richtet Magda es ein." (LE1, 93; LE2, 57)

285 Kertész schreibt Anfang 1998 in *Budapest. Ein überflüssiges Bekenntnis*: „Ich bin ein Auswanderer, der es immer nur hinausschiebt, sich seine Reisedokumente zu beschaffen. Tatsächlich treibt nichts zur Eile. Inzwischen, […], habe ich mich hier sehr schön eingerichtet. Es gibt ein Arbeitszimmer, und ein Paar blauer Augen begleitet mein Leben. […]: ich bin glücklich." (EGS, 138; ES, 164; OH, 71) Mit Albina wohnte Kertész zunächst von 1954 bis 1991 (? Royer: 1989) in einer 28 qm großen Ein-

zimmerwohnung in der Törökstraße (die er später noch zum Arbeiten nutzte und laut Royer 1997 aufgab), dann bis zu ihrem Tod 1995 in der Pasaréti-Straße. (B, 246, Anm. zu 42 f; Royer, 229) Mit Magda wohnte er seit 1997 in der Szilágyi-Erzsébet-Allee. (Heidelberger-Leonard, 33; Royer, 229)

286 Am 3. Oktober 2002 notiert Kertész dazu im Tagebuch: „Im übrigen bin ich wieder in Berlin, jetzt für zehn Monate, als einer der *Fellows* am Wissenschaftskolleg zu Berlin." (LE1, 155; LE2, 112) Die Förderung ist im Impressum von *Liquidation* vermerkt.

287 Kertész, *Warum gerade Berlin?*, OH, 75; analog DK, 233 f

288 Für sein Werk und seine Tätigkeit als Übersetzer (vgl. 53) erhielt Kertész schon seit 1983 in Ungarn, und nach der Wende auch international (bzw. vor allem in Deutschland), eine Reihe von Auszeichnungen. In Ungarn waren dies etwa: Milan-Füst-Präme 1983 (zusammen mit Péter Esterházy)*, Forintos-Preis für Übersetzer 1986, Artisjus Literarischer Preis 1988 ... Soros-Preis für das Lebenswerk 1992, Preis der Soros-Stiftung 1995, Sándor-Márai-Preis 1996, Kossuth-Preis 1997 ... St.-Stephans-Orden 2014. In Deutschland: Brandenburgischer Literaturpreis 1995, Leipziger Buchpreis zur Europäischen Verständigung / Janette Schocken Preis der Stadt Bremerhaven / Friedrich-Gundolf-Preis (für die Vermittlung deutscher Kultur im Ausland)° 1997, Herder-Preis / Orden *Pour le Mérite für Wissenschaften und Künste* 2000 ... Hans-Sahl-Preis 2002, Goethe-Medaille 2004 ... (u. v. a.)

* Bei dieser Gelegenheit lernte Kertész Esterházy kennen (siehe dazu: Kertész, *Da stehen wir nun, betrachten einander...* in Klammer, *Was für ein Péter!* [1999], 114-116; Kertész, *Nachwort* [2004] zu Esterházy, *Die Hilfsverben des Herzens*, 131).

° In der Dankrede zum Friedrich-Gundolf-Preis weist Kertész insbesondere auf seine Übersetzung von Nietzsches „Geburt der Tragödie" hin, die 1986 in Ungarn erschien. Zuvor sei Nietzsche dort „allenfalls durch die vernichtende Interpretation von Georg Lukács bekannt" gewesen (vgl. oben 84). Die Übersetzung verdanke er letztlich einer „außerordentlichen Aufmerksamkeit" Michael Krügers, der ihm, nachdem sie sich 1983 in München während seines „zweiwöchigen Stipendiums des Goethe-Instituts" begegnet waren (vgl. 168), „die zweibändige Nietzsche-Ausgabe des Hanser-Verlags" nach Budapest geschickt habe. (*Jahrbuch der Deutschen Akademie für Sprache und Dichtung 1997*, 97-99)

289 LE1, 81 (11. Oktober 2001); LE2, 48. * Iris Radisch berichtet einleitend zu ihrem Gespräch mit Kertész vom 14.10.2002, den Ausdruck „Glückskatastrophe" habe er damals auch beim Presseempfang im Wissenschaftskolleg zu Berlin gebraucht. (*Die Glückskatastrophe*, DIE ZEIT, 17.10.2002)

* Kurz zuvor schreibt Kertész: „Der jüdische Schriftsteller ist immer einer »von unten«: Man müsste bessere Worte finden für »Opfer« oder »Opfersituation« – der Jude, wenn er anständig ist, ist immer außerhalb des Besitztums. Darum geht es, um die Situation der Besitzlosigkeit. Wer besitzlos ist, so wie ich, kann keine sogenannte Literatur schreiben. Literatur schreiben immer die Ordnungshüter. Was schreibt der Jude? Der Jude schreibt die Bibel, das Buch der Besitzlosen, solange nicht auch die Bibel »amtlich« wird, das heißt das Buch der Ordnungshüter." (LE1, 80 f, 6. Oktober 2001; LE2, 47)

290 Bereits 1994 bemerkt Kertész im Tagebuch, er wolle seine Manuskripte „an einen sicheren Ort" bringen (siehe oben 159). Zur Entscheidung, nach Berlin zu gehen, schreibt er in einem Eintrag von 2000: „Es ist beschlossen, meine sämtlichen Manuskripte gehen in die Emigration [...]. Warum habe ich beschlossen, die Spuren meiner geistigen Tätigkeit in Sicherheit zu bringen? [...] kann es sein, dass ich es gar nicht wirklich beschlossen habe, sondern alles quasi nur von selbst, automatisch passiert ist und ich es nur zugelassen, mich treiben lassen habe [...]? Nach meinem Empfinden ist das letztere passiert. Aus Trotz, aus metaphysischer Gekränktheit erwähnte ich irgendwo, und zwar in Gegenwart aktiver Menschen, hier, wo ich bin, nicht das Gefühl zu haben, dass mein Werk in Sicherheit sei; daraufhin setzte sich die Maschinerie in Gang. Jemand erzählte es einem anderen, es folgte ein Treffen, dann weitere. Und ich, [...] von meiner verfluchten Höflichkeit geleitet, hielt Wort". (B, 235 f) Am 26. Oktober 2001 notiert er, „vor kurzem" habe er alle seine „Manuskripte den F.s [*nämlich: dem mit ihm befreundeten Berliner Paar Angelika und Ingo Fessmann**] zur Aufbewahrung" überge-

ben. (LE1, 86; LE2, 52) Diese brachten das Material dann nach Berlin (vgl. LE1, Fragment *Die letzte Einkehr*, 226; LE2, 169f).

* Ihre Freundschaft kam durch Angelika Fessmann zustande, die bei Rowohlt als Pressereferentin arbeitete, als der *Roman eines Schicksallosen* publiziert wurde. Dr. Ingo Fessmann, Rechtsanwalt mit Schwerpunkt Erb- und Stiftungsrecht, begann Ende der 90er Jahre, für Kertész' Manuskripte ein Archiv außerhalb Ungarns zu suchen. Seine Anfragen bei den nationalen Archiven in Wien und Marbach waren erfolglos, erst die Berliner Akademie sagte zu. Nach Abschluss eines Vertrags transportierten er und seine Frau die Manuskripte (und Korrespondenz etc.) mit ihrem Pkw nach Berlin. (Briefl. u. telef. Mitteilung von Dr. Fessmann, Juli 2017; vgl. Fessmann, *Imre Kertész und die Liebe der Deutschen*)

291 Plath, *Schreiben, um zu überleben*, NZZ, 6.9.2008

292 2012 wurde das Material, das zunächst nur ein Depositum war, vom Archiv der AdK erworben. Geldgeber waren die Friede-Springer-Stiftung sowie die Kulturstiftung der Länder und des Beauftragten der Bundesregierung für Kultur und Medien. Auf der Eröffnung am 15.11.2012 in Berlin las Hermann Beil aus Kertész' Tagebüchern der Jahre 2001–2003. (Pressemitteilung der Kulturstiftung der Länder, 31.10.2012, WWW; Pressemitteilung der AdK, 31.10.2012, WWW; Interview mit der Leiterin des Archivs Sabine Wolf, WDR, 31.3.2016; Wolf, *Ein Leben in Schrift*, SPRACHE IM TECHNISCHEN ZEITALTER 228, Dez. 2018, 402-411) In einem Interview von 2014 betont Kertész, die Berliner Akademie habe selbst um seinen Vorlass gebeten: „I wish to emphasize, I turned my corpus over the German Academy for two reasons, one, because they asked for it, indeed they had been asking for it for a decade, but the second and perhaps most important, because I know that it would be in good hands. It's not that I didn't want to leave my work here in Hungary, Hungarian Institutions simply never asked for it." (*Document and Fiction*, Cooper, THE HUNGARIAN QUARTERLY, Holocaust Special Issue 2014, 8) Ähnlich erklärt er in einem Interview anlässlich der Eröffnung des Archivs am 15.11.2012: „Ich fühle mich hier besser verstanden als in meiner Heimat Ungarn. Auch bei bestem Willen könnte man dort das Material nicht so verwahren wie in Berlin". (*Die Wege des Schicksals*, SPIEGEL 46/2012)

293 Kertész, *Sorstalanság. Filmforgatókönyv* [*Schicksalslosigkeit. Drehbuch*], Magvető, 2001

294 *Schritt für Schritt* (dt. 2002) ist neben der separaten Veröffentlichung von *Der Spurensucher* (2002) Kertész' erste Publikation bei Suhrkamp. Eigentlich sollte dort zuerst *Liquidation* erscheinen (siehe *Primärliteratur*, o). Im Tagebuch erwähnt Kertész einen „Konflikt mit [*Siegfried*] Unseld", der das Drehbuch zunächst überhaupt nicht veröffentlichen wollte. (LE1, 89, 438, 17. November 2001, Anm.) Schließlich habe er hierfür vom Suhrkamp-Verlag einen „gar nicht attraktive[n] Vertragsentwurf" erhalten. (LE1, 111, 439, 26. März 2002, Anm.)

295 Das deutsche Drehbuch (und ebenfalls der deutsch synchronisierte Film) weist gegenüber dem ungarischen Original einen wichtigen Unterschied auf. So sprechen die KZ-Aufseher im Original deutsch, was in der deutschen Fassung natürlich nicht auffällt. Wenn man aber die Handlung nicht realistisch, sondern allegorisch auffasst, erhält diese Zweisprachigkeit eine tiefere Bedeutung (etwa im Sinne Valérys oder Rilkes; vgl. 74 und 139). Eine ähnliche Zweisprachigkeit gibt es auch in Benignis Film *La Vita È Bella* (1997), auf welche Besonderheit Kertész in *Wem gehört Auschwitz? Zu Roberto Benignis Film »Das Leben ist schön«* (1998) ausdrücklich hinweist: „Es gibt im Film eine Szene, von der wahrscheinlich noch viel die Rede sein wird. Ich denke an den Moment, an dem der Held des Films, Guido, die Rolle des Dolmetschers übernimmt und den Barackenbewohnern, vor allem aber natürlich seinem Sohn, die einweisenden Befehle eines SS-Manns [*auf phantasievolle Weise falsch*] übersetzt, mit denen dieser den Häftlingen die Lagerordnung bekanntgibt." (EGS, 153; ES, 154; RSF, 312)

296 LE1, 72 (5. Sept. 2001, Notiz anlässlich der Fertigstellung), ähnlich 75 (7. Sept.); LE2, 39, fehlt in LE2

297 Siehe insbesondere Ilma Rakusas Kritik *In diesem schönen Lager*, DIE ZEIT, 29.3.1996.

298 Positiv urteilt etwa Hans-Jörg Rother: Dieser „von der Berlinale erst töricht verkannte [erst spät nachnominierte] Film". (*Das Wissen sieht mit*, DER TAGESSPIEGEL, 15.2.2005) Ebenso lobt Roberto

Džugan: Es „gelingt [...] dem Film, den philosophischen Kern des Romans auch in der Adaption zu erhalten." Im Unterschied zum Großteil der Rezensenten nimmt er dabei auch Bezug auf Kertész' Intention, nicht das Lager, sondern die Gegenwart zu thematisieren: „Zunächst einmal wird deutlich, dass das Konzentrationslager eben nicht außerhalb der Realität steht, nicht die »Hölle« ist; es ist eine Wirklichkeit, oder, wie Kertész einmal schrieb, »eine generelle Möglichkeit des Menschen.«[*]" (CRITIC.DE, 26.5.2005; * Kertész, *Rede über das Jahrhundert*, EGS, 21; *Das glücklose Jahrhundert*, ES, 116).

299   Michael Kohler, *Fateless – Roman eines Schicksallosen*, FILM-DIENST 57, 11/2005, 32

300   Heike Kühn, *Ansichtskarte von Auschwitz*, FRANKFURTER RUNDSCHAU, 2.6.2005

301   Verena Lueken, *Mit Make-up und Musik im Lager*, FAZ, 16.2.2005

302   Iris Radisch, *Große KZ-Oper*, DIE ZEIT, 2.6.2005

303   Elmar Krekeler, *Spiel mir das Lied von Auschwitz*, BERLINER MORGENPOST, 19.2.2005

304   Ekkehard Knörer, *Lajos Koltai: Fateless*, JUMP CUT (WWW, zur Berlinale-Aufführung am 15.2.2005)

305   Ekkehard Knörer: „Diese Beschränkung auf ein Ich, das erzählt, und in seinem Erzählen die Welt rein subjektiv schildert, ist in der Literatur möglich, im Film ist sie es nicht. Der Zug des Bildes ins Objektive zerstört die Grundvoraussetzung des Gelingens von Kertész' Roman." (*Lajos Koltai: Fateless*, Kritik zur Berlinale-Aufführung am 15.2.2005, JUMP CUT, WWW) Christian Frankenfeld: „Entgegen der Empfehlung früherer Filmproduzenten[*] weiß sich das Skript jedoch an zahlreichen Stellen nicht anders zu helfen, als mit dem Voice-over-Verfahren zu arbeiten." Es „wirken die Voice-over-Passagen durchweg artifiziell". (*Fateless? Lajos Koltais Verfilmung von Imre Kertész' ROMAN EINES SCHICKSALLOSEN*, in Ebert, *Das Glück des atonalen Erzählens* [2010], 170, 172)

   * Frankenfeld bezieht sich auf József Marx, *Fateless – A Book of the Film*. Im Kapitel *The Screenplay* schreibt Marx dort über Kertész' Entscheidung, das Skript nach seinen eigenen Vorstellungen selbst zu verfassen: „The obvious was agreed: let Imre Kertész write the screenplay, notwithstanding the fact that his former directors [*vor Koltais Engagement*] had advised against the use of voice over, whereas the strong surge of reflective monologue plays an important role in the dramatic effect of the novel." (89)

306   SS, *Vorwort*, 7

307   LE1, 267 (25. Februar 2004); LE2, 205f

308   LE1, 300 (2. August 2004); fehlt in LE2

309   LE1, 319 (14. November 2004); fehlt in LE2

310   Vgl. *Goethe an Schiller*, 4.9.1799: „Das *Gute*, das aber nicht vollkommen ist, übergeht man mit Stillschweigen; denn das Echte, was man am Guten bemerkt, nötigt Achtung ab, das Unvollkommene, das man daran fühlt, erregt Zweifel, und wer den Zweifel nicht selbst heben kann, mag sich in diesem Falle nicht kompromittieren und tut auch ganz wohl daran. Das *Vollkommene*, wo es anzutreffen ist, gibt eine gründliche Befriedigung, [...]." (Staiger, *Der Briefwechsel zwischen Schiller und Goethe*, 813f)

311   Für einen Vergleich eignet sich etwa die Musik von Gheorghe Zamfir in Peter Weirs Film *Picnic at Hanging Rock* (1975). Wie bei *Fateless* kommt dort eine Panflöte zum Einsatz, allerdings mit einer weit interessanteren Intonation. Das Publikum wird hierdurch und durch ein Zitat aus Poes Gedicht *A Dream within a Dream**, 1827) gleich zu Beginn bezaubert und für den Film aufgeschlossen. Zum Vergleich bietet sich ferner die Musik von Schostakowitsch an, mit der dieser sich, ähnlich Kertész, in einem totalitären Regime behaupten konnte. Für die Eingangsszene von *Fateless* könnte ich mir auch Stockhausens° *Etude* (1952) vorstellen, die eine Atmosphäre der Entfremdung schaffen würde.

   * Stimme aus dem Off: „What we see and seem is but a dream. A dream within a dream." (*Poems*, 27)

   ° Stockhausens Mutter wurde übrigens während der NS-Zeit im Zuge der Krankenmorde umgebracht.

312   Damit könnte Kertész sich auf Ekkehard Knörers Kritik zur Berlinale-Aufführung von *Fateless* am 15.2.2005 beziehen. Knörer schreibt dort u. a.: „Lajos Koltai gehört das Handwerk gelegt." Er gehöre „für das, was er mit »Fateless« angerichtet hat, verprügelt." Gegenüber Kertész hält er sich zunächst zurück: „Er wollte [*dadurch, dass er das Drehbuch selbst schrieb,*] nicht mehr und nicht weniger, als das

Schlimmste verhindern. Es ist ihm nicht gelungen – wenngleich sein Drehbuch tatsächlich kaum die Schuld trifft." Dann attackiert er ihn aber doch: „»Fateless« ist ein Desaster, das man im besten Fall mit Dummheit entschuldigen kann. Imre Kertész, der den Film verteidigt, ist der Vorwurf zu machen, dass er von der Ästhetik des Kinos nichts versteht. Nun gut, er ist Literat und hat vom Film wohl ohnehin keine hohe Meinung." Unter „Dummheit" versteht Knörer dabei anscheinend die Missachtung von Konventionen respektive Tabus. So zeigt er sich wenig aufgeschlossen für den post-humanistischen Geist des Films und die damit verbundene Ironie, denn am Schluss fordert er mit inquisitorischem Gestus die Einhaltung der „Mindest-Maßstäbe der Kunst wie der Moral". (JUMP CUT, WWW) Ganz ähnlich wird aber auch in *Fiasko* der Roman des Alten (also: *Schicksalslosigkeit*) von staatlich angestellten „Berufshumanisten" als geschmacklos, pervers und ärgerlich kritisiert. (F, 47-49)

313   LE1, 331f (17.–24. Februar 2005); LE2, 254f

314   LE1, 342 (6. Juni 2005); analog LE2, 258

315   Kertész, *Felszámolás* [*Liquidation*], Magvető, 2003. Die deutsche Übersetzung erschien ebenfalls 2003 bei Kertész' neuem Verlag Suhrkamp. Trotz des Nobelpreises von 2002 verkaufte der Roman sich dort aber schlecht, woraufhin Kertész wieder zu Rowohlt wechselte (siehe *Primärliteratur*, 0).

316   DK, 234

317   LE1, 78 (2. Oktober 2001); LE2, 44

318   B, 211 (2000)

319   B, 237 (2000)

320   LE1, 9, 20 (1. Januar und 16. März 2001)

321   LE1, 72f (Notizen zur Diagnose von Magdas Erkrankung, 5./6. September 2001), 113 (Notiz zum negativen Befund nach der Chemotherapie, 28. März 2002); LE2, 39f, 77

322   LE1, 156 (26. Oktober 2002); LE2, 114

323   Hier zitiert Kertész eine eigene Aussage aus einem Interview vom 10.10.2002 (anlässlich der Bekanntgabe seiner Auszeichnung mit dem Nobelpreis). In einer DPA-Meldung wird er wie folgt zitiert: „Sein neuer Roman mit dem Arbeitstitel »Liquidation« sei eine »Fortsetzung meines alten Themas, ein letzter Blick auf den Holocaust, aber in ungarischer Umgebung nach der Wende, also ein moderner Roman. Die erste Hälfte ist schon fertig.«" (*Endlich Sicherheit*, www.faz.net, 10.10.2002) Dieselbe Formulierung gebraucht er auch noch einmal in *Dossier K*. (DK, 215)

324   LE1, 172 (2. März 2003); LE2, 127

325   Kertész im Gespräch mit Ijoma Mangold, SZ, 9.11.2004

326   LE1, 30, 34 (16. und 22. April 2001); fehlt in LE2

327   Für die Figur des Selbstmörders Bé versuchte Kertész anscheinend, sich an einer Biografie von Primo Levi zu orientieren. Im Tagebuch schreibt er dazu: „Ich lese eine detailreiche Biographie Primo Levis. Was kann man wissen […] von einem Menschen, der aus Auschwitz zurückgekehrt ist, dann Jahrzehnte später (und offensichtlich in Zusammenhang mit dem KZ-Erlebnis) Selbstmord begeht? Ich habe das Gefühl, dass meine Romanfigur geisterhaft und ihre innere Welt nicht darstellbar ist." (LE1, 18, 10. März 2001; fehlt in LE2) Zum Status von Bé notiert er dort ferner: „Der versteckte Erzähler des Romans ist B. [*oder: Bé*], der Stückeschreiber[*]; der Selbstmord und alles, was in dessen Folge geschieht, ist seine Konstruktion, so wie auch [*die Hilfsfigur*] Keserű, der Katalysator, seine Konstruktion (bzw. Fiktion) ist". (LE1, 32, 18. April 2001; fehlt in LE2) Bé ist demnach nicht nur der fiktive Autor des in den Roman integrierten Theaterstücks, sondern er kann zudem als Erzähler des Romans vorgestellt werden (siehe auch 328). Im Roman wird er aber nicht als Erzähler identifiziert.
       * Bé ist der fiktive Autor des Theaterstücks „»Liquidation«", aus dem in *Liquidation* auch zitiert wird. (L, 12-134; *Urfassung in freien Versen*: L, 65f, 134-137) Hierfür hat Kertész offenbar das Material aus seinen früheren Entwürfen zu dem Theaterstück Liquidation verwertet (vgl. 189). Am 17. Dezember 2001 schreibt er dazu im Tagebuch: „Der Roman: die Zeit der Ernte ist da … Ich verwerte alles, was ich

seit ca. 1989 für das geplante »Stück« notiert habe. Und damit ist auch das »Stück« irgendwie gerettet; wie seltsam die Formen, die Gesetze der Kreativität doch sind. […] Ich folge dem Vorgang mit Staunen, aber ich begreife nichts davon. Ich tue so, als sei ich der Autor …" (LE1, 91; LE2, 56)

328 Kertész schreibt im Tagebuch: „die Figur des Keserű ist eine vom Erzähler, B. [*oder: Bé*], erdachte Figur; die Geschichte und sämtliche handelnden Personen sind Fiktion, der allein wirkliche B., der Erzähler, hat die Geschichte erdacht und erfunden". (LE1, 35, 22. April 2001; fehlt in LE2) Diese Technik hat er wohl Becketts Romanen entlehnt; vgl. die Trilogie *Molloy - Malone stirbt - Der Namenlose* (1951–1953).

329 Kertész erklärt im Gespräch mit Ina Hartwig: „Bé ist Schriftsteller und Keserű der Verlagslektor, vielleicht auch der verpfuschte Poet, man kann es nicht wissen. Aber das Grunderlebnis – ich glaube jeder, der sich mit Schriftstellerei beschäftigt, hat ein ganz großes, erschütterndes Grunderlebnis – war für Keserű [*Thomas Manns Roman*] *Doktor Faustus*[*]. In diesem Roman wird die Neunte Symphonie zurückgenommen von der Menschheit [*also: der europäische Humanismus negiert; aus Beethovens 9. Symphonie stammt die Europahymne*]." (FRANKFURTER RUNDSCHAU, 9.11.2004; * siehe L, 41-45)

330 Keserűs Großvater habe nach dem 1. Weltkrieg „den Namen Keserű – also Bitter –" angenommen, „denn er lebte in Bitterkeit." (L, 42) Von dieser Bitterkeit sei auch seine gesamte Familie betroffen. Etwa habe Keserűs Vater stets betont: „wir haben diese Wohnung [*in Budapest, die einst Juden gehörte,*] ganz allein deshalb, weil die ursprünglichen Inhaber *zum Glück* umgebracht worden sind." (L, 43) Dem verbitterten Keserű stellt Kertész in *Liquidation* „Ádám" gegenüber, den neuen Ehemann von Bés geschiedener Frau Judit. (L, 109, 125) Er hat mit ihr zwei „Kinder" und arbeitet als „Architekt". (L, 89, 94) Damit spielt Kertész wohl darauf an, dass nach Auschwitz die Kultur neu aufgebaut werden muss (vgl. in *Dossier K*: „Tatsache ist, dass wir mit allem von vorn anfangen müssen."; DK, 217). Ádám erscheint als ein unerfahrener »erster Mensch«, dem Auschwitz fremd ist (wobei er sich hierüber aber durch Bücher Wissen aneignet, nachdem er Judit kennengelernt hat; L, 132f), während Bé ein »zweiter Mensch« ist, der in Auschwitz Erfahrungen gemacht hat und als verantwortliche Person die geistige Tradition auf dieser Grundlage fortführt (vgl. in 240 den Kommentar zu Ortega, *Geschichte als System*). Keserű verzweifelt hingegen an der Geschichte und übernimmt keine weitere Verantwortung.

331 Am 24. März 1999 begann die NATO, durch Angriffe auf die Armee des jugoslawischen Diktators Slobodan Milošević gegen die ethnische Säuberung im Kosovo vorzugehen. Kurz zuvor, am 12. März, war Ungarn (gemeinsam mit Polen und Tschechien) der NATO beigetreten. Hierüber schreibt Kertész 1999 in *Wird Europa Auferstehen?* (erste Veröffentlichungen: *Zeit der Entscheidung. Wird es auferstehen?! - Europa, von Osten aus betrachtet* [gekürzt], NZZ, 20.1.2001; *Feltámad-e?*, ÉLET ÉS IRODALOM, 16.2.2001): „In einer entlegenen Provinz des benachbarten Jugoslawien – im Kosovo – rottete man fleißig die gerade zur Ausrottung bestimmte Minderheit [*der Kosovo-Albaner*] aus. Die Nato drohte wegen dieser Volksausrottung eifrig, wie seit zehn Jahren fast pausenlos. Es war Frieden. Doch in der letzten Märzwoche erwachte der Kontinent von Flugzeugdröhnen und Bombendetonationen." (ES, 165) Er begrüßt dieses Eingreifen ausdrücklich als Versuch, ethische Standards durchzusetzen (siehe auch 109), und erklärt, unter Voraussetzung eines solchen Motivs „hätten wir das Recht, es so zu sehen, dass dieser Krieg abläuft, um das gefährlichste historische Erbe der osteuropäischen Staaten zu bekämpfen, das in der Person des jugoslawischen Diktators quasi verkörpert zu sein scheint." (ES, 175; fehlt in NZZ) Eine Gegenposition nahm etwa György Konrád ein. (»*Ich mag meine Seele nicht zerreißen*«, Gespräch mit Norbert Seitz, 6.7.1999, Akademie der Künste Berlin, FRANKFURTER HEFTE 9/1999, 786-792).

332 Zsuzsa Selyem schreibt in *Der Roman, in dem »die Neunte Symphonie zurückgenommen worden sei«*, mit den beiden in *Liquidation* genannten Daten 1990 und 1999 könne die „Hoffnung" der Nachwende-Zeit und der spätere Verlust der „Illusionen" assoziiert werden. Die Handlung selbst enthalte jedoch „keine unmittelbaren Anspielungen auf die gesellschaftliche und politische Situation der neunziger Jahre." (WEIMARER BEITRÄGE 1/2006, 64f) Tatsächlich referiert Kertész aber konkret darauf, dass „just im frühen Frühling 1999" das Engagement der NATO im Kosovo begann (siehe 331).

333 L, 9

334 In dem Vortrag *Lange, dunkle Schatten* von 1991 fordert Kertész eine „Anbindung an das geistige Europa". (ES, 57; vgl. oben S. 36, Anm. 275)

335 Kertész, *Wird Europa auferstehen?*, ES, 176f

336 Ähnlich erinnert Kertész 1993 im Vortrag *Der überflüssige Intellektuelle* an den „einzigartigen Wert", der dem Menschen „durch Geburt zuteil geworden ist, nämlich dem, ein Individuum zu sein." (EGS, 72; ES, 91f) Hierfür vorbildlich formuliert Kant: „Allein der Mensch, als *Person* betrachtet, d. i. als Subjekt einer moralisch-praktischen Vernunft, ist über allen Preis erhaben; denn als ein solcher (*homo noumenon*) ist er nicht bloß als Mittel zu anderer ihren, ja selbst seinen eigenen Zwecken, sondern als Zweck an sich selbst zu schätzen, d. i. er besitzt eine *Würde* (einen absoluten inneren Wert [*vgl. Kertész' Definition*, oben 110]), wodurch er allen andern vernünftigen Weltwesen *Achtung* für ihn abnötigt, [...]." (*Die Metaphysik der Sitten*, Akad. VI, 434f)

337 Hier könnte Kertész sich u. a. an Jungs Essay *Gegenwart und Zukunft* von 1957 orientiert haben: „Wo Rechtsunsicherheit, Polizeibespitzelung und Terror am Werke sind, fallen die Menschen der Vereinzelung anheim, was aber Zweck und Absicht des Diktaturstaates ist, denn er gründet sich auf die größtmögliche Anhäufung ohnmächtiger sozialer Einheiten. Dieser Gefahr gegenüber bedarf die freie Gesellschaft eines Bindmittels affektiver Natur, das heißt eines Prinzips, wie es etwa das der Caritas, der christlichen Nächstenliebe, darstellt. Aber gerade die Liebe zum Mitmenschen leidet am allermeisten infolge des durch Projektionen bewirkten Verständnismangels. Es liegt daher im höchsten Interesse der freien Gesellschaft, wenn sie sich [...] um die Frage der menschlichen Beziehung kümmert, weil auf dieser ihr eigentlicher Zusammenhang und somit auch ihre Stärke beruht. Wo die Liebe aufhört, beginnen die Macht, die Vergewaltigung und der Terror." (*Werke 10*, 332f)

338 GT, 269 (Februar 1990)

339 Vgl. in *Liquidation*: „Rebellion ist[/] AM LEBEN BLEIBEN[/] der große Ungehorsam". (L, 66)

340 Auf das in *Liquidation* zentrale Wort »Liebe«, das ein Vorbild bei Thomas Mann hat (siehe etwa *Der Zauberberg* oder *Doktor Faustus*), macht Kertész schon 1992 in einem Interview von Zoltán András Bán indirekt aufmerksam. Dort erklärt er, dass *Liquidation* (damals: das geplante Theaterstück; vgl. 189 und 327) „eigentlich eine sprachliche Komposition ist": „mit sprachlicher Komposition meine ich, dass am Ende des Stückes ein Wort geboren wird [*nämlich offenbar: »Liebe«* *],[°] und dass das ganze Stück im Grunde genommen vom Zustandekommen dieses Wortes handelt. Obwohl es anscheinend eine Handlung gibt und Menschen". (BESZÉLŐ, 10.10.1992; dt. in *Briefe...*, Anhang, 128) Auf den fiktiven Charakter der Handlung weist Kertész in *Liquidation* dadurch hin, dass er im Motto den Schluss von Becketts Roman *Molloy* zitiert: „»Dann ging ich ins Haus zurück und schrieb: Mitternacht. Der Regen schlägt gegen die Scheiben. Es war nicht Mitternacht. Es regnete nicht.« Beckett, *Molloy*" (L, 7; nach Beckett, *Werke 3*, 243) † Beckett spielt hier wohl seinerseits auf Valéry an, der im Zusammenhang mit der Fiktionalität der Poesie gelegentlich das Motiv des Regens verwendet: „Der Dichter verfügt über die Wörter völlig anders, als der Brauch oder das Bedürfnis es tun. Es sind gewiss dieselben Wörter, aber keineswegs dieselben Werte. Sein Geschäft ist gerade der Nicht-Gebrauch, das *Nicht-Sagen, dass es regnet*; und alles, was bestätigt und darlegt, dass er nicht in Prosa spricht, ist bei ihm gut". (*Probleme der Dichtkunst*, 1935, *Werke 5*, 91; ähnlich in *Rede über die Dichtkunst*, 1927, *Werke 5*, 56)

* Judit: „Liebe mich [*Bé*] flehte ich ...[/ .../ Zu Ádám:] Das ist unsere einzige Chance." (L, 136)

° Thomas Manns *Zauberberg*-Roman, von dem Kertész früh und nachhaltig beeinflusst wurde (vgl. oben S. 17, Anm. 78), endet gleichfalls mit dem Wort „Liebe". (*Werke 3*, 994)

† Dazu notiert Kertész im Tagebuch: „Ich hätte Lust, den Roman mit meinem Lieblingssatz aus *Molloy* einzuleiten: »Dann ging ich [... *wie oben zitiert*].«" (LE1, 131, 15. Juni 2002; fehlt in LE2)

341 Zur Wende bemerkt Kertész 1999 in *Wird Europa auferstehen?*: „Alle wünschten den Zusammenbruch, aber niemand glaubte daran, niemand hat ihn *herbeigewollt*. Und nachdem er erfolgt war, ohne dass

sie ihn selbst herbeigeführt hätten, schauten sie sich […] verständnislos, wenn nicht gerade befremdet in der neuen Situation um. Sie konnten sich nicht als Teilnehmer oder gar Hauptakteure eines großen Dramas empfinden, denn es gab keine *Tat*.[…/] So konnte dann auch die Fortsetzung nichts anderes sein als ein ärmliches Überleben. Der Staatstotalitarismus und die damit einhergehende Existenzform nationaler Kollaboration strukturiert sich nicht nur machtpolitisch, sondern auch psychologisch – mit Perversionen, Demütigungen, aber auch schäbigen kleinen Intimitäten, der schalen Sehnsucht nach dem Herdenerlebnis der Unterwürfigkeit, der schmutzigen Freiheit infantiler Verantwortungslosigkeit und der tiefen Verachtung für alle, die nicht dieses Leben leben". (ES, 172)

342 Pál Kelemen berichtet nach einer Sichtung von Kertész' frühen Manuskripten im Archiv der Berliner Akademie der Künste, u. a. habe Kertész (in „insgesamt zehn Textversionen") die Figur eines zurückgezogen lebenden Professors* entworfen, der sich mit der biblischen Geschichte von Lot befasst: „Kertész' Professor […] widmet sich der Mythenforschung, schreibt über Sodom und Gomorrha, besonders über Lot, und lässt sich durch Rembrandts *Lot und seine Töchter* inspirieren." „Sodom und Gomorrha" könne dabei als allegorisches Äquivalent für „NS-Deutschland" gelesen werden, und der „Professor", der seine Mythenforschung als „den einzig möglichen Weg zu sich selbst" verstehe, erscheine als Entsprechung von „Lot". (Györffy/Kelemen, *Kertész und die Seinigen*, Kap. *Der Vorlass von Imre Kertész*, 14) In einem Tagebucheintrag von 1991 versetzt Kertész sich auch selbst in die Rolle Lots, der „dem Obdach suchenden Engel" hilft (nach 1. Mos. 19). So erzählt er, dass er in aufdringlicher Weise angebettelt worden sei und sich unwillkürlich recht großzügig verhalten habe: „als hätte ich – aus rätselhaft unerklärlichen Gründen – plötzlich einen heimlichen Weiheritus durchmachen müssen; und als hätte ich ihn, bescheiden und so gut ich eben konnte, bestanden. – Heute Vormittag, viel erschöpfter, nüchterner und im Besitz des Abstandes von einem Tag, verstehe ich das Ganze zwar immer noch nicht, empfinde aber das gleiche, mit inniger Dankbarkeit und bescheidener, furchtsamer Zufriedenheit, – Lots Begegnung mit dem Obdach suchenden Engel." (GT, 308, 3. April 1991)
* Kertész' Figur sei „– laut eines den Manuskripten beigelegten Zettels – nach dem Muster des Religionsphilosophieprofessors Hestermann aus Fritz Selbmanns Roman *Die lange Nacht* [*siehe ebd., 157ff*]" konzipiert. (*Loc. cit.*) Der Roman erschien 1961 auf Deutsch und 1963 auf Ungarisch (vgl. oben 5).

343 Kertész: „[*Es*] hat sich in dieser Nacht mit merkwürdiger Eindringlichkeit der *Einsame von Sodom* wieder gemeldet, die erste große Idee oder das erste Thema meiner jungen Jahre – das dionysische Erlebnis, die Selbstaufgabe des freien Individuums im Rausch des Massenrituals; dieses Motiv hat meine ganze spätere Arbeit bestimmt (wenn ich in der Eile so sagen darf), also die Handlung all meiner späteren Romane." (LE1, 25, 30. März 2001; LE2, 10 [hier: „*22. März 2001*"])

344 LE1, 179f (28. Juni 2003); fehlt in LE2, 133 (ein Teil des Textes steht aber am Ende; siehe LE2, 317)

345 Vgl. die korrespondierende Notiz vom 12. April 2001: „Dem letzten Tagebuchroman sollte ich den Titel »Endspiel in der Bar *Zum sicheren Verlierer*« geben." (LE1, 30; LE2, 13)

346 Vgl. Kertész' Notiz von 1974 zu Kafka: „den Weg angewidert bis zu Ende zu gehen" (oben 166).

347 Vielleicht nach Baudelaire, *Die philosophische Kunst* (posth. 1868), *Werke* 5, 259ff; vgl. auch unten 349.

348 LE1, 189 (17. Oktober 2003); fehlt in LE2

349 Kertész erklärt in der *Vorbemerkung* zu *Dossier K*, das Buch sei „eine regelrechte Autobiographie": „Folgt man jedoch dem Vorschlag Nietzsches, der den Roman von den *Platonischen Dialogen* herleitet,[*] dann hat der Leser eigentlich einen Roman in der Hand." (DK, 5)
* Nietzsche: „Der platonische Dialog war gleichsam der Kahn, auf dem sich die schiffbrüchige ältere Poesie samt allen ihren Kindern rettete: auf einem engen Raum zusammengedrängt und dem einen Steuermann Sokrates [*in seinem Vorbehalt gegen die Kunst*] ängstlich untertänig, fuhren sie jetzt in eine neue Welt hinein, […]. Wirklich hat für die ganze Nachwelt Plato das Vorbild einer neuen Kunstform gegeben, das Vorbild des *Romans*: der als die unendlich gesteigerte äsopische Fabel zu bezeichnen ist, in der die Poesie in einer ähnlichen Rangordnung zur dialektischen Philosophie lebt, wie viele

Jahrhunderte hindurch dieselbe Philosophie zur Theologie: nämlich als *ancilla [Dienstmagd]*." (*Die Geburt der Tragödie, Werke 1*, 80)

350 LE1, 378f (26. Juli 2006); LE2, 282 (hier: „das »Letzte Buch«" statt: „ein letztes Buch" wie in LE1)

351 Iris Radisch schreibt einleitend zu ihrem Gespräch *Ich war ein Holocaust-Clown* mit Kertész: „Im November letzten Jahres [*2012*] ist er nach Budapest zurückgekehrt. Seither hat er die Wohnung im dritten Stock eines gediegenen Wohnhauses in Buda [*in der Szilágyi-Erzsébet-Allee*; siehe oben 285] nicht mehr verlassen." (DIE ZEIT, 12.9.2013)

352 *Die letzte Einkehr. Ein Fragment*, LE1, 191-226 (eingefügt zwischen 18. Oktober und 5. Dezember 2003); leicht gekürzt unter der Überschrift *Die letzte Einkehr. Erster Anlauf* in LE2, 135-170. Dieses Prosafragment besteht aus tagebuchartigen Aufzeichnungen Kertész', in denen aber die Daten fehlen und die Namen verändert wurden. Kertész spricht dort von sich in der dritten Person und lässt sich auch von einer Figur „B." vertreten (wie schon in *Kaddisch...* und *Liquidation*). Hierzu schreibt er in dem Fragment: „Was will er [*ein Alter Ego Kertész', der an einem letzten autobiografischen Roman arbeitet*] eigentlich von B., dieser dritten Reinkarnation B.s? Unter den Papieren findet er eine Notiz: *Die Figur zerrütten, zermalmen, zernichten.*[*] Woher kommt diese Wut, diese kalte Zerstörungslust? Kann es sein, dass er töten muss, um sich selbst mit dem Tod anzufreunden?" (LE1, *Die letzte Einkehr*, 224; fehlt in LE2; * nach einer Notiz vom 17. Oktober 2003, siehe oben S. 43, Anm. 348)

353 Kertész, *A végső kocsma [Letzte Einkehr]*, Magvető, 2014; siehe *Primärliteratur*, z.

354 LE2, Vorbemerkung und Danksagung Kertész' an Zoltán Hafner, 5. Schon bei der Eröffnung des Imre-Kertész-Archivs in der Berliner Akademie der Künste Ende 2012 sagte Kertész, er habe alles geschrieben, was er schreiben wollte, und betrachte sein Werk als abgeschlossen: „Mein Werk ist rund, rund wie der Globus." (Bericht zur Eröffnung des Archivs in der TAGESSCHAU, ARD, 15.11.2012, 20:00)

355 Kertész schreibt in dem Prosafragment *Die letzte Einkehr* (vgl. 352) über sein Verständnis des Begriffs »Verkörperung«: „Unter dem Begriff »Verkörperung« versteht er [*ein Alter Ego Kertész', der einen letzten autobiografischen Roman schreibt*] [...] nicht die (höchst zweifelhaften) physischen Tatsachen, sondern, ganz im Gegenteil, sein eigenes imaginäres Abbild. Wenn überhaupt etwas, dann betrachtet er allein das als *Wirklichkeit* [vgl. Kertész' Notiz von 1995, oben 108]." (LE1, 225; fehlt in LE2)

356 Das Attribut des Hieronymus ist ein Stein, wie ihn auch der Alte in *Fiasko* besitzt. Dieser Stein wird in *Fiasko* mit dem abgeschliffenen Felsen des Sisyphos identifiziert. (Sarin, *Ein Leben als Artikulation*, 79)

357 Hierzu wurde Rilke wohl von Gides Erzählung *Le retour de l'enfant prodigue [Die Rückkehr des verlorenen Sohnes]* (1907) inspiriert, die er 1914 übersetzte. Gide hatte er 1910 in Paris kennengelernt.

358 LE2, Kap. *Exit*, 337. Zum Selbstzitat siehe die Belege oben S. 32, Anm. 239.

359 Kertész, *A néző. Feljegyzések 1991–2001 [Der Betrachter. Aufzeichnungen 1991–2001]*, Magvető, 2016. Das Buch erschien noch kurz vor Kertész' Tod (siehe *Primärliteratur*, m).

360 Dr. Thomas Cooper (*1971), Dozent für Amerikanische Literatur und Kulturwissenschaft an der Eszterházy Károli Universität in Eger, Chefredakteur von THE HUNGARIAN QUARTERLY

361 Viktor Orbán (*1963), Vorsitzender der FIDESZ-Partei (1988 gegründet als *Fiatal Demokraták Szövetsége [Bund Junger Demokraten]*), Ministerpräsident Ungarns 1998–2002 und seit Ende Mai 2010

362 Kertész: „Last summer [*20. Juli 2013**] a reporter came from *The New York Times* to do an interview with me [*bei dem Thomas Cooper dolmetschte**]. He asked what I thought of the situation in Hungary. [...] He thought I was going to speak out against Hungary, or Hungary today or something [*etwa in Bezug auf: das restriktive Mediengesetz von 2010; Massenentlassungen in den öffentlich-rechtlichen Medien 2011; Zensur und Manipulation beim staatlichen Sender MTV°; die Verfassungsänderungen von 2012 und 2013, mit denen u. a. das Verfassungsgericht an Einfluss verlor*]. And I didn't. He had come with the intention of getting me to say that Hungary is a dictatorship today, which it isn't. That only means that he has no idea what a dictatorship is. If you can write, speak openly, openly disagree, even leave the country, it is absurd to speak of a dictatorship. And this is what I said. I am not pleased

with everything happening in Hungary today, I do not think there was ever a time when I was pleased with everything happening here,[†] but certainly Hungary is no dictatorship. This is empty, ideological language, […]. And the interview was never published. Which a friend of mine very accurately said is a kind of censorship, if someone gives an answer you don't expect, then you don't publish it." (*Document and Fiction*, Interview von Thomas Cooper, THE HUNGARIAN QUARTERLY, Holocaust Special Issue 2014, 8)

* Siehe den Hintergrundbericht Ákos G. Balogh, *No Dictatorship, No Story*, MANDINER, 17.12.2014.
° Siehe die Beispiele in Balassa, *Unbeugsam – Camp gegen Zensur in Ungarn*, ZAPP, NDR, 2.5.2012.
† Vgl. die Interviews, die Tilman Krause mit Kertész anlässlich seines 80. Geburtstags Ende 2009 (also: noch vor Orbáns Wahlsieg im Mai 2010) in Berlin geführt hat: *In Ungarn haben Antisemiten das Sagen*; *Ungarn diskutiert über das WELT-Interview von Imre Kertész*, DIE WELT, 5. und 10.11.2009. Kertész beklagt dort den neuen Rechtsextremismus in Ungarn und erklärt, warum er lieber in Berlin lebt. Aber schon im Juli 2010 äußert er in dem Gespräch *Die Ungarn werden mich nie verstehen* mit Johanna Adorján, obwohl es sich für einen Künstler nicht gehöre, „[g]anz apolitisch" zu sein, interessiere ihn die politische Entwicklung in Ungarn „[i]mmer weniger", denn er arbeite gerade an der Vollendung seines Lebenswerks: „Ich bin wirklich krank und alt geworden und verstehe jetzt, was Künstler im 19. Jahrhundert Werk nannten. Wo alles mit allem zusammenhängt, langsam etwas gebaut ist, eine volle Welt. Und da fehlt noch etwas. Daran arbeite ich. Und wenn ich offen sein darf: Mich langweilt das alles. Es inspiriert mich nicht. Ich habe all diese Sachen in meinem Leben schon mehrmals durchdacht und beschrieben. Diesen Teil meiner Arbeit habe ich gemacht. Mich interessiert jetzt viel mehr, wie man weggeht, wissen Sie? […] Das Sterben." (FAZ, 18.7.2010)

363 Kertész: „When Viktor Orbán held a speech at the Konrad Adenauer Foundation [*»Freiheit! Die besondere Rolle Ungarns«*, Berlin, 27. Februar 2009], I attended. I had been invited. […] of course it was an important moment for him before the elections [*Europawahlen im Juni 2009*], and people criticized me, Hungarians criticized me, for attending this speech. […], one of them was very critical, but he himself had worked in the service of the Kádár regime for years. He himself had attended all kinds of speeches held by representatives of that regime, which was a totalitarian regime, […], and he criticized me for attending a speech held by an elected prime minister. Which is absurd. I am not saying with this that I support the government, nor am I saying that I don't, not at all. But I didn't go to support him, I went to listen to him." (*Document and Fiction*, Interview von Thomas Cooper, THE HUNGARIAN QUARTERLY, Holocaust Special Issue 2014, 8f)

364 Kertész: „Of course all kinds of things happen and are happening that I do not necessarily look on favorably, but I do not speak out in condemnation, nor have I ever spoken out in condemnation [*of*] Hungary. The political dialogue on important questions simply isn't a dialogue. There are unresolved parts of our history that we haven't managed to confront. In Germany there was a revolution from this perspective in 1968, when children began to ask their parents about the war. In Hungary there was never [*an*] open discussion because the regime didn't tolerate it. Open discussion would have threatened its narrative." (*Document and Fiction*, Interview von Thomas Cooper, THE HUNGARIAN QUARTERLY, Holocaust Special Issue 2014, 9)

365 Kertész im Interview *»La Hongrie est une fatalité«* von Florence Noiville, LE MONDE, 9.2.2012

366 Im Tagebuch schreibt Kertész schon 1998, die fehlende Aufarbeitung der Geschichte habe in Ungarn zu einer geistigen Orientierungslosigkeit geführt: „Mit der Ablösung – genauer dem Rücktritt – von István Bethlen[*] war der ungarische Konservatismus zu Ende; und der gegenwärtige ungarische Sozialismus verfügt über eine einzige lebendige Tradition: die vierzigjährige »Volksdemokratie« unter sowjetischer Besatzung, […]. Und was die liberalen Traditionen betrifft, sie wurden vom Holocaust hinweggespült und vom Reformkommunismus kompromittiert, bis sie schließlich in der Regierungsperiode 1994 bis 1998[°] scheiterten. In Ungarn verbindet sich der liberale Gedanke auf fatale Weise mit dem

Wort »jüdisch« – [...]. Es geht einfach darum, dass die Tradition des ungarischen Liberalismus durch die weiße Revolution 1919 ebenso hinweggefegt wurde wie deren Betlensche Konsolidierung durch Ungarns Eintritt in den Krieg an der Seite der Nazis. Und da diese Geschichte [...] nicht aufgearbeitet ist, ist man in diesen wichtigen Fragen zu keinem Konsens gelangt.[/] In Deutschland erkannte Adenauer, dass die deutsche Gesellschaft ohne [...] einen nationalen Konsens über das fundamentale historische Trauma nicht zu heilen und in die Gemeinschaft der europäischen Demokratien zu führen war. Dieser Konsens hat seine Schwächen, aber sicher ist, dass nicht übertretbare Gesetze festgelegt, Grenzen des politisch-geistigen *discours* abgesteckt wurden. In Ungarn ist all das nicht geschehen. In Ungarn wissen wir nicht, ob wir 1941 zu Recht in den Krieg eingetreten sind, [...], welcher Meinung wir über Trianon sein sollen [...]. Letztlich will ich nur sagen, solange man nicht zu einem grundlegenden nationalen Konsens kommt, halten sich auf dem Grund der Auseinandersetzungen zwischen politischer Linken und politischer Rechten, [...], diese ungeklärten nationalen Probleme verborgen. Das Problem ist nicht, dass man im ungarischen Parlament, und sei es in diversen codierten Sprachen, wieder auf die Juden schimpfen kann, das Problem ist vielmehr, dass es keinen Konsens gibt, auf dessen Grundlage die Gesellschaft protestieren könnte. [...] Ungarn [...] hat in geistiger Hinsicht noch nicht über sich entschieden; [...]. In dem Moment, in dem diese Entscheidung getroffen wird, muss die Entwicklung gemeinsamer Standpunkte in den großen Fragen beginnen, die Ausbildung eines *discours*, das Zustandebringen eines Konsenses, [...].“ (B, 188-190, 1998; siehe auch das Zitat oben 227)

*   Graf István Bethlen von Bethlen (1874–1946?) war von 1921 bis 1931 Ministerpräsident Ungarns in einer konservativ-autoritären Regierung unter Reichsverweser Miklós Horthy (1868–1957). Bethlen, der noch einen gesellschaftlichen Ausgleich suchte, wurde abgelöst durch Gyula Gömbös von Jákfa (1886–1936, Ministerpräsident seit Oktober 1932) vom *Szegediner Kreis*, einer Vereinigung sogenannter Rasseschützer. Gömbös unterstellte den Juden, als treibende Kräfte des Liberalismus wie auch des Marxismus einen „schädlichen Einfluss auf die ungarische Nation“ auszuüben. Sein Ziel war die „Wiederherstellung der wirtschaftlichen und politischen Macht der ungarischen Rasse“. Dazu strebte er die „Unterwerfung der ganzen christlichen Gesellschaft unter einen Willen“ an, was ihn jedoch in einen Interessenkonflikt mit den alten konservativen Eliten brachte. (Spannenberger, *Die katholische Kirche in Ungarn 1989–1939*, Kap. *Diktaturversuch und Religionspolitik: Die Ära Gömbös*, 81-83)

°   1994–1998 regierte eine Koalition der Ungarischen Sozialisten (*Magyar Szocialista Párt*, MSZP) und der Freien Demokraten (*Szabad Demokraták Szövetsége*, SZDSZ). Aus den Wahlen vom 19. Mai 1998 ging eine rechts-konservative Koalitionsregierung unter der Führung von Viktor Orbán hervor.

367   *Staatsorden für ungarischen Literaten. Imre Kertész verteidigt Annahme*, TAZ (DPA), 20.8.2014

368   Ebenso notiert Kertész schon am 19. November 2004 im Tagebuch: „es tut sich die Möglichkeit neuer Diktaturen auf, die unter dem Vorwand drohender Gefahren in erster Linie die eigenen Staatsbürger in Gefahr bringen.“ (LE1, 320; LE2, 248)

369   Zur Verteidigung der Demokratie »nach außen« bemerkt Kertész am 14.10.2002 im Gespräch mit Iris Radisch: „Der Westen ist ein Lager für Häftlinge, die geschont werden. Dieses Lager muss verteidigt werden, gegen Terroristen, gegen die Dritte Welt. Ich war eingesperrt, die Freiheit ist für mich ein ganz großer Wert.“ (*Die Glückskatastrophe*, DIE ZEIT, 17.10.2002) Hierzu notiert er ferner am 11. Januar 2004 im Tagebuch: „Die Abendmaschine [*mit der Magda von Berlin nach Budapest flog*] war voller ärmlicher Araber, die in Budapest in irgendeine Nahost-Maschine umsteigen. Eine sonderbare Art armer Familien, mit Frauen, großköpfigen, aggressiv brüllenden Kindern; anstatt mit ihnen Mitleid zu haben, assoziiere ich Bomben und Terror. Europa wird bald zugrunde gehen an seinem einstigen Liberalismus, der sich als naiv und selbstmörderisch erwiesen hat. Europa hat Hitler hervorgebracht, und nach Hitler waren keine Argumente mehr geblieben: Dem Islam taten sich alle Tore auf, man wagte nicht mehr, über Rasse und Religion zu sprechen, während der Islam [LE2: anscheinend] fremden Rassen und Religionen gegenüber keine andere Sprache [LE2: mehr] kennt als die Sprache des

Hasses." (LE1, 248f; LE2, 190) Die Notiz steht konkret vor dem Hintergrund der Zweiten Intifada (Ende 2000 – Anfang 2005)*, woraus sich ihre Polemik erklärt. Dass Kertész von dem israelisch-palästinensischen Konflikt unmittelbar auf das Verhältnis zwischen dem »liberalen« Europa und »dem Islam« schließt, ist natürlich eine fragwürdige Verallgemeinerung. Seine eigentlichen Themen sind hier aber die falsche Toleranz und der Fanatismus (vgl. 109), nicht der Liberalismus und die traditionelle Religion (von der er sich freilich stets distanziert hat – er hielt alle „offiziellen, institutionalisierten Glaubensformeln" für „ausgehöhlt"; LE1, 38, 24. April 2002; LE2, 19). Äußerungen wie diese scheinen übrigens auch ein Grund für das hohe Ansehen gewesen zu sein, das Kertész bei Orbán genoss.

* Vgl. Kertész' Reflexionen im Reisebericht *Jerusalem, Jerusalem...* (DIE ZEIT, 25.4.2002, geschrieben in Budapest vom 12. bis zum 15. April 2002 anlässlich einer Israel-Reise vom 9. bis zum 11. April; markierter Text analog im Tagebuch, 5. April): „Ich versuche, klar und vollkommen aufrichtig zu denken, und was ich denke, [...], jedes Tabu beiseite schiebend, vor mir selber auszusprechen. <u>Dass sich junge Menschen mit heller Lust selbst in die Luft sprengen</u> (im übrigen lese ich in der Zeitung, dass der irakische Diktator Saddam Hussein den hinterbliebenen Familien 25 000 Dollar zahlt)<u>, deutet darauf hin, dass es nicht nur darum gehen kann, ob sich ein palästinensischer Staat konstituiert oder nicht. Diese Selbstmörder weisen sich als Verlierer des Daseins aus. In der Tat kommt eine Verbitterung zum Ausdruck, die sich mit nationalistischen Affekten allein nicht erklären lässt.</u> [.../] Ich gestehe ehrlich: Als ich im Fernsehen zum erstenmal israelische Panzer erblickte, die auf Ramallah zurollten, durchfuhr mich unwillkürlich und unabweisbar der Gedanke: Mein Gott, wie gut, den Judenstern auf israelischen Panzern zu sehen und nicht, wie 1944, auf meiner Brust. Ich bin also nicht unbefangen [...]. Ich habe nie die Rolle des unparteiischen Scharfrichters gespielt: Das überlasse ich jenen europäischen – und nicht-europäischen – Intellektuellen, die dieses Spiel so glänzend beherrschen und oft genug zum Schaden spielen." (ES, 235f; vgl. LE1, 116; LE2, 80; zur Datierung siehe LE1, 118, 17. April 2002)

370 Kertész im Interview *Auschwitz kann sich wiederholen* von Mayer, MITTELBAYERISCHE, 23.1.2015

371 Spiró ist es zu verdanken, dass Kertész' erster Roman *Schicksalslosigkeit* in Ungarn bereits Mitte der 80er Jahre eine größere Leserschaft fand (siehe S. 24, Anm. 157). Ferner half er Kertész bei der Ausarbeitung einer ersten Fassung des Drehbuchs zu *Fateless* (siehe *Primärliteratur*, q).

372 Kertész lernte Esterházy 1983 bei einer Preisverleihung kennen (siehe oben 288). 1993 veröffentlichten sie gemeinsam die Erzählungen *Protokoll* (Kertész) und *Leben und Literatur* (Esterházy), in denen sie ihre jeweiligen Erlebnisse mit dem ungarischen Zoll beschreiben (siehe 160 und *Primärliteratur*, i).

373 Breitenstein, *Das große Nein*, NZZ, 25.4.2016. Die beiden Grabreden sind auf Ungarisch abgedruckt in ÉLET ÉS IRODALOM, 29.4.2016. Esterházys Rede wurde in der NZZ vom 27.4.2016 auch auf Deutsch veröffentlicht (*Schmerz, Unruhe, Stille*), bedauerlicherweise aber nicht zugleich diejenige Spirós. Aus ihr zitiert nur Breitenstein in dem Artikel vom 25.4. einige Stichworte, jedoch allein deswegen, um Spiró zu diskreditieren: „Es war der Schriftsteller György Spiró, der zuerst das Wort ergriff und im »Sonnenschein« sentimentaler Erinnerung sowie hemdsärmliger Deutung die vierzig Jahre Freundschaft beschwor, die ihn mit dem Toten verbanden. Entgegen der im Erlöschen aufleuchtenden Selbstbeschreibung im Finale von »Fiasko«, das zuletzt vorgetragen wurde, kam Kertész irritierend bieder daher – mit allerlei [*m. E. gar nicht so falschen*] Zuschreibungen vom Kenner der »Natur des Verrats«[*] sowie der »mondänen Unterwelt« der Pester Szene der fünfziger Jahre[°] über den plebejischen Spötter und »hauptamtlichen Sozialschmarotzer von zweifelhafter Existenz«[†] bis zum Freigeist, dessen »radikalen Schlussfolgerungen« man »mit großem Genuss« zuhörte [*wie nicht zuletzt Spiró selbst* ‡].[/] Es bedurfte Péter Esterházys Genie, die Dinge aus dem Kruden ins Klare und aus dem Lot ins Leere [*sic*] zu heben. Es war im besten Geist des Toten eine Rede, die [...]." (*Das große Nein*, NZZ, 25.4.2016)

* In einer Notiz von 1990 vermutet Kertész, „Freiheit" gründe nicht „in den Pflichten gegenüber uns wichtigen Personen, nicht in der Moral, sondern in dem »Anderen«, dem Vorgestellten" (siehe 224).

° Vgl. Kertész' Bericht über sein damaliges „Nachtleben" im Radioporträt »*Ich bin ein Privat-Überlebender*« von Cornelius Hell. (ORF, 2.6.1996; siehe auch das Zitat oben S. 15, Anm. 51)

† Kertész bekennt im Radioporträt »*Ich bin ein Privat-Überlebender*« von Cornelius Hell, Anfang der 50er Jahre sei er als Mitarbeiter der „Presseabteilung" eines Industrie-Ministeriums praktisch „nie dagewesen". Nach der morgendlichen Anmeldung sei er immer gleich zurück „nach Hause" gegangen, um etwas zu „schlafen". Zum „Mittagessen" habe er sich dann wieder eingefunden. Da das Ministerium auf „mehrere Häuser" verteilt gewesen sei und er vorgegeben habe, sich jeweils „in einer anderen Abteilung" aufzuhalten, sei sein Fehlen nicht aufgefallen. (ORF, 2.6.1996)

‡ Spiró: „With his lucid, sceptical mind, Kertész shone light on many crannies of the human past, present and future that I was not yet mature enough to see for myself. [… / …] It was from him that I heard something that very much stuck in my mind: »in art only the radical exists.«" (*In Art Only the Radical Exists*, THE HUNGARIAN QUARTERLY Vol. 43, No. 168, Winter 2002, 32)

374 Auf die Meldung von MTI beruft sich etwa DER STANDARD (APA) in *Ungarn: Nachlass von Imre Kertész geht an regierungsnahe Stiftung*, 22.12.2016. (WWW) Tatsächlich wurde anlässlich Kertész' 88. Geburtstag am 9. November 2017 an seinem ehemaligen Wohnhaus in der Törökstr. 3 auf Betreiben der Stiftung eine Gedenktafel angebracht. Zugleich wurde bekannt, dass die Stiftung für das seit Januar 2017 bestehende Imre-Kertész-Institut (Kertész Imre Intézet, Website: www.kerteszintezet.hu) eine renovierungsbedürftige Villa in der Benczúrstr. 46 erworben hat. (Péter Urfi, *Felavatták Kertész Imre emléktábláját…* [*Gedenktafel für Imre Kertész eingeweiht…*], 444.HU, 9.11.2017; Csilla Urbán, *Rámozdul a Kertész-hagyatékra az MMA* [*Die MMA steht für das Vermächtnis von Kertész*], NÉP-SZAVA ONLINE, 30.11.2017) Die Villa wird (wohl an Stelle von Kertész' früherer Wohnung) u. a. für Ausstellungen zur Verfügung stehen. (*Kertész Imréről rendezett konferenciát az MMA* [*Imre-Kertész-Konferenz an der MMA abgehalten*], PRAE.HU, 30.11.2017)

375 *Wem gehört Imre Kertész?*, Radiogespräch mit Wilhelm Droste, WDR 3 Resonanzen, 30.12.2016

376 Gregor Dotzauer, *Nachlass von Imre Kertész*, DER TAGESSPIEGEL, 1.3.2018

377 Die Zeugen waren Zoltán Hafner und László Farkas [*10. August 1931?]. (Ebd.) Zu Farkas siehe die Website des Petőfi-Literaturmuseums: https://pim.hu/hu/people/farkas-laszlo# [16.07.2019].

378 Laut Zoltán Hafner hat Kertész sich 2014 damit einverstanden erklärt, dass sein Werk nach seinem Tod in einem institutionellen Rahmen (in Ungarn) gepflegt wird. Im Frühjahr 2016 seien dann die konkreten Betriebsbedingungen für das Budapester Imre-Kertész-Institut festgelegt worden. Hafner selbst bedauert die Politisierung dieser Angelegenheit. (*Kertész Imréről rendezett konferenciát az MMA* [*Imre-Kertész-Konferenz an der MMA abgehalten*], PRAE.HU, 30.11.2017)

379 Iván Sándor, *Lebenswerk von Kertész enteignet?*, FRANKFURTER RUNDSCHAU, 14.3.2017

380 Gregor Dotzauer, *Nachlass von Imre Kertész*, DER TAGESSPIEGEL, 1.3.2018; Lothar Müller, *Verwandlung eines Nobelpreisträgers*, SÜDDEUTSCHE ZEITUNG, 31.1.2019

381 Diese Dokumente dürften vor allem aufgrund Kertész' Zusammenarbeit mit Zoltán Hafner in Budapest verblieben bzw. erhalten worden sein. Gregor Dotzauer berichtet nach einem Gespräch mit Hafner: „Hafner führte 2003 nicht nur ein großes Interview mit Kertész, das dieser unter dem Titel »Dossier K.« zu einer bewegenden Selbstbefragung umarbeitete [vgl. S. 12, Anm. 38 und *Primärliteratur*, s]. Er war bis zu Kertész' Tod auch ein enger Vertrauter.[/] »Imre hinterließ uns rund 1800 Dateien von zusammengerechnet 10 000 Seiten, die er mir im Jahr 2011 oder 2012 übergab«, sagt Hafner. »Danach schrieb er mehr oder weniger auf meinem Computer. Den gesamten Nachlass haben wir ausgedruckt.[*] Es gibt auch einen persönlichen Teil, der nicht zum literarischen Schaffen gehört. Den wollte er nicht nach Berlin geben. Zum Beispiel die Dokumente über seine Mutter [*Aranka Jakab*] oder seine erste Frau Albina. Oder die Zeitungsartikel aus den Jahren 1947 bis 1949.«" (*Nachlass von Imre Kertész*, DER TAGESSPIEGEL, 1.3.2018)

* Dazu gehören wohl nicht zuletzt auch die Interviews zu *Dossier K* (siehe *Primärliteratur*, s).

382 Die *Stiftung für die Erforschung der Geschichte und Gesellschaft Mittel- und Osteuropas* betreibt in Budapest seit 2002 das Museum *Haus des Terrors* (*Terror Háza Múzeum*), das die nazistische und die kommunistische Diktatur in Ungarn dokumentiert. Federführend ist hierbei die Historikerin Mária Schmidt, eine frühere Beraterin Orbáns, der vorgeworfen wird, sie relativiere die Mitverantwortung Ungarns für den Holocaust (siehe etwa den Artikel in DER STANDARD, 22.12.2016, oben 374). Da Kertész stets die Mitverantwortung der Ungarn betont hat, könnte es also befremden, dass sein Nachlass ausgerechnet an die besagte Stiftung ging. Jedoch wurde von Seiten der Regierung Orbán die Kollaboration ungarischer Behörden in letzter Zeit mehrfach explizit eingestanden.* Und eben Schmidt verteidigte Kertész gegen seine linken oder links-liberalen Kritiker. So schrieb sie 2014 über ihn den lobenden Essay *On the nature of dictatorships*, der wie folgt beginnt und endet: „The 85-year-old Imre Kertész is a free man. He remained one during and despite both inhumane totalitarian dictatorships. And he still is. God bless him." (MANDINER, 14.8.2014, WWW) Außerdem hatte sie ihn vermutlich für den Sankt-Stephans-Orden vorgeschlagen, worauf die ungarische Historikerin Eva S. Balogh in ihrem Blog hinweist: „Mária Schmidt, in an interview […] on ATV yesterday [*18.8.2014*], claimed that her writing an article about Imre Kertész [*s. o.*], […], at this particular time had nothing to do with the news released at the same time that Kertész will be one of the recipients of the Order of St. Stephen, […]. It was pure coincidence [*was unglaubwürdig erscheine*°]. She just happened to be reading a lot of Kertész, especially two of his lesser known works [»*Európa nyomasztó öröksége*«, 2008 (dt.: »*Europas bedrückende Erbschaft*«, 2007); »*Mentés másként*«, 2011 (»*Speichern unter*«, *Tagebücher 2001–2003*; vgl. *Primärliteratur*, y)†], and suddenly it occurred to her that Imre Kertész has been totally neglected by left-of-center liberal intellectuals. Showing her contempt for these people, she kept calling them the »szoclib« crowd. And why do these people neglect him? Because they, who previously served the Kádár regime, cannot forgive Kertész for equating Soviet-style totalitarian dictatorship with Nazism.[/] Schmidt is dismayed that especially as we commemorate the 70th anniversary of the Hungarian Holocaust Imre Kertész's name is hardly mentioned when, after all, he is the most famous Hungarian Holocaust survivor." Balogh selbst bezieht dabei eine merkwürdig unklare Position. Denn zum einen hält sie Schmidt entgegen, Kertész sei nach der Auszeichnung mit dem Nobelpreis im Jahr 2002 zunächst vor allem von den Rechtsextremen angefeindet und von den Konservativen ignoriert worden – insofern könnte man meinen, sie teile Kertész' Anliegen und bemühe sich darum, seine Vereinnahmung durch national-konservative Kreise abzuwehren. Zugleich bestreitet sie aber die Relevanz seiner Schriften für die historische Forschung (was m. E. die Frage aufwirft, ob sie ihn verstanden hat): „First, I would like to set the record straight. Kertész, after receiving the Nobel Prize, was attacked not by the »szoclib« crowd but by the extreme right, while the more moderate right just ignored him. […/] And now a few thoughts about the absence of Imre Kertész from the public discourse of the last few months over the events of 1944. The debate has been about history, historical truth. Imre Kertész cannot add anything to our knowledge on that score. The argument is over the role of Hungary in the drama. Kertész is not only not interested in that topic but has a most unhistorical interpretation of the Holocaust.[‡]" (*Mária Schmidt exploits Imre Kertész to bolster her own historical revisionism*, HUNGARIAN SPECTRUM, 19.8.2014, WWW) In der Tat sieht es so aus, als sei Kertész von Schmidt nicht aus politischem Kalkül, sondern aufgrund einer persönlichen Wertschätzung unterstützt worden. So berichtet der Journalist Gregor Dotzauer nach einem Treffen mit Schmidt und Zoltán Hafner in Budapest: „Schmidt kennt Kertész seit den 70er Jahren. »Der ›Roman eines Schicksallosen‹ war erschienen«, erinnert sie sich, »und hatte mir sehr gefallen. Wir trafen uns öfter in Gesellschaft oder im Kino, und es bewegte ihn, dass jemand diesen Roman gelesen hatte. Als 1990 meine erste historische Studie ›Kollaboration oder Kooperation‹ über den Budapester Judenrat erschienen war, hat er mich sehr gelobt. Es entwickelte sich eine stabile Freundschaft, die sich nach seiner Rückkehr nach Ungarn noch einmal intensivierte, übrigens auch mit Magda.«" (*Nachlass von Imre Kertész*, DER TAGESSPIEGEL, 1.3.2018)

* Solche Erklärungen wurden bereits 2014 zum 70. Jahrestag des deutschen Einmarsches in Ungarn abgegeben. (Meret Baumann, *Schuldeingeständnis und Opferrolle*, NZZ, 30.1.2014) Ferner verurteilte Orbán 2017 beim Besuch des israelischen Regierungschefs Netanjahu in Budapest die Mitwirkung Ungarns an der Judenvernichtung mit deutlichen Worten. Allerdings veranstaltete die ungarische Regierung kurz zuvor eine Plakatkampagne gegen den jüdischen US-Milliardär George Soros, die „antisemitische Konnotationen mitschwingen" ließ bzw. zumindest manche, die dies so sehen wollten, zu antisemitischen „Kritzeleien" animierte. Dies legt zunächst den Verdacht nahe, dass Orbán als „gewiefter Rechtspopulist" „zweigleisig" agierte, indem er sich nach außen politisch korrekt verhielt und in Ungarn zugleich „antisemitische[] Stimmungen" instrumentalisierte. (Gregor Mayer, *Orbán sagt Netanjahu null Toleranz gegenüber Antisemitismus zu*, DER STANDARD, 18.7.2017) Die eigentliche Motivation für die Kampagne war aber wohl die Furcht vor Soros' politischem Einfluss (vgl. 69) namentlich in Hinsicht auf die aktuelle Flüchtlingsfrage. So schreibt auch Mayer in dem oben zitierten Artikel: „Orbáns Kreise beschuldigen Soros, Millionen Migranten nach Europa verschiffen zu wollen und zu diesem Zwecke die Zivilorganisationen mit Geld zu überschütten." (Ebd.) Als „gewiefter Rechtspopulist" dürfte Orbán erkannt haben, dass im heutigen Europa das – neue – Feindbild des muslimischen oder afrikanischen Migranten weit größere Massen mobilisiert als das des Juden. Hierbei sah er in Kertész wahrscheinlich einen idealen Gewährsmann (vgl. 369), was seine Annäherung an ihn erklären würde.

° Balogh argwöhnt dagegen: „I suspect, […], that it is Mária Schmidt who is behind this devilish idea. She »discovered« the deeply anti-communist Imre Kertész. Last Thursday Heti Válasz published a fairly lengthy article by her about the greatness of Imre Kertész, […] thanks to the website Mandiner an English translation of it made its appearance online [*»On the nature of dictatorships«*, wie oben zitiert]." (*The Orbán government bestows the Order of St. Stephen on Imre Kertész*, HUNGARIAN SPECTRUM, 18.8.2014, WWW)

† Schmidt erwähnt diese Texte in *On the nature of dictatorships*. (MANDINER, 14.8.2014, WWW)

‡ Vgl. etwa Kertész' Notiz vom 28. Juli 2001: „Die Geschichte, daran besteht kein Zweifel, findet für nichts eine Erklärung. […]" (LE1, 60; LE2, 35; ausführlich unten 757, Kommentar °)

383 Immerhin wird das Budapester Imre-Kertész-Institut von Kertész' Freund Zoltán Hafner geleitet, der zuletzt eng mit Kertész zusammengearbeitet hat (vgl. 381 und *Primärliteratur*, m und z). Über Hafner schreibt Gregor Dotzauer in dem Artikel *Nachlass von Imre Kertész*: „Der Literaturwissenschaftler ist wohl der beste ungarische Kenner des Werks [*von Kertész*]. Er begegnete Kertész 1994 an der Universität in Szeged, wo er unter anderem zu dem katholischen Dichter János Pilinszky forschte, dessen Blick auf Auschwitz Kertész als verwandt empfand." (DER TAGESSPIEGEL, 1.3.2018)

384 Robert Tait, *Civil activists fear new crackdown in Hungary after Trump election*, THE GUARDIAN, 10.1.2017; Meret Baumann, *Neue Offensive gegen die Bürgergesellschaft*, NZZ, 17.1.2017

385 Anton Pelinka, *Politischer Vandalismus*, DIE ZEIT, 20.4.2017; Gregor Mayer, *Central European University zu Abzug aus Budapest gezwungen*, DER STANDARD, 4.12.2018

386 Über dieses Verhältnis zwischen dem – sterblichen bzw. abwesenden – Autor und seinem Werk schreibt Kertész schon 1981 im Tagebuch: „Die Schöpfung zeugt von Gott, die künstlerische Schöpfung von ihrem Autor; die Transzendenz eines Romans zum Beispiel ist der hinter ihm verborgene Schriftsteller, der – wenn er ein wirklicher Schriftsteller ist – genauso rätselhaft, unbegreiflich und zugleich überall gegenwärtig ist wie jener gewisse Gott, der angeblich unsere reale Welt geschaffen hat.[*] Die Transzendenz aus dem Roman zu eliminieren[°] ist demnach ein ebenso großer Irrtum, wie Gott aus der Welt zu eliminieren; obwohl es heute Mode ist, beide Irrtümer zu begehen. Deshalb sind sowohl die Romane als auch das Leben so langweilig." (GT, 116). Ähnlich bemerkt er 1983 (im Zusammenhang mit einem unveröffentlichten „Freud-Artikel"; vgl. S. 52, Anm. 405): „Es liegt im Wesen des Menschen, dass der andere Mensch ihn nicht interessiert. Nur sein Werk lässt sich wirklich vermitteln.[†]" (GT, 155, 159)
* Hier referiert Kertész wohl auf Flauberts Forderung: „Der Künstler muss in seinem Werk wie Gott in der Schöpfung sein, unsichtbar und allmächtig". (*An Mademoiselle Leroyer de Chantepie*, Paris, 18.3.[1857]; siehe das Zitat oben 3) Für Kertész evtl. ebenfalls vorbildlich erklärt Bachtin in *Zur Methodologie der Literaturwissenschaft* (1940, überarb. 1974): „Der wirkliche Autor kann nicht zum Bild werden, da er der Schöpfer eines jeden Bildes, alles Bildlichen im Werk ist. [...] Den Schöpfer sehen wir nur in dem, was er geschaffen hat, keineswegs außerhalb davon." (*Die Ästhetik des Wortes*, 349)
° Etwa im Sinne einer reinen Intertextualität unter Verzicht auf pragmatische Bezüge (siehe den Kommentar zur Postmoderne oben 278) oder auch einer Verabsolutierung des konkreten Werks, für die z. B. Robbe-Grillet in *Zeit und Beschreibung im heutigen Roman* (1963) wirbt: „das Werk [hier: *Alain Resnais' Film »Letztes Jahr in Marienbad«, für den Robbe-Grillet das Drehbuch schrieb*] ist kein Zeugnis von einer äußeren Realität, sondern stellt eine eigene Realität dar. Deshalb ist es dem Autor nicht möglich, einen besorgten Zuschauer über das Schicksal seiner Helden nach dem Wort »Ende« zu beruhigen. Nach dem Wort »Ende« geschieht, wie das Wort besagt, nichts mehr. Die einzige Zukunft, die das Werk haben kann, ist ein neues identisches Ablaufen dadurch, dass man die Filmspulen wieder in den Projektionsapparat einsetzt.[/] Ebenso absurd ist die Meinung, es gäbe in meinem [...] Roman *Die Jalousie oder die Eifersucht* eine klare und eindeutige Ordnung der Ereignisse, die nicht die der Sätze des Buches wäre". (*Argumente für einen neuen Roman*, 104)
† Vielleicht nach Márai: „[*Der Philosoph*] Croce. Lehnt die Psychoanalyse ab und meint, nur die *Werk*analyse könne Wesentliches über einen Menschen sagen; man müsse also nicht den Menschen analysieren, sondern sein Werk." (MTB 5, 170f, Tagebucheintrag von 1963)
387 Kertész im Interview *Document and Fiction* von Thomas Cooper, THE HUNGARIAN QUARTERLY, Holocaust Special Issue 2014, 9
388 Paradigmatisch für die Vorstellung vom Ende der Geschichte behauptet Hegel in *Vorlesungen über die Philosophie der Geschichte* (seit 1822): „Europa ist schlechthin das Ende der Weltgeschichte". (*Werke 12*, 134) Ähnlich optimistisch, wenngleich weniger überzeugt von der Höhe der eigenen Kultur, erklärt auch Kant 1798 in *Anthropologie...*: „dass bei allen übrigen sich selbst überlassenen Tieren jedes Individuum seine ganze Bestimmung erreicht, bei den Menschen aber allenfalls nur die *Gattung*: so dass sich das menschliche Geschlecht nur durch *Fortschreiten* in einer Reihe unabsehlich vieler Generationen zu seiner Bestimmung empor arbeiten kann; wo das Ziel ihm doch immer noch im Prospecte bleibt, gleichwohl aber die *Tendenz* zu diesem Endzwecke zwar wohl öfters gehemmt, aber nie ganz rückläufig werden kann." (*Anthropologische Charakteristik, E - Der Charakter der Gattung*, Akad. VII, 324) Hingegen entwerfen Vico in *Prinzipien einer neuen Wissenschaft über die gemeinsame Natur der Völker* (1725, erw. 1744) und Herder in *Ideen zur Philosophie der Geschichte der Menschheit* (1784ff) zyklische Geschichtsbilder. Dabei stellen sie neben dem Fortschritt zugleich regressive Phasen in Rechnung, die ggf. einen vollständigen Wiederaufbau der Kultur notwendig machen.

389 Die für die Aufklärung charakteristische Annahme, es ließe sich zumindest im Prinzip ein konsistentes Wissen über die Gesetze der Natur und das Wesen des Menschen in Erfahrung bringen, hat zunächst die romantische Bewegung in Frage gestellt. Gegen das Verfahren, von den gegebenen Fakten auf objektiv gültige Gesetze zu schließen,* wurde dabei der Einwand erhoben, die Realität könne nicht zuletzt vom Menschen selbst auf unvorhersehbare Weise umgestaltet werden.° Der Dialektische Materialismus in Anschluss an Marx und Engels griff die romantische Relativierung der Wissenschaft auf, aber nur, um die eigene Lehre mit einem neuen (pseudo-)wissenschaftlichen Anspruch zu versehen (vgl. 23, 63 und 105).

* Etwa erläutert Kant in seiner Dissertation von 1770, philosophische „Begriffe" beruhten darauf, dass man „bei Gelegenheit der Erfahrung" auf die „Tätigkeit" der Erkenntniskräfte achtet. (*Über die Form und die Prinzipien der sinnlichen und der Verstandeswelt*, § 8, Akad. II, 395)

° Siehe hierzu die Untersuchungen von Isaiah Berlin: *Die Revolution der Romantik: Eine Krise in der neuzeitlichen Geistesgeschichte* (1960, in *Wirklichkeitssinn*, 291-330), *Die Wurzeln der Romantik* (nach Vorlesungen von 1965, posth. 1999), *Das Wesen der europäischen Romantik* (1966, in *Die Macht der Ideen*, 341-349), *Die Apotheose des romantischen Willens* (1975, in *Das krumme Holz der Humanität*, 260-296), *Der Magus in Norden. J. G. Hamann und der Ursprung des modernen Irrationalismus* (1993).

390 Kertész, *Die Unvergänglichkeit der Lager*, EGS, 43; ES, 43

391 Márai: „Man muss daran glauben, dass ein Lebenswerk, von einem Künstler oder Schriftsteller in unbedingter Wahrhaftigkeit geschaffen, schließlich seinen Weg in die Öffentlichkeit findet, selbst dann, wenn es in Sanskrit verfasst in einer erzenen Kapsel im Sande des Ganges verschüttet ist. Dazu braucht es sehr viel Zeit, und die Großen unter den Kunstschaffenden [*wie Bartók*] erleben das Echo auf ihr Oeuvre selten. Dieser Preis muss gezahlt werden." (MTB 6, 190f, Tagebucheintrag von 1953)

392 GT, 84 (1977)

393 Kant, *Der Streit der Fakultäten*, Akad. VII, 18

394 Analog formuliert Schopenhauer in *Transzendente Spekulation über die anscheinende Absichtlichkeit im Schicksale des Einzelnen* (siehe die betreffende Notiz Kertész' von 1966/ 1967, oben 97).

395 Schopenhauer, *Die Welt als Wille und Vorstellung 2*, Kap. 38 - Über Geschichte, Werke 2, 504, 508

396 Kant unterscheidet in *Anthropologie in pragmatischer Hinsicht* die „*moralische* Kultur" von der „*historischen*, die bloß Gedächtniskultur ist". Dabei geht er von einer apriorischen Moral aus, der sich die Kultur nähern solle (vgl. 388), wohingegen sich aus der Geschichte keine Moral ableiten lasse. Vorbildlich für Schopenhauer thematisiert er dort auch das Verhältnis zwischen einem naturalistischen Willen und der spezifisch menschlichen Existenz, welche sich durch die Unterdrückung respektive Kultivierung dieses Willens auszeichne: „Der eigene Wille ist immer in Bereitschaft, in Widerwillen gegen seinen Nebenmenschen auszubrechen, und strebt jederzeit, seinen Anspruch auf unbedingte Freiheit, nicht bloß unabhängig, sondern selbst über andere ihm von Natur gleiche Wesen Gebieter zu sein; welches man auch an dem kleinsten Kinde schon gewahr wird: weil die Natur in ihm [*bei falscher Erziehung bzw. falschem Unterricht*] von der Kultur zur Moralität, nicht (wie es doch die Vernunft vorschreibt) von der Moralität und ihrem Gesetze anhebend, zu einer darauf angelegten zweckmäßigen Kultur hinzuleiten strebt; welches unvermeidlich eine verkehrte, zweckwidrige Tendenz abgibt". (*Anthropologische Charakteristik*, E - Der Charakter der Gattung, Akad. VII, 327 f)

397 Camus spielt in dieser Notiz vielleicht auf Nicole de Malebranche (1638–1715) an, der, angesichts des neuen naturwissenschaftlichen bzw. materialistischen Weltbilds der Renaissance, auf der Beziehung des Menschen zu Gott insistierte. Etwa schreibt Malebranche einleitend in *Erforschung der Wahrheit* (*De la recherche de la vérité*, 1674f): „Die Seele des Menschen steht ihrer Natur nach gleichsam zwischen ihrem Schöpfer und zwischen den Körpern in der Mitte; [...]. Wie aber jener erhabene Vorzug, den sie vor allen materiellen Dingen hat, keineswegs verhindert, dass sie mit ihnen nicht sollte verbunden sein und von einem gewissen Teile der Materie gar abhängt; so wird auch der unendliche

Abstand des allervollkommensten Wesens von der Seele des Menschen ihre unmittelbare und sehr genaue Verbindung mit demselben nicht aufheben. Sie hebt die Seele über alle Dinge empor. Sie gibt ihr Leben, Licht und alle ihre Glückseligkeit; […]. Diejenige hingegen, in welcher sie mit dem Körper steht, erniedrigt den Menschen unendlich und ist auch noch jetzt die vornehmste Ursache aller seiner Irrtümer und seines ganzen Elends." (*Erstes Buch, Vorrede des Verfassers*, 3)

398 Camus, *Tagebücher 1935-1951*, 434 (September 1945 – April 1948)

399 GT, 300f (Dezember 1990)

400 Helmuth Plessner (1892–1985) erklärt in *Grenzen der Gemeinschaft* (1924), man dürfe den „Willen zur Macht" nicht als einen bloßen „Trieb nach Geltung" ansehen. Vielmehr gebe es eine „Pflicht zur Macht", die auch ihrem Missbrauch entgegengesetzt sei. (*Schriften 5*, 130) Diese Pflicht assoziiert er mit dem besonderen „Ethos der Herrscher und Führer" einer Gesellschaft, während er der zivilen Mehrheit nur eine subalterne Existenz ohne weitergehende Verantwortung zubilligt: „Die Mehrzahl bleibt unbewusst und soll es bleiben, nur so dient sie." (38f) Natürlicher- oder idealerweise lebe die „Masse" gemäß den Normen eines jeweils herrschenden „Kulturstils" in einer herdenartigen „Gemeinschaft", deren Funktionieren von einer politischen Elite gesichert werden müsse: „Für ihren Glauben, ihre Einrichtungen und Sitten unterziehen sich Genossen einer primären Vertrautheitssphäre der Last staatlicher Organisation, entsagen einem unbestimmt großen Teil ihrer Freiheit und natürlichen Würde[*] und beugen sich als Mittel unter einen höheren Zweck. Und doch endet schließlich alles im Menschen, an den die höchste Gewalt übergeht, endet in seiner irrationalen Individualität, in seinem Charakter, Temperament, Schätzungsvermögen, in seinem Willen." Jedoch sei ein politischer „Führer" als „Mensch" gewissermaßen „irrealisiert", da er lediglich eine sachliche „Funktion" im Dienste des „Ganzen" erfülle. Hierbei müsse er Regeln gehorchen, die dem gewöhnlichen Moralempfinden fremd seien. Zum Beispiel könne für ihn „der Egoismus zur ethischen Restforderung" werden, wenn es um den Erhalt der Macht in einem „Ausnahmezustand" (im Sinne von Carl Schmitt) oder die Vernichtung eines „Feindes" gehe. Und eine „Verantwortung" habe er allein „vor dem Absoluten" bzw. „Gott gegenüber". (113-125) Plessners Überlegungen, die man als ironische Antwort auf die sozialistische Gemeinschaftsideologie verstehen kann, waren wohl nicht zuletzt durch den bedrohlich wachsenden Einfluss der »Masse« motiviert (vgl. 103). Seine Einschätzung der „Mehrzahl" als „unbewusst" erscheint auch heute noch zutreffend. Ihre Unbewusstheit aber zum Ideal zu erheben, ist dagegen mindestens fahrlässig, denn damit wäre jede demokratische Kontrolle der Regierenden obsolet. Die Geschichte hat gezeigt, dass eine autoritär regierte Gesellschaft ohne eine solche Kontrolle zum Totalitarismus entartet. Weiterhin kann die – wie von Plessner geforderte – Sachlichkeit der politischen Akteure, die ausschließlich einer Logik der Macht gehorchen, schon als Ursache für die Katastrophe des 1. Weltkriegs identifiziert werden.° Zudem widerspricht dies doch eigentlich der Bindung an transzendente Werte. Trotz aller richtigen Argumente überzeugt Plessners Aufsatz insgesamt also nicht. Das von ihm als realistisch angepriesene Gesellschaftsmodell erwies sich durch die historische Entwicklung als eine haltlose, naive Idee. Sein Verweis auf die „Pflicht zur Macht" in Bezug auf eine abstrakte Gesamtverantwortung ist aber durchaus berechtigt, allerdings betrifft dies tatsächlich jedermann.

* Definiert man mit Kertész „Würde" als: „die positive Entscheidung, am Leben zu bleiben" (siehe die Notiz von 1990, oben 110), wäre die laut Plessner dem Volk zuzumutende Angreifbarkeit der Würde gleichbedeutend damit, dass es sich der Regierung existentiell ausliefert und sich als „Sache" behandeln lässt (vgl. den Kommentar° in 240). Entsprechend erkennt Kertész: „Im 18., aber auch noch im 19. Jahrhundert war das »Volk«, ob noch leibeigen oder schon bäurisch, eher *Tier* als die Sache, zu der es im 20. Jahrhundert geworden ist." (GT, 115, 1981)

° Siehe etwa Hans Herzfeld, *Der erste Weltkrieg* (1969).

401 In dem Vortrag *Der überflüssige Intellektuelle* von 1993 bemerkt Kertész über sein Verhältnis zu den ungarischen Reformkommunisten Mitte der 50er Jahre: „auch die meisten Intellektuellen lehnten ja

diese Welt ab, wenn auch nicht unbedingt im Namen der Transzendenz. Hingegen waren Reformen eine realistische Hoffnung, es entstanden die Alternativen »von innen« oder »von außen«, das heißt »dafür oder »dagegen«. Nur dass diese Alternativen damals für mich schon längst keine Alternativen mehr waren. […], mich interessierte, im Gegensatz zur überwältigenden Mehrheit, nicht, wie es sich in dieser Welt leben, sondern wie sie sich darstellen ließ. […]; meine Entscheidung lautete: weder dafür noch dagegen – außerhalb." (ES, 97 f)

402 Im Gespräch mit Hähnel und Mesnard von 2000 äußert Kertész (in Bezug auf Fall des Holocaust-schwindlers Bruno Doessekker alias Binjamin Wilkomirski, dessen erfundene Erinnerungen er als Fiktionen gelten lässt): „Ich würde sagen, Lügen haben immer den meisten Erfolg,[*] und das verdient die Welt. […] [Frage:] Das hieße, dass die Welt keine Wahrheit verdient? [Kertész:] Ich weiß nicht, ob die Welt Wahrheit auch verdient. Aber Wahrheit wird schwerer angenommen. Weil sie nicht so romantisch ist. Wenn in einem Buch auch nur eine Spur von Wahrheit ist, muss man sich verantwort-lich fühlen." (SINN UND FORM 3/2000, 378)
  * Ähnlich im Gespräch Wichtig ist die Öffentlichkeit mit Hefti und Heuer von 2001, in Ganzfried, … alias Wilkomirski, 208

403 Kertész, Der Holocaust als Kultur, EGS, 58; ES, 79 (äquivalent auch in Die exilierte Sprache, ES, 211); Borowski, Bei uns in Auschwitz (1946)*: „Dichter, Advokaten, Philosophen und Priester werden uns verschweigen/niederschreien." (Die steinerne Welt, 173/Bei uns in Auschwitz, 58)
  * Die Erzählung wurde zuerst veröffentlicht in dem Sammelband 6643 Janusz Nel Siedlecki/75817 Krystyn Olszewski/119198 Tadeusz Borowski, Byliśmy w Oświęcimiu [Wir waren in Auschwitz], Mün-chen (Oficyna Warszawska na Obczyźnie), 1946.

404 Kertész, Der Holocaust als Kultur, EGS, 58; ES, 79f (kürzer auch in Wem gehört Auschwitz?, EGS, 148; ES, 149; Die exilierte Sprache, ES, 211); Améry, Jenseits von Schuld und Sühne, Kap. Ressentiments, Werke 2, 146

405 GT, 155 (1983). Laut Kertész' Aufzeichnungen war der Freud-Artikel für 1982 geplant. (GT, 155-159)

406 Im Tagebuch notiert Kertész 2001: „Mein Verhältnis zur ungarischen Sprache ist ähnlich wie das zu meinem Computer. Ich benutze beide als Instrument, […]. Aber ich erforsche nicht seine Metaphysik, und nur weil ich es benutze und das außer mir noch viele andere tun, habe ich nicht das Gefühl, einem Computer zuzugehören bzw. einem Land, das gleichzeitig auch meine sogenannte Heimat wäre.[*]" (LE1, 50, 26. Mai 2001; fehlt in LE2) „Ich gehöre nicht zur ungarischen Literatur […]. In Wirklichkeit gehöre ich zu jener in Osteuropa in Erscheinung getretenen jüdischen Literatur, die in der Monarchie und dann in den Nachfolgestaaten hauptsächlich auf Deutsch, aber nie in der Sprache der jeweiligen nationalen Umgebung geschrieben wurde […]. Diese Linie lässt sich von Kafka bis Celan ziehen, und wenn es möglich ist, sie weiter zu verfolgen, dann wäre sie mit mir fortzusetzen. Mein Unglück ist, dass ich Ungarisch schreibe; mein Glück wiederum, dass meine Arbeiten ins Deutsche übersetzt werden – selbst wenn die Übersetzung nur ein Schattenbild des Originals sein kann. […] letztlich gehöre ich zu jener in schlechtem Deutsch entstandenen Literatur, die von der Ausrottung der europäischen Juden erzählt, die Sprache ist zufällig, und welche Sprache es auch ist, sie kann nie Muttersprache sein. […] Doch auch die deutsche Sprache ist nur zeitweilige Herberge, vorübergehender Unterschlupf für die Obdachlosen." (LE1, 52, 4. Juni 2001; LE2, 27f; analog im Vortrag Von der Freiheit der Selbstbestim-mung von 2001, ES, 231f)
  * Damit spielt Kertész offenbar auf Wagner an, der in Das Judentum in der Musik (1850) den Juden vorhält, sich nicht in die jeweiligen Nationalkulturen zu integrieren, in denen sie leben, so dass ihnen namentlich in der Sprache ein wirkliches Schöpfertum versagt bleibe: „Der Jude spricht die Sprache der Nation, unter welcher er […] lebt, aber er spricht sie immer als Ausländer. […] Eine Sprache, ihr Ausdruck und ihre Fortbildung, ist nicht das Werk Einzelner, sondern einer geschichtlichen Gemeinsamkeit: nur wer unbewusst in dieser Gemeinsamkeit aufgewachsen ist, nimmt auch an ihren

Schöpfungen teil. [...] In einer fremden Sprache wahrhaft zu dichten, ist nun bisher selbst den größten Genies noch unmöglich gewesen." (*Schriften 5*, 70f)

407 Kertész, *Die exilierte Sprache*, ES, 217

408 DK, 229f

409 Sarin, *Ein Leben als Artikulation*, Kap. II.1 - *Artikulierte Temporalisierung als Mittel zur Schaffung einer idealen Sprechsituation*, 172-183

410 Kertész, Lesung aus *Kaddisch...* während der Gedenkstunde des Deutschen Bundestages zum Tag des Gedenkens an die Opfer des Nationalsozialismus, 29.1.2007, Video, Mediathek des Bundestages, WWW

411 Biermann, Vortrag des Lieds *Ermutigung* im Deutschen Bundestag anlässlich der Debatte *Friedliche Revolution – 25 Jahre nach Mauerfall*, 7.11.2014, Video, Mediathek des Bundestages, WWW

412 K, 51f. Die genannte Zeit ergibt sich daraus, dass B.s Frau (Kertész' Publikum) damals schon „»etwas«" von B. „gelesen" hat. (37) Zudem spielt B. auf Andersch' Roman *Efraim* (1967, ungar. 1976) an, der in Ungarn gerade populär war (siehe das Zitat im Kapitel zu *Kaddisch...*, S. 82, Anm. 528; vgl. Royer, 220).

413 Im Gespräch »*Auschwitz ist fast eine negative Offenbarung*« mit Dorothea Schuler von 1996 erklärt Kertész: „Ich selbst habe meine Erfahrungen in Auschwitz gemacht und dann hätte ich sie auch vergessen. [...] erst später, als ich im Stalinismus ähnliche Züge erkannte, da erst habe ich die Gesetzmäßigkeiten einer totalitären Maschinerie ganz verstanden. Ich habe gesehen, [...], wie eine totale Macht alles mit den Menschen machen kann, [...]." „Auschwitz ist so eine gigantische Erscheinung – fast eine negative Offenbarung. Diese [...] wird in unserem Leben nicht nur heute, sondern auch morgen da sein, selbst wenn man überhaupt nichts über Auschwitz weiß. – Ich spreche jetzt natürlich von einer Zivilisation, die man europäische Zivilisation nennt, und das schließt auch die Vereinigten Staaten ein. In dieser Zivilisation ist das passiert. Diese Zivilisation ist auf einen christlichen, humanistischen, wissenschaftlichen Grund gebaut. Persönlichkeit und Freiheit, das sind die Grundsteine der europäischen Zivilisation und Auschwitz stellt in dieser Zivilisation eine ganz katastrophale Wende dar.[*] [...] Wir wissen noch nicht, was alles von dieser negativen Erfahrung her entwickeln wird, in Kunst, in Kultur oder in der Wirklichkeit – das wäre eine Katastrophe." (FRANKFURTER HEFTE 5/ 1997, 452, 453f)
     * Bereits Nietzsche prophezeit eine solche „Katastrophe" des „*Nihilismus*". (*Aus dem Nachlass der Achtzigerjahre, Werke 3*, 634 [*Der Wille zur Macht, Vorrede*, Nr. 2]) In *Ecce Homo* (1889) bezeichnet er auch schon die „*Entdeckung* der christlichen Moral" als „eine wirkliche Katastrophe". (*Werke 2*, 1158)

414 F, 436

415 Valéry, *Rede über die Dichtkunst, Werke 5*, 62

416 Ortega hielt die Vorlesung im Februar 1930 vor einem gemischten Publikum in einem Madrider Theater, nachdem es „aus politischen Gründen" (nämlich: wegen Studentenunruhen gegen Ende der Diktatur von Primo de Rivera*) zur „Schließung der Universität" und zu seiner „Entlassung" gekommen war. (*Was ist Philosophie?, Vorbemerkung der Herausgeber* [Zitate von Ortega], *Werke 5*, 313)
     * Christophe Charle, in Ruegg, *Geschichte der Universität in Europa*: „Unter der Diktatur (1923–1930) von Primo de Rivera (1870–1930) erhielten die Universitäten Autonomierechte als eigene Rechtspersönlichkeit und Korporation gemäß der herrschenden korporatistischen Ideologie. Doch entfachte die Vorzugsbehandlung der kirchlichen Bildungsanstalten eine heftige studentische Agitation, der das Regime durch Schließung der Universität Madrid begegnete." (Bd. 3, Kap. 2, 76)

417 Ortega, *Was ist Philosophie?, Werke 5*, 326

418 Schon in *Schicksalslosigkeit* indiziert Kertész Konformismus und Parteilichkeit durch das Motiv der Homosexualität. So heißt es über den Lagerältesten in Zeitz (vgl. 48), der unter den Häftlingen „»Ruhe«" durchsetzen will (also: keinen Widerspruch duldet), er sei: „»Ein warmer Bruder, [...] ein Schwuler!«" (RS, 146f; analog MS, 113f) In der Verfilmung *Fateless* bzw. im Drehbuch bemerkt Köves' Mitgefangener Bandi Citrom ferner: „»Hier ist also ein schwuler Raubmörder[*] der höchste Herr des Gesetzes.«" (SS, 97) Ähnlich scheint Kertész in der 1976 geschriebenen Erzählung *Detektivgeschichte*

die *Frankfurter Schule* zu parodieren. Mit der Figur Max, „einem weit und breit bekannten Schwu-len, der unter Beruf »Philosoph« eintrug", ist vermutlich deren Leiter Max Horkheimer gemeint. Die Homosexualität von Max lässt sich als Anspielung darauf deuten, dass Horkheimer nur streng linien-treue Mitarbeiter duldete.° Entsprechend wäre der „Drogen"- (sprich: Ideologie-)Abhängige Ramón, der Mitglied einer Widerstandsgruppe ist, eine Karikatur Adornos: „Ramón war ein hübscher junger Mann, groß, hager, schwarzhaarig, und die lässigen Sportklamotten, in denen er sich meistens zeigte, standen ihm gut.[/ ...] Er war mit Max durchgebrannt [...]. Er trat einer Kommune [also: der *Frank-furter Schule*] bei, die Kunstgewerbeartikel [*Essays*] produzierte. Sie spannen und webten, Männer und Frauen zusammen, nackt. [...] Ramón [...] hatte Angst. Angst vor sich selbst und vor allen anderen. Angst vor der Gesellschaft, weil er, wie er sagte, deren mörderische[] Gesetze kannte." (D, 53f)

* Das könnte sich konkret auf Rákosi beziehen, der die Stalinisierung Ungarns organisierte und als Ministerpräsident mit brutalen Methoden herrschte. Aber auch über Kádár äußert Kertész 2004 im Gespräch mit Ijoma Mangold: „Auch der »Vater« unseres sogenannten Gulasch-Kommunismus, János Kádár, war ein Massenmörder. Er hat nach 1956 viele Menschen hinrichten lassen, auch Jugendliche, die erst 16 waren und zwei Jahre warten mussten, bis sie getötet wurden." (SZ, 9.11.2004)

° Horkheimer erklärt in *Materialien für Neuformulierung von Grundsätzen* (1935), das *Institut für Sozialforschung* verstehe er als „eine Gruppe mit gemeinsamen Anschauungen und Zielen", er sehe die „Notwendigkeit, gemeinsam darüber zu wachen, dass [*der*] Institutskern möglichst homogen ist", es sei also die „größte Sorgfalt in der Wahl der engeren Mitarbeiter" erforderlich. (Zitiert nach Wiggershaus, 125) Ebenso erwähnt auch Martin Jay in *Dialektische Phantasie. Die Geschichte der Frankfurter Schule...* (1973, dt. 1976), dass „insbesondere nach der Übernahme der Leitung durch Horkheimer" das „Gefühl eines gemeinsamen Schicksals und eines gemeinsamen Ziels" ein „Cha-rakteristikum des Instituts" gewesen sei: „Die Absicht der Gründungsmitglieder war gewesen, eine Gemeinschaft von Wissenschaftlern zu bilden, deren Solidarität einen mikrokosmischen Vorge-schmack auf die brüderliche Gesellschaft der Zukunft geben sollte." (50) Da Kertész die *Detektiv-geschichte* bereits im Mai 1976 schrieb, wird er sich aber wohl nicht an Jays Studie orientiert haben (deren deutsche Übersetzung, die er hätte lesen können, anscheinend erst im Herbst 1976 erschien; siehe die Kritik von Hieber in DIE ZEIT 46/1976), sondern an irgendeiner anderen ihm zugänglichen Quelle.

419   LE2, Kap. *Die letzte Einkehr. Zweiter Anlauf*, 324; LE0

420   Zu Pilinszky siehe Royer, 185-188; zu Lanzmann: LE1, 183, 444 (21. Juli 2003, Anm.) und Royer, 264; zu Dorst, Ligeti und Barenboim: LE1, passim; zu Ormos: Spiró, *In Art Only the Radical Exists*, THE HUNGARIAN QUARTERLY Vol. 43, No. 168 (Winter 2002), 34 und Royer, 132-134.

421   Siehe die Belege im Literaturverzeichnis, *Primärliteratur, Chronologischer Überblick*.

422   F, 368-370; analog in der separaten Veröffentlichung *Ich, der Henker*, OH, 31-34

423   LE1, 68f (9. August 2001); fehlt in LE2

424   F, 366; OH, 29. Siehe das ausführliche Zitat oben 37.

425   LE1, 25 (30. März 2001); LE2, 10 (hier: „*22. März 2001*"). Siehe das ausführliche Zitat oben 343.

426   F, 363-378 („*Ich, der Henker*")

427   F, 406-431 (Kap. *Brief. Verblüffung*)

428   LE1, 310 (1. Oktober 2004); LE2, 239

429   In *Ein Leben als Artikulation* habe ich als mögliche Referenzen für das Kain-Motiv in *Erdenbürger und Pilger* Schopenhauer und Schiller angegeben, die aber wohl nicht Kertész' hauptsächliche Quel-len waren. (279, ↑808) Royer merkt in ihrer Kertész-Biografie an, vorbildlich für Kertész könnte auch Camus gewesen ein, der im Tagebuch über Kain reflektiert. (*Imre Kertész*, 151)

430   Augustinus, *Der Gottesstaat. De civitate Dei 2*, 5 (XV.1), 11 (XV.5)

431   Kertész im Gespräch mit Thomas Schmid, HAMBURGER MORGENPOST, 9.5.1996

432   Kertész im Gespräch mit Volker Müller, BERLINER ZEITUNG, 22.12.1997

433 Kertész im Gespräch mit Andreas Breitenstein, NZZ, 7.12.2002

434 Kertész im Gespräch mit Alexandre Lacroix, PHILOSOPHIE MAGAZIN 5/2013

435 Bachtin erläutert in *Aus der Vorgeschichte des Romanwortes* (1940), durch *„intonatorische Anführungszeichen"* ließe sich im Roman das parodistische „Bild einer fremden Sprache" oder eines „fremden Stils" von der ernst gemeinten „direkten Autorrede" unterscheiden. (*Die Ästhetik des Wortes*, 303) Kertész erwähnt Bachtin 1974 im Tagebuch. Ob er dessen Schriften schon während der Arbeit an *Schicksalslosigkeit* (1960 – Mai 1973) kannte, ist allerdings fraglich, denn er merkt an, diese würden erst jetzt allmählich Verbreitung finden: „Bereits in den zwanziger Jahren formuliert er die Notwendigkeit einer auf formaler – und zwar ausschließlich formaler – Grundlage bestehenden Untersuchung des Romans. Sie stecken ihn ins Gefängnis: [...] man wird in die Folterkammer geworfen, weil man sich still, fleißig und mit philologischer Besessenheit [...] mit der formalen Analyse des Romans beschäftigt, [...]. Jetzt finden seine Schriften allmählich Verbreitung." (GT, 40) Vielleicht besaß er von Bachtin aber den Band *Literatur und Karneval* (München, 1969). Als Vorbild für die Zitattechnik in *Schicksalslosigkeit* diente ihm wohl vor allem Camus' Roman *Der Fremde*, in dem gleichfalls die formelhafte Alltagssprache hinterfragt wird. Vgl. ebd.: „Ich habe ein Telegramm vom Heim bekommen:»Mutter verstorben. Beisetzung morgen. Hochachtungsvoll.« Das will nichts heißen. Es war vielleicht gestern." (7) Die Notwendigkeit expliziter Zitate thematisiert auch Márai in seinen Erinnerungen *Land, Land*: „Gegen Mitte des Jahrhunderts war es ratsam, ironische Andeutungen in Anführungszeichen zu setzen und den Leser so darauf hinzuweisen, dass der Verfasser nicht wörtlich genommen werden wollte [...]." (98) Márais Buch erschien jedoch erst 1972 und wird daher kaum einen Einfluss auf die Gestaltung von *Schicksalslosigkeit* gehabt haben (vgl. Sarin, *Ein Leben als Artikulation*, 58, ↑128).

436 Kertész, *Wem gehört Auschwitz?*, EGS, 147f; ES, 149

437 In *Schicksalslosigkeit* trägt Köves nach seiner Rückkehr aus dem Lager den Daheimgebliebenen sein Verständnis der menschlichen „Freiheit" vor. Diese beruhe auf der eigenverantwortlichen Teilnahme am empirischen Geschehen: „Ich und kein anderer hat meine Schritte gemacht, und ich behaupte, mit Anstand. [...], wir selbst sind das Schicksal". (RS, 284; analog MS, 224). 1977 bemerkt Kertész dazu im Tagebuch (in Bezug auf seinen neuen Roman *Fiasko*): „Köves [hier: Steinig aus »Fiasko«; vgl. 164] ist kein Opfer, es geht nicht darum, dass ihm Scheußlichkeiten widerfahren, sondern darum, dass er diese Welt der Scheußlichkeiten – durch sein bloßes Dasein, seine bloße Teilnahme – selbst schafft! Das ist seine Anständigkeit, seine Tugend – und vor allem seine Schuld." (GT, 79) Vorbildlich hierfür war offenbar die Philosophie Kants. In *Natur und menschliche Freiheit* (2019) habe ich gezeigt, dass Kants Freiheitsbegriff, der ursprünglich nur den Status einer transzendentalen Idee hatte, die sich nicht in der Erfahrung belegen lässt, vor dem Hintergrund der heutigen Naturwissenschaft vollständig gerechtfertigt erscheint. Wie auch Kertész in *Schicksalslosigkeit* nahe legt, ist demnach ein Mensch frei, wenn er sein Handeln an seinem eigenen subjektiven Erfahrungshorizont ausrichten kann.

438 RS, 103-106, 110f; analog MS, 79-81, 85

439 Freud unterscheidet in *Die Traumdeutung* (1900) den *„Primärvorgang"*, unter dem er eine reflexartige, durch Lust- oder Unlusterfahrungen konditionierte Reaktion auf das unmittelbar Gegebene versteht, vom *„Sekundärvorgang"* des abstrahierenden Denkens. (Kap. VII.E, Werke 2/3, 607) In *Formulierungen über die zwei Prinzipien des psychischen Geschehens* (1911) erklärt er ausführlicher, das Versagen der „primären Vorgänge" bei Interaktionen mit der Umwelt sei die Ursache für die „Einsetzung des *Realitätsprinzips"* gewesen: „es wurde nicht mehr vorgestellt, was angenehm, sondern was real war, auch wenn es unangenehm sein sollte." (*Werke 8*, 231f)

440 Semprún beschreibt in *Die große Reise* (1963) die Ermordung eines Sowjetoffiziers in einem besonders präparierten „Duschraum" des Lagers Buchenwald: „Dort führte man den Sowjetoffizier hinein, gab ihm ein Stück Seife und ein Handtuch, und nun wartete der Sowjetoffizier, dass aus der Dusche Wasser käme. Es kam aber kein Wasser. Statt dessen schoss ihm ein SS-Mann durch eine in der Ecke verbor-

gene Schießscharte eine Kugel durch den Kopf." (72) Auf diesen Roman bezieht sich Kertész auch in *Fiasko*. Anders als in *Schicksalslosigkeit* nennt er dort explizit den Titel „Die große Reise". (F, 61)

441 GT, 27 (26. Dezember 1970)

442 Royer, *Imre Kertész*, Kap. *Albert Camus, maître de la situation*, 123-128

443 Thomas Mann, *Die Entstehung des Doktor Faustus*, MK 115, 119

444 Robbe-Grillet, *Dem Roman der Zukunft eine Bahn*, in *Argumente für einen neuen Roman* (1963, dt. 1965), 21. Kertész zitiert in einer Notiz von 1966/1967 aus demselben Band von Robbe-Grillet: „»Da der Begriff der Welt nicht in Frage gestellt war, konnte das Erzählen auch kein Problem bedeuten« (im letzten Jahrhundert) [*Über ein paar veraltete Begriffe; loc. cit.*, 33]. Dann: »Letztlich gibt es nichts Phantastischeres als die Genauigkeit« – über Kafkas »Schloß« [*Vom Realismus zur Realität; loc. cit.*, 117] (wenngleich natürlich auch die Genauigkeit nur Fiktion ist, das heißt eine Frage der Wahl)." (GT, 22f) Aus seinen im Berliner Kertész-Archiv verwahrten Tagebüchern geht auch hervor, dass er von Robbe-Grillet *Dans le labyrinthe* (1959) in der Übersetzung *Útvesztő* [*Labyrinth*] (Budapest, 1969) gelesen und diesen »strukturellen Roman« als Vorbild für *Schicksalslosigkeit* genutzt hat. (GT, 192f)

445 Kelemen weist auf entsprechende Arbeitsnotizen von 1960 im Berliner Kertész-Archiv hin (Kertész-Imre 22). (Győrffy/Kelemen, *Kertész und die Seinigen*, Kap. *Der Vorlass von Imre Kertész*, 18) Kertész datiert in *Budapest, Wien, Budapest* seine *Zauberberg*-Lektüre auf 1954 (siehe oben 78).

446 Thomas Mann erwähnt in *Betrachtungen eines Unpolitischen* bereits sein Romanprojekt *Der Zauberberg*: „Vor dem Kriege hatte ich einen kleinen Roman zu schreiben begonnen, eine Art von pädagogischer Geschichte, in denen ein junger Mensch [*Hans Castorp*], verschlagen an einen sittlich gefährlichen Aufenthaltsort [*das Sanatorium Berghof*], zwischen zwei gleichermaßen schnurrige Erzieher gestellt wurde, zwischen einen italienischen Literaten, Humanisten, Rhetor und Fortschrittsmann [*Settembrini*] und einen etwas anrüchigen Mystiker, Reaktionär und Advokaten der Anti-Vernunft [*Professor Naphta*], – er bekam zu wählen, [...], zwischen den Mächten der Tugend und der Verführung, zwischen der Pflicht und dem Dienst des Lebens und der Faszination der Verwesung, für die er nicht unempfänglich war; die Redewendung von der »Sympathie mit dem Tode« war ein thematischer Bestandteil der Komposition." (MK 116, 316)

447 Thomas Mann erklärt in dem Vortrag *Einführung in den »Zauberberg«* (Universität Princeton, Mai 1939): „der junge Hans Castorp ist ein simpler Held, ein Hamburger Familiensöhnchen und Durchschnittsingenieur. In der fieberhaften Hermetik des Zauberberges aber erfährt dieser schlichte Stoff eine Steigerung, die ihn zu moralischen, geistigen und sinnlichen Abenteuern fähig macht, von denen er sich in der Welt, die immer ironisch als das »Flachland« bezeichnet wird, nie hätte etwas träumen lassen. Seine Geschichte ist die Geschichte einer Steigerung, aber sie ist Steigerung auch in sich selbst, als Geschichte und Erzählung. Sie arbeitet wohl mit den Mitteln des realistischen Romanes, aber sie ist kein solcher, sie geht beständig über das Realistische hinaus, indem sie es symbolisch steigert und transparent macht für das Geistige und Ideelle." (MK 114, 334)

448 Thomas Mann, *Der Zauberberg*, Kap. 2, *Von der Taufschale und vom Großvater in zwiefacher Gestalt*, *Werke 3*, 36, 41f

449 Thomas Mann, *Der Zauberberg*, Kap. 3, *Neckerei. Viatikum. Ununterbrochene Heiterkeit*, *Werke 3*, 76

450 Thomas Mann, *Einführung in den »Zauberberg«*, MK 114, 338

451 Ich beziehe mich auf die von Kertész 1997/1998 letztmals überarbeitete Fassung von *Der Spurensucher*, welche die Grundlage der deutschen Übersetzung ist (siehe *Primärliteratur*, f).

452 Kertész, *Der Spurensucher*, EF, 137

453 Kertész, *Der Spurensucher*, EF, 61

454 Auf Camus referiert Kertész in *Der Spurensucher* auch im Kap. *Stoßzeit*. Dort bemerkt der Abgesandte im Gedränge der Straße einen „jungen Mann", der ihn an ein Selbstporträt von „Albrecht Dürer"* erinnert. Diesen selbstbewusst auftretenden „Fremden" sucht er später mit einem „dankbare[n] Blick",

da er ihm „zum Sehen verholfen hatte". (EF, 128f, 136) Damit bezieht Kertész sich wohl auf seine Entdeckung von Camus' Roman *Der Fremde* auf der Budapester Buchmesse 1957 (vgl. S. 17, Anm. 79).

* Nach Kertész' Beschreibung handelt es sich um Dürers *Selbstbildnis* von 1500 (München, Alte Pinakothek; siehe Panofsky, *Das Leben und die Kunst Albrecht Dürers*, Index, 427, Abb. 110).

455 Im *Zauberberg* erklärt der leitende Arzt des Sanatoriums Berghof, Dr. Behrens, Hans Castorp die Konstruktion des Apparats, mit dem Mynheer Peeperkorn sich ein tödliches Gift gespritzt hat: „Es ist ganz einfach, wenn man es so vor Augen hat. Man muss nur darauf kommen." (*Werke 3*, 866)

456 Kertész, *Der Spurensucher*, EF, 105f

457 Thomas Mann schreibt in *Betrachtungen eines Unpolitischen* über den von Schopenhauer bezeugten „Adel des Geistes" bzw. seinen „radikale[n] Individualismus": „Mit seiner metaphysischen Bestimmung der Willensfreiheit also, […], rettete Schopenhauer, allem Determinismus zum Trotz, den Begriff der *Schuld*. Dass aber dies ein aristokratischer Begriff ist, versteht man, wenn man seine Ergänzung, den Begriff des *Verdienstes* mit denkt, […]. Schuld und Verdienst: ein aristokratisches Begriffspaar; und sofort bringen sie auch einen aristokratischen *Gerechtigkeits*begriff hervor, welcher nicht besagt: »Allen das Gleiche«, sondern: »Jedem das Seine« …" (MK 116, 98f)

458 Vgl. Platon: „das sei gerecht, jedem das Gebührende abzugeben, […] das Schuldige." (*Politeia*, I, 332 c)

459 Kertész, *Der Spurensucher*, EF, 115. In einer Notiz von 1994 bemerkt Kertész, die Identität dieser „Männer" werde in einer früheren Fassung noch nicht deutlich genug (siehe *Primärliteratur*, f).

460 Kertész, *Der Spurensucher*, EF, 90f

461 Kertész, *Der Spurensucher*, EF, 146f

462 In *Der Spurensucher* umschreibt Kertész das Hotel als „jene[s] berühmte[] Hotel", „das seinen Namen von einem Rhinozeros oder einem Hippopotamus […], jedenfalls von einem großen tropischen Tier hatte". (EF, 93) Das Hotel erwähnt er im November 1980 auch im Tagebuch: „wir durften uns nicht hinsetzen, wo wir wollten, im Hotel »Elefant« ließen sie uns nicht hinaus auf die Terrasse usw." (GT, 110)

463 Kertész, *Der Spurensucher*, EF, 153. In einer Notiz von 1994 macht Kertész selbst auf die „Alternative zwischen der Frau mit dem Trauerflor und dem mit großem Tamtam dann doch das Überleben wählenden Abgesandten" aufmerksam. (B, 70f)

464 Aus Kertész' Arbeitsnotizen im Berliner Kertész-Archiv geht hervor, dass die Frau mit dem Trauerflor in *Der Spurensucher* der trauernden Mexikanerin mit dem Spitznamen »Tous-les-deux« in Thomas Manns *Zauberberg* korrespondiert. (Kelemen, *Der Vorlass von Imre Kertész*, in Györffy / Kelemen, *Kertész und die Seinigen*, 20; vgl. Thomas Mann, *Werke 3*, 153)

465 Adorno schreibt in *Kulturkritik und Gesellschaft*: „Als neutralisierte und zugerichtete aber wird heute die gesamte traditionelle Kultur nichtig: durch einen irrevokablen Prozess ist ihre von den Russen scheinheilig reklamierte Erbschaft in weitestem Maße entbehrlich, überflüssig, Schund geworden, worauf dann wieder die Geschäftemacher der Massenkultur grinsend hinweisen können, die sie als solchen Schund behandeln. Je totaler die Gesellschaft, um so verdinglichter auch der Geist und um so paradoxer sein Beginnen, der Verdinglichung aus eigenem sich zu entwinden. […]: nach Auschwitz ein Gedicht zu schreiben, ist barbarisch,[*] […]." (*Schriften 10.1*, 30)

* Diesen *„berühmten – oder berüchtigten – Satz"* Adornos bezeichnet Kertész in *Dossier K* als „moralische Stinkbombe". (DK, 120) Gleichlautend erklärt er im Interview *Ich rolle den Fels immer wieder hinauf* von Sönke Petersen (31.1.2007): „dieser Satz ist eine moralische Stinkbombe. Denn er bedeutet, dass Adorno die gesamte europäische Kunst aufgibt. Und ich kann nicht nachvollziehen, dass ein Geist wie Adorno annehmen kann, die Kunst würde auf die Darstellung des größten Traumas des 20. Jahrhunderts verzichten." (BLICKPUNKT BUNDESTAG ONLINE, Archiv 01 / 2007)

466 Ende 1975 notiert Kertész im Tagebuch: „Vorsicht: Sie flirtet mit der Freiheit und schläft mit der Tyrannei." Darauf folgen die Einträge: „Der täglichen Exerzitien wegen: In moralischem Sinn ist es möglich, ja sogar nötig, im Paradox zu leben; nicht jedoch im Kompromiss.[/] Der eine Weg des Selbstmordes,

der zur Auferstehung führt; aber es gibt auch einen, der zur völligen Vernichtung führt, und dieser Weg ist der bequemere." (GT, 62) Kertész wählte also den Weg des autonomen Künstlers, der seinen sozialen „Tod" in Kauf nimmt (vgl. S. 30, Anm. 221 und 224), und verwarf bequemere Optionen wie z. B. die totale Verweigerung (à la Adorno) oder die geschickte Anpassung (etwa à la Hermann Kant).

467 Kertész, *Der Spurensucher*, EF, 133f

468 Kertész, *Der Spurensucher*, EF, 123-126

469 Dass in *Schicksalslosigkeit* Köves' Vater, von Beruf Holzhändler, zum »Arbeitsdienst« verpflichtet wird und dabei umkommt, ist offenbar eine Anspielung auf die politische Instrumentalisierung der Literatur. Das „Holzlager" und die „Schatulle" mit dem »»Ware«" genannten Familienschmuck, die Herr Sütő vom Vater übernimmt, deuten auf die im kommunistischen Ungarn weiterhin verlegten Klassiker und das von Lukács seit 1954 herausgegebene Werk Thomas Manns, oder evtl. auch auf die nur noch antiquarisch erhältliche Literatur, wie z. B. Valéry (vgl. S. 16ff). (RS, 10, 20; MS, 6f, 15)

470 D, 94

471 D, 84

472 D, 87

473 Hans Mayer erinnert in *Macht und Ohnmacht des Wortes* an „gewisse Fragen", die auch Kertész (u. a.) in der *Detektivgeschichte* berührt: „Ein deutscher Schriftsteller muss heute gewisse Fragen seiner Verantwortung und auch seiner Thematik stellen. Er muss das Phänomen der Unmenschlichkeit in allen Verästelungen studieren, wenn er jetzt weiterarbeitet. Es gibt für ihn die Frage seines eigenen Erlebnisses, die zentrale Frage für jeden Schriftsteller, die er immer wieder nur für sich selber lösen kann; allein es gibt daneben die Frage seiner Wirkung auf heutige Menschen im heutigen Deutschland. Das Verhältnis des Schriftstellers zur Gesellschaft schlechthin, so wie ich es in meinem Referat [*auf dem Berliner Kongress*] zu behandeln hatte, ist eng verknüpft mit dem Bericht, den Anna Sehgers über den Kampf des Schriftstellers für die geistige Freiheit, oder mit jenem, den Johannes R. Becher über unser Verhältnis zu Krieg und Frieden zu geben hatte." (FRANKFURTER HEFTE 12/1947, 1180) Ferner stellt er die „Frage nach der Wahrheit des Schriftstellers", (1181) die Kertész durch einen Bezug auf anthropologische Konstanten beantwortet hat (vgl. S. 32, Anm. 239 und 240).

474 Der Anlass von Mayers Mahnung war der Auftritt des US-Kulturoffiziers (und späteren Publizisten) Melvin Lasky auf dem *Ersten Deutschen Schriftstellerkongress*, bei dem Lasky durch seine Kritik an der fehlenden Meinungsfreiheit in der Sowjetunion einen Eklat hervorrief. Hierüber schreibt Mayer in seinen Erinnerungen *Ein Deutscher auf Widerruf* (2 Bde., 1982, 1984): „Die Unruhe im Saal wuchs immer mehr. Das also hatte man vorbereitet. [.../] In Berlin war nichts mehr zu machen. Der Kongress schleppte sich hin bis zu seinem Ende. Er ist der erste und letzte deutsche Schriftstellerkongress dieser Art geblieben. Lasky hatte mitgeholfen, eine drohende Kontinuität zu verhindern, was Sinn der Sache gewesen war." „Für die »Frankfurter Hefte« schrieb ich einen Bericht über den Berliner Kongress der deutschen Schriftsteller. Er wurde im Dezemberheft 1947 gedruckt. Meine Überschrift sprach von der »Macht und Ohnmacht des Wortes«. Die Episode Lasky kam nicht vor; immer noch hoffte ich, mit vielen anderen, dass trotz allem eine Kontinuität denkbar sein könnte." (Bd. 1, 391, 395)

475 Hans Mayer, *Macht und Ohnmacht des Wortes*, FRANKFURTER HEFTE 12/1947, 1181

476 D, 51f

477 D, 68

478 In der *Detektivgeschichte* zitiert Martens aus Enriques Tagebuch: „Enrique begann dieses Tagebuch zu führen, als die Universität geschlossen wurde. [.../] Ich schlage eine Seite auf: [.../] »Ich existiere. Ist das noch Leben? Nein, nur Vegetieren. Es scheint, auf die Philosophie des Existentialismus kann nur noch eine Philosophie folgen: die des Nicht-Existentialismus. Das heißt, die Philosophie der Existenz in der Nichtexistenz.«" (D, 41f) Hierfür vorbildlich erklärt Ortega in seiner Madrider Vorlesung von 1930, das eigene Leben sei zwar die grundlegende Realität jedes Einzelnen, jedoch könne man hiervon

in gewissem Sinne auch abstrahieren: „auch Abstrahieren ist ein Tun und Sichbefassen, und zwar befasse ich mich mit der Fiktion, dass ich nicht lebe oder zumindest, dass ich nicht diese oder jene Sache lebe, sie vielmehr unabhängig von mir *setze*. […] Diese fingierende Haltung […], in der ich von der Annahme ausgehe, dass ich nicht existiere und infolgedessen die Dinge nicht so sehe, wie sie für mich sind, […] – diese Haltung […] eines Nichtlebens ist – die theoretische Haltung." (*Was ist Philosophie?*, *Werke 5*, 502) Ortegas Vorlesung erschien posthum 1957 in Spanien und 1962 auf Deutsch bei der Deutschen Verlags-Anstalt (DVA). Diese Übersetzung könnte Kertész gelesen haben. In einem Gespräch mit Adelbert Reif von 1996 bemerkt er, in den 60er Jahren habe er sich schon „mit Bruchstücken der existentialistischen Philosophie" bekannt gemacht (siehe S. 20, Anm. 102). Dazu gehörte also wohl auch Ortega. Laut Spiró war er in Ungarn sehr populär. Ungarische Übersetzungen habe es seit 1938 gegeben (zuerst: *A tömegek lázadása* [*Der Aufstand der Massen*]). (Mail vom 13.03.2018)

479 D, 63f

480 Kertész, *Die Bank*, OH, 45

481 Kertész, *Die Bank*, OH, 57

482 Eine Vorstellung von den Zwangsumsiedlungen in Ungarn zu Beginn der 50er Jahre vermittelt etwa Gábor Görgey (*1929), Dramatiker und 2002–2003 Minister für Kultur der Republik Ungarn, in dem autobiografisch motivierten Roman *Sirene der Adria* (2000; dt. 2004, mit einem Vorwort von Kertész).

483 Kertész, *Die Bank*, OH, 56

484 Die Vorlage für den Pianisten in *Die Bank* (und auch: *Fiasko*) ist Lulu Solymosi, der im Budapester Hotel Bristol Jazz spielte. 1950 musste er als politisch suspekte Person fürchten, deportiert zu werden. Mit ihm unterhielt Kertész sich tatsächlich einmal eine Nacht lang, wie in *Die Bank* beschreiben. Die Bank befand sich an der Kreuzung der Margitstraße und der Törökstraße, in der Kertész damals wohnte. (Nach einem Interview von Royer mit Kertész; Royer, 63) Dass der Pianist keine erfundene Figur ist, erwähnt Kertész auch in *Dossier K.* (DK, 138)

485 Kertész, *Die Bank*, OH, 56

486 Thomas Mann, *Der Zauberberg*, Kap. 6, *Operationes spirituales*, *Werke 3*, 620

487 Kertész, *Die Bank*, OH, 54

488 Kertész, *Die Bank*, OH, 49

489 Kertész, *Die Bank*, OH, 51

490 Bei Tagesanbruch an einem Fluss verabschiedete sich auch Johann Peter Eckermann (1792–1854) in einem Traum vom toten Goethe. (*Eckermanns Traum*, in Goethe, GA 24, 774-778)

491 Einleitender Teil: F, 7-142; zweiter, durch Kapitel gegliederter Teil: F, 143-443

492 In *Fiasko* wird der Leser darüber informiert, dass die „Bücher" des Alten – wenn auch z. T. „unter ziemlich widrigen Umständen" – „in Druck gegangen" seien. Insbesondere über seinen ersten Roman (äquivalent *Schicksalslosigkeit*), der zunächst von einem Verlag zurückgewiesen wurde, heißt es: „Aber er erschien dann doch.[/] Zwei Jahre später.[/] 4900 Exemplare.[/] 18 000 Forint." (F, 19, 131) Merkwürdigerweise entwirft Heidelberger-Leonard in ihrer Kertész-Biografie eine alternative Version von *Fiasko*, die der zitierten Passage widerspricht und die auch biografisch irreführend ist: „Im ersten Teil, dem Vorspiel, versucht sich »der Alte« […] damit abzufinden, dass er für seinen Erstling keinen Verlag gefunden hat, und arbeitet an seinem nächsten Romanprojekt. Dieser neue Text bildet den zweiten Teil des Buchs: […]." „Kertész' Enttäuschung darüber, dass der *Roman eines Schicksallosen* nach seiner Fertigstellung im Jahr 1973 vom Verlag nicht angenommen wird, bestimmt seine Zeitrechung in ein Davor und ein Danach. Das Vorspiel von *Fiasko*, das immerhin ein Drittel des Ganzen einnimmt, inszeniert das Schreib-Drama im Danach." (61, 63) Tatsächlich setzt die Handlung im ersten Teil von *Fiasko* erst nach der Veröffentlichung besagter „Bücher" ein – der Alte steht schlicht vor der Aufgabe, als professioneller Autor einen neuen Roman zu schreiben.* Entsprechend begann Kertész mit seiner Arbeit an *Fiasko* erst, nachdem *Schicksalslosigkeit* 1975 bei Szépirodalmi erschienen war (vgl. *Primärli-*

248

teratur, c). Weiterhin veröffentlichte er dort 1977 *Der Spurensucher* und *Detektivgeschichte*. Auf letztere Publikation („das zweite Buch") spielt er in *Fiasko* ebenfalls an, was Heidelberger-Leonard aber konsequent unterschlägt. Dabei lassen die betreffenden Angaben sogar Rückschlüsse auf die Entstehung von *Der Spurensucher* zu (vgl. *Primärliteratur*, f).

* Dagegen beginnt Teil 2 von *Fiasko* so, wie von Heidelberger-Leonard beschrieben.

493 F, 19

494 F, 22

495 F, 155, 157

496 Zu den Zöllnern, die im zweiten Teil von *Fiasko* auftreten, bemerkt Kertész im Tagebuch: „Roman. Begreife ich, was ich heranreifen lasse? Es begann mit *vámosok*, mit den Zöllnern, diesem biblischen Begriff, und anfangs freute ich mich nur über die Assonanz mit »Avósok«* [* *Mitarbeiter des ungarischen Staatssicherheitsdienstes AVO (D. Übers.)*] – bis sich mir jetzt nicht nur sein Sinn, sondern, mehr noch, seine Welt erschloss..." (GT, 194, März 1985)

497 1975, zu Beginn der Arbeit an *Fiasko*, notiert Kertész im Tagebuch, das individuelle Sein und alle kulturellen Werte glichen einem Traum oder einer Fiktion: „Entfremdung gab es wahrscheinlich auch schon im Mittelalter, und das Absurde [*also: der individuelle Misston in der allgemeinen Harmonie, nach lat. absurdus = gegen das Gefühl verstoßend, misstönend*] wird im Altertum ebenso offensichtlich gewesen sein wie heute. Das individuelle Sein ist nur ein Traum. Und desgleichen sind es alle Werte – solange die Werte nicht eines Tages wichtiger werden als das Sein." (GT, 51) Ebenso erkennt bereits Schopenhauer in *Transzendente Spekulation über die anscheinende Absichtlichkeit im Schicksale des Einzelnen** eine „Ähnlichkeit des individuellen Lebens mit dem Traume". (*Parerga und Paralipomena 1, Werke 4*, 245f) In Anschluss hieran spricht auch Nietzsche in *Die Geburt der Tragödie* von der individualisierenden „Traumerfahrung" der Kunst, die dem apollinischen *„principuum individuationis"* korrespondiere, während der Mensch durch den dionysischen Rausch wieder in die Gesellschaft bzw. die Natur integriert werde: „Unter dem Zauber des Dionysischen schließt sich nicht nur der Bund zwischen Mensch und Mensch wieder zusammen: auch die entfremdete, feindliche oder unterjochte Natur feiert wieder ihr Versöhnungsfest mit ihrem verlorenen Sohne, dem Menschen." (*Werke 1*, 23f) Ob Kertész in dem Eintrag von 1975 schon auf Nietzsche referiert, ist allerdings fraglich, denn Jahre später notiert er anlässlich seiner Übersetzung der *Geburt der Tragödie* (für die er die Arbeit an *Fiasko* unterbrach) geradezu überrascht: „Seite um Seite durch »Die Geburt der Tragödie«. Die Problematik der Individuation, *meine* Problematik." (GT, 190, Juli 1984) „Nietzsche *musste* ich übersetzen. Aus welcher Tiefe ich hierher gelangt bin. Ein kaum fassbarer Erfüllungscharakter. Das erste Erbeben – vor fernen Jahrzehnten –, als ich einmal von diesem Buch nur hörte." (GT, 191, Februar 1985) Weiterhin ist es möglich, dass er sich für die Traum-Metaphorik von Camus anregen ließ, der in *Der Fall* (1956) mit Bezug auf Freud die individuelle Existenz als Traum charakterisiert: „Aber die Zuydersee[°] ist ein totes Meer, oder doch beinahe. Bei ihren flachen, im Dunst verschwimmenden Ufern weiß man nicht, wo sie anfängt, wo sie aufhört. Darum finden wir nirgends einen festen Punkt, [...]. Wir fahren, und alles bleibt unverändert. Das ist keine Schiffahrt, das ist ein Traum." (*Erzählungen*, 70) Ferner hat Kertész sich im Zusammenhang mit dem 1982 geplanten (aber nicht veröffentlichten) Essay mit Freud befasst (vgl. S. 52, Anm. 405), was ihn gleichfalls für *Fiasko* inspiriert haben könnte.

* Kertész zitiert aus dieser „Abhandlung" in einer Notiz von 1966/1967 (siehe oben 97).

° Vgl. Freud in *Neue Folge der Vorlesungen zur Einführung in die Psychoanalyse* (1933): „Ihre [*der Psychoanalyse*] Absicht ist ja, das Ich zu stärken, es vom Über-Ich unabhängiger zu machen, [...] und seine Organisation auszubauen, so dass es sich neue Stücke des Es aneignen kann. Wo Es war, soll Ich werden.[/] Es ist Kulturarbeit etwa wie die Trockenlegung der Zuydersee." (Nr. 31, *Werke 15*, 86)

498 In *Ein Leben als Artikulation* (Kapitel zu *Fiasko*, 72-93) habe ich versucht, einen Überblick über die zahlreichen Verweise auf philosophische und literarische Vorbilder in *Fiasko* zu geben.

499 Der Begriff der Rechtmäßigkeit deutet auf Ossip Mandelstam. Dieser fordert in *Der Morgen des Akmeismus* (1913, veröffentlicht 1919) von den Dichtern, sie sollten „sich nicht kleinmütig von ihrer eigenen Schwere lossagen, sondern sie freudig annehmen, um die in ihr schlummernden Kräfte aufzuerwecken und architektonisch zu nutzen. Der Baumeister sagt: Ich baue, also bin ich im Recht. Das Bewusstsein der eigenen Rechtlichkeit ist uns wertvoller als alles andere in der Poesie, […]." (*Essays 1*, 18) Entsprechend berichtet seine Frau Nadeschda in ihren Erinnerungen *Das Jahrhundert der Wölfe* (1970): „O. M. glaubte nicht an die tausendjährige Herrschaft des Neuen, ebenso wie ihn die Revolution nicht unvorbereitet traf. […] »Die Kunst ist eine Macht«, sagte er […]. An O. M.s Auftreten und Benehmen war abzulesen, dass er sich mächtig fühlte, was seine Verfolger ganz besonders erboste. Sie verstanden unter Macht Kanonen, Strafvollzug, Berechtigungsscheine für alles (auch für Ruhm) und die Möglichkeit, ihr Porträt bei jedem Künstler in Auftrag geben zu können. O. M. aber bestand hartnäckig auf seinem Recht – wenn man Menschen für ihre Dichtung in den Tod schickte, so zollte man der Poesie Anerkennung, man fürchtete sich vor ihr, sie war eine Macht." (198)

500 Ossip Mandelstam, *Epigramm gegen Stalin* (November 1933), in *Mitternacht in Moskau*, 164f. Dieses Gedicht war vermutlich der Anlass von Mandelstams erster Verhaftung im Mai 1934. Mandelstam kehrte nach einer Zeit der Verbannung in Woronesch 1937 nach Moskau zurück, blieb aber im Visier der Behörden. Am 1. Mai 1938 wurde er wieder verhaftet, Ende des Jahres starb er in einem Straflager.

501 Bloch erklärt in den Vorlesungen, die er unmittelbar nach seiner Emigration aus der DDR 1961/1962 in Tübingen hielt*: „Das gute Neue ist niemals ganz neu. Es kommt nicht aus der hohlen Hand oder aus einem scheinbar freischwebenden Kopf. Weniges ist belangloser als dieser, und nichts wird rascher zu altem Eisen als solche Art von Avantgarde [*wie schon Goethe wusste*; vgl. S. 100, Anm. 594]. Dagegen gutes Neues ist mit den Strömungen seiner Zeit und ebenso zugleich mit den Wendezeichen im Vergangenen vermittelt, die weiter rufen." (*Tübinger Einleitung in die Philosophie*, 147f)

* Vgl. Arno Münster, *Ernst Bloch. Eine politische Biographie*, Kap. XXIV - *Neuanfang in Tübingen mit 76 Jahren (1961–1977)*, 311ff.

502 GT, 127f (1982)

503 Kertész notiert 1986 im Tagebuch: „»Das Fiasko« ist kein Zeitroman, es stellt nicht Prozesse dar, sondern verschiedene Stadien; es geht mit seiner Hauptfigur nicht in psychologischer Weise um, im Gegenteil, es soll sprungartige Stadien hervorbringen, mit Swedenborgs Worten: Zustandsveränderungen[*]." (GT, 217)

* Swedenborg schreibt etwa: „In der geistigen Welt geschieht alle vorwärtsschreitende Bewegung mittels Veränderungen im Zustande des Inwendigen, so dass alle Bewegungen vorwärts nichts Anderes sind, als Zustandsveränderungen". (*Der Himmel mit seinen Wundererscheinungen und die Hölle*, Kap. *Der Himmel. Vom Raum im Himmel*, Abschnitt 192)

504 F, 332

505 F, 411

506 GT, 184 (Juni 1984)

507 Wohl eine Anspielung auf Schopenhauers Bild des instinktgeleiteten „Zuge[s] der Ameisen", deren Verhalten „auf einen ihnen noch unbekannten Zweck hin" ausgerichtet ist. (*Die Welt als Wille und Vorstellung 2*, Kap. 21 - *Vom Instinkt und Kunsttrieb*, Werke 2, 394, 397) Eventuell referiert Kertész damit auch auf den ungarischen Autor István Örkény (1912–1979), der in dem Roman *Das Lagervolk* (1947, unzensiert 1981) über die ungarischen Kriegsgefangenen in Russland schreibt: „Keiner zeigte Mitgefühl mit seinem Nächsten, und auch er selbst erfuhr keines. Unser Bewusstsein glich dem einer Ameise, man nahm das Schicksal hin, orientierte sich mit Hilfe der Instinkte." (*Das Lagervolk*, 17) Zu diesem Roman verfasste Kertész 2007 ein Nachwort.

508 GT, 285 (Juni 1990)

509 B, 75f (1994)

510 Goethe, *Unterhaltungen deutscher Ausgewanderten, Werke 6*, 142

511 F, 442. Vgl. Camus, *Der Mythos der Sisyphos*, 160.

512 F, 272

513 F, 269

514 F, 179

515 In *Liquidation* wird berichtet, der verstorbene Autor B./Bé habe seinem Lektor einmal die „Übersetzung eines französischen Romans" vorgelegt. (L, 61) Zuvor ist von einem anderen Text Bés die Rede, der einer Mischung aus *Schicksalslosigkeit* und *Kaddisch...* gleicht. (L, 51) Mit der Übersetzung dürfte demnach *Fiasko* gemeint sein. Das französische Original identifiziere ich als den französisch geschriebenen Roman *Molloy* von Beckett (aus dem Kertész im Motto von *Liquidation* auch zitiert; siehe 340): Wie *Fiasko* besteht *Molloy* aus zwei Teilen. Der Protagonist Moran aus Teil 2 erhält den Auftrag, sich um die Figur Molloy aus Teil 1 zu kümmern. Er findet Molloy zwar nie, wird ihm aber selbst immer ähnlicher. Analog erkennt Steinig in Teil 2 von *Fiasko* es als seine Pflicht, sich sein Leben, das ihm im Traum in der Gestalt eines „Ertrinkenden" erscheint, existentiell anzueignen. (F, 405) Hieraus entwickelt sich der Alte aus Teil 1. Gleich dem Alten erscheint Molloy als der fiktive Entwurf einer Künstler-Persönlichkeit, die das Resultat eines abenteuerlichen Bildungsprozesses ist. Beide sind professionelle Autoren. So erhält Molloy regelmäßig Besuch von einem „Mann", der ihm Geld für seine Manuskripte gibt: „So viele Seiten, so viel Geld." (Beckett, *Werke 3*, 7) Ähnlich wird auch der erste Roman des Alten (äquivalent *Schicksalslosigkeit*) honoriert: „4900 Exemplare.[/] 18 000 Forint." (F, 131; vgl. Anm. 492).

516 Beckett, *Molloy, Werke 3*, 243

517 F, 442f

518 B, 242 (2001); analog LE1, 13 (16. Januar 2001); fehlt in LE2

519 K, 5. Vgl. Celan, *Todesfuge, Die Gedichte*, 40.

520 GT, 240 (17. Juni 1988)

521 K, 37, 42

522 K, 50

523 K, 153

524 Kertész erklärt im Interview von Batthyany und Krogerus: „Der Holocaust ist kein deutsch-jüdischer Krieg, wer das denkt, der kommt zu nichts. Der Holocaust ist ein universelles Versagen aller zivilisatorischen Werte". (DAS MAGAZIN, 7.11.2009; analog in *Warum gerade Berlin?*, OH, 73, und im Gespräch mit Iris Radisch, DIE ZEIT, 12.9.2013).

525 In einer Notiz von 1989 bemerkt Kertész, die „Natur" gehorche einem „Auschwitz-Prinzip"*, und die „totalitäre Diktatur" sei „eigentlich eine Nachahmung der Natur"° oder „Naturalismus". (GT, 252f) Ebenso ahmt aber auch jede Industriegesellschaft durch die Produktion und den Konsum irgendwelcher (mehr oder weniger notwendiger) Waren den Stoffwechsel von Lebewesen nach, wobei sie – als selbsterhaltendes offenes System – die Produzenten und Konsumenten für sich funktionalisiert.
   * Diesen Ausdruck könnte Kertész von Beuys entlehnt haben (vgl. oben 12).
   ° Vgl. Bergson in *Die beiden Quellen der Moral und der Religion* (1932): die „soziale[] Ordnung" ist die „Nachahmung der Ordnung, die wir in den Dingen beobachten." (*Materie und Gedächtnis...*, 253)

526 Nietzsche schreibt in *Der Antichrist. Fluch auf das Christentum* (1894): „Dass man den kategorischen Imperativ Kants nicht als *lebensgefährlich* empfunden hat!... [...] – Eine Handlung, zu der der Instinkt des Lebens zwingt, hat in der Lust ihren Beweis, eine *rechte* Handlung zu sein: und jeder Nihilist mit christlich-dogmatischen Eingeweiden verstand die Lust als *Einwand...*" (*Werke 2*, 1172)

527 K, 154-156

528 K, 56, 46f

529 Über die Beuys-Rezeption im Osten schreibt Klaus Werner* im Vorwort zur DDR-Ausgabe der Beuys-Biografie von Heiner Stachelhaus (1989): „Zu Beginn des Jahres 1988 ließ eine erste Schau der Zeich-

nungen in der DDR das Interesse sprunghaft ansteigen. Neben der großen Zahl der Ratlosen stand die kleine Schar der neuen Freunde. Unbeteiligt blieben die wenigsten." Diese Ausgabe der Biografie – „das erste Buch über den Künstler Joseph Beuys, das in der DDR erscheint" – enthält zusätzlich zur originalen Publikation einen Anhang mit Beuys-Zitaten, die „für den Leser in der DDR Informationen geben, die er sich anders nur schwer beschaffen kann." (*Joseph Beuys, An die Leser dieser Ausgabe*, Februar 1989, 5f) Da *Kaddisch…* bereits im April 1989 abgeschlossen war, wird Kertész sich jedoch anderweitig informiert haben. Laut dem Katalog der ungarischen Nationalbibliothek erschien von Beuys in Ungarn zuvor lediglich 1985 das Interview *Mi vagyunk a forradalom* [*Wir sind die Revolution*] als Samisdat-Druck und 1989 ein Katalog zur Ausstellung *Polentransport 1981*. Ohnehin hatte Kertész damals aber wohl auch Zugang zu westdeutschen Quellen. Allerdings erinnert sich sein Freund György Spiró an keine Diskussionen mit ihm über Beuys. (Mail vom 13.03.2018)

* Klaus Werner (1940–2010), Kunsthistoriker und Galerist in der DDR, 2000–2003 Rektor der Hochschule für Grafik und Buchkunst Leipzig

530 Wagner prophezeit in dem Aufsatz *Das Kunstwerk der Zukunft* von 1850, wenn einst „der Mensch im vollen Leben dem Prinzipe der Schönheit" huldige, werde eine *„Entzauberung des Steines"* stattfinden und es könne eine *„wahre Plastik"* entstehen, bei welcher der „warme, *lebendige Mensch selbst"* als das *„Gegenwärtige"* vor dem „in Stein gehauenen" zur Geltung komme. (Kap. 3 - *Der Mensch als künstlerischer Bildner aus natürlichen Stoffen, Schriften 3*, 140)

531 Beuys orientierte sich stark an Rudolf Steiners Anthroposophie, war sich aber dessen bewusst, dass hierüber kein Konsens besteht. In einem Interview erklärt er diesbezüglich: „Ich will nicht eine Sollvorstellung vom Menschen jetzt hier irgendwo an die Tafel malen, […], ich brauche auch gar nicht auf irgendeine, zum Beispiel auf anthroposophische Terminologie zu kommen, zunächst. […], damit würde ich viele Menschen abschrecken. […] An einem bestimmten Punkt kommt man nicht darum herum, […]. Aber wehe, wenn ich zu früh beispielsweise vom Ätherleib spreche, […]." (Rappmann, *Interview mit Joseph Beuys*, in Harlan et al., *Soziale Plastik*, 12) Daher kann man davon ausgehen, dass er sich in der Rede von 1985 mit seiner Klage über die „Ungestalt" der Gesellschaft auf Steiners Ideal der dreigliedrigen Gesellschaft bezieht, das „Sozialismus für das Wirtschaftsleben", „Demokratie für das Rechts- und Staatsleben" sowie „Freiheit" oder „Individualismus für das Geistesleben" vorsieht. (Steiner, *Die Erziehungsfrage als soziale Frage*, zitiert nach Harlan et al., *Soziale Plastik*, 28)

532 Beuys, Rede vom 20.11.1985, München, in Bertelsmann, *Nachdenken über Deutschland*, 275-277

533 K, 7, 13

534 K, 45

535 Der Kulturwissenschaftler Günter Erbe sieht bei Duchamp das für den klassischen Dandy charakteristische „Prinzip der künstlerischen Sterilität und Verweigerung" in vollendeter Weise verkörpert (wogegen es etwa Duchamps Freund und Kollegen Picabia dafür an der nötigen „Selbstzucht" gemangelt habe). (*Der moderne Dandy*, 101) Zwar war Duchamp keineswegs unproduktiv, wie sein umfangreiches Werkverzeichnis belegt, jedoch verweigerte er sich dem zunehmend vom Massengeschmack und von merkantilen Prinzipien bestimmten Kunstbetrieb, indem er das traditionelle Medium der Malerei aufgab und gedankenlose Wiederholungen vermied. In einem Radiogespräch von 1960 erklärt er hierzu: „Vor hundert Jahren gab es einige Maler, einige Händler, einige Sammler, und die Kunstproduktion war eine esoterische Form der Betätigung. Diese Leute, diese wenigen Leute, sprachen eine Sprache für sich, die das große Publikum nicht verstand, die das große Publikum aber akzeptierte wie eine religiöse Sprache, wenn Sie so wollen, oder wie die Sprache des Gesetzes, zum Beispiel, wo die Wörter nur für die Eingeweihten einen Sinn haben. Seit diesen hundert Jahre ist alles in den öffentlichen Bereich eingegangen. […/…] Wenn Sie heute von Malerei sprechen, heute von Kunst im allgemeinen sprechen, hat das große Publikum sein Wort mitzureden. Und es redet auch mit. Fügen Sie all dem die Tatsache hinzu, dass es auch sein Geld beigesteuert hat und dass der heutige Kommer-

zialismus in der Kunst die Frage der Esoterik in Exoterik übergehen ließ. Und nun ist die Kunst ein Produkt wie die Bohnen. Man kauft Kunst, wie man Spaghetti kauft." Außerdem erschöpfe sich der Gehalt eines Kunstwerks ohnehin nicht in der Bedeutung, die der Künstler und seine Zeitgenossen ihm geben, vielmehr entscheide darüber letztlich die „Nachwelt" (wie ähnlich auch Kertész in einer Notiz von 1995 bemerkt; siehe 278). (Gespräch mit Georges Charbonnier, ca. Okt. 1960, RTF-Sendungen *France-Culture*, 9.12.1960–13.1.1961, *Interviews and Statements*, 88-91) Duchamp erscheint somit als eine Art Künstler-Dandy. Er zeichnete sich dabei weniger durch ein souveränes Auftreten in der Gesellschaft als durch ein unbeirrbares Qualitätsbewusstsein in künstlerischen Dingen aus, und statt sich durch exquisite Kleidung, geistreiche Bonmots etc. gegen die allgemeine Banalität aufzulehnen, suchte er mit der aus dem Rahmen fallenden Gestaltung seines Werks dessen Vereinnahmung durch den Kulturbetrieb zu verhindern. Über diese Form des Dandytums schreibt Erbe: „Wo die materiellen Mittel des Künstlers nicht ausreichten, um die Rolle des Dandys auszufüllen, trat die Reflexion an die Stelle der Realisierung. [...] Askese und mönchische Entsagung sind ihm nicht fremd, denn mehr als das Äußere zählt für ihn die innere Haltung. Sein Leben am Rande oder gar außerhalb der »großen Welt« treibt im Künstler-Dandy eine andere Art von Stoizismus hervor: nicht den des Salonmenschen, [...], sondern den des blasierten großstädtischen Flaneurs, der sich der ihn umgebenden Menge und der Vielzahl der auf ihn einwirkenden Eindrücke erwehren muss." (*Dandys*, 15f) Tatsächlich bezeugt Kertész in einer Notiz von 1984 eine ebensolche Gesinnung – sein Außenseitertum besteht freilich in einem Bekenntnis zu *traditionellen* Formen der Kunst: „Gestern K., der aus Amerika kam und sagte, dass die Lesekultur tatsächlich im Begriff sei, zu verschwinden. Ich war direkt erleichtert: Ich schreibe einen Roman [*Fiasko*], gehe also einer ganz und gar unzeitgemäßen Beschäftigung nach." (GT, 189f)

536 Dazu erläutert Beuys in einem Gespräch: „In der Diskussion ist es notwendig, das Schweigen von Duchamp nicht überzubewerten. [...] Duchamp [...] wollte das Bürgertum schockieren, und aus dem Grunde zerstörte er seine Kräfte, die wirklich abgestorben waren; hier beginnt für mich das Schweigen von Marcel Duchamp ein gewaltiges Problem zu werden..." (*Beuys im Gespräch mit Achille Bonito Oliva* [*Der Tod hält mich wach*, 1973, enthalten im Katalog *Beuys zu Ehren*, München, 1986], zitiert nach Stachelhaus, *Joseph Beuys*, Anhang *Aus Interviews und Reden*, 194)

537 GT, 295f (Oktober 1990). Vgl. auch die ähnliche Notiz zu Duchamp von Mitte 1989, GT, 252.

538 In einem Brief an Eva Haldimann zum Erscheinen der deutschen Übersetzung von *Kaddisch...* erklärt Kertész, Thomas Bernhards Erzählung *Ja* (1978) habe ihn „beim Schreiben von *Kaddisch* stark inspiriert, äußerlich, stilistisch". (Budapest, 21.9.1992, *Briefe...*, 35) Desgleichen bemerkt er in einem Tagebucheintrag von 2002, Bernhard sei der *„spiritus rector"* von *„Kaddisch"* und auch „der *Englischen Flagge"*. (LE1, 286, 1. Mai 2004; LE2, 221) Dass er sich (zeitweise) von Bernhard beeinflussen ließ, wie zuvor von Camus und Thomas Mann, thematisiert er außerdem in einem der Dialoge von *Dossier K*: *„Also Albert Camus und Thomas Mann, zwei einander so radikal entgegengesetzte Autoren, bestimmten deinen literarischen Geschmack. Ich würde noch Thomas Bernhard hinzufügen.[/] Mit vollem Recht. Bernhard kann man eine Zeitlang sehr mögen, später legt man seine Bücher dann schneller beiseite."* (DK, 174) Aus dem Reisebericht *Budapest, Wien, Budapest*, in dem Kertész seinen Wien-Aufenthalt von Oktober 1989 beschreibt, kann geschlossen werden, dass er Bernhard Ende 1988 für sich entdeckt hat: „Vor einem Jahr hatte ich einen Band seiner Erzählungen in die Hände bekommen und ihn so gelesen, wie ich zuletzt vor langer, langer Zeit, im tiefsten Elend meiner geistigen Nöte, gelesen habe [nämlich: Thomas Manns »Zauberberg«; siehe oben 78]". (ES, 33) Im Tagebuch spiegelt sich dies in folgendem Eintrag, in dem er sich auf Bernhards Erzählung *Ja* bezieht: „Das Scheitern, das Fiasko ist heute die einzige Erfahrung, die zu erfüllen ist.[*] (Eine Antwort darauf, warum ich meinem Roman [*Fiasko*] diesen Titel gab [*vgl. auch Kertész' Notiz von 1994, oben S. 78, Anm. 509*].)" (GT, 242, Notiz aus der Zeit zwischen 23. November und 27. Dezember 1988) 1991 bekennt Kertész dort ferner, er habe immer schon andere Autoren nachgeahmt: „Das geistige Gewand, in das ich mich vermummt

habe, ist nur das Produkt meiner beispiellosen Fähigkeit (und Fertigkeit) zur Nachahmung. Das ist wahr. Hinzuzufügen ist erstens: dass anderen noch nicht einmal dieses Nachahmungstalent gegeben ist und vor allem nicht die Sicherheit der Wahl, wen und was man nachahmen sollte, und zweitens: dass es aber auch primäre Originalität gibt, allerdings nicht für mich, für mich besteht die *wahre* Originalität nicht in der Formschöpfung – höchstens in der Originalität des Tons, des Lachens." (B, 10 f) Ebenso äußert er im Interview *Was der Mensch erlebt, das ist die Welt* von Franziska Augstein, er habe sich den „Stil" der von ihm aus dem Deutschen übersetzten Bücher „angeeignet". (SZ, 9.11.2009) Speziell Bernhards erregter Stil war anscheinend der passende Ausdruck für seine geistige Verfassung Ende der 80er Jahre. 1995 schreibt er hierzu im Tagebuch, diese existentielle Erregung habe ihn mittlerweile verlassen: „Das fehlt heute, ebenso wie die großen erhellenden Träume mich verlassen haben, so als erzählte ich mir nichts mehr. Es scheint, als hätten diese Ich-Aufregungen nur auf ihre Niederschrift gewartet, und nachdem ich sie in *Kaddisch* und im *Galeerentagebuch* formuliert hatte, verschwanden sie, […]." Der Anlass dieser Notiz war die Lektüre von „Márais späte[m] Tagebuch"°, dem laut Kertész ebenfalls das Fehlen einer „existentielle[n] Erregung" anzumerken sei. (B, 106 f) In dem auf *Kaddisch…* folgenden Roman *Ich – ein anderer* referiert er dann tatsächlich verstärkt auf Márai (siehe die Belege im Kapitel zu *Ich – ein anderer*, S. 101 ff).

* Bernhard schreibt in *Ja*: „Es gibt ja nur Gescheitertes. Indem wir wenigstens den Willen zum Scheitern haben, kommen wir vorwärts und wir müssen in jeder Sache und in allem und jedem immer wieder wenigstens den Willen zum Scheitern haben, wenn wir nicht schon sehr früh zugrundegehen wollen, was tatsächlich nicht die Absicht sein kann, mit welcher wir da sind." (*Die Erzählungen*, 523)

° Kertész dürfte Márais Tagebücher der Jahre 1976–1983 meinen, die schon 1985 im Münchner Griff-Verlag erschienen sind und 1994 beim Budapester Verlag Helikon neu aufgelegt wurden (nicht: die 1992 von Helikon herausgegebenen Tagebücher 1968–1975, wie die Anmerkung in *Der Betrachter* suggeriert; vgl. B, 248). Márais letztes Tagebuch der Jahre 1984–1989 erschien erst 1997 in Toronto.

539   Thomas Bernhard, *Ja, Die Erzählungen*, 601

540   Schon Kracauer weist in *Die Angestellten* (1929) auf die (namentlich in „Berlin") zur Herrschaft gelangte „Angestelltenkultur" hin: „eine Kultur, die von Angestellten für Angestellte gemacht und von den meisten Angestellten für eine Kultur gehalten wird." (15) Ein halbes Jahrhundert später klagt Márai ähnlich über die »Paraliteratur« (welches Wort Kertész von ihm übernommen hat; siehe 107): „In der städtischen Bibliothek [*von Salzburg*] […] Massen von Paraliteratur. Die gebildete Dame, die die Bibliothek leitet, sagt, »das Verlagswesen ist fürchterlich«, Bücher erscheinen waggonweise, die Jugend kann nicht wählen, die Literaturkritik hat keinen Kredit." (MTB 3, 23, 1976) „Schund. Wie ein Rohrbruch in einer Stadt, und das Schmutzwasser überschwemmt die Straßen. In der Bibliothek [*in Rom?*], im Supermarkt, überall der Schund. Am Fließband erzeugter patriotischer, religiöser und familiärer Schund, der sich vom Abenteuerroman nur in der Verpackung unterscheidet." (MTB 3, 41, 1976) Márai ließ sich jedoch nicht entmutigen und wich in ein inneres Exil aus. Dazu schreibt er: „Wie die jüdischen Priester in Babylon die Thorarollen hüteten, so hütet der Schriftsteller im Katakombendasein die Literatur – in liturgischer Heimlichkeit liebkost er die Rollen, die Absicht und Sinn der Literatur in die Zeit hinüberretten, wenn der Strom der Paraliteratur versiegt. Ein aufrichtiger Krimi oder redlicher Schundroman haben der Literatur nie geschadet; der Leser wusste, was er liest. Aber die Paraliteratur erwürgt die Literatur, denn sie betäubt den Leser, der gar nicht ahnt, dass das Gelesene nicht Literatur, sondern ein synthetischer Ersatz ist. […] die als Kritik maskierte Werbung betäubt seinen Sinn für Qualität. Wenn der Schriftsteller den Kopf aus seinem Katakombenversteck hervorstreckt, fallen die Einpeitscher der Paraliteratur über ihn her und zerfetzen ihn samt seinem Manuskript. Für sie ist er ein Verräter, der das Geschäft verdirbt." (MTB 3, 106, 1980) Viel distanzierter erklärt dagegen Kertész im Gespräch mit Horace Engdahl, die westliche „Popkultur" habe er zuerst nicht gekannt, und nun interessiere sie ihn „überhaupt nicht". (12.12.2002, Video, www.nobelprize.org)

541 Die Allegorie der »Frau« bei Kertész geht wohl auf Sartre, *Was ist Literatur?* zurück (siehe 210). Das Motiv der »verweigerten Vaterschaft« in *Kaddisch...* erinnert ferner an eine Passage in Sartre, *Der Ekel*, in der Roquentin über die Bewohner von Bouville äußert: „Diese Idioten. [...], sie schreiben populistische Romane, sie verheiraten sich, sie haben die maßlose Dummheit, Kinder zu machen." (244)

542 K, 108f

543 Thomas Bernhard, *Ja, Die Erzählungen*, 600

544 Zum einen behauptet Poetini, dass „Kertész bekanntlich[?] erst nach 1989 – also nach der Wende – mit dem Werk von Jean Améry in Berührung kommen konnte." (*Weiterüberleben*, 198) Nun ist es aber ein Klischee, dass osteuropäische Autoren per se von westlichen Quellen abgeschnitten waren. Kertész las lange vor 1989 etwa Orwell (vgl. 141) und Márai (vgl. 134), 1983 hielt er sich sogar für zwei Wochen in München auf, wo er mit namhaften Intellektuellen zusammentraf (vgl. S. 25, Anm. 168), und gleichfalls um 1983 führte er „den (west)deutschen Dramatiker Tankred Dorst" durch Budapest (wie er in *Budapest, Wien, Budapest* bemerkt; ES, 23f). Dass er nicht spätestens bei den letztgenannten Begegnungen auf Améry aufmerksam geworden sein sollte, erscheint wenig glaubhaft. In München hätte er sich durchaus auch Amérys Essays oder *Lefeu...* besorgen können. Poetini beruft sich zum anderen auf einen (nicht weiter dokumentierten) Briefwechsel Kertész' mit Stephan Steiner, der Kertész zu einem Améry-Symposium in Wien (22.–25. Oktober 1992) eingeladen hatte, sowie auf eine Formulierung Kertész' in dem von ihm dort gehaltenen Vortrag *Die Panne. Der Holocaust als Kultur*: „Dass Kertész erst durch diese Einladung zur Beschäftigung mit Jean Améry kam – worauf er selbst in seinem Vortrag hinweist ([vgl. EGS, 61; ES, 82]) –, belegt wiederum die Korrespondenz zwischen Stephan Steiner als Veranstalter und Imre Kertész als Vortragendem." (*Loc. cit.*, 198) In dem Vortrag macht Kertész aber nur darauf aufmerksam, dass er im »Prolog« von *Fiasko* – der bereits Ende 1980 fertiggestellt war – etwas geschrieben hat, das einem Gedanken Amérys korrespondiert, obwohl er damals „von Améry noch nicht einmal den Namen" kannte (vgl. 19 und 153). * Daraus folgt nichts über die Zeit 1981–1989. Weiterhin scheint die durch den Briefwechsel angeblich gestützte – Behauptung nicht ganz stimmig, dass Kertész sich erst anlässlich des Symposiums im Oktober 1992 mit Améry befasst habe, denn in Kertész' Tagebuch findet sich bereits im April 1991 folgender Eintrag zu (u. a.) Améry: „Ich beginne zu durchschauen, dass mich vorm Selbstmord (dem Vorbild Borowskis, Celans, Amérys, Primo Levis usw.) jene »Gesellschaft« bewahrt hat, die mir, nach dem KZ-Erlebnis, in Form des sogenannten »Stalinismus« den Beweis brachte, dass von Freiheit, [...], überhaupt nicht die Rede sein konnte". (GT, 310; ausführlich oben 179) Und wie ich zeige, deutet vieles darauf hin, dass Kertész spätestens seit Beginn seiner Arbeit an *Kaddisch...* Mitte 1987 eine dezidierte Haltung zu Améry entwickelt hat. (M. E. spiegelt sich sogar bereits im Schluss von *Fiasko* derjenige von *Lefeu...*.) Hiermit übereinstimmend erinnert sich auch Spiró daran, dass Kertész sich »in den späten 80er Jahren« mit Amérys Werk vertraut machte. Vor allem habe er sich für Amérys »radikalen Humanismus« und seinen »Freitod« interessiert. (Mail vom 13.03.2018). Evtl. anderslautende Aussagen in der Korrespondenz müssten somit einer kritischen Prüfung unterzogen werden. Es ist wohl richtig, dass der Vortrag von 1992 für Kertész der erste Anlass für eine ausschließliche Auseinandersetzung mit Améry war (was die Briefe belegen dürften). Das besagt aber nicht, dass er Améry zuvor nicht wahrgenommen hat.

* Es handelt sich um die Frage nach dem »Recht zur Objektivierung«, der auch Améry in *Jenseits von Schuld und Sühne* nachgeht. Die Objektivierung anderer behandelt gleichfalls Sartre (siehe das betreffende Zitat aus *Fiasko* und den Beleg zu Sartre, *Das Sein und das Nichts*, oben 120). Vermutlich war er die gemeinsame Quelle von Kertész und Améry, was die thematische Koinzidenz erklären würde.

545 Améry, *Lefeu...*, *Werke 1*, 424, analog 499; Celan, *Todesfuge, Die Gedichte*, 40; Celan verwendet sowohl „ein Grab in den Lüften" als auch „... Wolken" (wie von Kertész im Motto von *Kaddisch...* zitiert).

546 Améry, *Lefeu...*, *Werke 1*, 434, analog 471. Von der Problematik des „Weiterbestehens" handelt auch eine Notiz Kertész' von Ende 1987. (GT, 233, zwischen 25. Okt. und 25. Dez. 1987) An selber Stelle

schreibt Kertész ferner: „Der Mensch ist nicht dazu da, das Leben zu verstehen, sondern er ist dazu da, es zu leben und zu erleben." (GT, 232; analog 238, Febr.–Juni 1988) Damit scheint er Améry alias Lefeu zu antworten, der seine „Neinsage" geradezu logisch aus seinen früheren Erlebnissen herleitet: „Das Maß setzt ausschließlich die subjektive Erfahrung, die als Instanz auch dann nicht ihre Geltung verliert, wenn objektiv überprüfbare Ereignisse sie zu dementieren scheinen." (Améry, Werke 1, 434)

547 Améry schreibt in dem essayistischen Schlusskapitel Warum und Wie von Lefeu...: „War es nicht das Glanz-Verfalls-Land katexochen [die USA], das in Vietnam sich als der Welt- und Menschenfeind schrecklich entschleierte? [...] Und war es nicht das gleiche Amerika, welches die Sub- und Anti-Kulturen auf unsere [europäischen] Importmärkte warf und in Südostasien das Mordgeschäft vollbrachte? Mir schien es so, und keineswegs glaubte (und glaube) ich jenen, die da sagen, dass das künstlerische und literarische Protest-Amerika der Widerspruch sei zum kannibalischen, calibanischen. Im Gegenteil: ich bin gewiss, dass dieses gleichsam nur das Luxus-Abfallprodukt jenes anderen ist." Danach entwirft er das Bild eines über die Ost-West-Grenzen hinweg ausgedehnten korrupten Systems: „Die Abfassung der letzten Teile [des Romans] liefen parallel mit Begebnissen, die von außen her die Handlung vorantrieben. Im Glanz-Verfalls-Land gab es den Watergate-Skandal, [...]. Dies also war die Nation, die mich befreit hatte und von der ich einst die große Erneuerung erhoffte! [...] Fäulnis des Kapitalismus – gewiss. Nur dass ich zur gleichen Zeit vernahm, es werde im Vaterland aller Werktätigen Leonid Breschnew das erste Glas des in der UdSSR produzierten Getränkes Pepsi-Cola trinken. Und dass in Peking ein Kinderkreuzzug aufgeboten wurde, um händeklatschend und Sprechchöre quäkend eben jenes Staatsoberhaupt [Georges Pompidou] zu empfangen, das die Stadt Paris – Mutter der Kunst und jeder Größe – in eine Betonwüste zu verwandeln sich anschickte [wie im erzählerischen Teil des Romans beschrieben]." (Werke 1, 492, 506) Tatsächlich macht Améry bereits in dem Band Geburt der Gegenwart (1961), in dem er die westliche Nachkriegskultur kritisch hinterfragt, auf die Neutralisierung der „Avantgarde" durch die „Massenzivilisation" aufmerksam: „Wer gegen den Konformismus protestiert, muss sich daran gewöhnen, dass sein Protest von der Konformität umfasst und schließlich absorbiert wird." (268) Er diagnostiziert eine gewisse Umwertung bei der Beurteilung kultureller Leistungen, die aber keinen eigentlichen „»Verfall der modernen Kultur«" bedeute, da ja der Kulturbetrieb (z. B. das Ausstellungswesen) „in Westeuropa und in Amerika" floriere: „Wir sprechen viel von Erfolg und wenig von Wert." (278f) Die moderne Malerei zeichne sich indes durch eine gesellschaftliche „»Bedeutungslosigkeit«" aus, und viele Künstler seien zwar technisch versiert, ansonsten aber Opfer einer „sinn- und gegenstandslos gewordenen Freiheit". (63, 276) Offenbar hat er hieraus in Lefeu... den Begriff des „Glanz-Verfalls" entwickelt.* Ebenso stammt die Unterscheidung zwischen dem »vertikalen« und dem »horizontalen« Denken in Lefeu... (Werke 1, 334) aus Geburt der Gegenwart, wo Améry in Anschluss an Riesmans Unterscheidung zwischen dem innen- und dem außengeleiteten Menschen in Die einsame Masse (1950) von einem nur noch »horizontal« ausgerichteten, marktkonformen „Menschen-Rädchen[]" innerhalb der Gemeinschafts-Maschine" spricht. (134)
* Sehr ähnlich reflektiert wiederum auch Kertész im Tagebuch über eine „apokalyptische Kultur" und eine dazu parallele „»Kultur«" „der Erfolgsbücher, des Erfolgs überhaupt": „und seltsamerweise leben die Menschen, leben sie dahin, als sei nichts geschehen". (GT, 235f, Februar–Juni 1988)

548 Améry, Lefeu..., Werke 1, 475, 478

549 Lefeu überlegt: „Gegengewalt ist – ganz jenseits einer revolutionären Mythologie – der letzte Ausweg, den der vergewaltigte Mensch sich sucht." Dieser verlange „nach der Zurücknahme des Erlittenen durch den Akt des Erleiden-Machens", was ihm durch das „Recht" bzw. das „Gewissen" aber oft verwehrt werde. (Améry, Werke 1, 438f) Dem korrespondiert in Amérys Essay Jenseits von Schuld und Sühne das Kap. Ressentiments. Ebenso entspricht Lefeus soziale Entfremdung aufgrund von Auschwitz folgender Passage in Jenseits von Schuld und Sühne, Kap. Die Tortur: „Wer der Folter erlag, kann nicht mehr heimisch werden in der Welt. Das [...] Weltvertrauen wird nicht wiedergewonnen [vgl. 19]. [...]

Der gemartert wurde, ist waffenlos der Angst ausgeliefert. Sie ist es, die fürderhin über ihm das Szepter schwingt. Sie – und dann auch das, was man die Ressentiments nennt. Die bleiben und haben kaum die Chance, sich in schäumend reinigendem Rachedurst zu verdichten." (*Werke 2*, 85)

550   Spiró, *Imre temetésére* [*Imres Beerdigung*], 22.4.2016, ÉLET ÉS IRODALOM, 29.4.2016 (Übers: B. Sarin)

551   Améry, *Lefeu…*, *Werke 1*, 464

552   Améry, *Geburt der Gegenwart*, 298, 187; auch in *Werke 2*, Anhang zu *Jenseits von Schuld und Sühne*, 570

553   *Améry an Hety Schmitt-Maass*, Brüssel, 26. März 1967, *Ausgewählte Briefe 1945–1978*, *Werke 8*, 208f

554   Friedhelm Mennekes, *Beuys und sein Christus* (Vortrag von 1991, nach einem Interview mit Beuys), in Harlan et al. (Hrsg.), *Joseph Beuys-Tagung Basel 1.–4. Mai 1991*, 92

555   IA, 112

556   B, 164f (1997); LE1, 160f (25. Dezember 2002); LE1, 167 (21. Januar 2003)

557   In *Die englische Flagge* berichtet der Erzähler von einer Begegnung mit seinem früheren Vorbild Ernő Szép, bei welcher Gelegenheit sich dieser mit der Formel "»Ich *war* Ernő Szép«" vorgestellt habe.* Darin sieht er das Muster einer „radikale[n] Erzählung", die nicht im Konkreten verhaftet ist und nur das Wesentliche enthält: „Eine Formulierung, die niemanden zu etwas verführt, aber auch niemandem seinen Frieden lässt, demzufolge eine weit dahinhallende Formulierung, ja, in ihrer Art eine Schöpfung, die vielleicht […] viele der literarischen Schöpfungen Ernő Széps überdauern wird." (EF, 27f) Weiterhin unterscheidet er in diesem Sinne den retrospektiven „Geist der Erzählung" vom aktuellen „Geist der Wirklichkeit". (EF, 47) Hiermit bezieht Kertész sich offenbar auf Thomas Mann. So formuliert er 1990 in *Die Unvergänglichkeit der Lager*, der Dichter sei nicht nur ein „Gesetzgeber" (nach Shelley, *A Defence of Poetry*; vgl. 223), sondern müsse auch selbst einem gewissen „Gesetz *gehorchen*", das er „mit einem von Thomas Mann entliehenen Ausdruck einfach den *Geist der Erzählung* nennen" wolle. (EGS, 43f; ES, 44) Mann erklärt entsprechend in dem Vortrag *Die Kunst des Romans* (Universität Princeton, April 1940), der „Geist der Erzählung" sei der „Geist der Vergangenheitsschöpfung", und der „Erzähler" der „raunende Beschwörer des Imperfekts": „»*So war es*«." (MK 114, 351) Den Ausdruck „Geist der Erzählung" verwendet er ebenfalls schon in *Der Zauberberg*. (*Werke 3*, 990)

* Ernő Szép (1884–1953), Mitarbeiter der 1908 gegründeten Literaturzeitschrift *Nyugat* [*Westen*] und in Ungarn einst ein erfolgreicher Autor. Szép konnte den Krieg in Budapest als Jude überleben, weil er 1944, nach einer kurzen Zeit als Zwangsarbeiter, einen schwedischen Schutzpass erhielt. Zu seiner legendären Vorstellungsformel schreibt Márai in einem Brief an Tibor Simányi (1924–2008): „Ich verstehe Ernő Szép, der – als er nach der Belagerung [*Budapests 1944/1945*] aus der Verborgenheit auftauchte – sich so vorstellte: »Bin Ernő Szép – gewesen.«" (San Diego, 4.11.1987, Márai/ Simányi, *Lieber Tibor*, 299f) Biografische Informationen über Szép finden sich etwa in Haldimanns Rezension zur Neuauflage seines Buchs *Emberszag* [*Menschengeruch*] (1945, dt.: *Drei Wochen im Jahr 1944*, 1947), das von seiner Zeit im Arbeitslager handelt (NZZ, 25./26.1.1986; *Momentaufnahmen…*, 140f).

558   Kertész hat eine ähnliche Szene 1956 selbst gesehen. (Interview von Busnel, LIRE, April 2005) Eventuell paraphrasiert er aber auch folgende Notiz Márais von 1944 zu einem „alberne[n] Vorkriegsfilm": „der Held ein Diplomat, der sich plötzlich in ein stolzes Automobil schwingt und durch die Pariser Straßen zum Bahnhof rast, wo er gerade noch rechtzeitig eintrifft, um das Schlafcoupé eines aus komfortablen Pullmanwagen bestehenden Zuges zu erreichen…[/] Ich sehe das Bild und werde von […] so tiefem Schmerz ergriffen, als hätte ich die Nachricht vom Tode eines nahestehenden Menschen erhalten. Wo ist das alles hin? Dieses Europa […]. Ich denke an das zerstörte Berlin, […], morgen könnte es vielleicht Budapest nicht mehr geben." (MTB7, 124) Das „Inselreich" deutet ferner auf Kant (siehe 25).

559   Kertész, *Die englische Flagge*, EF, 52f

560   Kertész, *Die englische Flagge*, EF, 56

561   Mihály Babits (1883–1941), Autor und Übersetzer (u. a. von Dantes *Göttlicher Komödie*), Redakteur der Zeitschrift *Nyugat* (für die auch Ernő Szép schrieb; vgl. 557). Weitere biografische Informationen

enthält etwa Haldimanns Rezension »*... ist doch, wer unter Sündern schweigt, Mittäter*«. *Eine Gedenknummer von* »*Arion*« *für Mihály Babits* (NZZ, 27.2.1984; *Momentaufnahmen...*, 123-125).

562 Kertész, *Die englische Flagge* (Motto), EF, 6; Kertész zitiert den Schluss von Babits' Gedicht *A harmadik emeleten* [*Im dritten Stock*] (aus *Sziget és tenger. Versek* [*Insel und Meer. Gedichte*], Budapest, 1925): „[...] előttünk köd, mögöttünk köd, és alattunk[/] egy elsüllyedt ország." (*Összegyűjtött versei*, 282)

563 Kertész, *Protokoll*, EF, 157; LITERATUR IM TECHNISCHEN ZEITALTER 1991, 125

564 Vgl. Kertész' Notiz von 1964 zum „Romantische[n] Pessimismus": „Dieser Appell an die triumphierende Welt findet immer Gehör. Ergebnis: ein sentimentales Sichumarmen, der Henker verzeiht dem Opfer." (GT, 12f) Die Formel „als Zeichen der Vergebung" in *Protokoll* verweist ferner auf das *Vaterunser*-Zitat im Motto (vgl. oben S. 26, Anm. 180).

565 Kertész, *Protokoll*, EF, 183-185; analog in LITERATUR IM TECHNISCHEN ZEITALTER 1991, 140f

566 Der Erzähler in *Die englische Flagge* zitiert eine Passage aus Dilthey, *Der Aufbau der geschichtlichen Welt in den Geisteswissenschaften* (1910) und bezieht diese auf seine eigene „Selbstverleugnung" (oder: transzendente Lebensansicht; vgl. 194): „»Das Verstehen setzt ein Erleben voraus, und das Erlebnis wird erst zu einer Lebenserfahrung dadurch, dass das Verstehen aus der Enge und Subjektivität hinausführt in die Region des Ganzen und Allgemeinen.«[*] Das, so glaubte ich, hätte ich getan. Ich hätte begriffen, dass es mir hier allein in der Selbstverleugnung möglich war, schöpferisch tätig zu sein, [...]." (EF, 57, * Dilthey, *Der Aufbau der geschichtlichen Welt in den Geisteswissenschaften*, 173)

567 Thomas Mann, *Betrachtungen eines Unpolitischen*, *Vorrede*, MK 116, 7-10

568 GT, 112 (Dezember 1980). Vgl. auch Kertész' vorangegangene Notiz zu *Fiasko*, oben 153.

569 GT, 285 (Juni 1990)

570 Vgl. Thomas Mann, *Der Zauberberg*, Kap. 5, »*Mein Gott, ich sehe!*«, *Werke 3*, 285ff.

571 Vgl. Nietzsche, *Zur Genealogie der Moral* (1887): „Eingeweide einer missratenen Seele". (*Erste Abhandlung*, Abschnitt 12, *Werke 2*, 788)

572 B, 27f (1992)

573 Malcolm Lowry, *Át a Panamán*, Übers.: Árpád Göncz, Budapest (Európa), 1974. Kertész schreibt im Tagebuch: „Malcolm Lowry, »Durch den Panamakanal«. Eine große Entdeckung. Führt nicht der Weg des wahren Schriftstellers durch die Natur? Lese ich nicht zu viel Theorie?" (GT, 36, 1974)

574 Nach der dt. Übers. in Malcolm Lowry, *Hör uns, o Herr, der Du im Himmel wohnst*, 41

575 Malcolm Lowry, *Durch den Panamakanal*, in *Hör uns, o Herr, der Du im Himmel wohnst*, 26f, 41

576 Die Rede zur Entgegennahme des Nobelpreises hielt Camus am 10.12.1957 in Stockholm (siehe Camus, *Fragen der Zeit*, 224-229).

577 Camus, *Der Künstler und seine Zeit*, in *Fragen der Zeit*, 229-236

578 Kertész, *Fateless*, Übers.: Christopher C. Wilson und Katharina M. Wilson, Evanston (Northwestern University Press), 1992. * In einer Notiz vom 3. April 1991 erwähnt Kertész einen „Brief von dem amerikanischen Verlag, der »Schicksalslosigkeit« herausgeben will." (GT, 306) Über das Erscheinen der Übersetzung schreibt er an Haldimann: „*Sorstalanság* (*Roman eines Schicksallosen*) ist inzwischen in Amerika erschienen, und *Publisher's Weekly* zählt ihn in seiner Ausgabe vom 12. November zu den 16 besten Romanen des Jahres 92. Die Nachricht hat mich überrascht, denn das Buch ist erst im Oktober erschienen, und weder vom Verlag (dem amerikanischen) noch vom Übersetzer habe ich eine einzige Zeile erhalten, auch die Belegexemplare trafen erst jetzt ein..." (Budapest, 15.12.1992, *Briefe...*, 44)
    * 2004 erschien im Verlag Vintage, New York die weitere Übersetzung *Fatelessness* von Tim Wilkinson.

579 Kertész im Gespräch mit Iris Radisch (14.10.2002), *Die Glückskatastrophe*, DIE ZEIT, 17.10.2002

580 Vgl. Joh. 18, 37f (nach Luther; siehe auch die Übersetzung von Zink, oben S. 87): „[Jesus:] Ich bin dazu geboren und in die Welt gekommen, dass ich für die Wahrheit zeugen soll. Wer aus der Wahrheit ist, der höret meine Stimme. [... Pilatus:] Was ist Wahrheit?" Kertész zitiert daraus in *Die englische Flagge*: „»Ich bin in die Welt gekommen, dass ich für die Wahrheit zeugen soll«". (EF, 29, 57)

581 Camus, *Der Künstler und seine Zeit*, in *Fragen der Zeit*, 250

582 GT, 313f (30. Juni und 4. Juli 1991)

583 B, 180 (1998)

584 Beckett schreibt in *Malone stirbt*: „[*Der Erzähler Malone:*] Ich habe nicht spielen können. Ich drehte mich im Kreis, […], sah mich verlieren, sah mich gewinnen, […]. Dann stürzte ich mich plötzlich auf die Spielsachen, wenn welche da waren, um sie zu zerstören, […]. Ich begann wieder. Aber nach und nach mit einer anderen Absicht. Nicht mehr um zu gewinnen, sondern um zu scheitern. […] Was ich erreichen wollte, […], waren die Ekstasen des Schwindels, des Loslassens, des Sturzes, des Untergangs, der Rückkehr zum Dunkel, zum Nichts, zum Ernst, […].“ (*Werke 3*, 267f)

585 Nach Becketts Vorbild wollte auch Kertész seine Essays, die er seit 1990 schrieb, als Mitteilungen von der „anderen Seite“ verstanden wissen (siehe oben 160).

586 GT, 227 (1987)

587 Die am Schluss von *Malone stirbt* erwähnten „Rohlinge“ sind die beiden Fährleute Ernst und Maurice, die (in einer von Malone erzählten Geschichte) von dem Irrenwärter Lemuel* erschlagen werden, nachdem sie ihn und einige seiner Patienten zu einer Ausflugsinsel gebracht haben. Bei der Heimfahrt übernimmt Lemuel – „der Verantwortliche“ – das Rudern, das er aber bald einstellt: „Sie sind weit draußen in der Bucht, Lemuel rudert nicht mehr, […]. Die Nacht ist besät mit absurden[/] absurden Lichtern, Sternen, Leuchtfeuern, Bojen, Lichtern der Erde, […].“ (*Werke*, 3, 392f) Das kann man so interpretieren, dass Beckett alias Lemuel sich der immanenten, an der „Erde“ orientierten, Massenkultur verweigert (siehe dazu Kracauer in *Die Angestellten*, oben 540) und nur noch für einige marginalisierte Existenzen schreibt. Versteht man ferner das Motiv der »Insel« als Allegorie des menschlichen Verstandes, der inmitten eines naturalistischen Chaos eine universale Ordnung behauptet (nach Kant, *Kritik der reinen Vernunft*; siehe 25), so positioniert sich Beckett zwischen der populären Pseudokultur und dem traditionellen Humanismus auf einer Art Narrenschiff des Individualismus oder der Kunst.
    * Nach der Figur Lemuel Gulliver aus Swift, *Gulliver's Travels* (1726)

588 Ähnlich beginnt Ortega seinen Essay *Die Vertreibung des Menschen aus der Kunst* (1925), in dem er über die „*Unpopularität der neuen Kunst*“ reflektiert, mit der Feststellung, „der kürzeste Weg“ zu seinem Thema sei für ihn die Frage nach der „Unpopularität der neuen Musik“ gewesen. (*Werke 2*, 229f)

589 B, 203 (1999)

590 Am Schluss von Goethe, *Torquato Tasso* (1790), deklamiert Tasso:
    „Die Träne hat uns die Natur verliehen,
    Den Schrei des Schmerzens, wenn der Mann zuletzt
    Es nicht mehr trägt – Und mir noch über alles –
    Sie ließ im Schmerz mir Melodie und Rede,
    Die tiefste Fülle meiner Not zu klagen:
    Und wenn der Mensch in seiner Qual verstummt,
    Gab mir ein Gott zu sagen, wie ich leide.“ (*Werke 5*, 166)

591 Emerson, *Representative Men*, 162f, 168, 180f

592 Hierauf bezieht Kertész sich vielleicht auch 1993 in dem Vortrag *Der überflüssige Intellektuelle*: „Man muss erkennen, dass man in einer ideologisierten Welt lebt. Und das Verlangen nach Klarheit bewegt uns, aus dieser Welt der pausenlos nur sich selbst spiegelnden Perspektive herauszutreten und sich wieder der Erde, dem Himmel, dem menschlichen Los gegenüber zu finden.“ (EGS, 74; ES, 93)

593 Emerson, *Representative Men*, 166-168

594 Goethe, GA 24, 298f (Eckermann, *Gespräche mit Goethe*, 20. Oktober 1828)

595 In *Dossier K* reflektiert Kertész über die neue Situation nach der Wende wie folgt: „*Der Mensch kämpft um seine Freiheit, aber wenn er sie erringt oder geschenkt bekommt, fällt er auf einmal in einen luftleeren Raum. Stellt sich dir nicht die Frage, wie nun weiter?*[/] Freilich. Und zwar kämpfe ich dabei fast mit

einem schmerzlichen Gefühl von »Heimweh«, weil ich nicht wissen kann, inwieweit der Druck, unter dem ich leben und schreiben musste, meinen Werken zunutze gewesen ist. Bücher wie der *Roman eines Schicksallosen* und *Fiasko* hätten unter normalen Verhältnissen vielleicht gar nicht zustande kommen können. Wollte ich es richtig gnadenlos formulieren, dann würde ich sagen, in der Diktatur kannst du die Freiheit von Irrenhäusern »genießen«, während es in der Demokratie einen Konsens gibt, eine echte schriftstellerische Verantwortung, die die zum Ausschweifen neigende Phantasie beeinträchtigen kann.[/] *Wenngleich sich zum Beispiel Kafka und Beckett von der Freiheit nicht stören ließen ...*" (DK, 226)

596 IA, 7

597 Im Vortrag *Von der Freiheit der Selbstbestimmung* von 2001 erläutert Kertész, wie entfremdend eine von der Politik deformierte Alltagskultur wirken kann: „Seine Umgebung kommt einem zum Beispiel auf einmal wie ein Spuk vor, dabei ist man es selbst, der zu etwas Irrealem, einem Spuk geworden ist. Oder umgekehrt: man kommt sich auf einmal selbst wie ein fremdes Wesen vor, dabei hat man sich nur mit der entfremdeten Außenwelt identifiziert. Meine Frau [*Magda*], die als Amerikanerin solche osteuropäischen Gebrechen glücklicherweise nicht kennt, hat mich darauf aufmerksam gemacht, dass ich einen regelrechten Persönlichkeitswandel durchmache, wenn wir ins Ausland fahren. In der Fremde bewege ich mich heimisch, daheim fremd. Mit Menschen fremder Zunge spreche ich gelöst, mit meinen Landsleuten angespannt. In der Sozialismus genannten Diktatur war das ein natürlicher Zustand, mit dem ich verhältnismäßig gut zurechtkam; doch für den demokratischen Rassismus muss ich mich erst noch wappnen." (ES, 227; unter dem Titel *Ich bin der Spuk* in FAZ, 14.3.2002)

598 Ortega schreibt in *Der Aufstand der Massen*, die meisten Menschen hätten noch „nicht einmal die Absicht", sich der „Wirklichkeit anzupassen": „Denn das Leben ist zunächst ein Chaos, in dem man verloren ist. Das ahnen sie; aber es schaudert ihnen, dieser furchtbaren Wirklichkeit Auge in Auge entgegenzutreten". Stattdessen würden sie versuchen, sich mit illusionären „Ideen" vor der Wirklichkeit zu schützen. „Klar im Kopf" sei dagegen „der Mann, der die Zauberei solcher »Ideen« abschüttelt und dem Leben ins Gesicht sieht, der sich eingesteht, dass alles darin fragwürdig ist, und sich verloren fühlt": „Da dies die reine Wahrheit ist – denn Leben heißt sich verloren fühlen –, hat, wer sie zugibt, schon begonnen, sich zu finden, seine wahrhafte Wirklichkeit zu entdecken; er ist auf festem Boden." (*Werke 3*, 127) Analog erklärt der Erzähler in *Ich – ein anderer*, er fühle sich „verloren", würde aber „keine Anstrengung" scheuen, „wenn es darum geht, klaren Kopf zu behalten." (IA, 7f) Hans Sahl zitiert im Motto des letzten Kapitels von *Die Wenigen und die Vielen* (welcher Roman von »seiner« Emigration in die USA handelt; vgl. 1) ebenso Ortega: „Leben heißt, sich verloren fühlen." (284) Es kann angenommen werden, dass Kertész auch hierauf referiert, denn die Beschreibung des Protagonisten am Schluss von Sahls Roman ließe sich ohne Änderung auf den Erzähler von *Ich – ein anderer* übertragen: „Wie er so dahinschritt, sich mit Armen und Schultern einen Weg bahnend, glich er einem Schiffbrüchigen, der an eine unbekannte Küste gespült worden ist und sich verwundert umsieht: Wo bin ich?" (286)

599 IA, 127; siehe auch die parallelen Stellen im Tagebuch zum Einfluss der „anderen" auf das eigene „Identitätsbewusstsein" (oben 207). Vorbildlich hierfür dürfte folgende Tagebuchnotiz Márais von 1965 gewesen sein: „Wilde, »De Profundis«. Angeblich die erste vollständige und authentische Ausgabe. Eine Lebensbeichte in Briefform [...], aus der sich ein Satz im Gedächtnis festgesetzt hat: »Im Gefängnis habe ich verstanden: Der Mensch ist nicht nur der, der er ist, und er ist nicht nur das, was er erschafft, sein Werk ..., sondern auch die Atmosphäre, die ihn umgibt.«[*] Wenn sich die Atmosphäre um einen Menschen verändert, sieht ihn nicht nur die Welt anders, auch er selbst wird in der veränderten Atmosphäre ein anderer. Dazu braucht es manchmal ein Gefängnis; manchmal die Fremde; manchmal genügt das Alter." (MTB 5, 262) Auf das Thema von *Ich – ein anderer* deutet in Márais Tagebuch auch eine Bemerkung von 1975 über die Wandlungsfähigkeit des Menschen: „Ich glaube nicht daran, dass der Mensch moralisch entwicklungsfähig ist. [...] Doch es gab in meinem hiesigen

260

Leben [*nach der Emigration aus Ungarn*] einen Zeitraum, da hatte ich das Gefühl, mein Selbst verloren zu haben. Es war keine »Entfremdung«, es war etwas anderes – der »Jemand«, der ich war und den ich, wie schlecht auch immer, kannte, ging mir verloren. Auf den Straßen von New York kommt es mir so vor, als wäre unter allen Verlusten, die ich im Leben erlitten habe, dieser der einzig erschreckende. Der »Jemand«, den ich verloren habe, mag gewesen sein, wie er will – aber ich hatte eben nur einen. Das ist unangenehm und bedrückend. Vielleicht habe ich zu diesem hohen Preis etwas anderes bekommen – einen neuen Horizont von der Welt. Per saldo ist das vielleicht der Überschuss.«(MTB 4, 253f)

* *De Profundis* (posth. 1905, erstmals vollständig veröffentlicht 1962) ist ein Brief, den Oscar Wilde im Gefängnis an seinen einstigen Freund Lord Alfred Douglas schrieb. In ihm beklagt er sich etwa darüber, dass er von Alfred stets vom Arbeiten abgehalten wurde. Dieser habe nicht verstanden, dass ein Künstler zur Entwicklung seiner Persönlichkeit und seines Werks einer besonderen Atmosphäre bedürfe: „an intellectual atmosphere, quiet, peace and solitude." (*Works 2*, 38) Ferner verweigert er Alfred die Erlaubnis, ihm einen Gedichtband zu widmen, denn sein Name, der durch den vorangegangenen Skandal (wegen ihrer homosexuellen Beziehung) belastet sei, würde für die Aufnahme des Buchs nur eine schlechte Atmosphäre schaffen: „it would have brought a wrong atmosphere round the whole work, and in modern art atmosphere counts for so much. Modern life is complex and relative; those are its two distinguing notes; to render the first we require atmosphere with its subtlety of *nuances*, of suggestion, of strange perspectives; as for the second we require background." (86) Schließlich erklärt er, Christus, den er den Dichtern gleichstellt („he ranks with the poets"), habe durch sein Charisma selbst eine geistige Atmosphäre entstehen lassen: „This is why he is so fascinating to the artists. He has all the colour elements of life; mystery, strangeness, pathos, suggestion, ecstasy, love. He appeals to the temper of wonder, and creates that mood in which alone he can be understood." (111, 117)

600 IA, 50, 54f, 121f. Die Formel »K., der Schriftsteller« verwendet Kertész auch 1995 und 1996 im Tagebuch. (B, 98, 142) Sie scheint durch Márai inspiriert, der in einer Notiz von 1972 daran erinnert, dass ein Autor sich selbst verleugnen sollte*: „Der Romanschriftsteller mische sich nicht ein. Er räuspere sich nicht, um wichtigtuerisch zu sagen: »Ich, der Schriftsteller«... Es seien stets nur die Fakten des Romans, die auch von ihm erzählen, dem Romanschriftsteller, der unter einer Tarnkappe verborgen hinter der Romanhandlung steht – als »ich«, der »er« ist. Sobald er sich einmischt ist es vorbei mit dem Vertrauensverhältnis zwischen Schriftsteller, Roman und Leser." (MTB 4, 132) Hiervon abweichend gebraucht Kertész diese Figur jedoch als Instanz eines fiktiven inneren Dialogs. Dabei tauscht sich der Erzähler oder Tagebuchautor mit ihr in einer Art Selbstgespräch aus, als befinde er sich vor einem inneren „Gerichtshof" im Sinne Kants (vgl. 15).

* Zur Selbstverleugnung mahnt ebenfalls der Erzähler in *Die englische Flagge* (siehe S. 93, Anm. 566).

601 IA, 54f

602 IA, 78

603 Nach Camus, *Der glückliche Tod* (posth. 1971): „Dann sagte er [*der Invalide Zagreus*]: »Sie aber, Mersault, mit ihrem Körper – Sie haben einzig die Pflicht, zu leben und glücklich zu sein.«[/] »Dass ich nicht lache«, sagte Mersault. »Bei acht Stunden täglich im Büro. Ja! Wäre ich frei!«" (40) „[...] er [*Mersault*] hatte seine Rolle erfüllt, er hatte die einzige Aufgabe des Menschen vollendet, die allein darin besteht, glücklich zu sein. Sicher nicht auf lange Zeit. Doch auf die Zeit kommt es nicht an. Sie kann nur ein Hindernis sein oder ist gar nichts mehr. Er hatte das Hindernis weggeräumt, und es hing wenig davon ab, ob dieser Bruder im Innern, den er in sich erzeugt hatte [*seine Vorstellung von Zagreus, den er getötet hatte*], zwei oder zwanzig Jahre alt war. Das Glück bestand darin, dass er existierte." (135)

604 IA, 92f

605 Mit der Formel »und dennoch« könnte Kertész auf Márais Notizen von 1944 anspielen, in denen dieser die Ereignisse in Ungarn nach der Besetzung durch die Deutschen (wie namentlich: die Vorbereitung der Judendeportation) kommentiert: „Bleib Dandy, im katholischen und literarischen Sinne des Wor-

261

tes, also gläubig und unerbittlich, [...]. Unterscheide dich, was immer auch geschieht! Das ist deine Demut, dein Dienst, dein oberstes Gebot." „Es ist eine Schande zu leben. [.../] Und dennoch: Wer sich inmitten dieses Grauens nicht einen gewissen Gleichmut der Seele erhalten kann, der kann nicht gerecht sein, und er wird folglich sich und anderen nicht helfen können." (MTB 7, 131, 135) Ähnlich schreibt auch Hans Sahl 1943 im amerikanischen Exil, Europa nach Hitler werde vermutlich eine banale und autoritär regierte Wohlfahrtsgesellschaft sein, in welcher der Geist aber dennoch wieder Geltung erlangen könne: „Die individuelle Freiheit aus den Zeiten des klassischen Liberalismus wird verschwinden. [...] Die Menschen dieses Jahrhunderts werden hinter ihren Maschinen stehen und die Arbeit verrichten, die man ihnen zuweist. Sie werden nicht gut und nicht böse sein, [...]. Sie werden Bücher lesen und ins Kino gehen, und die, die für sie Bücher schreiben und Filme drehen, werden zu berücksichtigen haben, für wen sie es tun. Geistige Ware, die sich nicht in Umsatzziffern ausdrücken lässt, wird für wertlos erklärt. [.../] UND DOCH: Dies ist eine neue Welt, und sie wird nicht schlimmer sein als jene, die zu verlassen wir bestimmt waren. [...] Wenn diese Krise, die eine Krise der Anpassung ist, vorüber sein wird, werden die Apostel von ihren Kanzeln aus Stahl den Termitenhaufen der Zukunft von den ewigen Dingen sprechen, die nicht aufhören werden, solange noch *ein* Mensch diese unglückliche Erde bewohnt..." (*Hitler oder die Demaskierung einer Epoche*, in »Und doch...«, 19f) Der Grund für Ciorans Verzweiflung, auf die Kertész sich im Tagebuch bezieht, war wohl vor allem die von Saal prognostizierte Herrschaft des Banalen und weniger der konkrete Zivilisationsbruch, dessen Zeuge Márai 1944 war. Den in Frage stehenden „Gleichmut" vertrat jedoch ebenso Márai.

606   B, 142 (1996)

607   IA, 65f

608   Zur Lage der ungarischen Exilschriftsteller und speziell zu Márai siehe etwa Haldimann, *Literatur der ungarischen Emigration* (NZZ, 27./29.3.1981; *Momentaufnahmen...*, 102-105) und *Ein Dichter des Bürgertums. Hinweis auf Sándor Márai* (NZZ, 2.2.1989; *Momentaufnahmen...*, 172-175).

609   1944 notiert Márai im Tagebuch: „Immer mehr glaube ich, dass das Höchste, wozu der Mensch fähig ist, das eigentlich Heroische, eine absolute und unbestechliche Objektivität ist." (MTB 7, 138)

610   In dem Márai gewidmeten Essay *Bekenntnis zu einem Bürger* (2000) * schreibt Kertész: „Der Márai, von dem ich hier spreche, ist nicht der Verfasser der »Glut«, sondern der »Bekenntnisse eines Bürgers«, von »Land! Land!«, der seit 1943 geführten »Tagebücher« sowie von Essays wie »Flugschrift zur Erziehung der Nation« (1943), »Abendländische Patrouille« (1936) und »Der Raub Europas« (1947). Anlässlich des Erfolgs seines Romans »Die Glut« brachte ihn die deutsche Kritik, [...], mit Joseph Roth in Zusammenhang. Das ist auf jeden Fall ein gründlicher Irrtum. Márai verknüpfte keinerlei Nostalgie mit der Monarchie: [...]." Sein „Tagebuch" sei „der reinste, umfassendste und wichtigste geistige Abdruck der Zeit". (ES, 196, 204) In einem WELT-Interview vom 5.11.2009 bemerkt Kertész ähnlich, er ziehe Márais Tagebücher seinen Romanen vor (siehe 213).

      * Artikel anlässlich der im Oberbaum-Verlag erschienenen Márai-Übersetzungen (vgl. unten 616), unter dem Titel *Hier bekenne ich, dass es eine Berufung ist, ein Bürger zu sein* in DIE WELT, 2.9.2000

611   Vgl. Márais Notiz von 1957: „Ich bin in einem Lebensalter, da jene besondere Erwartung, die in der Vergangenheit – in der Jugendzeit, im Mannesalter, und dann anfänglich noch im reiferen Alter – ein immerwährendes, alltägliches, am Grund des Wachseins und des Schlafes latent gegenwärtiges Lebensgefühl war, für mich vorbei ist. Ich »erwarte« nichts mehr. Die Haltung des *»waiting for Godot«* [*nach Becketts Theaterstück von 1952, das in New York erstmals im April 1956 aufgeführt wurde*] ist aus meinem Leben völlig verschwunden. [...] Eine Zeitlang hat man noch darauf gewartet, dass es eine Art Gerechtigkeit gäbe... Aber eines Morgens beim Erwachen hat man begriffen: [...], es gibt nur die Fakten. Das fühle ich jeden Tag, und darum »erwarte« ich nichts. Ich fange an zu altern." (MTB 6, 258)

612   GT, 259 (August 1989)

613   GT, 258 (9. August 1989)

614 Márais Freund Tibor Simányi, der von 1970 bis 1976 den ungarischen Sprachdienst der DEUTSCHEN WELLE in Köln leitete, erklärt im *Vorwort* zu Márai/ Simányi, *Lieber Tibor. Briefwechsel*, in den 70er und 80er Jahren habe er vergebens versucht, westliche Verlage für Márai zu interessieren. Und außer der WELT, die am 11.4.1980 anlässlich Márais 80. Geburtstag einen Gedenkartikel druckte, habe sich auch die Presse mit fadenscheinigen Argumenten geweigert, über ihn zu berichten. Als Grund dieses Desinteresses nennt er das von linken Ideen geprägte geistige Klima, das für Márai ungünstig gewesen sei. (20-22) Márai selbst klagt etwa 1972 im Tagebuch über den alles beherrschenden Konformismus, den er offenbar als Ursache seiner fortdauernden Erfolglosigkeit identifizierte (vgl. auch seine ähnliche Notiz von 1944, die sich speziell auf die ungarische Gesellschaft bezieht, oben 188): „Manchmal sind es »fortschrittliche Intellektuelle«, manchmal »liberale Progressive« – aber das ist nur eine Schutzmarke. Sicher ist lediglich, dass sie exakt arbeiten. Sie verdunkeln alles, wo Dämmerlicht anzeigt, dass dort Menschen leben, die die Wahrheit zu sagen versuchen. […] Sie desavouieren alles, was Charakter besitzt, verleumden jeden, der Talent hat, ersticken das Wort in jedem, der die aufdringliche Dürftigkeit, die moralische und geistige Minderwertigkeit kritisiert; sie besetzen die Schlüsselpositionen in Presse, Rundfunk, Fernsehen, Verlagswesen, Film und Schulen[*]. Mit mafiosen Mitteln schleusen sie ihre Leute in die Gewerkschaften […]; Gegenwehr ist fast unmöglich, sie aber kennen sich, erkennen einander am Stallgeruch, und wenn der eine furzt, tun sie den Gestank in eine Leuchtstoffröhre und schicken lila Licht hindurch; sie sind gefährlicher als die Tyrannen, denn schon Voltaire hat gesagt, wenn schon vor jemandem sich fürchten, dann lieber vor einem Löwen als vor zweihundert Ratten[°]." (MTB 4, 111) Auf Letzteres referiert wohl auch Kertész 1986 im Tagebuch bei seiner Beschreibung der in Ungarn zerfallenden „Rattenmacht" (siehe 155).
* Márai zitiert zuvor aus Henri de Montherlant (1895–1972), *Le Treizième César* (1970): „»[…] notre international Treizième César: […] []une organisation immense et formidable: presse, radio, télé, ciné, école.«" (MTB 4, 110; nach *Le Treizième César*, Schluss des letzten Kap. *Le Treizième César,* 192)
° Voltaire formuliert in einem Brief: „j'aime mieux obéir à un beau lion qui est né beaucoup plus fort que moi, qu'à deux cents rats de mon espèce." (*Voltaire an M. De Saint-Lambert*, Ferney, 7.4.1771) In *Dictionnaire philosophique* (1764) schreibt er entsprechend: „s'il fallait choisir, je détesterais moins la tyrannie d'un seul que celle de plusieurs. Un despote a toujours quelques bons moments; une assemblée de despotes n'en a jamais." (Kap. *Tyrannie*)
615 MTB 6, 179f (1952)
616 Der Verlag Vörösváry in Toronto, dem Márai seinen Nachlass vermacht hatte, veröffentlichte hieraus zunächst 1991: *Ami a Naplóból kimaradt* [*Was nicht im Tagebuch steht*] *(1950–1952)* und 1992: *Ami a Naplóból kimaradt (1945–1946)*. Dort (und in weiteren Bänden) ist das enthalten, was Márai in den von ihm selbst redigierten Tagebüchern der Jahre 1943–1983 weggelassen hat. Auf letzteren Tagebüchern (sowie dem 1997 bei Vörösváry erschienenen Tagebuch der Jahre 1984–1989, in dem Márais nachgelassene Aufzeichnungen ohne Kürzung abgedruckt sind *) beruht wohl auch die – leider vergriffene – deutsche Ausgabe des Oberbaum-Verlags (7 Bde., 2000f)°. Dagegen gibt die neue deutsche Ausgabe des Piper-Verlags, von der bislang die Tagebücher der Jahre 1943–1945 vorliegen (2 Bde., 2009), den ungekürzten Text der nachgelassenen Manuskripte wieder. Diese befinden sich seit 1997 im Petőfi-Literaturmuseum und werden seit 2006 unter dem Titel *A teljes napló* [*Das vollständige Tagebuch*] bei Helikon, Budapest verlegt. * Laut einer Mitteilung des Piper-Verlags ist es allerdings unwahrscheinlich, dass davon in nächster Zeit noch weitere deutsche Übersetzungen bei Piper erscheinen oder dass bei Piper die gesamte Oberbaum-Ausgabe neu aufgelegt wird. (Mail vom 12.06.2017)
* Ernő Zeltner, *Nachwort* zur neuen Ausgabe der *Tagebücher* bei Piper, Bd. 1, 411-416
° Siegfried Heinrichs (1941–2012), der Leiter des (bis zu seinem Tod bestehenden) Oberbaum-Verlags in Berlin, wurde Mitte der 90er Jahre durch den Übersetzer Hans Skirecki (1935–2016) auf Márais *Bekenntnisse eines Bürgers* aufmerksam, woraufhin er die Deutschland-Rechte für Márais autobiografi-

sches Werk und seine Briefe erwarb. In den folgenden Jahren gab er von Márai die *Bekenntnisse...*, die Erinnerungen *Land, Land* und die *Tagebücher* heraus (überwiegend in der Übersetzung von Skirecki). Geplant waren anscheinend auch zwei Bände *Briefe* (siehe den Klappentext in MTB 4ff). Zuvor war im Hamburger Broschek-Verlag von Márais Tagebüchern der Jahre 1945–1957 bereits die autorisierte Übertragung *Geist im Exil* (1960) erschienen, welcher in der Oberbaum-Ausgabe der Band 6 entspricht. Von Heinrichs Edition der *Tagebücher* lieferbar ist heute nur noch der posthum veröffentlichte Band der Jahre 1984–1989 in einer Taschenbuchausgabe des Piper-Verlags, dem mittlerweile die Rechte gehören. (Neller, *Bekenntnisse eines Kleinverlegers*, DER TAGESSPIEGEL, 30.11.2004; Hildebrand/Rachowski, *Siegfried Heinrichs*, HORCH UND GUCK 2/2012, 72-75; Reitel, *Wer war Siegfried Heinrichs?*, RBB, 3.10.2012) Zu der Oberbaum-Ausgabe schrieb übrigens Sigrid Löffler eine polemische Glosse, in der sie dem Verlag vorwarf, mit einer schlecht aufbereiteten „Textausschüttung ohne Datum und Ort" nur vom aktuellen „Márai-Fieber" profitieren zu wollen, nachdem er die Rechte vorher lange nicht genutzt habe. (*Sándor Márai, misshandelt*, LITERATUREN 7-8/2001, 141) Gegen die in Löfflers Artikel enthaltenen falschen Tatsachenbehauptungen wehrte sich Heinrichs erfolgreich vor Gericht. (*Sigrid Löffler zürnt – und irrt*, SPIEGEL, 22.10.2001, 197).

617 IA, 27
618 MTB 6, 161 (1951)
619 IA, 30
620 MTB 6, 194 (1953)
621 IA, 88
622 Beckett, *Malone stirbt*, Werke 3, 249
623 Beckett, *Malone stirbt*, Werke 3, 247, 286
624 Beckett, *Malone stirbt*, Werke 3, 284f
625 Beckett, *Malone stirbt*, Werke 3, 266, 304
626 Kertész äußert dazu im Gespräch *Es ist ein Spiel* mit Lerke von Saalfeld: „In [... *Dossier K*] rede ich darüber, dass ich viele Identitäten habe, besonders wenn ich etwas schreibe, zum Beispiel den *Roman eines Schicksallosen*. Nachdem ich diese Figur, dieses 14-jährige Kind, diesen Ton, diese Sprache gefunden hatte, habe ich diesen Knaben verloren, und ich weiß nicht, ob ich der Knabe bin, der das alles durchlebt hat, oder ob ich der Schriftsteller bin, der eine Form für diese Erlebnisse sucht." Ferner antwortet er auf die Frage nach seinem Verständnis von Identität: „Ich habe eine Identität, aus dieser Identität heraus schreibe ich, aber man verändert sich, verwandelt sich, löst sich auf. Mein Leben ist für mich immer fantastischer geworden. Wenn Sie sich vor Augen halten, wie ich geboren bin, wie ich vierzig Jahre lang gelebt habe und wie ich heute lebe. Das ist wirklich fantastisch.[*] [...] Ich nehme mich nicht so ernst, tue nicht so, als ob ich etwas Wichtiges auf dieser Welt machen könnte. Ich spiele mit meinen Erfahrungen, mit meinem Leben. Etwas zu schreiben ist ein Spiel." (DIE ZEIT, 26.10.2006)
    * Ähnlich reflektiert Voltaire in *Le philosophe ignorant* [*Der unwissende Philosoph*] (1766) mit Bezug auf Locke über den merkwürdigen Umstand, dass er gegenwärtig eine andere Person ist als es denjenigen scheinen mag, die ihn einst aufwachsen sahen: „Je suis réputé la même personne par ceux qui m'ont vu croître, et qui ont toujours demeuré avec moi; mais je n'ai en aucune façon la même existence; je ne suis plus l'ancien moi-même; je suis une nouvelle identité, et de là quelles singulières conséquences!" (Kap. 29 - De Locke) Hierfür vorbildlich erklärt Locke in *Über den menschlichen Verstand* (*An Essay concerning Humane Understanding*, 1689), die *„Identität des Menschen"* bestehe „in nichts anderem als in der Teilnahme an demselben fortdauernden Leben vermittelst beständig wechselnder Stoffteilchen, die der Reihe nach mit demselben organisierten Leibe vital verbunden sind." Eine „»Person«" bewahre ihre „Identität", insofern ihr „Bewusstsein sich rückwärts auf irgend welche vergangene Handlungen oder Gedanken ausdehnen lässt", unabhängig davon, „ob dasselbe Selbst in derselben oder in verschiedenen Substanzen fortbesteht." (Bd. 1, 421f, 426-428 [2. Buch, § 6 und § 9])

627 DK, 72, 77

628 Explizit auf Beckett deutet in *Ich – ein anderer* nur eine unscheinbare Bemerkung über Iris Murdoch und John Bayley: ein „Paar, das einem Stück von Beckett entsprungen schien" (siehe oben 238).

629 GT, 205 (November 1985 – 22. März 1986)

630 DK, 141

631 Ball, *Die Flucht aus der Zeit*, 244 (19. Juni 1919), 295 (5. Juni 1921)

632 Der Band *Letzte Einkehr. Tagebücher 2001–2009*, der überwiegend von Kertész' Leben in Berlin handelt, überschneidet sich mit *Der Betrachter*. Das letzte Datum in *Der Betrachter* ist der 11. März 2001, *Letzte Einkehr* beginnt mit dem 1. Januar. Kertész erwähnt seine „Vorbereitungen zum Verlassen dieses Landes [*Ungarn*]" erst in einer Notiz vom 4. August, die nicht mehr in *Der Betrachter* enthalten ist (siehe 284). Der (nicht datierte und chronologisch falsch eingeordnete) letzte Eintrag in *Der Betrachter* ist folgende Notiz vom 16. Januar 2001: „Solange du lebst, sei glücklich, [...]" (siehe S. 79, Anm. 518).

633 Kertész greift in seiner Nobelpreisrede »Heureka!« von 2002 das Motiv des »Betrachters« erneut auf: „Seit ich die Nachricht erhalten habe, dass ich mit dem diesjährigen Nobelpreis für Literatur geehrt werden soll, spüre ich beständig den durchringenden Blick eines nüchternen Beobachters in meinem Nacken, und ich fühle mich in diesem feierlichen Moment, [...], eher mit diesen kühlen Beobachter identisch als mit dem auf einmal weltweit gelesenen Autor." (ES, 243)

634 B, 24 (1992), 91 (1995)

635 IA, 81

636 Die deutsche Ausgabe stimmt nicht völlig mit der ungarischen überein (siehe *Primärliteratur*, I).

637 Kertész gebrauchte den Begriff »Holocaust« aus pragmatischen Gründen, obwohl er gegen ihn zwei Einwände hatte. In dem Essay *Wem gehört Auschwitz?* von 1998 schreibt er dazu, das Wort sei in seiner Abstraktheit verharmlosend: „dafür, dass der Holocaust mit der Zeit tatsächlich Teil des europäischen – zumindest des westeuropäischen – öffentlichen Bewusstseins wurde, war der Preis zu entrichten, den Öffentlichkeit zwangsläufig fordert. Es kam sogleich zu einer Stilisierung des Holocaust, die heute schon fast unerträgliche Ausmaße annimmt. Ist doch schon das Wort »Holocaust« eine Stilisierung, eine gezierte Abstraktion der deutlich brutaler klingenden Wörter »Vernichtungslager« oder »Endlösung«." (EGS, 146; ES, 148) Weiterhin macht er in *Dossier K* darauf aufmerksam, durch diese ungenaue Bezeichnung gerieten letztlich auch die Überlebenden aus dem Blick: „Man wagt das, was geschehen war, nicht beim Namen zu nennen – etwa *Die Vernichtung der europäischen Juden*, wie der Titel des großen Werks von Raul Hilberg [*aus dem Jahr 1961*] heißt". „Was mich betrifft, ich benutze das Wort, weil es unvermeidbar geworden ist, aber ich halte es für einen Euphemismus, eine feige und phantasielose Art, sich die Sache leichter zu machen.[/] *Und der obigen Erklärung nach [nämlich: dass das Ursprungswort, das griechische holókau(s)tos, … soviel bedeutete wie »ganz verbrannt«] bezieht sich das Wort eigentlich nur auf die, die verbrannt wurden; auf die Toten, nicht auf die Überlebenden.[/] Richtig.* Der Überlebende ist eine Ausnahme, seine Existenz ergibt sich im Grunde aus einer Betriebspanne in der Todesmaschinerie, wie Jean Améry [*in »Jenseits von Schuld und Sühne«**] treffend bemerkt hat." (DK, 78, 80; * siehe oben S. 52, Anm. 404).

638 Kertész beschreibt in seinem ersten Vortrag *Die Unvergänglichkeit der Lager* von 1990 „Auschwitz" als ein traumatisches Ereignis, das – sogar gegen den Willen der „Ideologen" – in das „europäische[] Bewusstsein" eingegangen ist. (EGS, 44; ES, 44f)

639 Kertész im Gespräch mit Hähnel und Mesnard, SINN UND FORM 3/2000, 376f

640 EGS, *Vorwort*, 11; fehlt in ES. Kertész zitiert aus Zoltán Ágoston, *Velence, Firenze, Róma, Auschwitz* (Kritik zu *A gondolatnyi csend… [Eine Gedankenlänge Stille …]*), ÉLET ÉS IRODALOM, 17.7.1998.

641 Walser hatte in seiner Dankrede zur Verleihung des Friedenspreises des deutschen Buchhandels 1998 u. a. in Bezug auf einen Artikel von Habermas* zu den rechtsradikalen Ausschreitungen 1992 in Rostock-Lichtenhagen erklärt: „Kein ernstzunehmender Mensch leugnet Auschwitz; kein noch zurech-

nungsfähiger Mensch deutelt an der Grauenhaftigkeit von Auschwitz herum; wenn mir aber jeden Tag in den Medien diese Vergangenheit vorgehalten wird, merke ich, dass sich in mir etwas gegen diese Dauerpräsentation unserer Schande wehrt. [.../ ...] Auschwitz eignet sich nicht dafür, Drohroutine zu werden, jederzeit einsetzbares Einschüchterungsmittel oder Moralkeule oder auch nur Pflichtübung. Was durch Ritualisierung zustande kommt, ist von der Qualität des Lippengebets. Aber in welchen Verdacht gerät man, wenn man sagt, die Deutschen seien jetzt ein ganz normales Volk, eine ganz gewöhnliche Gesellschaft?" (*Erfahrungen beim Verfassen einer Sonntagsrede*, Frankfurt, 11.10.1998, WWW) Daraufhin warf ihm Ignatz Bubis, der Vorsitzende des Zentralrats der Juden in Deutschland, geistige Brandstiftung vor, was eine lange Debatte auslöste. Wie Tobias Jaecker am 24.10.2003 im Magazin HAGALIL bemerkt, habe sich dabei erwiesen, dass viele der Diskutanten im Grunde „keine »andere« Erinnerung" wollten, sondern vielmehr „gar keine". (*Die Walser-Bubis-Debatte: Erinnern oder Vergessen?*, WWW) Siehe auch Schirrmacher (Hrsg.), *Die Walser-Bubis-Debatte* (1999).

* Jürgen Habermas, *Die zweite Lebenslüge der Bundesrepublik: Wir sind wieder »normal« geworden*, DIE ZEIT 51/ 1992. Walser zitiert daraus: „»Wenn die sympathisierende Bevölkerung vor brennenden Asylantenheimen Würstchenbuden aufstellt ... «", nennt Habermas aber nicht explizit.

642   B, 186 (1998)

643   EGS, *Vorwort*, 13; fehlt in ES

644   Ebenso erklärt Kertész 2009 im Interview *Der letzte Zeuge* von Batthyany und Krogerus: „Der Holocaust ist ein universelles Versagen aller zivilisatorischen Werte, und lange Zeit dachte ich, wir hätten daraus etwas gelernt. Aber ich lag falsch." (DAS MAGAZIN, 7.11.2009)

645   Thomas Mann, *Doktor Faustus*, Werke 6, 634

646   Kertész im Gespräch mit Stephan Speicher, BERLINER ZEITUNG, 6.11.2004

647   Kertész im Gespräch mit Volker Müller, BERLINER ZEITUNG, 22.12.1997

648   Der Geschichtsphilosoph Nicolai Berdiajew (1874–1948) schreibt ähnlich in *Der Sinn der Geschichte* (1923, nach Vorlesungen 1919f): „Die geschichtliche Realität ist vor allem eine konkrete Realität [...]. Heißt doch konkret [...] »verdichtet« im Gegensatze zum Abstrakten als dem Zerrissenen, Enteinten, Gespaltenen. [...] Die Soziologie ist es, die mit dem Abgezogenen, dem Abstrakten zu tun hat, die Geschichte jedoch hat es nur mit dem Konkreten." „Um in jenes Mysterium des Geschichtlichen einzudringen, muss ich vor allem jenes Geschichtliche [...] erfassen als etwas tiefstens *Meines*, als etwas, das tiefstens *meine* Geschichte ist, tiefstens *mein* Geschick." (32, 36). Hiermit verwandt formuliert auch Thomas Mann in *Betrachtungen eines Unpolitischen* über den 1. Weltkrieg (mit Bezug auf Goethe, der sich gerühmt habe, „lebendiger Zeuge" großer Ereignisse gewesen zu sein): „Eine aufwühlende Zeit [...] zehrender Entbehrungen und Erschütterungen, welche dabei den Menschen [...] anhält, mit Bewusstsein seinen Platz einzunehmen, scheine dieser nun ehrenvoll oder nicht; eine Zeit, die wirkt, wie der Tod: ordnend trotz aller Wirrnis, klarstellend, bestimmend". (MK 116, 348f) Entsprechend heißt es am Schluss des *Zauberbergs* über Hans Castorp, der sich in den Schlachtfeldern des 1. Weltkriegs verliert: „Deine Geschichte ist aus. Zu Ende haben wir sie erzählt; [...]. Wir haben sie erzählt um ihretwillen, nicht deinethalben, [...]. Aber zuletzt war es deine Geschichte; [...]." (*Werke* 3, 993)

649   Kertész, *Rede über das Jahrhundert*, EGS, 24; *Das glücklose Jahrhundert*, ES, 118

650   EGS, *Vorwort*, 12; fehlt in ES (die Passage hat Kertész jedoch in seine Nobelpreisrede »Heureka!« von 2002 übernommen; siehe ES, 255).

651   Kertész verließ 2000 Rowohlt und wechselte zu Suhrkamp (siehe den Kommentar in *Primärliteratur*, o).

652   Kertész, *A száműzött nyelv. Esszék* [*Die exilierte Sprache. Essays*], Magvető, 2001; *Európa nyomasztó öröksége. Esszék* [*Europas bedrückende Erbschaft. Essays*], Magvető, 2008.

653   Péter Nádas, *Imre Kertész's Work and His Subject*, THE HUNGARIAN QUARTERLY Vol. 43, No. 168 (Winter 2002), 38-40; Übers. von: *Kertész munkája és a témája*, ÉLET ÉS IRODALOM, 18.10.2002, 3

654   Péter Nádas, *Kertész und sein Thema. Ein Vorwort*, in Kertész, *Die exilierte Sprache*, ES, 9-12

655 Kertész im Interview *Document and Fiction* von Thomas Cooper, THE HUNGARIAN QUARTERLY, Holocaust Special Issue 2014, 6

656 Paul Ingendaay, *Das Grauen humanisieren* (Artikel zum Berliner Kertész-Symposium), FAZ, 16.4.2018

657 LE1, 183, 444 (21. Juli 2003, Anm.); fehlt in LE2

658 Kertész, *Warum gerade Berlin?*, OH, 75, 77. Das Datum 1980 ergibt sich aus der Rechnung: „Dreizehn Jahre später, 1993". (77) Kertész beschreibt seinen damaligen Aufenthalt in Ost-Berlin (und anderen Städten der DDR) auch im Tagebuch: „Stipendium für Ost-Berlin". (GT, 95[ff], 20. Mai 1980)

659 Kertész, *Warum gerade Berlin?*, OH, 78. Zum Holocaust-Mahnmal und zur Tafel am Wittenbergplatz äußert Kertész sich auch in einem Gespräch mit Volker Müller. (BERLINER ZEITUNG, 22.12.1997)

660 Ebenso formuliert Kertész 1996 in *Wer jetzt kein Haus hat* (in der Münchner Reihe *Reden über das eigene Land*): „Daheim? Zuhause? Heimatland? Vielleicht wird man von all dem einmal anders sprechen können – oder wir sprechen gar nicht mehr davon. Vielleicht wird den Menschen einmal aufgehen, dass all das abstrakte Begriffe sind und das, was sie zum Leben wirklich brauchen, nichts anderes ist, als ein *bewohnbarer* Ort. Ein solcher Ort wäre wahrscheinlich jede Anstrengung wert. Doch das ist Zukunftsmusik oder – aus meinem Blickwinkel – Utopie." (ES, 146; analog EGS, 126f)

661 Kertész, *Warum gerade Berlin?*, OH, 80-82

662 Kertész, *Warum gerade Berlin?*, OH, 74; IA, 8; ebenso in B, 11 (1991)

663 Kertész, *Budapest, ein überflüssiges Bekenntnis*, EGS, 129, 136-138; ES, 156, 163f; OH, 60, 69-71

664 Siehe oben S. 38 und *Primärliteratur*, q.

665 Kertész bemerkt in einem Gespräch mit József Marx, sein *Vorwort* zum Drehbuch fehle leider in der ungarischen Ausgabe: „I gave my opinion about the problems connected with a script and concretely with my case in the preface of the German edition. It's a pity this is not printed in the Hungarian edition. It would be more precisely understandable what the difference is between the script and the novel." (*Conversation in Berlin with Imre Kertész about Fateless...*, 23.7.2004, in Marx, *Fateless...*, 222)

666 Kertész, *Vorwort* zu *Schritt für Schritt*, SS, 8

667 Kertész im Gespräch *In der Erinnerung...* mit Helmut Schneider (Frankfurt, Oktober 2003), WIEN LIVE 4/2003; auch in der Gratisausgabe von *Schritt für Schritt*, Wien, 2003 (*Interview mit Imre Kertész*)

668 LE1, 290 (16. Mai 2004); LE2, 225

669 Zum Konzept der Linearität in *Fateless* erläutert Koltai im Interview *Der Wert der Sonnenstrahlen* von Elisabeth Nagy: „Besonders wichtig war uns [*Kertész und Koltai*], [...], dass sich dieser Film nur linear erstrecken, dass man ihn nur Schritt für Schritt erzählen kann. Das ist die Essenz der Geschichte. Doch für einen Filmemacher ist das nicht gerade erstrebenswert. Filmemacher wollen meistens große Szenen hinzufügen. Hier konnten wir jedoch nichts dazuschreiben. [...], wir finden einen Rhythmus und schreiten den Weg mit Würde ab. Imre Kertész nennt das ernste Würde, [...]. Wir tun es Schritt für Schritt. Wir können von dem Weg nicht abgehen, wir können nur zum nächsten Punkt schreiten. Es ist nicht nur die Geschichte einer Demontierung, sondern auch ein Kreuzgang. Darum habe ich die Technik der Auf- und Abblende verwendet, mit der ich gewissermaßen Kapitel setzen kann. Es ist, als würde ein Satz gesprochen und dann kommt ein Punkt. Dann ein weiterer Satz und ein weiterer Punkt. Darum haben wir auch keine Flashbacks verwendet. Sie haben in unserem Film nichts zu suchen." (CRITIC.DE, 30.5.2005) Siehe dazu auch Kertész' Bemerkungen in *Conversation in Berlin...* über ein erstes, von ihm verworfenes Drehbuch eines anderen Autors (zitiert in *Primärliteratur*, q).

670 SS, 148 (Zweiter Teil, Kap. 25 - *Der Duschkopf*). Im Roman *Schicksalslosigkeit* korrespondiert dem der Beginn von Kap. 8. Köves wird in Buchenwald in einen „einem Duschbad täuschend ähnlichen Raum" gebracht, von dem er fälschlicherweise annimmt, dass es sich um eine als Dusche getarnte Gaskammer handelt: „na also, demnach ist, wie es scheint, auch hier der Auschwitzer Gebrauch üblich. Um so größer war meine Überraschung, als nach einer kurzen Wartezeit, [...], warmes Wasser aus den Hähnen dort oben zu strömen begann." (RS, 209f; analog MS, 164)

671 In *Fateless* formieren sich die gefangenen Juden – zunächst in Budapest und dann ein zweites Mal in Buchenwald – auffallend gefügig zu einer Marschkolonne. In *Schritt für Schritt* gibt Kertész zu der Szene in Buchenwald die Regieanweisung: „Mit verblüffender Geschwindigkeit formiert sich eine aus Fünferreihen zusammengesetzte Kolonne. [...] (Wir haben die unverhohlene Absicht, hier ohne jede direkte Anspielung an die nachlässige Polizeieskorte zu erinnern, die wir auf dem Weg vom Zollhaus zur Gendarmeriekaserne [*in Budapest**] erlebt haben. Doch es sei betont: Wir gebrauchen keinerlei Hilfsmittel, um das Erinnern des Zuschauers zu fördern, es soll ihm überlassen bleiben, ob ihm dieser Vergleich in den Sinn kommt. Unabhängig davon muss hier die schreckenerregende und faszinierende »Professionalität«, die Macht spürbar werden.)" (SS, 85; * vgl. SS, 52-54)

672 SS, 53

673 SS, 27, 31

674 SS, 96f

675 SS, 107. Überflüssigerweise ist bei der deutschen Fassung von *Fateless* diese Szene, in der schon im Original Deutsch gesprochen wird, nachsynchronisiert. Aus den unartikulierten, bellenden Lauten: *„Los! Arbeiten! Los, los! Arbeiten! Schnell! [...]"* wurden dabei die auf Hochdeutsch gegebenen Befehle: *„Los! Weiterarbeiten! Los! Los! Schnell! Na wird's bald! [...]",* was viel zivilisierter und harmloser wirkt.

676 SS, 101

677 SS, 74

678 SS, 80

679 SS, 145f

680 In der *Vorbemerkung* zu Teil 2 von *Schritt für Schritt* (mit den KZ-Szenen) schreibt Kertész, namentlich „*Lanzmanns »Shoah«-Film*" (in dem Zeugen der Judenvernichtung interviewt werden) habe die Problematik eines solchen Realismus evident gemacht. (SS, 77) Analog argumentiert er im Gespräch mit Adelbert Reif: In Lanzmanns „Buch" zum Film würden „Aussagen eines Häftlings" zitiert, die zeigten, dass sich das Geschehen „einer literarischen Vermittlung entzieht." (UNIVERSITAS 12/1996, 1221)

681 Im Gespräch *Conversation in Berlin...* mit Marx von 2004 bemerkt Kertész zu seiner Verständigung mit Koltai: „[...] I knew that Koltai was going to make the film which was also my ideal, which was neither extreme, touching on the avant-garde, nor Hollywood trash. Lajos and I already discussed it at the very beginning. We used phrases like »emotional but not sentimental«[*]. We regarded stealthy sentimentalism as the first danger to overcome, it's a danger which usually characterises child descriptions." (Marx, *Fateless...*, 221f; * ebenso in LE1, 233, 7. Dezember 2003; LE2, 177)

682 Kertész antwortet im Interview *Der letzte Zeuge* von Batthyany und Krogerus auf die Frage nach *Schindler's List*: „Der schlimmste Film von allen. Da ist alles scheissfalsch, ich kann das nicht anders sagen." (DAS MAGAZIN, 7.11.2009) Schon in dem Essay *Wem gehört Auschwitz?* von 1998 erklärt er, er halte Spielbergs Film für Kitsch: „Die wichtigste Botschaft seines Schwarzweißfilms sehe ich in der am Ende des Films in Farbe erscheinenden siegreichen Menschenmenge; ich halte aber jede Darstellung für Kitsch, die nicht die weitreichenden ethischen Konsequenzen von Auschwitz impliziert und derzufolge der mit Großbuchstaben geschriebene MENSCH – und mit ihm das Ideal des Humanen – heil und unbeschädigt aus Auschwitz hervorgeht. [...] Für Kitsch halte ich auch jede Darstellung, die unfähig – oder nicht willens – ist zu verstehen, welcher organische Zusammenhang zwischen unserer in der Zivilisation wie im Privaten deformierten Lebensweise und der Möglichkeit des Holocaust besteht; die also den Holocaust [...] aus dem Erfahrungsbereich des Menschen hinauszudrängen versucht. Doch für Kitsch halte ich auch, wenn [...] man Auschwitz nicht als Welterfahrung auffasst, sondern auf die unmittelbar Betroffenen beschränkt." (EGS, 150f; ES, 151f; RSF, 309f)

683 Arnheim schreibt in *Film als Kunst* (1932), Kap. *Zur Psychologie des Konfektionsfilms*: „Fast alle dieser [*Konfektions-*]Filme enthalten in ihrer story [...] eine bestimmte Tendenz. Nicht dass etwas gepredigt würde – nein, das Gefährliche dieser Tendenz besteht darin, dass nichts theoretisch formuliert, nichts

gefordert wird, sondern dass nur der Standpunkt, von dem aus man die Dinge dieser Welt betrachtet, die Auswahl der Geschichten und ihre stillschweigende Schlussmoral einseitig sind." (193)

684 Im Gespräch *Conversation in Berlin…* mit Marx von 2004 erklärt Kertész: „When […] Lajos started shooting the film, we agreed that he had a free hand with the monologues and also the dialogues. This was very important because the script contained too much. Many scenes contain a lot of dialogues but when the actor appears his face reveals much and certain things become unnecessary. So I told Lajos not to keep to the script, leave the text out when required as the pictures dictate." (Marx, *Fateless…*, 223)

685 SS, 75f

686 Vgl. die Fotos in Hahn (Hrsg.), *Gesichter der Juden in Auschwitz. Lili [Jacob] Meiers Album*, 39ff.

687 SS, 68f

688 Im Roman schildert Kertész, wie Köves nach seinem Besuch bei der Familie von Bandi Citrom für den Weg zu seiner alten Wohnung die Straßenbahn nimmt, weil ihn sein Bein noch schmerzt. Ein hilfsbereiter Mann – ein „Journalist" von „einer demokratischen Zeitung" – kauft ihm dort eine Fahrkarte und verwickelt ihn in ein Gespräch. In dessen Verlauf bekennt Köves irritierenderweise, er empfinde „beim Anblick der Stadt", in die er zurückgekehrt ist, nur einen allgemeinen „»Hass.«" (RS, 268-276; analog MS, 211-217; vgl. 4) Diese Szene fehlt im Drehbuch. Auf das Gespräch mit der Familie Citrom folgt hier unmittelbar Köves' vergeblicher Versuch, in seine frühere Wohnung zu gelangen. (SS, 176)

689 SS, 68f

690 In der von Kertész im Drehbuch ausgelassenen Passage schreibt Márai: „Zwei Stunden lang dröhnen die Maschinen über uns. Einige stürzen ab in die Donau. Ich sitze in der zum Garten führenden Stube und schaue durchs offene Fenster dem Angriff zu, der – abends erfahre ich es – einen großen Teil des Villenviertels am Stadtwäldchen und viele Häuser der Leopoldstadt zerstört hat.[/] Am Morgen fahre ich […] in die zerbombte Stadt. […] In Budakalász fährt der Zug an der Ziegelei vorbei, wo siebentausend Juden des Komitats Pest im Freien auf ihre Deportation warten. Auf dem Damm stehen Soldaten mit Maschinenpistolen.[/] All dass muss man *sehen*; Berichte und Erzählungen können die Wirklichkeit nicht wiedergeben. Ich gehe zum Arzt und besorge mir eine weitere Dosis Morphin, um ganz sicher zu gehen, wenn das Ganze zu uninteressant und sinnlos wird." (MTB 7, 155, 3.–4.7.1944)

691 GT, 282f (Juni 1990); auch zitiert in dem Márai gewidmeten Essay *Bekenntnis zu einem Bürger*, ES, 204f

692 Hört man z. B. in der Eingangsszene von *Fateless* statt Morricones Musik probeweise Stockhausens *Etude* von 1952 (vgl. 311), kann man feststellen, dass sie durchaus nicht mit den Bildern in Konkurrenz tritt, sondern im Gegenteil sogar die visuelle Wahrnehmung intensiviert. Somit fällt plötzlich auf, wie kurz die Szene (vom Auftritt des Jungen auf der Straße bis zum Eintritt in das elterliche Geschäft) im Grunde ist. Die veränderte Musik würde hier eine langsamere Schnittfolge erlauben, bei der es möglich wäre, den Jungen mit dem gelben Stern ausführlicher zu betrachten und sich seine Situation zu vergegenwärtigen. Ein weiteres Beispiel ist in Teil 3 die Szene 2 - Finito, in der Köves das Ende des Lagerbetriebs erlebt. Aus einem Lautsprecher ertönen die Befehle: „»Krematorium! *Sofort ausmachen!«*" und „»An alle SS-Angehörigen! *Das Lager ist sofort zu verlassen!«*", das Hintergrundgeräusch ist gemäß dem Drehbuch: „Stiefelgetrampel, Schüsseknallen, Geschützlärm, dann Stille." (SS, 157f) Eine eigentliche Dramatik erhält diese Szene aber erst ohne die zu häufig wiederholten Durchsagen und die realistischen Geräusche, welche letztlich verhindern, dass das eindrucksvolle Bild – das zuerst aufflammende und dann verlöschende Feuer des Krematoriums sowie das hiervon beleuchtete Gesicht Köves' – im Detail wahrgenommen wird. Wiederum erweist sich, dass eine Musik von Stockhausen – etwa: aus *Oktophonie* (1991) – den visuellen Effekt verstärkt anstatt ihn zu überdecken. Zumindest meiner Erfahrung nach bringt sie den Betrachter dazu, intensiver zu schauen und die Information, dass die Zeit im Lager zu Ende ist, auch ohne Worte oder begriffliche Konventionen aufzunehmen. Sehr gut funktioniert dagegen der Chor der Kollmann-Familie (dessen deutsche Synchronisierung m. E. jedoch übertrieben harmonisiert ist), ebenso der Gesang von Lisa Gerrard in den Szenen im

Lager. Zu Letzterem sagt Kertész im Interview *Das schöne Leben* von Christina Tilmann: „Ich weiß, dass man in Deutschland große Probleme mit dieser Musik hat. Am Anfang war auch Musik von [*György*] Ligeti [*mit dem Kertész befreundet war*] im Gespräch, aber das wollte der Regisseur nicht. Ich finde Morricones Musik gar nicht kitschig. In den Momenten, in denen diese »kitschige«, ich würde lieber sagen, himmlische Musik einsetzt, kommen zwei Dinge zum Ausdruck. Einerseits sehen wir die Szenen selbst, und die sind schrecklich. Andererseits ist die Musik wie eine Art Requiem. So sind in einem Bild die Ereignisse und eine Haltung dazu, nämlich die Trauer der Nachwelt, vereint. Das finde ich sehr schön." (DER TAGESSPIEGEL, 2.6.2005)

693 Werfel spricht in der Aphorismensammlung *Theologumena* (1944) von einer gleichsam vorsätzlichen, „dolosen", geistigen Stumpfheit: „[Nr. 110] Die verwerflichsten Worte, die ein Mensch sprechen kann aus der kreatürlichen Angst vor Denken und Fühlen:»Ich bin zu dumm dazu«, oder »Ich habe keinen Kopf dafür«. Das bequeme Verharren in der Niedrigkeit ist niedriger als diese Niedrigkeit selbst." „[Nr. 111] Geistige Stumpfheit ist eine Schuld, selbst dort, wo sie eine Eigenschaft ist. Sie ist näm- lich meist eine Abwehr und ein vertracktes Sich-Dummstellen. Der geistige Stumpfe ist ein pfiffiger Schlaumeier, der seine Fensterläden am Morgen nicht öffnet, um sich nicht in die Unkosten eines blauen Tages zu stürzen." (*Zwischen Oben und Unten*, 186) Vgl. auch Kertész' Bemerkungen zu dem Problem, das unpopuläre Thema Auschwitz literarisch zu vermitteln (oben S. 52, Anm. 402).

694 Thomas Mann, *Doktor Faustus*, Werke 6, 429

695 In dem Prosafragment *Die letzte Einkehr* schreibt Kertész: „Er [*B. - Kertész' Alter Ego, ein Nachfolger von B. aus »Kaddisch…« und B./ Bé aus »Liquidation«*] nimmt den streng gehüteten Stoff seines Lebens mit sich (seine Erinnerungen, seine Illusionen vom Dasein und der eigenen physischen Realität) und verschwindet damit im Nichts. Raubt ihn." (LE1, 225, eingefügt zwischen 18. Oktober und 5. Dezem- ber 2003; fehlt in LE2) Der geraubte „Stoff seines Lebens" korrespondiert offenbar dem verbrann- ten Roman in *Liquidation*. In einer Notiz von 2004 stellt Kertész ferner klar, es sei „unsinnig, wenn R. [*Marcel Reich-Ranicki?*] und Frau Löffler [*wohl: auf einer Podiumsdiskussion*] postulieren, *Kaddisch* sei der verbrannte Roman[*]" (wie es allerdings ein Entwurf von 2001 noch vorsieht°): „Warum hätte B. *Kaddisch* verbrennen lassen sollen? Daraus, genauer gesagt, aus der Niederschrift des *Kaddisch*- Romans folgt doch alles." (LE1, 299; LE2, 232) Dennoch übernimmt sogar Heidelberger-Leonard in ihrer Kertész-Biografie von 2015 Löfflers Deutung und identifiziert Bés Roman mit *Kaddisch…*: „In *Liquidation* ahmt das Leben die Kunst nach. Und B. ist in *Liquidation* der Autor von *Kaddisch*. B. hat diesen Roman vor seinem Freitod Judit anvertraut. In seinem Abschiedsbrief an Judit schreibt B.: »Dir kommt es zu, diese Schrift zu verbrennen, […].«" (*Imre Kertész*, 94; vgl. L, 131) Dabei gibt es in *Liquidation* genügend anderslautende Hinweise. So habe Bé den fraglichen „Roman" selbst nie als solchen bezeichnet, sondern ihn nur „»Das Manuskript. Die Schrift.«" genannt: „»[…] Das wahre Ausdrucksmittel des Menschen aber, sagte er immer, sei sein Leben. Die Schmach des Lebens über uns ergehen lassen und schweigen: das sei die größte Leistung. Wie viele Male hat er das gesagt,[†] wie viele Male, rein bis zum Wahnsinn.«" (L, 116f) Ferner schreibt Kertész gegen Ende von *Liquidation* über den Lektor Keserű, der an Bés Roman sehr interessiert war: „sein Lebensweg war von Manu- skripten gesäumt: So war es also nicht ganz unlogisch, wenn er seine Schicksalsklippe schließlich in einem Manuskript erkannte – in einem Manuskript, das verbrannt worden war.[/] Keserű lachte auf, […]. »Finita la commedia«, dachte er dann, vielleicht ohne selbst zu wissen, ob er das Stück [*das von Bé hinterlassene Theaterstück »Liquidation«*] meinte oder an einen anderen, eventuell weiter gesteck- ten Rahmen dachte, ans Leben, an die Wirklichkeit etwa, vielmehr die sogenannte Wirklichkeit [*der Geschäfte etc.; vgl. das Zitat aus Hesse, Phantasien, oben 108*]." (L, 138f)

* Hierzu konnte ich keine Ton- oder Videodokumentation finden. Sigrid Löffler schreibt aber ebenso in ihrer Kritik *»Es ist immer der schuldig, der am Leben bleibt«*: „Auch nach Bés 1990 verschollenem Roman muss Keserű nicht länger fahnden. Mag sein, dass Judit das Manuskript, die Geschichte ihrer gescheiterten Ehe mit Bé, verbrannt hat. Wir kennen es doch. Als »Kaddisch«-Roman ist es seit 1990 in der Welt, und kein privates Autodafé kann ihm noch etwas anhaben." (LITERATUREN 11/ 2003, 41)

° Am 22. April 2001 notiert Kertész im Tagebuch: „B., der Schriftsteller, Medium von Auschwitz, zerstört im Zeichen von Auschwitz sein eigenes Leben und das Leben seiner Frau; er erkennt, was er getan hat, und schreibt ihrer beider Geschichte nieder, […]; das Geschriebene – nehmen wir an, einen Roman mit dem Titel *Kaddisch* – übergibt er seiner früheren Frau, als Erklärung und zu ihrer *Aufklärung*, und fordert sie auf, das Manuskript zu verbrennen, gleichsam als Brandopfer und als Lossprechung und Befreiung der Frau von Auschwitz; zugleich als Zeichen der Liebe, seiner Liebe zu ihr; er selbst begeht Selbstmord – nicht deswegen, sondern wegen des vollkommenen Scheiterns seines eigenen Lebens und seiner Zukunftslosigkeit." (LE1, 34; fehlt in LE2)

† Vgl. in *Die englische Flagge*: „[*Der namenlose Erzähler:*] ich liebe die Literatur schon seit langem nicht mehr und lese sie auch nicht. […] die Literatur ist in Verdacht geraten. Es ist zu fürchten, dass die ins literarische Lösungsmittel getauchte Form nie wieder ihre Dichte und Lebendigkeit zurückgewinnt. Man müsste sich um Formen bemühen, die die Erfahrung des Lebens (das heißt, die Katastrophe) total erfassen, die uns zu sterben helfen und den Überlebenden trotzdem auch etwas hinterlassen. Ich habe überhaupt nichts gegen sie einzuwenden, sofern die Literatur zu solcher Form fähig ist: doch soweit ich sehe, ist lediglich das *Zeugnis-Geben* dazu fähig, eventuell noch ein stummes, artikulationslos gelebtes Leben *als Artikulation*." (EF, 28f) Analog formuliert Kertész am Schluss des *Galeerentagebuchs*, ihm genüge das „Zeigen (und Vorzeigen), wie der Kampf um die Herstellung eines klaren Bewusstseins abläuft" (siehe oben S. 98, Anm. 582).

696 Damit variiert Kertész eine Passage aus Becketts Roman *Malone stirbt*. Malone, der sich einige letzte Geschichten ausdenkt, sinniert: „Einige Zeilen, um mich daran zu erinnern, dass ich auch noch da bin. […] Unleugbar sterbend, […]. Alles ist bereit. Außer mir. Ich werde in den Tod geboren, wenn ich so sagen darf. […] Komische Schwangerschaft. Die Füße haben die große Scheide der Existenz schon passiert. Günstige Lage, hoffe ich. Mein Kopf wird zuletzt sterben. […] Wenn meine Geschichte endet,[*] werde ich noch leben. Verheißungsvolle Verzögerung. Nichts mehr über mich. Ich sage nicht mehr ich." (*Werke 3*, 387) Malone spricht also von einem gleichsam unbewussten, unhistorischen Dasein, bei dem das bloße Leben die geistige Existenz überdauert. Eben ein solches Bild der geistigen Lage hat Gottfried Benn in *Lebensweg eines Intellektualisten* (1934) in Anschluss an Nietzsche gezeichnet: „Der europäische Nihilismus: der animalische Entwicklungsgedanke ohne die Ergänzung durch eine anthropologische Herrschaftsidee". Jedoch ergänzt er (wohl mit Bezug auf die von ihm falsch eingeschätzte nationalsozialistische Bewegung), es habe jüngst eine „Entscheidung Europas gegen die Natur und für den Geist" gegeben, und diese „neue Entscheidung" laute: „Das Leben ist ergebnislos, hinfällig, untragbar ohne Ergänzung, es muss ein großes Gesetz hinzutreten, das über dem Leben steht [*so wie die »monumentalische Historie« nach Nietzsche*; vgl. 45], es auslöscht, richtet, in seine Schranken weist." (Kap. III.a - *Die Kunst, Werke 3*, 1922) Ähnlich äußert sich auch B. in *Kaddisch*... (vgl. 165).

* Zur These vom »Ende der Geschichte« siehe oben S. 49, Anm. 388.

697 L, 16

698 L, 45

699 Nietzsche schreibt in *Vom Nutzen und Nachteil der Historie für das Leben*: „Wodurch also nützt dem Gegenwärtigen die monumentalische Betrachtung der Vergangenheit, die Beschäftigung mit dem Klassischen und Seltenen früherer Zeiten? Er entnimmt daraus, dass das Große, das einmal da war, jedenfalls einmal *möglich* war und deshalb auch wohl wieder einmal möglich sein wird; er geht mutiger seinen Gang, denn jetzt ist der Zweifel, der ihn in schwächeren Stunden anfällt, ob er nicht vielleicht das Unmögliche wolle, aus dem Felde geschlagen. (*Werke 1*, 221)

700 Als Judit Bés Roman verbrannte, „glühte die Schrift hier und da auf", und sie las: „*... und mittels der durch erlittene Qualen erworbenen Ermächtigung nehme ich für Dich, allein für Dich, Auschwitz*

zurück…". Ihr zweiter Mann Ádám wendet ein: „Auschwitz kann niemand zurücknehmen, Judit. Niemand, und aufgrund keiner Ermächtigung. Weil Auschwitz nicht zurücknehmbar ist." (L, 132, 134)

701 LE1, 39 (24. April 2001); fehlt in LE2

702 Nietzsche fragt in dem *Versuch einer Selbstkritik* (1886) zu *Die Geburt der Tragödie*: „Wie? könnte vielleicht, allen »modernen Ideen« und Vorurteilen des demokratischen Geschmacks zum Trotz, der Sieg des *Optimismus*, die vorherrschend gewordene *Vernünftigkeit*, der praktische und theoretische *Utilitarismus*, gleich der Demokratie selbst, mit der er gleichzeitig ist, – ein Symptom der absinkenden Kraft, des nahenden Alters, der physiologischen Ermüdung [*der antiken Kultur*] sein? Und gerade *nicht* – der Pessimismus? War Epikur ein Optimist – gerade als *Leidender*?" (*Werke 1*, 13)

703 L, 32

704 L, 109

705 L, 132

706 Thomas Mann, *Doktor Faustus, Werke 6*, 613

707 In *Liquidation* ist dieses Verhältnis freilich umgekehrt. Dort liest Keserű eine Notiz von Bé, die ihn über das Theaterstück »Liquidation« und den verschollenen Romans informiert: „»Die Existenzbasis des Theaterstücks« – so lautet die Notiz – »ist ein Roman. Die Wirklichkeit des Werks ist also ein anderes Werk. Dazu kommt, dass wir dieses andere Werk – den Roman – nicht einmal als ein vollständiges Ganzes kennen.«" (L, 138) Dazu schreibt Kertész im Tagebuch: „Mein Roman ist interessanterweise ein »Spiegelroman«, man muss ihn umgekehrt lesen. Nicht der Roman ist Teil des Theaterstücks, sondern das Theaterstück ist Teil des Romans; nicht Keserű erzählt die Geschichte von B., sondern B. die von Keserű usw." (LE1, 95, 23. Januar 2002; fehlt in LE2)

708 LE1, 42 (2. Mai 2001); LE2, 22f

709 Hans Jürgen Syberberg, *Hitler, ein Film aus Deutschland* (1977), Stimme aus dem Off, Teil 1. Kertész bezeichnet im Tagebuch seinen in Arbeit befindlichen Roman *Liquidation* selbst als „Satyrspiel zu *Kaddisch*" (wo es mit B. bereits einen Vorläufer von B./Bé aus *Liquidation* gibt), merkt aber an, „das Wort Satyrspiel" habe er „von Thomas Mann entliehen[*]". (LE1, 30, 16. April 2001; fehlt in LE2)
 * Laut Mann war *Der Zauberberg* als „humoristisches Gegenstück" oder „Satyrspiel zu der tragischen Novelle" *Der Tod in Venedig* gedacht. (*Einführung in den »Zauberberg«*, MK 114, 330)

710 Der Künstlername „B. (oder Bé, wie er sich selbst gern nannte)"* ist von der Häftlingsnummer abgeleitet, die dem in „Auschwitz" geborenen Autor dort auf den „Oberschenkel tätowiert" wurde: „Ein großes B und eine vierstellige Zahl." (L, 20, 30, 36f). Mit der Formel „B. (oder Bé, [...])" paraphrasiert Kertész Bertrand Russells *Nachruf* (1921) zum fiktiven „Tod des dritten Earl Russell (oder Bertrand Russells, wie er sich lieber nannte)". (*Unpopuläre Betrachtungen*, 186) Dies kann man so deuten, dass Bé seine Herkunft (respektive: Kertész seinen Status als Auschwitz-Überlebender) nicht als Adelsprivileg geltend machen will und dass er sich lieber selbst definiert als äußere Zuschreibungen anzunehmen.
 * Seinen „richtigen Namen" habe Bé fast nie verwendet: „[Keserű über Bé:] Der Name, den er von seinen Vätern erhalten habe, widere ihn an, sagte er einmal, so wie auch seine Väter ihn anwiderten und alle, die seine Existenz bewirkt hätten." (L, 37)

711 L, 20

712 Siehe das Konzept für *Liquidation*, das Kertész in einer Notiz vom 22. April 2001 skizziert hat (Kommentar ° in 695). Vgl. den Schluss von *Kaddisch…*, wo B. nach Vollendung seines Werks den Tod sucht (oben 165). Entsprechend erinnert sich Kertész auch am 29. April 2001 im Tagebuch an die „Todessehnsucht", die der „Spiritus rector dieses kleinen Romans" gewesen sei. (LE1, 42; LE2, 22)

713 Schon 1982, während der Arbeit an *Fiasko*, schreibt Kertész im Tagebuch: „Meine Beziehung zum Leben scheint mir einem logischen Spiel zu ähneln, etwa so, wie der Mensch, sagen wir, Schach spielt oder auf einem Blatt Papier abstrakte Berechnungen anstellt, und aus dem Resultat ergibt sich dann eine überraschende Realität. Zum Beispiel bringen wir zwei Schnüre zusammen, […], stecken sie in

eine Steckdose […], und plötzlich leuchtet die Lampe auf. […], das Ergebnis entspricht dem, womit wir gerechnet haben, und ist dennoch phantastisch und in einem gewissen Sinne unverständlich. Alles bloße Schlussfolgerung, nirgendwo letzte Gewissheit; und genauso ist es beim Schreiben." „Als ob der klare Blick und die Offenherzigkeit in bezug auf meine Situation, […], mich zugleich unfähig machen müssten zu schreiben. Von allen, die mich ernst nehmen oder sogar lieben, höre ich diese Frage. Als ob ich mich aufhängen müsste. Wahrscheinlich ist es auch so. Lediglich meine spielerische Natur bewirkt, dass ich der Verlockung vorläufig widerstehe." (GT, 128, 143 f)

714 Das „Morphium", mit dem Bé sich umgebracht hat, (L, 99f) verweist auf das Vermögen zur künstlerischen Darstellung des Menschen, wie es Morpheus, einer der Traumgötter neben Icelos und Phantasos, versinnbildlicht. Hierzu erläutert Ovid (43 v. Chr. – ca. 17) in *Metamorphosen* (ca. 1–8): „Doch Vater Schlaf weckte aus dem Volke seiner tausend Söhne den kunstreichen Nachbildner der Gestalten, Morpheus. Kein anderer kann so geschickt wie er Gang, Miene und Stimmklang nachahmen. Er fügt auch die Kleider und die jeweils bezeichnenden Redensarten hinzu – doch ahmt er nur Menschen nach." (*Elftes Buch*, 607) Entsprechend spielt Kertész in *Dossier K* darauf an, das Schreiben sei für ihn stets eine „elegante Ausflucht" vor dem Selbstmord gewesen: „ich wollte immer sterben und schrieb stattdessen immer ein Buch.[/] *Wenn ich es bei einem Aphoristiker, sagen wir in einem Buch von Cioran läse,[*] würde ich mich damit begnügen. Von dir dagegen erwarte ich eine authentische Antwort…*[/] Ich weiß nicht, ob ich, wenn irgendein weniger brutales Mittel zur Hand gewesen wäre, sagen wir Morphium oder ein anderes zuverlässiges Gift […], ob ich dann nicht das eine oder andere Mal in ernste Lebensgefahr geraten wäre." (DK, 186) Für das Morphium-Motiv in *Liquidation* gibt es eine Reihe möglicher Vorbilder. Etwa wird in *Doktor Faustus* von Thomas Mann das sterbende Kind Echo mit „Morphium" betäubt. (*Werke 6*, 630) Und in Becketts Roman *Molloy* (aus dem Kertész im Motto von *Liquidation* zitiert) berichtet Moran, der Protagonist des zweiten Teils: „Ich machte die Schublade meines Nachttischs wieder auf und zog ein ganzes Röhrchen Morphiumtabletten, mein bevorzugtes Beruhigungsmittel, heraus." (*Werke 3*, 173) Ferner ist das Morphium in *Liquidation* vielleicht eine Reminiszenz an Márai. Siehe dazu seine Tagebuchnotizen von 1944 (oben 690) und 1950: „Ein Traum: Ich schlucke Morphium, das zuvor in einem Eiswürfel eingefroren wurde. Ich wache auf und habe verstanden: Um das Leben ertragen zu können, benötigt man eiskaltes Selbstbewusstsein und Betäubungsmittel." (MTB 6, 146) Schließlich erscheint im gegebenen Zusammenhang auch Freuds Essay *Das Unbehagen in der Kultur* (1930) von Relevanz. Dort diskutiert Freud verschiedene – mehr oder weniger an der Realität orientierte – Möglichkeiten, dem Leben einen Sinn abzugewinnen oder sich zumindest glücklich zu fühlen. Als ein Mittel zur Vermeidung von Leid nennt er „Rauschstoffe": „Endlich ist alles Leid nur Empfindung, es besteht nur, insofern wir es verspüren, und wir verspüren es nur infolge gewisser Einrichtungen unseres Organismus.[/] Die roheste, aber auch wirksamste Methode solcher Beeinflussung ist die chemische, die Intoxination." (*Werke 14*, 432, 436)

 * Cioran schreibt in *Vom Nachteil, geboren zu sein* (1973): „Ein Buch ist ein aufgeschobener Selbstmord." (*Werke*, 1552) Kertész referiert hierauf auch in einer Notiz von Dezember 1990: „Ein Satz Ciorans, für dessen Wahrheit ich mit meinem Leben bürge: »Jedes Buch ist […].«" (GT, 300)

715 LE1, 298 (19. Juli 2004); LE2, 232

716 1975, zu Beginn der Arbeit an *Fiasko*, kommentiert Kertész im Tagebuch den Schluss von Becketts *Endspiel* kritisch mit: „»Hamm: Altes, von jeher verlorenes Endspiel, Schluss damit, nicht mehr verlieren.« Nein, ich glaube, mit dem Verlieren ist noch nicht Schluss. Beckett ist ein Optimist.[*]" (GT, 47)
 * Vgl. Nietzsches ähnliche Bemerkung: „War Epikur ein Optimist – gerade als *Leidender*?" (oben 702)

717 GT, 48 (1975)

718 Beckett, *Der Namenlose*, Werke 3, 398 f

719 James Knowlson schreibt in seiner Beckett-Biografie, der Name „Saposcat" sei „zusammengesetzt aus lat. *homo sapiens* und grch. *skatos* – Fäkalien". (*Samuel Beckett*, 470)

720 Beckett, *Malone stirbt*, Werke 3, 257

721 Dieses Motiv der Ahnenreihe kommt ebenfalls in Thomas Manns *Zauberberg*-Roman vor: „Der Name des Vaters war da [*auf der Taufschale**], der des Großvaters selbst und der des Urgroßvaters, […].“ (Kap. 2, *Von der Taufschale…*, Werke 3, 36; * vgl. oben S. 66, Anm. 448)

722 L, 9

723 L, 41 f

724 L, 84, 86; Thomas Mann, *Doktor Faustus*, Werke 6, 296, 304; vgl. Wehrli (Hrsg.), *Historie von Doktor Johann Faust*, Kap. 65 - *Wie der böse Geist dem betrübten Faust mit seltsamen spöttischen Scherzreden und Sprichwörtern zusetzt*, 235 und 391 (Kommentar zu den von Luther stammenden Sprichwörtern). Mann zitiert offenbar aus dem anonymen *Faust*-Buch (hrsg. von Johann Spies, 1587).

725 RS, 203 f; äquivalent MS, 159 f (hier: „vielleicht eine Art Nächstenliebe“)

726 Freud, *Das Unbehagen in der Kultur*, Werke 14, 440, 470, 505

727 Serenus scheint abgeleitet von *Serena* (altprovenzalisches Liebeslied, das den Abend als Zusammenkunft der Liebenden besingt; nach provenzal. *sera* = Abend). Demnach ist Zeitblom als Repräsentant der Liebe ausgewiesen. Darauf deutet auch, dass er die „Viola d'amore“ spielt und von sich behauptet, er sei eine „human temperierte, auf das Harmonische und Vernünftige gerichtete Natur“. (Thomas Mann, *Doktor Faustus*, Werke 6, 10)

728 Der Erzähler Serenus Zeitblom in Thomas Mann, *Doktor Faustus*: „Für den Freund der Aufhellung behalten Wort und Begriff des »Volkes« selbst immer etwas Archaisch-Apprehensives [*Reizhaftes, Besorgniserregendes*], und er weiß, dass man die Masse nur als »Volk« anzureden braucht, wenn man sie zum Rückständig-Bösen verleiten will. Was ist vor unseren Augen, oder auch nicht just vor unseren Augen, im Name des »Volkes« nicht alles geschehen, was im Namen Gottes, oder der Menschheit, oder des Rechtes nicht wohl hätte geschehen können!“ (*Werke 6*, 53) Dies zitiert Kertész auch 1998 im Tagebuch (mit der Angabe: „Aus dem 5. [*statt richtig:* 6.] Kapitel des *Doktor Faustus*“). (B, 184 f)

729 Kertész, *Von der Freiheit der Selbstbestimmung*, ES, 225 f

730 Kertész schreibt im *Vorwort* von September 1998 zum deutschen Essayband *Eine Gedankenlänge Stille…*, die jahrzehntelange Diktatur in Ungarn habe „in der Gesellschaft vor allem die Fähigkeit zu Solidarität aufgerieben“. Unter dieser Bedingung sei auch der Gedanke illusorisch, „die traumatische Erfahrung des Holocaust könnte kulturbildend sein“. Vielmehr habe sich ein „schwerelose[r] Zustand der Verantwortungslosigkeit“ eingestellt, und es sei zu fürchten, dass das Land „den Faden der großen Erzählung schließlich verliert und damit in einen geistigen Raum ohne Erzählung gerät, der in der Sprache der Psychologie mit Amnesie bezeichnet wird und von dem keinerlei Erneuerung, keinerlei authentische Erkenntnis mehr hervorgeht“. (EGS, 10-12; fehlt in ES)

731 Kertész im Gespräch mit Iris Radisch (14.10.2002), *Die Glückskatastrophe*, DIE ZEIT, 17.10.2002

732 Freud, *Neue Folge der Vorlesungen zur Einführung in die Psychoanalyse*, Nr. 31, Werke 15, 70

733 DK, 182

734 DK, 182 f

735 LE2, Kap. *Die letzte Einkehr. Zweiter Anlauf*, 321; LE0

736 LE1, 247 (5. Januar 2004), 248 (8. Januar 2004), 249 (11. Januar 2004); LE2, 188-190

737 LE2, Kap. *Die letzte Einkehr. Zweiter Anlauf*, 322 f, 327; LE0

738 Jean-Baptiste-Camille Corot (1796–1875), *Der Brand von Sodom* (1843, überarbeitet 1857), Metropolitan Museum of Art, New York

739 LE2, Kap. *Die letzte Einkehr. Zweiter Anlauf*, 323-326; LE0

740 LE2, Kap. *Die letzte Einkehr. Zweiter Anlauf*, 334; LE0

741 Kertész notiert am 20. September 2007: „Seit einigen Tagen steht das erste Kapitel, die Ouvertüre, *Doktor Sonderberg…*“ (LE1, 414; LE2, 306) Über die Publikation in der NZZ informieren die Anmerkungen: LE1, 445 (zum Fragment *Die letzte Einkehr*, das nicht mit dem Sonderberg-Kapitel identisch ist)

und LE1, 463 (zur Notiz vom 20. September). Die Figur Sonderberg hat Kertész anscheinend erst kurz zuvor konzipiert. Am 21./22. Juni spielt er zunächst nur mit den Worten *Sonderbar*"/*Sonderberg*". (LE1, 409; LE2, 303) Am 29. August schreibt er: „Sonderberg wird geboren." (LE1, 413; LE2, 305)

742   Vgl. Oscar Wilde: „Romantic Art deals with the exception and with the individual. Good people, belonging as they do to the normal, [...], are artistically uninteresting. Bad people are, from the point of view of art, fascinating studies." (*To the Editor of the St Jame's Gazette, 26.6.1890, Letters*, 259)

743   LE1, 62 (31. Juli 2001); fehlt in LE2

744   Diese Feststellung zu Turners Altersstil korrespondiert einer Notiz Kertész' von 2000. (B, 237)

745   LE1, 217 (Prosafragment *Die letzte Einkehr*, zwischen 18. Oktober und 5. Dezember 2003); LE2, 162

746   In einer Notiz vom 17. Januar 2001 fragt sich Kertész, ob er wohl „noch imstande sei, den begonnenen »letzten Roman« zu schreiben." (LE1, 13; fehlt in LE2) Gemeint ist an dieser Stelle offenbar *Liquidation*, denn das Lot-Motiv wurde für Kertész erst wieder am 30. März aktuell (siehe 343), und mit den „immense[n] Probleme[n]" von *Liquidation* ringt er noch später (LE1, 26, 1. April 2001; LE2, 11 f.).

747   LE1, 92 (23. Dezember 2001); LE2, 57

748   Kertész im Gespräch mit Ijoma Mangold, SZ, 9.11.2004

749   Ingrid Krüger, *Vorbemerkung* zu *Letzte Einkehr. Tagebücher 2001–2009*, LE1, 6

750   Vgl. in Rilke, *Die Aufzeichnungen*...: „Ich sitze hier in meiner kleinen Stube, ich Brigge, der achtundzwanzig Jahre alt geworden ist und von dem niemand weiß. Ich sitze hier und bin nichts. Und dennoch, dieses Nichts fängt an zu denken und denkt, fünf Treppen hoch, an einem grauen Pariser Nachmittag diesen Gedanken:[/] Ist es möglich, denkt es, dass man noch nichts Wirkliches und Wichtiges gesehen, erkannt und gesagt hat? [...] Wenn aber dieses alles möglich ist, [...], – dann muss ja, um alles in der Welt, etwas geschehen. Der Nächstbeste, [...], muss anfangen, etwas von dem Versäumten zu tun; [...]. Dieser junge belanglose Ausländer, Brigge, wird sich fünf Treppen hoch hinsetzen müssen und schreiben, Tag und Nacht." (*Werke* 6, 726-728)

751   Vgl. in Rilke, *Die Aufzeichnungen*...: „Sie [die Leute] haben nie einen Einsamen gesehen, sie haben ihn nur gehasst, ohne ihn zu kennen. Sie sind seine Nachbarn[*] gewesen, die ihn aufbrauchten, und die Stimmen im Nebenzimmer, die ihn versuchten. Sie haben die Dinge aufgereizt gegen ihn, dass sie lärmten und ihn übertönten. Die Kinder verbanden sich wider ihn, da er zart und ein Kind war, und mit jedem Wachsen wuchs er gegen die Erwachsenen an. [...] Und sie hatten recht in ihrem alten Instinkt: denn er war wirklich ihr Feind.[/] Aber dann, [...], besannen sie sich. Sie ahnten, dass sie ihm mit alledem seinen Willen taten; dass sie ihn in seinem Alleinsein bestärkten und ihm halfen, sich abzuscheiden von ihnen für immer.[°] Und nun schlugen sie um und wandten das Letzte an, [...], den anderen Widerstand: den Ruhm. Und bei diesem Lärmen blickte fast jeder auf und wurde zerstreut.[†]" (*Werke* 6, 879 f) Malte bringt sich vor diesen Leuten, die ihn in Paris auf der Straße und sogar im „Louvre" bedrängen, zuletzt in der „*Bibliothèque Nationale*" in Sicherheit. (741-745, 747 f)
   *   Rilkes Roman enthält eine Passage über die Figur des »Nachbarn«, die Kertész in *Fiasko* zitiert: „Es gibt ein Wesen, das vollkommen unschädlich ist, wenn es dir in die Augen kommt, [...]. Sobald es dir aber [...] ins Gehör gerät, so entwickelt es sich dort, [...], und man hat Fälle gesehen, wo es bis ins Gehirn vordrang und in diesem Organ verheerend gedieh, ähnlich den Pneumokokken des Hundes, die durch die Nase eindringen.[/] Dieses Wesen ist der Nachbar." (*Werke* 6, 863; zitiert in F, 30)
   °   Vgl. Kertész: „Wenn du mit Cioran sagst, du seist der Menschheit nichts schuldig (weil du akzeptiert hast, dass man deine Daseinsberechtigung leugnete), beleidigst du damit die, die dich aus der Menschheit ausgestoßen haben, auf unerträgliche Weise: Und du beleidigst sie eben dadurch tödlich, dass du dein Ausgestoßensein annimmst (und so aus ihrer Werteordnung austrittst), teils weil sie die Verachtung spüren, teils weil sie dich nicht wieder aufnehmen können, um dir erneut deinen Platz zuzuweisen, diesmal »innerhalb der Menschheit« (sofort am äußersten Rand, links unten)." (B, 183, 1998)
   †   Kertész selbst litt unter dem „Nobelpreis-Wahnsinn" (siehe oben S. 41, Anm. 322).

275

752 Sonderberg sagt über Lot, der sich nicht an Sodoms Sünden beteiligt hat: „Gemäß den gegenwärtig herrschenden Gesetzen gälte Lot zweifellos als eine fragwürdige Existenz, wenn nicht sogar als Gesetzesbrecher, [...]. Eine besondere und schwierige Situation, [...], da müsse einer schon ein ganzer Mann sein, um die schwere Last solcher »Unschuld« tragen zu können." (LE2, Kap. *Die letzte Einkehr. Zweiter Anlauf*, 324; LE0) Ebenso spricht Kertész im Tagebuch von einem „*Pfuhl nicht begangener Sünden*". (LE1, 366, 1. April 2006; LE2, 271) Ähnlich formuliert er auch schon in einer Notiz von Juni 1989: „Was ist passiert? Nichts Besonderes: Die Krämer haben den Geist mit der Peitsche aus der Kirche getrieben [*nach Joh. 2, 15*]. Fortan ist Marginalität das Kennzeichen erstrangigen Geistes; alle Ernsthaftigkeit ist illegal wie das schwerste sittliche Vergehen." (GT, 254) Vgl. auch Kertész' Notiz von 1964 zu Degas (nach Thomas Mann, *Fragment über das Religiöse*; oben 58) und seine Bemerkung auf der Frühjahrstagung der Deutschen Akademie für Sprache und Dichtung 1998 (oben 228).

753 Für den Verfall respektive die Veränderung der Kultur finden sich in Rilkes *Aufzeichnungen...* eine Reihe von Allegorien. Etwa fallen Malte in Paris die durch Abriss entstandenen Baulücken auf: „Häuser, die nicht mehr da waren", bei denen man aber noch die „Innenseite" der einstigen Wohnungen sehen konnte. (*Werke 6*, 749) Ferner erzählt er von einem abgebrannten „Schloß", das er gemeinsam mit seiner Mutter in Gedanken wieder entstehen ließ. Er erinnert sich, dass die Besitzer des Schlosses durch ihr Verhalten „zugaben, dass da etwas war, was sie nicht sahen": „und wir blieben so, Maman und ich, bis das Haus wieder ganz vergangen war." (836, 841f) Mit diesen und weiteren Motiven thematisiert Rilke eine Transformation der Kultur, die dem Individuum einen neuen Habitus abverlangt: „Außen ist vieles anders geworden. Ich weiß nicht wie. Aber innen und vor Dir, mein Gott, innen vor Dir, Zuschauer: sind wir nicht ohne Handlung? Wir entdecken wohl, dass wir die Rolle nicht wissen, wir suchen einen Spiegel, wir möchten abschminken und das Falsche abnehmen und wirklich sein. Aber irgendwo haftet uns noch ein Stück Verkleidung an, das wir vergessen. [...] Und so gehen wir herum, ein Gespött und eine Hälfte: weder Seiende, noch Schauspieler." (920f)

754 Zum einen postuliert Oswald Spengler (1880–1936) in *Der Untergang des Abendlandes* (1918[1], 1922f): „dass Künste eine gemessene Lebensdauer besitzen, dass sie an eine Landschaft und an eine bestimmte Art Mensch als deren Ausdruck gebunden sind". Zum anderen erklärt er: „Von einer großen Malerei und Musik wird für den westeuropäischen Menschen nicht mehr die Rede sein. Seine architektonischen Möglichkeiten sind seit hundert Jahren erschöpft. Ihm sind nur extensive Möglichkeiten geblieben. Aber ich sehe den Nachteil nicht, der entstehen könnte, wenn eine tüchtige und von unbegrenzten Hoffnungen geschwellte Generation beizeiten erfährt, dass ein Teil dieser Hoffnungen zu Fehlschlägen führen muss. [...]; wer etwas wert ist, wird das überwinden. [...]; man glaubte [bisher], dass jede Zeit auf jedem Gebiete auch ihre Aufgabe habe; man fand sie, wenn es sein musste, mit Gewalt und schlechtem Gewissen, und jedenfalls stellte sich erst nach dem Tode heraus, ob [...] die Arbeit eines Lebens *notwendig oder überflüssig* gewesen war. Aber jeder, der nicht bloßer Romantiker ist, wird diese Ausflucht ablehnen." Man solle nicht „vor einer erschöpften Erzgrube" behaupten: „Hier wird morgen eine neue Ader angeschlagen werden – wie es die augenblickliche Kunst mit ihren durch und durch unwahren Stilbildungen tut –," statt „auf das reiche Tonlager zu verweisen, das unerschlossen daneben liegt". (*Einleitung*, 28 [Abschnitt 2], 56 [Abschnitt 14]).

755 LE1, 138 (5. August 2002); LE2, 96f

756 Rilke, *Die Aufzeichnungen...*, Werke 6, 741f

757 Über den Titel *Das Land Ulro* schreibt Miłosz: „Ulro ist ein Blake entlehntes Wort.[*] Es bezeichnet das Land des geistigen Leidens, das der verkrüppelte Mensch erduldet, erdulden muss. Blake selbst wohnte nicht in Ulro, doch wohnten dort schon die Wissenschaftler, die Vertreter der Newtonschen Physik,[°] und die Philosophen. Desgleichen auch ihre Nachfolger im neunzehnten und im zwanzigsten Jahrhundert". (*Das Land Ulro*, 59) Ähnlich den Romantikern führt er die geistige Verunsicherung auf den Naturalismus der modernen Wissenschaften zurück: „Der Mensch, [...], wagt den Lehrsätzen

der Physik, der Biologie, der Psychologie, der Soziologie und so fort nicht zu widersprechen, […]. Wenn er sich jedoch im Zuge einer fortschreitenden Reduktion von einem König zu einem Vertreter der Menschenaffen wandelte, ohne Eden, ohne Himmel und Hölle, ohne das Gute und das Böse, die zu einem Produkt gesellschaftlicher Determinanten wurden – dann ist er vielleicht reif für die völlige Reduktion, für die Umwandlung in die planetare Gesellschaft von zweibeinigen Insekten?[/] Ich spiele mich hier nicht als Moralprediger auf, denn die Krankheit steckt auch in mir, und ich untersuche sie an mir selbst, […].“ (214) Wie Kertész, der sich auf ein menschliches *„Gesetz“* beruft (siehe die Notiz von 1968, oben 240), insistiert Miłosz jedoch auf dem „Vorhandensein einer menschlichen Natur“: „Dieser Begriff ist aus der Mode gekommen und wird gar als grässlich konservativ verschrien, womit das progressive Denken sich nicht gerade als folgerichtig erweist. Die Suche nach unveränderlichen, dem Menschen eigenen Kennzeichen […] gilt heutzutage als ein Relikt aus den Zeiten, da die ganze Natur als unbeweglich, unwandelbar betrachtet wurde. Aber ausgerechnet Karl Marx [*der von der »Rückkehr des Menschen zu sich selbst« gesprochen habe*] darf man doch wohl schwerlich des Konservatismus verdächtigen [*m. E. aber durchaus: der pseudowissenschaftlichen Anmaßung; vgl.* 389].“ (126f) * Im Motto zitiert Miłosz aus Blake, *Jerusalem. The Emanation of The Giant Albion* (1804, illustr. 1820): „Sie rasen gleich wilden Tieren in den Wäldern der Pein: In den Träumen von Ulro bereuen sie ihre menschliche Güte. [*They rage like wild beasts in the forests of affliction: / In the dream of Ulro they repent of their human kindness.*]“ (*Das Land Ulro*, 7; Blake, *Jerusalem* [Plate 42, 61-62], *Writings*, 671) ° Kertész fragt in *Letzte Einkehr*: „Aber worin besteht die Katastrophe? Tatsächlich im Newtonschen Weltbild, wie Miłosz meint? Die Geschichte, daran besteht kein Zweifel, findet für nichts eine Erklärung. Solche apokalyptischen Versuche wie Auschwitz oder den Gulag mit ökonomischen Ursachen oder rückständigen gesellschaftlichen Strukturen zu erklären, ist in der Tat fast lächerlich. Genauso unersprießlich sind Psychologie, Soziologie und jedwede Gesellschaftswissenschaft [*vgl. aber die Minderwertigkeitstheorie von Adler und die vielen anderen damit vereinbaren Modelle, mit denen im Grunde auch Kertész übereinstimmt,* oben 103]. Wie soll man die apokalyptischen Taten, Verhaltensweisen, Entartungen von hochentwickelten [LE2: hoch entwickelten] Gesellschaften dann erklären? Und wie die Feigheit West-Europas [LE2: Westeuropas]? Die Politik kann für alles als unmittelbare Begründung dienen. Aber was treibt die Politik an? Letzten Endes sind die großen Visionen, wie die eines Spengler [*in »Der Untergang des Abendlandes«*] oder meinetwegen auch der Bibel, noch die ehrenwertesten Versuche. Die träumerischen Weltordnungen der großen Mystiker, die geheimnisvollen Tiefenwelten der alten Mythen – darin liegt etwas vom Verhängnis des Menschen verborgen; im Vergleich dazu ist die wissenschaftliche Sichtweise, […], von kindlicher Naivität.“ (LE1, 60f, 28. Juli 2001; LE2, 35f)

758 LE1, 357 (31. Dezember 2005); LE2, 266

759 Miłosz, *Das Land Ulro*, 128f

760 LE1, 326 (9. Januar 2005), LE2, 252. Zu Szomory schreibt Kertész weiterhin: „Nach der Szomory-Lektüre in der Nacht kriegte ich Lust zu einer Szomory-Biographie, einem Szomory-Roman[*]. Wäre das denn so unmöglich? Ja, weil ich zu faul – und ungeeignet – bin zum Materialsammeln und Forschen, das für eine solche Biographie nötig ist [LE2: wäre].“ (LE1, 395, 28. November 2006; LE2, 293) Schließlich stellt er befriedigt fest, dass auf sein „starkes Einwirken“ hin der Verleger János Kőbányai „zwei Bücher von Dezső Szomory ediert hat“: „schon lange habe ich nicht mehr eine solche Genugtuung empfunden.“ (LE1, 412, 6. August 2007; LE2, 304)
     * Damit spielt Kertész wohl auf Reiner Stachs Kafka-Biografie an, deren zweiten Teil (der 2002 vor Teil 3 und 1 erschien) er gelesen hat. Im Tagebuch bemerkt er hierzu lobend: „das Beste, was in diesem Genre hervorgebracht werden kann. Selbst ein Roman.“ (LE1, 161, 29. Dezember 2002; LE2, 119)

761 LE1, 138 (4. August 2002); LE2, 96

762 Zu Beethoven notiert Kertész am 28. Juli 2001: „Die Katastrophe kündigt sich zweifellos zum ersten Mal bei Beethoven an. Die aus den Tiefen der Gebrochenheit aufsteigenden langsamen Sätze … Doch

die Finales streben noch nach einem Gleichgewicht; die letzten Streichquartette und dann das [LE2: und das] op. 106 [*Hammerklavier-Sonate*] finden [LE2: dann] zur Fuge, und darin liegt, trotz der anscheinend letzten mathematischen Weisheit, etwas Verzweifeltes." (LE1, 60; LE2, 35)

763   Zu Mahler siehe LE1, 153 (19. Sept. 2002), 289 (16. Mai 2004), 374 (26. Mai 2006), 389 (3. Nov. 2006); LE2, 110, 225, 279, 290.

764   Zu Schönberg siehe LE1, 132 (23. Juni 2002), 282 (11. April 2004); LE2, 91, 218.

765   Zu Bartók siehe LE1, 55 (26. Juni 2001), 60 (28. Juli 2001), 173 (5. März 2003), 289f (11./21. Mai 2004); LE2, 30, 35, 129, 225.

766   LE1, 289 (11. Mai 2004); LE2, 224 f

767   Rilke, *Die Aufzeichnungen...*, Werke 6, 943f

768   LE2, Kap. *Die letzte Einkehr. Zweiter Anlauf*, 333; LE0

769   LE1, 214 (Prosafragment *Die letzte Einkehr*, zwischen 18. Oktober und 5. Dezember 2003); LE2, Kap. *Die letzte Einkehr. Erster Anlauf*, 158f

770   LE1, 428f (29. Mai 2009); LE2, 315

771   LE1, 429 (14. Juli 2009)

772   Kertész bezieht sich auf eine eigene Notiz zu Nietzsche aus dem Jahr 1974: „»Wisst ihr, was Einsamkeit heißt[*] in einem sich selbst feiernden, sich unablässig an sich selbst berauschenden Land[°]? Nun, dann werde ich es euch erzählen...«" (GT, 41) Diese Notiz zitiert er auch in dem Münchner Vortrag *Wer jetzt kein Haus hat* von 1996. (EGS, 118; ES, 139)

   * Vgl. Nietzsche, *Menschliches, Allzumenschliches* (1886): „[...] aber wer weiß es heute, was *Einsamkeit* ist?..." (*Werke 1*, 440)

   ° Vgl. Nietzsche, *David Strauß* (1873): „Die öffentliche Meinung in Deutschland scheint es fast zu verbieten, von den schlimmen und gefährlichen Folgen des Krieges, zumal eines siegreich beendeten Krieges zu reden: um so williger werden aber diejenigen Schriftsteller angehört, welche keine wichtigere Meinung als jene öffentliche kennen [...]. Von allen schlimmen Folgen aber, die der letzte mit Frankreich geführte Krieg hinter sich dreinzieht, ist vielleicht die schlimmste ein weitverbreiteter, ja allgemeiner Irrtum: ... dass auch die deutsche Kultur in jenem Kampfe gesiegt habe [...]." *Schopenhauer als Erzieher:* „Ach ich merke wohl, ihr wisst nicht, was Vereinsamung ist. Wo es mächtige Gesellschaften, Regierungen, Religionen, öffentliche Meinungen gegeben hat, kurz, wo je eine Tyrannei war, da hat sie den einsamen Philosophen gehasst; denn die Philosophie eröffnet dem Menschen ein Asyl, wohin keine Tyrannei dringen kann, die Höhle des Innerlichen, das Labyrinth der Brust: und das ärgert die Tyrannen." (*Unzeitgemäße Betrachtungen*, Nr. 1 und Nr. 3, *Werke 1*, 137, 301)

773   LE2, Schluss des Kap. *Garten der Trivialitäten. Aufzeichnungen*, 317

774   Als Adam Czerniakow merkte, dass er die Deportation der Juden aus dem Warschauer Ghetto nicht verhindern konnte, schrieb er in sein Tagebuch, er sehe sich als Kapitän eines sinkenden Schiffes. Einen Tag nach Beginn der Deportationen beging er Selbstmord. Siehe hierzu Lanzmanns Gespräch mit Hilberg im Film *Shoah*, auf das Kertész in der Notiz von 2003 vermutlich referiert (vgl. oben S. 117): „[Lanzmann:] Czerniakow sah vor dem Krieg einen Film, in dem der Kapitän eines sinkenden Schiffes dem Orchester befiehlt, Jazz zu spielen. Er schrieb am 8. Juli in sein Tagebuch – kaum zwei Wochen vor seinem Tod –, er sähe sich als Kapitän eines sinkenden Schiffes. Natürlich gibt es keinen Jazz, aber eine Art Kinderfest. [Hilberg:] Es gab Schachturniere, Theater, ein Kinderfest – all das gab es bis zum Schluss. Aber wichtiger ist, dass das Symbole waren. Diese kulturellen Aktivitäten, diese Feste, dienten nicht einfach der moralischen Erbauung, wie Czerniakow meint. Sie sind eher symbolisch für das ganze Verhalten im Ghetto: Man versucht, kranke Menschen zu heilen, die dann vergast werden. Man erzieht Kinder, die nie erwachsen werden. [...]" (Teil 2, Kap. 13 - *Raul Hilberg. Czerniakow als Kapitän auf sinkendem Schiff. Gerüchte über Deportationen* [dt. Untertitel]; analog im Buch *Shoah*, 258)

775   LE2, 316f; LE1, 179 (26. Juni 2003); fehlt an der betreffenden Stelle im Roman (LE2, 133)

776 Für das Cover der ungarischen Ausgabe wurde ein Ausschnitt von Turners Gemälde *Yacht approaching the Coast* (ca. 1835–1840) verwendet. Wie *Snow Storm* illustriert dieses Bild die oben zitiert Passage des Romans. Beide Gemälde befinden sich in der Londoner Tate Gallery, die Kertész anscheinend 2003 besucht hat. In dem Prosafragment *Die letzte Einkehr*, das im Tagebuch zwischen dem 18. Oktober und dem 5. Dezember 2003 eingefügt ist, schreibt er: „Später, als er [*Kertész' fiktives Alter Ego B.*], wieder zu Hause [*in Berlin*], in einem Turner-Band[*] blättert, vergleicht B. die Gemälde mit den eigenen Erinnerungen [*an seinen London-Aufenthalt …*]“. (LE1, 217; LE2, 162)

  * Vielleicht: Martin Butlin, *Turner at the Tate* (1980); siehe dort die Abbildungen der genannten Gemälde (Nr. 72 - *Yacht approaching the Coast*, Nr. 83 - *Snow Storm*).

777 Siehe etwa die Notizen: „Gestern mit [*dem serbischen Schriftsteller Aleksandar*] Tišma im Kempinski.“ (LE1, 123, 12. Mai 2002; LE2, 85) oder: „Das Treffen mit U. [*Ulla Berkéwicz von Suhrkamp?*] verlief ohne Konflikte. Sie plant für den Herbst eine Lesereise, um den Roman [*Liquidation*] – für den die Werbung bei Erscheinen völlig vernachlässigt worden war – quasi neu zu »starten«. […] Vom Kempinski gingen wir hinüber ins Wiener Restaurant in der Kant-Straße, wo sich Durs Grünbein zu uns gesellte. […]“ (LE1, 281, 14. April 2004; gekürzt in LE2, 217 [ohne den Teil mit U.]) Auch das Interview *Der letzte Zeuge* von Batthyany und Krogerus (anlässlich Kertész' 80. Geburtstag) wurde in der Bar des Hotel Kempinski geführt: „[*Batthyany/Krogerus:*] Hier kennt man ihn, hier verehrt man ihn, sofort eilt ein weiß livrierter Kellner herbei und rückt ihm den Sessel zurecht, in den sich Kertész langsam fallen lässt: »Doppelter Espresso, wie immer?«“ (DAS MAGAZIN, 7.11.2009)

778 Vaihinger befasst sich in *Die Philosophie des Als Ob* (1922, 1. Aufl. 1911) mit der Frage: „*Wie kommt es, dass wir mit bewusstfalschen Vorstellungen doch Richtiges erreichen?*“ Von solchen als unrealistisch durchschauten „»Ideen«“ nimmt er an, sie könnten immerhin „nützliche, wertvolle Fiktionen der Menschheit“ sein (nach Kant, vgl. oben 145). (*Vorbemerkung zur Einführung*, XII, XX)

779 Worringer, *Künstlerische Zeitfragen*, in *Fragen und Gegenfragen*, 110-121

780 Worringer, *Künstlerische Zeitfragen*, in *Fragen und Gegenfragen*, 122-126

781 Zur „Literatur“ bemerkt ebenso der Erzähler in *Die englische Flagge*, sie sei „in Verdacht geraten“ (siehe den Kommentar † in 695). Vgl. auch Kertész' Gespräch mit Iris Radisch von 2013 (oben 10).

782 In einer Notiz von Juni 1984 charakterisiert Kertész sich als „»Gast-Natur«“. Er könne „arrivierte Geister und besitzergreifende Naturen nicht ausstehen“ und möge „das Hinüberwechseln aus der Abgesondertheit in die »Elite« nicht, weil damit sofort eine entsprechende Denkweise“ einhergehe. (GT, 186)

783 Kertész formuliert zu Beginn seines Márai gewidmeten Essays *Bekenntnis zu einem Bürger*: „Die europäischen Diktaturen des 20. Jahrhunderts haben eine neue geistige Existenzform hervorgebracht. […] auf den stürmisch hinwegschwindenden Inseln der Freiheit erschienen, wie auf den letzten sonnigen Flecken vor Einbruch des Frosts, die Schriftsteller des Exils.“ (ES, 193)

784 Vielleicht dachte Kertész hier an Hans Sahl, der in seinem Essay *Hitler oder die Demaskierung einer Epoche* aus dem Jahr 1943 für die Zeit nach dem Faschismus prophezeit: „Geistige Ware, die sich nicht in Umsatzziffern ausdrücken lässt, wird für wertlos erklärt“ (siehe ausführlich oben 605).

785 LE2, 99f; analog LE1, 141f (19. August 2002)

786 LE2, 100f; analog LE1, 142f (23. August 2002)

787 Adorno: „Es gibt kein richtiges Leben im falschen.“ (*Minima Moralia*, Erster Teil, Kap. *Asyl für Obdachlose*, *Schriften 4*, 43)

788 In diesem Zusammenhang fragt Kertész Mitte 1986 im Tagebuch: „Was soll der Mensch tun? Wie soll er seine Originalität auslöschen? Wie soll er es vermeiden, zu einem herausragenden Wundertier zu werden, das von seinen Stallgenossen zertrampelt wird?“ (GT, 216f)

789 Im Gespräch *Der Repräsentant und der Märtyrer* mit Andreas Breitenstein berichtet Kertész davon, wie er seine anfänglichen Schwierigkeiten beim Schreiben von *Schicksalslosigkeit* überwand: „Es war schließlich ein Satz, der mir den ganzen Roman geschenkt hat. Er lautete: »Ich habe stets lieber

Futterrüben gegessen als Zuckerrüben.«[*] [*Breitenstein:*] Drückt sich darin Ihre negative Ästhetik aus? [*Kertész:*] Ja, genau. Das war die Relativierung, die Erkenntnis, dass man in der Darstellung von Auschwitz auch eine nichtmenschliche Perspektive wählen kann und darf. Das Schlechtere als das Bessere – das hat mir das ganze Buch in die Hand gegeben." (NZZ, 7.12.2002) Ähnlich hat Ortega bereits 1925 in *Die Vertreibung des Menschen aus der Kunst* die Abstraktion in der modernen Kunst verteidigt. In der klassischen Moderne finde eine „Ausmerzung der menschlich-allzumenschlichen Elemente" statt, die zuvor „in den romantischen und naturalistischen Schöpfungen überwogen" hätten. Wie schon die „klassische Kunst" um 1800 sei jene „neue Kunst" „notwendig und wesentlich" „unpopulär" bzw. „volksfremd", wenn nicht sogar „volksfeindlich": „keine Kunst für die Masse", sondern „für »Künstler«"°. (*Werke 2*, 230f, 236) Nach dem Krieg, als die abstrakte Kunst sich in Westeuropa wieder etabliert hatte und offenbar wurde, dass sie nun weniger von kompromissloser Geistigkeit zeugte als von akademischen Sterilität (oder konkret: von der Verdrängung des europäischen Kulturbruchs), antwortete Worringer in dem Vortrag *Für und Wider den Formalismus* (Köln, 1952) kritisch auf den genannten Essay von „Ortega y Gasset". Dort argumentiert er, die elitäre Bemühung um die „Form" dürfe nicht aus der „Tradition" ausscheren, die „in der organisch-gerechten Ausgleichung von Form und Inhalt das verpflichtende Grundprinzip aller Kunst gesehen" habe. Allerdings sei es fraglich, ob sich „unser erlebendes Hinschauen auf den Menschen und seine Welt", aus dem ein solcher Inhalt stammen könnte, heute „immer noch zu dem abrundet, was wir »Bild« nennen und worunter wir doch eine in sich geschlossene und einheitliche Anschauungs- und Vorstellungswelt verstehen". (Manuskript aus dem Nachlass, *Schriften*, 1124, 1127, 1130f) Letzteren Vortrag dürfte Kertész zur Zeit der Arbeit an *Schicksalslosigkeit* nicht gekannt haben. Gleichwohl erscheint seine Entscheidung, „das Schlechtere als das Bessere" zu behandeln, wie eine Konsequenz aus Worringers Kritik an Ortega. So machte er bewusst den problematischen „Stoff" des „funktionalen Menschen" (vgl. 105) zum Inhalt seines Romans, weil dieser ohne einen solchen Bezug zur Realität nicht authentisch wäre bzw. keine geistige Relevanz besäße. Tatsächlich begnügte er sich aber keineswegs damit, seinen Zustand als entfremdeter (Massen-)Mensch in der Figur Köves realistisch abzubilden. Vielmehr schilderte er – allegorisch codiert – zugleich seine geistige Entwicklung als Autor. Kertész fügte somit dem gegebenen Stoff unmerklich eine fiktionale Dimension hinzu, die im Sinne Ortegas das »Allzumenschliche« transzendiert.

* Vgl. auch Royer, *Imre Kertész*, Kap. *Créer la langue d'Auschwitz*, 152.
° Prägnante Beispiele hierfür sind etwa die Abstraktionen von Duchamp oder die damit verwandten Maschinenbilder von Picabia. Wie Kracauer in *Das Ornament der Masse* bemerkt, spiegelt sich die Entfremdung des Menschen aber auch in den populären Motiven der „Tillergirls" und der „Stadionbilder" wider (siehe 105).

Errata zu *Ein Leben als Artikulation* (2010)

Der Essay *Eingeschlossen in Fiktionen* ergänzt die Dissertation *Ein Leben als Artikulation. Die anthropologische Ikonographie der Schriften von Imre Kertész* (Potsdam, 2010), bei deren Fertigstellung Kertész' Tagebücher der Jahre 1991–2009 (erschienen 2013, 2016) und der Tagebuchroman *Letzte Einkehr* (2014) noch nicht vorlagen. Zu der Dissertation ergaben sich folgende Korrekturen (Seite, ↑Fußnote):

53, ↑118 - In *Schicksalslosigkeit* deuten Köves' Tränen bei der Verabschiedung von seinem Vater nicht auf Schopenhauer, sondern auf Kierkegaard (siehe den Kommentar zu Kierkegaard in Anm. 106).

205, ↑631 - Mit der Figur des französischen Arztes in *Schicksalslosigkeit* bezieht Kertész sich nicht auf Camus, sondern auf Valéry. Hingegen erscheint Köves' Mentor Bandi Citrom als ein Pendant von Camus (siehe S. 22, Anm. 130). Ferner ist mit Köves' Pfleger Pjetka wohl nicht Borowski gemeint, sondern Miłosz, während auf Borowski der Pfleger Zbischek aus einem anderen Krankensaal deutet (siehe S. 22, Anm. 133).

279, ↑808 - Für das Kain-Motiv in *Erdenbürger und Pilger* habe ich als Referenzen Schopenhauer und Schiller genannt. Nach Kertész' eigener Aussage diente ihm aber Augustinus, *De civitate Dei* als Vorlage (siehe S. 60, Anm. 428 und 429).

275, ↑803 - *Ich – ein anderer* wurde erst im Januar 1997 fertiggestellt, nicht 1996 (siehe *Primärliteratur*, k).

275, ↑806 - Das Drehbuch zur Verfilmung von *Schicksalslosigkeit* war 2000 noch nicht fertiggestellt. Kertész schrieb die endgültige Fassung (dt.: *Schritt für Schritt*) Mitte 2001 und veröffentlichte sie im selben Jahr (siehe S. 38 und *Primärliteratur*, q).

275, ↑804 - Kertész' Arbeit an *Liquidation* begann 1990, nicht 1992 (siehe *Primärliteratur*, o).

135 - In *Liquidation* lautet der Vorname des »verbitterten Menschen« Keserű (ungar. *keserű* = bitter) nicht „Ádám". Ádám ist vielmehr eine eigenständige Figur, die man als positives Gegenbeispiel zu Keserű deuten kann (siehe S. 41, Anm. 330). Die Verwechslung resultierte daraus, dass in *Liquidation* die Rolle des Erzählers unvermittelt von Keserű, der einen Dialog mit Ádáms Frau Judit führt, auf Judit übergeht, die sich in einem Monolog an Ádám richtet. (L, 108f; vgl. oben S. 133) Diesen Übergang hatte ich übersehen und daher Keserű mit Ádám identifiziert.

Quellennachweise, Siglen

Siglen *Primärliteratur*:

B	- *Der Betrachter. Aufzeichnungen 1991–2001*
Briefe...	- *Briefe an Eva Haldimann*
D	- *Detektivgeschichte*
DK	- *Dossier K. Eine Ermittlung*
EF	- *Die englische Flagge* (Sammelband)
EGS	- *Eine Gedankenlänge Stille, während das Erschießungskommando neu lädt. Essays*
ES	- *Die exilierte Sprache. Essays und Reden*
F	- *Fiasko*
GT	- *Galeerentagebuch*
IA	- *Ich – ein anderer*
K	- *Kaddisch für ein nicht geborenes Kind*
L	- *Liquidation*
LE0	- *Die letzte Einkehr* (vorab veröffentlichtes Kapitel von LE2)
LE1	- *Letzte Einkehr. Tagebücher 2001–2009*
LE2	- *Letzte Einkehr. Ein Tagebuchroman*
MS	- *Mensch ohne Schicksal*
OH	- *Opfer und Henker* (Sammelband)
RS	- *Roman eines Schicksallosen*
RSF	- *Roman eines Schicksallosen* (Sonderausgabe zum deutschen Kinostart von *Fateless*)
SS	- *Schritt für Schritt*

Primärliteratur und andere Materialien zu Kertész

Chronologischer Überblick

MS, RS   - *Schicksallosigkeit* (*Mensch ohne Schicksal, Roman eines Schicksallosen*), Roman (1960–1973)[a]
D   - *Detektivgeschichte*, Erzählung (1976, *Vorwort* von 2004)[b]
F   - *Fiasko*, Roman (1975–1987)[c]
K   - *Kaddisch für ein nicht geborenes Kind*, Roman (1987–1989)[d]
EF   *Die englische Flagge* (Sammelband 1999)[e]:
          - *Der Spurensucher*, Erzählung (1973–1976/ 1997–1998)[f] (separat 2002, mit aktuellem *Nachwort*)[g]
          - *Die englische Flagge*, Erzählung (1990)[h]
          - *Protokoll*, Novelle (1991)[i]
GT   - *Galeerentagebuch*, Tagebuchroman (Aufzeichnungen 1961 – August 1991, hrsg. 1992)[j]
IA   - *Ich – ein anderer*, Tagebuchroman (fiktive Aufzeichnungen 1991–1995, geschrieben 1995–1997)[k]
EGS   - *Eine Gedankenlänge Stille, während das Erschießungskommando neu lädt. Essays* (1990–1998)[l]
B   - *Der Betrachter. Aufzeichnungen 1991–2001* (hrsg. 2016)[m]
Briefe… - *Briefe an Eva Haldimann*, Briefe und dokumentarisches Material (1977–2002, hrsg. 2009)[n]
L   - *Liquidation*, Roman (1990–2003)[o]
ES   - *Die exilierte Sprache. Essays und Reden* (Texte aus EGS: 1990–1998, erweitert 2003 und 2004)[p]
SS   - *Schritt für Schritt*, Drehbuch (2001) für den Film *Fateless* (2003–2004, Premiere 2005)[q]
RSF   - *Roman eines Schicksallosen. Mit Texten zum Film von Imre Kertész und Michael Töteberg* (2005)[r]
DK   - *Dossier K. Eine Ermittlung*, Roman (2004–2005)[s]
OH   *Opfer und Henker* (Sammelband 2007):
          - *Erdenbürger und Pilger*, Erzählung (Ende der 50er Jahre/ 1965–1967?)[t]
          - *Ich, der Henker*, Teil von F (Ende der 50er Jahre/ seit ca. 1955, *Vorbemerkung* von 2007)[u]
          - *Die Bank*, Erzählung (Ende der 70er Jahre)[v]
          - *Budapest. Ein überflüssiges Bekenntnis*, Essay (1998, bereits in EGS, ES)
          - *Warum gerade Berlin?*, Essay (2003, dt. Erstveröffentlichung 2005, als Rede gehalten 2006)[w]
LE0   - *Die letzte Einkehr* (2007, 2009 vorab veröffentlichtes Kapitel von LE2)[x]
LE1   - *Letzte Einkehr. Tagebücher 2001–2009* (dt. Erstveröffentlichung 2013)[y]
LE2   - *Letzte Einkehr. Ein Tagebuchroman* (Überarbeitung von LE1, mit LE0, hrsg. 2014)[z]

Die Daten bezeichnen die Entstehungszeit. Für das Erscheinungsdatum siehe die Liste auf S. 294.

[a]   Der Originaltitel lautet ungar. *Sorstalanság* [*Schicksallosigkeit*]. 1990 erschien unter dem Titel *Mensch ohne Schicksal* eine erste deutsche Übersetzung von Jörg Buschmann, bekannt wurde jedoch vor allem die 1996 veröffentlichte Übertragung *Roman eines Schicksallosen* von Christina Viragh (vgl. oben 158). Immerhin sendete aber RADIO DDR II am 28.1.1989 anlässlich der ersten Übersetzung bereits ein Interview mit Kertész (vgl. 3 und 4). Der erste Eintrag im *Galeerentagebuch* lässt auf den Beginn der Arbeit an *Schicksallosigkeit* im Jahr 1960 schließen: „1961   Vor einem Jahr habe ich mit der Arbeit am Roman angefangen." (GT, 8) Unmittelbar nach Abschluss seines zweiten Romans *Fiasko* im Mai 1987

285

notiert Kertész ferner: „9. MAI   […] »Schicksalslosigkeit« habe ich genau heute vor 14 Jahren (!), am Nachmittag des 9. Mai [1973] fertiggestellt." (GT, 225) Der Roman wurde 1973 von Magvető zurückgewiesen,* schließlich verlegte ihn 1975 Szépirodalmi (siehe 147). Im Tagebuch schreibt Kertész: „1975. APRIL   »Schicksalslosigkeit« erschienen." (GT, 42) Vom ungarischen Publikum wahrgenommen wurde das Buch aber erst, nachdem György Spiró 1983 in ÉLET ÉS IRODALOM hierüber einen Artikel veröffentlicht hatte. 1985 und 1993 erschienen weitere Auflagen (siehe 148 und 157).

* In Fiasko zitiert Kertész aus dem Bescheid vom „27.7.1973". (F, 47; vgl. die Reproduktion des Schreibens in Royer, Imre Kertész, 166).

b   Laut dem Vorwort zur deutschen Ausgabe der Detektivgeschichte von 2004 ist dieser Text eine ad hoc verfasste Beigabe zur Veröffentlichung von Der Spurensucher 1977 bei Szépirodalmi (siehe 149, 151 und f). Kertész berichtet dort, er habe eine Idee aus der Zeit der Arbeit an Schicksalslosigkeit aufgegriffen. Aus seinen Angaben folgt, dass er Detektivgeschichte 1976 innerhalb von zwei Wochen schrieb. (D, 7) Royer macht in ihrer Kertész-Biografie die genauere Angabe: Mai 1976. (188) Auf Deutsch erschien die Erzählung im November 2004 bei Rowohlt als erste Veröffentlichung Kertész' nach seiner Rückkehr von Suhrkamp (siehe o). Im Tagebuch schreibt er zu dieser deutschen Ausgabe: „Die Übersetzung der Detektivgeschichte läuft." (LE1, 304, 18. August 2004) „Die Detektivgeschichte ist in einer schönen Ausgabe auf Deutsch erschienen." (LE1, 317, 4. November 2004)

c   Nachdem Kertész 1975 im Tagebuch das Erscheinen von Schicksalslosigkeit vermerkt, spricht er sogleich von seinem „Henkersroman", welches unvollendete Projekt als ein Kapitel in Fiasko eingegangen ist (siehe die Erläuterungen zur separaten Veröffentlichung in OH, u). Dabei gebraucht er mit Bezug auf „Doktor Faustus" von Thomas Mann bereits den Terminus „Fiasko". (GT, 44) Zunächst lautet der Titel aber Die Entstehung (wohl nach Mann, Die Entstehung des Doktor Faustus; vgl. oben 91): „[Im Stipendiatenheim in] Szigliget. Noch immer der 19. [Mai 1976]. Nachts halb zwei. Cognac, Beruhigungsmittel. Draußen ein schweres Gewitter. Der rötlich aufflackernde Wasserspiegel in der Ferne. Und endlich […] der Plan: Die Entstehung – Symphonie eines nicht geborenen Romans […]: die Geschichte der Befreiung einer Seele, […] einer Gnade, deren sie teilhaftig wurde." (GT, 68) Im Juli 1976 liegt der endgültige Titel fest: „Aus »Die Entstehung« ist »Das Fiasko« geworden." (GT, 71) Auf die Fertigstellung von Fiasko deutet folgende Notiz: „8. MAI [1987]   Finita l'opera!! – am Tag des Sieges. – […]." (GT, 225)* Fiasko erschien 1988 bei Szépirodalmi (siehe 154 und 155), der bereits 1980 fertige »Prolog« wurde vorab in KORTÁRS 2/1983 gedruckt (siehe 153). Auf Deutsch erschien der Roman 1999 bei Rowohlt (und zuvor auszugsweise in Kertész, Eine Zurückweisung. Buch und CD zum Brandenburgischen Literaturpreis 1995, Potsdam, 1996).

* In Dossier K, Kap. Lebensdaten ist als Entstehungszeit von Fiasko fälschlich 1978–1986 angegeben. (DK, 236)

d   Den Roman Kaddisch… erwähnt Kertész schon in einem Tagebucheintrag von Juni 1984: „ich muss an meinen »Kaddisch« denken". (GT, 184) Im Februar 1985 notiert er: „meinen Roman [Fiasko] beenden, und vielleicht eine wirkliche Aufgabe noch: den »Kaddisch«." (GT, 191) Mitte 1987 dokumentiert er den Beginn seiner Arbeit: „1. JULI [1987]   Vor zwei Tagen habe ich völlig unerwartet mit dem »Kaddisch« begonnen […]." (GT, 226) Anfang 1989 berichtet er: „1989. 4. FEBRUAR   […] Der erste Teil des »Kaddisch« ist zum Abtippen gegeben, der zweite Teil seit einem halben Jahr unberührt." „26. APRIL   Von diesen Wochen und Monaten bleibt keine Spur. Die Umstände, unter denen »Kaddisch« abgeschlossen wurde. Die Umstände meines Lebens." (GT, 246, 249) Veröffentlicht wurde der Roman in KORTÁRS 11 und 12/1989 sowie 1990 bei Magvető (siehe 154 und 156). Die deutsche Übersetzung erschien 1992 als erste Publikation Kertész' bei Rowohlt. Mit ihr fand Kertész auch erstmals eine größere Aufmerksamkeit in den deutschsprachigen Medien (abgesehen von den früheren Artikeln Haldimanns in der NZZ; vgl. n und S. 24, Anm. 158). Es wurden Interviews veranstaltet (wie vom Schweizer Rundfunk oder von dem deutschen Journalisten David Dambitsch) und Rezensionen geschrieben (Haldimann, NZZ, 5.11.1992; Thomas Schmid, DIE ZEIT, 4.12.1992). Zudem organisierte der Rowohlt-Verlag Lesereisen mit Kertész (vgl. S. 28, Anm. 196).

e   In einem Brief an Eva Haldimann vom 13.6.1997 schreibt Kertész, er plane, „ein Bändchen mit dem Titel »Endzeitgeschichten«“ zusammenzustellen, das die Erzählungen *Die englische Flagge* (1991), *Protokoll* (1991) und – in überarbeiteter Form – *Der Spurensucher* (1977) enthält. Hieraus entstand der Sammelband *Die englische Flagge*, der 1999 als deutsche Erstausgabe bei Rowohlt erschien. (*Briefe...*, 91 f und 120, Anm. zu Nr. 56) In *Ich – ein anderer* ist von diesem Projekt auch schon zur Romanzeit 1994 die Rede: „Der Zeitgeist ist das Weltende. Ich werde einen Erzählungsband zusammenstellen mit dem Titel »Weltendegeschichten«.“ (IA, 91)

f   Über die Entstehung der Erzählung (oder: des Kurzromans) *Der Spurensucher* schreibt Kertész im *Vorwort* zur deutschen Ausgabe der *Detektivgeschichte* (deren ungarisches Original 1977 zusammen mit *Der Spurensucher* erschien; siehe b): „Im Frühjahr 1976 beendete ich meinen Roman *Der Spurensucher*“. (D, 5) In *Fiasko* berichtet der Erzähler, der »Alte« (also: Kertész) habe für sein erstes Buch (*Schicksalslosigkeit*) „ein gutes Jahrzehnt gearbeitet“, und „nach dem Verstreichen von zwei weiteren Jahren“ sei es endlich gedruckt worden. Ersichtlich in Bezug auf *Der Spurensucher* erklärt er ferner: „für das zweite Buch erwiesen sich bereits vier Jahre als ausreichend“. (F, 19) Dies deutet auf einen Beginn der Arbeit im Jahr 1973 (= 1977–4), also wohl nach der Fertigstellung von *Schicksalslosigkeit* im Mai (siehe a).* 1997/1998 überarbeitete Kertész den Text° für eine Sammlung mit dem Titel „Endzeitgeschichten“ (später: *Die englische Flagge*; siehe e). (*Kertész an Haldimann*, Budapest, 13.6.1997, *Briefe...*, 91 f; B, 166-168, 1997/1998) Die Erzählung geht auf eine Reise Kertész' in die DDR Anfang der 60er Jahre zurück. Im *Nachwort* zur Ausgabe von 2002 (vgl. g) datiert Kertész diese auf 1962: „Im Jahr 1962 war es mir gelungen, [...], in die damalige DDR zu reisen. [...], ich wollte einige frühere Schauplätze meines Lebens aufsuchen, das [...] Konzentrationslager Buchenwald sowie ein Städtchen namens Zeitz [*wo Kertész 1944/1945 interniert war*; siehe 48], von deren Wiedersehen ich mir, allein schon im Interesse meines gerade entstehenden Romans [*Schicksalslosigkeit*], viel versprach.“ (126f) Allerdings beschreibt er in einem Tagebucheintrag von 1964 eine ebensolche Reise: „JULI [*1964*]   Zwei Wochen Deutschland. Ich war in Buchenwald und in Zeitz bei der Fabrik. [... *Hier folgen Motive, die Kertész in »Der Spurensucher« aufgenommen hat.*]“ (GT, 12) Und in Bezug auf diese Reise (die er unternehmen musste, um Tantiemen für ein in der DDR aufgeführtes Theaterstück zu erhalten) hat er einmal geäußert, er sei damals „seit 1945 nicht mehr in Deutschland“ gewesen. (Zitat auf der Website des Budapester Imre-Kertész-Instituts, KII, https://www.kerteszintezet.hu/ eletrajz/v/37/, 23.07.2019; Übers.: B. Sarin) Das würde ausschließen, dass er 1962 (ein erstes Mal) dort war. Das korrekte Datum lautet demnach vermutlich 1964.† Hievon geht auch Royer aus. (143, 190) Trotzdem ist das Datum zweifelhaft. Denn Kertész macht gleichfalls in *Das sichtbare und das unsichtbare Weimar* (1994) Angaben, die auf einen früheren Zeitpunkt deuten: „Etwa 16 [*oder 19?*] Jahre später [*als seine Befreiung aus dem KZ, also ca. 1961, oder 1964?*]...“. (ES, 108; EGS, 142)

*   Im *Nachwort* zur Ausgabe von 2002 (vgl. g) bemerkt Kertész, das erste Kapitel sei schon während der Arbeit an *Schicksalslosigkeit* entstanden, den Text habe er damals aber unvollendet beiseitegelegt. (128)

°   Bereits 1993 erschien in Ungarn eine verbesserte Fassung: *A nyomkereső* (*Javított változat*) [*Der Spurensucher* (*Korrigierte Fassung*)], Magazin *2000* 7-8/1993 (Juli-August), 40–65 (siehe die Bibliografie des Petőfi-Literaturmuseums, WWW). In einer Notiz von 1994 stellt Kertész jedoch fest, seine Erzählung erhalte noch einen „einzigen kleinen Fehler“: „Es wird nicht klar genug, was für Männer es sind, die in dem »Buchenwalder« Lokal um den Tisch sitzen und in dem Abgesandten »Kameradschafts«-Gefühle wecken [*nämlich: Überlebende des Lagers*]“. (B, 70) Vielleicht war dies der Anlass für die Überarbeitung von 1997/1998. Zu letzterer Überarbeitung siehe auch Royer, 196f.

†   In *Warum gerade Berlin?* (vgl. w) schreibt Kertész, er sei im „späten Frühjahr 1962“ „zum ersten Mal“ in Ost-Berlin gewesen. (OH, 75f) Stimmt das Zitat des KII, dürfte wiederum 1964 gemeint sein.

g   Auf Deutsch wurde die Erzählung *Der Spurensucher* erstmals 1999 von Rowohlt im Sammelband *Die englische Flagge* veröffentlicht (siehe **e**). 2002 erschien sie bei Kertész' neuem Verlag Suhrkamp separat mit einem aktuellen *Nachwort*, in dem Kertész einige Informationen zum Hintergrund des Textes gibt.

h   Die Erzählung *Die englische Flagge* (*Az angol lobogó*) erschien zuerst in HOLMI 3/1991 (März) und ebenfalls 1991 im gleichnamigen Sammelband mit Erzählungen und Essays bei Holnap (siehe 160). In Kertész' Tagebuch finden sich bereits seit Juni 1989 (also: kurz nach Fertigstellung von *Kaddisch...*) spezifische neue Thematiken, die in *Die englische Flagge* eingegangen sind. Insbesondere vergleicht Kertész angesichts der Wende die Diktatur mit der „Demokratie". Dabei bezeichnet er das „Bürgertum" als das „Erwachsenendasein" der Gesellschaft und wirbt entsprechend für die Übernahme von „Verantwortung" (wie es auch der Erzähler in *Die englische Flagge* den »Jüngeren« nahe legt). An selber Stelle erklärt er ferner: „Schreiben, was noch zu schreiben ist – das klingt einfach, ist es aber durchaus nicht. Manchmal warte ich auf mich, wie bei einem Rendezvous, dessen Zeitpunkt längst überschritten ist, [...], trotzdem regt sich in mir die vage Hoffnung: falls aber doch..." (GT, 255, 258, Juni – Juli 1989) Wenig später bemerkt er: „SEPTEMBER [*1989*] Man muss fast verrückt sein, um an Kunst denken zu können. An etwas anderes zu denken lohnt jedoch nicht." (GT, 264) Vom 2. bis zum 30. Oktober hielt Kertész sich in Wien auf. Seine dortigen Erlebnisse verarbeitete er unmittelbar danach in dem Reisebericht *Budapest, Wien, Budapest* (HOLMI 3/1990; dt. in ES), in dem schon ähnliche Fragen wie in *Die englische Flagge* verhandelt werden (vgl. oben S. 25 und S. 91). Im Verlauf des Jahres 1990 protokolliert er dann im Tagebuch, wie seine Arbeit an *Die englische Flagge* allmählich einsetzt: „Wenn du auch ein Leben lang das gleiche tust – denn dieser tätige Fluch bist du selbst –, tue es wenigstens nicht immer auf die gleiche Weise." (GT, 270, Februar 1990) „Was man Thema – eines Romans, einer Erzählung – nennt, überwältigt den Menschen wie eine Infektion: Er bekommt sie, ein paar Tage bleibt ungewiss, ob die Krankheit ausbricht, er versucht, sie abzuwehren, aber eines Tages wacht er auf, und sie hat sich seiner bemächtigt." (GT, 281, Juni 1990) Mitte November 1990 nennt er schließlich „»Die englische Flagge«" als Titel seiner aktuellen „Arbeit". (GT, 298) Ende Januar 1991 notiert er noch: „Ich weiß nicht, wer das ist, der in mir schreibt, der in mir Schriftsteller ist." (GT, 303) Am 3. April berichtet er von den Korrekturen zur Buchveröffentlichung: „Der Tag gestern. Morgens die Korrekturen von »Die englische Flagge« [*gemeint ist der ungarische Sammelband*] in den Verlag zurückgebracht." (GT, 305) Demnach schrieb er an *Die englische Flagge* im Wesentlichen während des Jahres 1990, war aber von Mitte 1989 bis Anfang 1991 mit dem Projekt beschäftigt.

i   In *Protokoll* datiert Kertész die dort beschriebene Zollkontrolle, bei der ihm sein gesamtes österreichisches Geld abgenommen wurde, auf den „16. April 1991" (siehe S. 26, Anm. 182). Veröffentlicht wurde *Protokoll* bereits 1991 im Juniheft des Magazins *2000* (Nr. 6). Wie im Fall von *Schicksalslosigkeit* legte zunächst Jörg Buschmann eine erste deutsche Übersetzung vor (LITERATUR IM TECHNISCHEN ZEITALTER 1991, 125-141). Danach übersetzte Kristin Schwamm die Erzählung neu (Erstveröffentl. in Kertész/Esterházy, *Eine Geschichte. Zwei Geschichten* [*Protokoll/Leben und Literatur*], Wien, 1994). In Ungarn wurde sie sofort ein großer Erfolg (vgl. 160). Im deutschsprachigen Raum blieb sie anfangs eher unbeachtet, immerhin wurde sie aber 1992 auf der *Bonner Biennale der europäischen Gegenwartsdramatik* als Theaterstück aufgeführt (siehe die Meldung in FAZ, 6.4.1992).

j   Das *Galeerentagebuch* enthält Aufzeichnungen aus der Zeit 1961 – August 1991. Die Überarbeitung zum »Tagebuchroman« schloss Kertész im Oktober 1991 ab. Veröffentlicht wurde der Band 1992 bei Holnap und 1993 auf Deutsch bei Rowohlt (siehe 34). Auszüge aus Kertész' Tagebüchern erschienen zuvor in MÚLT ÉS JÖVŐ 1/1989, 35-41 (*aus der Zeit 1960–1973*)* und HOLMI 11/1989 (*aus dem Jahr 1984*; auch enthalten in dem Sammelband *Az angol lobogó* [*Die englische Flagge*], Holnap, 1991; siehe 160).
    * http://www.multesjovo.hu/hu/aitdownloadablefiles/download/aitfile/aitfile_id/795/ [16.07.2019]

k   Mit der Niederschrift des Tagebuchromans *Ich – ein anderer*, der die Jahre 1991–1995 abdeckt, begann Kertész nach dem Tod seiner Frau Albina Ende 1995. Fertiggestellt wurde der Roman am 10. Januar

1997* (laut einer Notiz Kertész' vom 11. Januar; siehe 204). 1997 wurde er bei Magvető veröffentlicht, auf Deutsch erschien er im März 1998 bei Rowohlt. Vgl. *Kertész an Haldimann*: „Die Korrekturabzüge von *Ich – ein anderer* sind gekommen, im Juni ist das Buch da". (Budapest, 30.3.1997, *Briefe...*, 89) „Die Übersetzung von *Ich – ein anderer* ist übrigens abgeschlossen, Ilma Rakusa hat sie gemacht, wunderbar: Im Frühjahr erscheint sie in Berlin". ([*Budapest, Dezember 1997*], *Briefe...*, 96f)

   * Nicht: 1996, wie ich bisher annahm (*Ein Leben als Artikulation*, 275, ↑803)

l   Der Rowohlt-Verlag plante schon für 1995 eine deutsche Veröffentlichung von Kertész' erstem Essayband *A holocaust mint kultúra. Három előadás* [*Der Holocaust als Kultur. Drei Essays*] aus dem Jahr 1993. (*Kertész an Haldimann*, [Budapest, zweite Julihälfte 1994], *Briefe...*, 75f) Schließlich erschien aber doch erst 1999 die erweiterte Sammlung *Eine Gedankenlänge Stille...* (Orig. 1998: *A gondolatnyi csend, amíg a kivégzőosztag újratölt. Monológok és dialógok* [*Eine Gedankenlänge Stille, während das Erschießungskommando neu lädt. Monologe und Dialoge*]; vgl. 160). Der Abschnitt *Dialoge* des ungarischen Originals wurde nicht in die deutsche Ausgabe übernommen. Er besteht aus drei Gesprächen (darunter: *Für mich ist Auschwitz eine Gnade* mit Adelbert Reif, UNIVERSITAS 12/1996) und Kertész' Dankrede zur Verleihung des Leipziger Buchpreises 1997. In der deutschen Ausgabe ist dagegen ein *Vorwort* (September 1998) und Kertész' Essay *Wem gehört Auschwitz? Zu Roberto Benignis Film »Das Leben ist schön«* (DIE ZEIT, 19.11.1998) enthalten, welche Texte im Original fehlen.

m   Das Tagebuch *Der Betrachter. Aufzeichnungen 1991–2001* setzt Kertész' Arbeitsnotizen der Jahre 1961–1991 aus dem *Galeerentagebuch* (1992) fort. Es erschien am 10. März 2016 – also: erst kurz vor Kertész' Tod am 31. März – bei Magvető* (siehe 359) und auf Deutsch am 21. September bei Rowohlt. Kertész bemerkt bereits 1994 im Tagebuch (ähnlich Pessoa 1934/1935; vgl. 232): „Es reizt mich auch weiterhin, Tagebuch zu führen, hingegen reizt es mich nicht, es an die Öffentlichkeit zu bringen." (B, 68) Dies erklärt den späten Zeitpunkt der Publikation. Dass nach der Veröffentlichung von *Letzte Einkehr. Tagebücher 2001–2009* im September 2013 (siehe y) noch ein Band folgen würde, der die Lücke zum *Galeerentagebuch* schließt, war gleichwohl abzusehen, denn in dem Gespräch *Ich war ein Holocaust-Clown* mit Iris Radisch bemerkt Kertész: „Ich habe alles gehabt, alles, was ich wollte. Ich glaube, ich will auch nicht mehr schreiben. Ich ordne noch die alten Tagebücher, das amüsiert mich." (DIE ZEIT, 12.9.2013) Wie schon im Fall des Tagebuchromans *Letzte Einkehr* von 2014 (siehe z) erhielt er für diese redaktionelle Arbeit Unterstützung von seinem Freund Zoltán Hafner.*

   * *A néző – válogatás Kertész Imre 1991-2001 között írt feljegyzéseiből* [*Der Betrachter – Eine Auswahl aus Imre Kertész' Aufzeichnungen der Jahre 1991–2001*], Mitteilung des Verlagslektors János Szegő zum Erscheinen des Tagebuchbands, KÖNYVHÉT.HU ONLINE (MTI), 10.3.2016 (WWW)

n   Die 1927 in Ungarn geborene Schweizer Kritikerin Eva Haldimann hatte in der NZZ vom 19./20.3.1977 u. a. Kertész' ersten Roman *Schicksallosigkeit* besprochen.* Durch einen „glücklichen Zufall" erfuhr Kertész hiervon, woraufhin er mit ihr einen Briefwechsel begann. (*Kertész an Haldimann*, Budapest, 20.5.1977, *Briefe...*, 9 und 103f, Anm. zu Nr. 1) Der Band *Briefe an Eva Haldimann* enthält die Briefe, die Kertész in den Jahren 1977–2002 an Haldimann schrieb, ferner einen *Anhang* (andere Briefe, Artikel, Interviews mit Kertész), der vor allem Aufschluss über das kulturelle Klima in Ungarn während der Nachwendezeit gibt. Auf Deutsch erschienen die *Briefe...* 2009 bei Rowohlt und auf Ungarisch 2010 bei Magvető.

   * Haldimanns Rezensionen von Kertész' Veröffentlichungen in Ungarn (bis 1993) sind abgedruckt in Haldimann, *Momentaufnahmen aus dreißig Jahren ungarischer Literatur* (1997). Zum Erscheinen dieses Buchs schrieb ihr Kertész im Juli 1997 aus Budapest: „Ich weiß gar nicht, wie Sie damals [*1977*] so schnell auf den *Roman eines Schicksallosen* gestoßen sind, [...]. Wissen Sie, dass Ihre Rezension die erste richtige »Besprechung« [*im Original deutsch*] des Buches war?" (*Briefe...*, 94)

o   Im Tagebuch notiert Kertész am 2. März 2003: „*Liquidation* ist [*seit gestern*] fertig, das Werk, mit dem ich mich, vom ersten Einfall[*] an gerechnet, 13 Jahre beschäftigt habe". (LE1, 172) Am 22. April 2001 schreibt er, er habe „schon fast elf Jahre" an dem Projekt gearbeitet. (LE1, 34) Beides deutet auf einen Beginn Anfang bis Mitte 1990.° Zunächst war *Liquidation* als Theaterstück angelegt (siehe 189). Kertész datiert seine ersten Notizen für das Stück auf „ca. 1989 [*also übereinstimmend mit den o. g. Daten: zur Zeit der Wende*]". (LE1, 91, 17. Dezember 2001; vgl. 327) In *Ich – ein anderer* wird vom Erzähler bereits ein solches „Theaterstück" erwähnt bzw. angekündigt. (IA, 58, Romanzeit 1993; vgl. S. 29, Anm. 216). Nach Fertigstellung von *Ich – ein anderer* entschied Kertész sich aber, *Liquidation* doch als „Prosaarbeit" oder „Roman" auszuführen. (*Kertész an Haldimann*, Budapest, 13.6.1997, *Briefe...*, 92; B, 161, 1997) Im Oktober 2002 erhielt er vom Wissenschaftskolleg zu Berlin ein 10-monatiges Stipendium, in dessen Rahmen er *Liquidation* abschließen konnte (siehe S. 38, Anm. 286). 2003 erschien der Roman bei Magvető (siehe 315) und in deutscher Übersetzung (am 10. September) bei Suhrkamp†. Im Tagebuch notiert Kertész am 22. September 2003: „Auf dass eine Spur bleibe: *Felszámolás* bzw. *Liquidation* ist auf Ungarisch und auf Deutsch erschienen. Ein dreizehnjähriger Kampf, und ein schlankes, legeres, unterhaltsames Büchlein." (LE1, 188)

* Siehe Kertész' Notiz von Februar 1990 über die „Liebe", oben S. 42f, Anm. 338; vgl. 340.

° Nicht: 1992, wie ich bisher annahm (siehe *Ein Leben als Artikulation*, 275, ↑804).

† Kertész beschloss Mitte 2000, wegen der Umstrukturierung bei Rowohlt zum Suhrkamp-Verlag zu wechseln. (B, 222f, 8. Juni 2000; *Kertész an Haldimann*, Budapest, 22.5.2000, *Briefe...*, 99 und 121, Anm. zu Nr. 61) Seine erste Publikation bei Suhrkamp sollte eigentlich *Liquidation* sein. (LE1, 438, Anm. zu 17. November 2001) Da er aber mit der Arbeit an dem Roman in Verzug kam, erschienen dort zuerst 2002 *Der Spurensucher* (bereits in EF, Rowohlt, 1999; siehe g) und *Schritt für Schritt* (siehe q), ferner im März 2003 der nach dem Nobelpreis aktualisierte Essayband *Die exilierte Sprache* (siehe p). Siegfried Unseld, der vor allem an *Liquidation* interessiert war und sich zunächst gegen *Schritt für Schritt* sträubte (siehe 294), erlebte die Veröffentlichung des Romans nicht mehr – er starb am 26. Oktober 2002. Tatsächlich verkaufte sich *Liquidation* bei Suhrkamp schlecht, woraufhin Kertész zum Rowohlt-Verlag zurückkehrte. Im Tagebuch schreibt er: „In der *FAZ* neue Artikel über die Krise des Suhrkamp-Verlags; *Liquidation* stagniert dort, wird vernachlässigt, ist trotz großartiger Kritiken nicht verkaufbar." (LE1, 232, 5. Dezember 2003) „Ich bekam die traurige Abrechnung des Suhrkamp-Verlags: kaum 20 000 Exemplare sind von *Liquidation* verkauft. Es ist beschlossene Sache, dass ich den Verlag verlasse." (LE1, 262f, 10. Februar 2004) Schon im November 2004 erschien von ihm bei Rowohlt die ältere Erzählung *Detektivgeschichte* (siehe b). Eine offizielle Erklärung zum erneuten Verlagswechsel wurde aber erst Ende Februar 2005 gegeben. (Ina Hartwig, *Das große Abwerben*, FRANKFURTER RUNDSCHAU, 23.2.2005) Vgl. Kertész' Notizen: „Besprach mit [*Rowohlts Verlagschef Alexander*] Fest die Taktik; ich gehe also zu Rowohlt zurück. Große Erleichterung." (LE1, 329, 2. Februar 2005) „Anruf von Fest. Er sprach hingerissen von den ersten 25 Seiten [... *des noch unfertigen Romans*] *Dossier K.*, die er endlich in deutscher Übersetzung lesen konnte, es macht mich immer von neuem glücklich, den Frankfurter Schiffbruch hinter mir zu haben." (LE1, 333, 24. Februar 2005)

p Der zuerst im März 2003* bei Suhrkamp erschienene Band *Die exilierte Sprache* ist eine Erweiterung der Sammlung EGS (1998, dt: Rowohlt, 1999; vgl. l). Hinzu kamen neben einigen neueren Essays die Reiseberichte *Budapest, Wien, Budapest* (1990) und *Jerusalem, Jerusalem...* (2002). Der Band schließt mit Kertész' Nobelpreisrede »*Heureka!*« von 2002. Die zweite Auflage von 2004 enthält außerdem Kertész' Vortrag *Bilder einer Ausstellung* zur letztmaligen Präsentation der Ausstellung *Verbrechen der Wehrmacht* 2004 in Hamburg. Anders als in EGS sind die Texte in ES streng chronologisch geordnet.

* Am 11. März 2003 notiert Kertész, er halte schon den „deutschen Essayband in Händen". (LE1, 174)

q Nachdem Kertész sich zunächst überhaupt nicht an der Verfilmung von *Schicksalslosigkeit* beteiligen wollte, für die es schon 1994 eine Anfrage gab (siehe 199) und die anscheinend seit 1997 ernsthaft geplant wurde, entschied er sich schließlich, zumindest das Drehbuch zu schreiben. In einem Interview erklärt er, die Arbeit eines anderen professionellen Drehbuchautors habe sich für ihn als unannehmbar erwiesen. Insbesondere habe dieser nicht die Wichtigkeit der linearen Erzählweise verstanden, die bereits für den Roman wesentlich ist: „The chap did not understand from the start that the technique of the novel was linear. So if the story does not develop linearly but he interrupts it and leaves something out then the essence is simply lost. Thus I protested against the script". (*Conversation in Berlin with Imre Kertész about Fateless…*, József Marx, 23.7.2004, in Marx, *Fateless…*, 217; vgl. auch Kertész' *Vorwort* in *Schritt für Schritt*, SS, 7) Spätestens Mitte 2000 lag für das Drehbuch ein erster Entwurf vor, den Kertész gemeinsam mit György Spiró verfasst hatte. Das kann aus einem Brief Kertész' an Péter Barbalics von der Produktionsfirma Magic Media erschlossen werden, der auf den 29. Juni 2000 datiert ist und in dem das Skript erwähnt wird. In diesem Brief teilt Kertész seinen Wunsch mit, dass der renommierte Kameramann Lajos Koltai die Regie übernehmen soll und nicht János Szász, der schon seit drei Jahren (also: seit Mitte 1997) als Regisseur mit dem Projekt beauftragt war, sich aber in keiner Weise für das von ihm und Spiró erarbeitete Skript zu interessieren schien: „I have lost my confidence in János Szász as the potential director of the film of *Fateless*.[/] My simple reason for this is that for three years since the adaptation of my novel to a film was first mentioned Jani Szász has not added anything apart from the initial enthusiasm. György Spiró wrote the script alone or together with me. Szász did not seem to be interested what we were to come up with. The few ideas or limited concept I heard from him, in your company, convinced me that he was not approaching the material in the spirit of the novel. He did not even try to really imagine how the philosophy of the novel and its language can be transposed into a film." (*Kertész an Barbalics*, 29.6.2000, zitiert nach Marx, *Fateless…*, 219; der Brief ist im Besitz des Kertész-Archivs der Berliner Akademie der Künste, Eintrag im Katalog: Kertész-Imre 425) Dieser Entscheidung ging ein Treffen mit Koltai voraus, das Kertész von Koltais Eignung als Regisseur überzeugte, nachdem er das Vertrauen in Szász bereits verloren hatte. (*Conversation in Berlin…*, in Marx, *Fateless…*, 218) Koltai erzählt in einem Interview aus der Zeit der ersten Drehvorbereitungen von besagtem Treffen, das Zsuzsa Radnóti*, die Chefdramaturgin des Budapester Theaters *Vígszínház* [*Lustspieltheater*], vermittelt habe: „Ich traf Kertész hier vor zweieinhalb Jahren [*2000*] zum ersten Mal in meinem Leben. Imre kam schon mit einem Drehbuch für den Film zu dem Abendessen, das er mir – während ich ihm begeistert erzählte, wie sehr mir das Buch [*Schicksalslosigkeit*] gefallen hatte und er freudig errötend zuhörte – in die Hand drückte. Das Drehbuch war in Zusammenarbeit mit György Spiró entstanden. Er erwartete eine Stellungnahme von mir: Kann man aus dem Drehbuch einen Film machen?" (Interview *Eine Kathedrale bauen* von Tamás Halász, HEREND HERALD 1/2003, 32). In der Folgezeit stimmte Kertész sich mit Koltai bezüglich der Ausarbeitung des Skripts ab und ließ sich von ihm beraten. (*Conversation in Berlin…*, in Marx, *Fateless…*, 221; vgl. die Ausführungen von Marx: *The Screenplay*, ebd., 88-92) Die endgültige Fassung (dt.: *Schritt für Schritt*) schrieb Kertész 2001,° die Arbeit hieran beendete er am 5. September. (LE1, 55-72, 21. Juni – 5. September 2001) Das Drehbuch wurde noch 2001 bei Magvető veröffentlicht, die deutsche Übersetzung erschien 2002 bei Suhrkamp (siehe 293 und 294). 2003 begann Koltai mit den Dreharbeiten.† Die Uraufführung des Films fand am 8.2.2005 auf der Ungarischen Filmwoche statt. Bei der Berlinale wurde er zunächst abgelehnt (siehe LE1, 327; 14. Januar 2005), dann aber nachnominiert und am 15.2.2005 im Rahmen des Wettbewerbs gezeigt. Hierzu notiert Kertész im Tagebuch: „*10. Februar 2005 [Budapest]* Vorgestern, am 8., die Film-Premiere. Die ganze Regierung und die ganze Opposition waren erschienen; die groteske Situation belustigte mich. Danach große Aufregung am Buffet; [*der Produzent András*] Hámori und Koltai teilten mir die große Neuigkeit mit: Die Berlinale hat ihr Programm geändert und nimmt den *Schicksallosen* als Wettbewerbsfilm auf (nachdem man bereits eine Liste veröffentlicht hatte, nach welcher der Film nicht vorgesehen war)." (LE1, 330)

* Zsuzsa Radnóti (*1938) war mit dem Schriftsteller István Örkény verheiratet, dessen Werke sie nach seinem Tod im Jahr 1979 herausgab. Sie ist wie Spiró Mitglied der *Széchenyi Irodalmi és Művészeti Akadémia* [*Széchenyi Akademie der Literatur und Kunst*], Budapest.

° Aufgrund des Interviews mit Koltai, in dem schon von einem „Drehbuch" die Rede ist, ging ich bislang davon aus, *Schritt für Schritt* sei 2000 entstanden. (*Ein Leben als Artikulation*, 275, ↑806)

† Die Daten zu den Dreharbeiten sind dokumentiert in Marx, *Fateless…*: Ein Drehort wurde Anfang 2003 gefunden. (88) Die Aufnahmen begannen am 15.12.2003. (106) Aufgrund finanzieller Probleme gab es eine Unterbrechung vom 9.2. bis zum 10.5.2004. (130-139; vgl. LE1, 268, 28. Februar 2004) Letzter Drehtag war der 26.6.2004. (193) Die Filmmusik von Ennio Morricone wurde ab dem 4.10.2004 in einem Budapester Studio produziert. (207) In Tötebergs Erläuterungen zum Gespräch *Ein Roman und sein Schicksal* mit Kertész (in RSF, Sonderausgabe von RS; siehe r) steht dagegen fälschlich: Drehbeginn am „15. Dezember 2002 [*statt: 2003*]"; Unterbrechung am „8. Februar 2003 [*statt: 2004*]"; letzter Drehtag „26. Februar [*statt: Juni*] 2004". Zudem unterschlägt Töteberg Kertész' Zusammenarbeit sowohl mit Spiró als auch mit Koltai bei der Erstellung des Skripts. Stattdessen suggeriert er, dass Koltai erst engagiert wurde, als schon das fertige Drehbuch vorlag: „»Schritt für Schritt«, diesen Titel gab Kertész dem Drehbuch, das 2001 sowohl in Ungarn wie in Deutschland [*dt. 2002*] als Buch herauskam. Bis zur Verfilmung war es noch ein großer Schritt: […]. Im zweiten Anlauf fand man den Regisseur: Lajos Koltai, [… ./] Kertész und Koltai trafen sich, […]." (RSF, 299-302)

r Zum deutschen Kinostart von *Fateless* im Juni 2005 erschien bei Rowohlt eine Sonderausgabe des *Roman eines Schicksallosen*. Neben dem Roman enthält dieser Band Fotos und Credits zum Film, das Interview *Ein Roman und sein Schicksal. Michael Töteberg im Gespräch mit Imre Kertész* (mit dokumentarischen Erläuterungen von Töteberg, die allerdings nicht besonders zuverlässig sind; siehe den Kommentar † in q), Kertész' Begleitwort *Zu dieser Ausgabe* und seinen Essay *Wem gehört Auschwitz?* (1998, enthalten in EGS, ES) über Roberto Benignis Film *Das Leben ist schön* (*La Vita È Bella*, 1997).

s *Dossier K. Eine Ermittlung* erschien 2006 bei Magvető (siehe 36) und auf Deutsch bei Rowohlt. In LITERATUREN 10/2005 wurde das Buch (im Begleittext zu Kertész' Essay *Vorwort aus der Zukunft zu einem gefundenen Manuskript*) schon für Ende 2005 angekündigt. (30) Über die Entstehung des Romans sagt Kertész 2006 in einem Interview von Eszter Rádai, zunächst habe er gemeinsam mit Zoltán Hafner ein Gesprächsbuch herausgeben wollen, da nach dem Nobelpreis viele falsche Darstellungen zu seiner Biografie in Umlauf gekommen seien. Dann habe er aber spontan beschlossen, einen Dialogroman zu schreiben und sich gleichsam selbst zu befragen (siehe oben S. 12, Anm. 38). In der *Vorbemerkung* zu *Dossier K* erklärt er ferner: „Vielleicht ein Dutzend Tonbänder hat das Gespräch gefüllt, das mein Freund und Lektor Zoltán Hafner in den Jahren 2003/2004 für ein sogenanntes »General«-Interview mit mir aufgenommen hat. Das Dossier mit dem abgeschriebenen und redigierten Textmaterial erreichte mich in Gstaad, in einem Hotel dieser Schweizer Kleinstadt. Als ich die ersten Sätze gelesen hatte, legte ich den Manuskriptpacken beiseite und öffnete, sozusagen mit einer unwillkürlichen Bewegung, den Deckel meines Computers … So ist dieses Buch entstanden, das einzige meiner Bücher, das ich eher auf äußere Veranlassung als aus innerem Antrieb geschrieben habe: eine regelrechte Autobiographie." (DK, 5). Die Tonband-Manuskripte sind im Berliner Imre-Kertész-Archiv einsehbar (Klassifikation: 1.4 - Interviews, Signaturen: Kertész-Imre 223-229). Im Tagebuch erwähnt Kertész gelegentlich die Interview-Sitzungen mit Hafner. (LE1, 267, 286, 25. Februar und 2. Mai 2004) Am 18. August 2004 notiert er: „Noch immer Gstaad. Vor vier Tagen bekam ich von Hafner das Manuskript unseres Gesprächsmaterials. Auf einmal überkam mich die Lust, dieses »Gesprächsbuch«, meine Autobiographie, selbst zu schreiben. Innerhalb von drei, vier Tagen produzierte ich 24 Seiten: Kindheit, Kommentare dazu usw.: […]." (304) Am 1. Oktober war bereits ein „großes Stück des Gesprächsbuchs fertig." (310) Am 30. Oktober stand der „Titel *Dossier K.*" fest. (315) Am 29. Juni 2005 ist auch schon von der Korrektur der deutschen Übersetzung die Rede. (344) Aber erst am 11. Dezember berichtet Kertész: „Vorgestern habe ich *Dossier K.* abgeschlossen." (355) Am 1. März 2006 notiert er schließlich: „Nach einem Tag Arbeit mit Ingrid [*Kertész' Lektorin Ingrid Krüger*] ist die deutsche Fassung des *Dossiers* [*veröffentlicht: September 2006*] gestern fertig geworden." (363)

292

t *Erdenbürger und Pilger* erschien auf Ungarisch erstmals in ÉLET ÉS IRODALOM 38/1976 (siehe oben S. 24, Anm. 150) und auf Deutsch (unter dem Titel *Weltbürger und Pilger*) in DU, Juni 2005. Die *Editorische Notiz* in OH enthält zur Entstehungszeit die Information: „Ende der fünfziger Jahre geschrieben" (wie auch das dort abgedruckte Fragment *Ich, der Henker*). (85; ebenso in LE1, 452, Anm. zu 1. Oktober 2004) Das Berliner Kertész-Archiv macht dagegen zum Typoskript der deutschen Übersetzung von Ilma Rakusa (Kertész-Imre 235) die Angabe: 1967. Dieselbe Datierung findet sich auch in DU (wo eben diese Übersetzung abgedruckt ist) und im Digitalisat des ungarischen Sammelbands *Az angol lobogó [Die englische Flagge]* (vgl. 160) auf der Website des Petőfi-Literaturmuseums. Dabei könnte es sich um einen allgemein übernommenen Schreibfehler handeln (1967 statt 1976, dem Jahr der Erstveröffentlichung – analog ist im Fall der Erzählung *Die Bank* an allen letztgenannten Orten das richtige Datum 1978 angegeben). Als Entstehungszeit erscheint insofern Ende der 50er Jahre plausibel. Allerdings findet sich im *Galeerentagebuch* als letzter Eintrag des Zeitraums 1966–1967 eine Reflexion über „Kain und Abel". (GT, 23) Und Royer schreibt in ihrer Kertész-Biografie, Kertész habe 1965 (als seine Arbeit an *Schicksalslosigkeit* vorübergehend ruhte) mit der Nacherzählung dieser biblischen Geschichte begonnen. (151) Vielleicht fand also 1965–1967 tatsächlich eine Überarbeitung statt.

u In *Dossier K* identifiziert Kertész das in *Fiasko* fiktiv von der Figur Berg geschriebene Traktat „*Ich, der Henker*" (F, 363-378; vgl. c) als Teil einer von ihm unfertig hinterlassenen „längeren Erzählung", welches Fragment er „ohne eine einzige Änderung" in den Roman übernommen habe. (DK, 155) In der *Vorbemerkung* zur separaten Veröffentlichung dieses Textes im Sammelband *Opfer und Henker* nennt er als Entstehungszeit „Ende der fünfziger Jahre". (OH, 23; ebenso: *Editorische Notiz*, 85) Seine unveröffentlichten Tagebücher, die im Berliner Kertész-Archiv einsehbar sind, lassen darauf schließen, dass er an dem Text seit 1956 arbeitete. Dazu schreibt Kelemen in *Der Vorlass von Imre Kertész*: „In einem Eintrag von März 1959 wird anlässlich der Fertigstellung des ersten Lustspiels, das Kertész aus Gründen des Broterwerbs schrieb, darüber berichtet, dass er seit drei Jahren an einem Roman *Én, a hóhér* (*Ich, der Henker*) arbeite, von dem aber bis dahin nur ein Kapitel abgeschlossen sei. Anhand der Archivmaterialien lässt sich also die Arbeit an diesem Roman als ein literarischer Anfang betrachten." (Győrffy/Kelemen, *Kertész und die Seinigen*, 13) Royer datiert den Beginn der Arbeit an *Ich, der Henker* auf 1955. (*Imre Kertész*, 64)

v *Die Bank* erschien auf Ungarisch erstmals in ÉLET ÉS IRODALOM 11/1978 (siehe S. 24, Anm. 152) und auf Deutsch in DU, Juni 2005. Das Typoskript der deutschen Übersetzung von Ilma Rakusa befindet sich im Berliner Kertész-Archiv (Kertész-Imre 236). Entstanden ist die Erzählung Ende der 70er Jahre. (OH, *Editorische Notiz*, 85) Kertész hat *Die Bank* ähnlich wie *Ich, der Henker* (siehe u) in *Fiasko* verwertet (vgl. die verwandten Motive zu Beginn des zweiten Teils; F, 166-188).

w Kertész trug den 2003 geschriebenen Essay *Warum gerade Berlin?* (dt. Erstveröffentl. in DU, Juni 2005, Übers.: Kristin Schwamm; *Miért Berlin?*, MÚLT ÉS JÖVŐ 4/2006, 3-5) 2006 bei der Entgegennahme der Ernst-Reuter-Medaille der Stadt Berlin vor. (OH, *Editorische Notiz*, 85)

x Kurz vor Kertész' 80. Geburtstag (am 9.11.2009) erschien in der NZZ vom 7.11.2009 unter dem Titel *Die letzte Einkehr* (Unterkapitel: *Doktor Sonderberg, Avant de mourir, Die Einschätzung der Lage, Der Einsame von Sodom*) der „Anfang eines bisher unveröffentlichten, im Entstehen begriffenen längeren Prosastücks".* Dieser Text, der laut Kertész' Tagebuch im September 2007 entstand (siehe 741), bildet das Schlusskapitel (gefolgt von dem Motto *Exit*) des Tagebuchromans *Letzte Einkehr* von 2014 (siehe z).
   * Orig.: *A végső kocsma* (*Doktor Sonderberg, Avant de mourir, A helyzet fölmérése, A szodomai magányos*), MÚLT ÉS JÖVŐ 3/2009, 7-11

y *Letzte Einkehr. Tagebücher 2001–2009* erschien im September 2013 bei Rowohlt als deutsche Erstveröffentlichung. Auf Ungarisch wurden 2011 bei Magvető unter dem Titel *Mentés másként [Speichern unter]* bereits Kertész' Tagebücher der Jahre 2001–2003 veröffentlicht (in LE1: Kap. *Geheimdatei*). Neben den Tagebüchern enthält *Letzte Einkehr* auch den fragmentarischen Prosatext *Die letzte Einkehr*

(LE1, 191-226, eingefügt zwischen 18. Oktober und 5. Dezember 2003; vgl. oben S. 44, Anm. 352), bei dem es sich aber nicht um das 2009 veröffentlichte Fragment handelt (siehe x).

z *Letzte Einkehr. Ein Tagebuchroman* schrieb (oder: komponierte; vgl. 142) Kertész auf der Grundlage der *Tagebücher 2001–2009* von 2013 (siehe y) und des 2009 veröffentlichten Fragments *Die letzte Einkehr* (siehe x). Der Roman erschien 2014 bei Magvető (siehe 353) und 2015 auf Deutsch bei Rowohlt. In einer Vorbemerkung bezeichnet Kertész ihn als „Krönung" seines „Werkes". Ferner bedankt er sich dort bei seinem Freund und Mitarbeiter Zoltán Hafner für die „Ermutigung, Hilfe und fachliche Unterstützung" bei der Fertigstellung des Buchs. (LE2, 5)

Publikationen in der Reihenfolge des Erscheinungsdatums (Auswahl):

1975 - *Schicksalslosigkeit*, Budapest (Szépirodalmi), 1975.
1976 - *Erdenbürger und Pilger*, ÉLET ÉS IRODALOM 38/1976.
1977 - *Der Spurensucher* und *Detektivgeschichte*, in *A nyomkereső. Két kisregény* [*Der Spurensucher. Zwei Kurzromane*], Budapest (Szépirodalmi), 1977.
1978 - *Die Bank*, ÉLET ÉS IRODALOM 11/1978.
1983 - »Prolog« von *Fiasko* (*A kudarc. A regény első része* [*Das Fiasko. Der erste Teil des Romans*]), KORTÁRS 2/1983.
1988 - *Fiasko*, Budapest (Szépirodalmi), 1988.
1989 - Tagebuchauszüge 1960–1973: *Gályanapló* [*Galeerentagebuch*], MÚLT ÉS JÖVŐ 1/1989.
       - Tagebuchauszüge 1984: *1984-em* [*1984*], HOLMI 11/1989.
       - *Kaddisch für ein nicht geborenes Kind*, Teil 1 und 2, KORTÁRS 11 und 12/1989.
1990 - *Kaddisch für ein nicht geborenes Kind*, Budapest (Magvető), 1990.
       - *Budapest, Wien, Budapest. 15 Bagatellen*, HOLMI 3/1990.
1990ff - Essays und Reden: *Die Unvergänglichkeit der Lager* (Budapest, 1990), HOLMI 5/1990 u. a.
1991 - *Die englische Flagge*, HOLMI 3/1991; zusammen mit dem Vortrag *Die Unvergänglichkeit der Lager*, den Erzählungen *Erdenbürger und Pilger* und *Die Bank* sowie den Tagebuchauszügen *1984-em* [*1984*] auch in *Az angol lobogó* [*Die englische Flagge*], Budapest (Holnap), 1991.
       - *Protokoll*, Magazin *2000* 6/1991.
1992 - *Galeerentagebuch* (Aufzeichnungen 1961 – August 1991), Budapest (Holnap), 1992.
1997 - *Ich – ein anderer* (*Valaki más. A változás krónikája* [*Ich – ein anderer. Chronik eines Wandels*]), Budapest (Magvető), 1997.
1998 - *Budapest. Ein überflüssiges Bekenntnis*, ZEIT-Magazin, 5.3.1998.
2001 - *Schritt für Schritt* (*Sorstalanság. Filmforgatókönyv* [*Schicksalslosigkeit. Drehbuch*]), Budapest (Magvető), 2001.
2003 - *Liquidation*, Budapest (Magvető), 2003.
2005 - *Warum gerade Berlin?*, DU 757, Nr. 5, Juni 2005.
2006 - *Dossier K. Eine Ermittlung* (*K. dosszié*), Budapest (Magvető), 2006.
2009 - *Briefe an Eva Haldimann*, Reinbek (Rowohlt), 2009.
       - *Die letzte Einkehr* (*A végső kocsma*, vorab veröffentlichtes Kapitel des Tagebuchromans *Letzte Einkehr* von 2014), MÚLT ÉS JÖVŐ 3/2009; dt.: NZZ, 7.11.2009.
2011 - *Mentés másként. Feljegyzések 2001–2003* [*Speichern unter. Aufzeichnungen 2001–2003*], Budapest (Magvető), 2011.
2013 - *Letzte Einkehr. Tagebücher 2001–2009*, Reinbek (Rowohlt), 2013.
2014 - *Letzte Einkehr. Ein Tagebuchroman*, Budapest (Magvető), 2014.
2016 - *Der Betrachter. Aufzeichnungen 1991–2001*, Budapest (Magvető), 2016.

Romane, Erzählungen, Tagebücher, Briefe (*Deutsche Erstausgaben*)

MS   - *Mensch ohne Schicksal* (1975), Übers.: Jörg Buschmann, Berlin (Rütten & Loening), 1990. Neuübersetzung 1996.
        - *Protokoll* (1991), Übers.: Jörg Buschmann, LITERATUR IM TECHNISCHEN ZEITALTER 1991, 125-141, eingeheftetes Supplement in SPRACHE IM TECHNISCHEN ZEITALTER Nr. 120, Dezember 1991, Hrsg: Literarisches Colloquium Berlin. Neuübersetzung 1994.
K   - *Kaddisch für ein nicht geborenes Kind* (1990), Übers.: György Buda und Kristin Schwamm, Berlin (Rowohlt), 1992.
GT   - *Galeerentagebuch* (1992), Übers.: Kristin Schwamm, Berlin (Rowohlt), 1993.
        - *Protokoll* (1991), Übers.: Kristin Schwamm, in Imre Kertész/ Péter Esterházy, *Eine Geschichte. Zwei Geschichten*, Salzburg/ Wien (Residenz), 1994 (enthalten in EF); Hörbuch: Imre Kertész/ Péter Esterházy lesen *Eine Geschichte. Zwei Geschichten*, RBB, Der Audio-Verlag, 2003.
RS   - *Roman eines Schicksallosen* (1975), Übers.: Christina Viragh, Berlin (Rowohlt), 1996.
        - *Eine Zurückweisung. Buch und CD zum Brandenburgischen Literaturpreis 1995*, enthält: *Eine Zurückweisung* (auszugsweise Vorabveröffentlichung der deutschen Übersetzung von *Fiasko*), Adolf Endler, *Schweigen, Schreiben, Leben, Schweigen. Laudatio auf Imre Kertész* (Potsdam, 11.12.1995 [vgl. *Briefe...*, 118, Anm.]); auf CD: Lesung Kertész' aus *Roman eines Schicksallosen* (Potsdam, 17.4.1996), *Gespräch mit Imre Kertész* (Hendrik Röder, Budapest, 7.7.1996), Hrsg.: Brandenburgisches Literaturbüro, Potsdam (Vacat), 1996.
IA   - *Ich – ein anderer* (1997), Übers.: Ilma Rakusa, Berlin (Rowohlt), 1998.
F   - *Fiasko* (1988), Übers.: György Buda und Agnes Relle, Berlin (Rowohlt), 1999.
EF   - *Die englische Flagge* (*Der Spurensucher*, 1977; *Die Englische Flagge*, 1991; *Protokoll*, 1991), Übers.: György Buda (*Der Spurensucher*) und Kristin Schwamm, Reinbek (Rowohlt), 1999.
        - *Der Spurensucher* (1977), Erzählung (bereits enthalten in EF), aktuelles Nachwort von Kertész, Übers.: György Buda und Kristin Schwamm (*Nachwort*), FfM (Suhrkamp), 2002.
L   - *Liquidation* (2003), Übers.: Laszlo Kornitzer und Ingrid Krüger, FfM (Suhrkamp), 2003.
D   - *Detektivgeschichte* (1977, *Vorwort* von 2004), Übers.: Angelika und Peter Máté, Reinbek (Rowohlt), 2004.
        - *Weltenbürger* [in OH: *Erdenbürger*] und Pilger (1976, geschrieben Ende der 50er Jahre); *Die Bank* (1978), Übers.: Ilma Rakusa, in DU 757, Nr. 5, Juni 2005 (beide enthalten in OH).
DK   - *Dossier K. Eine Ermittlung* (2006), Übers.: Kristin Schwamm, Reinbek (Rowohlt), 2006.
OH   - *Opfer und Henker* (Erzählungen und Essays, Ende der 50er Jahre – 2007), Übers.: Christian Polzin, Ilma Rakusa, Agnes Relle und Kristin Schwamm, Berlin (Transit), 2007.
Briefe... - Briefe an Eva Haldimann (1977–2002), Übers.: Kristin Schwamm, Reinbek (Rowohlt), 2009.
LE0   - *Die letzte Einkehr* (vorab veröffentlichtes Kapitel von LE2; *A végső kocsma*, MÚLT ÉS JÖVŐ [*Vergangenheit und Zukunft*] 3/ 2009, 7-11), Übers.: Ilma Rakusa, NZZ, 7.11.2009/ NZZ ONLINE.
LE1   - *Letzte Einkehr. Tagebücher 2001–2009*, Übers.: Kristin Schwamm, Ilma Rakusa (Gedicht) und Adan Kovacsics (Prosafragment *Die letzte Einkehr*, nicht identisch mit LE0), Reinbek (Rowohlt), 2013 (dt. Erstveröffentl.); bei Magvető, Budapest, erschienen 2011 unter dem Titel *Mentés másként* [*Speichern unter*] bereits Kertész' Tagebücher der Jahre 2001–2003 (hier: Kap. *Geheimdatei*).
LE2   - *Letzte Einkehr. Ein Tagebuchroman* (2014), Übers.: Kristin Schwamm, Adan Kovacsics (Prosafragment *Die letzte Einkehr. Erster Anlauf*) und Ilma Rakusa (*Die letzte Einkehr. Zweiter Anlauf*, entspricht LE0), Reinbek (Rowohlt), 2015.
B   - *Der Betrachter. Aufzeichnungen 1991–2001* (2016), Übers.: Lacy Kornitzer (1991–1994), Heike Flemming (1995–2000) und Kristin Schwamm (2001), Reinbek (Rowohlt), 2016.

Essays, Reden, Vor- und Nachworte

EGS   - *Eine Gedankenlänge Stille, während das Erschießungskommando neu lädt. Essays* (1990–1998; enthalten in ES; ungar. Erstveröffentl.: Magvető, 1998), Reinbek (Rowohlt), 1999.

ES   - *Die exilierte Sprache. Essays und Reden* (1990–2004), *Vorwort* von Péter Nádas (2002), Übers.: Kristin Schwamm, György Buda, Géza Déreky, Krisztina Koenen, Laszlo Kornitzer, Christian Polzin, Ilma Rakusa, Irene Rübberdt, Christina Viragh und Ernö Zeltner, FfM (Suhrkamp), 2004 (erweiterte Ausgabe von *Die exilierte Sprache*, FfM, 2003; enthält EGS), Inhalt (+ neue Texte, ° Texte aus EGS, für ausführliche Nachweise der ungarischen Erstveröffentlichungen siehe die Bibliografie des Budapester Imre-Kertész-Instituts oder des Petőfi-Literaturmuseums, WWW):

1990ff   ° *Vorbemerkung des Autors* (gekürztes *Vorwort* aus EGS, dort datiert: Budapest, September 1998),

+ *Budapest, Wien, Budapest. 15 Bagatellen* (Reisebericht, HOLMI 3/ 1990; SÜDDEUTSCHE ZEITUNG, 7.12.2001),

° *Die Unvergänglichkeit der Lager* (Beitrag zur Enquête *L'univers de concentration*, Budapest, 1990; HOLMI 5/ 1990; *Über die Unvergänglichkeit der Lager*, SINN UND FORM 2/ 1993),

° *Lange, dunkle Schatten* (Vortrag, Konferenz *Ungarisch-jüdische Koexistenz*, Budapest, 1991; Magazin *2000* 12/ 1991),

° *Free Europe* (Radiovorträge in der Reihe *Briefe von daheim*, RADIO FREE EUROPE, April 1991),

° *Der Holocaust als Kultur* (Vortrag [*Die Panne. Der Holocaust als Kultur*], Jean-Améry-Symposium, Wien, 1992; Magazin *2000* 1/ 1993; SINN UND FORM 4/ 1994),

° *Der überflüssige Intellektuelle* (Vortrag, Evangelische Akademie Tutzing, 1993; MAGYAR LETTRE INTERNATIONALE 13/1994),

° *Das sichtbare und das unsichtbare Weimar* [Überschrift in EGS, 139: *Das sichtbare und das nicht sichtbare Weimar*] (MAGYAR LETTRE INTERNATIONALE 14/ 1994; *Das unsichtbare Weimar*, MERIAN 4/ 1994 [*zum Thema »Weimar«*]),

° *Das glücklose Jahrhundert* [in EGS: *Rede über das Jahrhundert*] (Vortrag in der Reihe *Reden über Gewalt und Destruktivität*, Hamburger Institut für Sozialforschung, 1995; *Meine Rede über das Jahrhundert*, SINN UND FORM 4/1995),

° *Wer jetzt kein Haus hat* (Vortrag in der Reihe *Reden über das eigene Land*, Münchner Kammerspiele, 10.11.1996; *Das eigene Land*, SINN UND FORM 1/ 1997),

° *Wem gehört Auschwitz? Zu Roberto Benignis Film »Das Leben ist schön«* (DIE ZEIT, 19.11.1998),

° *Budapest. Ein überflüssiges Bekenntnis* (ZEIT-Magazin, 5.3.1998),

+ *Wird Europa auferstehen?* (geschrieben 1999; *Zeit der Entscheidung. Wird es auferstehen?! – Europa, von Osten aus betrachtet* [leicht gekürzt], NZZ, 20.1.2001),

+ *Hommage à Fejtő. Zum 90. Geburtstag des ungarischen Exilschriftstellers Ferenc Fejtő* (1999; SINN UND FORM 1/ 2001),

+ *Bekenntnis zu einem Bürger. Notizen über Sándor Márai* (*Hier bekenne ich, dass es eine Berufung ist, ein Bürger zu sein*, DIE WELT, 2.9.2000),

+ *Die exilierte Sprache* (Vortrag in der Reihe *Berliner Lektionen*, 2000; FAZ, 6.11.2000),

+ *Von der Freiheit der Selbstbestimmung* (Vortrag in der Reihe *Weltenbürger*, Hannover, 15.11.2001; Konferenz *Witness Literature*, Stockholm, 4. – 5.12.2001; *Ich bin der Spuk*, FAZ, 14.3.2002),

+ *Jerusalem, Jerusalem…* (Reisebericht, DIE ZEIT, 25.4.2002),

+ *»Heureka!«* (Nobelpreisrede, Stockholm, 7.12.2002; Suhrkamp, FfM, 2002),

+ *Bilder einer Ausstellung* (Rede zur letztmaligen Präsentation der Ausstellung *Verbrechen der Wehrmacht*, Hamburger Institut für Sozialforschung, 28.1.2004; TAZ, 29.1.2004).

1992	- *The Holocaust as Culture*, enthält: *Der Holocaust als Kultur* (1992) in der engl. Übers. von Thomas Cooper, das Interview *A Conversation with Imre Kertész* (2010) und den Essay *Imre Kertész and the Post-Auschwitz Condition* (2011) von Cooper, London/New York/ Kalkutta (Seagull), 2011.
1997	- *Dank des Preisträgers*, zur Verleihung des Leipziger Buchpreises (21.3.1997), Übers.: Christian Polzin, in I. Kertész/ Antonin J. Liehm, *Leipziger Buchpreis 1997 zur Europäischen Verständigung. Ansprachen aus Anlass der Verleihung*, FfM (Verlag der Buchhändler-Vereinigung), 1997, 31-39.
	- *Fruchtbarkeit in der Negativität*, Dankrede anlässlich der Verleihung des Friedrich-Gundolf-Preises für die Vermittlung deutscher Kultur im Ausland (Passau, 3.5.1997), in *Jahrbuch der Deutschen Akademie für Sprache und Dichtung 1997*, Göttingen (Wallstein), 1998, 97-99.
	- *Dankesrede zur Verleihung des »Jeanette-Schocken-Preises 1997«* (Bremerhaven, 4.5.1997), DIE HOREN 2/ 1997 (42. JAHRGANG, NR. 186), 75-77.
1998	- Vorstellungsrede zur Aufnahme in die Deutsche Akademie für Sprache und Dichtung (Frühjahrstagung der Akademie, Budapest, 1998), in *Jahrbuch 1998*, Göttingen (Wallstein), 1999, 55.
1999	- *Da stehen wir nun, betrachten einander...*, Essay über Péter Esterházy, in Angelika Klammer (Hrsg.), *Was für ein Peter! Über Péter Esterházy*, Salzburg/ Wien (Residenz), 1999, 114-116.
2001	- *Hommage à Salzburg*, Übers.: László Kornitzer, Essay über die Salzburger Festspiele (bei denen Kertész auch am 14. und 16. August 2001 im Rahmen des Programms *Dichter zu Gast* auftrat), in Hans Landesmann/ Gerhard Rohde (Hrsg.), *Salzburger Festspiele 1992–2001. Konzert*, Wien (Zsolnay), 2001, 112-115.
2002	- *Adieu, Siegfried Unseld. Meine letzte Begegnung*, Rede bei der Beerdigung von Siegfried Unseld (Frankfurt am Main, 2.11.2002), DER TAGESSPIEGEL, 4.11.2002.
	- *Banquet Speech*, Dankrede zum Nobelpreis für Literatur (Stockholm, 10.12.2002), https://www.nobelprize.org/nobel_prizes/literature/laureates/2002/kertesz-speech-g.html [16.07.2019].
2003	- *Kafka kann einen Schriftsteller lähmen*, LITERATUREN 1-2/ 2003, 41.
	- *Rede zum Jahrestag der Deutschen Einheit 2003* (Magdeburg, 3.10.2003), FRANKFURTER ALLGEMEINE SONNTAGSZEITUNG, 5.10.2003.
2004	- *Ein Mythos geht zu Ende*, zu antisemitischen Vorfällen im ungarischen Schriftstellerverband, Übers.: Peter Máté, DIE ZEIT, 1.4.2004.
	- *Nachwort* zu Péter Esterházy, *Hilfsverben des Herzens* (1985), Übers.: Hans-Henning Paetzke und Kristin Schwamm (*Nachwort*), FfM (Suhrkamp), 2004, 129-132.
	- *Vorwort* zu Gábor Görgey, *Sirene der Adria* (2000), letzter Teil (5) des Romanzyklus *Der letzte Bericht von Atlantis*, Übers.: Jörg Buschmann, München (Salon Literaturverlag), 2004, 5.
2005	- *Warum gerade Berlin?* (geschrieben 2003; als Rede gehalten anlässlich der Entgegennahme der Ernst-Reuter-Medaille der Stadt Berlin 2006), Übers: Kristin Schwamm, dt. Erstveröffentl. in DU 757, *Imre Kertész. Der Fremde*, Nr. 5, Juni 2005, 22-23; OH, 73-82.
	- *Vorwort aus der Zukunft zu einem gefundenen Manuskript*, Essay anlässlich der bevorstehenden Veröffentlichung von *Dossier K*, Übers.: Ilma Rakusa, LITERATUREN 10/ 2005, 30.
2007	- *Europas bedrückende Erbschaft*, Vortrag auf dem Kongress »Perspektive Europa« (Akademie der Künste Berlin, in Zusammenarbeit mit dem Auswärtigen Amt, Juni 2007), leicht gekürzte Fassung, Übers.: Kristin Schwamm, AUS POLITIK UND ZEITGESCHICHTE 1-2/ 2008, 3-6.
	- *Örkény und das quälende Problem des Überlebens* (Berlin, Dezember 2007), Nachwort zu István Örkény, *Das Lagervolk* (*Das Lagervolk*, 1947; *Woher wir kamen. Acht Gesprächsprotokolle*, 1946; in einem Band 1973, unzensiert posth. 1981), Übers.: Laszlo Kornitzer, FfM (Suhrkamp), 2010, 323-325.

Film (*siehe auch:* Interviews *und* Ton, Video)

- *Fateless – Roman eines Schicksallosen* (*Sorstalanság*), Drehbuch: Imre Kertész, Regie: Lajos Koltai, Musik: Ennio Morricone, 134 min., Ungarn/ Deutschland/ Großbritannien, 2005 (Premiere: Ungarische Filmwoche, außer Konkurrenz, 8.2.2005; Berlinale-Wettbewerb: 15.2.2005; deutscher Kinostart: 2.6.2005; Chicago International Film Festival: 11.10.2005; Washington Jewish Film Festival: 10.12.2005 u. v. a. Vorstellungen), DVD: Euro Video, [2006].

Bücher zum Film

SS   - *Schritt für Schritt* (2001), Drehbuch zu *Schicksalslosigkeit/ Fateless*, mit einem *Vorwort* von Imre Kertész, Übers.: Erich Berger, FfM (Suhrkamp), 2002.

- *Schritt für Schritt*, Gratisausgabe zur Wiener Aktion *Eine Stadt. Ein Buch* 2003, enthält das Drehbuch, Kertész' *Vorwort*, die Nobelpreisrede »*Heureka!*« (2002, auch in ES) und ein *Interview mit Imre Kertész* von Helmut Schneider (= *In der Erinnerung...*, WIEN LIVE 4/ 2003), Wien (Echo), [2003].

RSF   - *Roman eines Schicksallosen*, Sonderausgabe zum deutschen Kinostart von *Fateless*, enthält neben dem Roman: Fotos/ Credits zum Film, Kertész' Vorbemerkung *Zu dieser Ausgabe, Ein Roman und sein Schicksal. Michael Töteberg im Gespräch mit Imre Kertész* (mit Erläuterungen von Töteberg) und Kertész' Essay *Wem gehört Auschwitz? Zu Roberto Benignis Film »Das Leben ist schön«* (DIE ZEIT, 19.11.1998, auch in EGS und ES), Reinbek (Rowohlt), Juni 2005.

- **Marx, József:** *Fateless – A Book of the Film. Lajos Koltai's Film based on the Novel by Nobel Laureate Imre Kertész*, Übers.: Katalin Rácz, enthält u. a.: *Conversation in Berlin with Imre Kertész about Fateless and the Cinema* (23.7.2004), Budapest (Vince), 2005.

Interviews mit Regisseur Lajos Koltai

2003   - *Eine Kathedrale bauen*, Interview von Tamás Halász mit Koltai, HEREND HERALD, Magazin der Herender Porzellanmanufaktur (dt.), 1/ 2003, No. 15, 30-32.

2005   - *Der Wert der Sonnenstrahlen*, Interview von Elisabeth Nagy mit Koltai, CRITIC.DE, 30.5.2005, http://www.critic.de/interview/der-wert-der-sonnenstrahlen-1312/ [16.07.2019].

Rezension zum Drehbuch

2003   - **Göttler, Fritz:** *Vierhundert Streiche. Die düstere Pracht der Unverziertheit: Ein Drehbuch von Imre Kertész*, SÜDDEUTSCHE ZEITUNG, 7.4.2003.

Pressemeldungen und Kritiken zum Film

2005   - **Internationale Filmfestspiele Berlin:** *Fateless in den Berlinale-Wettbewerb eingeladen*, Pressemitteilung, 9.2.2005, https://www.berlinale.de/de/archiv/jahresarchive/2005/08_ pressemitteilungen_2005/08_Pressemitteilungen_2005-Detail_2272.html [16.07.2019].

- **SPIEGEL:** *Nachnominierung. Kertész-Verfilmung im Berlinale-Wettbewerb*, SPIEGEL ONLINE, 9.2.2005, http://www.spiegel.de/kultur/kino/nachnominierung-kertesz-verfilmung-im-berlinale-wettbewerb-a-340880.html [16.07.2019].

- **Rother, Hans-Jörg:** *Das Wissen sieht mit. Außer Konkurrenz (1) [sic]: Lajos Koltai verfilmt Imre Kertész' »Roman eines Schicksallosen«*, DER TAGESSPIEGEL, 15.2.2005.

- **Gönczy, Gabriella:** *Berlinale, 6. Tag - Heute wird auf der Berlinale »Fateless«, Lajos Koltais Verfil-mung von Imre Kertész' »Roman eines Schicksallosen« aufgeführt. In Ungarn war der Film umstritten.* (Bericht mit Zitaten aus Kritiken zur Premiere in Ungarn), PERLENTAUCHER, 15.2.2005, https://www.perlentaucher.de/ausser-atem/15-02-2005/berlinale-6-tag.html [16.07.2019].

298

- **Knörer, Ekkehard:** *Lajos Koltai: Fateless (Ungarn 2005)*, JUMP CUT, [o. D., zur Vorführung auf der Berlinale am 15.2.2005], http://www.jump-cut.de/filmkritik-fateless.html [16.07.2019].
- **Bartels, Gerrit:** *Die Hölle negieren*, TAZ, 16.2.2005.
- **Böker, Carmen:** *Rosenkranz in Aschgrau*, BERLINER ZEITUNG, 16.2.2005.
- **Lueken, Verena:** *Mit Make-up und Musik im Lager*, FAZ, 16.2.2005.
- **Krekeler, Elmar:** *Spiel mir das Lied von Auschwitz*, BERLINER MORGENPOST, 16.2.2005.
- **Kohler, Michael:** *Fateless – Roman eines Schicksallosen*, Kritik anlässlich des deutschen Kinostarts, FILM-DIENST 57, 11/2005 (26.5.2005), 32.
- **Džugan, Roberto:** *Fateless – Roman eines Schicksallosen*, CRITIC.DE, 26.5.2005, http://www.critic.de/film/fateless-roman-eines-schicksallosen-228/ [16.07.2019].
- **Claus, Peter (DPA):** *Fateless – Roman eines Schicksallosen. Umstrittene Adaption eines Bestsellers*, STERN.de, 1.6.2005, http://www.stern.de/kultur/film/-fateless---roman-eines-schicksallosen--umstrittene-adaption-eines-bestsellers-3291706.html [16.07.2019].
- **Kühn, Heike:** *Ansichtskarte von Auschwitz. Lajos Koltais Imre-Kertész-Verfilmung »Fateless« hat die Vorlage in ihrer Radikalität nicht verstanden*, FRANKFURTER RUNDSCHAU, 2.6.2005.
- **Radisch, Iris**: *Große KZ-Oper. »Fateless« – ein peinlicher Film nach dem Meisterwerk »Roman eines Schicksallosen« des ungarischen Nobelpreisträgers Imre Kertész*, DIE ZEIT, 2.6.2005.

2006
- **Scott, A. O.:** *Finding the Beauty in a Boy's Days of Horror*, NEW YORK TIMES, 6.1.2006.
- **Crust, Kevin:** *»Fateless«. In the Holocaust drama »Fateless,« Hungarian Filmmaker Lajos Koltai finds unexpected peace*, LOS ANGELES TIMES, 27.1.2006.
- **Hornaday, Ann**: *»Fateless«: Chance At Its Most Malevolent*, WASHINGTON POST, 3.2.2006.

2010
- **Frankenfeld, Christian:** *Fateless? Lajos Koltais Verfilmung von Imre Kertész' ROMAN EINES SCHICKSALLOSEN*, in Dietmar Ebert, *Das Glück des atonalen Erzählens* (2010), 165-180.

299

Interviews (*siehe auch:* Ton, Video)

1992   - *Egy eléggé szűk ketrecbe zárt író [Ein in einen recht engen Käfig gesperrter Schriftsteller]*, Interview von Zoltán András Bán, BESZÉLŐ, 10.10.1992 (Nr. 41), 38-41; Auszug (zur Arbeit an *Liquidation*), Übers.: Kristin Schwamm, in *Briefe...*, Dokumentarischer Anhang, 127-129.

1992ff   - *Imre Kertész*, Gespräch mit David Dambitsch (aus Gesprächen seit 1992, u. a. zu *Kaddisch...* und *Galeerentagebuch*), in Dambitsch, *Im Schatten der Shoah*, Berlin/Wien (Philo), 2002, 43-56.

1994   - *Át nem lépve a szabadság kapujának a küszöbét [Man überschreitet nicht die Schwelle am Tor zur Freiheit]*, Interview von Cecília Szebényi, BESZÉLŐ, 3.3.1994 (Nr. 9), 32–34; Auszug (zum neuen Antisemitismus in Ungarn), Übers.: Kristin Schwamm, in *Briefe...*, 135-141.

1996   - *Wie Glück entstehen kann im Grauen. »Roman eines Schicksallosen« – Interview mit dem ungarischen Schriftsteller Imre Kertész*, Erdmute Klein, MÜNCHNER MERKUR, 22.4.1996.
     - *Ich will meine Leser verletzen. Der Ungar Imre Kertész über seinen »Roman eines Schicksallosen«*, SPIEGEL, 29.4.1996 (Nr. 18).
     - *»Schindlers Liste? Das ist Kitsch!«*, Gespräch mit Thomas Schmid, HAMBURGER MORGENPOST, 9.5.1996.
     - *Die Ethik wird durch die Opfer geschaffen*, Gespräch mit Peter Michalzik, FRANKFURTER RUNDSCHAU, 4.7.1996.
     - *»Auschwitz ist fast eine negative Offenbarung«*, Gespräch mit Dorothea Schuler (21.11.1996), anlässlich einer Lesung in Mainz, FRANKFURTER HEFTE 5/1997, 451-455.
     - *Für mich ist Auschwitz eine Gnade*, Gespräch mit Adelbert Reif, UNIVERSITAS 12/1996.
     - *Als niemand wusste, wie ihm geschah*, Gespräch mit Hanno Müller, THÜRINGER ALLGEMEINE, 7.12.1996.

1997   - *Der Schriftsteller Imre Kertész: Nur die Kunst kann dem Trauma des Jahrhunderts beikommen. Ein Gespräch über das Holocaust-Mahnmal in Berlin und die Schwierigkeiten des Gedenkens*, Volker Müller, BERLINER ZEITUNG, 22.12.1997.

1998   - *Der Mann ohne Identität. Ein Gespräch mit dem Schriftsteller Imre Kertész*, Andreas Rosenfelder und Ágota Cecíla Harmati (zu *Ich – ein anderer*), AUFBAU, Vol. LXIV, No. 12., 5.6.1998, http://www.archive.org/stream/aufbau636419971998germ#page/n447/mode/1up [16.07.2019].

1999   - *Es geht um Europas Werte. Der ungarische Schriftsteller Imre Kertész über den Kosovo-Krieg aus Sicht der Osteuropäer und die Last der Deutschen*, SPIEGEL, 17.5.1999 (Nr. 20).

2000   - *Gespräch mit Imre Kertész*, Carola Hähnel und Philippe Mesnard, SINN UND FORM 3/2000.

2001   - *Wichtig ist die Öffentlichkeit*, Gespräch (über Bruno Doessekker, der falsche Holocaust-Erinnerungen veröffentlicht hatte) mit Sebastian Hefti und Wolfgang Heuer (22.2.2001), in Daniel Ganzfried (Hrsg. im Auftrag des Deutschschweizer PEN-Zentrums von Sebastian Hefti), *... alias Wilkomirski. Die Holocaust-Travestie*, Berlin (Jüdische Verlagsanstalt), 2002, 207-218.

2002   - *Die Glückskatastrophe. ZEIT-Gespräch mit dem Nobelpreisträger Imre Kertész über Berlin, den Antisemitismus, das Geld und die Erlösung* (14.10.2002), Iris Radisch, DIE ZEIT, 17.10.2002.
     - *Der Repräsentant und der Märtyrer*, Gespräch mit Andreas Breitenstein, NZZ, 7.12.2002.

2003   - *Lieber sich allem verweigern als eine Marionette sein. Über die Fragilität all unserer Gewissheiten*, Interview von Marko Martin, MUT 425, Januar 2003, 52-56.
     - *In der Erinnerung...*, Gespräch (u. a. über *Schritt für Schritt*) mit Helmut Schneider (Frankfurt, Hotel Frankfurter Hof, anlässlich der Frankfurter Buchmesse 8.-13.10.2003), WIEN LIVE. DAS KULTURMAGAZIN FÜR WIEN, 4.11.2003 (4/2003), 12-15; auch in Kertész, *Schritt für Schritt*, Wien (Echo), Gratisausgabe zur Aktion *Eine Stadt. Ein Buch* 2003.
     - *Von alten Strukturen und alten Mentalitäten lösen. Der ungarische Literaturnobelpreisträger ist zu Gast in Wien und besuchte heute mit Bürgermeister Häuptl die Buchwoche*, Interview von

Wolfgang Huber-Lang (anlässlich der Aktion *Eine Stadt. Ein Buch*, bei der 100.000 Exemplare von *Schritt für Schritt* verschenkt wurden, u. a. zu *Fateless* und zum bevorstehenden EU-Beitritt Ungarns 2004), Agentur APA, 21.11.2003 (Imre-Kertész-Archiv, Signatur: Kertész-Imre 375).

- *Ich zeige einen Ausweg*, Gespräch mit Klaus Nüchtern (zur Veröffentlichung von *Liquidation* und zur Verfilmung von *Schicksalslosigkeit*), FALTER Nr. 48, 26.11.2003.

2004   - *Conversation in Berlin with Imre Kertész about Fateless and the Cinema*, Gespräch mit József Marx et al. (23.7.2004), in Marx, *Fateless – A Book of the Film*, Budapest (Vince), 2005.

- *Das Geheimnis der Diktatur*, Gespräch mit Stephan Speicher (anlässlich Kertész' 75. Geburtstag und der Veröffentlichung von *Detektivgeschichte*), BERLINER ZEITUNG, 6.11.2004.

- *Die Ideologie war Schminke. Seinen 75. Geburtstag verbringt Imre Kertész in seiner Wahlheimat Berlin*, Gespräch mit Ina Hartwig, FRANKFURTER RUNDSCHAU, 9.11.2004.

- *Man schreibt als ein glücklicher Mensch*, Gespräch mit Ijoma Mangold (u. a. über Kertész' Arbeit an *Letzte Einkehr*, dem sogenannten »Turner«-Buch), SÜDDEUTSCHE ZEITUNG, 9.11.2004.

2005   - *»On ne survit jamais aux camps. Ils sont là pour toujours [Man überlebt die Lager nie. Sie sind für immer da]«*, Interview von François Busnel (u. a. zum Film *Fateless*), Übers. aus dem Deutschen von Martina Wachendorff, LIRE, April 2005/ digital: L'EXPRESS.FR, 1.4.2005, http://www.lexpress.fr/culture/livre/entretien-avec-imre-kertesz_809986.html [16.07.2019].

- *Der Holocaust lässt sich nicht verfilmen*, Gespräch mit Michael Töteberg (zum Film *Fateless*), FILM-DIENST 57, 11/ 2005 (26. Mai 2005), 11.

- *Ein Roman und sein Schicksal. Michael Töteberg im Gespräch mit Imre Kertész* (z. T. identisch mit: *Der Holocaust lässt sich nicht verfilmen*, FILM-DIENST, 26. Mai 2005), RSF [Juni 2005], 292-303.

- *Das schöne Leben. Wie der Romanautor und Drehbuch-Verfasser Imre Kertész sich seinen Film wünschte*, Interview von Christina Tilmann, DER TAGESSPIEGEL, 2.6.2005.

- *Der Holocaust lässt sich nicht verfilmen*, Interview von Armgard Seegers, HAMBURGER ABENDBLATT, 3.6.2005.

- *Der Film ist ein reines Kunstwerk*, Interview von Gerrit Bartels (zu *Fateless*), TAZ, 8.6.2005.

- *Imre Kertész : »Briser de l'intérieur les limites de la langue [Die Grenzen der Sprache von innen sprengen]«*, Interview von Florence Noiville, Berlin, LE MONDE, 9.6.2005, http://www.lemonde.fr/livres/article/2005/06/09/imre-kertesz-briser-de-l-interieur-les-limites-de-la-langue_660045_3260.html [16.07.2019].

2006   - *A man apart*, Gespräch mit Julian Evans, THE GUARDIAN, 22.4.2006, https://www.theguardian.com/books/2006/apr/22/featuresreviews.guardianreview7 [16.07.2019].

- *Imre Kertész über sein neues Buch »Dossier K.« und den neuen europäischen Antisemitismus*, Interview von Eszter Rádai (ÉLET ÉS IRODALOM, 28.7.2006), Übers.: Gabriella Gönczy, PERLENTAUCHER, https://www.perlentaucher.de/essay/imre-kertesz-ueber-den-neuen-europaeischen-antisemitismus.html [16.07.2019].

- *Schande und Liebe in Zeiten der Diktatur*, Interview von Franziska Augstein (zur Veröffentlichung von *Dossier K*), SÜDDEUTSCHE ZEITUNG, 16.9.2006.

- *Mein Leben ist eine Fiktion. Der ungarische Literaturnobelpreisträger Imre Kertész über sein neues Interviewbuch »Dossier K.«*, Gespräch mit Jörg Plath, DER TAGESSPIEGEL, 10.10.2006.

- *Es ist ein Spiel. Ein Gespräch mit Imre Kertész über die Schönheit und Schwierigkeit, eine Autobiografie zu verfassen*, Lerke von Saalfeld, DIE ZEIT, 26.10.2006.

2007   - *Ich rolle den Fels immer wieder hinauf*, Interview von Sönke Petersen (31.1.2007, anlässlich Kertész' Lesung aus *Kaddisch für ein nicht geborenes Kind* am 29.1.2007 im Deutschen Bundestag), BLICKPUNKT BUNDESTAG ONLINE, Archiv 01/ 2007, Parlament, http://webarchiv.bundestag.de/cgi/show.php?fileToLoad=4337&id=1195 [16.07.2019].

- *10 Questions for Imre Kertész*, John Nadler, TIME, 19.2.2007.

- *Was ich schreibe, bin ich nicht*, Interview von Isabella Hager (anlässlich Kertész' Lesung aus *Dossier K* im Wiener Konzerthaus), DER STANDARD, 27.4.2007.
- *»Das Wichtigste: ein erregendes Spiel zu finden«*, Interview von Nicole Henneberg, BAZ (Kulturmagazin Basler Zeitung), 9.5.2007.
- *Stunde der Wahrheit. Gespräch mit dem Nobelpreisträger Imre Kertész über Europa und die Verteidigung seiner Werte* (zu Kertész' Vortrag *Europas bedrückende Erbschaft* auf dem Kongress »Perspektive Europa«, Akademie der Künste Berlin, Juni 2007), Jörg Plath, NZZ, 7.7.2007.

2009 - *In Ungarn haben Antisemiten das Sagen*, Interview von Tilman Krause (anlässlich Kertész' 80. Geburtstag; siehe auch das Interview *Ungarn diskutiert über das WELT-Interview von Imre Kertész* vom 10.11.), DIE WELT, 5.11.2009.
- *Der letzte Zeuge*, Interview von Sacha Batthyany und Mikael Krogerus, DAS MAGAZIN, 7.11.2009 (Nr. 45); auch u. d. T. *Ein Leben nach dem Tod*, DER STANDARD, 14./15.11.2009.
- *Was der Mensch erlebt, das ist die Welt*, Interview von Franziska Augstein (anlässlich Kertész' 80. Geburtstag), SÜDDEUTSCHE ZEITUNG, 9.11.2009.
- *Ungarn diskutiert über das WELT-Interview von Imre Kertész*, Interview von Tilman Krause (zum Interview vom 5.11.), DIE WELT, 10.11.2009.

2010 - *Die Ungarn werden mich nie verstehen*, Gespräch mit Johanna Adorján (über Kertész' Leben in Berlin und sein Verhältnis zu Ungarn), FAZ, 18.7.2010.
- *A Conversation with Imre Kertész*, Gespräch mit Thomas Cooper (laut Kertész-Archiv: 20.9.2010), in Kertész, *The Holocaust as Culture*, Übers.: Thomas Cooper, London/New York/Kalkutta (Seagull), 2011, 27-56.

2012 - *»La Hongrie est une fatalité«*, Interview von Florence Noiville, Übers.: Paul Gradvohl, LE MONDE, 9.2.2012.
- *Die Wege des Schicksals. Der ungarische Schriftsteller und Nobelpreisträger Imre Kertész (»Roman eines Schicksallosen«), 83, über den Abschluss seines Werks* (zur Eröffnung des Imre-Kertész-Archivs in der Berliner Akademie der Künste am 15.11.2012), SPIEGEL, 12.11.2012 (Nr. 46).

2013 - *Gespräch mit Alexandre Lacroix*, Dolmetscherin: Emese Varga, aus dem Französischen von Till Bardoux, PHILOSOPHIE MAGAZIN 5/2013.
- *Imre Kertész, The Art of Fiction No. 220*, Interview von Luisa Zielinski, THE PARIS REVIEW No. 205, Summer 2013.
- *Ich war ein Holocaust-Clown*, Gespräch mit Iris Radisch (zum Erscheinen der Tagebücher *Letzte Einkehr*), DIE ZEIT, 12.9.2013.
- *Mit Spielberg kann ich nicht konkurrieren*, Interview von Sieglinde Geisel, NZZ AM SONNTAG, 20.10.2013.

2014 - *Document and Fiction. Imre Kertész Interviewed by Thomas Cooper*, THE HUNGARIAN QUARTERLY Vol. 54, No. 209 (Holocaust Special Issue [Frühjahr] 2014), 4-10.

2015 - *Auschwitz kann sich wiederholen*, Interview von Gregor Mayer, MITTELBAYERISCHE (DPA), 23.1.2015, http://www.mittelbayerische.de/politik-nachrichten/kertesz-auschwitz-kann-sich-wiederholen-21771-art1180956.html#1180956 [16.07.2019].

Ton, Video (*Interviews, Lesungen, Reden, dokumentarisches Material*)

1989   - *Gespräch mit dem ungarischen Schriftsteller Imre Kertész über seine Autobiographie »Schicksalslosigkeit«*, Peter Liebers, Aufnahme: Funkhaus Nalepastraße, Sendung: *Dialog – Ein Kulturmagazin*, 28.1.1989, RADIO DDR II, 17:30 (DRA Babelsberg, Archivnummer 2006425).

1992   - *52 beste Bücher: Kaddisch für ein nicht geborenes Kind*, Gespräch mit Hans Ulrich Probst (3.11.1992), Sendung: DRS 2, 27.12.1992, Audio (30 min), Daten zur Sendung: http://www.memobase.ch/#document/SRF-ZH_MG_57060 [16.07.2019].

1994   - *Schreiben im Bauch der Galeere*, Radioessay von David Dambitsch, mit O-Tönen von Kertész, RADIO BREMEN, Kranich 15/18, 10.4.1994, in David Dambitsch, *Stimmen der Geretteten. Berichte von Überlebenden der Shoah*, 3 CDs mit Booklet, Der Audio Verlag, 2002.

1995   - *Zwang oder Befreiung? Nach 50 Jahren: Schreiben von Holocaust und Krieg*, Gespräch von Hans Ulrich Probst mit Cordelia Edvardson, Imre Kertész, Ruth Klüger und Erica Pedretti (27.5.1995, im Rahmen der Solothurner Literaturtage, 26.-28.5.1995), Sendung: DRS 2, *Passage 2*, 2.6.1995, Audio (60 min), Daten zur Sendung: http://www.memobase.ch/#document/SRF-ZH_MG_58256 [16.07.2019].

1996   - *»Ich bin ein Privat-Überlebender«*, Radioessay von Cornelius Hell, mit O-Tönen von Kertész, Sendung: *Menschenbilder – die Sendung vom geglückten Leben*, ORF, RADIO ÖSTERREICH 1, 2.6.1996, Österreichische Mediathek, 11-00481_b01_k02, Audio (40 min.): https://www.mediathek.at/atom/01785C5A-3E1-09FDC-00000BEC-01772EE2 [16.07.2019].
      - *52 beste Bücher: Roman eines Schicksallosen*, Gespräch mit Hans Ulrich Probst (13.6.1996), Sendung: DRS 2, 30.6.1996, Audio (30 min), Daten zur Sendung: http://www.memobase.ch/#document/SRF-ZH_MG_58532 [16.07.2019].
      - *Gespräch mit Imre Kertész*, Hendrik Röder (Budapest, 7.7.1996), Tondokument auf CD, in Kertész, *Eine Zurückweisung. Buch und CD zum Brandenburgischen Literaturpreis 1995*, Potsdam (Vacat), 1996.

1998   - *52 beste Bücher: Ich – ein anderer*, Gespräch mit Franziska Hirsbrunner, Sendung: SRF 2, 5.4.1998, Audio (29 min.): http://www.srf.ch/play/radio/kultur-clip/audio/52-beste-buecher-ich---ein-anderer?id=687d5498-a93d-4028-bc36-94169035cba2#/t=59.185351 [16.07.2019].

2002   - Interview von Horace Engdahl (anlässlich des Nobelpreises), 12.12.2002, Video (36 min.): http://www.nobelprize.org/mediaplayer/index.php?id=529 [16.07.2019].

2003   - *Der Fall Wagner – Ein Gespräch*, Gespräch mit Peter Wapnewski (»Tafelrunde Sanssouci«, Potsdam, 4.9.2003), CD, Hrsg.: Brandenburgisches Literaturbüro, Potsdam (Vacat), 2004.
      - *Das Wissen vom Menschen*, Gespräch mit Klara Obermüller im Literaturhaus Frankfurt, Sendung: SRF KULTUR, *Sternstunde Philosophie*, 28.9.2003, Video (55 min): http://www.srf.ch/play/tv/sternstunde-philosophie/video/imre-kertesz-das-wissen-vom-menschen-sternstunde-philosophie-vom-28-9-2003?id=624dd0b4-fbc4-45b5-8a2c-2f7d213b801f#t=6.391874999999999 [16.07.2019].

2004   - *Wenn das Böse das Normale ist*, Gespräch mit Felix Schneider und Hans Ulrich Probst (Berlin, Februar 2004), Sendung: SRF 2, *Passage 2*, 11.6.2004, Audio (56 min.): http://www.srf.ch/play/radio/passage/audio/wenn-das-boese-das-normale-ist-passage-2004?id=90facb0a-b6b8-43ed-bb40-3ca471a63650#/t=1033.424263 [16.07.2019].

2005   - Pressekonferenz zur Vorstellung des Films *Fateless* (Berlinale, 15.2.2005), mit Imre Kertész, Lajos Koltai u. a., Video (48 min.): https://www.berlinale.de/de/archiv/jahresarchive/2005/02_programm_2005/02_Filmdatenblatt_2005_20051193.php?tab=video10 [16.07.2019].

2006   - Lesung aus *Dossier K* in der Reihe *Autoren lesen*, anschließendes Gespräch mit Wend Kässens (Rolf-Liebermann-Studio des NDR, Hamburg, 25.10.2006), Sendung: NDR KULTUR, 5.11.2006.

2007	- Lesung aus *Kaddisch für ein nicht geborenes Kind* im Deutschen Bundestag (29.1.2007, Gedenkstunde des Deutschen Bundestages zum Tag des Gedenkens an die Opfer des Nationalsozialismus, bei der Kertész Gastredner war), Video (65 min.), DEUTSCHER BUNDESTAG, MEDIATHEK (Permalink: http://dbtg.tv/cvid/1505544).
2012	- Bericht der TAGESSCHAU zur Eröffnung des Imre-Kertész-Archivs in der Berliner Akademie der Künste am 15.11.2012 (um 18 Uhr), mit kurzen Erklärungen von Kertész und dem Präsidenten der Akademie Klaus Staeck, Sendung: ARD, 15.11.2012, 20:00.
2016	- *Imre Kertész: Ein großer Mahner und eine authentische Stimme*, Nachruf von Franziska Hirsbrunner in der Sendung SRF 2, *Kultur Kompakt*, 31.3.2016, mit O-Tönen von Kertész, Audio (6 min, gesamte Sendung 23 min.): http://www.srf.ch/sendungen/kultur-kompakt/imre-kertesz-ein-grosser-mahner-und-eine-authentische-stimme [16.07.2019].

- *Imre Kertész – die Shoah-Erinnerung ließ ihn nie los*, Gespräch mit Franziska Hirsbrunner über Imre Kertész, Gesprächsführung: Brigitte Kramer, Sendung: SRF, *Rendez-vous*, 31.3.2016, 12:30, Audio (5 min.): http://www.srf.ch/play/radio/rendez-vous/audio/imre-kertesz-die-shoah-erinnerung-liess-ihn-nie-los?id=f6797df3-6293-40c2-8846-5cf03ac2993b [16.07.2019].

- *Zum Tod von Imre Kertész: Archiv in Berlin verwahrt*, Bericht u. a. über das Verhältnis von Kertész zu Ungarn und über das Imre-Kertész-Archiv in der Berliner Akademie der Künste, mit O-Tönen von Kertész und einem Gespräch mit der Leiterin des Archivs Sabine Wolf, Audio (10 min.), Sendung: WDR 3 Kultur am Mittag, 31.3.2016.

- *Wem gehört Imre Kertész?*, Gespräch mit dem in Budapest lebenden Schriftsteller Wilhelm Droste zur Überschreibung von Kertész' Nachlass an die *Stiftung für die Erforschung der Geschichte und Gesellschaft Mittel- und Osteuropas (Közép- és kelet-európai Történelem és Társadalom Kutatásáért Közalapítvány)*, die von der ungarischen Regierung finanziert wird, Audio (8 min.), Sendung: WDR 3 Resonanzen, 30.12.2016.

Posthume Veröffentlichungen

- *Die eigene Mythologie schreiben. Tagebucheintragungen zum »Roman eines Schicksallosen«*
  1959–1962 (a. d. Nachl., Literaturarchiv der Akademie der Künste Berlin), zusammengestellt
  und aus dem Ungarischen übersetzt von Pál Kelemen und Ingrid Krüger, SINN UND FORM
  1/ 2019, 5-23.

Rezensionen, Laudationes, Monografien, Meldungen und Nachrufe (*Auswahl, siehe auch:* Ton, Video)

1977–94 - **Haldimann, Eva:** *Momentaufnahmen aus dreißig Jahren ungarischer Literatur*, Budapest (Corvina), 1997, enthält u. a. folgende Rezensionen Haldimanns (NZZ) zu Kertész' ungarischen Veröffentlichungen (angegeben ist das Erscheinungsdatum in der NZZ): *Nicht Jüdisches Schicksal – Ungarische Geschichte. Wider den Determinismus* [*Roman eines Schicksallosen*, Budapest, 1975] (19./20.3.1977), *Literarisches aus Ungarn. Imre Kertész* [*Der Spurensucher* und *Detektivgeschichte*, beide: Budapest, 1977] (3./4.12.1977), *Geöffnete Schleusen – Ungarische Literatur im Zeichen der Pressefreiheit. Kafka in Budapest* [*Fiasko*, Budapest, 1988] (2./3.12.1989), *Lesen in Mitteleuropa – Tendenzen in Ungarns Literatur und Publizistik. Euphorie trotz Rückschlägen* [*Die englische Flagge* (enthält die Erzählungen *Die englische Flagge*, *Erdenbürger und Pilger* und *Die Bank*, ferner den Reisebericht *Budapest, Wien, Budapest*, die Tagebuchnotizen *1984-em* und den Vortrag *Die Unvergänglichkeit der Lager*), Budapest, 1991] (27.12.1991), *Monumentale Todesfuge. Imre Kertész:* »*Kaddisch für ein nicht geborenes Kind*« [Budapest, 1990, dt. 1992] (5.11.1992), *Nun schreiben sie wieder: Aber wer liest sie? Literarische Neuerscheinungen in Ungarn. Vom Tod her schreiben* [*Galeerentagebuch*, Budapest, 1992, dt. 1993] (13./14.2.1993), *Wertschaffende Kontinuität – Literarische Neuerscheinungen in Ungarn. Der dunkle Schatten des Holocaust* (Titel in der NZZ: *Dichterpersönlichkeit*) [*Der Holocaust als Kultur* (Sammelband mit den Vorträgen *Die Unvergänglichkeit der Lager*, *Lange, dunkle Schatten* und *Der Holocaust als Kultur*) und die gemeinsame Publikation Imre Kertész, *Protokoll*/ Péter Esterházy, *Leben und Literatur* (dt.: *Eine Geschichte. Zwei Geschichten*, Salzburg/ Wien, 1994), beide: Budapest, 1993] ([19./20.3.]1994).

1983 - **Spiró, György:** *Non habent sua fata. A Sorstalanság – újraolvasva* [*Sie* (*Bücher*) *haben nicht ihr eigenes Schicksal. Schicksalslosigkeit – neu gelesen*], ÉLET ÉS IRODALOM 30/ 1983, 5.

1992 - **FAZ.:** *Was Paten raten. Bonner Schauspiel-Biennale*, Notiz zur Aufführung von (u. a.) *Protokoll* auf der *Bonner Biennale der europäischen Gegenwartsdramatik* (18.–28.6.1992, Festivalleitung: Tankred Dorst und Rainer Menniken, unter Mitarbeit u. a. von Václav Havel), FAZ, 6.4.1992.
- **Schmid, Thomas:** *Ein freies Lagerleben*, Rezension zu *Kaddisch...*, DIE ZEIT, 4.12.1992.

1993 - **FAZ.:** *Kleine Meldungen:* „Im Literaturhaus [*Frankfurt*] liest heute um 20 Uhr Imre Kertész, ein Überlebender der Shoah, aus seinem Erinnerungsbuch »Kaddisch für ein nicht geborenes Kind«", FAZ/ RHEIN-MAIN-ZEITUNG, 2.3.1993.
- **Schülke, Claudia:** *Ein Grab in der Luft. Der ungarische Autor Imre Kertész zu Gast im Literaturhaus*, zu einer Lesung aus *Kaddisch...*, FAZ/ RHEIN-MAIN-ZEITUNG, 4.3.1993.
- **Horstmann, Ulrich:** *Das Grollen der Wahrheit. Im* »*Galeerentagebuch*« *von Imre Kertész macht einer als Zwangsarbeiter sein Glück*, DIE ZEIT, 3.12.1992.
- **Halter, Martin:** *Flucht vor falschen Eideshelfern. Imre Kertész'* »*Galeerentagebuch*« *aus der Zeit zwischen 1961 und 1991*, FAZ, 7.12.1993.

1995 - **Endler, Adolf:** *Schweigen, Schreiben, Leben, Schweigen. Laudatio auf Imre Kertész* (zum Brandenburgischen Literaturpreis, Potsdam, 11.12.1995), in Kertész, *Eine Zurückweisung. Buch und CD zum Brandenburgischen Literaturpreis 1995*, Potsdam (Vacat), 1996.

1996 - **Rakusa, Ilma:** *In diesem schönen Lager. Ein Buch, wie noch keines war: In Imre Kertész' empörend anständigem* »*Roman eines Schicksallosen*« *wird der KZ-Häftling zum Unmenschen*, DIE ZEIT, 29.3.1996, Beilage LITERATUR (zur Leipziger Buchmesse), 9.
- **Weinzierl, Ulrich:** *Verstörendes Glück. Imre Kertész in der Schule des Grauens*, Rezension zu *Roman eines Schicksallosen*, FAZ, 30.3.1996.
- **Eigner, Gerd-Peter:** »*Ein kleines Drama des Beleidigtseins...*«. *Kertész und wir*, Einführung zur Lesung Imre Kertész' aus dem *Roman eines Schicksallosen* (Literaturhaus Berlin, 17.4.1996), DIE HOREN 2/ 1997 (42. Jahrgang, Nr. 186), 81-85.

- **Breitenstein, Andreas:** *Schöne Tage in Buchenwald*, Rezension zu *Roman eines Schicksallosen*, NZZ, 27.4.1996.
- **Möhrle, Katja:** *Zerbrechlicher Tonfall. Imre Kertész liest im Literaturhaus*, zu einer Lesung aus *Roman eines Schicksallosen* im Literaturhaus Frankfurt, FAZ, 2.5.1996.
- **Hell, Cornelius:** *»… dann hat Gott sich mir im Bild von Auschwitz offenbart«. Das Werk des ungarischen Schriftstellers Imre Kertész*, Essay auf der Grundlage eines Gesprächs mit Kertész vom 27.11.1995, ORIENTIERUNG, 31.10.1996 (60. Jahrgang, Nr. 20), 220-223, http://www.orientierung.ch/pdf/1996/JG%2060_HEFT%2020_DATUM%2019961031.PDF [16.07.2019].

1997
- **Földényi, László:** *Die Last der moralischen Vereinsamung*, Laudatio zur Verleihung des Leipziger Buchpreises für europäische Verständigung an Kertész (Altes Rathaus Leipzig, 21.3.1997), SINN UND FORM 5/1997, 755-759.
- **Krüger, Michael:** *Deutschstunde in Buchenwald*, Laudatio zur Verleihung des Friedrich-Gundolf-Preises für die Vermittlung deutscher Kultur im Ausland an Kertész (Passau, 3.5.1997), in *Jahrbuch der Deutschen Akademie für Sprache und Dichtung 1997*, Göttingen (Wallstein), 1998, 93-96.
- **Gahse, Zsuzsanna:** *Das Unerwartete und Imre Kertész*, Laudatio zur Verleihung des Jeanette-Schocken-Preises an Kertész (Bremerhaven, 4.5.1997), DIE HOREN 2/1997 (42. Jahrgang, Nr. 186), 67-73.
- **Emmerich, Wolfgang:** *Keine »Sinngebung des Sinnlosen«. Kertész lesen*, Einführung zur Lesung Imre Kertész' während der »Jeanette-Schocken-Literaturtage« (Bremerhaven, 5.5.1997), DIE HOREN 2/1997 (42. Jahrgang, Nr. 186), 78-80.

1998
- **Breitenstein, Andreas:** *Arbeit am Grab*, Rezension zu *Ich – ein anderer*, NZZ, 26.3.1998.
- **Gauss, Karl-Markus:** *Weltekel in der Straßenbahn*, Rezension zu *Ich – ein anderer*, FAZ, 6.5.1998.

1999
- **Reemtsma, Jan Philipp:** *Überleben als erzwungenes Einverständnis. Gedanken bei der Lektüre von Imre Kertész' »Roman eines Schicksallosen«*, Vortrag auf der 23. Arbeitstagung »Literatur und Psychoanalyse« (Freiburg, 29.-30.1.1999), in Wolfram Mauser/Carl Pietzcker (Hrsg.), *Trauma. Freiburger Literaturpsychologische Gespräche/Jahrbuch für Literatur und Psychoanalyse*, Bd. 19, Würzburg (Königshausen & Neumann), 2000, 55-78.
- **Rathgeb, Eberhard:** *Die Unruhe vor dem Ernst*, Rezension zu *Fiasko*, FAZ, 12.10.1999.

2000
- **Rakusa, Ilma:** *Vom Trauma zur Zeugenschaft. Erzählungen und Essays von Imre Kertész*, NZZ, 1.2.2000.
- **DER TAGESSPIEGEL:** *Imre Kertész: Suhrkamp wird neuer Verleger des ungarischen Schriftstellers*, 26.7.2000, http://www.tagesspiegel.de/kultur/imre-kertesz-suhrkamp-wird-neuer-verleger-des-ungarischen-schriftstellers/155876.html [16.07.2019].
- **Krause, Tilman:** *Reiner Tor im Wald der Toten. Imre Kertész erhält den WELT-Literaturpreis 2000*, DIE WELT, 30.9.2000.
- **Brodersen, Ingke:** *Starliterat im Stau entdeckt. Die Verlegerin Ingke Brodersen beschreibt, wie sie zum ersten Mal Imre Kertész las*, DIE WELT, 30.9.2000.

2001
- **Rudtke, Tanja:** *»Eine kuriose Geschichte«. Die Picaro-Perspektive im Holocaustroman am Beispiel von Imre Kertész' ROMAN EINES SCHICKSALLOSEN*, ARCADIA 1/2001 (Bd. 36), 46-57.
- **Enzensberger, Hans Magnus:** Laudatio anlässlich der Aushändigung des Ordens *Pour le Mérite* an Kertész (Konzerthaus Berlin, 11.6.2001), in *Orden Pour le Mérite für Wissenschaften und Künste. Reden und Gedenkworte*, Bd. 31 (2001–2002), Göttingen (Wallstein), 2003, 80-82 (Laudatio von Enzensberger), 82 (Dank von Kertész), PDF: http://www.orden-pourlemerite.de/plm/publikationen/31_jahresband.pdf [16.07.2019].

2002
- **Schwedische Akademie:** Pressemitteilung zum Nobelpreis für Literatur, 10.10.2002, http://www.nobelprize.org/nobel_prizes/literature/laureates/2002/press-d.html [16.07.2019].

- **FAZ:** *Imre Kertész:* »*Endlich Sicherheit*«, Meldung zum Nobelpreis, 10.10.2002 (www. faz.net).
- **DER STANDARD:** *Auf Deutsch erschienene Bücher von Imre Kertész,* 10.10.2002, http:// derstandard.at/1098084/Auf-Deutsch-erschienene-Buecher-von-Imre-Kertesz [16.07.2019].
- **FAZ:** »*Einer der letzten*« – *Imre Kertész bekommt Literatur-Nobelpreis 2002,* Artikel zum Nobelpreis und auch zum Hans-Sahl-Preis, 10.10.2002 (www. faz.net).
- **Breitenstein, Andreas:** »*Auschwitz*« – *sein Wächter und Zeuge. Ein Sieg, der keiner sein kann: Imre Kertész erhält den Literaturnobelpreis,* NZZ, 11.10.2002.
- **Spiegel, Hubert:** *Da begriff ich, was man als Vergänglichkeit bezeichnet. An einem Tag im April: Ein Gang mit Imre Kertész durch das Konzentrationslager von Auschwitz,* FAZ, 11.10.2002.
- **Spreckelsen, Tilman:** *Wie eine unvermeidliche Falle lauert das Glück. Der ungarische Schriftsteller Imre Kertész erhält den Nobelpreis für Literatur,* FAZ, 11.10.2002.
- **Hage, Volker:** *Vom Glück in der Hölle,* Artikel zum Nobelpreis, SPIEGEL 42/2002, 177.
- **GONDOLA.HU:** *A Csacsifogat tovább gördül…* [*Der Eselskarren rollt…*], Meldung zum Plagiatsvorwurf von Pál Bán gegen Kertész und Dementi von Kertész bei MTI, 15.11.2002, https://gondola.hu/cikkek/16287-A_Csacsifogat_tovabb_gordul___.html [16.07.2019].
- **Fessmann, Ingo:** *Die Glückskatastrophe. Imre Kertész hält in Stockholm seine Nobel-Vorlesung,* DER TAGESSPIEGEL, 9.12.2002.
- **Lindgren, Torgny:** Ansprache zur Verleihung des Nobelpreises für Literatur an Kertész (Stockholm, 10.12.2002): http://www.nobelprize.org/nobel_prizes/literature/laureates/2002/ presentation-speech.html [16.07.2019].
- **Fessmann, Ingo:** »*Was mich hält, ist die Liebe*«. *Stockholm die diesjährigen Nobelpreise: Imre Kertész nimmt die Auszeichnung für Literatur entgegen – und dankt auf Deutsch,* DER TAGESSPIEGEL, 12.12.2002.
- **Spiró, György:** *In Art Only the Radical Exists,* Essay über Kertész, THE HUNGARIAN QUARTERLY Vol. 43, No. 168 (Winter 2002), 29-37.
- **Löffler, Sigrid:** *Wie man als Überlebender überlebt,* Porträt, LITERATUREN 12/2002, 4-11.
2003 - **Schmid, Ulrich M.:** *Der Fremde,* Rezension zu *Die exilierte Sprache,* NZZ, 4.6.2003.
- **Halter, Martin:** *Imre Kertész: Liquidation. Nur die erzählte Geschichte hat ein Ende,* FAZ, 4.10.2003.
- **Hartwig, Ina:** *Der verschollene Roman,* Rezension zu *Liquidation,* FRANKFURTER RUNDSCHAU, 8.10.2003.
- **Löffler, Sigrid:** »*Es ist immer der schuldig, der am Leben bleibt*«, Rezension zu *Liquidation,* LITERATUREN 11/2003, 40f.
2004 - **Szegedy-Maszák, Mihály/Scheibner, Tamás (Hrsg.):** *Der lange, dunkle Schatten. Studien zum Werk von Imre Kertész,* Wien (Passagen), 2004.
- **Fest, Alexander:** *Die Stimme, Gratulation zum 75. Geburtstag von Imre Kertész* (Rede am 9.11.2004 in der Villa Griesbach in Berlin), SINN UND FORM 1/2005, 125-127.
- **Hartwig, Ina:** *Detektiv der Grausamkeit,* Rezension zu *Detektivgeschichte,* FRANKFURTER RUNDSCHAU, 24.11.2004.
2005 - **Hartwig, Ina:** *Das große Abwerben,* zu Kertész' Wechseln zwischen den Verlagen Rowohlt und Suhrkamp, FRANKFURTER RUNDSCHAU, 23.2.2005.
- **Küpper, Joachim:** Laudatio zur Verleihung der Ehrendoktorwürde an Kertész (FU Berlin, 3.5.2005), http://www.geisteswissenschaften.fu-berlin.de/fachbereich/ehrenpromotionen/ grass_kertesz/laudatio_kuepper/index.html [16.07.2019].
- **Lepenies, Wolf:** *Zu Hause fremd und in der Fremde heimisch. Für Imre Kertész,* Einführung zur Lesung von Imre Kertész (Wissenschaftskolleg zu Berlin, 24.5.2005), SINN UND FORM 5/2005, 719-723.

- DU 757, *Imre Kertész. Der Fremde*, Nr. 5, Juni 2005, enthält u.a.:
  Földényi, László: *Der Identitätslose und sein Ich. Zehn Begriffe für ein Kertész-Wörterbuch*,
  Leiprecht, Helga: *Imre Kertész. Der Fremde* (Reportage),
  Rakusa, Ilma: *Aus traurigem Herzen unverbrüchlich heiter. Imre Kertész' Lachen* (Porträt),
  Spiró, György: *Nicht jüdisch. Nicht ungarisch. Nicht antideutsch genug.* (Essay).
- **Kesting, Hanjo:** *Der Unerbittlichkeitskünstler. Imre Kertész*, in *Ein bunter Flecken am Kaftan. Essays zur deutsch-jüdischen Literatur*, Göttingen (Wallstein), 2005, 305-318.
- **Molnár, Sára:** *Ugyanegy téma variációi* [*Variationen eines Themas*] (Monografie über Kertész' literarisches Werk), Kolozsvár [Klausenburg/ Cluj Napoca, Rumänien] (Koinónia), 2005.
- **Vasfáry, Louise O./ Zepetnek, Steven Tötösy de (Hrsg.):** *Imre Kertész and Holocaust Literature*, West Lafayette (Purdue University Press), 2005.

2006
- **Selyem, Zsuzsa:** *Der Roman, in dem »die Neunte Symphonie zurückgenommen worden sei«*, Essay zu *Liquidation*, Übers. a. d. Ungar.: Pál Deréky, WEIMARER BEITRÄGE 1/ 2006, 63–81.
- **Hartwig, Ina:** *Das befreite Denken*, Rezension zu *Dossier K*, FRANKFURTER RUNDSCHAU, 4.10.2006.
- **Kilb, Andreas:** *Ich bin, sagt K., mein eigener Gegenmensch*, Rezension zu *Dossier K*, FAZ, 4.10.2006.

2007
- **Hell, Cornelius:** *Provokationen des Glücks. Das Echo von Albert Camus im Werk von Imre Kertész*, in Josef Bruhin et al., *Misere und Rettung. Beiträge zu Theologie, Politik und Kultur. Nikolaus Klein SJ zu Ehren*, Luzern (Exodus), 2007, 328-337.
- **Földényi, László:** *Schicksallosigkeit. Ein Imre-Kertész-Wörterbuch* [»*Az irodalom gyanúba keveredett«. Kertész Imre-szótár* [»*Die Literatur ist in Verdacht geraten«. Ein Imre-Kertész-Wörterbuch*], Magvető, Budapest, 2007), Übers.: Akos Doma, Reinbek (Rowohlt), 2009.

2008
- **Plath, Jörg:** *Schreiben, um zu überleben. Dokumente eines Kampfes – das Imre-Kertész-Archiv in der Berliner Akademie der Künste*, NZZ, 6.9.2008.
- **Naumann, Michael:** *Die unsägliche Gleichzeitigkeit unserer Zeit. Ein ewig Zweifelnder: Imre Kertész erhält in Berlin den Preis für Verständigung und Toleranz*, Laudatio (Jüdisches Museum Berlin, 15.11.2008), (gekürzt) DER TAGESSPIEGEL, 16.11.2008.

2009
- **Zagajewski, Adam:** *Über die Treue. Imre Kertész' geduldige Arbeit am Mythos des Romans*, Übers. aus dem Polnischen: Bernhard Hartmann, SINN UND FORM 6/ 2009, 751–756.
- **Kehlmann, Daniel:** *Schicksallosigkeit. Rede auf Imre Kertész*, Rede zu Kertész' 80. Geburtstag (Wissenschaftskolleg zu Berlin, 9.11.2009), SINN UND FORM 1/ 2010, 135–138.
- **Fest, Alexander:** *Kleine Rede auf Imre Kertész*, Rede zu Kertész' 80. Geburtstag (Wissenschaftskolleg zu Berlin, 9.11.2009), SINN UND FORM 1/ 2010, 139f.
- **Hartwig, Ina:** *Vom Glück des Verschwendens. Dem großen Illusionszertrümmerer zum achtzigsten Geburtstag*, FRANKFURTER RUNDSCHAU, 9.11.2009.
- **Hell, Cornelius:** *Imre Kertész – Das Leben im Werk*, anlässlich Kertész' 80. Geburtstag, ORIENTIERUNG, 30.11.2009 (73. Jahrgang, Nr. 22), 238-242, http://www.orientierung.ch/ pdf/2009/JG%2073_HEFT%2022_DATUM%2020091130.PDF [16.07.2019].
- **Györffy, Miklós/ Kelemen, Pál:** *Kertész und die Seinigen. Lektüren zum Werk von Imre Kertész*, Budapester Studien zur Literaturwissenschaft, Bd. 13, FfM (Peter Lang), 2009.

2010
- **Ebert, Dietmar (Hrsg.):** *Das Glück des atonalen Erzählens. Studien zu Imre Kertész*, Dresden (Edition AZUR), 2010.
- **Sarin, Bernhard:** *Ein Leben als Artikulation. Die anthropologische Ikonographie der Schriften von Imre Kertész*, überarbeitete Dissertation von 2007, Potsdam (Universitätsverlag), 2010, online: URN urn:nbn:de:kobv:517-opus-46046.

2011
- **Hell, Cornelius:** *Beängstigende Leichtigkeit. »Liquidation« von Imre Kertész*, QUART 4/ 2011, 27f, http://www.quart-online.at/pdf/quart_2011_04/q2011_04_27.pdf [16.07.2019].

- **Cooper, Thomas:** *Imre Kertész and the Post-Auschwitz Condition* (2011), Essay, in Kertész, *The Holocaust as Culture*, London/ New York/ Kalkutta (Seagull), 2011, 1-26.
- **Genz, Julia:** *Imre Kertész: Metadiskurs über Banalität und Trivialität*, in Genz, *Diskurse der Wertung*, München (Fink), 2011, 173-189 (Kap. 5.3).
- **Schönthaler, Philipp:** *Negative Poetik. Die Figur des Erzählers bei Thomas Bernhard, W. G. Sebald und Imre Kertész*, Bielefeld (transcript), 2011.

2012
- **Kulturstiftung der Länder:** *Erwerbungsförderung: Imre Kertész für Berlin*, Pressemitteilung, 31.10.2012, http://www.kulturstiftung.de/die-akademie-der-kuenste-berlin-erwirbt-den-umfangreichen-vorlass/ [16.07.2019].
- **Akademie der Künste Berlin:** *Imre-Kertész-Archiv in der Akademie der Künste*, Pressemitteilung zum Erwerb des Vorlasses von Kertész und zur Eröffnung des Archivs am 15.11.2012 in Berlin, 31.10.2012, http://www.adk.de/de/presse/?we_objectID=31510 [16.07.2019].
- **Breitenstein, Andreas:** *Imre-Kertész-Archiv eröffnet*, NZZ, 19.11.2012.

2013
- **Horváth Péter:** *Kertész Imre német fogadtatástörténete* [*Die deutsche Rezeptionsgeschichte von Imre Kertész*], Forschungsbericht (Balassi-Institut) zu einem Forschungsaufenthalt Juli–August 2013 in Berlin, Collegium Hungaricum, http://www.balassiintezet.hu/attachments/article/562/Kertesz%20Imre%20nemet%20fogadtatastortenete%20(Horvath%20Peter).pdf [16.07.2019].
- **Becker, Peter von:** *Nach der Glückskatastrophe*, Rezension zu *Letzte Einkehr. Tagebücher 2001–2009*, DER TAGESSPIEGEL, 21.9.2013.
- **Hell, Cornelius:** *»Ich will keine Lösung«*, Rezension zu *Letzte Einkehr. Tagebücher 2001–2009*, DIE PRESSE, 28.9.2013.
- **Müller, Lothar:** *Späte Jahre, waches Ich*, Rezension zu *Letzte Einkehr. Tagebücher 2001–2009*, SÜDDEUTSCHE ZEITUNG, 28.9.2013.
- **Breitenstein, Andreas:** *Imre Kertész' spätes Journal »Letzte Einkehr«*, NZZ, 6.10.2013.
- **Sternberg, Judith von:** *Praktische Probleme*, Rezension zu *Letzte Einkehr. Tagebücher 2001–2009*, FRANKFURTER RUNDSCHAU, 8.10.2013.
- **Plath, Jörg:** *Bis nichts mehr übrig bleibt*, Rezension zu *Letzte Einkehr. Tagebücher 2001–2009*, DEUTSCHLANDRADIO KULTUR, 13.10.2013, http://www.deutschlandradiokultur.de/bis-nichts-mehr-uebrig-bleibt.950.de.print?dram:article_id=264894 [16.07.2019].

2014
- **Schmidt, Mária:** *On the nature of dictatorships*, Artikel über Kertész und sein Verhältnis zu den linken Intellektuellen, MANDINER, 14.8.2014, http://hungarianglobe.mandiner.hu/cikk/20140815_schmidt_maria_on_the_nature_of_dictatorships [16.07.2019].
- **Balogh, Eva S.:** *The Orbán government bestows the Order of St. Stephen on Imre Kertész*, HUNGARIAN SPECTRUM, 18.8.2014, http://hungarianspectrum.org/2014/08/18/the-orban-government-bestows-the-order-of-st-stephen-on-imre-kertesz/ [16.07.2019].
- **Balogh, Eva S.:** *Mária Schmidt exploits Imre Kertész to bolster her own historical revisionism*, HUNGARIAN SPECTRUM, 19.8.2014, http://hungarianspectrum.org/2014/08/19/maria-schmidt-exploits-imre-kertesz-to-bolster-her-own-historical-revisionism/ [16.07.2019].
- **TAZ (DPA):** *Staatsorden für ungarischen Literaten. Imre Kertész verteidigt Annahme*, 20.8.2014.
- **Földényi, László:** *Das heimliche Leben des Imre Kertész. Unsere Verlorenheit denken*, persönliche Erinnerungen und Betrachtungen, nach einem Besuch bei Kertész in Budapest, NZZ, 9.11.2014.
- **Balogh, Ákos Gergely:** *No Dictatorship, No Story: The New York Times Buries an Interview with Nobel Laureate Imre Kertész*, MANDINER, 17.12.2014, http://hungarianglobe.mandiner.hu/cikk/20141217_no_dictatorship_no_story_the_new_york_times_buries_an_interview_with_nobel_laureate_imre_kertesz [16.07.2019].
- **Poetini, Christian:** *Weiterüberleben. Jean Améry und Imre Kertész*, Bielefeld (Aisthesis), 2014.

310

- **Siguan, Marisa:** *Schreiben an den Grenzen der Sprache. Studien zu Améry, Kertész, Semprún, Schalamow, Herta Müller und Aub*, Berlin/ Boston (De Gruyter), 2014.

2015
- **Heidelberger-Leonard, Irene:** *Imre Kertész. Leben und Werk*, Wallstein (Göttingen), 2015.
- **Rakusa, Ilma:** *Schreiben als Lebensform. Imre Kertész – Tagebuch und Werkmonografie*, Rezension zu *Letzte Einkehr. Ein Tagebuchroman* und zu der von Heidelberger-Leonard neu erschienenen Werkmonografie *Imre Kertész. Leben und Werk*, NZZ, 9.5.2015.
- **Schnitzler, Mathias:** »*Das Leben ist ein Irrtum*«, Rezension zu *Letzte Einkehr. Ein Tagebuchroman*, DEUTSCHLANDFUNK, 22.5.2015, https://www.deutschlandfunk.de/imre-kertesz-letzte-einkehr-das-leben-ist-ein-irrtum.700.de.html?dram:article_id=320652 [16.07.2019].

2016
- **KÖNYVHÉT.HU ONLINE (MTI):** *A néző – válogatás Kertész Imre 1991–2001 között írt feljegyzéseiből* [*Der Betrachter – Eine Auswahl aus Imre Kertész' Aufzeichnungen der Jahre 1991–2001*], Mitteilung des Verlagslektors János Szegő zum Erscheinen von Kertész' Tagebuch *Der Betrachter*, 10.3.2016, http://www.konyv7.hu/magyar/menupontok/felso-menusor/online/a-nezo--valogatas-kertesz-imre-1991-2001-kozott-irt-feljegyzeseibol [16.07.2019].
- **Breitenstein, Andreas:** *Zum Tod des Schriftstellers Imre Kertész. Das Unfassliche beschreiben*, Meldung zum Tod von Kertész am 31. März 2016 und Nachruf, NZZ, 31.3.2016.
- **Droste, Wilhelm:** *Der widerwillige Ungar. Trauer in Budapest um Imre Kertész*, NZZ, 1.4.2016.
- **Grünbein, Durs:** *Leb wohl, Imre Kertész. Zum Tod des Nobelpreisträgers*, Nachruf, FAZ, 2.4.2016.
- **Spiró, György:** *Imre temetésére* [*Imres Beerdigung*] (Budapest, 22.4.2016), Grabrede für Kertész, ÉLET ÉS IRODALOM, 29.4.2016, https://www.es.hu/cikk/2016-04-29/spiro-gyorgy/imre-temetesere.html [16.07.2019].
- **Esterházy, Péter:** *Temetésen beszélni* [*Grabrede*] (Budapest, 22.4.2016), ÉLET ÉS IRODALOM, 29.4.2016, https://www.es.hu/cikk/2016-04-29/esterhazy-peter/temetesen-beszelni.html [16.07.2019]; dt.: *Schmerz, Unruhe, Stille*, Übers.: Terézia Mora, NZZ, 27.4.2016.
- **Breitenstein, Andreas:** *Abschied von Imre Kertész in Budapest. Das große Nein*, NZZ, 25.4.2016.
- **Kesting, Hanjo:** *Der Unerbittlichkeitskünstler. Zum Tod von Imre Kertész*, NEUE GESELLSCHAFT FRANKFURTER HEFTE 5/ 2016, 58-61.
- **HVG.HU (MTI):** *Meghalt Kertész Magda* [*Magda Kertész gestorben*], 9.9.2016, nach einem facebook-Eintrag des ungarischen Politikers und Theologen Zoltán Balog vom 9.9.2016 („Elment közülünk Kertész Magda, Kertész Imre életének titkos erőforrása. Nyugodjék békében. [Magda Kertész, die geheime Quelle der Kraft für Imre Kertész, ist von uns gegangen. Ruhe in Frieden.]"), http://hvg.hu/kultura/20160909_meghalt_kertesz_magda [16.07.2019].
- **Hell, Cornelius:** »*Ich werde zum Betrieb*«, Rezension zu *Der Betrachter. Aufzeichnungen 1991–2001*, DIE PRESSE, 22.10.2016.
- **DER STANDARD (APA):** *Ungarn: Nachlass von Imre Kertész geht an regierungsnahe Stiftung*, Bericht über die geplante Gründung eines Imre-Kertész-Instituts durch die *Stiftung für die Erforschung der Geschichte und Gesellschaft Mittel- und Osteuropas* (*Közép- és kelet-európai Történelem és Társadalom Kutatásáért Közalapítvány*), 22.12.2016 (nach einer Meldung von MTI, 21.12.2016, http://os.mti.hu/hirek/123014/a_kozep-_es_kelet-europai_tortenelem_e), http://derstandard.at/2000049706514/Ungarn-Nachlass-von-Imre-Kertesz-geht-an-regierungsnahe-Stiftung [16.07.2019].

2017
- **Royer, Clara:** *Imre Kertész:* »*L'histoire de mes morts*«. *Essai biographique* [*Imre Kertész:* »*Die Geschichte meiner Tode*«. *Biografischer Essay*], Arles (Actes Sud), 2017.
- **Sándor, Iván:** *Lebenswerk von Kertész enteignet? Eine regierungsnahe ungarische Stiftung soll den Nachlass des Schriftstellers betreuen. Ein Einspruch von Iván Sándor*, Übers.: Gábor Szász und Attila Téri, FRANKFURTER RUNDSCHAU, 14.3.2017, http://www.fr.de/kultur/imre-kertesz-lebenswerk-von-kertesz-enteignet-a-1213468 [16.07.2019].

311

- **Wolf, Sabine:** *Ein Nobelpreis für's Archiv*, zum Aufbau des Berliner Imre-Kertész-Archivs und zur Meldung von Ende 2016 über das in Budapest neu gegründete Imre-Kertész-Institut, Akademie der Künste Berlin, JOURNAL DER KÜNSTE 2/2017 (April).
- **Péter Urfi:** *Felavatták Kertész Imre emléktábláját, de se az író kiadóját, se a barátait nem hívták meg* [*Gedenktafel für Imre Kertész eingeweiht, aber weder sein Verleger noch seine Freunde waren eingeladen*], 444.HU, 9.11.2017 (14:19, aktualisiert 15:28), https://444.hu/2017/11/09/felavattak-kertesz-imre-emlektablajat-de-se-az-iro-kiadojat-se-a-baratait-nem-hivtak-meg [16.07.2019].
- **Urbán, Csilla:** *Rámozdul a Kertész-hagyatékra az MMA* [*Die MMA steht für das Vermächtnis von Kertész*], Meldung zu einem nichtöffentlichen Kertész-Symposium, das am 30.11.2017 von der Ungarischen Akademie der Künste (Magyar Művészeti Akadémia, MMA) und dem Budapester Imre-Kertész-Institut (Kertész Imre Intézet, KII) veranstaltet wurde, Bericht über den Umgang mit Kertész' Nachlass und die wissenschaftliche Aufarbeitung seines Werks, mit Interviewaussagen von Zoltán Hafner, dem Leiter des KII, NÉPSZAVA ONLINE, 30.11.2017, https://nepszava.hu/1146835_ramozdul-a-kertesz-hagyatekra-az-mma [16.07.2019].
- **PRAE.HU (MTI):** *Kertész Imréről rendezett konferenciát az MMA* [*Imre-Kertész-Konferenz an der MMA abgehalten*], mit Interviewaussagen von Zoltán Hafner, u. a. zu Kertész' Einwilligung, sein Werk vom Budapester Imre-Kertész-Institut betreuen zu lassen, PRAE.HU, 30.11.2017, http://www.prae.hu/index.php?route=news/news&aid=32586 [16.07.2019].

2018   - **Dotzauer, Gregor:** *Nachlass von Imre Kertész. Schicksal eines Schicksallosen*, Artikel zu den rechtlichen Aspekten der Übereignung von Kertész' Nachlass durch seine Witwe an die ungarische *Stiftung für die Erforschung der Geschichte und Gesellschaft Mittel- und Osteuropas*, auf der Grundlage eines Treffens mit Zoltán Hafner und Mária Schmidt in Budapest, DER TAGESSPIEGEL, 1.3.2018, https://www.tagesspiegel.de/kultur/nachlass-von-imre-kertesz-schicksal-eines-schicksallosen/21022752-all.html [16.07.2019].
- **Adorján, Johanna:** *Männer aktuell, diesmal: Imre*, SÜDDEUTSCHE ZEITUNG, 31.3.2018, http://www.sueddeutsche.de/leben/kolumne-maenner-aktuell-diesmal-imre-1.3921783 [16.07.2019].
- **Ingendaay, Paul:** *Das Grauen humanisieren. Ein zweitägiges Symposion in der Berliner Akademie der Künste fragt nach »Holocaust als Kultur« im Werk des ungarischen Literaturnobelpreisträgers Imre Kertész*, Bericht über die Veranstaltung »Holocaust als Kultur«. *Zur Poetik von Imre Kertész* (Symposium, Podiumsdiskussion und Lesung, Akademie der Künste Berlin, 12.–14. April 2018), FAZ, 16.4.2018.
- **Földényi, László/ Heidelberger-Leonard, Irene et al.:** *»Holocaust als Kultur« – zur Poetik von Imre Kertész*, Druckfassungen der Beiträge zum Kertész-Symposium in der Akademie der Künste (Berlin, 12.–14. April 2018), Texte von László F. Földényi, Irene Heidelberger-Leonard, Christina Viragh, Sabine Wolf. Katalin Madácsi-Laube, Gerhard Scheit, Leonard Olscher, Dietmar Ebert, Lothar Müller, Rüdiger Görner, Irmela van der Lühe, Iris Radisch und Peter Gülke, in SPRACHE IM TECHNISCHEN ZEITALTER Nr. 228, Dezember 2018, Köln/ Weimar/ Wien (Böhlau), 2018, 368-522.

2019   - **Müller, Lothar:** *Verwandlung eines Nobelpreisträgers*, Artikel zum Erscheinen von frühen Tagebuchaufzeichnungen aus Kertész' Nachlass in SINN UND FORM 1/2019 und zur Entscheidung im Prozess um Kertész' Nachlass, SÜDDEUTSCHE ZEITUNG, 31.1.2019, https://www.sueddeutsche.de/kultur/nachlass-von-imre-kertesz-verwandlung-eines-nobelpreistraegers-1.4309211 [16.07.2019].
- **Fessmann, Ingo:** *Imre Kertész und die Liebe der Deutschen. Eine persönliche Sicht auf Leben und Werk*, Berlin/ Leipzig (Hentrich & Hentrich), 2019.

Imre-Kertész-Archiv

Literaturarchiv der Berliner Akademie der Künste
Ende 2001 vermachte Kertész der Berliner Akademie der Künste Manuskripte und Korrespondenz als Vorlass (siehe oben S. 38, Anm. 290). Weiteres umfangreiches Material folgte 2011. 2012 erwarb die Akademie den bei ihr lagernden Bestand mit Unterstützung der Friede-Springer-Stiftung, der Kulturstiftung der Länder und des Beauftragten der Bundesregierung für Kultur und Medien (siehe 292). Am 15. November 2012 wurde in der Akademie das Imre-Kertész-Archiv der Öffentlichkeit präsentiert. Das Archiv erhielt zuletzt noch Anfang Oktober 2016 Material aus Kertész' Nachlass. (Sabine Wolf, *Ein Leben in Schrift. Das Imre-Kertész-Archiv in der Akademie der Künste*, SPRACHE IM TECHNISCHEN ZEITALTER 228, Dezember 2018) Ende Dezember 2016 wurde überraschend bekannt, dass Kertész' Witwe kurz vor ihrem Tod die Rechte an dem Nachlass einer von der ungarischen Regierung finanzierten Stiftung überschrieben hat. (Sabine Wolf, *Ein Nobelpreis für's Archiv*, JOURNAL DER KÜNSTE 2/2017; siehe auch oben S. 46f) Diese gründete in Budapest das Imre-Kertész-Institut, dessen Aufgabe die Pflege von Kertész' Werk und die Aufarbeitung seines Nachlasses ist (Kertész Imre Intézet, KII, Website: www.kerteszintezet.hu).

Über Kertész' Entscheidung, seine Manuskripte der Akademie der Künste zu vermachen, sowie über die Durchführung dieses Vorhabens informiert als unmittelbar Beteiligter Ingo Fessmann in *Imre Kertész und die Liebe der Deutschen* (2019). Siehe hierzu auch Sabine Wolf, *Ein Leben in Schrift. Das Imre-Kertész-Archiv in der Akademie der Künste* (SPRACHE IM TECHNISCHEN ZEITALTER 228, Dezember 2018). Zum Berliner Kertész-Archiv erschienen ferner in der NZZ Artikel von Jörg Plath (6.9.2008) und Andreas Breitenstein (19.11.2012). Zum Verhältnis zwischen dem Berliner Archiv und dem Budapester Kertész-Institut siehe Gregor Dotzauer, *Nachlass von Imre Kertész* (DER TAGESSPIEGEL, 1.3.2018) und Lothar Müller, *Verwandlung eines Nobelpreisträgers* (SÜDDEUTSCHE ZEITUNG, 31.1.2019).

Einen Überblick über die im Archiv befindlichen Manuskripte gibt Pál Kelemen in Györffy/Kelemen, *Kertész und die Seinigen* (2009), Kap. *Der Vorlass von Imre Kertész*.

Online-Katalog des Archivs:
 - https://archiv.adk.de/bigobjekt/9512 [16.07.2019].

Bibliografien

Kertész Imre Intézet, Imre-Kertész-Institut
Die Website des Budapester Kertész-Instituts enthält eine ausführliche Bibliographie von Kertész' Werk:
- https://www.kerteszintezet.hu/bibliografia [16.07.2019].

Digitális Irodalmi Akadémia, digitale Bibliothek des Petőfi Irodalmi Múzeum
Die Digitális Irodalmi Akadémia macht die Werke ausgewählter ungarischer Autoren über die Website des Petőfi-Literaturmuseums in Budapest digital zugänglich (https://pim.hu/hu/dia). Auf der Website findet sich in der Rubrik zu Kertész neben ungarischen Originaltexten auch eine ausführliche Bibliografie seines Werks (international) und seiner Übersetzungen deutschsprachiger Autoren:
- https://pim.hu/hu/dia/dia-tagjai/kertesz-imre#bibliografia [16.07.2019].

Magyar Könyv Alapítvány/ Hungarian Book Foundation (Hrsg.)
- *Zwei Jahrzehnte ungarische Literatur in deutscher Übersetzung: 1988–2008*, kommentierte Bibliografie, zusammengestellt von Christine Schlosser, Budapest (Hungarian Book Foundation), 2009 (Redaktionsschluss 31.12.2008), Beiträge zu Kertész: 54-60, zugleich digital veröffentlicht auf dem Dokumentenserver der Universität Göttingen: http://webdoc.sub.gwdg.de/ebook/mon/2010/ppn%20623982692.pdf [16.07.2019].

complete-review.com
Übersicht über die Rezensionen zu Kertész' Buchveröffentlichungen (international):
- http://www.complete-review.com/authors/kertesz.htm [16.07.2019].

Siglen *Allgemeine Literatur*:

AWG   - Alfred Weber, *Gesamtausgabe* (Metropolis)
GA   - Goethe, *Gedenk-Ausgabe* (Artemis)
MEW - Marx/ Engels, *Werke* (Dietz)
MK   - Thomas Mann, *Das essayistische Werk*, Taschenbuchausgabe (Fischer, Moderne Klassiker)
MTB   - Márai, *Tagebücher* (Oberbaum)
OM   - Kracauer, *Das Ornament der Masse* (Suhrkamp)

Allgemeine Literatur und Quellen im Internet

Adler, Alfred
- *Alfred Adler Studienausgabe*, Bd. 7, *Gesellschaft und Kultur (1897–1937)*, Hrsg.: Almuth Bruder-Bezzel, Göttingen (Vandenhoeck & Ruprecht), 2009.

Adorno, Theodor W.
- *Gesammelte Schriften*, 20 Bde., Hrsg.: Rolf Tiedemann, FfM (Suhrkamp), 1986.
- *Zene, filozófia, társadalom. Esszék* [*Musik, Philosophie, Gesellschaft. Essays*], Übers.: Dezső Tandori, Henrik Horváth und László Barlay, Budapest (Gondolat), 1970, Inhalt (entsprechend Adorno, *Gesammelte Schriften*): *Verfremdetes Hauptwerk. Zur Missa Solemnis* (Bd. 17, 145), *Mahler: Wiener Gedenkrede, Epilegomena* (Bd. 16, 323), *Wien* (Bd. 16, 433), *Arnold Schönberg (1874–1951)* (Bd. 10.1, 152), *Strawinsky. Ein dialektisches Bild* (Bd. 16, 382), *Klassik, Romantik, Neue Musik* (Bd. 16, 126), *Über den Fetischcharakter in der Musik...* (Bd. 14, 14), *Kritik des Musikanten* (Bd. 14, 67), *Über Jazz* (Bd. 17, 74), *Typen musikalischen Verhaltens* (Bd. 14, 178), *Leichte Musik* (Bd. 14, 199), *Vermittlung* (Bd. 14, 394), *Moderne* (Bd. 14, 376).

Améry, Jean
- *Geburt der Gegenwart*, Freiburg im Breisgau (Walter), 1961.
- *Widersprüche*, Stuttgart (Klett), 1971.
- *Werke*, 9 Bde. Hrsg.: Irene Heidelberger-Leonard, Stuttgart (Klett-Cotta), 2002ff.

Andersch, Alfred
- *Gesammelte Werke*, 10 Bde., Zürich (Diogenes), 2004.

Arendt, Hannah
- *Eichmann in Jerusalem. A Report on the Banality of Evil*, London (Faber und Faber), 1963.

Arndt, Veronika / Schwarz, Heidrun
- *Hydrierwerk Zeitz. Die Geschichte eines Chemieunternehmens (1937–1996)*, Hrsg.: Zeitzer Innovative Arbeitsfördergesellschaft, Tröglitz, 1999.

Arnheim, Rudolf
- *Film als Kunst* (1932, unveränderte deutsche Neuausgabe 1974), FfM (Fischer), 1979.

Ash, Timothy Garton (Hrsg.) / Dahrendorf, Ralf et al.
- *Freedom for Publishing, Publishing for Freedom. The Central and East European Publishing Project*, Budapest / London / New York (Central European University Press), 1995.

Augustinus, Aurelius
- *Der Gottesstaat. De civitate Dei*, 2 Bde., Übers.: Carl Johann Perl, Paderborn (Schöningh), 1979.

Babits, Mihály
- *Összegyűjtött versei* [*Gesammelte Gedichte*], Budapest (Osiris-Századvég), 1995.

Bachtin, Michail M.
- *Die Ästhetik des Wortes*, Übers.: Rainer Grübel und Sabine Reese, FfM (Suhrkamp), 1979.
- *Literatur und Karneval. Zur Romantheorie und Lachkultur*, Übers.: Alexander Kaempfe, München (Hanser), 1969.

Balassa, Gabriella
- *Unbeugsam – Camp gegen Zensur in Ungarn*, Bericht über Manipulationen von Nachrichten-

meldungen beim staatlichen ungarischen Fernsehsender MTV, Magazin ZAPP, NDR, 2.5.2012
Video (7 min.): http://www.ndr.de/fernsehen/sendungen/zapp/ungarn189.html [16.07.2019].

Ball, Hugo
- *Die Flucht aus der Zeit* (1927), Hrsg.: Bernhard Echte, Zürich (Limmat), 1992.
- *Der Künstler und die Zeitkrankheit. Ausgewählte Schriften*, FfM (Suhrkamp), 1988.

Barthes, Roland
- *The Death of the Author*, Erstveröffentl. von *La mort de l'auteur* in ASPEN, Übers.: Richard Howard, New York (Roaring Fork Press), 1967, No. 5+6, Item 3 - *Three Essays* (Roland Barthes, George Kubler und Susan Sontag), http://www.ubu.com/aspen/aspen5and6/index.html [16.07.2019].

Baudelaire, Charles
- *Sämtliche Werke/ Briefe*, 8 Bde., Hrsg.: Friedhelm Kemp und Claude Pichois in Zusammenarbeit mit Wolfgang Dorst, Bd. 1: München (Heimeran), 1977, 2-8: München/ Wien (Hanser), 1983ff.

Baumann, Meret
- *Neue Offensive gegen die Bürgergesellschaft. Pläne der ungarischen Regierung*, NZZ, 17.1.2012.
- *Schuldeingeständnis und Opferrolle. Streit um ein Denkmal in Ungarn*, NZZ, 30.1.2014.

Beckett, Samuel
- *Werke*, 5 Bde., Hrsg. u. Übers.: Elmar Tophoven et al., FfM (Suhrkamp), 1976 (1-4), 1986 (5).

Benda, Julien
- *Der Verrat der Intellektuellen* (*La trahison des clercs*, Paris, 1927, erweitert 1946), mit einem Vorwort von Jean Améry, Übers.: Arthur Merin, FfM/ Berlin/ Wien (Ullstein), 1983.

Benn, Gottfried
- *Gesammelte Werke*, 3 Bde., Hrsg.: Dieter Wellershoff, FfM (Zweitausendeins), 2003 (© Klett-Cotta, 1959, 1960, 1961, 1977).

Benz, Wolfgang/ Distel, Barbara (Hrsg.)
- *Der Ort des Terrors. Geschichte der nationalsozialistischen Konzentrationslager*, Bd. 3, *Sachsenhausen. Buchenwald*, München (Beck), 2006.

Berdiajew, Nicolai
- *Der Sinn der Geschichte. Versuch einer Philosophie des Menschengeschickes* (1923, nach Vorlesungen von 1919f), Übers.: Otto Freiherr von Taube, Tübingen (Otto Reichel), 1950.

Bergson, Henri
- *Materie und Gedächtnis und andere Schriften*, Übers.: R. v. Bendemann et al., FfM (Fischer), 1964.

Berlin, Isaiah
- *Das krumme Holz der Humanität. Kapitel der Ideengeschichte* (1990), Hrsg.: Henry Hardy, Übers.: Reinhard Kaiser, FfM (Fischer), 1995.
- *Die Macht der Ideen* (Essays von 1947 bis 1996, posth. 2000), Hrsg.: Henry Hardy, Übers.: Michael Bischoff, Berlin (Berlin Verlag), 2006.
- *Der Magus in Norden. J. G. Hamann und der Ursprung des modernen Irrationalismus* (1993), Hrsg.: Henry Hardy, Übers.: Jens Hagestedt, Berlin (Berlin Verlag), 1995.
- *Wirklichkeitssinn. Ideengeschichtliche Untersuchungen* (1996), Hrsg.: Henry Hardy, Übers.: Fritz Schneider, Berlin (Berlin Verlag), 1998.
- *Die Wurzeln der Romantik* (nach Vorlesungen von 1965, posth. 1999), Hrsg.: Henry Hardy, Übers.: Burkhardt Wolf, Berlin (Berlin Verlag), 2004.

Bernhard, Thomas
- *Die Erzählungen*, FfM (Suhrkamp), 1979.

Bertelsmann, C. (Verlag)
- *Nachdenken über Deutschland, Reden über das eigene Land* (München, 1983–1987) und eine Rede von R. v. Weizsäcker (Heidelberg, 1987), München (Bertelsmann), (2. Auflage) 1988.

Biermann, Wolf
- Vortrag des Lieds *Ermutigung* im Deutschen Bundestag anlässlich der Debatte *Friedliche Revolution – 25 Jahre nach Mauerfall*, 7.11.2014, Video (88 min.), DEUTSCHER BUNDESTAG, MEDIATHEK (Permalink: https://dbtg.tv/fvid/4080336).

Blake, William
- *Complete Writings*, Hrsg.: Geoffrey Keynes, London/ Oxford/ New York (Oxford University Press), 1974.

Bloch, Ernst
- *Tübinger Einleitung in die Philosophie* (Vorlesungen 1960/ 1961), FfM (Suhrkamp), 1970.

Borowski, Tadeusz
- *Bei uns in Auschwitz. Erzählungen*, Übers.: Friedrich Griese, FfM (Schöffling & Co.), 2006.
- *Die steinerne Welt. Erzählungen* (1948), Übers.: Vera Cerny, München (Piper), 1963.

Broch, Hermann
- *Essays* (*Gesammelte Werke 6-7*), Bd. 1: *Dichten und Erkennen*, Bd. 2: *Erkennen und Handeln*, herausgegeben und eingeleitet von Hannah Arendt, Zürich (Rhein-Verlag), 1955.
- *Kommentierte Werkausgabe*, 13 Bde., Hrsg.: Paul Michael Lützeler, FfM (Suhrkamp), 1974ff.

Butlin, Martin
- *Turner at the Tate*, The Tate Gallery, 1980.

Camus, Albert
- *Gesammelte Erzählungen*, Übers.: Guido G. Meister, Reinbek (Rowohlt), 1966.
- *Fragen der Zeit* (Essays und Interviews 1944–1958), Übers.: Guido G. Meister, Reinbek, 1977.
- *Der Fremde* (Paris, 1942), Übers.: Uli Aumüller, Reinbek, 2004.
- *Der glückliche Tod* (Paris, 1971), Übers.: Eva Rechel-Mertens, Reinbek, 2004.
- *Der Mensch in der Revolte. Essays* (Paris, 1951), Übers.: Justus Streller, Reinbek, 2001.
- *Der Mythos des Sisyphos* (Paris, 1942), Übers.: Vincent von Wroblewsky, Reinbek, 2000.
- *Tagebücher 1935–1951* (2 Bde., Paris, 1962 und 1964), Übers.: Guido M. Meister, Reinbek, 1997.
- *Tagebuch März 1951 – Dezember 1959* (Paris, 1989), Übers.: Guido M. Meister, Reinbek, 1993.

Canetti, Elias
- *Masse und Macht* (1960), Hamburg (Claassen), 1984.

Celan, Paul
- *Die Gedichte*, Kommentierte Gesamtausg., Hrsg.: Barbara Wiedmann, FfM (Suhrkamp), 2005.
- *Der Meridian und andere Prosa*, FfM (Suhrkamp), 1988.

Cioran, Émile Michel
- *Cahiers 1957–1972*, Übers.: Verena von der Heyden-Rynsch, FfM (Suhrkamp), 2001.
- *Werke*, verschiedene Übersetzer, FfM (Suhrkamp), 2008.

Croce, Benedetto
- *Geschichte Europas im neunzehnten Jahrhundert* (1932), Übers.: Karl Vossler und Richard Peters, FfM (Suhrkamp), 1968 (© Europa-Verlag, Zürich, 1935).

Curtius, Ludwig
- *Torso. Verstreute und nachgelassene Schriften*, Stuttgart (Deutsche Verlags-Anstalt), 1957.

Deneke, Friedrich-Wilhelm
- *Psychische Struktur und Gehirn. Die Gestaltung subjektiver Wirklichkeiten* (1999), 2. erweiterte Auflage, Stuttgart/ New York (Schattauer), 2001.

Deutsche Botschaft Budapest (Website)
- *Chronik der Geschichte der Grenzöffnung in Ungarn*, archivierte Website bei archive.org: https://web.archive.org/web/20160328054617/http://www.budapest.diplo.de/Vertretung/budapest/de/07__25J/1-Chronik.html [16.07.2019, Original abgerufen am 30.07.2017].

Dilthey, Wilhelm
- *Der Aufbau der geschichtlichen Welt in den Geisteswissenschaften*, FfM (Suhrkamp), 1981.

Dobberke, Cay
- *Hotel Kempinski wird unter Schutz gestellt*, DER TAGESSPIEGEL, 28.9.2016.

Döblin, Alfred
- *Zwei Seelen in einer Brust. Schriften zu Leben und Werk*, München (DTV), 1993.

Dostojewski, Fjodor Michailowitsch
- *Tagebuch eines Schriftstellers* (Zeitschriftenartikel 1873–1881), Übers.: E. K. Rashin (Elisabeth Kaerrick), München (Piper), 1992.

Duchamp, Marcel
- *The complete works of Marcel Duchamp*, 2 Bde., New York (Delano Greenidge), 1997.
- *Interviews und Statements*, Übers.: Serge Stauffer, Hrsg.: Staatsgalerie Stuttgart, 1992.

Ebert, Dietmar (Hrsg.)
- *Das Glück des atonalen Erzählens. Studien zu Imre Kertész*, Dresden (Edition AZUR), 2010.

Eggers, Hans
- *Deutsche Sprachgeschichte* (1963, 1965; überarbeitet 1986), 2 Bde., Reinbek (Rowohlt), 1986.

Emerson, Ralph Waldo
- *Representative Men. Seven Lectures*, London (Routledge), 1850.

Engdahl, Horace (Hrsg.)
- *Witness Literature. Proceedings of the Nobel Centennial Symposium*, zur Tagung *Witness Literature* (Stockholm, 4. – 5. Dezember 2001), Singapur (World Scientific Publishing), 2002.

Erbe, Günter
- *Dandys. Virtuosen der Lebenskunst*, Köln/ Weimar/ Wien (Böhlau), 2002.
- *Der moderne Dandy*, Köln/ Weimar/ Wien (Böhlau), 2017.

Fessmann, Ingo
- *Imre Kertész und die Liebe der Deutschen*, Berlin/ Leipzig (Hentrich & Hentrich), 2019.

Flaubert, Gustave
- *Madame Bovary* (1856), Übers.: Wolfgang Techtmeier, Berlin (Rütten & Loening), 1969.
- *Briefe*, Hrsg. und Übers.: Helmut Scheffel, Zürich (Diogenes), 1977.

Förderverein »Museum Schloss Moyland e. V.« (Hrsg.)
- *Joseph Beuys Symposium Kranenburg 1995*, Basel (Wiese), 1996.

Freud, Sigmund
- *Gesammelte Werke*, 18 Bde., Hrsg.: Anna Freud et al., FfM (Fischer Taschenbuch), 1999.

Fustel de Coulanges, Numa Denis
- *Der antike Staat* (1864), Übers.: Ingrid-Maria Kraefft, München (dtv/ Klett-Cotta), 1988.

Gadamer, Hans-Georg
- *Die Bildung zum Menschen. Der Zauberflöte anderer Teil* (1949), Essay zu Goethes Fortsetzung von Mozarts Zauberflöte, in *Gesammelte Werke*, Bd. 9, Tübingen (J. C. B. Mohr), 1993, 93-111; ungar.: *A második Varázsfuvolára*, Übers.: Imre Kertész, in HOLMI 12/ 1991, 1601-1615.

Gide, André
- *Gesammelte Werke in zwölf Bänden*, Stuttgart (Deutsche Verlags-Anstalt), 1989–2000.

Goethe, Johann Wolfgang von
- *Goethes Werke*, Hamburger Ausgabe in 14 Bänden, Hamburg (Wegner), 1948 ff.

GA   - *Gedenk-Ausgabe*, Bd. 24, Johann Peter Eckermann, *Gespräche mit Goethe in den letzten Jahren seines Lebens*, Hrsg.: Ernst Beutler, Zürich (Artemis), 1948.

Goldstücker, Eduard
- *Pharaos Bäcker. Ein Stück erlebte Literatur*, Essay zur alttestamentlichen Josephs-Geschichte,

LITERATUR UND KRITIK 199/200 (November/Dezember 1985), 418-423; ungar.: *A fáraó sütőmestere*, Übers.: Imre Kertész, HOLMI 7/1990, 753-757.

Goldstücker, Eduard et al. (Hrsg.)
- *Franz Kafka aus Prager Sicht*, Sammelband mit Referaten der internationalen Kafka-Konferenz vom 27. und 28. Mai 1963 im Schloss Liblice bei Prag, Berlin (Voltaire Verlag), 1966.

Gombrowicz, Witold
- *Ferdydurke* (1937), Übers.: Walter Tiel, München/Wien (Hanser), 1983.

Görgey, Gábor
- *Sirene der Adria* (2000), letzter Teil (5) des Romanzyklus *Der letzte Bericht von Atlantis*, Vorwort von Imre Kertész. Übers.: Jörg Buschmann, München (Salon Literaturverlag), 2004.

Grimm, Herman
- *Das Leben Goethes* (*Goethe*, 1877; überarb. v. Reinhard Buchwald 1939), Stuttgart (Kröner), 1947.

Grimm, Jacob u. Wilhelm et al.
- *Der Digitale Grimm* (*Deutsches Wörterbuch*, 1852ff), CD-ROM, FfM (Zweitausendeins), 2004.

Györffy, Miklós/Kelemen, Pál
- *Kertész und die Seinigen. Lektüren zum Werk von Imre Kertész*, Budapester Studien zur Literaturwissenschaft, Bd. 13, FfM (Peter Lang), 2009.

Habermas, Jürgen
- *Die zweite Lebenslüge der Bundesrepublik: Wir sind wieder »normal« geworden*, DIE ZEIT 51/1992 (ZEIT ONLINE, 11.12.1992).

Hahn, Hans-Jürgen (Hrsg.)
- *Gesichter der Juden in Auschwitz. Lili Meiers Album*, Berlin (Das Arsenal), 1995.

Haldimann, Eva
- *Momentaufnahmen aus dreißig Jahren ungarischer Literatur*, Budapest (Corvina), 1997.

Harlan, Volker/Koepplin, Volker/Velhagen, Rudolf (Hrsg.)
- *Joseph Beuys-Tagung Basel 1.-4. Mai 1991*, Basel (Wiese), 1991.

Harlan, Volker/Rappmann, Rainer/Schata, Peter
- *Soziale Plastik. Materialien zu Joseph Beuys*, Achberg (Achberger Verlag), (erw. 2. Aufl.) 1980.

Hegel, Georg Friedrich Wilhelm
- *Werke*, 20 Bde., Hrsg.: Eva Moldenhauer und Karl Markus Michel, FfM (Suhrkamp), 1970.

Heidelberger-Leonard, Irene
- *Imre Kertész. Leben und Werk*, Wallstein (Göttingen), 2015.
- *Jean Améry. Revolte in der Resignation*, Stuttgart (Klett-Cotta), 2004.

Herder, Johann Gottfried
- *Ideen zur Philosophie der Geschichte der Menschheit* (vier Teile: 1784, 1785, 1787, 1791; Entwurf einer Fortsetzung), *Herder's Werke. Nach den besten Quellen revidierte Ausgabe*, Teil 9-12 in einem Band, Hrsg.: Heinrich Düntzer, Berlin (Gustav Hempel), o. J.

Herzfeld, Hans
- *Der erste Weltkrieg*, Lausanne (Éditions Rencontre), 1969.

Hesse, Hermann
- *Gesammelte Werke*, 12 Bde., FfM (Suhrkamp), 1970 (Werkausgabe Edition Suhrkamp).

Hieber, Jochen
- *Dialektische Phantasie – Die Wunde Adorno heilt nicht*, Rezension zu Martin Jay, *Dialektische Phantasie*, DIE ZEIT 46/1976 (ZEIT ONLINE, 5.11.1976).

Hilberg, Raul
- *Die Vernichtung der europäischen Juden* (Chicago, 1961; dt.: überarb. u. erw. 1982, erw. Taschenbuchausgabe 1990), 3 Bde., Übers.: Christian Seeger et al., FfM (Fischer Taschenbuch), 1997.

Hildebrand, Gerold/ Rachowski, Utz
- *Siegfried Heinrichs (4.10.1941–8.4.2012). Ein Leben für die unterdrückte Literatur*, HORCH UND GUCK, 21. Jahrgang, Heft 76, 2/2012 (Juni), *Lebensläufe*, 72-75.

Hofmannsthal, Hugo von
- *Gesammelte Werke in zehn Einzelbänden*, Hrsg.: Bernd Scholler, FfM (Fischer), 1979.

HOLMI (Zeitschrift)
- HOLMI, Online PDF-Archiv aller Ausgaben von Oktober 1989 bis Dezember 2014, http://www.holmi.org/archivum [16.07.2019].

Huch, Ricarda
- *1848. Die Revolution des neunzehnten Jahrhunderts in Deutschland*, Kiepenheuer, 1948 (© Atlantis Verlag, Zürich, 1930 und 1944).

Huizinga, Johan
- *Das Problem der Renaissance* (1920). *Renaissance und Realismus* (1929), Übers.: Werner Kaegi, Tübingen (Wissenschaftliche Buchgemeinschaft), 1953.

Jaecker, Tobias
- *Die Walser-Bubis-Debatte: Erinnern oder Vergessen?*, HAGALIL.COM, 24.10.2003, http://www.hagalil.com/antisemitismus/deutschland/walser-1.htm [16.07.2019].

Jaspers, Karl
- *Die Chiffern der Transzendenz* (Vorlesungen, Basel, 1961), Basel (Schwabe), 2011.

Jay, Martin
- *Dialektische Phantasie. Die Geschichte der Frankfurter Schule und des Instituts für Sozialforschung 1923–1950* (Boston, 1973), Übers.: Hanne Herkommer und Bodo von Greiff, FfM (Fischer), 1976.

Jung, Carl Gustav
- *Gesammelte Werke*, 20 Bde., Olten und Freiburg im Breisgau (Walter), 1971 ff (zitiert nach der 3. Auflage: Bd. 7, 1981; Bd. 10, 1986).

Kafka, Franz
- *Gesammelte Werke in zwölf Bänden*, Hrsg.: Hans-Gerd Koch, FfM (Fischer), 1994.

Kandel, Eric
- *Auf der Suche nach dem Gedächtnis. Die Entstehung einer neuen Wissenschaft des Geistes* (New York, 2006), München (Siedler), 2006.
- *Psychiatrie, Psychoanalyse und die neue Biologie des Geistes* (gekürzte dt. Fassung von *Psychiatry, Psychoanalysis and the New Biology of Mind*, Washington/ London, 2005), FfM (Suhrkamp), 2006.

Kant, Immanuel
- *Kants gesammelte Schriften*, Hrsg.: Königlich Preußische Akademie der Wissenschaften u. a., 1900 ff. Die KrV und die KU werden zitiert nach der Originalausgabe, 2. Auflage (B).

Kermode, Frank
- *The Sense of an Ending. Studies in the Theory of Fiction*, Oxford University Press, 2000.
- *Mi a modern? Tanulmányok* [*Was ist modern? Studien*], ausgewählt, übersetzt und kommentiert von Ferenc Takács, Budapest (Európa), 1980.

Kierkegaard, Sören
- *Entweder/ Oder* (1843), 2 Teile, Übers.: Emanuel Hirsch, Düsseldorf (Diederichs), 1957.

Knowlson, James
- *Samuel Beckett. Eine Biographie* (*Damned to Fame – The Life of Samuel Beckett*, London, 1996), Übers.: Wolfgang Held, FfM (Suhrkamp), 2001.

Konrád, György
- *»Ich mag meine Seele nicht zerreißen«*, Gespräch mit Norbert Seitz zum Kosovo-Krieg, 6.7.1999, Akademie der Künste Berlin, FRANKFURTER HEFTE 9/ 1999 (Das Thema: *Ungarn*), 786-792.

Kracauer, Siegfried
- *Die Angestellten. Aus dem neuesten Deutschland* (1929), mit einer Rezension von Walter Benjamin, FfM (Suhrkamp), 1971.

OM   - *Das Ornament der Masse. Essays* [1920–1931] (1963), mit einem Nachwort von Karsten Witte, FfM (Suhrkamp), 1977.
- *Werke*, Bd. 2.2, *Studien zu Massenmedien und Propaganda*, Hrsg.: Christian Fleck und Bernd Stiegler, FfM (Suhrkamp), 2012.

Lanzmann, Claude
- *Shoah* (Paris, 1985), vollständiger Text des Films *Shoah* (1985), mit einem Vorwort von Simone de Beauvoir und einem Interview von Heike Hurst, Übers.: Nina Börnsen und Anna Kamp, Düsseldorf (Claassen), 1986.

Le Bon, Gustave
- *Psychologie der Massen* (1895), Übers.: Rudolf Eisler, Hamburg (Nikol), 2009.

Lepenies, Wolf
- *»Big Brother«. Wer Orwells »1984« las, wanderte in den DDR-Knast*, DIE WELT, 8.6.2009, http://www.welt.de/3883735 [16.07.2019].

Locke, John
- *Über den menschlichen Verstand* (*An Essay concerning Humane Understanding*, 1690 [1689]), Übers.: Th. Schulze, 2 Bde., Leipzig (Reclam), o. J. [1898].

Löffler, Sigrid
- *Sándor Márai, misshandelt*, Glosse (S. L.), LITERATUREN 7-8/2001, 141.

Lowry, Malcolm
- *Dunkel wie die Gruft, in der mein Freund begraben liegt* (*Dark as the Grave Wherein My Friend Is Laid*, posth. London, 1968), Übers.: Werner Schmitz, Reinbek (Rowohlt), 1985.
- *Hör uns, o Herr, der Du im Himmel wohnst. Erzählungen* (*Hear us O Lord From Heaven Thy Dwelling Place*, posthume Zusammenstellung von sieben Erzählungen Lowrys, 1961), Übers.: Susanna Rademacher, Reinbek (Rowohlt), 1979 (Neudruck der Erstveröffentlichung von 1965).

Lukács, Georg
- *Die Theorie des Romans. Ein geschichtsphilosophischer Versuch über die Formen der großen Epik* (*Zeitschrift für Ästhetik und Allgemeine Kunstwissenschaft* 1916 [Nr. 11], 1. Buchauflage 1920, um ein Vorwort vermehrt in der 2. Auflage 1963), Neuwied/Berlin (Luchterhand), 1965.
- *Werke*, Bd. 2, *Frühschriften II. Geschichte und Klassenbewusstsein*, Vorwort von 1967, Darmstadt/Neuwied (Luchterhand), 1977.
- *Werke*, Bd. 9, *Die Zerstörung der Vernunft* (1954), Neuwied/Berlin (Luchterhand), 1962.

Lützeler, Heinrich
- *Weltgeschichte der Kunst*, Bertelsmann Lexikon-Bibliothek, Bd. 6, Gütersloh, 1959.

Lyotard, Jean-François
- *Der Widerstreit* (*Le Différend*, 1983), Übers.: Joseph Vogl, München (Fink), (2. Auflage) 1989.

Malebranche, Nicole de
- *Erforschung der Wahrheit* (*De la recherche de la vérité*, 1674f), Bd. 1, Buch 1 bis 3 (von 6), Hrsg. und Übers.: Artur Buchenau, auf der Grundlage der deutschen Übersetzung von 1776 (erschienen bei Johann Christian Hendel, Halle), München (Georg Müller), 1920.

Mandelstam, Nadeschda
- *Das Jahrhundert der Wölfe. Eine Autobiographie* (*Vospominanija* [*Erinnerungen*], New York, 1970), Übers.: Elisabeth Mahler, FfM (Fischer), 1971.
- *Generation ohne Tränen. Erinnerungen* [Bd. 2 der *Autobiographie*] (*Vtoraia kniga* [*Das Zweite Buch*], Paris, 1972), gekürzte Fassung, Übers.: Godehard Schramm, FfM (Fischer), 1975.

Mandelstam, Ossip

- *Gesammelte Essays*, 2 Bde., 1: *Über den Gesprächspartner* (1913–1924), 2: *Gespräch über Dante* (1925–1935), Hrsg. und Übers.: Ralph Dutli, FfM (Fischer), 1994 (© Ammann, 1991).
- *Mitternacht in Moskau. Die Moskauer Hefte* (Gedichte 1930–1934), Hrsg. und Übers.: Ralph Dutli, Zürich (Ammann), 1986.
- *Das Rauschen der Zeit. Gesammelte »autobiographische« Prosa der 20er Jahre*, Hrsg. und Übers.: Ralph Dutli, Zürich (Ammann), 1985.

Mann, Klaus

- *Der Wendepunkt. Ein Lebensbericht* (FfM, 1952), mit einem Nachwort von Frido Mann, Reinbek (Rowohlt), 1984.

Mann, Thomas

- *Gesammelte Werke in dreizehn Bänden*, Hrsg.: Hans Bürgin und Peter de Mendelssohn, FfM (Fischer), 1974.

MK - *Das essayistische Werk*, Taschenbuchausgabe, 8 Bde., Hrsg.: Hans Bürgin, FfM (Fischer Bücherei, Moderne Klassiker), 1968, enthält: *Schriften und Reden zur Literatur, Kunst und Philosophie 1-3* (MK 113-115), *Politische Reden und Schriften 1-3* (MK 116-118), *Autobiographisches* (MK 119), *Miszellen* (MK 120).

Márai, Sándor

- *Bekenntnisse eines Bürgers. Erinnerungen* (Budapest, Pantheon, 1934), Hrsg.: Siegfried Heinrichs, Übers.: Hans Skirecki, München/Zürich (Piper), 2000 (© Oberbaum, 1996).
- *Geist im Exil. Tagebücher 1945–1957* ([*Napló 1945–1957*, Washington D.C., Occidental, 1958]), berechtigte Übertragung aus dem Ungarischen: Tibor und Mona von Podmaniczky, Hamburg (Broschek), 1960 (© Sándor Márai, New York, 1959).
- *Land, Land. Erinnerungen* (Toronto, Vörösváry, 1972), Hrsg.: Siegfried Heinrichs, Übers.: Hans Skirecki, München/Zürich (Piper), 2001 (© Oberbaum, 2000).

MTB - *Tagebücher*, 7 Bde., Hrsg.: Siegfried Heinrichs, Berlin/St. Petersburg (Oberbaum):
Tagebücher 1. Auszüge, Fotos, Briefe und Dokumentationen, Übers.: Hans Skirecki, 2000;
Tagebücher 2. 1984–1989 (Toronto, Vörösváry, 1997), Übers.: Hans Skirecki, 2000;
Tagebücher 3. 1976–1983 (Budapest, Akadémiai/Helikon, 1994; [München, Újváry »Griff«, 1985]), Übers.: Hans Skirecki, 2001;
Tagebücher 4. 1968–1975 (Akadémiai/Helikon, 1994 [1992]; [Toronto, Vörösváry, 1976]), Übers.: Hans Skirecki, 2001;
Tagebücher 5. 1958–1967 (Akadémiai/Helikon, 1994 [1992]; [Rom, Szerző, 1968]), Übers.: Hans Skirecki, 2001;
Tagebücher 6. 1945–1957 (Akadémiai/Helikon, 1994 [1990]; [Washington D.C., Occidental, 1958]), Übers.: Paul Kárpáti, 2001;
Tagebücher 7. 1943–1944 (Akadémiai/Helikon, 1994 [1990]; [Budapest, Révai, 1945]), Übers.: Christian Polzin, 2001.
- *Tagebücher 1. 1943–1944* (*A teljes napló* [*Das vollständige Tagebuch*] *1943–1944*, Budapest, Helikon, 2006), Übers.: Akos Doma, Vorwort: László F. Földényi, Nachwort: Ernő Zeltner, München/Zürich (Piper), 2009.
- *Tagebücher 2. 1945* (*A teljes napló* [*Das vollständige Tagebuch*] *1945*, Budapest, Helikon, 2006), Übers.. Clemens Prinz, München/Zürich (Piper), 2009.
- *Der Wind kommt vom Westen. Amerikanische Reisebilder*, Übers. (aus dem ungar. Manuskript): Artur Saternus, München/Zürich (Piper), 2002 (© Langen Müller, 1964, 2000).

Márai, Sándor/Simányi, Tibor

- *Lieber Tibor. Briefwechsel*, Übers. und Hrsg.: Tibor Simányi, München/Zürich (Piper), 2002.

Marx, Karl/ Engels, Friedrich
MEW   - *Werke*, 43 Bde., Hrsg: Institut für Marxismus-Leninismus, Berlin (Dietz-Verlag), 1956ff.
Mayer, Gregor
- *Orbán sagt Netanjahu null Toleranz gegenüber Antisemitismus zu*, DER STANDARD, 18.7.2017, http://derstandard.at/2000061459679/Orban-vesichert-Netanyahu-Nulltoleranz-gegenueber-Antisemitismus [16.07.2019].
- *Central European University zu Abzug aus Budapest gezwungen*, DER STANDARD, 4.12.2018, https://www.derstandard.at/story/2000093054082/top-uni-zum-abzug-aus-orbans-budapest-gezwungen [16.07.2019].
Mayer, Hans
- *Ein Deutscher auf Widerruf. Erinnerungen*, 2 Bde., FfM (Suhrkamp), Bd. 1: 1982, Bd. 2: 1984.
- *Das Geschehen und das Schweigen. Aspekte der Literatur*, FfM (Suhrkamp), 1969.
- *Goethe. Ein Versuch über den Erfolg*, FfM (Suhrkamp), 1973.
- *Macht und Ohnmacht der Literatur*, Bericht über den Ersten Deutschen Schriftstellerkongress in Berlin (4. – 8. Oktober 1947) FRANKFURTER HEFTE 12/ 1947, 1179-1181.
Mead, George H.
- *Mind, Self and Society*, Chicago (University of Chicago Press), 1934.
Miłosz, Czesław
- *Das Land Ulro* (1977), Übers.: Jeannine Łuczak-Wild, Köln (Kiepenheuer & Witsch), 1982.
- *Verführtes Denken* (1949, dt. 1953), Übers.: Alfred Loepfe, mit einem Vorwort von Karl Jaspers, FfM (Suhrkamp), 1980.
Molière
- Digitales Archiv: www.toutmoliere.net [16.07.2019].
Montaigne, Michel de
- *Essais*, 3 Bde. (1 und 2: 1580, 3: 1588), Übers.: Hans Stilett, Goldmann (© Eichborn, 1998), 2002.
Montherlant, Henri de
- *Le Treizième César*, Paris (Gallimard), 1970.
Münster, Arno
- *Ernst Bloch. Eine politische Biographie* (Paris, 2001), dt. Fassung, Berlin/ Wien (Philo), 2004.
Murdoch, Iris
- *Against Dryness. A Polemical Sketch*, ENCOUNTER Januar 1961, 16-20.
Musil, Robert
- *Der Mann ohne Eigenschaften* (1930ff), 2 Bde., Hrsg.: Adolf Frisé, Reinbek (Rowohlt), 1999.
Neller, Marc
- *Bekenntnisse eines Kleinverlegers*, Artikel über den Verleger Siegfried Heinrichs (Oberbaum-Verlag, Berlin), DER TAGESSPIEGEL, 30.11.2004.
Nietzsche, Friedrich
- *Werke in drei Bänden*, Hrsg.: Karl Schlechta, München (Hanser), 1954.
- *Der Wille zur Macht* (1906, Hrsg.: Peter Gast und E. Förster-Nietzsche), Stuttgart (Kröner), 1964.
Örkény, István
- *Das Lagervolk* (*Das Lagervolk*, 1947; *Woher wir kamen. Acht Gesprächsprotokolle*, 1946; in einem Band 1973, unzensiert posth. 1981), Nachwort von Imre Kertész (*Örkény und das quälende Problem des Überlebens*, Dezember 2007), Übers.: Laszlo Kornitzer, FfM (Suhrkamp), 2010.
Ortega y Gasset, José
- *Gesammelte Werke*, 6 Bde., Stuttgart (Deutsche Verlags-Anstalt), 1978.
Orwell, George
- *Nineteen Eighty-Four*, London (Secker & Warburg), 1949.

Ovid
- *Metamorphosen*, Lat./Dt., Übers. und Hrsg.: Michael von Albrecht, Stuttgart (Reclam), 1994.

Panofsky, Erwin
- *Das Leben und die Kunst Albrecht Dürers* (Princeton, 1943, überarbeitete 2. Auflage 1945, Paperback-Ausgabe 1955), Übers.: Lise Lotte Möller, München (Rogner & Bernhard), 1977.
- *Studien zur Ikonologie der Renaissance* (New York, 1939, erw. 1962), Übers.: Dieter Schwarz, Köln (DuMont), (2. Auflage) 1997.

Pascal, Blaise
- *Gedanken* (*Pensées...*, Paris, posth. 1669, nach der *édition définitive* von Fortunat Strowski, Paris, 1923–1931), Übers.: Wolfgang Rüttenauer, Köln (Anaconda), 2007 (© Aufbau, 1937).

Peirce, Charles Sanders
- *Phänomen und Logik der Zeichen* (*Syllabus of Certain Topics of Logic*, Manuskript zu einer Vorlesung von 1903, Lowell Institute, Boston), Übers.: Helmut Pape, FfM (Suhrkamp), 1998.

Pelinka, Anton
- *Politischer Vandalismus*, Artikel über die drohende Schließung der von George Soros finanzierten *Central European University* (CEU) in Budapest, ZEIT ONLINE, 24.4.2017 (DIE ZEIT 17/2017, 20.4.2017), http://www.zeit.de/2017/17/central-european-university-budapest-schliessung/komplettansicht [16.07.2019].

Pessoa, Fernando
- *Das Buch der Unruhe des Hilfsbuchhalters Bernardo Soares* (größtenteils posthum veröffentlicht, Lissabon, 1982), Übers.: Inés Koebel, Zürich (Ammann), 2003[1], (Jubiläumsausgabe) 2006.
- *Dokumente zur Person und ausgewählte Briefe*, Übers.: Georg R. Lind, Zürich (Ammann), 1988.

Pilinszky, János
- *Großstadt-Ikonen. Ausgewählte Dichtungen und Essays*, Übers.: Eva Czjzek, Roman Czjzek, Jeannie Ebner, Gerhard Fritsch und Eva Vajda, Salzburg (Otto Müller Verlag), 1971.

Platon
- *Sämtliche Werke*, 6 Bde., Übers.: Friedrich Schleiermacher und Hieronymus Müller, Hrsg: Ernesto Grassi, Hamburg/Reinbek (Rowohlt), 1957ff.

Plessner, Helmuth
- *Gesammelte Schriften*, 10 Bde., Hrsg.: Günter Dux et al., FfM (Suhrkamp), 2003.

Poe, Edgar Allan
- *The Poems of Edgar Allan Poe*, Hrsg.: Killis Campbell, Boston (Ginn and Company), 1917.

Popper, Karl Raimund
- *Die offene Gesellschaft und ihre Feinde* (*The Open Society and Its Enemies*, 1945), 2 Bde., Übers.: Paul Karl Feyerabend, München (Francke), 1980.

Rassinier, Paul
- *Die Lüge des Odysseus* (*Le Mensonge d'Ulysse*, 1950), Wiesbaden (Priester), 1959.

Reitel, Axel
- *Wer war Siegfried Heinrichs? Porträt des ost-westdeutschen Lyrikers und Berliner Verlegers*, RBB KULTURRADIO, 3.10.2012, Audio (30 min.).

Richartz, Walter Erich
- *Büroroman*, Zürich (Diogenes), 1976.

Riesman, David
- *Die einsame Masse* (New Haven, 1950), Übers.: Renate Rausch, Hamburg (Rowohlt), 1958.

Rilke, Rainer Maria
- *Briefe*, 2 Bde. (1897–1914, 1914–1926), Hrsg.: Rilke-Archiv Weimar, Wiesbaden (Insel), 1950.
- *Rilkes Leben und Werk im Bild*, bearbeitet von Ingeborg Schnack, Wiesbaden (Insel), 1956.

- *Sämtliche Werke*, 6 Bde., Hrsg.: Rilke-Archiv Weimar, Ruth Sieber-Rilke, FfM (Insel), 1987.

Rimbaud, Arthur
- *Seher-Briefe/ Lettres du voyant*, Übers. und Hrsg.: Werner von Koppenfels, mit der Übertragung *Das trunkene Schiff* von Paul Celan, Mainz (Dieterich), 1990.

Robbe-Grillet, Alain
- *Argumente für einen neuen Roman. Essays* (Auswahl aus *Pour un nouveau roman*, Paris, 1963), Übers.: Elmar Tophoven et al., München (Hanser), 1965.

Roth, Joseph
- *Werke*, 3 Bde., Einleitung von Hermann Kesten, Köln/ Berlin (Kiepenheuer & Witsch), 1956.

Royer, Clara
- *Imre Kertész: »L'histoire de mes morts«. Essai biographique*, Arles (Actes Sud), 2017.

Ruegg, Walter (Hrsg.)
- *Geschichte der Universität in Europa*, 4 Bde., München (Beck), 1993–2010.

Russell, Bertrand
- *Power. A New Social Analysis*, London (George Allen & Unwin), 1938.
- *Nachruf [Obituary]*, in *Unpopuläre Betrachtungen* (*Unpopular Essays*, London, 1921; dt.: Europa Verlag, Zürich, 1940), Übers.: Ernst Doblhofer, Zürich (Europa Verlag), 2005, 186-188.

Sahl, Hans
- *Memoiren eines Moralisten* (1983). *Das Exil im Exil* (1990), Hamburg (Luchterhand), 1994.
- *»Und doch …«. Essays und Kritiken aus zwei Kontinenten*, FfM (Luchterhand), 1991.
- *Die Wenigen und die Vielen. Roman einer Zeit* (1959), Hamburg/ Zürich (Luchterhand), 1991.

Sarin, Bernhard
- *Ein Leben als Artikulation. Die anthropologische Ikonographie der Schriften von Imre Kertész*, Potsdam (Universitätsverlag), 2010, online: URN urn:nbn:de:kobv:517-opus-46046.
- *Natur und menschliche Freiheit. Eine neue Perspektive auf ein altes philosophisches Problem*, Norderstedt (BoD – Books on Demand), 2019.

Sartre, Jean-Paul
- *Das Sein und das Nichts* (1943), Übers.: Justus Streller et al., Reinbek (Rowohlt), 1962.
- *Der Ekel* (1938), Übers.: Uli Aumüller, Reinbek (Rowohlt), 1981.
- *Tagebücher. Les carnets de la drôle de guerre (September 1939 – März 1940)*, Übers.: Eva Moldenhauer und Vincent von Wroblewsky, erweiterte Neuausgabe, Reinbek (Rowohlt), 1996.
- *Was ist Literatur?* (1948), Übers.: Traugott König, Reinbek (Rowohlt), 1981.

Saussure, Ferdinand de
- *Grundfragen der allgemeinen Sprachwissenschaft* (*Cours de linguistique générale*, Vorlesung seit 1906, veröffentl. posth. 1916, dt. 1931), Übers.: Herman Lommel, Berlin (De Gruyter), 1967.

Schirrmacher, Frank (Hrsg.)
- *Die Walser-Bubis-Debatte. Eine Dokumentation*, FfM (Suhrkamp), 1999.

Schopenhauer, Arthur
- *Schopenhauers Sämtliche Werke*, 16 Bde. (nicht erschienen: Bde. 7, 8, 12), Hrsg.: Paul Deussen, Franz Mockrauer et al., München (Piper), 1911–1942.

Sedlmayr, Hans
- *Kunst und Wahrheit*, vermehrte Neuausg., Mittenwald (Mäander), 1978 (1. Ausg. Rowohlt, 1958).

Selbmann, Fritz
- *Die lange Nacht*, Halle (Mitteldeutscher Verlag), 1961; ungar: *A hosszú éjszaka*, Übers.: Mária Elek, Budapest (Kossuth Kiadó), 1963.

Semprún, Jorge
- *Die große Reise* (Paris, 1963), Übers.: Abelle Christaller, Reinbek (Rowohlt), 1964.

Shelley, Percy Bysshe
- *Shelley's Prose Works*, 2 Bde., London (Chatto & Windus), 1912.

Spannenberger, Norbert
- *Die katholische Kirche in Ungarn 1918–1939*, Stuttgart (Franz Steiner Verlag), 2006.

Spengler, Oswald
- *Der Untergang des Abendlandes. Umrisse einer Morphologie der Weltgeschichte* (1. Auflage 1918; Neubearbeitung 1922f, 2 Bde.), Ausgabe in einem Band, München (Beck), 1963.

Sperber, Manès
- *Essays zur täglichen Weltgeschichte*, Wien/München/Zürich (Europa Verlag), 1981.

SPIEGEL
- *Sigrid Löffler zürnt – und irrt*, SPIEGEL, 22.10.2001 (Nr. 43), 197.

Stach, Reiner
- *Kafka*, 3 Bde., FfM (Fischer), 2002 (Bd. 2: *Die Jahre der Entscheidungen*), 2008 (Bd. 3: *Die Jahre der Erkenntnis*), 2014 (Bd. 1: *Die frühen Jahre*).

Stachelhaus, Heiner
- *Joseph Beuys* (1987), erweiterte Ausgabe (für die DDR und die anderen sozialistischen Länder) der zuerst im Claassen Verlag erschienenen Beuys-Biografie, mit zusätzlichen Abbildungen und einem Anhang: *Wer nicht denken will, fliegt raus. Aus Interviews und Reden*, zusammengestellt von Klaus Werner, Vorwort von Klaus Werner, Leipzig (Reclam), 1989.

Staiger, Emil (Hrsg.)
- *Der Briefwechsel zwischen Schiller und Goethe*, FfM (Insel), 1966.

Swedenborg, Emanuel
- *Der Himmel mit seinen Wundererscheinungen und die Hölle. Vernommenes und Geschautes* (London, 1758), Übers. a. d. Lat.: Ludwig Hofaker, Tübingen (Zu-Guttenberg), 1830.

Swift, Jonathan
- *Gulliver's Travels* (London, 1726), New York (Oxford University Press), 2005.

Tait, Robert
- *Civil activists fear new crackdown in Hungary after Trump election*, THE GUARDIAN, 10.1.2017, https://www.theguardian.com/world/2017/jan/10/fears-new-crackdown-civil-society-groups-hungary-george-soros [16.07.2019].

Tibi, Bassam
- *Leitkultur als Wertekonsens. Bilanz einer missglückten deutschen Debatte*, in AUS POLITIK UND ZEITGESCHICHTE B 1-2/2001, http://www.bpb.de/apuz/26535/leitkultur-als-wertekonsens [16.07.2019].

Vaihinger, Hans
- *Die Philosophie des Als Ob. System der theoretischen, praktischen und religiösen Fiktionen der Menschheit auf Grund eines idealistischen Positivismus* (1911), mit einem Anhang über Kant und Nietzsche, Leipzig (Meiner), (7. und 8. Auflage) 1922.

Valéry, Paul
- *Werke*, Frankfurter Ausgabe, 7 Bde., Hrsg.: Jürgen Schmidt-Radefeldt, FfM (Insel), 1989–1995.
- *Változatok* [*Variété*, Bd. 1, Paris, 1924], Übers.: Géza Strém, [Budapest] (Révai Kiadás), [1931], Inhalt (entsprechend der dt. Werkausgabe): *Die Krise des Geistes* (Briefe 1919, Rede 1922, *Werke 7*), *Zu »Adonis« von La Fontaine* (1920, *Werke 3*), *Vorwort zu »Erkenntnis der Göttin«* [M. Lucien Fabre, *Connaissance de la déesse*] (1920, *Werke 5*), *Zu »Heureka«* [von E. A. Poe] (1921, *Werke 4*), *Variationen über einen Gedanken Pascals* (1923, *Werke 4*), *Marcel Proust zu Ehren* (1923, *Werke 3*), *Einführung in die Methode des Leonardo da Vinci*: I. Anmerkung und Abschweifung; II. Einführung… (I: 1919; II: 1894, leicht überarbeitet 1919; beide: *Werke 6*).

Vargas Llosa, Mario
- *Alles Boulevard. Wer seine Kultur verliert, verliert sich selbst* (*La civilización del especzáculo*, Barcelona, 2012), Übers.: Thomas Brovot, FfM (Suhrkamp), 2013.

Vatikanische Kommission für die religiösen Beziehungen zu den Juden
- *We remember: A Reflexion on the Shoah* (16.3.1998), http://www.vatican.va/roman_curia/ pontifical_councils/chrstuni/documents/rc_pc_chrstuni_doc_16031998_shoah_en.html [16.07.2019].

Vico, Giambattista
- *Prinzipien einer neuen Wissenschaft über die gemeinsame Natur der Völker* (Neapel, 1725, erweitert 1744), Übers.: Vittorio Hösle und Christoph Jermann, Hamburg (Meiner), 2009.

Voltaire
- *Œuvres complètes de Voltaire*, Oxford (Voltaire Foundation), 2001ff.

Wagner, Richard
- *Sämtliche Schriften und Dichtungen*, 16 Bde., Leipzig (Breitkopf & Härtel), o. J. [1911].

Walser, Martin
- *Dank. Erfahrungen beim Verfassen einer Sonntagsrede*, in *Friedenspreis des Deutschen Buchhandels 1998. Martin Walser* (Laudatio von Frank Schirrmacher und Dankrede von Walser), Börsenverein des Deutschen Buchhandels, http://www.friedenspreis-des-deutschen-buchhandels.de/sixcms/media.php/1290/1998_walser_mit_nachtrag_2017.pdf [16.07.2019].

Weber, Alfred
AWG   - *Alfred-Weber-Gesamtausgabe*, 10 Bde., Hrsg.: Richard Bräu et al., Marburg (Metropolis), 1997ff.

Wéber, Attila
- *Der Rechtsextremismus ist eine Folge des Systemwandels*, Übers. aus dem Ungarischen: Antonia Hargitai, FRANKFURTER HEFTE 9/ 1999 (Das Thema: *Ungarn*), 805-810.

Wehrli, Max (Hrsg.)
- *Historie von Doktor Johann Faust* (*Historia von D. Johann Fausten*, anonym, herausgegeben von Johann Spies, 1587), Hrsg. und Übers.: Max Wehrli, Zürich (Manesse), 1986.

Werfel, Franz
- *Zwischen Oben und Unten. Prosa, Tagebücher, Aphorismen, Literarische Nachträge* (Stockholm, 1946; engl.: New York, 1944), München/ Wien (Langen Müller), (2. Auflage) 1975.

Wiggershaus, Rolf
- *Die Frankfurter Schule. Geschichte, theoretische Entwicklung, politische Bedeutung*, München/ Wien (Hanser), (2. Auflage) 1997.

Wilde, Oscar
- *De Profundis.* »*Epistola: In Carcere et Vinculis*«, *The Complete Works of Oscar Wilde*, Bd. 2, Hrsg.: Ian Small, Oxford (University Press), 2005.
- *The Letters of Oscar Wilde*, Hrsg.: Rupert Hart-Davis, London (Hart-Davis), (2. korrigierte Auflage) 1962.

Worringer, Wilhelm
- *Formprobleme der Gotik* (Habilitation 1909, veröffentlicht 1911), München (Piper), 1922.
- *Fragen und Gegenfragen. Schriften zum Kunstproblem* (Essays aus den Jahren 1919–1954), erschienen zum 75. Geburtstag von Wilhelm Worringer, München (Piper), 1956.
- *Schriften*, 2 Bde., mit einer CD-ROM, Hrsg.: Hannes Böhringer et al., München (Fink), 2004.

Wojtyła, Karol Józef (Papst Johannes Paul II)
- *Ansprachen*, https://w2.vatican.va/content/john-paul-ii/de.html [16.07.2019].

Zink, Jörg (Übers.)
- *Das Neue Testament*, übertragen von Jörg Zink, Stuttgart/ Berlin (Kreuz), (1. Aufl. 1965) 1975.

Filme

Benigni, Roberto
- *La Vita È Bella* [*Das Leben ist schön*], Drehbuch: Vincenzo Cerami und Roberto Benigni, Italien, 1997.

Fassbinder, Rainer Werner
- *Satansbraten*, Drehbuch: Rainer Werner Fassbinder, BRD, 1976.

Koltai, Lajos
- *Sorstalanság* [*Fateless – Roman eines Schicksallosen*], Drehbuch: Imre Kertész, Ungarn/ Deutschland/ Großbritannien, 2005. Siehe die ausführliche Dokumentation S. 298f.

Lanzmann, Claude
- *Pourquoi Israël* [*Warum Israel*], Drehbuch: Claude Lanzmann, Italien/ Frankreich, 1973.
- *Shoah*, Interviews mit Zeugen der Judenvernichtung (z. T. an Original-Schauplätzen), Drehbuch: Claude Lanzmann, Frankreich, 1985.

Nemes, László
- *Saul fia* [*Son of Saul*], Drehbuch: László Nemes und Clara Royer, Ungarn, 2015.

Resnais, Alain
- *L'Année dernière à Marienbad* [*Letztes Jahr in Marienbad*], Drehbuch: Alain Robbe-Grillet, Frankreich/ Italien, 1961.

Spielberg, Stephen
- *Schindler's List* [*Schindlers Liste*], Drehbuch: Steven Zaillian, USA, 1993.

Syberberg, Hans Jürgen
- *Hitler, ein Film aus Deutschland*, Drehbuch: Hans-Jürgen Syberberg, BRD/ Großbritannien/ Frankreich, 1977.

Weir, Peter
- *Picnic at Hanging Rock* [*Picknick am Valentinstag*], Drehbuch: Cliff Green, nach dem Roman *Picnic at Hanging Rock* (1967) von Joan Lindsey, Australien, 1975.

Abbildungsverzeichnis

Alle Fotografien: Bernhard Sarin

Personen- und Werkregister

Ich danke all denen, die mir bei der Herstellung des Buchs geholfen haben, insbesondere: Erna Sarin für die finanzielle Unterstützung; Werner Heegewaldt, Maren Horn und Katalin Madácsi-Laube vom Archiv der Berliner Akademie der Künste, David Dambitsch, Gregor Dotzauer, Ingo Fessmann, László Földényi, Ilma Rakusa und György Spiró für ihre bereitwillig gewährten Auskünfte; Marion Kutschbach für die aufwendige Arbeit des Korrekturlesens.

Dr. phil. Bernhard Sarin, geboren 1965, freischaffender Künstler und Autor

Veröffentlichungen:

Altar (Katalog zur Ausstellung *Meisterschüler 1998/99*, Schloss Bruchsal, 13.6.–11.7.1999)
Red.: Dorothee Höfert, Staatliche Akademie der Bildenden Künste Karlsruhe, 1999

Ein Leben als Artikulation. Die anthropologische Ikonographie der Schriften von Imre Kertész
Universitätsverlag Potsdam, 2010, ISBN 9783869560861
Rezension: Ulrich M. Schmid, *Osteuropa* 61 (2011), Nr. 12, 407 f

Lewis Hine revisited. Der anthropologische Ansatz von Lewis Hines Work Portraits
BoD – Books on Demand, Norderstedt, 2019 (1. Auflage 2015), ISBN 9783749450411

Spanish Village 1983. Fotografien
BoD – Books on Demand, Norderstedt, 2018 (1. Auflage 2016), ISBN 9783752839913

Natur und menschliche Freiheit. Eine neue Perspektive auf ein altes philosophisches Problem
BoD – Books on Demand, Norderstedt, 2019, ISBN 9783746099422